Erhard Oeser

Die Angst vor dem Fremden

Erhard Oeser

Die Angst vor dem Fremden

Die Wurzeln der Xenophobie

Abbildungsnachweis: Alle Abbildungen aus dem Besitz des Autors.

Die Deutsche Nationalbibliothek verzeichnet diese Publikation
in der Deutschen Nationalbibliografie;
detaillierte bibliografische Daten sind im Internet über
http://dnb.d-nb.de abrufbar.

Der Theiss Verlag ist ein Imprint der WBG.
© 2015 by WBG (Wissenschaftliche Buchgesellschaft), Darmstadt
Umschlaggestaltung: Harald Braun, Berlin
Redaktion: Daphne Schadewaldt, Wiesbaden
Satz: Janß GmbH, Pfungstadt
Die Herausgabe des Werkes wurde durch
die Vereinsmitglieder der WBG ermöglicht.
Gedruckt auf säurefreiem und alterungsbeständigem Papier
Printed in Germany
Besuchen Sie uns im Internet: www.wbg-wissenverbindet.de

ISBN 978-3-8062-3151-9

Elektronisch sind folgende Ausgaben erhältlich:
eBook (PDF): 978-3-8062-3152-6
eBook (epub): 978-3-8062-3153-3

Inhalt

Vorwort

„Von uns, die wir die Erfahrung der Vergangenheit besitzen, würde es ein
großer Fehler sein, diese nicht für die Gegenwart und Zukunft anzuwenden."
Hernán Cortés 1524

Die europäische Zivilisation wird bis auf den heutigen Tag als die größte Errungenschaft angesehen, mit der sich der Mensch von seinem wilden, beinahe tierischen Zustand zu dem heutigen kulturell gebildeten Europäer entwickelt hat. Doch die so gepriesene Zivilisation ist auf einer Selbsttäuschung aufgebaut. Diese Selbsttäuschung besteht in der Verleugnung eines Phänomens, das sich in seinem historischen Zusammenhang betrachtet als die schrecklichste Verhaltensweise des Menschen in seiner gesamten Geschichte erweist. Es ist die sogenannte Xenophobie in ihrer aggressiven Form der Fremdenfeindlichkeit, die nichts anderes ist als die dunkle Seite der fortschreitenden Zivilisation und Kultur der Menschheit. Nur wenige europäische Gelehrte und Philosophen wie Rousseau und Voltaire haben das erkannt. Aber ihre Erkenntnisse und Ansichten sind vergessen.

Für den gebildeten Europäer waren die Bewohner weit entfernter Länder, auf welche die Forschungsreisenden und Eroberer gestoßen sind, „Wilde", die jeder Bildung und Kultur entbehrten. Doch einsichtige Forschungsreisende, wie James Cook und Georg Forster, mussten bereits zugeben, dass es für diese Völker besser gewesen wäre, wenn sie von ihrer Entdeckung verschont geblieben wären. Denn sie brachte unendliches Leid über die eingeborene Bevölkerung. In manchen Gegenden rotteten die Mannschaften der Entdecker die ungeschützten Bewohner durch Kriegshandlungen oder Einschleppung ansteckender Krankheiten fast zur Gänze aus. Hinzu kam noch die Verschleppung von Eingeborenen nach Europa, wo sie als Siegestrophäen vorgezeigt wurden; ihre Heimat sahen sie nie wieder, weil sie als Sklaven oder Untersuchungsobjekte zurückbehalten wurden oder auf dem Rückweg den Strapazen unterlagen. Am schrecklichsten war die erbarmungslose Ausrottung der Ureinwohner der Neuen Welt, die in die Geschichte der Menschheit als die „Schwarze Legende" (Leyenda negra) eingegangen ist.

Am meisten betroffen war jedoch die europäische Zivilisation durch den religiösen Konflikt des christlichen Abendlandes mit dem islamischen Morgenland. Wechselseitiger religiöser Fanatismus erzeugte nicht nur Fremdenangst, sondern auch Fremdenhass und Fremdenfeindlichkeit, die sich in den Kreuzzügen und später in den Türkenkriegen im südöstlichen Mitteleuropa sowie in den Eroberungszügen der Araber in Spanien äußerten. Doch die ursprünglich nicht nur in der Antike von den Griechen und Römern, sondern auch im Mittelalter vom christlichen Abendland und von den europäischen Nationalstaaten der beginnenden Neuzeit als wilde räuberische Stammesgesellschaften verachteten Barbaren der Araber und Türken hatten sich unter dem vereinigenden Band der islamischen Religion sowohl im spanischen Andalusien als auch vor allem im Osmanischen Reich zu einer nicht nur militärischen, sondern auch kulturellen Vormachtstellung entwickelt, von der europäische Gelehrte wie Gustav Weil oder Joseph von Hammer-Purgstall und Dichter wie Goethe oder Rilke nur träumen konnten.

Will man die gegenwärtig angespannte Lage Europas verstehen, die durch Flüchtlingselend, Asylsuche, Einwanderung und daraus hervorgegangene Fremdenfeindlichkeit entstanden ist, so muss man vor allem die jüngere durch Nationalismus und Rassismus gekennzeichnete Geschichte berücksichtigen. Früher waren die Fremden, abgesehen von Türken und Arabern, die bereits am Ende des Mittelalters vor den Toren der „Festung" Europas standen, Bewohner weit entfernter, für den damaligen Europäer unerreichbarer Länder. Im 19. und 20. Jahrhundert ging es nicht mehr um die Unterdrückung und Ausbeutung oder Missionierung der sogenannten „Wilden", sondern um den Zusammenstoß der imperialistischen Mächte Europas mit den alten, hoch entwickelten Kulturen Asiens und mit der sowohl im Osten wie im Westen Europas zu einem Kulturträger gewordenen islamischen Welt. Anders verhielt sich die Lage in Afrika. Einerseits war der „dunkle Kontinent" gekennzeichnet durch den Sklavenhandel, der diese Verdammten der Erde zu einer käuflichen Ware erniedrigte, andererseits war es gerade der europäische Kolonialismus, der zu Fremdenfeindschaft auch zwischen den konkurrierenden europäischen Nationen wie Frankreich und England führte. Aber weder Frankreich noch England konnten das eigentliche Übel Afrikas, den Sklavenhandel, beseitigen. Denn es waren die Eroberer der Neuen Welt, die, nachdem sie die eingeborene Bevölkerung, die Indianer, erbarmungslos ausgerottet hatten, schwarze Arbeitskräfte benötigten, die schlimmer als jedes Vieh unter ungeheuren Verlusten auf eigens dazu eingerichteten Sklavenschiffen von den Küsten Afrikas nach Amerika transportiert wurden.

Ein weiteres, vielleicht das dunkelste Kapitel der Menschheitsgeschichte ist der zum Rassismus entartete Nationalismus, der sich vor allem als Antisemitismus in ganz Europa verbreitete und im nationalsozialistischen Deutschland seinen schrecklichen Höhepunkt erreichte. Mit dem Untergang des nationalsozialistischen Deutschen Reichs nach Beendigung des Zweiten Weltkrieges war jedoch der auf den Nationalismus begründete Fremdenhass der sich neu formierenden europäischen Nationalstaaten noch nicht beendet. Vielmehr hat sich die in der gesamten Geschichte der Menschheit immer wiederkehrende Fremdenfeindlichkeit zwischen den Völkern der Erde heutzutage in unserer globalisierten Welt nicht grundsätzlich verändert. Vorbei sind zwar die heroischen Entdeckungsfahrten der Europäer, deren Phantasie ihnen ein Paradies von friedliebenden guten Wilden vorgaukelte, eine Vorstellung, die bei näherer Bekanntschaft in Entsetzen umschlug über den Kannibalismus und die Grausamkeit von Menschenopfern, mit denen die Ausrottung der alten Kulturvölker in der Neuen Welt durch die christlichen Europäer gerechtfertigt wurde. Aber noch nicht vorbei sind die Glaubenskämpfe zwischen den Anhängern unterschiedlicher Religionen und Konfessionen, von denen auch das christliche Abendland nicht verschont geblieben ist. Diese Glaubenskämpfe sind heutzutage vor allem durch den islamischen Terrorismus wiedererweckt worden, der sich nicht nur durch das Attentat am 11. September 2001 in Amerika gezeigt hat, sondern sich nun auch innerhalb der Länder der Europäischen Union abspielt und dort zu kontroversen, emotional aufgeheizten öffentlichen Diskussionen über die Islamisierung Europas führt.

Wenngleich das hier zusammengetragene historische Material an Grausamkeiten und Gräueln sich nur schwer ertragen lässt, ist eine solche Auflistung und rücksichtslose Darstellung für eine möglichst objektive Beurteilung der Xenophobie, die heutzutage fast ausschließlich zu einer Islamophobie geworden ist, eine absolute Notwendigkeit. Denn Fremdenhass und Fremdenfeindlichkeit waren seit Anbeginn der Menschheit vorhanden und konnten im Laufe ihrer Entwicklung zur Zivilisation nicht beseitigt werden, sondern haben sich vielmehr zu größter Brutalität gesteigert. Mit all den in diesem Buch vorgebrachten Argumenten soll daher keine kritiklose multikulturelle Harmonisierung um den Preis einer Ignorierung oder Verschleierung der bestehenden kulturellen Gegensätze befürwortet werden. Die Entscheidungsfreiheit des Individuums ist zwar ein in der Philosophie des Abendlandes erkämpftes unverlierbares Gut, aber kein Mensch auf dieser Welt wird in einem kulturellen Nichts geboren und wächst wie der einsame Wilde Rousseaus ohne Tradition auf. So sehr die Hoffnung besteht, zumindest zu einer gemeinsamen Vorstellung der allgemeinen Menschenrechte zu kommen, so sind doch die in der Wirklichkeit real vorhandenen traditionellen Religionen, Rechtssysteme und wirtschaftlichen und politischen Verhältnisse unvereinbare Zwangsjacken, die auf einer jahrhundertealten Tradition beruhen, die man erst kennen und verstehen muss, um über diese Unvereinbarkeiten hinweg zu einer gewaltlosen Verständigung und Anerkennung zu kommen.

Eine philosophisch-wissenschaftsgeschichtlich orientierte Untersuchung wie diese kann nicht den Anspruch erheben, im Streit der Meinungen eine allgemein verpflichtende Lösung vorzuschlagen. Dass ich mich trotzdem mit dem anscheinend unlösbaren Problem der Xenophobie über lange Jahre beschäftigt habe, hat mit meiner Lehrtätigkeit an der Universität Wien zu tun. Meine Lehrverpflichtung für Philosophie und Wissenschaftstheorie brachte mich geradezu zwangsweise in Kontakt mit den Vertretern der unterschiedlichen Disziplinen, bei denen ich in gemeinschaftlichen Seminaren und interdisziplinären Ringvorlesungen eine transdisziplinäre Vermittlungsrolle spielen durfte, was ja auch zu dem traditionellen Geschäft der Philosophie gehört. Zwar bin ich der Meinung, dass die kulturwissenschaftliche Völkerkunde (Ethnologie) in ihrer um die philosophischen Grundlagen erweiterten Form, wie sie mein Freund und Studiengenosse Wolfdietrich Schmied-Kowarzik vertritt, die empirische wie theoretische Grundlage der Untersuchung der Xenophobie darstellt. Andererseits ist aber dabei auch die naturwissenschaftlich orientierte physische Anthropologie mit ihrer heutzutage auf der Evolutionstheorie und vergleichenden Verhaltensforschung beruhenden Grundlage zu berücksichtigen. Denn gerade auf diesem Gebiet wird in der populärwissenschaftlichen Literatur noch immer ein längst obsolet gewordener genetischer Determinismus vertreten, für den fälschlicherweise Darwin verantwortlich gemacht wird.

In konkreten Kontakt mit der heutigen chinesischen und arabischen Kultur bin ich in Peking und Tunis durch meine ehrenamtliche Tätigkeit als Präsident des Internationalen Terminologienetzes (TermNet) gekommen. Dieser 1988 in Wien gegründete internationale Verein zur Förderung der Koordination und Kooperation im Bereich der Fachsprachen brachte mich während meiner Funktionsperiode in den Jahren 1989–1993 zu der Erkenntnis, dass in der heutigen globalisierten Welt zwischen den Völkern dieser Erde trotz unterschiedlicher politischer und religiöser Ansichten zumindest auf der wissenschaftlichen Ebene eine Kooperation nicht nur möglich, sondern auch notwendig ist.

Weitere Anregungen konnte ich in der Türkei im „Philosophischen Kreis Wien–Istanbul/Viyana–Istanbul Felsefe Çevresi" gewinnen, der in Nachfolge meiner Gastvorlesungen über „Wissenschaftlichen Universalismus" an der Universität Istanbul mit der Unterstützung des Österreichischen Kulturinstitutes gegründet worden ist. Von türkischer Seite waren es meine Kollegen Teoman Durali und Safak Ural, welche auf diese Weise die traditionsreichen Beziehungen der Universitäten Wien und Istanbul durch mehrere Symposien in Istanbul fortgeführt und verdichtet haben. Zu dieser Zeit, am Beginn der neunziger Jahre des 20. Jahrhunderts, dominierte noch die für diese philosophisch-wissenschaftliche Kooperation günstige politische Ansicht, dass die Türkei eine Brücke zwischen der europäischen Kultur und der islamischen Kultur des Nahen Ostens bildet, was jedoch heutzutage durch die zunehmende Islamisierung der Türkei und den gleichfalls zunehmenden kulturalistischen Neorassismus in Europa in Frage gestellt ist.

Wissenschaftlicher Universalismus, der seit der Übernahme der klassischen griechischen Philosophie durch die Araber eine lange Tradition hat, ist zwar nicht das Allheilmittel gegen Fremdenhass und Fremdenfeindschaft, aber er könnte zumindest die Basis für eine rationale Diskussion des in der Natur und Kultur der Menschheit tief verwurzelten und deshalb in ihrer gesamten Geschichte immer wiederkehrenden Problems der Xenophobie schaffen. Doch diese Hoffnung könnte auch trügerisch sein. Denn die Auseinandersetzung der Kulturen wird nicht auf der Ebene wissenschaftlicher Rationalität geführt, sondern auf der emotionalen Ebene, die durch Angst, wirtschaftlichen Neid, religiösen Fanatismus und die darauf basierenden politischen Hetzreden gekennzeichnet ist. Dass sich diese Situation durch Aufklärung und Verstehen der historischen Entwicklung dieser dunklen Schattenseite der Menschheitsgeschichte, wie es in diesem Buch versucht wird, ändern lässt, mag sich als eine vergebliche Mühe herausstellen, die aber trotzdem unternommen werden muss, will man nicht in einen radikalen Kulturpessimismus verfallen. Daher kann auch nicht der sich mehr und mehr durchsetzende wissenschaftliche Universalismus in unserer globalisierten Welt die Lösung bieten, sondern es muss vielmehr die allgemeine Anerkennung der ethisch-moralischen Universalität der Menschenrechte die Grundlage für die Bekämpfung der ständig wiederkehrenden Fremdenfeindschaft unter den Völkern und Nationen dieser Erde sein.

Was nun die in diesem Buch verwendete Terminologie betrifft, so werden bei den arabischen Bezeichnungen statt der in den Fachwissenschaften der Arabistik, Orientalistik und Islamwissenschaft gebräuchlichen Transkriptionen die heute üblichen, allgemein verständlichen deutschen Ausdrücke verwendet, also statt „Qu'an" „Koran" oder statt „al-Qaida" „Al-Kaida". Ältere Originaltexte wurden vorsichtig an aktuelle Schreibweisen und gültige Kommasetzung angeglichen. Und es versteht sich von selbst, dass die heutzutage nicht mehr als politisch korrekt angesehenen Formulierungen wie „Neger", „Zigeuner" etc. nur im Kontext ihrer jeweiligen Zeit zitiert werden.

Wien, im Januar 2015 Erhard Oeser

Einleitung

Ursprünglich war der aus dem Griechischen stammende Begriff „Xenophobie" in der naturwissenschaftlich orientierten Anthropologie und
Humanethologie eher harmlos auf die Angst (phobos) vor einem Fremden (xenos) bezogen, die sich, ohne eine direkte Bedrohung erfahren zu
haben, ab einem gewissen Kindesalter fast ausnahmslos bei allen Völkern
zeigt. Seit Beginn des 20. Jahrhunderts hat jedoch dieser Begriff über
seine biologische Bedeutung hinaus eine grundsätzliche Erweiterung im
Sinn eines kulturellen und politischen Phänomens erfahren. Im Jahre
1901 taucht er in Anatole Frances Roman „Monsieur Bergeret à Paris" auf.
Im Zusammenhang mit der Dreyfus-Affäre bezeichnete der französische
Schriftsteller die antisemitischen Demagogen als „misoxènes, xénopho-
bes, xénoctones et xénophages"; das heißt: „Fremdenhasser, Fremden-
feinde, Fremdentöter und Fremdenfresser" (France o. J., S. 101). In dieser
erweiterten, verallgemeinerten Bedeutung hat er noch zusätzlich eine
Spezialisierung erfahren. Man spricht heutzutage von „Islamophobie",
„Arabophobie", „Turkophobie", „Negrophobie" usw. – Begriffe, deren gemeinsamer Nenner die Fremdenfeindlichkeit darstellt.

Abgesehen davon, dass die wissenschaftlichen Disziplinen, die sich
mit dem Phänomen der Xenophobie beschäftigen, immer selbst einem
bestimmten Kulturkreis angehören und damit einer gewissen Subjektivität unterliegen, ist diese Fragestellung mit scheinbar unüberbrück-
baren Kontroversen und historischen Belastungen behaftet. Das gilt
sowohl für biologisch-naturwissenschaftliche Ansichten als auch für
kulturwissenschaftlich-geisteswissenschaftliche Konzepte, die beide in
der Vergangenheit selbst ein gerüttelt Maß Schuld an der heutigen
Situation trugen. Denn sowohl die Anthropologie, die naturwissenschaftlich orientierte Menschenkunde, als auch die Ethnologie, die kulturwissenschaftliche Völkerkunde, haben in der Vergangenheit dem
europäischen Kolonialismus und dem in Fanatismus ausgearteten christlichen Missionierungsdrang eine Rechtfertigung für jene unbeschreib-
lichen Gräueltaten geliefert, die man heute nur allzu gerne unter dem

Deckmantel des „christlichen Abendlandes" der Vergessenheit überantwortet.

Die philosophischen Grundlagen der Ethnologie

Will man die Frage nach den Ursachen der Xenophobie auf wissenschaftliche Weise untersuchen, so stößt man auf ein vielschichtiges, komplexes Problem, das nicht nur von einem Bereich der Wissenschaft behandelt werden kann. Seit dem Beginn der Aufklärung beschäftigen sich mit dem Thema fremder Kulturen eine Reihe von kulturwissenschaftlichen Disziplinen wie Völkerkunde, Sozialanthropologie, Kulturanthropologie und Kulturgeschichte. Die Ethnologie oder Völkerkunde war einst mit dem Anspruch angetreten, alle Völkerschaften in ihrer jeweiligen kulturellen Besonderheit zu erfassen und damit etwas über die kulturelle Entwicklung der Menschheit aussagen zu können, doch konkret war ihr Forschungsfeld von Anbeginn an auf die „Wilden", die archaischen Stammesgesellschaften, eingegrenzt. Schon die ersten fachlich ausgebildeten Ethnographen waren sich darüber im Klaren, dass ihre Arbeit darin bestand, fremde Kulturen zu untersuchen, die noch existierten, aber durch zunehmende zivilisatorische Einflüsse bald der Vergangenheit angehören würden. Die merkwürdige Lage, in der sich die Ethnologie schon seit einiger Zeit befindet, hat Bronislaw Malinowski folgendermaßen beschrieben: „Die Ethnologie befindet sich in der traurig absurden, um nicht zu sagen, tragischen Lage, dass genau in dem Augenblick, da sie beginnt, ihre Werkstatt in Ordnung zu bringen, ihre eigentlichen Werkzeuge zu schmieden und an die ihr zugewiesene Aufgabe zu gehen, das Untersuchungsmaterial hoffnungslos schnell dahinschwindet. Gerade jetzt, da die Methoden und Ziele der wissenschaftlichen Feldethnologie Gestalt angenommen haben, da hierfür gut vorbereitete Männer sich angeschickt haben, in unzivilisierte Länder zu reisen und deren Einwohner zu studieren – sterben diese direkt vor unseren Augen aus" (Malinowski 1922, S. 15). Und jene Völker, muss man hinzufügen, die sich inzwischen zu eigenen Staaten entwickelt haben, lehnen es ab, von der europäischen Ethnologie erforscht zu werden, da sie in ihr ein Relikt kolonialer Herrschaft erblicken.

Tatsächlich war ja Europa seit Jahrhunderten dabei, alle Kontinente zu erobern und die fremden Völker zu unterwerfen. Im Windschatten der europäischen Kolonialisierung der Welt hat sich daher auch die Ethnologie als wissenschaftliche Disziplin etabliert. Europäische Nationen konkurrierten in der Unterwerfung und Ausbeutung der von ihnen entdeckten Länder. Missionierung und Zivilisierung waren oft nur ein Vorwand zu immer grausamerer Unterdrückung. Aber man wird der Ethnologie nicht gerecht, „wenn man sie mit dem Kolonialismus unmittelbar in einen Topf wirft. Ihre auf das Verstehen fremder Kulturen gerichtete Fragestellung steht in grundlegender Gegnerschaft zum Kolonialismus und Imperialismus. Denn im Verstehen liegt die grundsätzliche Anerkennung der Subjektivität der fremden Kulturen begründet" (Schmied-Kowarzik 1998, S. 10). Diese grundsätzlich andere, verständnisvolle Einstellung zum Fremden schließt jedoch keineswegs aus, dass ethnologisches Wissen instrumentell missbraucht worden ist und weiterhin missbraucht werden kann. Es kann auch nicht geleugnet werden, dass es unter den Ethnologen Kollaborateure mit dem Kolonialismus und Imperialismus gegeben hat und dass Ethnologen gerade heute – oftmals unwissend und wider Willen – für Entwicklungsprojekte eingesetzt werden, die nicht der Selbstbestimmung der fremden Kulturen zuarbeiten, sondern ihrer Unterjochung dienen oder gar ihre Auslöschung betreiben. Doch der heutigen kulturwissenschaftlich orientierten Ethnologie geht es prinzipiell um ein Verstehen der kulturellen Lebens- und Sinnzusammenhänge aus ihrer je eigenen Perspektive heraus. Dazu gehört aber auch die Erkenntnis von der unvermeidlichen Subjektivität der sich langsam herausbildenden europäischen Ethnologie.

So stellt die heutige Aufgabe der Ethnologie ein komplexes, weil gegenläufiges Unternehmen dar. Ursprünglich auf Beobachtung und verstehende Teilnahme beschränkt, wird gerade in unserer globalisierten Welt das Ziel nicht durch bloß theoretisches Erkenntnisinteresse bestimmt werden, sondern muss der praktischen Verständigung dienen. Man würde aber den politischen Begriff der Verständigung gründlich missverstehen, hörte man aus ihm lediglich Harmonie, Dialog und Friedfertigkeit heraus (vgl. Schmied-Kowarzik 2002, S. 21). Natürlich ist es richtig, dass jeder Fremde – der religiös anders Denkende, der kulturell anders Geprägte, der anders aussehende Mensch – jederzeit zum Feind erklärt werden kann. Diese Realität, die wir bei uns wie überall auf der Welt und zu allen Zeiten vorfinden, muss durch gegenseitige Verständigung überwunden werden. Doch ist darunter nicht die Aufhebung aller Differenzen schlechthin zu verstehen: „Fremde wird es immer geben, es

Abb. 1: Jean-Jacques Rousseau und Voltaire (nach zeitgenössischen Porträts)

geht vielmehr darum, den Fremden in seiner Andersheit anzuerkennen, sein Fremdsein einzusehen, es zu akzeptieren und auszuhalten" (Schmied-Kowarzik 2002, S. 21 f.).

Wenn sich heutzutage Xenophobie als ein zentrales Problem der Ethnologie als Wissenschaft von den fremden Völkerschaften erweist, ist daher auch eine grundsätzliche Erweiterung ihres heutzutage disziplinär verengten Forschungsfeldes nötig. Eine solche Erweiterung sollte auch, wie Schmied-Kowarzik betont, die traditionellen philosophischen Grundlagen mit einschließen, die in der Zeit der Aufklärung entwickelt worden sind und die auch die wissenschaftlichen Begleiter der Entdecker und Weltumsegler, wie zum Beispiel Georg Forster, beeinflusst haben.

Es sind vor allem zwei Namen, Rousseau und Voltaire, die in der Neuzeit sowohl den Forschungsreisenden eine Leitlinie gaben als auch umgekehrt die empirischen Forschungsergebnisse der fremden Welten als Belege für die Gültigkeit ihrer Ideen betrachteten. Obwohl die von ihnen beschworene Einheit des Menschengeschlechtes auch naturwissenschaftlich durch Darwins Evolutionstheorie und durch die moderne Genetik im Bezug auf die Gleichheit der biologischen Art Homo sapiens bestätigt worden ist, gibt es bis heute das Problem der unleugbar vorhandenen

Ungleichheit der Menschen. Über die Frage nach dem Ursprung dieser Ungleichheit unter den Menschen lieferte Jean-Jacques Rousseau (1712–1778) eine erste Antwort, die über Jahrhunderte hinweg die wissenschaftliche Diskussion bestimmt hat: Es ist die Zivilisation und die Kultur, die diese Ungleichheit unter den Menschen schafft. Rousseau geht in seiner Abhandlung über die „Ungleichheit unter den Menschen" von der genetischen Einheit des Menschengeschlechtes aus, die er noch am reinsten in dem Wilden repräsentiert sieht. Doch kaum erschienen, regte sich dagegen die Kritik seines Mitstreiters in der Aufklärung, des Philosophen Voltaire (1694–1778). Dieser bezeichnete Rousseaus Abhandlung als ein „Buch gegen das Menschengeschlecht", nach dessen Lektüre man Lust verspüre, auf allen Vieren zu laufen: „Niemand hat es mit mehr Geist unternommen", schreibt er an Rousseau, „uns zu Tieren zu machen, als Sie; das Lesen Ihres Buches erweckt in einem das Bedürfnis, auf allen Vieren herumzulaufen. Da ich jedoch diese Beschäftigung vor einigen sechzig Jahren aufgegeben habe, fühle ich mich unglücklicherweise nicht in der Lage, sie wieder aufzunehmen" (Brief Voltaires an Rousseau vom 30. August 1755, Correspondance Bd. 68, S. 280).

Rousseau sieht sich jedoch in seiner Ansicht durch die Entdeckungen neuer Völker bestätigt. Für ihn sind die wilden Fremden Afrikas und der Karibik oder die Indianer Nordamerikas nur die übrig gebliebenen Repräsentanten der ursprünglichen Einheit der Menschennatur. Von dem wilden Menschen der Vorzeit, der „einsam, müßig und immer von Gefahren umgeben" war, entwirft er daher folgendes Bild: Er wird gern schlafen, und sein Schlaf muss so leicht sein wie der der Tiere, die wenig denken und die gewissermaßen ständig schlafen, wenn sie nicht denken. Da die Selbsterhaltung fast seine einzige Sorge ist, müssen sich bei ihm jene Fähigkeiten am besten entwickeln, die vor allem auf den Angriff und die Verteidigung gerichtet sind. Das bedeutet: Er muss entweder selbst auf Raub ausgehen und seine Beute erobern oder sich schützen, um nicht der Raub eines anderen zu werden. Alle Organe, die sich nur durch Weichlichkeit und Verzärtelung vervollkommnen können, müssen bei ihm in einem groben Zustande bleiben, der jede Verfeinerung ausschließt. Seine Sinne müssen also verschieden beschaffen sein. Gefühl und Geschmack müssen außerordentlich grob, Tast-, Gehör- und Geruchssinn aber sehr fein sein. So verhält es sich bei sämtlichen Tieren und, nach Berichten von Reisenden, auch bei den meisten wilden Völkern (vgl. Rousseau 1953, S. 55 f.). Man darf sich also nicht wundern, sagt

Rousseau, dass die Hottentotten am Kap der Guten Hoffnung die Schiffe mit dem bloßen Auge aus der gleichen Entfernung erkennen wie die Holländer mit ihren Fernrohren. Die amerikanischen Wilden vermögen ebenso gut wie die besten Hunde die Spanier an ihren Fährten aufzuspüren. (vgl. Rousseau 1953, S. 76).

„Hüten wir uns aber", warnt Rousseau, „die wilden Menschen mit denen zu verwechseln, die wir vor Augen haben. Die Natur behandelt alle Tiere, die ihrer Obhut anvertraut sind, mit einer Liebe, aus der ersichtlich wird, wie eifrig sie auf ihre Rechte bedacht ist. Das Pferd, die Katze, der Ochse und selbst der Esel haben in den Wäldern eine ansehnliche Gestalt, eine kräftige Konstitution, mehr Stärke, Kraft und Mut als in unseren Behausungen. Wenn diese Tiere gezähmt werden, dann verlieren sie den größten Teil ihrer Vorzüge, und es scheint, als ob all unsere Sorge für Pflege, Wartung und Futter dieser Tiere sie nur um so mehr entkräftete. Mit dem Menschen ist es nicht anders. Sobald er in die Gesellschaft tritt und in Knechtschaft gerät, wird er schwach, feige, kriecherisch, und seine verweichlichte und verzärtelte Lebensweise entnervt schließlich völlig seinen Mut und seine Kraft" (Rousseau 1953, S. 54). Man erkennt in diesen Worten Rousseaus unschwer die in der modernen vergleichenden Verhaltensforschung (Ethologie) im Hinblick auf die Zivilisationsschäden und Degenerationserscheinungen von Konrad Lorenz vorgebrachte, aber auch viel kritisierte Vorstellung von der „Verhausschweinung" des heutigen Menschen. Solche tatsächlich vorhandenen Degenerationserscheinungen sind jedoch unbedeutend gegenüber der explosiven Vermehrung der Menschheit auf dieser Erde und der gesteigerten Lebenserwartung des Menschen in den zivilisierten Industrieländern.

Auch Rousseau hat den Wilden, der in den Wäldern umherirrte, nicht als den edlen Menschen verherrlichen wollen und daher auch niemals die Rückkehr zum Naturzustand für möglich, ja auch nur für wünschenswert gehalten: Der wilde Mensch war nach seiner Meinung nur wenigen Leidenschaften unterworfen. Er kannte keinen Beruf, keine Sprache, keinen Wohnsitz, keinen Krieg. Ihm waren nur die Einsichten und Empfindungen geläufig, die dem Naturzustand entsprachen. Er fühlte nichts anderes als seine wahren Bedürfnisse. So konnte sich sein Verstand nicht weiterentwickeln. Stieß er unvermutet auf eine Entdeckung, so konnte er sie niemandem mitteilen, da er nicht einmal seine eigenen Kinder kannte. „Jede Fertigkeit starb mit ihrem Erfinder aus. Es gab weder Erziehung noch Fortschritt. Geschlecht folgte auf Geschlecht, ohne dass darin ein Sinn zu liegen schien. Jede neue Generation musste wieder von vorn beginnen. Jahrhunderte verstrichen, aber die Menschen verharrten in ihrem Zustand der Plumpheit. Die Gattung war schon alt, doch der Mensch blieb stets ein Kind" (Rousseau 1953, S. 81). Nicht der Naturzustand selbst, sondern die Epoche der entstehenden Gesellschaft, „als sich die menschlichen Fähigkeiten entwickelten", war daher für Rousseau die glücklichste Zeit der Menschheit, „denn sie hält zwischen der Trägheit des ursprünglichen Zustandes und der törichten Wirksamkeit unserer Eigenliebe die richtige Mitte". Aber auch diese Zeit ist unwiederbringlich vorbei. „Der Mensch wurde böse, als er gesellig wurde. Die Menschen und die gesamte Weltordnung sind seit jener Zeit auf den Stand herabgesunken, auf dem wir sie heute antreffen" (Rousseau 1953, S. 84).

Im Gegensatz zu Rousseau sieht Voltaire nicht in der Zeit des Übergangs der ursprünglichen Wildheit des Menschen in die Epoche der entstehenden Gesellschaft die wichtigste Epoche der Menschheit, sondern für ihn ist der bisherige Höhepunkt die Epoche des französischen Bürgertums, dem er selbst entstammt. Sein umfangreiches „Essai sur les moeurs", in dem er diese Ansicht zu begründen versucht, ist eine Universalgeschichte des menschlichen Geistes, die sich nicht mehr nur auf die Wiedergabe der großen politischen Ereignisse beschränkt, sondern die Geschichte der Veränderungen, Lebensgewohnheiten und Sitten der Völker beschreibt und somit eines der ersten ethnographischen Dokumente darstellt. Dabei ist er sich der Subjektivität der eigenen Sichtweise bewusst, wenn er sagt: „Wir müssen uns vor unserer Gewohnheit hüten, alles nach unseren Gebräuchen zu beurteilen" (Voltaire 1878, XI, S. 208; vgl. Kohl 1981, S. 81). Doch es gibt für ihn Regeln, die allen Menschen von Gott eingeschrieben sind und die den Geschichtsverlauf bestimmen. Es sind der Hang zur Geselligkeit und die sich gegenseitig die Waage haltenden Kräfte der „Leidenschaft" und der „universellen Vernunft", jene „von der Natur in unsere Herzen eingeprägten Eigenschaften, in denen sich alle Völker gleichen und die, bei allen äußeren Unterschieden der menschlichen Rassen, die Einheit der Gattung und ihrer Geschichte verbürgen" (Voltaire 1878, XII, S. 370; vgl. Kohl 1981, S. 155 f.).

Ursprünglich hatte Voltaire nicht daran gedacht, die Geschichte der wilden Völker ohne Zivilisation im Rahmen seines Essays zu berücksichtigen, da man aus ihr keine Lehren ziehen könne. So sagt er im Vorwort von 1756: „Man muss die Augen abwenden von jenen wilden Zeiten, die

die Schande der Natur sind." Doch unter dem Einfluss Rousseaus er-
gänzte er in der Neuauflage sein Geschichtswerk mit längeren Ausführungen über die wilden Völker Afrikas und Amerikas. Während er schon
früher den großen Kulturen des Orients jeweils eigene Abschnitte ge-
widmet hatte und damit auch formal deren Eigenständigkeit gegenüber
den europäischen Nationen zum Ausdruck brachte, erfolgt erst in der
Neuauflage von 1761 die Beschreibung der amerikanischen und afrikanischen Gesellschaften im Rahmen ihrer Entdeckung und Eroberung durch
die europäischen Kolonialmächte. So werden dort die Entdeckungsfahrten des Kolumbus, die Eroberungszüge von Cortés und Pizarro, die Geschichte der europäischen Niederlassungen in Brasilien und Nordamerika, das Wirken der Jesuiten in Paraguay und die langwierige Besiedlung
Amerikas abgehandelt. Darüber hinaus werden auch die physischen
Merkmale, die Lebensgewohnheiten, Gesellschafts- und Religionsformen
der westafrikanischen Völker, der Kaffern und der Hottentotten in Zusammenhang mit der Geschichte der portugiesischen Entdeckungsfahrten und des Sklavenhandels geschildert. Im Verlauf seiner Ausführungen
kommt er jedoch zu höchst problematischen Ansichten, die man heute
als Xenophobie vor allem in der speziellen Form der damals unter den
Gelehrten Europas weit verbreiteten Negrophobie ansehen muss. Denn
bei aller moralischer Empörung, mit der Voltaire die Grausamkeiten der
Kolonisatoren und die Unmenschlichkeiten des Sklavenhandels verurteilt, bildet für ihn der geringe Widerstand, den all diese Völkerschaften
ihrer Unterwerfung, Versklavung und Ausrottung durch die Europäer
entgegenzusetzen vermochten, einen Gradmesser dafür, in welchem Ausmaß die dem von Rousseau gepriesenen Naturzustand noch am nächsten
stehenden Gesellschaften den zivilisierten europäischen tatsächlich unterlegen sind. So sagt er von den Schwarzen Afrikas: „Die Rasse der Neger
ist eine Menschengattung, die von der unsern so verschieden ist, wie die
Hühnerhunde von den Windspielen" (Voltaire 1867, 5. Teil, S. 39).
„Weder ihre schwarze Haut noch ihre schwarze Wolle gleicht unserer
Haut und unserm Haar. Auch ist die Form ihrer Augen nicht die unsere."
Und Voltaire glaubt auch sagen zu können, dass ihre Intelligenz von sehr
untergeordneter Art ist: „Daher kommt es, dass die Neger die Sklaven
der anderen Menschen sind. Man kauft sie an den Küsten Afrikas wie
Vieh, und die zahlreiche Menge dieser nach unsern amerikanischen
Kolonien versetzten Schwarzen dient einer sehr kleinen Zahl von Euro-
päern", und er fügt in Bezug auf die Eroberung der Neuen Welt hinzu:

„Die Erfahrung hat auch gelehrt, wie überlegen diese Europäer den Ame-rikanern sind, welche, allenthalben besiegt, niemals gewagt haben, eine Revolution zu versuchen, obwohl sie mehr als tausend gegen einen waren" (Voltaire 1867, 5. Teil, S. 65 f.).

Die Hauptursache für die Vernichtung dieser Völker liegt daher für Voltaire bei ihnen selbst, nämlich in der mangelnden Ausbildung der Ver-standeskraft. Denn die Neger glauben, da sie „keiner großen Aufmerksam-keit fähig sind" und auch „wenig kombinieren", nur deswegen „in Guinea geboren zu sein, um an die Weißen verkauft zu werden und ihnen zu die-nen" (zit. nach Kohl 1981, S. 162). So befanden sich die westafrikanischen Stammesgesellschaften zum Zeitpunkt ihrer Entdeckung durch die Portu-giesen zum größten Teil noch im „ersten Stadium der Dumpfheit (premier degré de stupidité)", das darin besteht, „nur an die Gegenwart zu denken und an die Bedürfnisse des Körpers". Die „sanften und unschuldigen Sit-ten" der Hottentotten zeigen dagegen an, dass sie bereits einen „zweiten Grad der Dumpfheit" erreicht hatten, der „eine formlose und auf gemein-samen Bedürfnissen gegründete Gesellschaft erlaubt". „Zwischen diesen beiden Graden der Schwachsinnigkeit (imbecillité) und der beginnenden Vernunft (raison commencée) hat mehr als nur eine Nation Jahrhunderte lang gelebt" (Voltaire 1878, XII, S. 358; vgl. Kohl 1981, S. 162).

Während die Negrophobie bei Voltaire derart ausgeprägt ist, kann man ihm keinesfalls Islamophobie vorwerfen. Im Gegenteil ist er der Mei-nung, dass „die Araber Asien, Afrika und einen Teil Spaniens zivilisiert haben" bis zu der Zeit, als sie vertrieben wurden, worauf „Unwissenheit alle diese schönen Länder bedeckte" (Voltaire 1867, 5. Teil, S. 265 f.). Und er vertritt auch die Auffassung, dass „man sich nicht weniger irrt, wenn man glaubt, die Religion der Mohammedaner sei nur durch Waf-fengewalt eingeführt worden". Die Spaltung in Sunniten und Schiiten ist für ihn gleichfalls nicht durch Gewalt erfolgt. Denn „die Sekte Omars bekämpft die Sekte Alis durch das Wort" (Voltaire 1867, 5. Teil, S. 272). Von den Sitten der Türken sagt er, dass sie einen großen Kontrast zeigen: „Dieses Volk ist zugleich grausam und wohltätig; es ist eigennützig, und begeht doch niemals Diebstahl. Ihrer Religion unerschütterlich treu, has-sen und verachten sie die Christen, die sie als Götzendiener betrachten und die sie aber trotzdem in der Hauptstadt sowie in ihrem ganzen Reich dulden und beschützen" (Voltaire 1867, 5. Teil, S. 235).

Aber was die Amerikaner anbelangt, so stimme man nach seiner Mei-nung allgemein darin überein, „dass der menschliche Verstand in der

Neuen Welt im Allgemeinen nicht so ausgeformt ist wie in der alten". So waren die Peruaner wegen ihrer wissenschaftlichen, besonders astronomischen Kenntnisse und architektonischen Leistungen in Voltaires Augen zwar „die zivilisierteste Nation der Neuen Welt" (Voltaire 1867, 5. Teil, S. 85). Aber sie waren auch „sanfte und schwache Menschen", was zugleich die Ursache ihres Untergangs war. Denn sogar dann, als sich die Eroberer Perus, Pizarro und Almagro, in den Haaren lagen und einander blutige Gefechte lieferten, wagten es die Peruaner nicht, die Schwächung ihres gemeinsamen Feindes zu nutzen; im Gegenteil warteten sie „in stupider Ruhe ab, von welche Partei ihrer Vernichter sie unterworfen werden würden" (Voltaire 1867, 5. Teil, S. 88).

Anstelle des Bildes, das Rousseau vom einsamen Wilden entworfen hat, kann Voltaire, indem er sich bereits auf die Berichte der Reisenden und Missionare beruft, feststellen, dass „unter so vielen von uns und auch untereinander verschiedenen Nationen nirgends isolierte und ungesellige Menschen gefunden, die nach Art der Tiere blind umherirren, sich aufs Geratewohl begatten und ihre Weibchen verlassen, um allein auf Nahrungssuche zu gehen. Es muss wohl so sein, dass sich die menschliche Natur nicht mit diesem Zustand verträgt, und dass der Instinkt der Gattung sie zur Gesellschaft ebenso drängt wie zur Freiheit" (zit. nach Kohl 1981, S. 163). Mit der Vorstellung, dass die unterschiedlichen Entwicklungsstadien, auf denen sich die Gesellschaften Afrikas und Amerikas zum Zeitpunkt ihrer Entdeckung durch die Europäer befanden, die einzelnen Etappen der menschlichen Vorgeschichte darstellen, dienen sie Voltaire als lebende Zeugen dafür, welch ungeheuren Zeitraumes es bedurfte, bis sich die Menschheit aus dem tierischen Zustand erhob, in welchem sie so lange verharrt hatte.

Doch diese Annahme von unterschiedlichen Entwicklungsstadien der Menschheit, die sich im Laufe der Zeit nicht ausgeglichen, sondern eher verfestigt haben, hat heutzutage zu der Vorstellung eines „Kampfes der Kulturen" geführt, die nicht zu Unrecht als eine Art von „Neorassismus" bezeichnet wird. Denn sie ist eine Denkweise, die kulturelle Differenzen anstelle von genetischer Ausstattung für „angeboren, unauslöschlich und unveränderbar" erklärt (vgl. Fredrickson 2004, S. 13).

Kultur als Schicksal: Neorassismus

Diese neue Form des Rassismus ist politisch motiviert und beruft sich auf die Unterschiede der Kulturen, vor allem zwischen Orient und Okzident. Es war der Orientalist Bernard Lewis, der in der auf Sicherheitsfragen spezialisierten Zeitschrift „Atlantic Monthly" nach den „Wurzeln der islamischen Wut" fragte und in diesem Zusammenhang von einem „Clash of Civilizations" sprach, als „der historischen Reaktion eines alten Rivalen auf unser christlich-jüdisches Erbe, unsere laizistische Gegenwart und die weltweite Expansion von beiden" (Lewis 1990, S. 60; vgl. Huntington 1998, S. 341). Den Durchbruch in der sicherheitspolitischen Debatte brachte jedoch der 1993 in „Foreign Affairs" erschienene Aufsatz „The Clash of Civilizations?" von Samuel P. Huntington, worin dieser apodiktisch feststellte: „Unterschiede zwischen Zivilisationen sind nicht nur real; sie sind grundlegend. Sie sind viel fundamentaler als die Unterschiede zwischen politischen Ideologien und politischen Regimen" (Huntington 1993, S. 25). Er ist der Meinung, dass diese Unterschiede zwischen den Kulturen über die Jahrhunderte hinweg die längsten und gewalttätigsten Konflikte erzeugt haben, die in ihrem schicksalhaften Charakter wie Naturkatastrophen jedem politischen Handeln entzogen sind (vgl. Ruf 2012, S. 18 f.).

Die Konsequenz aus dieser Ansicht besteht für Huntington darin, dass „der Westen" aufhören müsse, seine einzigartigen Werte, wie die Trennung von geistlicher und weltlicher Autorität, Demokratie und Rechtsstaatlichkeit, den anderen Kulturen aufzudrängen, die unfähig gewesen seien, diese selbst zu entwickeln, und auch heute nicht fähig seien, sich an sie zu adaptieren. Das aber muss letztlich als „kulturalistisch verbrämter Rassismus" (Ruf 2012, S. 21) angesehen werden. Doch darf man bei Huntington nicht übersehen, dass er ursprünglich den Titel seines bekannten Aufsatzes mit einem Fragezeichen versehen hat und in einem umfangreichen Werk den „Clash of Civilizations" oder, wie es in der deutschen Übersetzung heißt, den „Kampf der Kulturen" zu begründen versucht hat (Huntington 1998). Doch die Begründung dieser ausdrücklich als „Hypothese" formulierten Ansicht, dass alle Auseinandersetzungen auf unserer Welt von Konflikten zwischen den großen Kulturkreisen bestimmt werden, leidet von allem Anfang an unter der begrifflichen Unklarheit der Bezeichnungen „Kultur" und „Zivilisation". Wenn Huntington feststellt, dass „die Menschheit in Untergruppen, in Stämme,

Nationen und größere zivilisatorische Einheiten zerfällt, die man für gewöhnlich Kulturen nennt" (Huntington 1998, S. 77), und von „Kulturkreisen" spricht, dann sind es für ihn als Leiter eines Instituts für Strategische Studien an der Universität Harvard und Berater des US-Außenministeriums eigentlich geopolitische Einheiten, welche die zukünftigen Konflikte auf dieser Erde bestimmen werden.

Abgesehen von dem seit der Zeit der philosophischen Aufklärung in Europa begegnenden Gebrauch des Begriffes „Zivilisation" im Singular als Gegenbegriff zur „Barbarei" oder „Wildheit", herrscht ziemliche Übereinstimmung bei den Kulturhistorikern über mindestens zwölf große Hochkulturen, von denen sieben nicht mehr existieren (mesopotamische, ägyptische, kretische, klassische, byzantinische, mittelamerikanische und Anden-Kultur) und fünf noch vorhanden sind (die chinesische, japanische, indische, islamische und westliche). Im Hinblick auf die Analyse der internationalen politischen Implikationen von Kulturen in der heutigen Welt empfiehlt es sich nach Huntingtons Meinung, zu diesen Kulturkreisen noch die „lateinamerikanische, die orthodoxe und möglicherweise die afrikanische Kultur hinzuzufügen" (Huntington 1998, S. 77). Der afrikanische Kulturkreis Huntingtons ist, wie er selbst weiß, jedoch eine bloß hypothetische Konstruktion. Die meisten Kulturtheoretiker anerkennen keine eigene afrikanische Kultur. Der Norden des afrikanischen Kontinents und seine Ostküste gehören zum islamischen Kulturkreis. Äthiopien mit seinen besonderen Institutionen, seiner monophysitischen Kirche und seiner Schriftsprache stellte schon früh eine eigene Kultur dar. Anderswo floss mit dem europäischen Imperialismus westliche Kultur ein. In Südafrika schufen holländische, französische und später englische Siedler eine vielfältige europäische Kultur. Außerdem sind in ganz Afrika Stammesidentitäten ausgeprägt.

Die sogenannte „westliche" Kultur nimmt nach Huntington in dieser Auflistung der „Kulturkreise" oder „Zivilisationen" eine Sonderstellung ein: „Der Terminus ‚der Westen' wird heute allgemein benutzt, um das zu bezeichnen, was man einmal das christliche Abendland zu nennen pflegte. Der Westen ist damit der einzige Kulturkreis, der mit einer Himmelsrichtung und nicht mit dem Namen eines bestimmten Volkes, einer Religion oder eines geographischen Gebiets identifiziert wird. Das löst diesen Kulturkreis aus seinem geschichtlichen, geographischen und kulturellen Kontext heraus. Historisch gesehen ist westliche Kultur europäische Kultur. Heute ist westliche Kultur euroamerikanische oder nordatlantische Kultur. Europa, Nordamerika und den Atlantik kann man auf einer Landkarte finden, den Westen nicht. Der Name ,der Westen' hat auch zur Bildung des Begriffs ,Verwestlichung' geführt und einer irreführenden Gleichsetzung von Verwestlichung und Modernisierung Vorschub geleistet – es ist leichter, sich die ,Verwestlichung' Japans vorzustellen als seine ,Euroamerikanisierung'. Die europäisch-amerikanische Kultur wird jedoch allgemein als ,westliche' Kultur bezeichnet" (Huntington 1998, S. 60 f.). Und so will Huntington diesen Terminus trotz solcher ernsthaften Nachteile beibehalten.

Der „Westen" umfasst nach Huntington also Europa, Nordamerika sowie andere von Europäern besiedelte Länder wie Australien und Neuseeland. Das Verhältnis zwischen den beiden Hauptkomponenten des Westens hat sich jedoch im Laufe der Zeit verändert. Die Amerikaner definierten ihre Gesellschaft lange Zeit als Gegensatz zu Europa. Amerika war das Land der Freiheit, der Gleichheit, der Möglichkeiten, der Zukunft; Europa stand für Bedrückung, Klassenkonflikt, Hierarchie, Rückständigkeit. Amerika, so wurde sogar behauptet, sei eine eigene Kultur. Dieses Postulat eines Gegensatzes zwischen Amerika und Europa war zu einem erheblichen Teil eine Folge der Tatsache, dass Amerika mindestens bis Ende des 19. Jahrhunderts nur begrenzte Kontakte zu nicht-westlichen Kulturen hatte. Das Amerika des 19. Jahrhunderts definierte sich über seinen Unterschied und Gegensatz zu Europa; das Amerika des 20. Jahrhunderts definiert sich als Bestandteil und sogar als Führer einer umfassenderen Einheit, eben des Westens, zu der auch Europa gehört (vgl. Huntington 1998, S. 60). Als einzige aller Kulturen hat der Westen einen wesentlichen und manchmal verheerenden Einfluss auf jede andere Kultur gehabt. Das durchgängige Charakteristikum der Welt der Kulturkreise ist infolgedessen das Verhältnis zwischen der Macht und Kultur des Westens und der Macht und Kultur anderer Kreise. In dem Maße, wie die relative Macht anderer Kreise zunimmt, schwindet die Anziehungskraft der westlichen Kultur, und nicht-westliche Völker wenden sich mit zunehmender Zuversicht und Engagiertheit ihrer eigenen, angestammten Kultur zu. Das zentrale Problem in den Beziehungen zwischen dem Westen und dem Rest der Welt ist folglich die Diskrepanz zwischen den Bemühungen des Westens, speziell Amerikas, um Beförderung einer universalen westlichen Kultur und seiner schwindenden Fähigkeit hierzu. Der Fehler, der Huntington in diesem Zusammenhang unterläuft, besteht darin, dass er den Universalismus in welcher Form auch immer ausschließlich als eine charakteristische Vorstellung der westlichen Kultur ansieht.

Das Konzept einer „universalen Kultur" ist für Huntington ein typisches Produkt des westlichen Kulturkreises. Im 19. Jahrhundert diente diese Idee dazu, die Ausweitung der politischen und ökonomischen Dominanz des Westens auf nicht-westliche Gesellschaften zu rechtfertigen. Im ausgehenden 20. Jahrhundert dient das Konzept einer universalen Kultur dazu, die kulturelle Dominanz des Westens über andere Gesellschaften und die Notwendigkeit der Nachahmung westlicher Praktiken und Institutionen durch andere Gesellschaften zu rechtfertigen. Universalismus ist daher für Huntington „die Ideologie des Westens angesichts von Konfrontationen mit nichtwestlichen Kulturen" (Huntington 1998, S. 92). Deshalb vertritt er die Meinung, im „Interesse der kulturellen Koexistenz" in der heutigen Welt „auf Universalismus zu verzichten" (Huntington 1998, S. 526). Doch, wie noch gezeigt werden soll, ist weder der „wissenschaftliche Universalismus" (Needham 1979) noch der ethisch-moralische Universalismus der Menschenrechte eine Erfindung der sogenannten westlichen Kultur. Vielmehr ist der wissenschaftliche Universalismus eine historische Realität, die bereits von allem Anfang der Wissenschaftsgeschichte durch Übersetzungen und Übernahme wissenschaftlicher Erkenntnisse und praktisch-technischer Anwendungen von einer Kultur in die andere gegeben war. Zwar bestanden Schwerpunktsetzungen in den einzelnen Regionen oder Kulturkreisen, wie empirisch-deskriptiv-qualitativ oder theoretisch-quantitativ, aber es gab niemals eine auf eine besondere Kultur oder gar auf eine „Menschenrasse" beschränkte Wissenschaft. Alte abwertende Vorstellungen von einer primitiven Wissenschaft der Babylonier, Araber oder Türken im Nahen Osten und der Inder oder Chinesen im Fernen Osten haben sich als unzutreffend erwiesen, während Unterscheidungen wie zwischen einer „jüdischen Physik" und einer „deutschen Physik" nichts anderes als Zerrbilder eines nationalistischen Rassismus darstellen. Was aber die Universalität der Menschenrechte betrifft, so sind sie keineswegs bloß „universale Dispositionen" einer „dünnen minimalistischen Moral" (Huntington 1998, S. 525), sondern unverzichtbare fundamentale Gesetzmäßigkeiten, ohne die die in verschiedene geographische Regionen und Kulturkreise aufgespaltene Menschheit in Fremdenhass und Fremdenfeindschaft versinken würde.

1. Der Umgang mit Fremden in der Antike

Die Beschäftigung mit den alten Quellen über die Xenophobie in der Geschichte der Menschheit hat das Ziel, nachzuweisen, dass die dort feststellbaren Ansichten von den Fremden über die Jahrhunderte, sogar Jahrtausende hinweg bis heute wirksam sind – gleichgültig, ob sie objektiv wahr oder subjektiv durch Ängste, Eroberungs- oder Rachegelüste gefärbt oder sogar bewusst aus Propagandazwecken verfälscht sind. Diese Vorstellungen, welche die alten Geschichtsschreiber und reisenden Ethnographen über fremde Völker überliefert haben, sind in der Tradition jedes Landes fest verankert und bestimmen noch heute die öffentliche Meinung. Bei so weit zurückliegenden Nachrichten über den Umgang mit Fremden ergibt sich aber zwangsläufig die Frage nach ihrem Wahrheitsgehalt, eine Frage, die auch schon in den ersten Ansätzen der Ethnographie gestellt wurde.

Es war der durch seine Naturgeschichte berühmte französische Naturforscher Georges-Louis Leclerc de Buffon (1707–1788), der diese Frage zum ersten Mal in aller Deutlichkeit aufgegriffen hat: „Die Menschen, die sich die Mühe nehmen, Dinge in der Ferne zu sehen, glauben, sich wegen ihren mühevollen Arbeiten zu entschädigen, indem sie diese Dinge wunderbarer machen; wozu frommt es, aus seinem Lande zu gehen, wenn man bei seiner Rückkehr nichts Außerordentliches darzustellen oder zu sagen hat? Daher stammen die Übertreibungen, die Märchen und seltsamen Erzählungen, womit so viele Reisende ihre Schriften besudelten, indem sie glaubten, sie auszuschmücken. Nur mit der Zeit können diese Arten von Irrtümern verbessert werden, das heißt, wenn eine große Zahl neuer Zeugnisse die ersten vernichtet" (Buffon 1847, Bd. 4, S. 373). Ähnlich kritisch drückt sich Alexander von Humboldt zu dieser Frage aus, wenn er feststellt: „Zu einer Zeit, wo man Reisebeschreibungen schrieb, um den Leser angenehm zu unterhalten, nicht um ihn zu ermüden oder um ihn belehren zu wollen, da war das Wunderbare ein unumgänglicher Zierrat jeglicher Schilderung eines fernen Landes. Die Übertreibungen waren fast nur Erinnerungen aus dem Altertum, Widerschein früherer Überlieferungen der Griechen" (Humboldt 1837, S. 162).

Die Antike kann man daher auch als das Vorspiel der gesamten europäischen oder besser gesagt eurozentrischen Xenophobie betrachten. Denn war es zunächst die Feindschaft der Griechen gegenüber den Persern und den Nomadenvölkern des Ostens, wie zum Beispiel gegenüber den Skythen, so war es darauf die lang andauernde Feindschaft der Römer gegen die Karthager wie auch gegen die Gallier und Germanen, die das Bild des fremden Volkes mit seinen abweichenden Sitten und Gebräuchen prägte. Für das eigene Volk stellten solche unverständlichen, zum Teil auch grausamen Sitten und Verhaltensweisen eine sowohl moralische als auch wirtschaftliche Bedrohung dar, die früher oder später in kriegerische Auseinandersetzungen ausarten musste. Die Abschirmung fremder verderblicher Einflüsse war daher von allem Anfang an die Grundlage der kritischen Beurteilung der Fremden, die sich bis zu den menschenverachtenden Vorstellungen von minderwertigen unzivilisierten Barbaren und Sklaven von Geburt aus steigerte.

Das Verhalten der alten Ägypter und Babylonier gegen Fremde

Historisch an erster Stelle der Nachrichten über den Umgang mit Fremden steht allerdings nicht Griechenland oder Rom, sondern das alte Ägypten. Seit der Entzifferung der Hieroglyphen hat man festgestellt, dass nicht nur antike Quellen zur Beurteilung des Verhaltens der Ägypter gegen Fremde vorhanden sind, sondern dass es dazu seit dem Mittleren und Neueren Reich, also seit Tausenden von Jahren, auch Stellungnahmen der Ägypter selbst gibt. Dabei ist es notwendig, drei Ebenen zu unterscheiden: Die erste Ebene ist die theologisch-philosophische und staatstheoretische Konzeption. Die zweite Ebene ist die der Literatur und die dritte Ebene die des praktischen Umgangs mit den Fremden im Alltag der Ägypter. Zu allen drei Ebenen liegen schriftliche Dokumente vor (vgl. Zeidler in: Riemer/Riemer 2005).

Auf der ersten und höchsten Ebene ist das grundlegende Prinzip der ägyptischen Weltordnung, die Dualität, entscheidend. Sie hat auch die Entstehung des ägyptischen Staates bestimmt, der aus dem Wirken zweier Gegenspieler hervorgeht: der Anhänger des Sonnengottes Re und der Rotte des schlangengestaltigen Apophis, womit alle Widersacher der

Weltordnung gemeint sind, sowohl die Rebellen im Innern als auch die Feinde von außen. Fremdheit wird aus Gründen religiöser Differenzen als Feindschaft angesehen. Die Fremden sind Feinde, weil sie Religionsfrevler und Tempelschänder sind, charakterisiert durch den Abfall von der religiösen Weltordnung, während Zugehörigkeit durch Loyalität ihr gegenüber definiert ist (vgl. Assmann 2000, S. 238 ff.). Später im Mittleren Reich ist die als politisch-kulturelle Zugehörigkeit verstandene Gemeinschaft nicht so sehr auf die Religion, sondern stärker auf die ägyptische Sprache und Kultur bezogen. Auch das Territorium spielt eine Rolle, ist aber im Hinblick auf die Ausdehnung des Landes beträchtlichen Schwankungen unterworfen.

In der Literatur, in den Königsinschriften und Lebenslehren, wird schon konkreter von den Charaktereigenschaften der Fremden, so zum Beispiel von der angeblichen Feigheit und Hinterhältigkeit der Nubier oder Asiaten, gesprochen. In einer Abschrift eines von Amenophis II. mit eigener Hand ausgefertigten Befehls heißt es: „Traue ja nicht den Nubiern, sondern hüte dich vor ihren Leuten und ihren Zauberern. Hör nicht auf ihre Worte, und kümmere dich nicht um ihre Botschaften" (Zeidler 2005, S. 46). Und in der Schulliteratur des Neuen Reiches ist von der zum Sprichwort gewordenen angeblichen Dummheit der Nubier die Rede. Aber auch für die Eingliederung der Fremden im Alltagsleben der Ägypter gibt es viele Beispiele. So wurden die Nubier als Kriegsgefangene in die Dienste eines Palastes oder Tempels gestellt und geschlossen angesiedelt. Dabei handelte es sich meist um Soldaten- und Polizeitruppen (vgl. Zeidler 2005, S. 47). Weitere Beispiele für solche Eingliederung von fremden Gefangenen sind die Afrikaner und Asiaten, die auch in Backstuben und Weinkellern beschäftigt waren. Auch viele hohe Beamte stammten aus dem Ausland oder waren Nachkommen von Fremden. Besonders geschätzt waren fremde Handwerker, die neue Fertigkeiten mitbrachten, die in Ägypten gebraucht wurden. Sehr früh wurden Kundschafter und Dolmetscher erwähnt, die aus eroberten Gebieten stammten. Und es gab im Neuen Reich auch nubische und lybische Tänzer, asiatische Sänger und Sängerinnen, syrische Diener und nubische Ammen (vgl. Zeidler 2005, S. 48).

In der Perserzeit (500–400 v. Chr.) lebten in Ägypten trotz einiger Spannungen Ägypter, Perser und Juden, später auch Griechen auf relativ engem Raum in offensichtlicher Toleranz zusammen. Die Verschiedenheit des Aussehens, der Lebensweise und der Sprache galt als vom Schöpfer gewollt. Weder Fremdheit noch Feindschaft oder auch Zugehörigkeit wurden primär durch besondere körperliche oder charakterliche Eigenschaften der Fremden definiert, sondern durch das Verhalten im Bezug auf die dem ägyptischen Staat zugrunde liegende Weltordnung bestimmt: Wer die bestehende Weltordnung nicht kennt, ist ein Fremder; wer sich gegen sie auflehnt, ist ein Feind (vgl. Zeidler 2005, S. 57). Doch es gab auch eine ausgesprochene Xenophobie gegen Griechen. Das bezeugen Urkunden der Ptolemäerzeit, wie der Bericht eines Griechen aus dem Jahr 163 v. Chr. zeigt: „Mir wird Unrecht getan von denen, die in demselben Tempel als Reiniger und Bäcker dienen, sie drangen in den Tempel, in dem ich mich aufhalte, gewaltsam ein, um mich herauszuschleppen und mich stumm zu machen, wie sie es schon früher, während des Aufstandes, unternommen hatten, weil ich ein Hellene bin. Als ich nun erkannte, dass sie von Sinnen waren, schloss ich mich ein; aber einen von meinen Leuten fanden sie auf der Tempelstraße, warfen ihn nieder und verprügelten ihn mit den bronzenen Schabern" (Hengstl 1978, S. 104–107).

In Mesopotamien galten im 3. Jahrtausend fremde Nomaden als ein Volk, das keine Kontrolle verträgt, das weder Gottesfurcht noch Kulte und Satzungen kennt. Eine altbabylonische Quelle spottet über die Nomadenstämme als Leute, die keine Häuser und keine Städte besitzen. Sie werden als Tölpel bezeichnet, die im Hochland wohnen, kein Getreide kennen und nach dem Tod ihre Leichen nicht bestatten. In den altorientalischen Fluchtafeln werden die Fremden als „Söhne von Tauben, Toren, Lahmen, Verantwortungslosen, Hunden" bezeichnet. Sie sind Nicht-Babylonier und werden damit sogar als Nicht-Menschen angesehen. Nicht viel anders steht es um die ägyptische Gleichsetzung von „Ägypter" und „Mensch", die eine zutiefst misstrauische, ablehnende Einstellung allem Fremdartigen gegenüber zeigt (vgl. Weiler 1983).

Barbaren und Sklaven von Geburt aus: Die Fremden bei den Griechen

Die Verhaltensweisen der Griechen gegenüber den Fremden im klassischen Altertum lassen sich nicht auf eine einfache Formel bringen, schon deswegen nicht, weil sie regional und entwicklungsgeschichtlich auf unterschiedlichen Einstellungen und Zielsetzungen beruhen. Das gilt

Abb. 2: Die Autoren der Antike: Herodot, Platon und Aristoteles (Zusammenstellung von Porträts aus Herodot 1763 und von römischen Kopien der Büsten Platons und Aristoteles')

sowohl für den „Vater der Geschichtsschreibung", Herodot von Halikarnass, als auch für die großen klassischen Philosophen Platon und Aristoteles.

Herodot richtet sich in seinem Geschichtswerk and die Griechen des 5. Jahrhunderts, die gerade, nachdem sie die persische Weltmacht besiegt hatten, zu ihrem eigenen Selbstbewusstsein als Hellenen fanden. Die Bezeichnung „Hellenen", die ursprünglich nur auf einen thessalischen Stamm in Griechenland bezogen war, wurde von Herodot bereits als Gegenbegriff zu den fremden „Barbaren" verwendet und setzte sich dann allgemein als Name für alle Griechen durch. Seine Darstellung des Krieges der griechischen Stadtstaaten gegen die persische Übermacht diente zur eigenen Identitätsfindung als einer Kultur mit einer gemeinsamen Geschichte. Auch die ethnographischen Beschreibungen der andersartigen Lebensgewohnheiten und Sitten der Ägypter und Perser, der Babylonier und Skythen erfüllten die Funktion, aus dem Kontrast das Gemeinsame der Hellenen ins Bewusstsein zu heben. So bilden Berichte über die persische Gesetzgebung einen bedeutenden Teil des Werkes von Herodot, mit der offensichtlichen Absicht, die Perser wirklich zu verstehen, um die Kriegsschuld ermitteln zu können.

Gegenüber den herumschweifenden wilden Nomadenstämmen äußert sich Herodot aber ausgesprochen fremdenfeindlich. Es sind vor allem die Skythen, von deren Sitten und Gebräuchen er die schauerlichsten Berichte liefert. So sagt er über die Gewohnheiten, welche die Skythen im Krieg befolgen: „Von dem ersten Menschen, den der Skythe erlegt, trinkt er das Blut, so wie er die Köpfe derer, die durch ihn im Treffen gefallen sind, dem König bringt. Denn kann er diesem einen Kopf bringen, so hat er Anteil an der Beute; außerdem aber nicht" (Herodot 1794, Bd. 2, S. 162). Man erfährt auch von Herodot, dass nicht die nordamerikanischen Indianer die Ersten waren, welche die grausige Gepflogenheit des Skalpierens ihrer getöteten Feinde erfunden haben, sondern die Skythen: „Demselben die Haut abzuziehen macht der Skythe zuerst bei den Ohren rings herum einen Schnitt; dann fasst er oben den Schopf, und reißt die Haut herab. Diese reibt und bearbeitet er darauf mit den Händen und schabt hernach das Fleisch mit einer Ochsenrippe ab. Hat er dieselben auf diese Art geschmeidig genug gemacht, so dienen sie ihm dann statt eines Handtuchs. Er hängt sie an den Zaum seines Reitpferdes als ein Zeichen der Ehre und des Sieges; denn je mehr solche Handtücher bei ihnen einer aufweisen kann, desto braver ist der Mann" (Herodot 1794, Bd. 2, S. 162). Von den Massageten berichtet Herodot: „Ist jemand sehr alt, so kommen die Verwandten zusammen, schlachten ihn nebst anderem Vieh, und kochen und essen das Fleisch, welches bei ihnen für eine große Glückseligkeit gehalten wird. Stirbt aber jemand an einer Krankheit, so wird er nicht gegessen, sondern begraben, und man hält es für einen großen Verlust, dass man ihn nicht schlachten konnte" (Herodot 1794, Bd. 1, S. 216). Ähnliche Gebräuche überlieferte Herodot von anderen wilden Stämmen Asiens, die ihre in Stücke gehauenen Toten zusammen mit Stücken von geschlachtetem Vieh vermengen und daraus ein festliches Mahl bereiten. Doch überall gilt bei diesen menschenfressenden Wilden, dass man sich vom Fleisch eines durch Krankheit Verstorbenen hüten muss (Herodot 1794, Bd. 3, S. 99). Die rohesten Barbaren sind aber jene Nomaden, die nördlich noch weit hinter den Skythen leben. Sie bezeichnet Herodot einfach als Anthropophagen (Menschenfresser). Sie haben weder Gesetze noch Gerichte und sind am wenigsten gebildet unter allen Völkern (Herodot 1794, Bd. 4, S. 18 und 106). Trotz der Verdammung der barbarischen Sitte der Menschenfresserei ist sich Herodot durchaus bewusst, dass alle Menschen aus Tradition die Gesetze wählen würden, welche der Verfassung ihres Vaterlandes entsprechen. Als Bei-

spiel erwähnt er die Leute eines indischen Volksstammes, bei denen es
Sitte ist, ihre verstorbenen Eltern zu essen, und die auf die Frage, für wie
viel Geld sie ihre Väter wohl verbrennen würden, laut schrien und baten,
über etwas Angenehmeres zu reden. Abschließend stellt Herodot dazu
fest: „So viel vermögen also Sitten und Gebräuche" (Herodot 1794,
Bd. 3, S. 38). Das aber bedeutet nichts anderes, als dass die Tradition
eines Landes die unterschiedlichen Gesetze bestimmt.

Dass aber eingewanderte Völker sich nicht an die Gesetze des Landes
halten, das sie aufgenommen hat, illustriert Herodot an dem grausigen
Beispiel einer skythischen Nomadenhorde, die von den Medern als Gastfreunde aufgenommen wurde. „Sie waren hoch geschätzt, weil sie junge
Leute in ihrer Sprache und im Bogenschießen unterrichteten und immer
auf die Jagd gingen. Doch als sie ein Mal mit leeren Händen zurück-
kamen, wurden sie sehr hart und schimpflich behandelt. Da entschlossen
sie sich, wegen dieser unverdienten Schmach einen von den Knaben, die
sie unterrichteten, zu zerstückeln. Dies taten sie, richteten den Knaben
als Wildbret her, und setzten ihn so dem regierenden Herrscher vor"
(Herodot 1794, Bd. 1, S. 73).

Fremdenhass und Verachtung gegenüber den Persern wurden besonders deutlich, als sich der sagenhaft reiche Lyderkönig Krösus zu einem
Krieg gegen sie entschloss. Während der Zurüstung dazu stellte ihm ein
Lyder, der bei seinen Landsleuten als weiser Mann galt, folgende Frage,
die zeigt, dass die Perser von vornherein als unzivilisierte Wilde angesehen wurden: „Gegen Leute, König, willst du einen Feldzug unternehmen,
welche lederne Beinkleider und Röcke tragen? Welche nicht essen, was
sie mögen, sondern was sie haben, und in einer wilden Gegend wohnen;
überdies keinen Wein, sondern nur Wasser trinken, weder Feigen noch
sonst was Gutes zu essen haben? Gesetzt nun, du siegst, was willst du
ihnen abnehmen. Sie haben ja nichts. Und wirst du geschlagen, so be-
denke doch, was du alles dabei verlierst! Haben sie einmal unsere Schätze
gekostet, so werden sie diese gewiss festhalten und nicht mehr abtreten"
(Herodot 1794, Bd. 1, S. 65). Mit einem Wort, die Perser wurden als räuberische Barbaren und als wirtschaftliche Bedrohung angesehen.

Die Bezeichnung „Barbaren" (wörtlich: „Stammler, Stotterer") wird
erstmals bei Homer (Ilias II, Vers 867) als Bezeichnung für alle diejenigen
verwendet, die nicht oder nur schlecht Griechisch sprechen. Mit dieser
Ausgangsbedeutung ist aber oft auch die Nebenbedeutung „ungebildet,
roh, feige, grausam, wild, gewalttätig, habgierig und treulos" verbunden.

Als negative Bezeichnung, vor allem im propagandistischen Sinn, gelangte der Begriff des Barbaren durch die Perserkriege (490–449 v. Chr.) bei den Griechen in den alltäglichen Sprachgebrauch. Durch die Erbfeindschaft zwischen Hellas und Persien entstand bei der griechischen Bevölkerung eine strikte Ablehnung der fremden Rasse, Sprache und Kultur des Kriegsgegners. Nicht so bei Herodot, der die Perser und andere Nationen keineswegs nur als fremde Barbarenvölker ansieht, sondern sich bemüht, wie er selbst in seiner Vorrede zu den Historien sagt, „die Ursachen ihrer gegenseitigen Kriege" anzugeben. Durch diesen Versuch Herodots, sich auf die Perspektive anderer Kulturen einzulassen, wird die doppelte Bedeutung des griechischen Begriffs „xenos" klarer, der nicht nur „Fremder" meint, sondern auch „Gastfreund" bedeutet. Schon in der Ilias Homers wird deutlich, dass nach den Gepflogenheiten des Gastrechtes Fremde anständig behandelt werden müssen. Das gilt auch für die nächste Generation, wenn ihre Ahnen bereits durch das Gastrecht verbunden waren. Das klassische Beispiel bei Homer ist die Beziehung zwischen Glaukos und Diomedes, deren Großväter Gastfreunde waren und die sich nicht in der Schlacht vor Troja bekämpfen, obwohl sie dort eigentlich als Feinde aufeinandertreffen. Noch eindringlicher ist die Gastfreundschaft geboten, wenn ein Fremder als Bittsteller kommt. So begibt sich der Herrscher Trojas, Priamos, als fremder feindlicher Bittsteller ins Lager der Griechen und bittet Achill, den Leichnam Hektors auslösen zu dürfen. Achill gibt den Leichnam Hektors gegen Lösegeld heraus und bewirtet Priamos als Gastfreund.

Während Homer in dem Trojaner Hektor auch den heldenhaften Barbaren kennt und die Gastfreundschaft gegenüber Fremden betont und Herodot in objektiver Weise die Ursachen der Kriege zwischen Griechen und Barbaren darstellen will, wobei sich sowohl Verschiedenheit als auch Gleichheit der menschlichen Kulturen zeigen, geht es in den staatstheoretischen Schriften der großen klassischen Philosophen Platon und Aristoteles um die in sich geschlossenen Ordnungsstrukturen der griechischen Stadtstaaten und ihre Verteidigung gegenüber äußeren Einflüssen. Daher überwiegen hier die Feindbilder der Fremden als unerwünschte Eindringlinge, vor denen man sich schützen muss. In Platons Idealstaat wird diese Aufgabe den Wächtern oder Wehrmännern zugeteilt, die dazu bestimmte körperliche und seelische Eigenschaften besitzen müssen: „Nun, scharf müssen sie doch wohl einer wie der andere sein im Wahrnehmen und schnell, um das Wahrgenommene zu ergreifen, und wiederum stark, um im Notfall das Ergriffene zu verfechten" (Platon 1958, S. 112, Politeia 375 a – 376 e). Und was die seelischen Eigenschaften des Wehrmannes betrifft, so muss er nach Platon „eifrig und tapfer sein, wenn er doch gut fechten soll". Wenn aber die Wehrmänner von Natur aus so geartet sein müssen, erhebt sich die Frage, ob sie nicht auch untereinander und gegen andere Bürger gewalttätig sein werden. Vielmehr sollen sie ihrer Aufgabe als Beschützer des Staates entsprechend „gegen alle Befreundeten sanft sein und nur den Feinden gegenüber hart". Aber, fragt Platon, „wo sollen wir eine zugleich sanfte und hocheifrige Gemütsart auffinden? Denn die sanftmütige Natur ist ja derjenigen entgegengesetzt, in welcher der Eifer vorherrscht" (Platon 1958, S. 112). Die Antwort darauf gibt Platon mit einem Vergleich, der die moderne naturwissenschaftliche Erklärung der Xenophobie als angeborene Konstante vorwegnimmt. Allerdings ist es nicht die Berufung auf die Fremdenangst der Kleinkinder, wie sie heute von Verhaltensforschern (Eibl-Eibesfeldt 1991) als angeborener Ursprung der Xenophobie angenommen wird, sondern der Vergleich der Wehrmänner mit den Hunden (vgl. Oeser 2004). Denn für Platon sind es die Hunde, die diese entgegengesetzten psychischen Eigenschaften in sich vereinigen: „Denn du weißt wohl", sagt Platon, „dass das edler Hunde Art ist, von Natur aus gegen Hausgenossen und Bekannte so sanft zu sein wie nur möglich, gegen Unbekannte aber ganz das Gegenteil" (Platon 1958, S. 112). Und dann folgt die Behauptung, dass nicht nur die Wurzeln der Xenophobie, sondern auch die der Zuneigung zu Bekannten bei diesem Tier erfahrungsunabhängig und somit angeboren sind: „Sowie es einen Unbekannten sieht, ist es ihm böse, ohne dass jener ihm zuvor irgendetwas zuleide getan; wenn er aber einen Bekannten sieht, ist es ihm freundlich, wenn dieser ihm auch niemals irgendetwas Gutes erwiesen hat" (Platon 1958, S. 112). Und Platon fügt im Sinne seiner Lehre von der philosophischen Natur des Hundes, wie er sie auch von den Wächtern seines Idealstaates voraussetzt, hinzu, dass diese „herrliche Beschaffenheit" des Hundes darin besteht, dass er „an nichts anderem einen befreundeten Anblick und einen widerwärtigen unterscheidet als daran, dass er den einen kennt und der andere ihm unbekannt ist" (Platon 1958, S. 113). Durch Verstehen des Bekannten oder Nichtverstehen des Unbekannten werden also das Verwandte und das Fremdartige bestimmt. Und dadurch ist für Platon auch das Verhalten im Verkehr mit anderen Staaten geregelt.

Der Idealstaat Platons ist, wie seine Darstellung des Wächterstandes demonstriert, das Urbild einer „geschlossenen Gesellschaft" (Popper

1992). Und er ist auch keine Demokratie, in der alle Menschen, Fremde und Einheimische, gekaufte Männer und Frauen ebenso wie ihre Käufer, Rechtsgleichheit und Freiheit besitzen. Denn die Unersättlichkeit nach Freiheit führt nach Platons Meinung zur Auflösung der Demokratie, und zwar dann, wenn die Bürger sofort unwillig werden und Zwang nicht ertragen, trotzdem er ihnen noch so wenig auferlegt wird. Das führt dazu, dass sie sich zuletzt um die Gesetze gar nicht kümmern, mögen es geschriebene oder ungeschriebene sein. Vor allem aber ist es die Einführung fremder Gepflogenheiten und Gesetze, die den Untergang eines Staates bedeuten. Deshalb muss sowohl die Aufnahme anderswoher kommender Fremder als auch die Reise der eigenen Bürger außer Landes streng geregelt werden. Denn der gegenseitige Verkehr zwischen den Staaten erzeugt Gewohnheiten aller Art, indem Fremde manche Neuerungen hervorrufen. Das aber könnte Staaten, welche vermittels guter Gesetze wohleingerichtet sind, den allergrößten Schaden bringen (Platon 1959, S. 306).

Hinsichtlich der Reisen in andere Länder und Gegenden und der Aufnahme Fremder ist daher nach Platon so zu verfahren: „Keinem, der jünger als vierzig Jahre, ist, sei es irgendwann und irgendwie sowie auch nicht in eigenen Angelegenheiten, zu verreisen gestattet; in öffentlichen dagegen sei das den Herolden und Gesandten gestattet" (Platon 1959, S. 307, Nomoi 950 d). Aber ein derart geschlossener Staat, der bei mangelndem Verkehr mit anderen Staaten gute und schlechte Menschen nicht kennenlernte, könnte auch seine Gesetze bloß durch Gewöhnung nicht aufrechterhalten ohne einen Vergleich mit anderen, deren Kenntnis sehr viel wert sein könnte. Solche als Beobachter entsandte Bürger müssen aber über fünfzig Jahre alt sein und sich im Krieg und in andern Dingen bereits ausgezeichnet haben. Erweisen sich die Erfahrungen des zurückgekehrten Beobachters als besser als die eigenen Gesetze, dann muss er gelobt werden. „Erkennt man dagegen den Zurückgekehrten für einen Verderbten, dann verkehre er, indem er sich das Ansehen eines Weisen gibt, mit niemandem, weder jung noch alt, sondern lebe, gibt er den Staatsbeamten Gehör, vom Öffentlichen fern. Tut er das aber nicht, dann treffe ihn, wird er vor Gericht überführt, in Bezug auf die Erziehung und die Gesetze auf irgendwelche Neuerungen zu sinnen, der Tod" (Platon, 1959, S. 308).

Was aber die fremden Reisenden betrifft, so unterscheidet Platon vier Kategorien, denen gegenüber unterschiedliche Verhaltensweisen angebracht sind: Die erste Gruppe sind die Handelsreisenden, die im Sommer Vögeln gleich das Land durchfliegen. Diese sollten von den Beamten außerhalb der Stadt empfangen werden, wobei darauf zu achten sei, dass die Fremden keine Neuerungen einführen und dass die Bevölkerung möglichst wenig mit ihnen verkehrt (Platon, 1959, S. 308 f.). Die zweite Gruppe sind die Besucher von musischen Veranstaltungen; diese sollten in Herbergen in der Nähe von Tempeln Quartier beziehen, und die Priester und Tempelwächter hätten dafür Sorge zu tragen, dass sie nicht allzu lange hier verweilen. Unter die dritte Fremdenkategorie fällt derjenige, der mit irgendwelchen öffentlichen Aufträgen aus einem anderen Land kommt. Ihm gebührt als Gast der hohen Würdenträger der Stadt eine öffentliche Aufnahme (Platon, 1959, S. 309). „Der vierte, sollte so einer einmal sich einfinden, ist ein seltener Gast; sollte also nun irgendeinmal ein solches Ebenbild unseres Reisenden aus einem andern Lande eintreffen, dann sei er erstens nicht unter fünfzig Jahre alt und außerdem begierig, etwas Schönes, durch seine Schönheit vor dem in andern Staaten Bestehenden sich Auszeichnendes kennenzulernen oder auch einen andern Staat mit etwasso Beschaffenem bekannt zu machen" (Platon, 1959, S. 309).

Platon spricht zwar auch von der Existenz von gekauften Sklaven, die nicht die gleichen Rechte genießen wie die freien Bürger, doch es war Aristoteles, der die verhängnisvolle Lehre von den „Sklaven von Natur aus" vertrat, die ihre Wirksamkeit bis in die Neuzeit bewahrt hat. Denn die wilden Völker Afrikas und der Neuen Welt wurden ohne Bedenken von ihren Eroberern und Unterdrückern von vornherein als geborene Sklaven angesehen und als Handelsobjekte verschachert. Das Argument, dass es sich dabei um Menschen handelt, die nur zur körperlichen Arbeit taugen und zu geistigen Leistungen nicht oder nur eingeschränkt fähig sind, hat seinen Ursprung in der „Politik" des Aristoteles. Während Platon als Hundeliebhaber den Tier-Mensch-Vergleich benützt, um die angeborenen Vorzüge der Beschützer seines Idealstaates, der Wächter oder Wehrmänner, zu preisen, verhelfen uns nach der Meinung von Aristoteles „Sklaven und Haustiere nur zur Befriedigung der leiblichen Bedürfnisse". Menschen aber, „deren Aufgabe im Gebrauch ihrer Leibeskräfte besteht und denen das die höchste Leistung ist, sind daher Sklaven von Natur aus" (Aristoteles 1943, S. 10). Denn für derjenigen, der an der Vernunft nur insoweit teilhat, dass er sie in anderen vernimmt, aber nicht selbst hat, sondern sich ausschließlich durch Gefühlseindrücke und sinnliche Empfindungen regieren und leiten lässt, für den ist es auch nützlich und gerecht, Sklave zu sein.

Mit Blick auf die Sklaven ist eine weitere Unterscheidung zu treffen. Aristoteles spricht nämlich von Sklaverei in doppeltem Sinne: Es gibt nicht nur Sklaven von Natur aus, sondern auch eine Sklaverei aufgrund des Gesetzes. Das betreffende Gesetz beinhaltet eine gewisse allgemeine Übereinkunft dahingehend, dass der im Krieg Besiegte Eigentum des Siegers sein soll. Gegen dieses Recht nun erheben Gesetzesgelehrte Klage auf Gesetzwidrigkeit, als wäre es schrecklich, dass der Besiegte der Sklave und Diener dessen sein sollte, der ihn besiegen kann und ihn an Stärke übertrifft. Zwar ist die Sklaverei nach Kriegsrecht im Allgemeinen gerecht, jedoch nicht in allen Fällen. Sonst könnten Männer aus anerkannt edelstem Stamme Sklaven sein, wenn sie zufällig zu Gefangenen gemacht und verkauft würden. Hieraus erhellt aber auch, dass nicht alle Arten der Herrschaft über Sklaven untereinander gleich sind. Die eine bezieht sich auf gefangene freie Fremde, die andere auf Sklaven von Natur aus. Demnach sind nur die gefangenen Barbaren als echte Sklaven zu bezeichnen (vgl. Aristoteles 1943, S. 12), während Kriegsgefangene aus zivilisierten Ländern einen anderen Status und ein anderes Ansehen besitzen, das auch Freundschaft mit ihren Besitzern nicht ausschließt.

Die Fremden als Feinde Roms: Karthager, Germanen, Hunnen

Während bei den Griechen durch die Anwendung des Barbaren-Schemas eine dualistische Anschauung von der menschlichen Bevölkerung unserer Welt entstand, welche die wilden Skythen fast auf die gleiche Stufe stellte wie die kultivierten Ägypter, fassten die Römer nicht alle fremden Völker durch eine einzige abwertende Bezeichnung zusammen. Obwohl der Begriff des „Barbaren" gleichzeitig mit einer Reihe anderer Elemente der griechischen Kultur nach Rom gelangte, erreichte er dort kaum dieselbe Bedeutung wie in seinem Ursprungsland. Die römische Art, in dem anderen vor allem den fremden Feind zu sehen, war von Anfang an differenzierter, und jedes der Völker, mit denen Rom in Kontakt stand, hatte seine eigene Charakteristik, deren Beurteilung auf der Grundlage des römischen Wertesystems geschah.

In der neueren Forschung (vgl. Dubuisson 1992) versucht man daher, ein Einteilungsschema dieser in den lateinischen Texten der Römer be-

schriebenen unterschiedlichen Charakterzüge anderer Völker zu rekon-
struieren. Voraussetzung dafür ist nach den Prinzipien der modernen ver-
stehenden Ethnologie jedoch, dass man sich auch in das hineinversetzen
muss, was von der römischen Mentalität und Ideologie aus diesen historischen Texten bekannt ist. Bei der Beurteilung der Charakterzüge fremder
Völker scheint für die Römer die Vorstellung zweier gegensätzlicher Tendenzen grundsätzlich gewesen zu sein: Ein Übermaß an Zivilisation führt
zu einem Übermaß an Verschlagenheit (calliditas) und zu einem Verfall
der moralischen Werte (perfidia). Ein Mangel an Zivilisation äußert sich in
Form von primitiven, ungezügelten Instinkten, wie zum Beispiel crudelitas
(etwa bei Hannibal), libido, luxuria, avaritia. Das für sie selbst beanspruchte
Wertesystem der klassischen römischen Gesellschaft basiert dagegen auf
Begriffen wie virtus, pietas, fides, gravitas usw. (vgl. Dubuisson 1992,
S. 229 und 263 f.). Obwohl die Römer die Kultur der Griechen hoch ein-
schätzten, waren sie doch nicht blind für deren angebliche oder wirkliche
Charakterschwächen. Für diese negativen Eigenschaften liefert ein einziger Begriff – derjenige der levitas (das Gegenteil der gravitas) – die um-
fassende Begründung. Sie sahen in den hochgebildeten Griechen ein über-
mäßig verschlagenes (calliditas) und schwatzhaftes (volubilitas) Volk (vgl.
Dubuisson 1992, S. 229 f.).

Das Fehlen oder die Unzulänglichkeit der Treue (fides) verweist darüber hinaus bestimmte Völker an das untere Ende der Stufenleiter des
Wertesystems. Dieser Charakterzug der Falschheit und Treulosigkeit,
der eine Folge des Übermaßes an Zivilisation sein soll, stimmt aber mit
dem barbarischen Charakter eines afrikanischen Volkes wie der Karthager, das von grausamen abergläubischen Riten wie den berüchtigten
Kinderopfern beherrscht ist, nicht überein. Solche widersprüchlichen
Charakterzüge, welche die Karthager bei den Römern zur Zeit Ciceros
und später zu einem absolut verachtenswürdigen Volk machen, lassen
sich nicht nur als eine Kriegspropaganda erklären, sondern auch dadurch,
dass nach den Punischen Kriegen keine Karthager im eigentlichen Sinne
mehr vorhanden waren. Karthago, die alte Feindin Roms, war auf sehr
gründliche Weise zerstört, ihre Bevölkerung in alle Winde zerstreut worden, und man hatte sogar versucht, das Gebiet der Stadt unbewohnbar zu
machen, um die Einwohner daran zu hindern, sich dort wieder niederzulassen. Man kann sich daher fragen, inwieweit die Karthager für die
Römer des ersten Jahrhunderts nicht zu einem rein historischen Volk geworden sind, dessen Charakterzüge nur noch aus der Behandlung der

Punischen Kriege in der Literatur bekannt sind. Es ist aber auch möglich, dass die Vorstellung von diesem Volk – wie das Volk selbst – in gewisser Weise in der Menge der umliegenden afrikanischen Stämme untergegangen ist. Infolge der Vermischung mit jenen Afrikanern können Klischees, wie sie beispielsweise für Numider oder Libyer bei den Römern verbreitet waren, durchaus auf die Karthager zurückprojiziert worden sein. So könnten der Krieg gegen Jugurtha und später Caesars Feldzug in Afrika das traditionelle Bild des Karthagers durch Anleihen bei den Numidern beeinflusst haben.

Eine andere Frage ist, welcher Zusammenhang zwischen dem persönlichen Ruf des berühmtesten Feldherrn der Karthager, Hannibal, und dem seines Volkes besteht. Denn die Römer machten Hannibal eine Reihe von Handlungen und Verhaltensweisen zum Vorwurf, die mit dem Begriff der „punischen Falschheit" eng verknüpft sind. Es ist nicht ausgeschlossen, dass die in den Punischen Kriegen erworbene übermächtige Berühmtheit Hannibals der Grund war, die eine oder andere für besonders repräsentativ gehaltene charakteristische Eigenschaft dieses Karthagers auf das Volk im Ganzen zu übertragen. Die durch die drei verlustreichen Kriege zu unverbrüchlichem Hass gesteigerte Feindlichkeit der Römer gegen die Karthager wird am besten dokumentiert durch den von Plutarch überlieferten Satz, mit dem Marcus Porcius Cato jede seiner Reden vor dem römischen Senat beendete: „Ceterum censeo Carthaginem esse delendam. Übrigens bin ich der Meinung, dass Karthago zerstört werden muss" (Plutarch 1777, III, S. 446). Cato war es auch, der mit solchen Reden schließlich den dritten und letzten Punischen Krieg bewirkt haben soll, dessen Anfang er noch erlebte, aber dessen Ende wie auch die vollständige Zerstörung der Stadt Karthago im Jahr 146 v. Chr. sich erst nach seinem Tod ergaben.

Karthago, diese Stadt an der nordafrikanischen Küste, war sozusagen die barbarische Gegenwelt Roms, in der die Feindschaft gegen Rom und seine Bewohner ebenso groß, wenn nicht noch stärker war als die des alten Cato. Cornelius Nepos berichtet, dass Hannibal seinen Hass gegen die Römer von seinem Vater Hamilkar geerbt haben soll. Hannibal selbst erzählt aus seinen Jugenderinnerungen, dass sein Vater ihn schwören ließ, niemals mit den Römern Freundschaft halten zu wollen. Diesen Eid hat Hannibal bis zu seinem Tode eingehalten (Nepos 1774, XXIII, 2). Sogar als er aus seinem Vaterland vertrieben worden war und fremder Hilfe bedurfte, hörte er niemals auf, mit seiner ganzen geistigen Kraft die

Abb. 3: Hannibals Übergang über die Alpen (aus Livius 1840)

Römer zu bekämpfen. Niemand konnte leugnen, dass Hannibal den Feldherrn des römischen Volkes an Klugheit und Tapferkeit weit überlegen war. Denn so oft er mit den Römern kämpfte, blieb er immer Sieger. Er wurde zum Schreckgespenst für die Bewohner Roms, als es ihm gelang, ihnen mit seinen Kriegselefanten in den Rücken zu fallen. Nachdem er nach vielen siegreichen Kämpfen das Pyrenäengebirge überschritten hatte, erreichte er die Alpen, die Italien von Gallien trennen und die niemand vor ihm mit einem Heer je überschritten hatte. Dort hieb er die Alpenbewohner, die ihn am Übergang zu hindern versuchten, zusammen, und bahnte Wege, sodass ein gerüsteter Elefant dort schreiten konnte, wo vorher ein einzelner bewaffneter Mann kaum hatte kriechen können.

Auf diesem Weg führte er seine Truppen herüber und gelangte nach Italien. Solange er dort blieb, hielt ihm niemand im offenen Kampf stand. Nach der siegreichen Schlacht bei Cannae zog er, ohne Widerstand zu finden, gegen Rom und verweilte auf den der Stadt benachbarten Bergen. „Hannibal ad portas!" war der historisch durch Marcus Tullius Ciceros Philippische Reden zu einem geflügelten Wort gewordene Schreckensruf der Römer. Hannibal selbst griff jedoch Rom nicht an, sondern wurde aus Italien zur Verteidigung seines Vaterlandes zurückgerufen.

Die römischen Geschichtsschreiber berichten aber auch über ein besonders finsteres Kapitel der Geschichte Karthagos. Es gab in Karthago zwei Friedhöfe. Der eine war der normale Friedhof für Tote ab dem Jugendalter bis ins Erwachsenenalter. Der andere lag außerhalb der Stadt und war für kleine Kinder und junge Tiere bestimmt, er wurde „Tophet" genannt. Die Existenz dieses Tophet führte zu der schrecklichen Vermutung, dass dort jene Kinder lägen, die dem Gott Baal-Hammon über sechs Jahrhunderte lang regelmäßig geopfert worden seien. Nach Hochrechnungen amerikanischer Ausgräber waren es allein zwischen 400 und 200 v. Chr. über 20 000 Kinder (Huss 1992, S. 57). Diese Vorstellung über einen derartig abscheulichen Opferkult in Karthago hatte ein zähes Leben, das von den antiken Geschichtsschreibern Diodorus Siculus und Plutarch bis zu Gustav Flauberts Roman „Salammbô" (1862) reicht. Darin schilderte der berühmte Schriftsteller im Stil des französischen Realismus die schreckliche Art der Kindesopfer mit einer grauenerregenden Genauigkeit: „Kaum befanden sich die Opfer am Rande der Öffnung, so verschwanden sie wie ein Wassertropfen auf einer glühenden Platte: nur eine weiße Rauchwolke stieg zwischen den scharlachroten Flammenwirbeln empor. Doch der Gott war unersättlich. Er verlangte immer neue Opfer. Scharen von Gläubigen drängten sich jetzt in die Gänge und schleppten ihre Kinder herbei, die sich an sie anklammerten. Sie schlugen die Kleinen, um sich von ihnen loszumachen und sie den rot bemäntelten Priestern zu überliefern. Manchmal hielten die Spielleute, die mit ihrer Musik die grausige Opferung begleiteten, erschöpft inne. Dann hörte man das Geschrei der Mütter und das Knistern des Fetts, welches auf die Kohlen herabfiel. Das dauerte lange bis zum Abend fort. Dann nahmen die inneren Scheidewände der Opferungsstätte einen dunkleren Glanz an. Man unterschied brennendes Fleisch. Einige glaubten sogar Haare, Glieder und ganze Körper zu erkennen" (Flaubert o. J., S. 346 f.).

Doch diese Schauergeschichte hat sich als unzutreffendes Phantasiegebilde erwiesen. Erst in jüngster Gegenwart hat man nicht nur archäologische Untersuchungen der Gräber in Bezug auf die Urnen und Inschriften auf den Stelen durchgeführt, sondern auch anthropologische Untersuchungen der sterblichen Reste der angeblich geopferten Kleinkinder unternommen. Die Analyse der Überreste von über 500 karthagischen Kindern aber ergab, dass die Kinder bei ihrem Tod meist nur wenige Wochen alt waren und ein Fünftel der bestatteten Kinder überhaupt Totgeburten waren. Die bisherige Vorstellung von einer regelmäßigen Kleinkindopferung in Karthago hatte dagegen nicht auf der Analyse der sterblichen Reste gefußt, sondern sich auf Beispiele von Menschenopfern bezogen, wie sie von einigen frühen Chronisten berichtet wurden, die sich wiederum auf doppeldeutige karthagische Inschriften oder auf Zitate aus dem Alten Testament beriefen. Die anthropologischen Untersuchungen der Knochenüberreste zeigte nun, „dass es wohl einige Opferungen von Kindern gab, aber es war nicht so, dass die Karthager regelmäßig ihre eigenen Kinder opferten" (Schwartz et al. 2010). Als Ursache für den Tod der Kinder nehmen die Anthropologen heute Krankheiten im Säuglingsalter an, die damals noch nicht bekämpft werden konnten. Daraus lässt sich der Schluss ziehen, dass der Tophet ein Friedhof für Kleinstkinder war, ganz gleich, wie sie gestorben waren.

Waren die Karthager für die römischen Geschichtsschreiber ein untergegangenes Volk, das man nicht mehr aus eigener Anschauung kannte und über das man dementsprechend ungesicherte Nachrichten verbreitete, so verhielt es sich mit den Galliern und Germanen ganz anders. Hier wurden vor allem Caesars Kommentare trotz seiner subjektiven und parteiischen Bewertungen als eine verlässliche Quelle angesehen. Als

Caesar zum Statthalter von Gallien ernannt wurde, lagen dort nach seinen Angaben nicht nur zwei Parteien um die Oberherrschaft im Streit, sondern Gallien wurde dazu noch von den Germanen bedroht, die als Söldner ins Land gerufen worden waren. Ariovist, der König der Germanen, hatte diese Gelegenheit benützt, um sich in dem fruchtbaren Land niederzulassen. Die auf diese Weise übertölpelten Gallier waren überzeugt, dass sie in wenigen Jahren aus ihrem Land weichen müssten, wenn alle Germanen über den Rhein kommen würden. Deswegen hofften sie, dass Caesar sie von der Unterdrückung dieser wilden und grausamen Barbaren befreien werde. Caesar erkannte, dass eine Einwanderung der Germanen auch dem römischen Volk viele Nachteile bringen würde. Denn „dieses rohe und wilde Volk" würde sich nicht enthalten, wenn es einmal Gallien in Besitz hätte, in Italien einzufallen (vgl. Caesar 1793, 1, S. 50). Deswegen forderte er den Anführer der Germanen, Ariovist, auf, zu einer Unterredung zu kommen, in der die gegenseitigen Ansprüche in Gallien geklärt werden sollten. Doch Ariovist, der vom römischen Senat bisher als Freund angesehen wurde, war inzwischen so stolz und hochmütig geworden, dass er diese friedliche Zusammenkunft mit den Worten ablehnte, „er könne nicht begreifen, was Caesar oder die Römer in seinem durch Krieg eroberten Gallien zu schaffen hätten" (Caesar 1793, 1, S. 51). Daraufhin ging Caesar mit seinem Heer auf Ariovist los.

Während Caesar sich wegen der Proviantversorgung noch einige Tage aufhielt, entstand durch das Gerede der Gallier und der Kaufleute, die von der „entsetzlichen Körpergröße der Germanen, von ihrer unerhörten Tapferkeit und Kampffertigkeit, von ihren schrecklichen Gesichtern und feurigen Augen Wunderdinge erzählten", eine große Furcht, die schließlich das ganze Kriegsheer ansteckte. Diese Xenophobie brach zuerst bei den Tribunen und Offizieren der Reiterei aus und bei jenen, die aus Freundschaft zu Caesar von Rom mitgegangen waren, aber den Krieg nicht kannten und nun über die Größe der Gefahr jammerten (Caesar 1793, 1, S. 54 f.). Einer brachte die, der andere jene Ursache hervor und bat um Erlaubnis, fortzureisen, und nur wenige blieben aus Scham, um nicht furchtsam zu scheinen, beim Heer. Sie konnten aber nicht einmal ihr Gesicht verstellen oder sich öfters des Weinens erwehren. Versteckt in ihren Zelten klagten sie entweder allein über ihr Schicksal oder bejammerten mit ihren Freunden die gemeinsame Gefahr. Durch solches Gewinsel wurden nun auch die, die den Krieg kannten, Soldaten, Centurionen und Anführer der Reiterei, angesteckt (vgl. Caesar 1793, 1, S. 55).

Als Caesar zu Ohren kam, dass man sogar sagte, wenn er den Befehl zum
Aufbruch gebe, würden die Soldaten nicht gehorchen, erteilte er in der
Versammlung des Kriegsrates allen einen derben Verweis und drohte,
wenn ihm auch niemand folgen würde, dass er allein mit der ihm treu ergebenen zehnten Legion fortmarschieren würde. Dadurch wurde das
ganze Heer anderen Sinns und war bereit, den Krieg sowohl gegen die
Gallier, welche die Herrschaft der Römer zu brechen versuchten, als
auch gegen die einfallenden Germanen fortzusetzen (vgl. Caesar 1793,
1, S. 59).

Es gab einmal eine Zeit, da die Gallier an Tapferkeit die Germanen
übertrafen und wegen der Menge ihres Volkes und des Mangels an Fel-
dern Kolonien über den Rhein schickten, die dann dort wie die Germanen ein armes, dürftiges, aber mutiges Leben führten. Dagegen herrschte
bei den in ihrem Land zurückgebliebenen Galliern wegen der Nähe zur
römischen Provinz und des dadurch ermöglichten Handels Überfluss
und Vergnügen. Verweichlicht und allmählich gewohnt, besiegt zu werden, waren sie den Germanen nicht mehr an Tapferkeit gleich. Der Heer-
führer der Gallier, Vercingetorix, der die verschiedenen Städte Galliens
zu vereinigen versuchte, um seinem Volk die Freiheit wiederzugewinnen,
musste sich schließlich von Caesars Truppen bedrängt in der Stadt Alesia
verschanzen, die von den Römern belagert wurde. Als die Belagerten vergeblich die Ankunft der gallischen Hilfsvölker erwarteten und alles Getreide aufgezehrt war, hielten sie eine Versammlung ab und beratschlag-
ten über den Ausgang ihres Schicksals. Wie Caesar erfuhr, wurde bei
dieser Beratschlagung ein schrecklicher Vorschlag gemacht. Ein Gallier,
der aus einer vornehmen Familie stammte, die ihrer „abscheulichen Grausamkeit" wegen berüchtigt war, forderte die verzweifelten Belagerten auf,
bevor sie sich in eine ewige Sklaverei der Römer stürzten, lieber seinem
Rat zu folgen und „zu tun, was unsere Vorfahren in dem nicht so schrecklichen Krieg gegen die Cimbern und Teutonen getan haben, da sie, in
Städte eingeschlossen und zu gleichem Mangel gebracht, mit den Kör-
pern derer, die zum Krieg untauglich schienen, des Hungers sich erwehr-
ten und sich nicht den Feinden ergaben" (Caesar 1793, 2, S. 129 f.).

Die Sitten der Gemanen, behauptet Caesar in seinen Kommentaren
zum Gallischen Krieg, sind von den gallischen sehr verschieden: „Ihr
ganzes Leben ist Jagd und Krieg. Von Kindheit an härten sie sich zur
Arbeit und Dauer ab. Sehr lange ledig bleiben ist für sie lobenswert. Das,
glauben sie, befördert die Natur, nährt ihre Kräfte und macht die Nerven

Abb. 4: Tacitus und die Germanen (aus Tacitus 1765 und Clüwer 1616)

fest" (Caesar 1793, 2, S. 26 f.). In der „Germania" des Tacitus wird diese Ansicht Caesars zum Germanenbild der Rassenreinheit stilisiert, die im nationalistischen Deutschland des 20. Jahrhunderts eine verhängnisvolle Wiederbelebung erfuhr. Es ist einer der ältesten deutschen Übersetzer der Germania Johann Samuel Müller, der bereits im 18. Jahrhundert die später als „Kontinuitätsthese" bezeichnete Auffassung vertritt, dass die Germanen des Tacitus die bis heute von allen Fremden unvermischt gehaltenen Deutschen sind: „Ich selbst", sagt Tacitus, „schließe mich der Ansicht an, welche besagt, dass die Völker Deutschlands mit keinen anderen sich durch Heirat vermischt sondern ein eigenes, unvermengtes und nur sich selbst gleiches Geschlecht gewesen sei. Daher haben sie, ob ihrer gleich eine so große Menge ist, alle einerlei Leibesgestalt grimmige blaue Augen, goldgelbe Haare, große Körper, welche aber nur beim ersten Anfall stark sind. Lange Arbeit können sie nicht ertragen, am wenigsten Durst und Hitze ausstehen; der Kälte und des Hungers sind sie wegen Luft und des Bodens besser gewohnt" (Tacitus 1766, S. 595 f.). Wenn sie in eine Schlacht gehen, singen sie, um sich gegenseitig aufzumuntern. Es ist aber nicht ein bloßer Gesang, sondern, scheint vielmehr „eine Harmonie der Tapferkeit" zu sein: „Sie befleißigen sich vornehmlich eines grässlichen Schalles und eines gebrochenen Getöses, da sie die Schilde vor den Mund halten, damit der Laut im Zurückprallen desto stärker und größer sein möge" (Tacitus 1766, S. 593). „Den Schild zurückzulassen ist bei ihnen die größte Schande. „Einer, und ein solcher, der so etwas tut, darf sich weder beim Opfer noch bei öffentlichen Versammlungen sehen lassen. Deswegen haben auch viele, welche auf diese Weise ihr Leben davon gebracht haben, ihre Schmach mit dem Strang geendigt" (Tacitus 1766, S. 601). Eine weitere Eigenart der Schlachtordnungen der Germanen ist, dass sie „nicht aus ungefähr zusammengerafftem Volk, sondern aus Verwandten und Angehörigen bestehen. Die Ihrigen stehen ihnen so nahe, dass sie das Heulen der Weiber und das Schreien der Kinder hören. Dieses sind einem jeden die unverwerflichsten Zeugen, dieses die größten Lobredner. Sie begeben sich mit ihren Wunden zu ihren Müttern und Weibern, und diese scheuen sich nicht, dieselben zu zählen, oder zu untersuchen. Diese bringen ihnen, wenn sie fechten, Speise und sprechen ihnen Mut zu. Man versichert, daß, einige Schlachtenordnungen, alsda sie schon zu wanken und zu weichen angefangen, von den Weibern wieder sind hergestellt worden, indem sie nicht aufgehört, sie zu bitten, in den Weg getreten, und ihre nahe Gefangenschaft ihnen vorgestellt, welche ihnen an ihren Weibern viel unerträglicher, als ihre eigene ist" (Tacitus 1766, S. 602 f.).

Die Strafen werden in den Versammlungen festgelegt und sind je nach dem Verbrechen verschieden: „Verräter und Überläufer werden an Bäumen aufgehangen. Feige, Zaghafte und die wegen der Weichlichkeit berüchtigt sind, werden in einem Sumpf oder Morast ersäuft" (Tacitus 1766, S. 609). Die Jünglinge werden dadurch zu mannbaren Mitgliedern erklärt, dass sie in der Versammlung mit einem Schild und Spieß ausgestattet werden. Ab dann tragen sie bei öffentlichen Handlungen immer ihre Waffen und werden einem der vornehmen Fürsten zugeordnet, den sie in der Schlacht nie verlassen dürfen. Anstatt des Soldes bekommen sie nur freie Mahlzeit und je nach Freigiebigkeit des Fürsten, die dieser nur durch Krieg und Raub ausüben kann, ein Kriegspferd. Die kriegerischen Begleiter des Fürsten sind auch nicht dazu zu bringen, das Land zu bebauen: „Sie halten es vielmehr für eine Trägheit und Niederträchtigkeit, dasjenige durch Schweiß zu erlangen, was man durch Blut erwerben kann" (Tacitus 1766, S. 612).

An dieses zum Teil auch positive Feindbild der Germanen schließt sich das äußerst negative Hunnenbild des letzten großen römischen Historikers Ammianus Marcellinus an, das im Grunde genommen eine Fortsetzung der Ansichten der Griechen über das wilde Volk der Skythen darstellt: „Da gleich nach der Geburt in die Wangen der Kinder mit dem

Messer tiefe Furchen gezogen werden, damit der zu bestimmter Zeit auftretende Bartwuchs durch die runzligen Narben gehemmt wird, werden sie unbärtig alt und ähneln, jeglicher Schönheit bar, den Eunuchen. Sie besitzen gedrungene und starke Glieder und einen muskulösen Nacken und sind so entsetzlich entstellt und gekrümmt, dass man sie für zweibeinige Bestien halten könnte. Sie kennen keine festen Wohnsitze, sondern schweifen umher, ohne Haus, ohne Gesetz und feste Lebensweise, immer wie auf der Flucht mit ihren Wagen, auf denen sie wohnen. Hier nähen ihre Frauen für sie die schmutzigen Kleidungsstücke, hier paaren sie sich mit ihren Männern, gebären ihre Kinder und ziehen sie bis zur Mannbarkeit auf. Niemand bei ihnen kann auf die Frage, woher er stamme, eine Antwort geben, denn irgendwo wurde er gezeugt, weit fort davon geboren und in noch größerer Entfernung erzogen. Wie Tiere, die keinen Verstand haben, kennen sie keinen Begriff von Ehre und Ehrlosigkeit und unterliegen keinem Einfluss von Ehrerbietung vor einer Religion oder auch nur einem Aberglauben" (verkürzt zitiert nach Weiler 2012, S. 12). Unschwer kann man in dieser Charakteristik eines „fahrenden Volkes" die heutige Xenophobie gegenüber den Zigeunern oder Roma erkennen.

Was nun das Verhalten gegenüber den in Rom ansässigen Fremden betrifft, so hat bereits Augustus, wenn sich eine Ernährungsnotlage abzeichnete, darauf mit rücksichtsloser Ausweisung der Fremden reagiert: „Einst hatte er während einer weit verbreiteten und schwer zu behebenden Unfruchtbarkeit der Äcker und des Viehs alle zum Verkauf stehenden Sklaven und die Insassen der Gladiatorenschulen sowie alle Fremden mit Ausnahme der Ärzte und Lehrer und einen Teil der Hausklaven aus Rom ausgewiesen" (zit. nach Weiler 2012, S. 7). Kritisch gegenüber dieser ungerechten Fremdenausweisung äußerte sich allerdings Ammianus Marcellinus: „Schließlich ist man in seiner Würdelosigkeit so weit gegangen, dass man bei der überstürzten Ausweisung der Fremden aus der Stadt, die vor nicht langer Zeit wegen der Furcht vor einer Lebensmittelknappheit erfolgte, die Vertreter der freien Wissenschaften trotz ihrer geringen Anzahl ausstieß, ohne ihnen Zeit zum Atemholen zu lassen. Dagegen behielt man die ständigen Begleiter der Schauspieler und solche, die sich im Augenblick dafür ausgaben, in der Stadt zurück, und ebenso durften dreitausend Tänzerinnen mit ihren Chören und ebenso vielen Tanzmeistern unbehelligt bleiben" (zit. nach Weiler 2012, S. 8) Augustus war nicht nur derjenige, der Fremdenausweisungen in großem Stil verfügte, sondern er „hielt es auch für sehr wichtig, das Volk unverfälscht zu erhalten und durch keine Vermischung mit fremdem oder Sklavenblut zu verderben. Daher verlieh er das Bürgerrecht nur sehr sparsam und setzte auch den Freilassungen Grenzen" (zit. nach Weiler 2012, S. 11). Trotzdem beklagte der römische Dichter Lucanus in drastischen Worten das Überhandnehmen der Fremden in Rom: „Rom wird nicht von seinen eigenen Bürgern belebt, sondern wimmelt vom Abschaum der Menschheit" (zit. nach Weiler 12012, S. 11).

2. Abendland und Morgenland

Bis weit ins 19. Jahrhundert hinein umfasste der alte Orient oder das „Morgenland" außer der arabischen Halbinsel den größeren Teil der Gebiete des Osmanischen Reiches in Asien und Nordafrika. Dieser Ausdruck wurde auch zumindest eine Zeit lang auch auf die von den Arabern eroberten Gebiete Spaniens angewendet. Trotz der Ungewissheit, worauf sich die traditionellen alten Begriffe „Orient" und „Morgenland" genau beziehen, bezeichnen sie dennoch ein Gebiet mit einer unverwechselbaren Eigenart und Identität, geprägt von den geographischen Merkmalen einer Wüstenlandschaft und von einer langen und ruhmreichen Geschichte. Viele Invasions-, Einwanderungs- und Siedlungswellen sind über diese Gebiete hereingebrochen. Es waren Völkerschaften aus der arabischen Wüste und aus den Steppengebieten Zentral-, Nord- und Ostasiens, die nach Süden und bis in den Westen von Afrika und darüber hinaus bis nach Spanien vordrangen. Doch diese westlichen Teile des islamischen Reichs, das von den Europäern zur Zeit der größten Ausdehnung ebenfalls als „Morgenland" bezeichnet wurde, haben im Arabischen eine andere Bedeutung. Das arabische Wort für Westen, „Garb", bedeutet das Gebiet des Fremden. Es ist der Ort der Dunkelheit, der Ort, wo die Sonne untergeht und wo die Schatten lauern. Das Wort hat auch noch bei den gegenwärtigen islamischen Autoren diese Bedeutung beibehalten. Denn die übliche Wendung zur Bezeichnung Marokkos ist al-Magrib al-Aqsa (der Ferne Westen): „Innerhalb der arabischen Gemeinschaft werden wir, die Maghrebiner, von den Leuten des Masriq (des Morgenlandes) als im Grunde zwielichtig angesehen, zu dicht an der Grenze zum Christentum, auf jeden Fall einem Grenzgebiet zugehörig" (Mernissi 2002, S. 38). Den historischen Hintergrund für diese Auffassung bildet das in Nordafrika beheimatete Berbertum, das vor der arabischen Eroberung eine andere Sprache, andere Riten und Kulte hatte. In vielen Beziehungen glichen zwar die Berber den Arabern, aber sie waren ihre Unabhängigkeit gewöhnt, die sie standhaft verteidigten. Als die Araber danach trachteten, sie zu unterwerfen, erwiesen sie sich als

Feinde, die ganz anders zu fürchten waren als die unterdrückten Untertanen Persiens oder des Byzantinischen Reiches.

Die historisch-kritische Methode
in der gegenwärtigen Islamwissenschaft

Der tiefe Graben zwischen Abendland und Morgenland wurde jedoch nicht durch territoriale Ansprüche, sondern durch religiöse Unterschiede hervorgerufen. Es war die Entstehung der Weltreligion des Islam, die diese Spaltung in zwei miteinander unvereinbare Kulturen bewirkte. Aus zunächst unscheinbaren Anfängen einer bloß häretischen Abweichung vom Christentum entstand eine eigene religiöse Bewegung, die sich mit Feuer und Schwert über die Welt ausbreitete. Diese Auseinanderentwicklung zweier Kulturen hatte zwar auch einen positiven kreativen Aspekt, der in der Zeit der Romantik seinen Höhepunkt erreichte, als die wissenschaftlichen Disziplinen der Orientalistik und Arabistik entstanden und die Europäer sich von der Märchenwelt von „Tausend und einer Nacht" einfangen ließen. In dieser Zeit waren die Differenzen zwischen den zwei Religionen vergessen, die sich jeweils als die allein selig machende ansahen und zu jenen blutigen Auseinandersetzungen in den Eroberungszügen der Anhänger Mohammeds und der christlichen Kreuzfahrer führten. Diese Auseinandersetzungen gehören zwar schon längst der Vergangenheit an, nachdem der Islam durch den Kolonialismus und die kriegstechnische Überlegenheit der westlichen Nationen zurückgedrängt worden ist. Doch heutzutage macht sich ein weltweiter islamistischer Terrorismus breit, der in Europa zu jener Islamophobie geführt hat, die auch die friedlichen muslimischen Einwanderer zumindest als eine wirtschaftliche Bedrohung erscheinen lässt. Nur sind in diesem Fall nicht Feuer und Schwert, sondern die gegenüber den Europäern erhöhte Geburtenrate, das heißt die Überfremdung durch eine andere Kultur und Religion mit ihren Sitten, Gebräuchen und Rechtsvorstellungen, der eigentliche Grund für die Ängste. Deshalb ist eine historisch-kritische Analyse und Rekonstruktion der Entwicklung des Islam von seinen komplexen Anfängen an nötig und längst überfällig, obwohl Religionskritik innerhalb des Islam noch weitgehend ausgeschlossen und für ihre Verfechter sogar eine lebensbedrohende Angelegenheit ist. Doch ohne die Anwendung der säkularisierenden historisch-kritischen Methode ist weder ein Verstehen der islamischen Welt noch eine politisch-praktische Verständigung mit ihr möglich.

Im Unterschied zu den Orientalisten und Arabisten der ersten Hälfte des 19. Jahrhunderts, die, wie der bekannte Übersetzer der Märchen aus „Tausend und einer Nacht", Gustav Weil, den islamischen Quellen weitgehend vertrauten, sind sich die heutigen Vertreter der europäischen Islamwissenschaft darüber einig, dass die historisch-kritische Methode, die in der christlichen Religionswissenschaft bereits seit der Zeit der Aufklärung angewendet wird, auch auf die drei unantastbaren Hauptquellen der islamischen Traditionsliteratur, auf den Koran, auf die Hadithen, das heißt die zeitgenössischen Zeugnisse über die Aussagen und Handlungen des Propheten, und auf die Mohammedbiographien, angewendet werden muss. Nur so kann man zu einer säkularen Islamwissenschaft kommen, die den historischen Propheten aus seiner religiösen Umklammerung befreit (Nagel 2007). Dieses Unternehmen hat jedoch unterschiedliche Formen der Radikalität. Es reicht von einer kritischen Überprüfung der islamischen Quellen auf ihren historischen Wirklichkeitsgehalt hin bis zur Leugnung der realen Existenz des Propheten Mohammed, wenn diese nämlich bloß als „heilsgeschichtliche Fiktion" (Kalisch 2009, S. 177 f.) betrachtet wird. Damit diese Behauptung an Plausibilität gewinnt, muss man freilich den Koran von allen Hinweisen auf einen arabischen Propheten namens Mohammed befreien und die gesamte, viele tausend Seiten umfassende arabisch-islamische Überlieferung ignorieren. Denn nach dieser radikal-kritischen Ansicht stützen auch die „legendarischen" islamischen Biographien Mohammeds aus dem 9. und 10. Jahrhundert seine reale historische Existenz nicht. Diese Schriften seien alle zu einer Zeit entstanden, als Mohammed schon lange gestorben war, sodass sie über die bis zu 200 Jahre zurückliegenden Ereignisse keine Auskunft geben können. Dass man mit einer solchen Kritik zu weit gegangen ist, wird von anderen Islamwissenschaftlern (z. B. Nagel 2007) angemahnt, die zwar auch der Meinung sind, dass sich die neue, kritische Islamwissenschaft vom religiösen muslimischen Mohammedverständnis emanzipieren muss, wenn sie der geschichtlichen Wirklichkeit nahekommen will; das aber kann nicht dadurch geschehen, dass sie den Forschungsgegenstand selbst eliminiert. Denn bei einer solch radikalen Anwendung der historisch-kritischen Methode liegen die Gestalt Mohammeds und die Anfänge des Islam nicht nur im Dunkeln, sondern sie verlieren überhaupt ihre Glaubwürdigkeit als geschichtliche Ereignisse.

Daher sind diese Quellen, auf die sich die frühen Orientalisten des 19. Jahrhunderts stützten, wie etwa Gustav Weil in seinen wissenschaftlichen Werken, noch immer zu berücksichtigen, auch wenn sie in ihrem Wahrheitswert fragwürdig sind, weil sie sich oft widersprechen.

Es sind jedoch nicht allein die westlichen oder europäischen Islamwissenschaftler, die den Weg einer Säkularisierung verfolgen, sondern es gibt auch einen „muslimischen Weg zur Geschichtlichkeit Mohammeds" (vgl. Nagel 2010, S. 288 ff.), der sich gerade nicht von den islamischen Biographien Mohammeds distanziert, sondern vielmehr der Darstellung des Lebens des Propheten eine einheitsstiftende Funktion für die Aussagen des Korans beimisst. Die Verweigerung der Historisierung der Gestalt des Propheten und seiner Botschaft hat nach der Auffassung des pakistanischen Gelehrten Fazlur Rahman (1919–1988) das islamische Denken zum Rückzug in jenen eisernen Käfig verführt, der vermeintlich Schutz vor den Wandlungen dieser Welt bietet. Nur weil man den Koran noch nie als eine durch die Prophetenvita gestiftete Einheit betrachtet habe, sondern nur als einen Steinbruch, dem man die gerade benötigten Stücke habe entnehmen dürfen, sei ein solcher Umgang mit seinen Versen unwidersprochen geblieben. Erst die Ausrichtung der Koranauslegung am Lebensweg Mohammeds und an seinem gesellschaftlichen und religiösen Umfeld könnte zu Aussagen führen, die der Revidierbarkeit unterliegen. Sollte dies gelingen, hätten die Muslime sich allerdings von der wirklichkeitsfremden Annahme zu verabschieden, sie seien im Besitz überzeitlich wahrer Regelungen für alles und jedes. Willkürlich ausgewählte Bruchstücke aus ihren autoritativen Texten dürften dann nicht mehr für ewige Wahrheiten ausgegeben werden (Rahman 1982, S. 130–145; vgl. Nagel 2010, S. 289 f.).

Ein historisches Vorspiel dieser Auffassung von der zeitlichen Relativierung der Wahrheit des Korans findet man bereits in der frühen Entwicklung des Islam. Denn es gab in Nordafrika und Spanien (Al-Andalus) islamische Sekten, von denen zumindest eine die Geschichtlichkeit der Inhalte des Korans betonte. Es waren die sogenannten „Mutaziliten", die als rationalistische Philosophen-Theologen den Koran nicht als ewig, sondern als erschaffen ansahen und jedem Menschen die Verantwortung für sein Tun zuschrieben. Ihre Meinung war, dass alle Beziehungen Gottes zu den Geschöpfen als zeitlich und geschaffen zu verstehen seien, also auch die Offenbarung durch ein Buch wie den Koran (Thomas 2009, S. 262 f.). Doch diese Haltung konnte sich bis heute in den islamischen Ländern nicht durchsetzen (Hildebrandt 2002, S. 207–62.) So versuchte der Sudanese Mahmud Mohammed Taha, die Textpartien des Korans, die die inferiore Stellung der Frauen und den Krieg gegen Andersgläubige vorschreiben, als zeitgebundene, der heutigen Wirklichkeit nicht mehr entsprechende Ansichten zu erweisen. Nach Taha enthält aber der Koran neben solchen nicht mehr gültigen Aussagen noch andere, deren Inhalt allgemeine ethische Maximen seien, die man noch heute allgemein akzeptieren könne. Doch Taha wurde wegen seiner Lehren im Januar 1985 hingerichtet (Taha 1994, S. 353–365; vgl. Nagel 2001, S. 19). Auch noch andere Muslime waren nicht bereit, in stillschweigender Anerkennung das Leben Mohammeds als eine Aneinanderreihung von Ereignissen und Taten zu verstehen, die unter steter göttlicher Anleitung allesamt rühmenswert und vorbildlich gewesen sein sollen. In seinem Buch „23 Jahre. Die Karriere des Propheten Muhammad" hat der Iraner Ali Dashti (1896–1981) an wichtigen Quellentexten nachgewiesen, dass Mohammed ein gewöhnlicher Mensch war, den zwar Standhaftigkeit und Beharrlichkeit sowie Treue zu der Aufgabe, mit deren Erfüllung er sich beauftragt sah, ausgezeichnet hätten, der aber ebenso auch Bedenkenlosigkeit im Verfolgen seiner Herrschaftsambitionen gezeigt habe. Dies alles mit dem wundergesättigten Licht unmittelbarer göttlicher Rechtleitung zu übergießen, erweise Mohammed keine Ehre und tue der Menschheit nichts Gutes. Es nütze allein der Festigung der Macht der muslimischen Gelehrten, die das Erbe des Propheten mit Beschlag belegten, sich als dessen eifrige und getreue Nachahmer aufspielten und hierdurch jegliche Kritik an ihrem Tun und Reden unterbänden, die von muslimischer Seite gegen sie geäußert werden könnte. 1979 wurde Dashti verhaftet und gefoltert. Er starb 1981 an den hierbei erlittenen Verletzungen (Dashti 2007, S. 37 f.; vgl. Nagel 2010, S. 12).

Die dunklen Anfänge des Islam

Es gab eine Zeit, in der man allgemein glaubte, dass bei keiner anderen Weltreligion die Anfänge so gut bekannt seien wie beim Islam. Gemäß dieser Überzeugung wurde der Islam durch den Propheten Mohammed (570–632) auf der Arabischen Halbinsel begründet. Damit wurde der Islam in verklärter Weise als die Religion der Wüste angesehen. Nirgendwo sonst als in den klaren Nächten in der arabischen Wüste, wo sich

Abb. 5: Gustav Weil, der Übersetzer der Märchen aus „Tausend und einer Nacht"
(1843)

die Sternenwelt mit überwältigender Eindrücklichkeit darbietet, konnte
man sich die Entstehung des Glaubens an den einen Schöpfer und Erhal-
ter des Universums in seiner unfassbaren Größe vorstellen. „Allahu akbar,
Allah ist groß." Nicht nur für die damaligen Wüstenbewohner, sondern
auch für die zivilisationsmüden Intellektuellen Europas, in deren Phantasie die Wüste ein Ort der unbefleckten Reinheit war, der durch keinerlei
rationale Reflexion verstellt werden kann, ist dieser eine Gott durch keine
menschlichen Begriffe erfassbar, vielmehr ist ihm nur in tiefer Ehrfurcht
zu begegnen (vgl. Nagel 2010, S. 17). Die Verklärung der wüstenbewoh-
nenden Beduinen, denen man einen von den Bequemlichkeiten und Verlockungen der Zivilisation unverdorbenen Charakter zuschrieb, fand im
Zeitalter der Romantik Eingang in die gebildeten Schichten Europas und
begründete bei ihnen das Vorurteil, die „Wüstenreligion" Islam sei die
dogmenfreie Religiosität an sich, mit der die ganze Menschheit überein-
stimmen könne. Diese Überzeugung beherrschte nicht nur die schöne
Literatur mit ihren an die arabischen Märchensammlungen angelehnten
Erzählungen über den Kalifen Harun al Raschid, fliegende Teppiche und

Gespenster aus der Flasche, sondern färbte auch auf die wissenschaftlichen Forschungen der damaligen Arabisten und Orientalisten ab. Bei niemandem ist das so deutlich erkennbar wie bei dem bekannten Übersetzer der Märchensammlung von „Tausend und einer Nacht", Gustav Weil.

Von Weil wurden auch die islamischen Geschichtsquellen, vor allem die Sira des Ibn Ishaq, als historische Dokumente ernst genommen. Zu dieser Zeit entstand nicht nur seine Übersetzung dieser ältesten Mohammedbiographie ins Deutsche, sondern auch seine eigene, auf den arabischen Quellen beruhende Biographie Mohammeds, die im Anschluss an seine Übersetzung der Märchen aus „Tausend und einer Nacht" erschienen ist (1843). In der Zeit des Nationalsozialismus wurde die Weil'sche Übersetzung von Mohammeds Leben nach Ibn Ishaq sogar dazu benützt, den Arabern, den ursprünglichen Trägern der kriegerischen neuen Religion, ein den Germanen in seinen Sitten und Gebräuchen ebenbürtiges Volk anzudichten, wie folgendes Zitat des Herausgebers der gekürzten Version der Weil'schen Übersetzung der Biographie Mohammeds von Ibn Ishaq demonstriert: „Seiner Lehre ist ein Volk von Kriegern entsprossen, wie es seit den alten Germanen kein urwüchsigeres gegeben hat. Gleich ihnen hat es sich in einer gewaltigen Wanderung über Europa dahingewälzt und den Halbmond über die Säulen des Herakles und den Hellespont getragen" (Vorwort des Herausgebers Eulenberg in Ibn Ishak o. J., S. 10).

Für Gustav Weil, der den Arabern, bevor sie sich zum Islam bekannten, kritischer gegenüberstand, hatte sich zwar dieses Wüstenvolk in seiner Wildheit und Unabhängigkeit von den bereits zivilisierten Ägyptern, Persern oder Römern nicht unterdrücken lassen. Je seltener aber die Araber in fremde Kriege verwickelt waren, umso häufiger befehdeten sich die verschiedenen Stämme untereinander. Die Rache für eine persönliche Beleidigung war eine Angelegenheit der Ehre für den ganzen Stamm. So verursachte ein Pferderennen einen vierzigjährigen Krieg zwischen zwei Stämmen, weil das siegreiche Pferd von den Anhängern der Gegenpartei kurz vor dem Ziel zurückgetrieben wurde. Einen nicht weniger blutigen Krieg zwischen zwei anderen Stämmen verursachte ein verletztes Kamel, das sich in einer fremden Herde aufhielt und von dem Besitzer der Herde mit einem Pfeil in die Brust geschossen wurde, worauf dieser für seine Untat getötet wurde (Weil 1843, S. 13). Doch sonst, meint auch Weil, hatten die Wüstenbewohner Begriffe von Ehre und Tugend, „die von denen unserer deutschen Ritter nicht sehr verschieden waren. Tapferkeit im Krieg, Großmut gegen die Besiegten, Freigiebigkeit und Gastfreundschaft gegen Arme und Fremde, Nachsicht und Langmut gegen Stammesgenossen, Geduld und Ausdauer im Unglück, gewissenhafte Erfüllung des gegebenen Wortes, das waren die Eigenschaften, welche dem Beduinen bei seinen Landesgenossen Achtung verschafften, wenngleich Diebstahl, Raub, Mord und Ehebruch auf ihm lasteten; diese Verbrechen wurden ihm nicht nur verziehen, sondern er durfte sich sogar ihrer rühmen, wenn er sie nur nicht gegen Stammesverwandte und Verbündete ausübte" (Weil 1843, S. 15). Aber noch andere verdammenswerte Gepflogenheiten verfinsterten den Charakter der Wüstenbewohner. Vor ihrem Bekenntnis zum Islam waren die Araber Götzendiener. Menschenopfer kamen zwar nur selten vor. Doch galten sie als der höchste Beweis von Verehrung gegenüber den Göttern und als sicherstes Mittel, ihre Huld zu erlangen. Nicht so selten war der Töchtermord, und zwar nicht nur, um den Göttern ein Opfer zu bringen, sondern um die Töchter und sich selbst vor Armut oder Schande zu bewahren. Eine derartige Charakteristik der heidnischen Araber lässt Gustav Weil schließlich zu der allgemeinen Feststellung kommen, „dass Arabien im sechsten Jahrhundert christlicher Zeitrechnung in religiöser und sittlicher sowohl, als in politischer Beziehung, tief gesunken und vielfach zersplittert war; dass es ebenso sehr eines Propheten bedurfte mit einem reineren Glauben, zu dem sich das ganze Land bekennen, und mit einem Gesetz, das die rohe Gewalt verdrängen sollte, als eines Staatsmannes und Feldherrn, der dessen zersplitterte Kräfte zu vereinigen, und dessen kriegerischen Geist nach außen zu lenken verstand." Nur dann, fügt Weil hinzu, lässt sich begreifen, „wie es einem Mann gelang, eine Religion zu gründen, zu der sich noch bei seinem Leben fast ganz Arabien bekannte, und ein Reich, das sehr bald nach ihm an Macht und Ausdehnung dem römischen Weltreich gleich kam. Dieser Mann war Mohammed" (Weil 1843, S. 20).

Heute hat sich jedoch diese Ansicht wie überhaupt die gesamte europäisch-westliche Islamwissenschaft geändert. Der Islam wird als nichts weniger denn als eine Wüsten- oder Beduinenreligion angesehen, vielmehr ist gerade der Ursprung des Islam „in Dunkel gehüllt". Darauf hat aber bereits vor fast 150 Jahren der holländische Orientalist Dozy hingewiesen: „Wann und von welchem Volk ist das Heiligtum in Mekka erbaut worden? Warum wurde der schwarze Stein verehrt, was bedeutet die Umgehung um den Tempel?" (Dozy 1864, S. 11).

Abb. 6: Der Tempel von Mekka (aus The Koran 1734)

Weit davon entfernt, gleichsam aus dem zivilisatorischen Niemandsland einer Wüstenregion entstanden zu sein, erweist der Islam sich vielmehr als in vielfältiger Weise mit der vorderasiatischen Religions- und Ereignisgeschichte verknüpft (vgl. Nagel 2010). Das geht auch aus der Mohammedbiographie von Ibn Ishaq (704–767) hervor. Doch gerade in dieser Darstellung des Lebens des Propheten, die ursprünglich ein Teil des „ersten umfassenden Geschichtsbuchs der islamischen Welt" war (Rotter in Ibn Ishaq 1982, S. 12), ist die Forderung nach einer Historisierung der Gestalt Mohammeds bereits weitgehend erfüllt. Denn in diesem Text wird das Leben des Propheten zwar mit einigen mystischen Wunderberichten über seine Kindheit und seine prophetische Sendung geschildert, aber er selbst wird mit all seinen menschlichen Schwächen in einem Maß dargestellt, wie es nie zuvor bei anderen Religionsgründern der Fall war. Nur dadurch werden die Suren des Korans, die als dogmatische Anweisungen nur nach dem äußeren Kriterium ihrer Länge aufgelistet sind, in eine Einheit stiftende chronologische und damit auch eine historisch erklärende Ordnung gebracht. Auf diese Weise wird auch die Bruchlinie zwischen zwei sowohl inhaltlich als auch stilmäßig grundsätzlich verschiedenen Surengruppen des Korans verständlich. Die Suren lassen sich nämlich entsprechend ihrem Entstehungsort in die zwei Aufenthaltsorte Mohammeds, seinen Geburtsort Mekka und den Ort seiner Vertreibung, Medina, unterscheiden. Nach übereinstimmender Interpretation der heutigen Islamwissenschaftler ist damit der „abrupte Wandel Mohammeds" vom verfolgten Dulder zum Machtmenschen gekennzeichnet (Nagel 2007).

Folgt man dieser ältesten Darstellung des Lebens Mohammeds, so erfährt man, dass er bereits 40 Jahre alt war, als er sich zu seiner Prophetenschaft bekannte. Wie schon Ibn Ishaq erkannte, war wegen der Behandlung, die die Propheten von Seiten der Menschen erdulden mussten, und der Ablehnung, die man ihrer göttlichen Offenbarung entgegenbrachte, das Prophetentum eine mühevolle Last, die nur die Starken und Entschlossenen unter ihnen mit Gottes Hilfe und Vermittlung zu tragen vermochten. Mohammed führte Gottes Auftrag aus, trotz aller Feindseligkeiten und Kränkungen, die ihm von seinem eigenen Stamm widerfuhren. Daher erzählte Mohammed zuerst nur denjenigen in seiner Sippe, zu denen er Vertrauen hatte, im Geheimen von seiner Prophetenschaft (Ibn Ishaq 1982, S. 47). Doch das sollte sich bald ändern. Die Sure 15, 94 gibt nach Ibn Ishaq den Befehl Gottes an seinen Propheten wieder, sich zu seiner göttlichen Botschaft zu bekennen und mit seinem Auftrag öffentlich vor die Menschen zu treten und sie zum Glauben an ihn aufzurufen: „Gib bekannt, was dir befohlen wird, und wende dich ab von den Heiden, die dem einen Gott andere Götter beigesellen." Mit den Heiden sind aber auch die Christen mit ihrem Dogma von der Dreifaltigkeit Gottes gemeint, vor deren Ansicht der Koran eine deutliche Warnung und Strafandrohung enthält: „Und rufe nicht neben Allah einen anderen Gott an, auf dass du nicht gestraft wirst" (Sure 26, 213).

Auf diese Weise sind für Mohammed und seine Anhänger nicht nur die heidnischen Götzendiener in seiner Geburtsstadt zu Fremden und sogar zu Feinden geworden, sondern auch die Christen, die Jesus, den Propheten und Vorläufer Mohammeds, als Gottessohn dem einzigen Gott gleichwertig „beigesellt" haben. Was aber das Verhältnis von Monotheismus und heidnischer Vielgötterei betrifft, hat schon Dozy festgestellt, dass „der Monotheismus keineswegs der Glaube eines schlichten, unentwickelten Naturmenschen ist; er ist das Resultat einer schon fortgeschrittenen Kenntnis der Natur und Welt, des entwickelten Denkens, des feineren Religionsgefühls. Der ungebildete Naturmensch erkennt geheime Kräfte an, die ihm Gutes und Böses tun können, und die er fürchten, verehren und denen er dienen muss; aber sein Geist ist zu beschränkt, als dass er sich zu der Vorstellung eines einzigen, allmächtigen Gottes erheben könne. Selbst der Jehovismus konnte sich nur mit Mühe zu der Vorstellung eines Weltgottes hinaufschwingen, denn sehr lange ist Jehova weiter nichts als der Gott Israels gewesen" (Dozy 1864, S. 17).

Als der Prophet Mohammed den Islam öffentlich zu verkünden begann, wandten sich seine Stammesgenossen zunächst nicht von ihm ab. Sie wiesen ihn erst zurück, als er ihre eigenen Götter schmähte. Dann bekämpften sie ihn und seine Anhänger. Es erfolgte sogar eine offene Kriegserklärung der heidnischen Mekkaner: „Wir werden dich nicht in Ruhe lassen, und du wirst mit uns nicht fertig werden, bevor nicht du oder wir vernichtet sind" (Ibn Ishaq 1982, S. 56). Damit war für Mohammed klar geworden, dass seine Geburtsstadt Mekka zu einem Feindesland für seine Anhänger geworden war, und er riet ihnen, nach einem Zwischenaufenthalt bei dem christlichen, aber freundlich gesinnten Negus in Abessinien nach Medina auszuwandern. Denn zu Mohammed war eine Gruppe eines arabischen Stammes aus Medina gekommen, die sich zu ihm bekannte und sich als „Helfer" für den Islam anbot (vgl. Ibn Ishaq 1982, S. 92 f.). Insgesamt nahmen an der Pilgerfahrt nach Mekka 73 Männer und zwei Frauen aus Medina teil. Man behauptet, dass auch die beiden Frauen Mohammed huldigten, doch bereits hier zeigte sich die für den Islam bis heute charakteristische geringere Anerkennung der Frau. Denn der Prophet pflegte Frauen nicht die Hand zu geben, sondern trug ihnen nur die Bedingungen vor und sprach, als sie zustimmten: „Geht! Ich habe eure Huldigung angenommen" (Ibn Ishaq 1982, S. 97).

Dschihad: Gottes Auftrag zum Krieg gegen die Ungläubigen

In Mekka war es dem Propheten nicht erlaubt gewesen, Krieg zu führen und Blut zu vergießen. Es war ihm nur aufgetragen worden, für Gott zu werben, Kränkungen zu ertragen und den Unwissenden zu vergeben. Aber der in Mekka herrschende Stamm der Araber, die Kureischiten, zu denen Mohammed selbst gehörte, hatte seine Anhänger, die sich zum

Abb. 7: Dschihad (aus Leben Mohammeds, ca. 1880)

Islam bekannten, unnachgiebig verfolgt. So hatten sie nur die Wahl, ihren Glauben aufzugeben oder gefoltert zu werden oder aus Mekka nach Abessinien, Medina oder sonst wohin zu fliehen. Als die Kureischiten alle diejenigen folterten oder vertrieben, die dem Propheten glaubten und an seiner Religion festhielten, da gab Gott, so berichtet Ibn Ishaq, seinem Propheten die Erlaubnis zu kämpfen und an jenen Rache zu nehmen, die

ihn und seine Gefährten ungerecht behandelt hatten. Der erste Koranvers, der darüber geoffenbart wurde, war das folgende Wort Gottes:
„Denjenigen, die kämpfen, ist die Erlaubnis dazu erteilt worden, weil ihnen vorher Unrecht geschehen ist. Gott hat die Macht, ihnen zu helfen,
ihnen, die unberechtigterweise aus ihren Wohnungen vertrieben worden
sind, nur weil sie sagen: Unser Herr ist Gott, und wenn Gott nicht die
einen Menschen durch die anderen zurückgehalten hätte, wären Klau-
sen, Kirchen, Synagogen und andere Gotteshäuser, in denen der Name
Gottes unablässig erwähnt wird, zerstört worden. Aber bestimmt wird
Gott denen, die ihm helfen, auch helfen – er ist stark und mächtig –,
ihnen, die, wenn wir ihnen auf der Erde Macht geben, das Gebet verrich-
ten, Almosensteuer geben, gebieten, was Recht ist, und verbieten, was
verwerflich ist. Die letzte Entscheidung liegt bei Gott" (Sure 22, 39–41).
Und danach erfolgte der Auftrag zum Krieg gegen die Ungläubigen: „Er-
schlagt sie, wo immer ihr auf sie stoßt, und vertreibt sie, von wo sie euch
vertrieben haben; denn Verführung ist schlimmer als Totschlag. Kämpft
gegen sie, bis niemand mehr versucht, euch zum Abfall vom Islam zu
verführen, und bis nur noch Gott verehrt wird!" (Sure 2, 191–193).

Die Notwendigkeit, den Islam über die ganze bewohnte Welt auszudehnen, folgt schon allein aus der Stellung, die Allah seinem Gesandten
und Propheten in der Geschichte zuweist, und die Lebensumstände Mohammeds erforderten es, dass diese Ausdehnung unter dem Einsatz von
physischer Gewalt erfolgen musste, eine von Allah befohlene und belohnte Handlungsweise, die man mit dem Begriff des Dschihad bezeichnet. Die zentrale Bedeutung des kämpferischen Dschihad im Islam wird
vor allem in den Hadithen betont. So soll der Prophet in Form eines
Gleichnisses mit einem Kamel gesagt haben: „Der Kopf des Kamels ist
der Islam, seine Wirbelsäule ist das Gebet, und die Spitze seines Höckers
ist der Dschihad" (Hadith 29.8). Dschihad bedeutet zwar ganz allgemein
„das Sich-Bemühen auf dem Pfad Gottes", was aber in den meisten Fällen
als eine Umschreibung für den bewaffneten Kampf verstanden wird.

Der „heilige Krieg" ist jedoch nicht nur ein Phänomen der islamischen
Religion, wie er heutzutage oft angesehen wird. Nicht nur der Islam
wurde mit Feuer und Schwert verbreitet, sondern zumindest zeitweise,
wie die Kreuzzüge beweisen, auch das angeblich so friedfertige Christentum. Die Geschichte der Kreuzzüge zeigt, wie schnell Religiosität in
blinden Fanatismus und todbringende Zerstörungswut umschlagen kann.
Das betrifft vor allem die christlichen Kreuzfahrer in ihrer heterogenen

Zusammensetzung, von denen bereits Johann Gottfried Herder gesagt hat: „Eine unglaubliche Anzahl andächtiger, wilder, leichtsinniger, unruhiger, ausschweifender, schwärmender und betrogner Menschen aus allen Ständen und Klassen, sogar in beiden Geschlechtern, versammelten sich" (Herder 1792, 4. Teil, S. 349). Sie begannen ihren Kreuzzug damit, dass sie im eigenen Land die Juden erschlugen. In einigen Städten am Rhein sollen es 12 000 gewesen sein. Keiner der Kreuzzüge erfüllte das Ziel, das Heilige Land und Jerusalem auf Dauer von den „Heiden" zu befreien. Im Hinblick auf den letzten gescheiterten und zugleich unglücklichsten aller Kreuzzüge muss daher Herder bekennen: „So endete diese Raserei, die dem christlichen Europa unsäglich viel Geld und Menschen gekostet hatte" (Herder 1792, 4. Teil, S. 355). Und auch von den darauf folgenden Praktiken friedlicher Bekehrungsversuche der Christen hat Herder wenig gehalten und sogar den kämpferischen Dschihad der Araber vorgezogen: „Der Araber bekehrte nicht durch Schleichhandel, Weiber und Mönche, sondern wie es dem Mann der Wüste geziemt, mit dem Schwert in der Hand" (Herder 1792, 4. Teil, S. 281).

Die Eroberungszüge Mohammeds und sein Judenhass

Als Mohammed in Medina ankam, nahmen alle arabischen Medinenser den Islam an. Für sie und die Auswanderer aus Mekka schrieb der Prophet eine Urkunde, in der er auch mit den Juden eine vertragliche Einigung traf. Sie ist als die „Verfassung von Medina" bekannt und ihr Text gilt als authentisch, während ihre genaue Entstehungszeit umstritten ist. „Die Juden, die uns folgen", heißt es dort, „genießen die gleiche Hilfe und Unterstützung, solange sie die Gläubigen nicht ungerecht behandeln und andere gegen sie unterstützen" (Ibn Ishaq 1982, S. 109 ff.). Aber trotz dieser vertraglichen Einigung mit den Juden kam es mit den jüdischen Rabbinern zu offener Feindschaft. Als die Juden Mohammed fragten, an welche Propheten er und seine Anhänger glaubten, antwortete er mit den Worten der Sure 3, 84 des Korans: „Wir glauben an Gott und an das, was als Offenbarung auf uns und was auf Abraham, Ismael, Isaak, Jakob und die Stämme Israels herabgesandt worden ist und was Moses, Jesus und die Propheten von ihrem Herrn erhalten haben, ohne dass wir bei einem von ihnen einen Unterschied machen" (Sure 3, 84). Aber bei der Erwähnung Jesu leugneten die Juden seine Prophetenschaft und sprachen: „Wir glauben nicht an Jesus, den Sohn der Maria, und an niemanden, der an diesen glaubt" (Ibn Ishaq 1982, S. 120). Damit war der Bruch zwischen den Religionen Christentum, Judentum und Islam, die sonst in ihrer gesamten Tradition viel gemeinsam hatten, auf eindeutige Weise an die Person Jesu geknüpft. Während die Christen dem einen Gott auch Jesus als Gottheit auf gleicher Ebene „beigesellt" hatten, hatten die Juden Jesus verleugnet und als falschen Propheten ans Kreuz geschlagen.

Bevor sich jedoch diese Differenzen der Religionen zu weltgeschichtlichen Kriegshandlungen von ungeheurer Grausamkeit steigerten und sich bis zum heutigen Tag als Antisemitismus einerseits und Islamophobie andererseits manifestierten, musste noch am Beginn dieser Auseinandersetzungen das Heidentum in den eigenen Reihen der arabischen Stämme von den Anhängern Mohammeds bekämpft werden. Das geschah in der berühmten, aber von den heutigen radikalen Islamforschern in ihrer historischen Existenz angezweifelten Schlacht von Badr, deren Beginn eigentlich ein groß angelegter Raubzug der Muslime gegen eine Handelskarawane war, welcher eine große, zahlenmäßig den Muslimen bei weitem überlegene Armee aus Mekka zur Hilfe kam. Über die geringe Anzahl und den fanatischen Todesmut der zum Kampf angetretenen Anhänger Mohammeds lässt Ibn Ishaq einen Kundschafter aus Mekka berichten: „Dreihundert, vielleicht auch etwas mehr oder weniger. Aber ich habe Kamele aus Jathrib (Medina) den Tod auf dem Rücken tragen sehen. Es sind Leute, deren einziger Schutz und deren alleinige Zuflucht ihre Schwerter sind. Keiner von ihnen wird getötet werden, bevor er nicht einen von uns getötet hat" (Ibn Ishaq 1982, S. 132). Tatsächlich gab es nach den Zahlenangaben über die Gefallenen in Ibn Ishaqs Mohammedbiographie bei den heidnischen Mekkanern mehr als doppelt so viele Getötete als bei den siegreichen Muslimen.

Dass die religiösen Eroberungszüge der Muslime immer zugleich und sogar in erster Linie Beutezüge waren, war nicht nur im Islam die Regel, sondern diese Vorgehensweise wurde auch bei den Hebräern im Alten Testament in zahllosen Stellen immer wieder auf eine so grausame Weise empfohlen, wie dies im Koran kaum begegnet: „Wenn du vor eine Stadt ziehst, um sie anzugreifen, dann sollst du ihr zunächst eine friedliche Einigung vorschlagen. Nimmt sie die friedliche Einigung an und öffnet dir ihre Tore, dann soll die gesamte Bevölkerung, die du dort vorfindest, zur Sklavenarbeit verpflichtet und dir untertan sein. Lehnt sie eine friedliche Einigung mit dir ab und will sich mit dir im Kampf messen, dann darfst du sie belagern. Wenn dein Herr, dein Gott, sie dir in die Gewalt gibt, sollst du alle männlichen Personen mit scharfem Schwert erschlagen. Die Frauen aber, die Kinder und Greise, das Vieh und alles, was sich sonst in der Stadt befindet, alles, was sich darin plündern lässt, darfst du dir als Beute nehmen" (Deut. 20, 10–16). Es ist zwar richtig, dass im Neuen Testament die Botschaft der Evangelien zeigt, dass Hass, Gewalt, Mord und Plünderei unvereinbar mit der Lehre Jesu Christi sind, doch ebenso klar ist beispielsweise – wie vor allem aus den schonungslosen Berichten des Bischofs Las Casas hervorgeht –, dass genau diese Gier nach Gold und Ländereien den wahren Hintergrund der grausamen Vernichtung der indianischen Bevölkerung der Neuen Welt durch die christlichen Europäer bildete. Diese Untaten konnten selbst durch die islamischen Eroberungs- und Beutezüge nicht übertroffen werden. Hier wie dort war es nur eine geringe Schar, die mit größtem Fanatismus, aber auch größter Beutegier über eine feindliche heidnische Übermacht den Sieg davontrug.

Das Treffen bei Badr bildete den Anfang jener Eroberungszüge, die nicht nur die arabischen Stämme vereinigten, sondern sich noch zu Lebzeiten des Propheten weit über die Arabische Halbinsel bis zu den vorderasiatischen, von Juden und christianisierten Arabern besiedelten Ortschaften erstreckten. Denn nach dieser siegreichen Schlacht änderte sich Mohammeds Einstellung gegenüber den Juden. Er hatte zwar von allem Anfang an keineswegs eine Vorliebe für das Judentum und die Juden, doch war ihre Macht bedeutend genug, dass er sie als Anhänger gewinnen wollte. Sie waren auch an Kenntnis den anderen Glaubensgemeinden überlegen und machten ihm durch geistreiche Bemerkungen und Einwände so viel zu schaffen, dass er sie gerne auf seine Seite ziehen wollte. Als er noch die Hoffnung hegte, sie zu bekehren, versuchte er alle Mittel anzuwenden, um sie für seine Lehre zu gewinnen. Dies konnte vor allem dadurch geschehen, dass er vieles aus dem Judentum aufnahm. Der deutsche Rabbiner Abraham Geiger hat bereits vor fast 200 Jahren eine umfangreiche Zusammenstellung solcher Übernahmen aus dem Judentum geliefert, wobei er zeigen konnte, dass Mohammed das Übernommene nur aus mündlichen Berichten kannte und es manchmal nach seinem Zwecke umgestaltete (Geiger 1833). Das Ziel Mohammeds war, eine Vereinigung aller Glaubensansichten zustande zu bringen und damit eine Reinigung von unnützen Vorschriften zu bewerkstelligen. Niemand stand ihm hier mehr im Weg als die Juden mit ihren vielen unbekannten und beschwerlichen Gesetzen, auf deren Erfüllung sie das meiste Gewicht legten. Dagegen lag Mohammed die Beobachtung einzelner Gesetze nicht am Herzen. Vielmehr liebte er die altarabischen Sitten und hielt an ihnen fest. So sind sowohl Begriffe, wie „Paradies" und „Hölle", als auch Glaubens-, Sittlichkeits- und allgemeine Lebensansichten aus dem Judentum in den Koran eingeflossen, doch sind auch umgekehrt schwerwiegende Kritik und Ablehnung von jüdischen Gesetzen im Koran zu finden, wie Vorschriften zu den Gebetszeiten oder Speiseverbote, von denen Mohammed indes einige beibehielt und andere hinzufügte. Als aber die Juden nicht die geringste Lust zeigten, von ihren Gesetzen abzuweichen, und sich standhaft jeglichen Bekehrungsversuchen widersetzten, schlugen die Annäherungsversuche des gekränkten Propheten in unauslöschlichen Hass um. Das sollte auch einige Jahrhunderte später in Europa das Schicksal der ihren alttestamentarischen Glauben standhaft gegen die christlichen Bekehrungsversuche verteidigenden Juden sein. Hier war es Martin Luther, der nach seinem gescheiterten Bekehrungsversuch zu einem der größten Hasser des Judentums wurde und zu dessen Vernichtung aufrief und damit dem heutzutage politisch motivierten Märchen einer gemeinsamen jüdisch-christlichen Kultur des Abendlandes schon in den ersten Anfängen den Boden entzogen hat, von den nachfolgenden Gräueln des Antisemitismus in den europäischen Nationalstaaten, insbesondere im nationalsozialistischen Deutschland, ganz zu schweigen.

Mohammed versuchte nicht nur seine Muslime durch völlig entgegengesetzte Gebräuche von den Glaubensansichten der verhassten Juden zu entfernen, sondern auch deren Macht auf physische Weise zu brechen. Dass die Juden in Arabien zu Mohammeds Zeit viel Macht besaßen, zeigt das freie ungehinderte Leben vieler ihrer Stämme, die zeitweise mit Mohammeds Anhängern auch in offenen Kampf traten. Besonders ein Stamm war so mächtig (Sure 59), dass die Muslime an seiner Besiegung verzweifelten und die festen Plätze, die die Juden innehatten, den Gedanken an eine Einnahme hätten schwinden lassen, wenn sie nicht selbst ihre Häuser verwüstet hätten oder, eine lange Belagerung fürchtend, mit der Erlaubnis von Mohammed abgezogen wären: „Mit Kind und Kegel zogen sie davon. Pfeifen und Tamburine hatten sie bei sich, und Sängerinnen zogen spielend hinter ihnen drein. Mit einem solchen Prunk und einem solchen Stolz machten sie sich auf den Weg, wie man es damals noch bei keinem Stamm je gesehen hatte. Den übrigen Besitz ließen sie dem Propheten zurück. Es wurde sein persönliches Gut, über das er verfügen konnte, wie er wollte" (Ibn Ishaq 1982, S. 159).

Fand dieser Feldzug noch ein unblutiges Ende, so galt das nicht für den nächsten Feldzug gegen einen weiteren jüdischen Stamm, den Mohammed 25 Tage belagerte. Schließlich musste sich auch dieser Stamm ergeben. Über das Schicksal der Besiegten entschied nicht Mohammed selbst, sondern er überließ das einem Gericht. Die grausame Entscheidung dieses Gerichts lautete, dass die Männer getötet und die Kinder und Frauen gefangen genommen werden sollten. Daraufhin begab sich Mohammed zum Markt von Medina und befahl, einige Gräben auszuheben. Als dies geschehen war, wurden die Männer dieses jüdischen Stammes geholt und Gruppe um Gruppe in den Gräben enthauptet. Insgesamt waren es 600 oder 700 Männer; einige behaupten sogar, es seien zwischen 800 und 900 gewesen. Der Prophet verteilte ihren Besitz, die Frauen und die Kinder unter den Muslimen. Er legte fest, welche Anteile an der Beute jeweils den Reitern und den Unberittenen zustanden und behielt selbst ein Fünftel ein. Diese Regelung des Propheten wurde auch in den folgenden Feldzügen bei der Aufteilung der Beute angewandt. Die gefangenen Frauen und Kinder aus seinem Fünftel tauschte er gegen Pferde und Waffen ein. Eine der gefangenen Frauen behielt der Prophet für sich selbst. Sie blieb in seinem Besitz, bis er starb.

Die Spaltung des Islam in Sunniten und Schiiten nach dem Tod Mohammeds

Die politische Leistung Mohammeds bestand aber nicht so sehr in seinen siegreichen, aber grausam vernichtenden Eroberungszügen, sondern darin, dass er die in unzählige Stämme feindlich geteilten Araber, die dem gröbsten Götzendienst ergeben waren, zu einer im Glauben an den einen Gott verbrüderten Nation vereinigte. Nach seinem Tod zerbrach jedoch diese Einheit der arabischen Stämme wieder und spaltete sich in die feindlichen Lager der Sunniten und Schiiten auf. Er selbst war daran nicht unschuldig. Denn als er am 7. Juni 632 starb, hatte er keine Bestimmung über seine Nachfolge getroffen. Der Grund dafür ist schwer festzustellen, zumal sein Tod nicht unerwartet kam. Nach Berichten arabischer Autoren wurde Mohammed von Schmerzen und Fieberanfällen geplagt und fiel mehrmals in Ohnmacht, aus der er nur erwachte, wenn er mit Wasser übergossen wurde. Sein Verzicht, eine Entscheidung über seinen Nachfolger zu treffen, könnte einerseits dadurch hervorgerufen sein, dass er zwischen dem Gatten seiner geliebten Tochter Fatima, Ali, und dem Vater seiner Gattin Aischa, Abu Bekr, schwankte. Es kann aber auch sein, dass er absichtlich bis zu seinem letzten Atemzug vermied, von seiner Vergänglichkeit zu sprechen. Denn es ist als eine geschichtliche Tatsache anzusehen, dass viele Araber ihn damals für unsterblich hielten (Weil 1846, 1. Bd., S. 2). Sogar als man nicht mehr an seinem Tod zweifeln konnte, wollten einige seiner treuesten Anhänger nicht daran glauben, dass er gestorben sei. So wendete sich der später zum Kalifen gewählte Omar gegen alle, die vom Tod des Propheten überzeugt waren, und sagte drohend: „Einige Heuchler behaupten, dass der Gesandte Gottes gestorben sei, aber bei Gott! Er ist nicht tot. Er ist zu seinem Herrn gegangen. Er wird wiederkehren und denen, die an seinen Tod geglaubt haben, Hände und Füße abschneiden" (Weil 1843, S. 332).

Die Tatsache, dass Mohammed selbst, aus welchen Gründen auch immer, keine klare Entscheidung über seine Nachfolge getroffen hatte, führte zu einem erbitterten Streit unter den Kandidaten für dieses Amt. Zwar gelang es den Anhängern Abu Bekrs, ihn zum ersten Kalifen zu machen, doch dieser hätte nicht so leicht den Sieg davongetragen, wenn Ali, der als Schwiegersohn und Vetter Mohammeds nähere Ansprüche als Abu Bekr hatte, an den Verhandlungen teilgenommen hätte. Aber als Ali von dem Resultat der Wahl erfuhr, fühlte er sich zu schwach, um mit dem Schwert in der Hand sein Recht zu behaupten, und protestierte dagegen nur stillschweigend bis zum Tod seiner Frau Fatima. Danach erkannte er sogar förmlich Abu Bekr als Kalifen an. Doch dieser hatte in allen Provinzen Arabiens mit Aufruhr und Widerspenstigkeit zu kämpfen. Denn man sträubte sich gegen seine Herrschaft, die bloß auf der Wahl einiger seiner Freunde und Stammesgenossen beruhte. Abu Bekr versammelte daraufhin die ihm treu gebliebenen Truppen, ernannte elf Anführer und wies jedem von ihnen einen zu bekriegenden Feind zu. Gegen die nach dem Tod Mohammeds vom Islam abgefallenen Beduinenstämme, die an ihre Freiheit gewöhnt nur Mohammed als dem Gesandten Gottes gehorcht hatten, brachte er das Argument vor, dass, wer bloß Mohammed diente, der nun tot sei, keinen Halt und kein Ziel mehr haben könne. Wer aber Gott diente, habe recht getan. „Denn Gott lebt noch und stirbt nie, sondern er wacht immerfort und nimmt Rache an seinen Feinden." Diese Rache Gottes wurde dann auch von den An-

führern Abu Bekrs gegen die Abtrünnigen auf so grausame Weise vollzogen, dass sogar Abu Bekr selbst davor zurückschreckte. Die einen wurden von hohen Bergen herabgestürzt, die anderen gefesselt und mit
Steinen zermalmt, und wieder andere wurden auf dem Begräbnisplatz
von Medina verbrannt (vgl. Weil 1843, 1. Bd., S. 19 f.). Einer der grausamsten Anführer ließ nach der Einnahme einer Festung der Aufrührer
alle Männer hinrichten und die Frauen und Kinder als Sklaven verteilen,
einige davon sogar verstümmeln, wofür er aber von Abu Bekr einen Verweis bekam. So fielen diesem unmenschlichen Anführer zwei Sängerinnen in die Hand, von denen die eine Spottlieder gegen den Propheten
und die andere gegen die treu gebliebenen Muslime gesungen hatte. Der
Ersteren ließ er beide Hände abschneiden und die Vorderzähne ausreißen, der Letzteren nur eine Hand abschneiden und einen Zahn ausreißen. Während Abu Bekr die Strafe für die Verunglimpfung des Propheten als gerecht ansah, verabscheute er die Verstümmelung einer
Person, die bloß die Anhänger des Islam verspottet hatte, vor allem wenn
sie selbst eine Ungläubige war.

Kaum war das eigentliche Arabien erobert, erteilte Abu Bekr den Befehl,
die Herrschaft des Islam auf den Irak auszudehnen, der damals noch eine
Provinz des persischen Reiches war. Unter den Sassanidenkönigen war das
Perserreich durch Hunger, Bürgerkrieg, Adelsfehden und Weiberherr-
schaft immer tiefer gesunken, sodass Abu Bekr nicht wie in Arabien die
eigenen aufrührerischen Volksstämme, sondern nur die persischen Truppen zu bekämpfen hatte, welche die am Euphrat gelegenen Städte und Fes-
tungen besetzt hielten. Ein großer Teil der Bevölkerung, die arabischen
Ursprungs war, machte sogar gemeinsame Sache mit den Truppen Abu
Bekrs. So wurden die verweichlichten Perser vernichtend geschlagen. Diejenigen, welche die Flucht ergriffen hatten, wurden gefangen und am Ufer
des Euphrat dahingeschlachtet, der sich von ihrem Blut rot färbte. Nach
diesem und anderen glänzenden Siegen über die Perser wandte sich Abu
Bekr im März 634 mit seinen von mehreren Anführern befehligten Truppen gegen Syrien, das aber erst unter seinem Nachfolger im Kalifat, Omar,
in einer der blutigsten Schlachten, die je im Islam ausgefochten wurden,
besiegt wurde.

Der am 23. August 643 verstorbene Abu Bekr war im Unterschied zu
Mohammed noch zu seinen Lebzeiten darauf bedacht, einen Nachfolger
vorzuschlagen. Seine Wahl fiel auf Omar, der unter dem Volk wegen seiner Härte unbeliebt war, aber Abu Bekr der tüchtigste und kräftigste

Mann zu sein schien, der die Zügel der Regierung mit sicherer Hand lenken konnte. Omar Ibn Chatab hatte sich zwar als 26-jähriger Stammesangehöriger der heidnischen Kureischiten in Mekka zuerst angeboten, Mohammed zu ermorden, bekehrte sich aber durch den Einfluss seiner Schwester zum Islam und war seitdem einer der treuesten Anhänger des Propheten. Unter seiner Regierung weitete sich das islamische Reich zu einer Größe wie nie zuvor aus. Nicht nur Syrien mit seiner Hauptstadt Damaskus, sondern auch Ägypten, dessen Bevölkerung in der Mehrzahl aus christlichen Kopten bestand, fiel den Arabern in die Hände. Die ans Märchenhafte grenzende Leichtigkeit der Eroberung von Ägypten war dem Umstand zu verdanken, dass die christliche Bevölkerung religiös gespalten war. Die Kopten waren als Monophysiten von der einheitlichen Natur Christi überzeugt, während die sie beherrschenden byzantinischen Griechen der von den Arabern verhassten Lehre von der doppelten Natur Christi huldigten. Da die Kopten durch die islamische Besetzung Ägyptens nur gewinnen konnten, unterstützten sie die arabischen Eroberer und verhalfen ihnen zum Sieg.

Was die Verteilung der Kriegsbeute betrifft, so nahm der siegreiche Kalif Omar für sich selbst nur so viel, als er zu seinem einfachen Leben brauchte. Nach dem Zeugnis arabischer Schriftsteller bildeten „Gerstenbrot und Oliven seine gewöhnliche Nahrung, und einige Kissen, mit Palmenfasern gefüllt, seine Lagerstätte. Er hatte nur zwei Röcke, einen für den Sommer und einen für den Winter, beide vielfach geflickt" (Weil 1843, 1. Bd., S. 139). Dass er sich auch an das vom Koran ausgesprochene Gebot hielt, die Armen durch Almosen zu unterstützen, beweist eine über ihn berichtete rührende Geschichte von einer armen Frau, die er außerhalb der Stadt mit einigen kleinen weinenden Kindern antraf: „Die Frau stellte einen Topf über das Holz und sagte zu den Kindern: Weinet nicht, schlafet nur einstweilen, bis das Nachtessen gekocht ist. Dann fuhr sie, leise vor sich hinsprechend, fort: Gott wird uns Recht schaffen gegen Omar, der jetzt mit vollem Bauch schläft, während ich hier mit meinen Kleinen hungrig die Nacht durchwache. Omar vergoss Tränen, als er dies hörte, und fragte die Frau, welch Unrecht Omar gegen sie begangen habe? Er hat meinen Mann in den Krieg geschickt, antwortete sie, wo er umkam, und nun bin ich brotlos mit diesen kleinen Kindern, die vor Hunger nicht einschlafen können und die ich, um ihre Tränen zu stillen, auf jenen Topf vertröste, welcher nichts als ein bisschen Wasser enthält. Daraufhin soll Omar in die Stadt gelaufen sein, um Mehl und Schmalz zu kaufen, und nachdem er zu der Frau zurückgekehrt war, mit eigener Hand eine Mehlspeise zubereitet haben, die er ihr mit den Worten überreichte: Sättige dich und deine Kinder! Danke Gott und bete für Omar, der eure traurige Lage nicht kannte" (Weil 1846, 1. Bd., S. 140 f.).

Dem Kalifen Omar, der trotz seiner eigenen kargen Lebensführung als Reichsgründer und Eroberer den ersten Rang unter sämtlichen islamischen Herrschern einnahm, ging es nicht nur darum, die Religion des Islam von Arabien aus über die ganze Welt zu verbreiten, sondern auch darum, trotz seiner persönlichen Bescheidenheit Arabien auf Kosten der übrigen Welt zu stärken und zu bereichern. „Die fremden Völker sollten nur in Fesseln geschlagen, aber nicht gebessert und veredelt werden, was doch allein einen heiligen Krieg rechtfertigen kann. Sie sollten nicht mit den Schriftgelehrten und Predigern, sondern nur mit den Steuereinnehmern in Berührung kommen" (Weil 1846, 1. Bd., S. 142). Diesen falschen Grundsatz, die Staatskasse auf Kosten der eroberten Provinzen zu füllen, sollte Omar mit seinem Leben büßen. Ein christlicher Handwerker, der zu einem überhöhten Tribut verpflichtet war, reiste nämlich nach Medina und beklagte sich beim Kalifen über die Härte des arabischen Statthalters, dem er zugeordnet war. Doch als Omar seine Klage abwies, stellte sich dieser Handwerker einige Tage später in die vorderste Reihe der sich in der Moschee zum Gebet ordnenden Muslime und als der Kalif vorüberkam, sprang er heraus und brachte ihm mit einem doppelschneidigen Dolch sechs Wunden bei, von denen eine in den Unterleib tödlich war (Weil 1846, 1. Bd., S. 128).

Da Omar fürchtete, dass nach seinem Tod ein Bürgerkrieg zwischen den Anführern des durch ihn zu solcher Größe aufgeblühten islamischen Reiches entstehen könnte, ernannte er noch vor seinem Tod im Sterbebett liegend die sechs ältesten Gefährten Mohammeds, unter denen sich auch Ali befand, zu Kandidaten des Kalifats. Nach einer tagelangen Debatte fiel schließlich die Wahl auf Othman, der seine Abkunft von dem Urgroßvater Mohammeds geltend machte. Der Schwiegersohn Mohammeds, Ali, unterwarf sich dieser Entscheidung, nützte aber dann jede Gelegenheit aus, dem schwächlichen und schüchternen Othman seine Verachtung zu zeigen. Als dieser die nach dem Tod Mohammeds entstandenen Versionen des Korans verbrennen und nur die unter seiner Regierung entstandene neue Ausgabe des Korans gelten ließ, erhob sich in Ägypten der Anführer einer islamischen Sekte und versuchte mit der Unterstützung anderer Rebellen die Absetzung des bereits 80-jährigen greisen Kalifen Othman zu bewirken. Doch diese Rebellion scheiterte zunächst an der unerwarteten Entschlossenheit des alten und schwachen Kalifen, der lieber sterben als die von Gott erhaltenen Herrscherrechte aufgeben wollte. Erst nach mehrwöchiger Belagerung seines Palastes drang der Sohn Abu Bekrs, Mohammed Ibn Abu Bekr, mit einigen anderen in das Gemach ein, wo sich Othman allein mit seiner Frau befand, und ermordete ihn. Seiner Frau, die den Kalifen vor den Streichen der Mörder beschützen wollte, wurden einige Finger abgehauen und der Koran, der vor ihm lag, wurde mit Blut bespritzt. Daraufhin stürzte sich das ganze Gesindel der Rebellen in die Schatzkammer des Palastes und plünderte sie aus. Die Leiche Othmans blieb drei Tage lang liegen, ehe es jemand wagte, ihr die letzte Ehre zu erweisen. Erst am vierten Abend brachten sie einige Verwandte des ermordeten Kalifen aus dem Stamm der Omaijaden unter Lebensgefahr in aller Eile auf den Begräbnisplatz (vgl. Weil 1846, 1. Bd., S. 185 f.).

Von all diesen Ereignissen hielt sich Ali fern, dem der Sturz des Kalifen sehr gelegen kam und der daher nichts zu seiner Rettung unternommen hatte. Als ihn nach einer Woche die Rebellen zum Kalifen proklamierten, lehnte er das zunächst ab, weil er sich scheute, den mit Blut befleckten Menschen die Hände zu reichen. Erst als ihm eine große Anzahl der Medinenser, um der Anarchie ein Ende zu setzen, die Herrschaft übertragen wollte, nahm er das Kalifat an. Seine Freude an der längst ersehnten Herrschaft war jedoch nicht ungetrübt. Denn er muss vorausgesehen haben, dass er sie nicht ohne schweren Kampf würde geltend machen können. So wurden die neu von ihm eingesetzten Statthalter in Ägypten, Syrien und dem Irak zumeist abgelehnt. Der härteste Schlag für Ali war aber, als er vernehmen musste, dass die verwitwete Frau Mohammeds, Aischa, in Mekka Aufruhr predigte und das Volk aufforderte, ihm die Huldigung so lange zu versagen, bis er die Mörder Othmans bestraft habe. Dies kam schon deswegen für Ali überraschend, weil Aischa es gewesen war, die früher gegen Othman konspiriert hatte, und ihr Bruder Mohammed Ibn Abu Bekr bekanntlich bei der Ermordung Othmans an der Spitze der ägyptischen Rebellen gestanden hatte.

Der Zustand des gegenseitigen Mordens und Raubens lastete während der gesamten Regierungszeit Alis so schwer auf den islamischen Völkern, dass Ali um des Friedens willen auf Ägypten und Syrien verzichten wollte. Doch das verhinderte nicht eine Verschwörung, bei der Ali, den die Masse seiner Anhänger bloß als Imam ansah, das heißt nur als geist-

liches Oberhaupt, ermordet wurde. Als man seinen Mörder, Abd Errahman, einen Ägypter, der schon gegen Othman nach Medina gezogen
war, fragte, was ihn zu seiner ruchlosen Tat veranlasst habe, antwortete
er: „Ali hat schon längst den Tod verdient wegen des vielen Bluts, das er
vergossen hat." In Wirklichkeit soll der Mörder Alis sich jedoch gegenüber einem Mädchen, um das er warb, verpflichtet haben, ihr als Mor-
gengabe den Kopf Alis zu bringen. Ali, der nach dem Mordanschlag
noch zwei Tage lebte, ließ Abd Errahman einsperren und befahl seinem
Sohn Hasan, ihn nach seinem Tod hinrichten zu lassen. Aber Hasan ließ
ihn, sobald Ali das Leben ausgehaucht hatte, auf grausame Weise verstümmeln. Der gefolterte Abd Errahman soll einen wahren Heldentod
gestorben sein. Während man ihm die Hände abschnitt und die Augen
mit glühendem Eisen ausstach, betete er inbrünstig, ohne einen Seufzer
auszustoßen. Erst als man ihm die Zunge herausschneiden wollte, schrie
er: „Lasset mich doch beten, solange noch Leben in mir ist" (Weil 1846,
1. Bd., S. 252).

Nach dem Tod Alis sollte sein Sohn Hasan nach dem Prinzip der Erblichkeit des Imamats auch das Kalifat übernehmen. Doch Hasan war
nicht der Mann, der für ein Amt geeignet war, das von ihm forderte, in
den heiligen Krieg zu ziehen. Ein friedliches, genussreiches Leben ging
ihm über die Herrschaft und den Kriegsruhm. So entsagte er allen Ansprüchen auf das Kalifat zugunsten seines Gegners Muawia, der bereits
ein Heer ausgerüstet hatte, um ihn zum Verzicht auf die Herrschaft zu
zwingen. Obwohl Muawia von Seiten Hasans keinen Widerstand zu erwarten hatte, musste er viele Kämpfe gegen diejenigen Männer bestehen,
welche die Heiligkeit und Erblichkeit des Imamats verteidigten, jener
geistlichen Würde, die allen politischen oder kriegerischen Entscheidun-
gen übergeordnet wurde. Damit war aber bereits der Grund für den Jahrhunderte und bis heute andauernden Konflikt zwischen Schiiten und
Sunniten gelegt.

Beiden Richtungen des Islam ging es zwar um das gleiche Ziel, das
Reich des Islam, das damals bereits von der südlichsten Spitze des Jemen
bis in den Norden Kleinasiens und vom Indus bis nach Nordafrika reichte,
auch über das christliche Abendland auszubreiten. Doch zugleich waren
und sind beide von ihrem Alleinvertretungsanspruch für die nun verloren
gegangene Einheit der islamischen Welt bis zum heutigen Tag überzeugt. So hat sich noch Ayatollah Khomeini auf Ali berufen, dessen persönliche Tugenden nach seiner Meinung ebenso wie die des Propheten

Mohammed „über denen jedes anderen menschlichen Wesens stehen", dessen Machtfülle aber nicht größer gewesen sei als die, „welche jetzt den religiösen Führern übertragen worden ist". Daher bestand Khomeini im Hinblick auf seine eigene führende Rolle im Iran darauf, dass „alle militärische und zivile Macht, die vom Allmächtigen dem Propheten und den Imamen übertragen worden ist, auch der islamischen Regierung von heute gehört" (Ayatollah Khomeini 1980, S. 26 f.).

Die sunnitische Version eines islamischen Gottesstaates, der heutzutage mit größter Grausamkeit und Brutalität auch gegen seine schiitischen Brüder im Irak und Syrien vorgeht, hatte aber im Unterschied zum Iran einen Vorläufer im „Reich des Mahdi", dessen religiöser Anführer Mohammed Ali viel erfolgreicher auf die ursprünglich schiitische Tradition eines kommenden Erlösers zurückgriff und dessen militärischer Führer, der Kalif Abdullahi, sich wie der selbst ernannte Kalif des heutigen „Islamischen Staates" auch gegen das christliche Abendland richtete. Dieser Kampf islamischer Gottesstaaten gegen die Christen Europas hat seit der Eroberung Konstantinopels und großer Teile Spaniens eine wechselvolle, jahrhundertealte Geschichte, die bereits in verschiedenen kleinasiatischen Provinzen des Byzantinischen Reiches begann.

Die Xenophobie der christlichen Kirchenväter: Johannes Damascenus

Die arabischen Stämme waren bereits im 7. Jahrhundert zu einer siegreichen Gemeinschaft geworden, die mit ihrem gemeinsamen Glauben jener Ritualordnung folgte, die ihnen Mohammed, der Bestätiger aller früheren Propheten (Sure 33, 40), verkündet hatte. In diesem Punkt widersetzten sich ihm nicht nur die Juden, sondern auch die Christen. Die von den Arabern als „Verstocktheit" angesehene Verhaltensweise der Juden und Christen konnte auch nach dem Tod Mohammeds von den Führern des Islam nur toleriert werden, solange garantiert war, dass sie ihre Irrtümer nicht mehr verbreiteten und ihre Sonderansichten und abweichenden Riten zum Aussterben verurteilt waren. Dies wurde bei den Christen durch Verträge vor allem über abzuliefernde Steuern erreicht. Die Kopfsteuer wurde von den Muslimen als ein Zeichen ihrer Großmut angesehen und führte den Widerspenstigen immer wieder die Verfehltheit ihres Verhaltens vor Augen. Gegenüber denjenigen freilich, die

Allahs Botschaft ganz und gar ablehnten, durfte es solche Großmut nicht geben. Sie standen vor der Wahl: Übertritt zum Islam oder Tod.

Die erstaunlichen Erfolge der muslimischen Truppen bei der Eroberung verschiedener Provinzen des Byzantinischen Reiches und einiger Gebiete des persischen Reiches zwangen Johannes Damascenus, der damals noch in der Finanzverwaltung der Stadt Damaskus tätig war, dazu, die Macht und den großen Einfluss des Islam anzuerkennen. Nach der Einnahme der Stadt Damaskus, deren Kapitulationsbedingungen von dem Großvater des Johannes im Jahr 675 mit den muslimischen Eroberern ausgehandelt worden waren, wurden die Christen zu deren Schutzbürgern. Als rechtliche Grundlage für die Behandlung als Schutzbürger des Islam sind vor allem jene Verträge zu nennen, die unter den Kalifen mit den eroberten Städten und Gebieten geschlossen wurden. Für die Stadt Damaskus war der Vertrag mit dem damaligen Kalifen Omar entscheidend. Die in der Stadt verbliebenen Christen akzeptierten in einem Brief an den Kalifen die darin enthaltenen Verpflichtungen gegenüber ihren Eroberern. Unter anderem verpflichteten sie sich, keine Klöster und Kirchen mehr zu bauen, allen Muslimen Gastfreundschaft anzubieten und sie drei Tage lang zu beherbergen. Sie durften keinen ihrer Angehörigen daran hindern, den Islam anzunehmen, und sie durften keine alkoholhaltigen Getränke verkaufen. Außerdem durften sie ihre Kreuze und Bücher auf den von Muslimen besuchten Straßen und Märkten nicht zeigen und dort auch nicht laut beten (vgl. Gley/Khoury 1995, S. 16). In diesem engen Rahmen war zwar die Religionsfreiheit garantiert, aber um den Preis eines absoluten Stillhalteabkommens. Die Christen konnten sogar ihre Ämter behalten, wenn sie zum Islam übertraten. Johannes trat aber von dem Posten eines Privatsekretärs in der Finanzverwaltung zurück und zog sich in ein Kloster zurück. Dort verfasste er sein Hauptwerk „Die Quelle der Erkenntnis" (De orthodoxa fide), ein Kompendium des theologischen Wissens seiner Zeit.

Von den Christen unter arabischer Herrschaft, von den Syrern, Griechen und Kopten, wurde der Islam zunächst nur als eine häretische Form des Christentums angesehen, deren Besonderheit in der Ablehnung einer trinitarischen Gottesauffassung bestand. Diese Kritik am Islam ist von Johannes Damascenus im 101. Kapitel seines Werkes „Über die Häresien" dargelegt worden (Joannes Damascenus 1748, S. 110–115). Von dieser christlichen Quelle ausgehend lässt sich zeigen, dass die religiöse Bewegung der Araber in den ersten beiden Jahrhunderten nach Mohammed tatsächlich zunächst nichts anderes als eine abweichende Sonderform des Christentums war. Der Islam wurde aber auch damals schon in Verbindung mit dem Antichrist gesehen. Bereits in „De orthodoxa fide" hatte Johannes Damascenus „Antichrist" jeden genannt, der den „menschgewordenen Sohn Gottes" nicht anerkennt. In dem betreffenden Kapitel seines Werkes über die Häresien werden die Anhänger Mohammeds Ismaeliten genannt und als Vorläufer des Antichrists bezeichnet: „Noch bis heute gibt es die einflussreiche Irrlehre der Ismaeliten, einen Vorläufer des Antichristen. Sie leitet sich von Ismael her, der dem Abraham von Hagar geboren wurde: Deshalb werden sie Hagarener oder Ismaeliten genannt" (Joannes Damascenus 1748, S. 110 f.; dt. Übers. Gley/Khoury 1995, S. 75).

Dass Mohammed Kenntnisse des Alten und des Neuen Testaments hatte, bezeugt der Koran selbst und der Inhalt vieler koranischer Geschichten über Gestalten der Bibel von Adam, Noah und Abraham bis hin zu Moses und Jesus. Der Koran bezeichnet sowohl die Juden als auch die Christen als „Leute des Buches" oder „Schriftbesitzer" und bestätigt damit sowohl die Thora als auch das Evangelium (vgl. Koran 2, 41, 89, 91; 4, 47 usw.; Khoury 1993, S. 78–86). Aber Johannes Damascenus gibt auch an, dass Mohammed mit einem arianischen Mönch Umgang gepflegt und erst dadurch eine eigene Häresie geschaffen habe. Denn Arius (260–336), ein christlicher Presbyter aus Alexandria, vertrat im Gegensatz zur orthodoxen christlichen Trinitätslehre die wesensmäßige Verschiedenheit von Gottvater und Gottsohn und war davon überzeugt, dass es eine Zeit gab, in welcher der Sohn noch nicht existiert hat. Doch diese als Arianismus bezeichnete Ansicht wurde bereits im Jahre 352 auf dem Konzil von Nizäa verworfen. Die Trinitätslehre selbst, für die es im Neuen Testament keine direkten Belege gibt, wurde erst auf dem Konzil von Konstantinopel 381 endgültig festgelegt, nachdem man eine solche direkte Belegstelle in den Briefen des Apostels Johannes doch gefunden zu haben glaubte. Sein erster Brief trägt keine Adresse und richtet sich an einen größeren Kreis von Lesern, wahrscheinlich in Kleinasien. Die Entstehung dieses Briefes fällt vermutlich in die Zeit nach dem Johannesevangelium, zwischen 90 und 100 n. Chr. Erst viel später, im 4. Jahrhundert, taucht dort erstmals in der lateinischen Bibelübersetzung Vulgata ein erweiternder Einschub auf, das sogenannte Comma Joanneum: „Quoniam tres sunt, qui testimonium dant in Coelo: Pater, Verbum, & Spiritus Sanctus: & hi tres unum sunt. Denn drei sind es, die Zeugnis geben im

Himmel: der Vater, das Wort und der Geist: und diese drei sind eins"
(1.Joh. 5, 7; Biblia Sacra Vulgatae editionis 1771, S. 465). Weil man in
diesem Einschub einen Beleg für die in der Bibel sonst nirgends direkt
bezeugte Lehre von der göttlichen Trinität fand, wurde diese Stelle mit
dem Argument in die Vulgata aufgenommen, dass sie von den Arianern
in den alten Originalen des Neuen Testaments getilgt worden sei. Bis in
die Neuzeit wurde das Comma Joanneum von konservativen römisch-
katholischen Theologen erbittert verteidigt. Heute scheint sich aber
die Einsicht in seine Unechtheit allgemein durchgesetzt zu haben (vgl.
Roloff 1978, S. 279).

Der Koran richtet sich nicht direkt gegen die Person Jesu Christi, wie
es die Juden taten, die ihn wegen seiner Anmaßung, der Messias und
Sohn Gottes zu sein, kreuzigten, sondern er wendet sich nur gegen die
Übertreibung der Christen und fordert von ihnen, sie sollten nur die
Wahrheit sagen und Jesus, dem Sohn Marias, keine Eigenschaften zuschreiben, die ihm nicht zustehen (Sure 4, 171). Was nun die Ablehnung
der christlichen Trinitätslehre betrifft, die für die Muslime als ein Rückfall in die heidnische Vielgötterei zu betrachten ist, liefert Johannes eine
Rechtfertigung dieses christlichen Glaubensgrundsatzes verbunden mit
einer scharfen Gegenkritik: „Sie nennen uns aber ‚Beigeseller', weil wir,
so behaupten sie, Gott insgeheim einen Nebengott beigesellen, indem
wir sagen, Christus sei der Sohn Gottes und selbst Gott. Indem ihr also
vermeiden wolltet, Gott etwas beizugesellen, habt ihr ihn verstümmelt.
Deshalb beschuldigt ihr uns fälschlich und nennt uns Beigeseller, wir aber
nennen euch Verstümmler Gottes" (Joannes Damascenus 1748, S. 113;
dt. Übers. Gley/Khoury 1995, S. 79). Die Kritik an der Anbetung des
Kreuzes weist Johannes damit zurück, dass er die Ismaeliten beschuldigt,
einen Stein in der Kaaba anzubeten und ihn ehrfürchtig zu küssen,
obwohl es klar sei, dass dieser Stein nichts anderes sei als der Kopf der
Aphrodite, den die Araber früher, als sie noch Götzendiener waren, anbeteten. Ein weiterer Gesichtspunkt der Kritik am Islam und an Mohammed selbst, der bis heute gültig ist, war bereits für Johannes Damascenus
die Haltung Mohammeds gegenüber der Frau. In der Sure „Die Frau"
wird den Muslimen zugestanden, dass man sich vier reguläre Frauen nehmen darf und dazu Nebenfrauen, so viele man eben neben den vier regulären Frauen ernähren kann. Die Ehescheidungsregeln habe aber Mohammed, meint Johannes Damascenus, nach seinen eigenen Bedürfnissen
festgelegt. Denn als er sich in eine schöne, aber bereits verheiratete Frau

Abb. 8: Die Kritiker des Islam und Verteidiger des Christentums: Johannes Damascenus, Raimundus Lullus, Thomas von Aquin (Zusammenstellung von Porträts aus dem 14. bis 19. Jahrhundert, aus dem Besitz des Verfassers)

verliebt hatte, wurde ihr Mann von Mohammed gezwungen, sie zu entlassen. Erst daraufhin konnte Mohammed sie zu seiner Frau nehmen.

Dieser Mohammed hat sich außerdem, sagt Johannes gegen Ende seiner Kritik, viele absurde Geschichten zusammengefaselt. Unter anderem die Geschichte von einer Kamelstute, die einen ganzen Fluss austrank und nicht mehr zwischen zwei Bergen hindurchpasste. Solche unglaubwürdigen Geschichten nimmt Johannes zum Anlass eines boshaften Seitenhiebs und einer massiven Drohung gegen die Anhänger des Lügengeschichten erzählenden Mohammed, indem er sagt, „dass euer wunderbares Kamel als euer Vorläufer in die Seele der Esel eingegangen ist, wo auch ihr weilen werdet, da ihr wie Tiere seid. Dort aber umgibt euch Dunkelheit, dort sind ewige Strafe, brüllendes Feuer, ein niemals schlafender Wurm und höllische Geister" (Joannes Damascenus 1748, S. 113; dt. Übers. Gley/Khoury 1995, S. 83).

Kritik am Islam und Verteidigung der christlichen Lehre

Neben Johannes Damascenus gab es noch eine weitere rational-philosophische Kritik am Islam und eine Verteidigung der christlichen Lehre, wodurch die Bemühungen von Johannes Damascenus im Westen Europas fortgesetzt wurden. Einen viel zu wenig beachteten Beitrag zu diesem interreligiösen Diskurs lieferte der auf Mallorca 1232 geborene Ramon Llull (lateinisch: Raimundus Lullus), der als Philosoph, Theologe und Universalgelehrter etwa 260 Werke in altkatalanischer und lateinischer Sprache verfasste und sich nach einem Bekehrungserlebnis sein ganzes weiteres Leben der Missionierung der Muslime widmete. In den folgenden Jahre seines Lebens (1265–1274) beschäftigte sich Llull mit dem Studium des Arabischen, das er schließlich besser sprach und schrieb als Latein. Er bezeichnete sich später selbst als „christianus arabicus" (vgl. Lohr 1984). In diese Zeit fiel eine Episode, die auf Llulls Missionsarbeit entscheidenden Einfluss hatte: Llulls maurischer Arabischlehrer spricht sich offen gegen die Trinität und die Inkarnation aus, woraufhin Llull seinerseits die muslimische Jenseitsvorstellung als „blödes Zeug" (Pindl 1998, S. 264) verunglimpft. Der Lehrer antwortet mit dem Messer. Llull gelingt es, ihn im Kampf zu überwältigen und einzusperren. Doch während er noch überlegt, was er mit ihm machen soll, erhängt sich der Muslim. Das veranlasste Llull zu dem Vorsatz, Nichtchristen gewaltlos und mit rational einsehbaren Argumenten von der Wahrheit des Christentums zu überzeugen. Ein Anliegen, das er in seinem „Liber de gentili et tribus sapientibus" (Buch vom Heiden und den drei Weisen) und in noch eindringlicherer Weise mit seiner berühmt-berüchtigten kombinatorischen Methode umzusetzen versuchte.

Wie tolerant Raimundus Lullus sein wollte, geht schon daraus hervor, dass er die drei Weisen, nachdem sie ihre Argumente vorgebracht haben, sich darauf einigen lässt, sie wollten die Entscheidung des Heiden nicht wissen, damit ein jeder von ihnen glauben könne, er habe seine Religion gewählt: „Wir sollten einander lieben und unterstützen, und unter uns dürfte es weder Unterschied noch Gegensatz in Glauben und Sitten geben. Denn diese Unterschiede und Gegensätze sind es ja gerade, derentwegen wir uns feindlich gegenüberstehen, uns bekriegen, uns gegenseitig töten und derentwegen wir uns in gegenseitiger Gefangenschaft befinden. Krieg, Tod und Knechtschaft hindern uns daran, Gott das Lob, die Ehrerbietung und die Ehre zu erweisen, die wir ihm an jedem Tage unseres Lebens von neuem schuldig sind." Doch Ramon Llull erkennt auch das große Hindernis, das einer Harmonisierung der Religionen entgegensteht, in dem er einen anderen Weisen sagen lässt, „dass der Glaube, den die Menschen von ihren Eltern und Vorfahren übernommen haben, so tief in ihnen verwurzelt sei, dass es völlig unmöglich sei, sie durch Pre-

Abb. 9: Der Heide und die drei Weisen (aus Lullus 1722)

digt oder Disputation noch sonst etwas Menschenmögliches von ihm ab-
zubringen. Deswegen würden sie, wenn man mit ihnen diskutieren wollte
und ihnen den Irrtum zeigen möchte, in dem sie sich befinden, sofort
alles, was man ihnen sagt, verächtlich abtun und sagen, in demjenigen
Glauben bleiben und sterben zu wollen, den sie von ihren Eltern und
ihren Vorfahren überliefert bekommen haben" (Lull 1998, S. 247).

Wie er selbst erleben musste, half Ramon Llull dabei auch nicht seine
Methode der „Ars combinatoria", mit der er nach Art einer „Denkma-
schine" ein Missionsinstrument in Form drehbarer Kreise konstruiert
hatte, mit der er zwar von Cusanus bis Leibniz bedeutende Denker der
Renaissance und der Neuzeit beeinflusste, bei der römischen Kurie aber
kein Gehör fand: „Die Gerechtigkeit wollte, dass Raimundus zur römischen Kurie geht, auch zu den christlichen Fürsten, um sein Buch – die
Ars – vorzustellen, um von diesem und von der Gerechtigkeit Gottes zu
erfahren. Aber Raimundus entschuldigte sich und sagte, er sei sehr oft
bei der Kurie gewesen und habe bei mehreren Fürsten vorgesprochen,
um den Glauben in der ganzen Welt zu vermehren. Er habe Bücher geschrieben, in denen eine Methode aufgezeigt wird, wie die Welt in einen
guten Zustand gelangen kann. Aber er habe bei ihnen nichts erreicht; ja,
er sei vielfach ausgelacht, ignoriert und als Phantast beschimpft worden.
So entschuldigte sich Raimundus und sagte, dass er zu den Sarazenen
gehe, um sie zum katholischen Glauben zu bekehren" (Liber de civitate
mundi, vgl. Pindl 1998, S. 272). Dann verstummen die Nachrichten.
Man nimmt an, dass Ramon Llull in den ersten Monaten des Jahres 1316

gestorben ist. Mitte des 16. Jahrhunderts kam die Legende auf, Llull sei in einem nordafrikanischen Ort unter den Muslimen so kühn aufgetreten, dass eine aufgebrachte Menge ihn steinigte. Man habe den Schwerverletzten auf ein Schiff gebracht, und er sei gestorben, als die Küste Mallorcas in Sicht kam.

Thomas von Aquin (1225–1274), der sich in seiner „Summa contra gentiles" auch mit dem Islam auseinandersetzt, war ebenfalls bereit, an der Bekehrung der Muslime mitzuwirken. In seiner kurzen Abhandlung „De rationibus fidei contra Saracenos, Graecos et Armenos" beschrieb er in vier Punkten den theoretischen Ansatz, der für die Bekämpfung des Islam lange Zeit verbindlich bleiben sollte: der Islam als Entstellung der Wahrheit, als Religion der Gewalt, des Krieges und der sexuellen Ausschweifung; und schließlich wird Mohammed als falscher Prophet bezeichnet (vgl. Cardini 2000, S. 120). Da sich aber die Konfrontationen nicht auf militärische Gegnerschaft reduzieren ließen, wurde die Frage unausweichlich, worauf der Wahrheitsanspruch des Islam und seine hartnäckige Beharrlichkeit im Irrtum beruhten. Die traditionelle Antwort hieß: auf moralischer Verderbnis. Dies wird besonders deutlich bei Thomas von Aquin, da er sich gerade um die Prinzipien einer vernünftigen Auseinandersetzung bemüht. In seiner „Summa contra gentiles" – unter den „ungläubigen Völkern" werden hier hauptsächlich die Muslime verstanden – stellt er den Islam als das eindrucksvollste Beispiel heidnischer Verirrungen vor und Mohammed als das herausragende Beispiel der Verführung: Dieser Pseudoprophet versprach nach Thomas von Aquin den Völkern „fleischliche Genüsse" und hat ihnen Gebote gegeben, „die zu diesen Versprechungen passen, und denen fleischliche Menschen leicht gehorchen", und mischte zu diesem Zweck das Wahre „mit vielen Fabeln und grundfalschen Lehren", sodass „die, die seinen Ansprüchen Glauben schenken, leichtfertig glauben" (Thomas von Aquin 2013, S. 23 u. 25) Mit diesen Wertungen steht Thomas in dem breiten christlichen Traditionsstrom, wie er im 7./8. Jahrhundert, vor allem von Johannes Damascenus, begründet worden war.

Angesichts solcher moralischen Verderbtheit empfiehlt Thomas von Aquin denen, die den Muslimen wie den Heiden insgesamt widerstreiten wollen, die argumentative Auseinandersetzung auf der Grundlage allein der Vernunft: „Denn die Mohammedaner und die Heiden anerkennen nicht mit uns die Autorität wenigstens eines Teils der Heiligen Schrift, durch die sie überzeugt werden könnten, wie wir gegen die Juden auf

Grund des Alten Testaments, disputieren könnten, gegen die Häretiker auf Grund des Neuen. Sie nehmen ja keins von beidem an. Deshalb ist es notwendig, auf die natürliche Vernunft zurückgreifen, der alle beizustimmen gezwungen sind. Diese ist allerdings in Bezug auf die göttlichen Dinge mangelhaft" (Thomas von Aquin 2013, S. 7). Nach Thomas ist dies nur einer von zwei Gründen für die Verständigungsschwierigkeiten. Er gesteht in selbstkritischer Weise ein, dass der andere Grund darin bestehe, „dass die frevlerischen Aussprüche der einzelnen Irrenden uns nicht dermaßen bekannt sind, dass wir aus dem, was sie sagen, die Argumente nehmen könnten, um ihre Irrtümer zu widerlegen" (Thomas von Aquin 2013, S. 7). Die Vernunft müsste nach Thomas von Aquin genügen, die Irrigkeit der gegnerischen Positionen aufzuweisen, denn die Wahrheit aufscheinen lassen kann sie nicht. Diese würde sich aus eigener Kraft bei allen durchsetzen, wenn nur viele nicht aus moralischer Verderbtheit an ihrem Irrtum festhielten. Aber die Grenze zwischen den Religionen, die Grenze zwischen der Anerkennung der Wahrheit einerseits und ihrer Bestreitung andererseits, wird letztlich bestimmt als die Grenze zwischen Moral und Immoralität. Die Ablehnung der Wahrheit kann aber auch auf die durch Gott verhängte Verstockung der Heiden zurückgeführt werden. Thomas von Aquin behauptet in seiner „Summa contra gentiles", dass der „Sektenstifter" Mohammed unglaubwürdig sei, und zwar sowohl durch die Vermischung der Wahrheit mit unhistorischer Erdichtung und falschen Lehren als auch durch das Fehlen von Wundern zur Bekräftigung des Anspruchs auf das Prophetenamt, das nur von ungebildeten Leuten angenommen worden sei. Mohammeds erste Anhänger beschreibt Thomas daher als Menschen, die, in göttlichen Dingen nicht bewandert, als in der Wüste lebende „bestiales" anzusehen sind (Thomas von Aquin 2013, S. 22).

Während Thomas von Aquin einräumt, dass ihm die Inhalte des Islam nicht so genau bekannt seien, hat Nicolaus von Kues (1401–1464) bereits eine kritische Sichtung des Korans (Cribratio Alkorani) durchgeführt und dabei eine wohlwollende Auslegung (pia interpretatio) beabsichtigt. Wie er im Anschluss an seine Reise nach Konstantinopel, die er im Auftrag des Papstes zu Verhandlungen über die Kircheneinheit unternahm, zu seiner Kenntnis des Korans gekommen ist, beschreibt er selbst: „Ich habe mich nach Kräften um das Verständnis des Gesetzbuches der Araber bemüht, das ich in der durch Petrus, Abt von Cluny, für uns besorgten Übersetzung in Basel erhalten habe. Ich ließ das Buch bei Meister

Abb. 10: Nicolaus von Kues und die Eroberung von Konstantinopel (zeitgenössisches Stifterbild vom Hochaltar der Kapelle des St.-Nikolaus-Hospitals, Bernkastel-Kues; französische Miniatur von der Eroberung Konstantinopels durch die Türken aus dem Jahr 1499)

Johannes von Segovia zurück und reiste nach Konstantinopel, wo ich bei den Minoritenbrüdern den Koran auf Arabisch vorfand, den sie mir in bestimmten Punkten, soweit sie es wussten, erklärten" (Nicolai de Cusa 1989, S. 5). Worauf es Nicolaus von Kues in seiner theologischen Auseinandersetzung mit dem Islam ankam, hat er in einem Brief an Johannes von Segovia vom Dezember 1454 zum Ausdruck gebracht: „Wir müssen immer versuchen, jenes Buch, das bei ihnen, den Muslimen, Autorität besitzt, für uns geltend zu machen. Denn wir finden darin Stellen, die uns dienlich sind, und andere, die uns widersprechen, können wir durch sie erklären" (Nicolai de Cusa 1989, S. IX). Seiner Meinung nach wollte Mohammed offensichtlich nichts gegen die allerheiligste Dreieinigkeit schreiben, sondern nur die Vielheit der Götter verurteilen. So ist Nicolaus von Kues der Meinung, dass es nicht schwierig sein könne, im Koran die Wahrheit des Evangeliums zu finden. Aber es darf nicht übergangen werden, bemerkt er kritisch, „dass die Kapitel der Sammlung des Gesetzbuches der Araber untereinander nicht zusammenhängen, sondern jedes für sich eine Einheit bildet". Deshalb bezeichnet er den Koran als ein „höchst verworrenes Buch" (Nicolai de Cusa 1989, S. 19). Nach dem Fall von Konstantinopel im Jahre 1453 war er noch mehr um die Interpretation des Korans bemüht. Er war der Meinung, dass der Koran nur eine Sammlung von einigen Schriften der jüdischen Thora und des Evangeliums sei, die erst nach dem Tode Mohammeds entstanden ist.

Aber im Unterschied zu Thomas von Aquin und Ramon Llull beruft sich Nicolaus von Kues nicht auf Vernunftgründe, sondern allein auf den Glauben. Er folgt damit der mystischen Theologie des Dionysius Areopagita. So betrachtet ist Gott für ihn unfassbar und unaussprechlich. „Er bleibt vor den Augen aller irdischen Weisheit verborgen, ist keinem Geschöpf bekannt, nur sich selbst, und wir erkennen von ihm nur dies, dass er die Unendlichkeit selbst ist, die alle kreatürliche Vernunft unendlich übersteigt. Da also über ihn im eigentlichen Sinne nichts ausgesagt und behauptet werden kann, was er nicht überstiege, können wir nur im Schweigen zu ihm aufschauen, uns in ihn versenken und ihn verehren" (Nicolai de Cusa 1990, S. 5).

Während der Cusaner den Koran las, bemerkte er, dass dort sehr oft der Tag des furchtbaren Gerichts, das Paradies und die Hölle erwähnt werden, und zwar in Bildern sinnlicher Dinge, da das, was niemals vom Menschen wahrgenommen worden sei, nicht anders beschrieben werden könne; und da er wusste, dass auch im Evangelium und im Alten Testament das Himmelreich in verschiedenartigen Bildern dargestellt wird, hielt er es für zulässig, dies alles in wohlwollender Auslegung zu entschuldigen. Aber diese wohlwollende Auslegung fand ein jähes Ende, als er feststellen musste, dass der Koran oft über „Mädchen und ihre Brüste und über schweinischen Beischlaf im Paradies spricht, wobei es im 87. Kapitel heißt, dies sei die schönste Belohnung Gottes für die Gläubigen" (Nicolai de Cusa 1990, S. 77). Da schämte er sich, derart Schmutziges zu lesen, und sagte sich: „Wenn Muhammad dieses Buch, das voller Schmutz ist, Gott zuschreibt oder aber es selbst geschrieben hat und Gott die Urheberschaft zuweist, dann muss ich mich wundern, dass weise, keusche und tugendhafte Araber, Mauren, Ägypter, Perser, Afrikaner und Türken, von denen man sagt, dass sie diesem Gesetz folgen, Muhammad für einen Propheten halten können, dessen Lebenswandel doch niemand nacheifern kann, der nach dem Himmelreich verlangt, wo man nicht heiratet, sondern den Engeln gleich ist, wie Christus gelehrt hat. Denn niemand sagt so schmutzige Dinge in so schmutziger Art und Weise, der nicht selbst voll von all solchem Schmutz ist" (Nicolai de Cusa 1990, S. 77 f.).

Die historischen Zerrbilder des islamischen Morgen- und des christlichen Abendlandes

Wie neuere wissenschaftliche Forschungen von Historikern und Orientalisten zeigen, besteht einerseits seit dem Mittelalter ein verzerrtes Bild vom Islam und andererseits ein verzerrtes Selbstverständnis des Abendlandes (vgl. Watt 2010, S. 99 ff.).

Worin die Gefahr jener Religion des Islam bestehe, wurde von dem übereifrigen Apologeten der Kreuzzüge, dem fünften Ordensmeister der Dominikaner, Humbert von Romans (1200–1277), so ausgedrückt: „So sehr eifern sie um ihre Religion, dass sie überall, wo sie die Macht haben, unbarmherzig jeden Menschen köpfen, der gegen ihren Glauben predigt" (zit. nach Watt 2010, S. 102). Verschärft wurde diese Angst vor einer Religion, die sich mit Feuer und Schwert die gesamte Welt erobern wollte, durch die Vorstellung, dass der Islam sowieso schon zwei Drittel der bewohnten Welt beherrsche. Denn den Christen waren zu mittelalterlichen Zeiten nur die Weltteile Asien und Afrika bekannt, von denen sie glaubten, dass sie ausschließlich von Muslimen bewohnt seien. Hinzu kam noch die Tatsache, dass zu dieser Zeit auch große Teile Europas, wie Spanien, unter islamischer Herrschaft standen. Erst die Entdeckung der neuen Welt Amerika sollte diesen Irrtum von der Übermächtigkeit der muslimischen Bevölkerung auf der Erde beseitigen.

Dem Bild vom Islam als einer Religion der Gewalt entsprach ein verzerrtes Gegenbild vom Christentum als einer Religion des Friedens, von der man annahm, dass sie nicht durch Waffengewalt, sondern nur durch das überzeugende Wort die Menschen bekehrt (vgl. Watt 2010, S. 105). Wenn man jedoch die Berichte über die Kreuzfahrer und ihre Gräueltaten liest, mutet es seltsam an, dass dieselben Männer, die an den Kreuzzügen teilnahmen, ernsthaft glauben konnten, ihre Religion sei eine Religion des Friedens, die ihrer Gegner aber eine der Gewalt. Diese Einstellung beruht auf der Annahme einer Verteidigungs- oder sogar Notwehrstrategie, da ja das erklärte Ziel der Kreuzzüge nicht die gewaltsame Bekehrung des Feindes war; vielmehr sollte, wie Thomas von Aquin gemeint hat, verhütet werden, dass die Ungläubigen den christlichen Glauben behinderten. Die christliche Lehre, so glaubte man, beruht auf der Vernunft des gebildeten und kultivierten Menschen, während der Islam eine Religion primitiver Wüstenbewohner sei, die Gewalt und sexuelle Ausschweifungen befürwortet. Auf diese Weise geriet der Islam zum ab-

Abb. 11: Avicenna und Averroes

soluten Gegenteil des Christentums. Das Christentum, so behauptete man, sei nicht nur eine Religion des Friedens, sondern auch eine Religion der Askese, die alle fleischlichen Gelüste abtötet. Darüber hinaus sei es eine Religion der rationalen Vernunft. Tatsächlich war aber das vom Aquinaten errichtete Gedankengebäude der Höhepunkt eines mehr als hundert Jahre dauernden Prozesses, in dessen Verlauf schließlich auch die dem christlichen Westen unleugbar überlegene arabische Naturwissenschaft und Philosophie in ihrer aristotelischen Form übernommen wurden.

Es waren ja die arabischen Philosophen Averroes und Avicenna, welche das Erbe der klassischen Philosophie der Griechen zuerst in arabischer Sprache und später dann in lateinischer Übersetzung in Europa bekannt machten. Vor allem hat Averroes nicht nur mit seiner Übersetzung der aristotelischen Werke, sondern auch mit seinen Kommentaren zur überragenden Rolle des Aristoteles sowohl in der thomistischen Philosophie als auch im späteren europäischen Denken beigetragen. Ebenso einflussreich vor allem für die platonisierenden Kirchenväter Augustinus, Basilius oder Chrysostomus war Avicenna, der in seiner Metaphysik auf Platon zurückgreift. Obwohl die Interpretationen der antiken Werke durch die arabischen Philosophen bei Thomas von Aquin nicht unwider-

sprochen blieben, waren sie doch die Grundlage für die Auseinandersetzung über die Grundansichten des Christentums, über den Materie-
begriff und die individuelle Unsterblichkeit der menschlichen Seele (vgl.
Oeser 1974, S. 195 f.). Im Gegensatz dazu waren für die ungebildeten
gläubigen Muslime solche Ansichten der arabischen Gelehrten nichts anderes als eine Häresie und ein Verrat am wahren Glauben. Das hat bereits
Ramon Llull erkannt, wenn er im Buch vom Heiden und den drei Weisen
den Sarazenen sagen lässt: „Zu ihnen gehören die Naturphilosophen und
die großen Gelehrten, die von einigen Vorschriften unseres Gesetzes ab-
wichen. Daher gelten diese bei uns als Häretiker, die zu ihrer Häresie
durch das Studium der Logik und der Naturwissenschaft gelangt sind.
Und so hat es sich bei uns eingebürgert, dass niemand öffentlich Naturwissenschaften und Logik lehren darf" (Lull 1998, S. 236).

Aber trotz dieser Übernahme der klassischen griechischen Philosophie
und Naturwissenschaft über den Umweg der arabischen Philosophen gab
es im christlichen Abendland einen Prozess der Abgrenzung vom Islam
und von seiner Kultur. Dieser Prozess der Abgrenzung gegen die islamische Welt und der direkten Identifikation Europas mit seinem klassischen
griechisch-römischen Erbe durchlief viele Stadien. Eines von ihnen kann
man in Dantes „Göttlicher Komödie" erkennen, in der Mohammed in die
Hölle verbannt wird, während Averroes, ebenso wie Platon und Aristoteles, die als Ungetaufte keine Schuld auf sich geladen haben, nur in der
Vorhölle (Limbo) landet, wo sie sich in hoffnungsloser Sehnsucht nach
dem wahren Glauben des Christentums verzehren (Dante o. J., S. 18). Dagegen empfängt der „Glaubensspalter" Mohammed im neunten Höllen-
kreis eine grauenvolle Strafe. An seinem Körper sieht man einen Spalt, der
vom Kinn bis zum After reicht, sodass man sieht, wie „im Spalt der Beine
sich die Därme dreh'n, die aus der Speise lassen Kot entsteh'n". Und als
Mohammed den von diesem „widrig-eklem Anblick" erstarrten Dante er-
blickt, der in Begleitung von Vergil die Hölle betreten hat, reißt er seine
Brust auf und spricht: „Sieh her, wie ich mich selbst gespalten! Sieh her, wie
sich verstümmelt hat Mahomed" (Dante o. J., S. 135).

Doch die radikale Ablehnung des Islam durch das Christentum wäre
schwierig, ja unmöglich gewesen angesichts dessen, dass das Abendland
seine klassische griechisch-römische Vergangenheit nicht nur im Bezug
auf die Philosophie durch die Araber überliefert bekam, sondern auch im
Bezug auf die Naturwissenschaft, besonders die ptolemäische Astrono-
mie, die durch den arabischen Almagest die Grundlage für die noch

lange verteidigte christliche Kosmologie bildete. Neuere Untersuchungen sprechen sogar von einem „Minderwertigkeitsgefühl" Westeuropas gegenüber der islamischen Zivilisation, das auf der historischen Tatsache der Überlegenheit der islamischen Wissenschaft und Philosophie beruhte (Watt 2010, S. 111). Um dieses Minderwertigkeitsgefühl kompensieren zu können, mussten die Europäer ihr Bild vom Islam entstellen. In der Neuzeit wurde diese Entstellung und Verzerrung des Islam und seines Propheten fortgesetzt. So kann man in der französischen Ausgabe des von dem italienischen Jesuiten Horatio Tursellini im Jahre 1595 verfassten Lehrbuchs der Geschichte über den Propheten Mohammed lesen: „Zuerst tat er, als ob er ein Prophet wäre. Sobald er sich jedoch an die Spitze einer Truppe Banditen gestellt hatte, gründete er jene bösartige Gewalt-Religion und führte sie zuerst in Arabien ein" (zit. nach Benz 1012, S. 56). Und auch die im Jahre 1772 in Frankfurt am Main erschienene erste deutsche Übersetzung des Korans von David Friedrich Megerlin hatte einen polemischen Charakter, der vor allem gegen das Osmanische Reich der Türken gerichtet war. Denn der Titel dieser Übersetzung lautet „Die türkische Bibel, oder des Korans allererste teutsche Uebersetzung aus der arabischen Urschrift" und war mit einem Bild des „falschen Propheten" Mohammed ausgestattet. Für Megerlin ist Mohammed ein falscher Prophet und der größte Antichrist: „Je grässlicher seine Gestalt, je mehr man sich davor zu hüten, und je näher sein prophezeites, und durch gewisse, auch gelehrte und geistliche Mittel zu beförderndes Ende ist: je mehr und je richtiger solle man dieses Fabelbuch auch kennen und sich von seiner Falschheit überzeugen lernen" (Die türkische Bibel 1772, S. 26). Er ist der „gewisse Gegenchrist", der sich „nicht zu Christum als Mittler des Heils bekennt, noch das Geheimnis der Dreieinigkeit, noch die Sakramente des neuen Bundes, und die Heilsordnung, durch den Glauben selig zu werden, annimmt und dazu seine politische Scheinreligion mit Waffen, wo er kann, fortpflanzt" (Die türkische Bibel 1772, S. 31). Die Übersetzung des ganzen Korans ins Deutsche kann ein gutes Mittel abgeben, „Mahumed und sein Lügenbuch besser kennen zu lernen und Gott zu bitten, diesem gewalttätigen Reich und seiner abergläubischen Religion im Koran bald ein Ende zu machen" (Die türkische Bibel 1772, S. 29). Im gleichen Jahr 1772 erschien am 22. Dezember in den „Frankfurter Gelehrten Anzeigen" eine von Goethe verfasste vernichtende Kritik an Megerlins Übersetzung: „Diese elende Produktion wird kürzer abgefertigt. Wir wünschen, dass einmal eine andere unter mor-

Abb. 12: Der falsche Prophet Mohammed (aus der „Türkischen Bibel" 1772) und der Selbstbetrüger Mohammed (aus Irving 1850)

genländischem Himmel von einem Deutschen verfertigt würde, der mit allem Dichter- und Prophetengefühl in seinem Zelte den Koran läse, und Ahndungsgeist genug hätte, das Ganze zu umfassen."

Auch für Washington Irving war Mohammed ein falscher Prophet. Aber im Unterschied zu Megerlin ist er vielmehr von einem „Selbstbetrug" ausgegangen: „Sein enthusiastischer, schwärmerischer Geist wurde allmählich durch Einsamkeit, Fasten, Gebet, Betrachtung und körperliche Krankheit zu einer Art von vorübergehendem Delirium aufgereizt, in welchem er sich einbildete, dass er eine Offenbarung vom Himmel erhalte und zum Propheten des Höchsten erklärt werde. Wir müssen glauben, dass in diesem Falle ein Selbstbetrug eingetreten war" (Irving 1850, S. 227).

Das „Conversationslexicon für das katholische Deutschland", das in Regensburg zwischen 1846 und 1850 erschienen ist, fasste die damals gängigen Vorstellungen katholischer Gelehrten von der kulturellen Inferiorität des Islam im Artikel „Mahomedanismus" auf folgende Weise zusammen:

„So wie aber die schnelle und weite Ausbreitung des Mahomedanismus sich durch Anwendung der Waffengewalt und die außerordentliche Gunst der Verhältnisse sehr leicht erklärt, so enthielt auch die Religion Mahomeds durchaus kein Element in sich, um die Völker zu irgend einer neuen und höheren Entwickelung zu treiben. Die Verfassung blieb nach wie vor Despotie; das Ziel des Volkes sinnlicher Genuss in träger Hingabe, sobald die Aufregung des Körpers vorüber war; aller höheren Bildung war sogar direkt durch den Koran der Weg abgeschnitten. Als dennoch unter dem Kalifate der Abbasiden, welche die Omaijaden verdrängten, allmählich unter den Arabern ein Streben nach höherer geistiger Bildung sich regte, da musste dies eigentlich hinter dem Rücken des Korans geschehen, und auch so kam man nicht viel weiter, als dass man die Griechen und namentlich den Aristoteles übersetzte und erklärte" (zit. nach Benz 1012, S. 56 f.).

Hält man sich alle Aspekte der Konfrontation von Christentum und Islam vom Mittelalter bis heute vor Augen, so wird klar, dass der Einfluss des Islam auf das Christentum größer war, als er heutzutage für gewöhnlich angenommen wird. Der Islam gab an Westeuropa nicht nur viele materielle Erzeugnisse und technische Entdeckungen weiter, er lieferte Europa nicht nur geistige Anregungen auf dem Gebiet der Naturwissenschaften und der Philosophie, er gab ihm auch den Anstoß, ein neues Bild von sich selbst zu entwerfen. Weil Europa sich gegen den Islam wehrte, spielte es den Einfluss des Islam herunter und übertrieb die Abhängigkeit vom griechisch-römischen Erbe. So haben nach Meinung gegenwärtiger Orientalisten und Historiker wir Westeuropäer heute, an der Schwelle zum Zeitalter der globalisierten Welt, die wichtige Aufgabe, diese falsche Akzentsetzung zu korrigieren und uneingeschränkt anzuerkennen, was wir den Arabern und der islamischen Welt verdanken (vgl. Watt 2010, S. 113). Das aber gilt auch für die Türken, die sich von einem wilden, kriegerischen Volk zum kulturell hochstehenden Osmanischen Reich entwickelt haben.

Der Ursprung der Turkophobie: Die Türkenbelagerung Wiens

Im Gesamtbild eurasischer Zivilisationen stellt Mittelasien das Bindeglied zwischen dem Morgen- und dem Abendland dar. Und unter den zahlreichen Völkerschaften Mittelasiens waren es die Türken, die diese Funktion, allerdings in kriegerischer Form, ausübten. Während andere sesshafte Kulturen entsprechend den verschiedenen Künsten und Berufen unterschiedlich gegliedert waren, stellte die türkische Gesellschaft ein einziges monolithisches Gefüge dar. Ihre besonders bewegliche Kriegergesellschaftsordnung und der damit verbundene Staatsaufbau machten aus den Türken das am meisten herumwandernde, in stetem Ortswechsel begriffene Volk der Welt (Durali 2013; Roux 1984, S. 16).

Die früheste Phase der türkischen Geschichte begann ebenso wie bei den Arabern nicht mit einem einheitlichen Volksstamm. Vielmehr gehörten die umherwandernden Nomaden verschiedenen Horden an, die allerlei Raubzüge gegen die Nachbarvölker führten und untereinander um die Herrschaft kämpften. Ihre unglaublich weiten Wanderungen begannen sie in ihrer Urheimat, den nordostsibirischen Wäldern zwischen den Ufern des Eismeeres und dem nördlichen Stillen Ozean. Ihre Vorläufer, die Hunnen, Awaren und Tataren, die eigentlich Türken unter mongolischer Führung waren, stießen unter König Etzel oder Attila weit nach Nordwesten in Europa bis zur Donau und zum Rhein vor, während andere von der gleichen mongolischen Färbung und heidnischen Glaubensrichtung sich über die südlichen Gebiete ergossen. Von den europäischen Historikern des 20. Jahrhunderts wurden sie sehr abwertend beschrieben: „Es waren ebenso wie jene Hunnen hässliche Barbaren von dunkler Gesichtsfarbe, mit glotzenden Schweinsaugen, dünnem Kinnbarte, dickem kurzhalsigem Körper und krüppligen Beinen" (Jorga 1908, Bd. 1, S. 16).

Die Staatsführungskunst der beweglichen Türken stand im Gegensatz zu der gewohnten Ortsgebundenheit der alten eurasischen Zivilisationsvölker. Wohin sich das Volksheer bewegte, dahin zog auch das gesamte Staatsgefüge. Die bewegliche Kriegergesellschaftsordnung führte überall zur Gründung von beweglichen Militärstaaten. Scharfsinnige Vorkehrungen wurden getroffen, um die Langstreckenwanderung und die langfristigen Feldzüge logistisch zu unterstützen. Auch mit dem Übertritt zum Islam, mit dem Verfall des alten asiatischen Götzendienstes begann aber die eigentliche, anerkannte Geschichte der Türken noch nicht. Erst mit dem Erscheinen des Hauses Osman entstand das neue Volk, das sich von der großen umherirrenden barbarischen, „hunnischen" Masse loslöste. Seitdem sahen sich die Türken als Gläubige des Islam an, die in dem von Osman begründeten Reich unter der ausschließlichen Herrschaft der Nachfolger Osmans lebten.

Um die Entwicklung des Osmanischen Reiches und die Ursachen für die schwache christliche Verteidigung, die große Anzahl der Renegaten, die Bereitwilligkeit so vieler christlicher Völkerschaften, das türkische „Joch" auf sich zu nehmen, zu verstehen, ist es erforderlich, sich die wahren Eigenschaften der Osmanen und ihre tatsächliche Lebensweise klarzumachen. Außerdem muss man die Bedingungen des osmanischen Staatslebens kennen, um sich zu erklären, wie ein von den verschiedensten Nationen bewohnter Länderkomplex sehr großen Umfanges mit äußerst primitiven Mitteln so ausgezeichnet regiert werden konnte. Dazu muss man aber auch „von vornherein alle Vorurteile und überlieferten Meinungen über das barbarische, grausame, blutdürstige, lästerliche Volk der Türken, über die unmoralischen, nur von Bestechung lebenden Wesire, über die monströse Psychologie von Sultanen, die nur an strömendem Blut der Besiegten, abgeschnittenen Köpfen, zerstörten Prachtgebäuden, entweihten christlichen Kirchen, eingeäscherten Städten und verheerten Saaten Gefallen finden, beiseite lassen" (Jorga 1908, Bd. 1, S. 456 f.). Alle diese Vorstellungen von dem Volk der Türken als Bedrohung der christlich-abendländischen Zivilisation, die in der Gegenwart in der sogenannten Turkophobie eine zwar unblutige, aber wirtschaftlich-bevölkerungs-statistisch begründete Wiederbelebung erfahren, hatten erst im 16. und 17. Jahrhundert in den realen historischen Ereignissen der Türkenbelagerung Wiens ihren Ursprung.

Die Entstehung des türkischen Weltreiches nahm schon mit der Belagerung Konstantinopels unter Mohammed II. ihren spektakulären Anfang. Doch das Lager des Sultans wurde sehr bald zu einem Sammelplatz für alle beutegierigen Elemente, die neben den Werkmeistern und Kaufleuten den größten Teil der sogenannten Belagerungsarmee bildeten. Die eigentlichen Truppen, die Konstantinopel belagerten und einnahmen, waren nicht zahlreicher als die, die bei jeder persönlichen Unternehmung des Sultans einberufen wurden. Diesem Privatheer, das dem Sultan neben dem Reichsheer zur Verfügung stand, verdankte Mohammed II. die Eroberung Konstantinopels. Es bestand aus Janitscharen, jungen, ursprünglich zumeist christlichen Kriegsgefangenen, oder Sklaven, die nach dem Muster der Mameluken in Kairo organisiert waren. Diese „neuen Soldaten", die keine christliche Armee zu bezwingen vermochte, wurden verschiedenenorts angekauft. Der Sultan war aber nicht nur ihr Herr, sondern auch ihr über alles geliebter natürlicher Führer und Vater. Diese jungen Männer wurden besonders in jenen asiatischen Gebieten erzogen, die ausschließlich von solchen Türken bewohnt waren, die in der althergebrachten Art fortlebten. Dort erlernten sie die türkische Sprache, traten zum Islam über und wurden auf allen Gebieten in die osmanische Disziplin eingeweiht. Wenn sie imstande waren, die Waffen zu führen, rief sie der Sultan zu sich. Sie erhielten dann das Schwert und den Bogen. In Friedenszeiten wurden sie zu den Jagden des Herrschers hinzugezogen. Nur in seltenen Fällen wurden diese ausgezeichneten Fußtruppen einem anderen Befehlshaber für kurze Zeit anvertraut, um einem besonders gefährlichen Kriegszug durch ihre Mitwirkung ein gutes Gelingen zu gewährleisten. In der ersten Hälfte des 15. Jahrhunderts zählten die Janitscharen kaum mehr als 5000 Mann. Später spricht man von 10 000 oder 20 000 Mann (vgl. Jorga 1908, Bd. 1, S. 482 ff.). Das Osmanische Reich verdankte seinen Fortbestand lange Zeit vor allem der sklavischen Treue dieser auserwählten Truppe. Bei den Eroberungskämpfen blieben die Janitscharen wie eine eiserne Mauer stehen. Sie gingen weder vor noch zurück, sie flohen niemals und jagten auch nicht hinter dem flüchtigen Feind her, um für sich selbst Beute zu machen.

Kaiser Konstantin hatte bei der Belagerung seiner Stadt – neben vielen anderen Leuten, die verschiedenen Nationen angehörten und sich misstrauisch gegenüberstanden – nur gegen 5000 eigene Soldaten zur Verfügung. Die bunt zusammengewürfelte Bevölkerung Konstantinopels war gegen den Kaiser gestimmt; sie hatte mehrmals den Ruf „Besser unter den Türken als unter den Lateinern" hören lassen. Außerdem hemmte eine mächtige Opposition des Klerus und der reicheren Familien die Tatkraft des noch jungen Fürsten. Daher fühlte sich dieser durch die grollende Unzufriedenheit der Menge der Bewohner wie gelähmt. So kam es, dass den muslimischen Eroberern kein wirkungsvoller Widerstand entgegengesetzt wurde. Die Osmanen waren jedoch nicht so töricht, sich ihren Sieg durch sinnlose Hinschlachtung von Menschen zu verderben. „Nur Kranke, Greise und kleine Kinder wurden geopfert, wenn sie den räuberischen Siegern unter die Augen kamen" (Jorga 1908, 2. Bd., S. 32). Trotz der frühen Stunde waren alle Kirchen, in denen sich Mitglieder aller Stände und Klassen zusammendrängten, bereits voller Menschen. „Wie Wilde, von lauter Gier angespornt, aber durch Disziplin abgehalten, sich gegenseitig in die Haare zu geraten, brachen die Osmanen in diese wie für sie angelegten Hürden menschlicher Beute ein. An Händen, Kleidern und Bärten wurden die Gefangenen gepackt und fortgeschleppt" (Jorga 1908, 2. Bd., S. 33). Kirchen, Privathäuser und kaiserlicher Palast wurden beraubt. Viele von den siegreichen Osmanen wählten sich auch schon die Häuser aus, in denen sie dann anstelle der getöteten oder geflohenen Griechen zu wohnen gedachten. Mohammed II. selbst wollte seine kaiserliche Würde nicht durch sein Erscheinen im wilden Kampfe der hässlichsten Leidenschaften entweihen. Er wartete an der nun weit geöffneten Pforte, vor der sein Zelt zwei Monate lang gestanden hatte. Hier empfing er auch die Nachricht, dass der christliche Kaiser des nunmehr den Gläubigen zugefallenen Istanbul nicht mehr am Leben sei. Nach dem Zeugnis eines zeitgenössischen Chronisten soll Konstantin im Augenblicke der Auflösung aller Bande und des Erlöschens aller Autorität schmerzlich ausgerufen haben: „Gibt es niemand hier, um mir ein Ende zu machen" (Jorga 1908, 2. Bd., S. 33). Schließlich scheint er im Gedränge erstickt worden zu sein. Denn als man später auf Befehl des Sultans nach ihm suchte, meldete sich ein Türke und sagte aus, er habe auf einem Haufen Leichen an der zuerst besetzten Pforte einen Mann gesehen, der dem Kaiser Konstantin ähnlich war. Man begab sich dorthin und erkannte ihn sogleich an seinen blutbespritzten purpurnen Schuhen. Der Kopf wurde ihm abgeschnitten und noch am selben Tage auf der Säule des Augusteons aufgepflanzt, wo er bis abends blieb, um allen Griechen dadurch bekannt zu geben, dass sie keinen Herrscher mehr besaßen und nun im Sultan ihren Beschützer und König zu erblicken hatten. Nach einigen Tagen wanderte der abgeschnittene Kopf Konstantins in einer kostbaren Büchse von einem muslimischen Herrscher zum anderen, um allen den Sieg Mohammeds kundzutun. Der Platz, wo man den Körper begrub, ist unbekannt geblieben, wenn man ihn nicht einfach ins Meer geworfen hat. Nach drei Tagen, als die für die Plünderung vorgesehene Zeit verstrichen war, als einige Straßen gesäubert waren, die gesättigten, zufriedenen und ermüdeten Türken sich in ihren Lagern oder auf den ihnen angewiesenen Posten befanden und in den leeren Kirchen sich keine türkischen Soldaten mehr befanden, hielt der neue Kaiser muslimischen Glaubens seinen Einzug. Er ging durch die öden Straßen, in denen kein Mensch zu sehen war, geradewegs zur Sophienkirche, die er in eine Moschee umwandelte. Er trat zum Altar und verrichtete auf dem Stein des heiligen Tisches seine Andacht an Allah, der Segen spendet und Sieg verleiht.

Von dieser neuen Hauptstadt des Osmanischen Reiches aus wurden die Eroberungszüge von den Nachfolgern des Sultans Mohammed II. fortgesetzt. Es waren erst die zwei gescheiterten Belagerungen Wiens,

Abb. 13: Die Belagerer Wiens: Soliman und Kara-Mustafa (nach einem Gemälde von Tizian)

die den türkischen Eroberungszügen im Abendland die Grenzen setzten, aber von nun an auch das Bild der Türken als grausame und mörderische Barbaren prägten. Die erste Türkenbelagerung fand unter Soliman im Jahre 1529 statt. Als Soliman im Alter von 26 Jahren seinem Vater, dem finsteren Sultan Selim, der ein hartes Soldatenleben geführt hatte, folgte, wurde ein an Leib und Seele ganz anders gearteter Mann der Beherrscher des Osmanischen Reiches. Denn der neue Sultan entsprach dem Typus eines vornehmen jungen Mannes: „Blass und schlank, halb versunkene Augen leuchteten finster unter dem schweren, meisterhaft gewickelten Turban hervor; eine Adlernase und ein langer Hals waren für den zarten Jüngling, wie auch sein melancholisches Aussehen, charakteristisch. Das Profil war edel und scharf geschnitten; über der energischen Oberlippe kräuselte sich ein kleiner, dünner Schnurrbart" (Jorga 1908, Bd. 2, S. 343). Neben den morgenländischen Sprachen beherrschte Soliman auch die slawischen Sprachen und konnte so mit seinen Offizieren, deren überwiegende Mehrheit in Bosnien, Dalmatien, Serbien und Bulgarien geboren war, in ihrem Idiom verkehren. Für die arabisch-persische Dichtung seiner Zeit hatte er kein Verständnis. Auch die islamische Philosophie interessierte ihn nicht. Jedoch an den fabelhaften Geschichtserzählungen von Helden und Welteroberern wie Alexander dem Großen fand er Gefallen. Sein Vater Selim hatte Christen und Juden geschont, dagegen bettelnde Derwische verfolgt, weil einer von ihnen einen Dolchstoß gegen ihn gerichtet hatte, den sein Wesir gerade noch abfangen konnte. Soliman selbst war zwar kein Eiferer gegen das Christentum, liebte dessen Vertreter indes auch nicht. Den Christen war jede Beteiligung am öffentlichen Leben verwehrt. Sonst aber lebten sie ebenso frei wie in der byzantinischen Zeit; die lateinische Kirche übte alle Kulthandlungen wie früher aus; Türken kamen, um neugierig dem Spiel der Orgeln zuzuhören. Auch den Griechen ging es im islamischen Konstantinopel gut, obgleich man jede Gelegenheit nutzte, sie daran zu erinnern, dass sie ein besiegtes und unterworfenes Volk seien. Denn die Türken bedurften ihrer oft zu solchen Geschäften, die griechische Klugheit und Kenntnisse erforderten; das hinderte sie andererseits nicht, diese „Frankenhunde" als Verleugner ihrer Religion zu verachten; auch dass die Griechen sich die bequemen Ehegesetze des Islam zu freieren Verbindungen zunutze machten, trug nicht dazu bei, ihnen Ansehen zu verschaffen.

Man behauptete zwar, Soliman sei dem Spiel und den Zerstreuungen allzu ergeben und er werde, statt Kriege zu führen, im Serailleben aufgehen. Aber die so dachten, täuschten sich. Zwar wünschte Soliman Krieg nicht aus persönlicher Freude daran, denn er war kein geborener Krieger und keine Eroberernatur, und es mangelte ihm an Ehrgeiz. Obwohl im tiefsten Innern friedlich gesinnt und so milden Charakters, dass er nur äußerst selten zu den althergebrachten Grausamkeiten gegen besiegte Feinde griff und eine Kapitulation dem glorreichsten Kriege vorzog, war es Soliman bestimmt, eine Ära des Krieges zu eröffnen. Was ihn dazu drängte, war sowohl die Erkenntnis, dass sein Reich einer festen, natürlichen Grenze bedurfte, um vor feindlichen Plänen und Einfällen sicher zu sein, als auch die Notwendigkeit, dem kampfbereiten Heer, auf dessen Gesinnung alles ankam, neue, Ruhm und Beute bringende Beschäftigung zu verschaffen. Die Gelegenheit dazu ergab sich bald. Aufgrund eines 1515 geschlossenen Erbvertrages erhob Erzherzog Ferdinand von Österreich, der spätere römisch-deutsche Kaiser, Ansprüche auf Ungarn. Doch die Türken betrachteten dieses durch das Schwert eroberte Land als einen osmanischen Vasallenstaat. Mitte 1529 rückte Sultan Soliman, um in diesem seinem Land Ordnung zu schaffen, an der Spitze eines großen Heeres zur damaligen Hauptstadt Ungarns, Ofen, vor, deren Besatzung sich bereits am folgenden Tag ergab. Nach diesem Erfolg führte der Sultan sein Heer weiter nach Nordwesten und drang über Raab und Pressburg auf Wien vor, das die osmanischen Truppen im September erreichten. Von Raab bis Wien hin verbrannten und zerstörten die Paschas der Vorhut und die grausamen Reiter der Tataren alle Burgen, Dörfer und Städte im ganzen Umkreis, plünderten und raubten alle beweglichen Güter und Lebensmittel, nahmen die Frauen und Kinder gefangen und ließen die wehrhaften Männer über die Klinge springen. In den ersten Tagen verzeichnet das Tagebuch Solimans nur leichte Scharmützel, bei denen es auf einige abgeschnittene Köpfe mehr oder weniger nicht ankam. Dann aber folgten Versuche der Belagerer, die Wiener Stadtmauern zu unterminieren. Die durch Tiroler Bergleute verstärkte Stadtbesatzung grub sich ihnen entgegen, wobei sie nach einiger Zeit auf die osmanischen Mineure stieß. Es entbrannten unterirdische Kämpfe, bei denen kaum Feuerwaffen eingesetzt werden konnten, da die Mineure zur Durchführung ihres Auftrags Fässer mit Schießpulver mit sich führten. Bei diesen Auseinandersetzungen gewannen die besser gepanzerten Verteidiger nach einiger Zeit die Oberhand, doch konnten nicht alle osmanischen Minen entdeckt werden. So sprengten die Angreifer mehrere Breschen in die Wiener Stadtmauer, an denen es zu heftigen Kämpfen kam. Doch keiner der Sturmangriffe der Türken war erfolgreich. Auch der letzte große Angriff an der Bresche am Kärntnertor scheiterte am heftigen Widerstand der Belagerten. Da ein frühzeitiger Winter einsetzte, stand nach diesen Niederlagen der Beschluss fest, nach Konstantinopel zurückzukehren.

Der unglückliche Ausgang dieser ersten Türkenbelagerung Wiens hinderte jedoch den Sultan nicht, seine Waffentaten vor den unbezwingbaren Mauern Wiens als Sieg zu feiern. Zwei Jahre später, 1531, entschloss sich Soliman, noch einmal nach Ungarn zu ziehen. Der beabsichtigte Kriegszug galt Kaiser Karl V., dem ja auch Spanien untertan war und den die Türken als eine Bedrohung und Konkurrenz ihres Weltreiches ansahen. Der Sultan, schrieb sein Wesir Ibrahim, sei „nicht in diese Länder gekommen, um armen Leuten Schaden zuzufügen, sondern nur, um den König Karl von Spanien zu suchen; denn dieser beunruhigt die ganze Welt, verjagt Könige und Herzöge und verkauft ihnen ihre Länder wieder und nimmt Geld dafür; er hat sich die Krone auf die Stirn gesetzt und sagt, dass er der Welt Kaiser sei" (Jorga 1908, Bd. 2, S. 415). Doch Soliman verzichtete diesmal darauf, über die am Wege liegenden eroberten Schlösser hinaus weiter gegen Wien vorzurücken. Um nicht von einem Rückzug sprechen zu müssen, nahm Soliman den Weg durch die Steiermark. Die Türken brannten und raubten im ganzen Land, bis die Deutschen und Spanier sich ermutigten, sie angriffen und viele von ihnen töteten. Auch die Tataren hausten in dieser Gegend aufs Schlimmste, schleppten Einwohner als Sklaven fort und verübten die scheußlichsten Grausamkeiten, um den spanischen König, dem die Steiermark eigentlich gehörte, zu züchtigen. So gelangte der sich solcher „Siege" rühmende osmanische Herrscher wieder nach Konstantinopel, wo er, um das Misslingen seines Kriegszuges zu verschleiern, fünf Tage hindurch die Vorstädte festlich beleuchten ließ, obwohl er die erstrebten Ziele weder im Jahr 1529 noch 1532 erreicht hatte (Jorga 1908, Bd. 2, S. 453).

Aber die Gräuel, welche das Heer Solimans auf seinem Rückzug in Österreich anrichtete, bestimmten in der Folgezeit die christliche Einschätzung der Türken. Auch in der osmanischen Selbsteinschätzung, wie sie sich in türkischen Volkssagen widerspiegelt, spielen sie eine Rolle. Die stereotype Darstellung Sultan Solimans als grausamer Tyrann und Erbfeind des christlichen Glaubens hatte ihren Anteil an diesem bis weit ins 17. Jahrhundert hinein in Druckschriften verbreiteten Türkenfeindbild. Auch der wahrheitsliebende Autor des damals umfangreichsten und genauesten Werkes über die Geschichte des Osmanischen Reiches, Joseph von Hammer-Purgstall, dessen Übersetzung von Hafis Lyrik Goethe zum „West-östlichen Diwan" anregte, konnte sich nicht enthalten, die Aufhebung der Belagerung von Wien als Sieg über den christlichen Erbfeind mit den Worten zu feiern: „An Wiens Wällen hatte sich zum ersten Mal die länderverschlingende Flut osmanischer Eroberung in Deutschland gebrochen" (Hammer-Purgstall 1840, II, S. 77).

Ergänzt und verfestigt wurde dieses Feindbild durch die Ereignisse der zweiten Türkenbelagerung Wiens, die 150 Jahre später unter der Führung des Großwesirs Kara-Mustafa erfolgte, dessen einzige Triebfedern Habsucht und Blutgier waren. Zu dieser Zeit herrschte im Osmanischen Reich wachsende Gleichgültigkeit in religiösen Angelegenheiten. Ketzerische Meinungen, unklarer Aberglaube und christliche Einflüsse gewannen immer mehr an Boden. Kara-Mustafa selbst hielt man für einen Atheisten. Seine Politik ließ sich in die Wort fassen: „Krieg; Krieg um der inneren Ruhe willen, Krieg dem Sultan zu Gefallen, Krieg zum Ruhme des Osmanischen Reiches, Krieg gegen jedermann" (Jorga 1908–1913, Bd. 4, S. 172). Doch mit diesem Vorhaben, das ihn immer weiter nach dem Westen Europas bis nach Wien trieb, sollte er scheitern. Am Anfang dieses für ihn verhängnisvollen Kriegszugs lief alles problemlos nach seinen ehrgeizigen Plänen. Bereits am 13. Juli 1683 gelangte Kara-Mustafa zur kaiserlichen Hauptstadt, die er sofort zu beschießen begann. Die Vorstädte brannten die türkischen Angreifer rücksichtslos nieder, um die eigentliche Stadt mit einer geringen Anzahl von Söldnern besser besetzen zu können. Aufschlussreich für den erbitterten Kampf zwischen den türkischen Angreifern und den christlichen Verteidigern Wiens sind die Tagebücher beider Parteien. Während die Ausführungen des türkischen Tagebuchs aus der Hand des Zeremonienmeisters der Hohen Pforte von Hass und Verachtung gegenüber den Ungläubigen erfüllt sind, spiegeln die Tagebücher der Christen das Grauen und Entsetzen über die ihnen angetanen Grausamkeiten wider. So kann man im türkischen Tagebuch lesen, dass „durch Allahs Gnade die Herzen der Giauren (Christen) mit Schrecken und Entsetzen geschlagen waren und der Verstand und die Urteilskraft dieser Schurken angesichts des machtvollen Ansturms der islamischen Krieger so zerrüttet waren, dass sie auch nicht einen einzigen Tag Widerstand zu leisten wagten und nicht den Mut fanden, den Kampf gegen die Streitscharen des Islams zu führen" (Kara Mustafa 1967, S. 14). In dem Tagebuch eines Wiener Bürgers wird dagegen geschildert, dass man in der Stadt „vor großem Schrecken nicht hat schlafen können. Insbesondere, dass die Tataren gar zu abscheulich mit den Leuten umgegangen sind, den kleinen Kindern die Augen ausgestochen und sie im Blut liegenlassen, den Weibsleuten durch die Brüste Löcher und den Mannspersonen in die Ohren Löcher gestochen, sie aneinandergekoppelt und in die ewige Dienstbarkeit, wenn sie es ja bis dahin haben ausstehen können, geführt haben" (Passer in seinem Tagebuch, zit. nach Sturminger 1968, S. 45). Die Lage verschärfte sich noch, als Kara Mustafa von einem Gefangenen erfahren hatte, dass der Kaiser schon zehn Tage vor Beginn der Belagerung „sich das Gesicht zerkratzend und die Haare raufend geflohen sei und sich nun in seiner Stadt Linz aufhalte" (Kara Mustafa 1967, S. 26). Nach dieser schmachvollen Flucht des Kaisers Leopold aus Wien gingen die Türken gegen die Vorstädte Wiens vor. Dort unternahm nach dem Bericht des türkischen Tagebuchschreibers „eine Anzahl von beherzten Streitern des Islams einen Angriff auf die Vorstadt, in dessen Verlauf über achthundert Giauren erschlagen, viele weitere gefangen genommen und ihre Lebensmittel und Habseligkeiten im Handumdrehen geplündert wurden. An die hundertfünfzig Köpfe und fünfzig Gefangene wurden vor den Großwesir gebracht, der die muslimischen Glaubenskrieger huldvollst belohnte" (Kara Mustafa 1967, S. 15 f.). Die Gefangenen wurden im Heer der Belagerer als Handlanger oder Arbeitssklaven verwendet, bis einer von ihnen seinen Herrn umbrachte. Daraufhin ließ der Großwesir den Befehl ausgeben, sämtliche Gefangenen zu erschlagen. Der Befehl wurde durch die Ausrufer überall bekannt gemacht, und alsbald wurden 150 Gefangene vor dem Scharfrichterzelt geköpft. An den beiden folgenden Tagen wurden im ganzen übrigen Heer noch an die 1000 Gefangene enthauptet.

Dass sich die plündernd und marodierend in der Umgebung von Wien herumziehenden Türken nicht immer nach den Regeln einer korrekten Kriegführung verhielten, wird in dem Tagebuch des Zeremonienmeisters freimütig und mit einer gewissen Schadenfreude zugegeben, wenn er davon berichtet, dass „die verfluchten Giauren mit einer Kriegslist" getäuscht wurden, indem ihnen freier Abzug versprochen wurde. Aber als sie ihre Waffen abgeliefert und sich ergeben hatten und völlig wehrlos waren, „ließen die Streifzügler urplötzlich den muslimischen Schlachtruf erschallen, zogen die Säbel und hieben sämtliche Giauren nieder. Darauf drangen sie von allen Seiten in die Palanke ein, wo sie die Mädchen und Knaben raubten, alle Wertgegenstände und Lebensmittel plünderten und reiche Beute machten." Der türkische Verfasser des Tagebuchs sieht in dieser schändlichen Täuschung einen „Beweis der Gnade Allahs, der den Giauren die Sinne derartig verwirrt hat, dass sie nicht mehr fähig sind, in einer solchen Lage kaltes Blut zu bewahren!" (Kara Mustafa 1967, S. 23). Und er berichtet voll Hohn, dass sie sogar dem Streifzügler, der bei den Verhandlungen den Anführer abgegeben hatte, noch dazu einen Beutel mit 100 Goldstücken geschenkt hatten. In der Nacht, nach Einbruch der Dunkelheit, wurden vom Heer des Islam unzählige Geschosse aus Geschützen, Flinten und Mörsern abgefeuert. Durch diesen unheildrohenden Überfall, heißt es im Tagebuch, wurden „die Feinde des Glaubens völlig kopflos wie eine Horde verwundeter Schweine. Die Giauren kamen kaum dazu, das Feuer zu erwidern". Der Sieg schien nahe, wie der im türkischen Tagebuch wiedergegebene Stoßseufzer zeigt: „Möge der allmächtige Herr des Himmels allezeit die elenden Anschläge der Glaubensfeinde vereiteln, die unwiderstehliche Kraft der Streitmacht des Islams aber ständig mehren" (Kara Mustafa 1967, S. 32).

Der Präfekt der Sängerknaben des Stiftes Heiligenkreuz bei Wien, Pater Kleinschroth, der nach einem Massaker in ein zerstörtes Dorf kam, berichtet voller Entsetzen: „In dem Markt Petersdorf sahen wir auf dem Platz mehr als 300 Personen tot liegen, ohne die, die unter einem eingefallenen Haus lagen, von denen viele meine Blutsbefreundeten waren. Bei dem Kirchentor an der ersten Mauer lag der Marktrichter noch in seinen grünen seidenen Strümpfen, noch gar wohl zu erkennen – auch mein Befreundeter. Die Brücke über den Graben in die Kirche war abgebrannt, deswegen sind wir in den Graben gestiegen und auf der anderen Seite hinauf in den Kirchhof, in welchem ebenfalls sehr viele tote Leute zu sehen waren. Und unter andern lag vor der Kirchentür ein kleines Mägdlein, noch in ihren Kleidern. In der Kirche war es ein Greuel, zu sehen, wie viele Leiber ganz verbrannt hin und her lagen; es war ein solcher Gestank, dass ich keine Weise kenne, denselben zu beschreiben oder mit etwas zu vergleichen. Der große und starke Turm war ebenfalls voll solcher verbrannter und gebratener Körper" (Sturminger 1968, S. 92).

Doch als das Ende der Belagerung durch die siegreichen Truppen des polnischen Königs Jan III. Sobieski kam, wurde der allgemeine christliche Angriff von türkischer Seite folgendermaßen beschrieben: „Schließlich stürmten die Giauren, das Fußvolk vorne und dahinter die Reiterei, wie wildgewordene Schweine auf die Unseren los und drängten sie bergab bis in das zerstörte Dorf hinunter. Dort ging der Kampf noch eine Zeit lang hin und her, und dann konnten die Schurken links und rechts durchbrechen und griffen nun die Streiter des Islams von allen Seiten an. Sie führten ihre Geschütze aufgeprotzt mit und überschütteten aus ihnen das Heer des Islams mit einem Hagel von Geschossen" (Kara Mustafa 1967, S. 77). Als nun die Truppen um den Großwesir sahen, wie der Feind auf beiden Seiten stürmend vordrang und das Heer des Islam sich zur Flucht zu wenden begann, da schwand jedem von ihnen die Kraft und die Lust zu Kampf und Streit. Kämpfend und fechtend wandten sich die Massen der Krieger in der Umgebung des Großwesirs zur Flucht; die meisten flohen geradewegs zu ihren Zelten hin und dachten nur noch daran, ihr Leben und ihre Habe zu retten (Kara Mustafa 1967, S. 77 f.). Jedermann im Heere packte nur sein leichteres Gepäck zusammen und ließ seine sonstige Habe im Stich: „So zogen sie ab, traurig und verstört, nur ihr nacktes Leben rettend und blutige Tränen vergießend. Die Giauren aber bemächtigten sich der Zelte, des Schatzes, der Munition und des Kriegsgerätes und sämtlicher der dreihundert kleinen und großen Geschütze" (Kara Mustafa 1967, S. 78). „Wien war befreit", jubelt Hammer-Purgstall, „es war zum zweiten Mal, dass die Land und Volk verschlingende Flut der Osmanen, welche vor hundertvierundfünfzig Jahren von Wiens Mauern, als dem Damm christlicher Gesittung und Bildung wider die Barbarei des Ostens, unter Suleiman abgeprallt, jetzt aber drohender, mächtiger, ungeheuerer heranwogt, wutzischend und blutgischend für immer abfloss" (Hammer-Purgstall 1840, Bd. 3, S. 748).

Aus türkischer Sicht war diese neuerliche gescheiterte Belagerung Wiens eine Katastrophe, wie sie das Osmanische Reich noch nie zuvor erlitten hatte: „Alles, was sich sonst im großherrlichen Heerlager befunden hatte, blieb zurück und fiel den verdammten Giauren anheim. Diese Schurken bildeten nun zwei Kolonnen, von denen die eine längs der Donau vorrückte, die Festung erreichte und die Gräben stürmte, während die andere das großherrliche Heerlager einnahm. Die armen Teufel, die noch in den Gräben standen, wurden entweder getötet oder in die Gefangenschaft abgeführt; etwa zehntausend Mann, die vom Kampf um die Gräben völlig erschöpft und durch Schüsse aus Geschützen, Flinten und Mörsern oder durch Steinwürfe verwundet und kampfunfähig waren oder gar den Arm oder das Bein verloren hatten, wurden unverzüglich erschlagen. Die vielen tausend christlichen Gefangenen, die die Giauren vorfanden, befreiten sie von ihren Fesseln, und die Reichtümer, die sie erbeuteten, lassen sich gar nicht beschreiben. So dachten sie gar nicht weiter an eine Verfolgung der Krieger des Islams – ansonsten wäre es um diese schlimm bestellt gewesen! Allah bewahre uns vor Unheil – es war das eine Niederlage und eine Katastrophe, wie sie das Reich seit seinem Bestande noch niemals erlitten hatte!" (Kara Mustafa 1967, S. 114).

Das türkische Tagebuch enthält auch eine Aufstellung der Gründe für diese katastrophale Niederlage: Die zahllose Menge von Händlern, die nur aus Gewinnsucht mitgekommen waren, richtete ihr ganzes Sinnen und Trachten nur noch darauf, sich samt der erbeuteten Waren und Sklaven möglichst bald in Sicherheit zu bringen. Als Gegenmaßnahme hätte man alle jene „unnützen Kerle", die ohne ein geregeltes Gewerbe nur aus reiner Gewinnsucht mitzogen, unter Gewaltanwendung aus dem Heer entfernen müssen. Eine solche Horde von „Teufelsfratzen", die zu keiner ordentlichen Arbeit taugen und sich vor dem Kampf mit der Waffe drücken, innerhalb des Heeres zu dulden, war ein verhängnisvoller Fehler. Auch die Tataren, die diesen Feldzug mitmachten, waren durch die Unmenge der Beute und durch die Unzahl der Gefangenen so behindert und schwerfällig, dass sie überhaupt nicht imstande waren, sich dem Feind zum Kampf zu stellen und irgendwelchen Widerstand zu leisten.

Außerdem waren die Pferde, die die berittenen Truppen in die Feld-
schlacht hätten tragen sollen, derartig abgemagert und entkräftet, dass
die Reiter nicht imstande waren, auf ihren Tieren wirksam in den Kampf
einzugreifen. Nicht zuletzt war auch das Verhalten der Türken selbst
schuld, die sich nach ihren erfolgreichen Siegen und Plünderungen zu
Beginn des Feldzuges zu Abscheulichkeiten und Sünden erfrechten, die
nie und nimmer das Wohlgefallen Allahs finden konnten. So verfielen
auch die Enthaltsamen unter ihnen dem Trunk und frönten der Hurerei
und der Sodomie und berauschten sich derart mit Wein, dass sie dem
Allmächtigen für seine Wohltaten zu danken vergaßen und so den Zorn
Allahs auf sich luden (vgl. Kara Mustafa 1967, S. 115).

Auch ein Bericht über die Hinrichtung des Großwesirs Mustafa Pascha
am Sonntag, den 25. Dezember 1683 in Belgrad ist uns überliefert, der
zeigt, dass dieser seinen Tod mit der bei den Muslimen üblichen Gelassen-
heit hinnahm. Als die Henker ihre Stricke bereit machten, hob er mit eigenen Händen seinen Vollbart hoch und fügte sich in das Verhängnis mit
den Worten: „Legt mir die Schlinge auch richtig an!" (Kara Mustafa 1967,
S. 88). Die Henker legten ihm die Schlinge um, zogen zweimal oder dreimal zu, und dann hatte er seinen Geist aufgegeben. So endete am 25. Dezember der Mann, der trotz seiner Unbildung und Habsucht das neu
gewonnene Ansehen des vorher dahinsiechenden Osmanischen Reichs
aufrechtzuerhalten verstanden hatte. Hammer-Purgstall, der wahrheitsgetreue Geschichtsschreiber des Osmanischen Reiches, schildert Kara
Mustafa als einen Menschen, der von Geiz, Geldgier und Hochmut erfüllt
war. Während seiner sieben Jahre als Großwesir, in denen er der Vollzieher
der wichtigsten Geschäfte war, raffte er einen geradezu unglaublichen
Besitz zusammen: „Mehr als fünfzehnhundert Beischläferinnen und wenigstens ebenso viele Sklavinnen, ihre Zofen, samt siebenhundert schwarzen Eunuchen, ihren Wächtern, füllten sein Harem; seine Diener, Pferde,
Hunde, Jagdvögel wurden nach Tausenden gezählt" (Hammer-Purgstall,
1840, Bd. 3, S. 755). Aber Hammer-Purgstall weist auch auf die vielen
nützlichen Stiftungen wie Moscheen, Marktplätze und Bäder hin, die er in
vielen Städten des Reiches errichten ließ, die ihn aber weniger bekannt
machten als die Belagerung Wiens, bei der er einen Mangel an Feldherrn-
talent bewies, weil er die Schätze der Stadt mit niemandem teilen wollte.
Um die Plünderung Wiens durch sein Heer zu vermeiden, hoffte er auf die
friedliche Übergabe der Stadt und versäumte daher, sie zu einer Zeit anzugreifen, zu der die christlichen Entsatztruppen noch nicht bereitstanden.

Gefchichte

des

Osmanifchen Reiches.

Abb. 14: Joseph Hammer-Purgstall, der Autor der Geschichte des Osmanischen Reiches

Hammer-Purgstall, der die erfolgreiche Verteidigung Wiens und den unrühmlichen Abzug der Türken bejubelte, ist als Bewunderer der osmanischen Kultur andererseits objektiv genug, um auch die Verdienste dieses Reiches hervorzuheben. Deswegen unterscheidet er den Osmanen von dem wilden Türken: „Türke ist ein Schimpfname, sowohl im Mund des Europäers, als des Osmanen, und, beim Lichte gesehen, aus demselben Grunde. Dem Osmanen ist der Türke der ungeschlachte, aller Kultur und Sittigung fremd gebliebene Sohn der Steppe, dem Europäer der in seinen Reichs- und Glaubensformen eingerostete, asiatische Barbar. Der Osmane schilt den rohen Turkmanen, der Europäer den Osmanen Türke" (Hammer-Purgstall 1840, Bd. 4, S. 682). Die Feststellung, dass die Türken Türken sind, meint Hammer-Purgstall, soll uns jedoch nicht zu einem ungerechten Urteil über den Charakter des Volkes verleiten. Um den Türken aus historischem Blickwinkel gerecht zu beurteilen, „vergesse man ja nicht, dass er die Fessel des Islam trägt, welcher, dem Geiste seiner Satzungen nach die unduldsamste aller Religionen, nach Weltherrschaft und folglich nach steter Eroberung strebt." Daher gibt es auch keinen

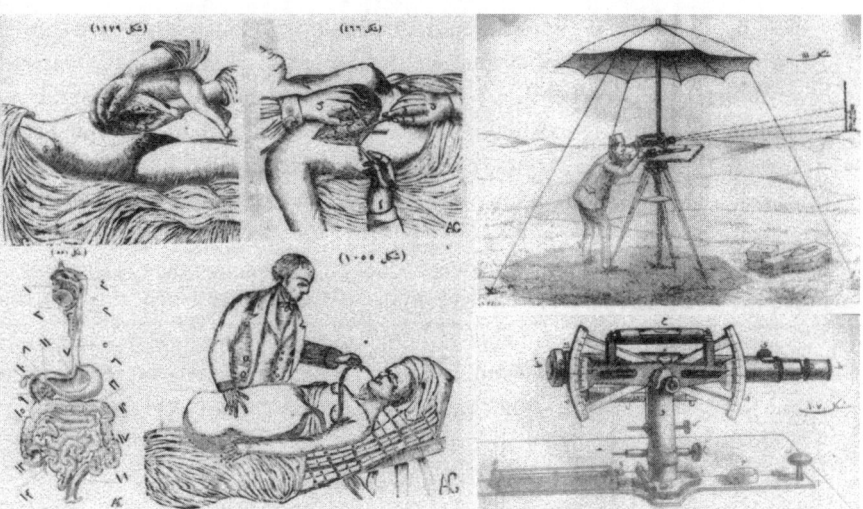

Abb. 15: Medizinische Praktiken der Osmanen: Kaiserschnitt, Brustoperation, Verdauungstrakt, Magenentleerung, Beinbruch-Prothese und osmanische Methoden der instrumentellen Landvermessung (aus einem Lehrbuch im Besitz des Verfassers)

dauerhaften Frieden, weil ein solcher ausdrücklich gegen den Sinn des islamischen Gesetzes ist. Und deswegen haben die Osmanen auch durch ihr stehendes Heer und die dazugehörige Kriegszucht den Islam derart verbreitet, wie es selbst den Arabern bei der Unstetigkeit ihrer Staatseinrichtungen nicht gelungen ist. „Der Araber", sagt Hammer-Purgstall, „kennt nur die Freiheit der Beduinen, d. i. des rohen Naturzustandes des Wilden, dessen Hand gegen jedermann, und jedermanns Hand gegen ihn gerichtet ist." Dem Osmanen dagegen sind die „Begriffe der Humanität und des Gemeinwesens nicht so fremd. Das Wort ‚Republik' (Dschumhur) findet sich sogar in dem Amtstitel der Wesire" (Hammer-Purgstall 1840, Bd. 4, S. 683). In der Ulema, der Vereinigung der Religionsgelehrten, sieht Hammer-Purgstall eine „aristokratische Innung", die auf keinem Erbadel beruht, sondern eine „Kammer des Verdienstadels der Wissenschaft, des Gesetzes, von Richtern und Professoren" ist (Hammer-Purgstall 1840, Bd. 4, S. 684). Und er kann es sich nicht verkneifen, festzustellen, dass die Professoren im Osmanischen Reich besser besoldet und höher geachtet sind als in Deutschland. Das betrifft allerdings nur die Theologie und die Jurisprudenz. Aber auch die Entstehung ethischer, historischer, philologischer und mathematischer Studien wurde nicht verhindert, sondern gefördert. Vor allem waren es jedoch die medizinischen Kenntnisse, welche im Osmanischen Reich nicht nur von den Arabern übernommen, sondern zu einer praktischen Disziplin weiterentwickelt wurden, wie die reich mit Beispielen und Illustrationen ausgestatteten Lehrbücher zeigen. Das Gleiche trifft für die Landvermessung und die Kartographie zu, die von den Osmanen vor allem, was die Technik betrifft, noch weiter als in China entwickelt worden ist.

Besonderen Wert legt Hammer-Purgstall auf die durch das Gesetz erlaubten schönen Künste; nämlich Poesie, Tonkunst, Redekunst, Baukunst und Schönschreibkunst. Nur Malerei und Bildhauerkunst gingen als verboten leer aus. Als Orientalist weist Hammer-Purgstall darauf hin, dass „unparteiischer und befugter" als manche deutschen Orientalisten Goethe und Herder, ohne in die orientalischen Sprachen eingeweiht zu sein, der Poesie des Morgenlandes und den Übersetzern Gerechtigkeit widerfahren haben lassen. Als Beispiel nennt er seine eigene Übersetzung der Lyrik des Hafis, die Goethe zu seinem „West-östlichen Diwan" angeregt hat (vgl. Hammer-Purgstall 1840, Bd. 4, S. 685).

Lange Zeit zuvor gab es in Spanien allerdings bereits ein mächtiges arabisches Reich mit einer ebenfalls hochstehenden Kultur, das um die Mitte des 8. Jahrhunderts von den Omaijaden gegründet worden war und in dem Christen und Juden weitgehend unbehelligt unter muslimischer Herrschaft lebten.

Spaniens Mozaraber und die Araberphobie der Märtyrer von Córdoba

Die ersten Eroberungen der Araber in Spanien fanden im Mai des Jahres 711 unter der Regierung des Kalifen Welid statt. Zuvor hatte sein Feldherr Musa, der in Nordafrika bis Tanger vorgedrungen war, die Berberstämme unterworfen und den Oberbefehl über Tanger und die im Westen Afrikas eroberten Gebiete seinem Freigelassenen Tarik Ibn Zejjad verliehen. Dieser brach mit einem Heer von 12 000 Mann auf, um das von dem Westgotenkönig Roderich regierte reiche und fruchtbare Land Andalusien zu erobern. Er landete auf spanischen Boden und legte eine Festung auf jener Anhöhe an, die später „Djebel Tarik" genannt wurde, woher auch der Name „Gibraltar" stammt (vgl. Weil 1846, 1. Bd., S. 518). Am Río Guadalete im Süden von Andalusien kam es zur Schlacht, die mit der Niederlage der Westgoten endete, die zwar zahlenmäßig überlegen, aber in sich zerstritten waren. Vor der Schlacht soll Tarik zu seinen Soldaten gesagt haben: „Wohin wollt ihr fliehen? Das Meer ist hinter euch, der Feind steht vor euch. Bei Gott, ihr findet euer Heil nur in Mut und Ausdauer. Ohne sie vermag auch eine große Schar nichts, besonders von Männern, wie sie euch entgegentraten, entkräftet durch Wollust, geschwächt durch Zwiespalt und befleckt durch Feigheit und Eitelkeit. Was mich betrifft, ich werde den Tyrannen aufsuchen und verfolgen, bis ich sterbe oder ihn erreiche" (Weil 1846, 1. Bd., S. 521 f.). Roderich selbst war aber vom Kampfplatz verschwunden. Seine Leiche wurde nicht gefunden, wohl aber sein Pferd und einer seiner Stiefel. Sobald Roderich vermisst wurde, trat unter seinem Heer große Verwirrung ein, und wer nicht die Flucht ergriff, wurde ein Raub der arabischen Waffen. Unermessliche Beute fiel in die Hand der siegreichen Araber, die freilich nach dieser blutigen Schlacht von 12 000 auf 9000 Mann zusammengeschmolzen waren. Die Nachricht von Tariks Sieg über den König von Andalusien lockte neue kampf- und raublustige Scharen aus Afrika herüber, während unter den Christen Bestürzung und Ratlosigkeit herrschte. Das flache Land blieb ohne Schutz den Plünderungen des Feindes ausgesetzt. Jeder suchte hinter festen Mauern oder in unzugänglichem Gebirge sein Leben vor den als Menschenfresser geltenden Arabern zu sichern. Sehr schnell, zwischen den Jahren 711 und 716, eroberten die Araber und die „Mauren", wie die von den Arabern unterworfenen und zum Islam übergetretenen Berber genannt wurden, den weitaus größten Teil der Iberischen Halbinsel.

Die Dynastie der Omaijaden gründete im sogenannten Al-Andalus ein mächtiges arabisches Reich, das in den beiden folgenden Jahrhunderten zu wirtschaftlicher und kultureller Blüte aufstieg. Die unter maurischer Herrschaft dort verbliebenen Romanisch sprechenden Christen wurden im Laufe von ein oder zwei Jahrhunderten durch die überlegene arabische Kultur teilweise assimiliert und durch das Zusammenleben mit den Mauren zweisprachig. Diese Christen, die sich nach der muslimischen Eroberung des südlichen Teils von Spanien an die Araber angepasst hatten, ohne jedoch ihren christlichen Glauben und ihr lateinisch-romanisches Schrifttum vollständig aufgegeben zu haben, wurden „Mozaraber" genannt und galten als „Grenzgänger und Brückenbauer" zwischen den muslimischen

Arabern und den lateinisch-romanischen Christen (Herbers 2011, S. 3).
Ihre Funktion als Vermittler zwischen den zwei Kulturen, die natürlich
auch eine große Toleranz der muslimischen Araber gegenüber den besiegten Christen zur Voraussetzung hat, wurde vor allem in der Zeit der Aufklärung von Voltaire betont. „Der Name Mozaraber", sagt Voltaire, „bedeutet Halb-Araber; er war nicht übertrieben, nachdem die Araber die
sanftesten aller Eroberer des Erdkreises waren und nach Spanien auch die
neuen Wissenschaften und Künste gebracht hatten" (Voltaire Essais sur les
moers, chap. XXVII; zit. nach Viardot 1851, II, S. 18 f.; dt. Übersetzung
von W. Oeser). Dieser Meinung schloss sich der französische Historiker
Louis Viardot in seinem viel gelesenen populären Werk „Histoire des Arabes et des Mores d'Espagne" an. Dort sagt er über die spanischen Christen:
„Diese bildeten den zahlreichsten Teil der Bevölkerung des Imperiums. Sie
setzten sich zusammen aus den Einwohnern, welche die Araber in Spanien
zur Zeit der Eroberung von Mouza vorgefunden hatten. Damit sind die
alten Iberer gemeint, die sich zuerst mit den Römern vermischt hatten als
Auswirkung der Militärkolonien, welche nacheinander die Republik und
das Imperium auf der spanischen Halbinsel eingerichtet hatten, dann mit
den Westgoten, die drei Jahrhunderte lang diese Gegend beherrscht hatten. Diese Menschen der eingeborenen Rasse, die mit den Römern zum
Christentum übergetreten waren und später Untertanen der Goten geworden waren, hatten niemals den Glauben des Propheten angenommen,
ebenso wenig wie die Abkömmlinge der Römer und Goten. Aufgrund der
Kapitulationsverträge, welche ihnen die obersten Führer der Araber zugestanden hatten und die stets treu befolgt worden waren, hatten sie sich
ihre Religion und deren freie Ausübung erhalten. Diese Christen, die als
Christen unter muslimischer Herrschaft lebten, wurden Mozaraber genannt. Sie bewohnten in großer Zahl alle Landstriche der Provinzen, die
dem Kalifen unterstellt waren, und sogar auch die wichtigsten Städte des
Imperiums wie Sevilla, Córdoba, Mérida, Murcia und besonders Toledo.
Die Verhältnisse, unter denen die Mozaraber lebten, waren in keiner Weise
elend oder erniedrigend, wie man es von einer besiegten Nation glauben
könnte. Von allen Eroberer-Völkern waren die Araber unwidersprochen
am wenigsten anspruchsvoll und grausam. Sie imitierten die religiöse und
zivile Toleranz des Römischen Imperiums ohne die militärischen Aus-
schreitungen der Römischen Republik. Ihre ganze Geschichte legt Zeugnis ab von dieser großen Zurückhaltung. Im Orient, nach der großzügigen
Kapitulation, die Omar Jerusalem gewährt hatte, hatte man gesehen, dass

der Kalif Walyd den Christen von Damaskus den Preis einer Kirche bezahlt hatte, bevor er auf dem Grundstück, auf dem sie stand, eine Moschee
errichten ließ." Dann geht Viardot als einer der Ersten auch auf die etymo-
logische Ableitung und Begriffsgeschichte der Bezeichnung „Mozaraber"
ein: „Einige haben dieses Wort von Moses oder Mouza abgeleitet, andere
wiederum von Mixti-Araber: Aber die wirkliche Herkunft des Namens
der Mozaraber besteht in dem Wort mosta'rab, das in der Sprache des
Jemen ,arabisiert', ,Araber gemacht, geworden' bedeutet" (Viardot 1851, II,
S. 18 f.; dt. Übersetzung von W. Oeser).

Die Anpassung der Mozaraber an die arabische Kultur ging sogar so
weit, dass zur Zeit der Maurenherrschaft arabische Übersetzungen lateinischer Abhandlungen biblischen, liturgischen, patristischen und kirchen-
rechtlichen Inhalts entstanden. Es steht zwar fest, dass die ganze Bibel
von den spanischen Christen nie ins Arabische übersetzt worden ist. Die
„heiligen Bücher", nach denen die Muslime in den später einsetzenden
Verfolgungen der Christen fahndeten, sind den praktischen Bedürfnissen
des christlichen Gottesdienstes entsprechend in erster Linie liturgische
Kirchenbücher gewesen, wozu natürlich auch „Evangelium", „Apostel",
„Psalmen" und allenfalls noch „Propheten" zählten (Goussen 1909, S. 9).
Eine arabische Übersetzung der vier Evangelien stammt aus den trübsten
Tagen der spanischen Christenheit. Im Jahre 1126 fand eine Massen-
deportation spanischer Christen aus den Territorien von Granada und
Córdoba nach Nordafrika in die Gegend von Fez statt, auf die noch mehrere kleinere Transporte folgten. Diese Deportation war die Strafe dafür,
dass einige Mozaraber den Feldzug, den Alfons I. von Aragón im Jahre
1125 gegen die Mauren unternahm, unterstützt hatten. Im elften Jahr der
Verbannung nach Nordafrika verfasste dort der mozarabische Bischof
Michael ibn Abdelaziz eine Abschrift der vier Evangelien, die er mit den
wehmütigen Worten über sich selbst beendete: „Er schrieb sie im 57. Jahre
seines Alters. Gott erbarme sich dessen, der darin liest und dabei Erbarmen für den Schreiber erfleht. Amen" (Goussen 1909, S. 13).

Wenn man als „Mozaraber" alle jene Christen in Spanien bezeichnet,
die unter muslimischer Herrschaft leben mussten, wird der historische
Sachverhalt verdeckt, dass es auch spanische Christen gab, welche die
kulturelle Anpassung an die Araber vehement ablehnten und damit zu
den ursprünglichen Trägern der Araberphobie wurden. Das war bei den
sogenannten „Märtyrern von Córdoba" und ihren Verteidigern aus der
christlichen Oberschicht von Córdoba, Eulogius und Paulus Albarus, der

Fall, welche die Cordobenser Christen trotz ihres Lebens unter muslimischer Herrschaft zum offenen Bekenntnis ihres Glaubens zu bewegen versuchten (vgl. Pochoshajew 2007, S. 207). Angesichts der Tatsache, dass sich nicht wenige der den Mauren unterworfenen spanischen Christen, beeindruckt von der muslimischen Macht und Größe und bezaubert von ihren Leistungen in Poesie und Kunst, allzu eifrig und unter Gefährdung ihres Glaubens auch der arabischen Prosa und Dichtkunst widmeten, sodass sie sogar die Muslime selbst übertrafen, war bereits um die Mitte des 9. Jahrhunderts Albarus in die Klage ausgebrochen: „Christen kennen nicht mehr ihr Gesetz und Lateiner vergessen ihre Muttersprache dermaßen, dass sich kaum einer unter Tausenden von Christen findet, der imstande ist, seinem Bruder richtig Gruß und Brief zu schreiben. Jedoch zahllos stellt sich die Menge derer heraus, die gelehrt den arabischen Wortprunk entfalten" (Albarus, Indiculus luminosus § 35; zit. nach Goussen 1909, S. 7). Albarus und Eulogius waren es auch, die in ihren islamfeindlichen Schriften die Cordobenser Christen dazu aufforderten, sich nicht an die Muslime zu assimilieren und lieber den freiwilligen Tod wegen dieser Verweigerung zu erleiden. Beide Autoren geben an, dass in den Jahren 850–859 insgesamt 51 Personen zum Tode verurteilt und hingerichtet wurden, weil sie den Islam und seinen Propheten Mohammed angegriffen hatten. Allerdings stammen diese Angaben über die „Märtyrerbewegung von Córdoba" ausschließlich von diesen beiden miteinander befreundeten Autoren, sodass in der neueren Forschung berechtigte Zweifel über die Historizität der Ereignisse entstanden sind. Während die ältere apologetisch-patriotische Forschungstradition in Spanien die Märtyrer verteidigte, hat die kritische Forschungstradition ihren Ursprung im Ausland. Sie geht auf Dozy zurück, der im Unterschied zur spanischen Tradition eine distanzierte Haltung zur Märtyrerproblematik einnahm. Dozy formulierte die These, dass sich die Mehrheit der Christen in Al-Andalus der arabischen Kultur weitgehend angepasst habe und sich nicht der Herrschaft der Muslime widersetzt habe. Die Cordobenser Märtyrer seien für die damaligen Christen nicht repräsentativ. Bei den Märtyrern handle es sich um Fanatiker (vgl. Dozy 1861).

Die beiden Autoren, welche die Märtyrer verteidigten und von denen der eine, Eulogius, selbst zum Märtyrer wurde, waren Schulfreunde. Eulogius wurde 819 im Emirat von Córdoba geboren. Dort wurde er auch zum Priester geweiht. Er entstammte einer vornehmen hispano-romanischen Familie, die an ihrem christlichen Glauben festgehalten hatte. Er

Abb. 16: Die Hinrichtung des Eulogius (nach einem Wandbild in der Iglesia del Juramento in Córdoba)

verteidigte die Märtyrer mit Schriftsätzen und öffentlichem Auftreten und wurde deswegen gefangen gesetzt, aber bald schon wieder aus der Haft entlassen. 858 wurde er zum Erzbischof von Toledo gewählt, aber Emir Muhammed verweigerte die Bestätigung der Wahl. Als Eulogius ein christlich gewordenes Maurenmädchen bei sich aufnahm und unterrichtete, wurde er verhaftet und wegen Schmähung Mohammeds enthauptet. Seine drei Schriften über die „Märtyrer", das „Memoriale Sanctorum", das „Documentum martyriale" sowie den „Liber apologeticus sanctorum martyrum", stellen sowohl eine Beschreibung des Lebens und Leidens der Märtyrer und ihre Verteidigung gegenüber der ablehnenden Haltung seitens der Cordobenser Gemeinde und ihres Klerus dar als auch einen Aufruf zum Martyrium und eine Unterweisung für künftige Märtyrer. Paulus Albarus wurde etwa um 800 geboren und starb am 7. November 861 oder 862. Seine Abstammung ist unklar, doch beruft er selbst sich auf jüdische und gotische Wurzeln. Gemeinsam mit Eulogius wurde er christlich erzogen, doch im Gegensatz zu Eulogius bekleidete er nach dieser Ausbildung kein kirchliches Amt. Von Albarus sind zwei Schriften überliefert, die sich mit der Rechtfertigung der Märtyrerbewegung in Córdoba beschäftigen: der „Indiculus luminosus" sowie die „Vita Eulogii", in der er das Leben und Sterben seines Freundes, der nach seiner Ansicht ebenfalls zum Märtyrer geworden war, erzählt.

Um die Mitte des 9. Jahrhunderts breitete sich die arabische Kultur aus und gewann zunehmend an Ausstrahlungskraft. Córdoba wurde von den Omaijaden-Herrschern zu einer großartigen Residenz ausgebaut, deren Pracht auch Eulogius bewunderte. Viele Christen fühlten sich im islamischen Staatswesen heimisch. Die arabische Kultur war attraktiv, die Jugend befleißigte sich im Erlernen der arabischen Sprache. Man schätzte auch den Lebensstandard, den die aktuellen Verhältnisse ermöglichten. Der Islam wirkte anziehend und überzeugend, selbst Albarus gab das zu. Man war von der Nähe zwischen Islam und Christentum überzeugt und akzeptierte daher das Selbstverständnis des Islam, eine monotheistische Offenbarungsreligion zu sein. Im eigenen religiösen Leben war man bemüht, alles zu unterlassen, was dem theologischen System des Islam widersprechen und das religiöse Selbstverständnis der Muslime beunruhigen könnte. Das heißt, man vermied es beispielsweise, die für die Muslime unannehmbare Lehre von der Gottheit Christi in irgendeiner Form zur Sprache zu bringen oder das Kreuzeszeichen zu zeigen. Diese Entwicklungen machen deutlich, dass die gegen den Islam gerichtete Selbstaufopferung der Märtyrer vielen christlichen Zeitgenossen als unsinnig erschien, sodass sich eine starke innerchristliche Opposition gegen die den Islam verunglimpfende Selbstaufopferung bildete. Diese Kritik bezog sich vor allem auf die Berechtigung des von den Märtyrern propagierten freiwilligen Todes. Dadurch wurde nicht nur der Märtyrerstatus der hingerichteten Christen in Frage gestellt, auch die gesellschaftliche Zweckmäßigkeit ihres Handelns und dessen Nutzen für die christliche Gemeinde Córdobas wurden kritisch hinterfragt. Die fehlende Analogie zu den frühchristlichen Martyrien wurde dabei sehr stark betont. Denn im Unterschied zu den frühchristlichen Märtyrern hätten die

Cordobenser Christen ihren Tod nicht durch heidnische Polytheisten, sondern durch die Anhänger einer monotheistischen Offenbarungsreligion gefunden. Außerdem wurde geltend gemacht, dass im Unterschied zu den altchristlichen Märtyrern, die wegen ihres Glaubens verfolgt wurden, die Christen in Córdoba in keiner Verfolgungssituation gelebt hätten. Aus dieser Deutung der aktuellen Verhältnisse ergab sich folgerichtig das Argument, den Märtyrern habe es an Realitätssinn gefehlt. In der Frühzeit des Christentums sei das Martyrium berechtigt gewesen, unter den aktuellen politischen Verhältnissen hingegen sei es obsolet. Christen, die sich jetzt aufopferten, handelten einfach anachronistisch. Mit Bezug auf die altchristlichen Martyrien wurde geltend gemacht, dass lange Folterqualen, ein qualvoller Tod und Zeichen des wunderbaren Eingreifens Gottes für das Martyrium konstitutiv seien. Die Cordobenser Zeitgenossen hätten jedoch im Unterschied zu den Märtyrern der alten Kirche keine Qualen auszustehen gehabt, sondern seien durch einen schnellen Hinrichtungstod aus dem Leben geschieden. Außerdem sei ihr Leiden und Tod nicht durch Wunderzeichen Gottes beglaubigt. Ihr Tod entspreche somit nicht den zentralen Echtheitskriterien des Märtyrertodes (vgl. Pochoshajew 2007, S. 199).

Mit ihren Angriffen auf den Islam und dessen Propheten hätten die Märtyrer eine unchristliche Brutalität an den Tag gelegt. Dieses Verhalten besitze keine Parallelen in der Tradition und Geschichte des Christentums, hätten sie doch mit ihrer Kritik Menschen angegriffen, die ihnen kein Unrecht angetan hatten. Sie hätten einfach ungerecht gehandelt, die Obrigkeit belästigt und im Umgang mit Muslimen fehlende Achtung gezeigt (Pochoshajew 2007, S. 199). Mit diesem Verhalten hätten sie die christliche Gemeinde von Córdoba in Gefahr gebracht. Ihre fanatische Selbstaufopferung sei somit weder durch die christliche Tradition noch durch ethische Prinzipien zu rechtfertigen, sondern einfach sozial schädlich. Denn die Märtyrer hätten mit ihrem Verhalten die Inhaftierung von Priestern verursacht und eine Verfolgung von Christen ausgelöst (Pochoshajew 2007, S. 199).

Albarus selbst vertrat grundsätzlich die Meinung, dass Milde und Zurückhaltung nicht angebracht seien, wenn es um eine durch die göttliche Autorität geheiligte Angelegenheit gehe wie das öffentliche Predigen des Evangeliums. Bei der Missachtung Gottes sei nicht Sanftmut, sondern heilige Grausamkeit (crudelitas sancta) anzuwenden (vgl. Pochoshajew 2007, S. 204). Kompromisse seien in solchen Dingen nicht möglich.

Denn, so lautet die Gegenkritik des Albarus, die Unterdrückung und Einschüchterung der Märtyrer sowie das Verbot, den Islam zu verdammen, stünden im Gegensatz zur Wahrheit. Die Märtyrer kämpften gegen den Teufel, während ihre Kritiker gegen Christus vorgingen (vgl. Pochoshajew 2007, S. 204). Aus diesem Verständnis vom Wesen des Christentums heraus entwickelt Albarus seinen Begriff der Glaubensverfolgung. Er hebt hervor, dass die eigentliche Verfolgung im Córdoba seiner Zeit darin bestehe, dass es Christen untersagt sei, den Islam öffentlich zu verurteilen. Neben dieser fehlenden Meinungsfreiheit komme die aktuelle Verfolgung in politischer Unterdrückung, hohen steuerlichen Belastungen, Güterkonfiskationen und verschiedenen Demütigungen der Christen zum Ausdruck. Der christliche Glaube werde verspottet, bei christlichen Leichenzügen fielen gehässige Sprüche, Priester würden belästigt und mit Steinen beworfen, Christen beschimpft und bedroht (vgl. Pochoshajew 2007, S. 202).

Besonders abfällig wird der Prophet Mohammed von Eulogius in der „Vita Mahumeti" beurteilt, die im „Liber apologeticus sanctorum martyrum" enthalten ist (Eulogius 1973, 483–486). Diese Biographie will Eulogius in einem Kloster gefunden haben. Gleich an ihrem Beginn wird Mohammed als der „Oberhäretiker" (haeresiarches) bezeichnet. Die Schilderung seines Lebenslaufs durch Eulogius ist eine einzige Provokation, für die allein ihr Autor nach islamischem Recht schon den Tod verdient hätte, und lautet folgendermaßen: „Als er noch ein Kind war, wurde er einer Witwe übergeben; weil er sich bei ihren Geschäften als Geldverleiher betätigte, begann er an Versammlungen der Christen teilzunehmen und – Sohn der Finsternis, der er war – merkte er sich vieles aus ihren Gesprächen, und unter den dummen Arabern war er gebildeter als alle. Dann aber wurde er vom Feuer der Leidenschaft gepackt und ging nach barbarischem Recht eine Eheverbindung mit der Witwe ein. Bald darauf erschien ihm der Geist des Irrtums in Gestalt eines Geiers, zeigte ihm sein goldenes Gesicht und behauptete, er sei der Engel Gabriel, und befahl ihm, dass er sich seinem Volk als Prophet zu erkennen geben solle. Und da er schon so aufgeblasen vor Hochmut war, begann er diesen unwissenden Kreaturen noch nie Gehörtes zu predigen und brachte sie mit gewissen vernunftmäßigen Überlegungen dazu, vom Götzendienst Abstand zu nehmen und an einen körperhaften Gott im Himmel zu glauben. Seinen Anhängern befahl er, Waffen zu ergreifen, und gleichsam aus neuem Glaubenseifer ließ er sie ihre Feinde umbringen, und zwar aufgrund einer geheimen Offenbarung Gottes, die er einst durch den Propheten verheißen hatte: ‚Siehe, ich werde gegen euch die Chaldäer aufstehen lassen, ein grausames und schnelles Volk, das sich über die Erde ausbreitet, um Wohnstätten in Besitz zu nehmen, die nicht die ihren sind. Ihre Pferde sind schneller als die Wölfe zur Dämmerung, ihre Gesichter sind wie der sengende Wind, sie werden die Gläubigen heimsuchen und die Erde zur Wüste machen'. Zuerst töteten sie den Bruder des Kaisers, der in diesem Land herrschte, danach, wegen eines so großen Triumphes und wegen des Sieges überheblich, legten sie in Damaskus, einer Stadt in Syrien, den Grundstein für ihre Herrschaft. Während er vor Prophetenirrsinn troff, wurde er von Begierde auf die Frau seines Nachbarn ergriffen und machte sie seiner Lust gefügig. Als der Ehemann dies bemerkte, schauderte es ihn, aber er konnte seinem Propheten nicht widersprechen und er überließ sie ihm. Mahomat aber ließ in seiner Schrift niederschreiben, so als wäre es das Gebot Gottes: ‚Da die Frau in den Augen ihres Mannes missliebig geworden ist und er sie verstoßen hat, gibt er sie seinem Propheten zur Frau, auf dass dies ein Vorbild für die übrigen sei und den Gläubigen, die das auch so tun wollen, nicht als Sünde angerechnet wird'. Nach diesem Verbrechen nahte für ihn der Tod der Seele und des Leibes zugleich. Als er nun merkte, dass ihm der Tod bevorstehe, und weil er wusste, dass er aus eigener Kraft nicht würde auferstehen können, sagte er voraus, dass er durch den Engel Gabriel, der ihm, wie er immer wieder versicherte, in Gestalt eines Geiers zu erscheinen pflegte, am dritten Tag wiederauferstehen würde. Nachdem seine Seele zur Hölle gefahren war, ließen seine Anhänger, die erwartungsvoll auf das Wunder waren, das er ihnen versprochen hatte, seinen Leichnam bewachen. Als sie aber am dritten Tag den Verwesenden sahen und erkannten, dass er ganz und gar nicht auferstand, da sagten sie, dass die Engel nicht kämen, weil sie durch ihre Anwesenheit erschreckt würden. Also kamen sie, wie sie glaubten, zu dem richtigen Entschluss, den Leichnam ohne Bewachung zu lassen. Sofort aber kamen, statt eines Engels, durch den Gestank angelockt, Hunde, und sie fraßen eine Seite von ihm auf. Als seine Leute das bemerkten, da begruben sie, was von ihm übrig war, aber beschlossen, als Sühne für diese Beleidigung jedes Jahr Hunde zu töten. Recht geschah ihm das, dass er, ein so großer und bedeutender Prophet, der nicht nur seine Seele, sondern auch die vieler anderer der Hölle übergab, den Bauch von Hunden füllte. Viele andere Verbrechen hat er noch begangen, die nicht in dieser Schrift verzeichnet sind. Die ist geschrieben worden, damit die, die es lesen, wissen, was für ein Mensch Mahomat war" (übers. von Weseslindtner 2013, S. 18 f.).

Diese Darstellung des Eulogius deckt sich mit dem Bild, das Johannes Damanscenus und die christlichen Autoren des Ostens entworfen haben: Untreue und Betrug; fleischliche Leidenschaft, Lust am Töten, Dummheit und Gottlosigkeit. Der Terminus „Haeresiarch" entspricht der Vorstellung der Christen des Ostens, wo die Lehre Mohammeds als Häresie verstanden wurde. Dass der Leichnam Mohammeds von Hunden angefressen worden sei und somit eine Auferstehung nicht möglich, ist eine besonders gehässige Polemik des christlichen Autors, die absichtlich erfunden wurde, um Mohammed zu verunglimpfen und die Anhänger des Propheten zu beleidigen. Zwei Jahrhunderte später hat Embricho von Mainz diese Polemik noch gesteigert, indem er angibt, dass es Schweine gewesen seien, die Mohammed töteten (vgl. Weseslindtner 2013).

Ähnlich kritisch über Mohammed äußert sich Albarus. In seinem Werk „Idiculus luminosus", der „erleuchteten Schrift" (Albarus 1973, 270–315), stellt er seine Absicht gleich zu Beginn der Abhandlung dar, indem er behauptet, unabhängig von menschlicher Wertung einzig auf Gott zu setzen, um seinen Wahrheitsanspruch unwiderlegbar zu machen. Er bezeichnet sich als Hund Gottes, der gegen räuberische Wölfe kämpft. Die Ausrottung des arabischen Feindes aus der Wüste ist für ihn von Gott gewollt. Denn dieser ist nicht nur der Feind der Christenheit in Spanien, sondern des Christentums überhaupt. Indem Albarus den Evangelisten Matthäus zitiert, setzt er die Araber wegen ihrer grausamen und erniedrigenden Verhaltensweisen gegenüber den Christen den heidnischen Samaritern gleich, die am Jüngsten Tag härter bestraft werden als die Bewohner von Sodom und Gomorrha: „In ihren Synagogen werden sie euch auspeitschen, ihr werdet vor Gericht gestellt, damit ihr vor Heiden Zeugnis ablegt." Er muss zwar einräumen, dass sich viele seiner Mitchristen an der Schönheit der arabischen Sprache erfreuten, arabische Bücher vorzögen, die lateinische Sprache nicht mehr beherrschten, also bereit seien, sich zu assimilieren. Aber das Verhalten der Christen, die sich dem arabischen Umfeld angepasst haben, findet Albarus besonders verwerflich, da es sich um eine Spaltung der christlichen Bevölkerung handele, die zu üblen Konsequenzen führen müsse: „Der Bruder wird den Bruder verraten, Väter werden sich gegen ihre Kinder und Kinder gegen ihre Väter auflehnen und sie in den Tod schicken, und ihr werdet gehasst werden, weil ihr Christen seid" (Albarus 1973. S. 272, dt. Übersetzung von K. Weseslindter).

Zum schwerwiegendsten Argument gegen die Araber gelangt Albarus jedoch, indem er behauptet, dass die Muslime wie der Antichrist handeln. Albarus ist sich bewusst, dass diese seine Aussage nicht von allen Christen geteilt wird. Er räumt ein, dass es viele gebe, die stumm der Verfolgung durch den Antichrist zusehen. Der stärkste Beweis für seine These, dass es sich bei Mohammed und den Muslimen um den Antichrist handele, ist für ihn die islamische Polygamie. Diejenigen, welche der Sekte des Islam anhängen, sind nach seiner Auffassung allesamt, da sie Polygamie betreiben, verwerflich, mit einem Wort: Tiere. Am verwerflichsten sind für ihn die Paradiesvorstellungen, auf die er wiederholt zurückkommt, obwohl es ihm, wie er sagt, eigentlich die Scham verböte, darüber zu sprechen. Während Johannes Damascenus die Paradiesvorstellung der Muslime nur als lächerlich (plane ridicule) empfand und Eulogius den Begriff „Paradies" für verfehlt hielt, weil die Frauen im Paradies nur dazu dienten, die Lust der Männer zu befriedigen, und er der Meinung war, dass Bordell (lupanar) die einzig passende Bezeichnung dafür sei (Eulogii Liber memorialis Sanctorum; zit. nach Hotz 2002, S. 20), schmückt Albarus die sexuelle Zügellosigkeit der Araber dergestalt aus, dass er als letzte Steigerung Mohammed Homosexualität unterstellt. Damit wertet er aber nicht mehr nur Mohammed allein ab, sondern alle Muslime (vgl. Weseslindtner 2013, S. 40): „Sie behaupten nämlich aus der Überlieferung, und das plappern sie fortwährend wichtigtuerisch und lautstark in ihren schamlosen Schulen, dass ihr schamloser Weiberheld (Mohammed) als Gabe vor allen Menschen die aphrodisische Begabung habe und sie sei ihm von seinem Gott im Übermaß gegeben, und als besonderes Geschenk sei ihm die Wollust der Venus verliehen, die Flüssigkeit der ekelhaften Gabe, und er habe sie mehr als die anderen. Damit er zu leichterer Wirkung sich unterscheide von den anderen und den Drang zu Beischlaf und Lebensenergie und damit seinen weibischen Trieb übe, seien ihm von den Göttern 40 Männer übergeben worden. Aber dieser schmutzige und geile Gebrauch seines Schamteils ist ihm nicht von Gottvater gegeben, wie es dieser verbrecherische Prophet geträumt haben will, sondern von Venus" (Albarus 1973. S. 296; dt. Übersetzung K. Wesenlindtner). Mit solchen Aussagen bestärkt Albaraus den Rufmord an den Muslimen, indem er ihnen eine Sexualität zuschreibt, die zur Widernatürlichkeit entarten muss.

Doch auch umgekehrt wurden von den Muslimen Vorwürfe vor allem gegen die christlichen Priester erhoben, die den Verleumdungen der Märtyrer von Córdoba in nichts nachstanden. So behauptet Ibn'Abdun

über die christliche Kirche in Sevilla: „Muslimischen Frauen muss das
Betreten der schändlichen Kirchen untersagt werden, denn die Priester
leben in Laster, Unzucht und Sodomie. Den Fränkinnen muss das Betreten der Kirchen außer zu Gottesdiensten und Feiertagen verboten
werden, denn sie essen, trinken und huren mit den Priestern. Und unter
ihnen ist nicht ein einziger, der nicht zwei oder mehr Frauen hat, mit
denen er die Nacht verbringt" (Ibn'Abdun, Risala 1955, S. 48 f.). Der Vorwurf gegen die christlich-katholischen Kleriker, solche schändlichen
Beziehungen zu pflegen, ist jedoch weniger in polemischer Absicht zu
verstehen, sondern vielmehr als Reaktion auf die damals tatsächlich schon
erhobene Forderung der Ehelosigkeit der Priester. Ibn'Abdun mahnt vor
allem die Frauen der islamischen Glaubensgemeinschaft, dem „Sünden-
pfuhl" der christlichen Kirche fernzubleiben. Dies ist erstaunlich, weil
Muslime in Al-Andalus an christlichen Feierlichkeiten und religiösen
Zeremonien teilnahmen, was sich wiederum durch eine starke Affinität
der dortigen Muslime zur christlichen Religion erklären lässt. Wahrscheinlich ist, dass muslimische Männer und Frauen zwar gleichermaßen
christliche Gotteshäuser besuchten, das Interesse Ibn'Abduns aber in erster Linie dem Schutz der Frauen galt. Seine Bemühungen, Frauen wo
auch immer so gut wie möglich vor potentiellen sexuellen Übergriffen zu
bewahren, scheinen unter diesem Gesichtspunkt weniger daran Anstoß
zu nehmen, dass die Kleriker die christliche Religion repräsentierten, als
dass sie in ihrer Ehelosigkeit und möglicherweise auch in ihrer Lebensführung eine Bedrohung für die Frauen darstellten.

Eine weitere Steigerung der Fremdenfeindlichkeit aus religiösen Gründen begegnet bei Albarus insofern, als er den Muslimen vorwirft, Götzen
anzubeten. Wie in Eulogius' Vita Mohammeds der Engel, von dem Mohammed seine Botschaft empfangen haben will, einem Dämon in Geierge-
stalt gleichgesetzt wird, so verweist Albarus auf den Götzen Maozim. Für
ihn ist Maozim ein Dämon, der in Gestalt des Engels Gabriel erschien, und
sich im schwarzen Stein repräsentiert. Dieser Maozim, den sie „Cobar"
nennen, womit wahrscheinlich das Wort „akbar" in der Anrufung Allahs
gemeint ist, werde täglich von ihren Türmen angerufen. Ging Albarus zu
Beginn seiner Schrift noch davon aus, dass Mohammed nur ein Pseudoprophet sei, zeigt seine weitere Argumentation, dass er den Boden jeder Realität verlassen hat und es ihm nur darauf ankommt, Mohammed und das
Reich der Muslime zu verunglimpfen. Im traditionellen christlichen Denken war das Römische Reich das vierte, nach jenen der Assyrer, Perser und

Griechen. Für Albarus ist aber das islamische Reich anders als alle anderen Reiche. Es werde die ganze Erde verschlingen, sie zertreten und zermalmen. Für Albarus und Eulogius mit ihrer solcherart fanatisch verzerrten Ansicht war es daher nicht schwer, im Islam und in seinem Begründer, der in rascher Folge ihren Lebensraum und die heiligen Stätten der Christenheit eroberte, Anzeichen einer finsteren Verschwörung gegen das Christentum zu finden.

Diese Einstellung der radikalen christlichen Cordobenser Märtyrer und ihr Drang zur Missionierung führten schließlich zur erbarmungslosen Vertreibung der Araber und zur Rückeroberung (Reconquista) von ganz Spanien, die jedoch nicht von allen Christen des europäischen Westens als glorreiche Tat begrüßt wurde. Vielmehr wurde später vor allem von den protestantischen deutschen Philosophen, Dichtern und Kulturhistorikern heftige Kritik an der Zerstörung der arabischen Kultur und Wissenschaft geübt.

Die Reconquista und die Zerstörung der arabischen Wissenschaft und Kultur

Die Mozaraber bildeten stets auch in den von Mauren besetzten Gebieten die Bevölkerungsmehrheit und unterhielten enge Beziehungen zu den vor der arabischen Invasion in die unwegsamen Gebirgsregionen im äußersten Nordwesten und Norden der Iberischen Halbinsel ausgewichenen Resten des christlichen Heeres (vgl. Viardot 1851, II, S. 18 f.). Von diesem Gebiet, das niemals der arabischen Herrschaft eingegliedert werden konnte, gingen der Widerstand gegen die Mauren und der Impuls zur Wiedereroberung des maurischen Hispaniens aus. Dort bildeten sich seit dem 8. Jahrhundert allmählich die christlichen Teilreiche Galicien, Asturien-León, Kastilien, Navarra, Aragón und Katalonien, die zwar untereinander um die politische Vorherrschaft kämpften, aber schließlich gemeinsam die maurisch besetzten Gebiete in einem mehrere Jahrhunderte dauernden Krieg vollständig zurückeroberten. An der Reconquista hatten auch die Mozaraber einen wichtigen Anteil. Denn sie verstärkten in dieser Zeit zu Tausenden die christlichen Befreiungsheere und bevölkerten mit einem Schlag die befreiten Städte, sodass nur so die verhältnismäßig schnelle christliche Wiedereroberung des Landes zu erklären ist (Goussen 1909, S. 7).

Der eigentliche Anlass für die Wiedereroberung und die darauf folgende Ära der Größe Spaniens war die Verheiratung der Thronfolgerin Isabella von Kastilien mit König Ferdinand von Aragón. Von dieser Verbindung berichtet Voltaire: „Sie lebten miteinander nicht wie zwei Eheleute, sondern wie zwei eng verbündete Monarchen. Sie liebten und hassten einander nicht und sahen einander selten; beide hatten ihren besonderen Rat und waren betreff der Administration oft eifersüchtig aufeinander, die Königin noch eifersüchtiger wegen der häufigen Untreue ihres Gemahls, der alle hohen Posten mit seinen Bastarden besetzte; dagegen waren beide unzertrennlich verbunden in Betreff ihrer gemeinschaftlichen Interessen und handelten nach den gleichen Grundsätzen, während sie stets religiöse und fromme Worte im Munde führten und einzig mit ihrem ehrgeizigen Streben beschäftigt waren." Isabella und Ferdinand bildeten eine Macht, wie Spanien sie seit der Wiedererstarkung der Christen noch nie gesehen hatte. Die arabisch-maurischen Mohammedaner besaßen nur noch das Königreich Granada. Schließlich wurde auch die Stadt Granada belagert; die Belagerung dauerte acht Monate. Königin Isabella kam dorthin, um ihren Triumph zu genießen. König Boabdilla ergab sich unter Bedingungen, die aber zeigten, dass er sich noch verteidigen hätte können; denn es wurde zugestanden, dass man weder die Güter noch die Gesetze noch die Freiheit und Religion der Mauren antasten werde; selbst ihre Gefangenen sollten ohne Lösegeld ausgeliefert werden und die im Vertrag eingeschlossenen Juden sollten die gleichen Vorteile genießen. „Boabdilla zog 1491 um diesen Preis aus seiner Hauptstadt ab und übergab die Schlüssel Ferdinand und Isabella, die ihn zum letzten Mal als König behandelten. Die Zeitgenossen haben geschrieben, dass er Tränen vergoss, als er nach den Mauern dieser fünfhundert Jahre früher von den Mahomedanern erbauten, volkreichen und wohlhabenden Stadt zurückblickte, welche der gewaltige Palast der maurischen Könige zierte, in welchem sich die schönsten Bäder Europas befanden und mehrere gewölbte Säle auf hundert Alabastersäulen ruhten" (Voltaire 1867, S. 62 f.).

Es war nicht nur Voltaire, der bereits im 18. Jahrhundert das europäische Interesse an der Kultur und Wissenschaft der Araber in Spanien vorbereitete, sondern auch Herder, für den die Araber die Lehrer Europas waren: „Spanien war die glückliche Gegend, wo für Europa der erste Funke einer wiederkommenden Kultur schlug, die sich denn auch nach dem Ort und der Zeit gestalten musste, in denen sie auflebte. Die Geschichte davon lautet wie ein angenehmes Märchen" (zit. nach Kohlhammer 2003, S. 595). An den Grenzen des arabischen Gebiets sowohl in Spanien als auch in Sizilien begann nach seiner Meinung für ganz Europa die erste Aufklärung. Dieses idealisierte Bild der islamischen Welt mit ihrer aufgeklärten monotheistischen Religion und ihrer weitgehenden Toleranz diente auch als Mittel der Kritik gegenüber dem christlichen, insbesondere dem katholischen Europa. Autoren wie Pierre Bayle oder Edward Gibbon, Montesquieu und Lessing vollendeten dieses Bild von der islamischen Toleranz und höheren Menschlichkeit, das im 19. und 20. Jahrhundert auch von den Islamwissenschaftlern übernommen wurde. Bereits zuvor erlebte die arabische Kultur bei den europäischen Dichtern und Schriftstellern eine nicht unberechtigte Verklärung. In Washington Irvings populären „Tales of the Alhambra" heißt es, die Araber seien es gewesen, die „das Licht orientalischen Wissens in den westlichen Regionen des umnachtenden Europa's verbreiteten" (Irving 1832 S. 54). Vor allem waren es die kunstreichen „romances moriscos", die „das Leben spanischer Mauren idealisierten". Ein Teil dieser Romanzen findet sich in dem einflussreichen, um 1600 erschienenen historischen Roman von Ginés Pérez de Hita, „Historia de los vandos de los zegríes y abencerrages", der in deutscher Übersetzung von K. A. W. Spalding 1821 unter dem Titel „Geschichte der bürgerlichen Kriege in Granada" erschienen ist. Dort erfährt man auch, dass die Eroberung Granadas durch blutige Bürgerkriege, die sich auf dem Lande in der Umgebung Granadas unter den Mauren abspielten, flankiert wurde. Denn die Bewohner der Grenzorte in dieser Gegend von Andalusien verpflichteten sich in einem Brief dazu, Christen zu werden und den spanischen Majestäten zu dienen (Spalding 1821, S. 412). Die rebellischen Mauren in den rauen Gegenden, die sich nicht den Spaniern unterwarfen, sahen nach dem Fall von Granada dagegen ein, dass sie ohne den Austausch mit Granada nicht überleben konnten, und wanderten daher nach Afrika aus.

Graf Adolf Friedrich von Schack, der Verfasser von „Poesie und Kunst der Araber in Spanien und Sizilien" (1865) und Übersetzer arabischer Poesie und spanischer Romanzen, hatte auf die Maurophilie in der spanischen Literatur nach dem Fall Granadas aufmerksam gemacht: Es sei damals Mode geworden, „die Mauren zu besingen, ihre Ritter wie Damen zu feiern und das ganze arabische Leben in glänzenden Farben darzustellen". Und der Historiker Heinrich von Treitschke schrieb 1886 während seines Aufenthaltes in Spanien voller Begeisterung: „Alles, aber auch alles Schöne und Gute ist durch die Mauren geschaffen. Man könnte hier Muhammedaner werden." Solche Aussprüche sind jedoch nur als eine Kritik am Katholizismus zu verstehen. Denn er sagt auch: „Froh werde ich sein, wieder in die protestantische Welt zu kommen." Rainer Maria Rilke drückt eine ähnliche Einstellung aus, wenn er ebenfalls in einem Brief aus Spanien im Jahr 1912 mitteilt: „Übrigens müssen Sie wissen, ich bin seit Córdoba von einer beinah rabiaten Antichristlichkeit, ich lese den Koran, er nimmt mir, stellenweise, eine Stimme an, in der ich so mit aller Kraft drinnen bin, wie der Wind in der Orgel" (Zitate nach Kohlhammer 2003).

Aber es war der schon erwähnte von Schack, der bereits 1865 feststellte, dass, „nachdem die letzten Spuren des Islam auf der spanischen Halbinsel vertilgt worden waren, man versucht sein könnte, alles, was die Geschichte von seiner Herrschaft in Spanien berichtet, für ein Märchen zu halten, wofern nicht die Steine, als stumme Zeugen dafür, uns noch heute Glanz und Bildung der spanischen Araber vor Augen führten".

Während das wichtigste aller arabischen Bauwerke, die Alhambra, damals wie heute noch gut erhalten ist, stand es mit der auf allen Gebieten hoch entwickelten arabischen Wissenschaft nach der Wiedereroberung schlecht. Zur Zeit der arabischen Herrschaft waren arabische Schriften von den in der arabischen Sprache gebildeten Juden und Christen eifrig benützt worden, sodass Ibn'Abdun in ihnen gar Plagiatoren sah und deshalb ein Verbot aussprach, wissenschaftliche Literatur an Nichtmuslime zu verkaufen: „Es ist nötig, dass den Juden und den Christen keine Bücher der Wissenschaft verkauft werden; denn sie übersetzen die wissenschaftlichen Bücher und schreiben sie ihrem Volk und ihren Bischöfen zu, dabei sind sie das Werk von Muslimen" (Ibn'Abdun, Risala 1955, S. 57). Wie wenig aber später die Christen, die des Arabischen nach der Reconquista nicht mehr mächtig waren, die wissenschaftlichen Werke der Araber Spaniens geschätzt haben, zeigt die auf Befehl des Toledaner Erzbischofs Ximenez vorgenommene Bücherverbrennung: „In Granada waren die Überbleibsel der ungeheuren Bibliotheken zusammengeflossen, die einst in Cordova, Sevilla und anderen Hauptstädten moslemischer Bildung bestanden hatten; aber der Erzbischof glaubte ein verdienstvolles Werk zu tun, wenn er auch diese der Zerstörungswut der Berber und frühen Christen entgangenen Reste vernichtete. Auf seinen Befehl mussten alle arabischen Manuskripte, deren seine Häscher habhaft werden konnten, auf einem Hauptplatz der Stadt in einem großen Haufen getürmt werden; weder der Gegenstand, der oft nichts mit dem Koran zu schaffen hatte, noch die Pracht der Kalligraphie, noch die Kostbarkeit des Einbandes fand Gnade vor seinen Augen. Es ist ein unzweifelhaftes Faktum, dass ein christlicher Prälat aus der Zeit des Wiederauflebens der Wissenschaften Hunderttausende von Werken arabischer Gelehrten und Dichter, die Früchte von acht Jahrhunderten hoher geistiger Bildung (nur einige medizinische Werke wurden ausgenommen), den Flammen preisgab „(von Schack 1865, 2. Bd., S. 308 f.). Voller Wehmut beklagt daher der Kulturhistoriker von Schack diese barbarische Vernichtung: „Von den Hunderttausenden der Werke ihrer Gelehrten und Dichter haben Zeit und Zerstörungswut die meisten vernichtet; die übrigen liegen zerstreut in den Bibliotheken des Orients und Europas und ihr Verständnis ruht bei ihnen im Staube. Sie selbst aber, unsere Lehrmeister in so vielen Wissenschaften, irren als Nomaden in den afrikanischen Wüsten umher" (von Schack, 1865, 2. Bd., S. 384).

Ein weiteres Kapitel der Xenophobie als Konsequenz der Wiedereroberung Spaniens durch die Christen war die Vertreibung der Juden, die durch Handel und Wucher alles Geld an sich gezogen hatten. Nach den Angaben von Voltaire zählte man in Spanien mehr als 150 000 Menschen dieser fremden, so verhassten und so notwendigen Nation. „Im Rat Ferdinands und Isabellas erwog man eifrig, wie man sich von der Tyrannei der Juden befreien könne, nachdem man die siegreichen Araber beseitigt hatte. Endlich entschloss man sich, sie zu vertreiben und zu berauben. Man bewilligte ihnen nur sechs Monate zum Verkauf ihres Eigentums, welches sie daher um niedrigen Preis zu verkaufen genötigt waren. Man verbot ihnen bei Lebensstrafe, Gold, Silber oder Edelsteine mitzunehmen. So verließen Spanien dreißigtausend jüdische Familien, was, die Familie zu fünf Mitglieder gerechnet, hundertfünfzigtausend Personen ergibt. Die einen zogen sich nach Afrika zurück, die anderen nach Portugal und Frankreich; mehrere kehrten auch zurück, indem sie vorgaben, Christen zu sein" (Voltaire 1867, S. 61 ff.).

Bestätigt wurde diese Beobachtung Voltaires durch die Doktrin der „limpieza de sangre" (Reinheit des Blutes). Sie entstand im Spanien des 15. Jahrhunderts zur Abgrenzung von Altchristen gegenüber neu konvertierten Christen, die vormals jüdischen oder muslimischen Glaubens waren. „Blut" steht dabei als Metapher für die Herkunft. Indem Nachweise über die „reine" Herkunft von Altchristen für bestimmte soziale Positionen verlangt wurden, sollte der Zugang zu diesen eingeschränkt werden. Sogenannte Altchristen konnten so eine sozial privilegierte Position behaupten. Im Jahr 1556 wurde diese Doktrin offiziell von der spanischen Krone anerkannt. Eingang in das Recht erfuhr die Bezeichnung bereits in den „Estatutos de limpieza de sangre" (Statuten von der Reinheit des Blutes), die erstmals am 5. Juni 1449 in Toledo erlassen wurden: „Pero Sarmiento sowie das Volk von Toledo erklären aufgrund des kanonischen und zivilen Rechts, dass die conversos jüdischer Herkunft – die im Glauben unseres Herren und Erlösers Jesus Christus verdächtig sind, weil sie judaisieren (judaicando) und dabei auf den christlichen Glauben speien (bomitan de lijero) – weder private noch öffentliche Ämter bekleiden dürfen, von denen aus sie den reinen Altchristen (christianos viejos lindos) Unrecht zufügen, sie beleidigen oder schlecht behandeln könnten. Ebenso wenig dürfen jene vor Gericht als Zeugen gegen Altchristen aussagen" (vgl. Sebastián/Torres 2007, S. 45).

In der Neuen Welt wurde das Konzept von der „Reinheit des Blutes" zur Zeit der Etablierung von Erbrechten insbesondere auf Encomiendas wichtig, da diese im Zusammenhang mit den Nuevas Leyes auf die Nachkommen von spanischen Eltern beschränkt wurden. Die Doktrin von der „Reinheit des Blutes" wurde in der Folgezeit aus ihrem religiösen Kontext gelöst und diente nun vielmehr dazu, die „reine" Herkunft eines Kindes von spanischen Eltern anzuzeigen (vgl. Büschges 2007, Bd. 7, S. 918 ff.).

Entscheidend für die Neugestaltung Spaniens war aber auch die „Reinheit" einer spanischen Nationalsprache, die aus der kastilischen Mundart entstand, frei nach dem Motto: Derjenige Dialekt setzt sich allgemein durch, der über eine Armee verfügt. Auf dem Boden der christlichen Teilstaaten entwickelte sich das Hispano-Romanische zu verschiedenen Mundarten weiter, die gewöhnlich unter den Bezeichnungen Galicisch-Portugiesisch, Asturisch-Leonesisch, Kastilisch, Navarrisch-Aragonesisch und Katalanisch zu fünf Dialektgruppen zusammengefasst werden. Die fünf genannten Idiome wurden durch die Reconquista nach Süden getragen, wobei dem Kastilischen sehr bald eine dominierende Rolle zufiel (Winkelmann 1985, S. 206). Bereits am Ende des 15. Jahrhunderts verstand man, begünstigt durch die zwischenzeitlich eingetretene politische Entwicklung – Vereinigung Kastiliens mit Aragón, Eingliederung Granadas –, das Kastilische als Nationalsprache. Der spanische Humanist und Philologe Antonio de Nebrija, der mit seiner 1492 erschienenen Gramatica einen wesentlichen Beitrag zur Kodifizierung des Kastilischen lieferte, verlieh einer verbreiteten Zeitströmung Ausdruck, wenn er im Vorwort seines Werkes sagte: „Siempre la lengua fue compañera del imperio".

Immer war die Sprache Begleiterin der Herrschaft" (Winkelmann 1985, S. 206). Und Nebrija deutet in dem an die Königin Isabel gerichteten Prolog seines Werkes zugleich den praktischen Nutzen seiner Grammatik an: Wenn die Königin erst einmal viele barbarische Völker und fremdsprachige Nationen unterworfen haben werde und die besiegten Völker und Nationen die Gesetze des Siegers und dessen Sprache annehmen müssten, dann wären diese unterworfenen Völker und Nationen in der Lage, durch seine Grammatik das Kastilische zu erlernen (Winkelmann 1985 S. 206). Das galt besonders für Süd- und Mittelamerika, wo die Sprache der Eroberer die aus dem Kastilischen entwickelte spanische Nationalsprache war, die auf diese Weise ihren Aufstieg zur Weltsprache begann.

Nach dem Fall von Granada nahm auch der Entdecker der Neuen Welt, Columbus, an dem feierlichen Einzug der spanischen Siegermächte teil. Zuvor hatte er nach langer verzweifelter Wartezeit von Königin Isabella, die von Santa Fe aus die Belagerung von Granada leitete, eine schriftliche Aufforderung erhalten, sich an den Hof zu begeben. Jetzt, nachdem das Ende der Reconquista in Reichweite war und die Mittel zur Umsetzung von Columbus' Entdeckungsplänen verfügbar wurden, hatten sich die Katholischen Majestäten im Lager von Santa Fe entschlossen, mit Columbus einen Vertrag zu schließen, der seine Rechte festlegte, die diejenigen all seiner Zeitgenossen übertrafen. Er wurde als Admiral von Kastilien ein Angehöriger des höchsten kastilischen Adels und erhielt das Erbrecht der Admirals-, Vizekönigs- und Gouverneurswürde der neu entdeckten Länder zugesichert. Laut königlicher Verordnung wurden ihm drei Karavellen zur Verfügung gestellt, mit denen er am 6. September 1492 die Alte Welt hinter sich ließ (Verlinden 1962, S. 43).

3. Die Blutspur des Weißen Mannes in der Neuen Welt

In keinem Teil der Welt haben Fremdenhass und Fremdenfeindlichkeit zu solch schrecklichen Gräueltaten geführt wie in der Neuen Welt. Es waren vor allem die rivalisierenden Nationen Spanien und Portugal, die sich die neu entdeckte Welt aufteilen wollten. Das Hauptziel ihrer blutigen Eroberungszüge war Mittel- und Südamerika, während sich die Engländer und Franzosen um die Kolonien in Nordamerika stritten. In beiden Fällen waren die Hauptleidtragenden die Indianer, die von den europäischen Kolonisten versklavt, umgebracht oder wie in Nordamerika als Bundesgenossen missbraucht und gegeneinander aufgehetzt wurden. Bereits die ersten Entdecker Amerikas lieferten widersprüchliche Aussagen über

Abb. 17: Die Entdecker Amerikas, Christoph Columbus und Amerigo Vespucci (nach alten Stichen aus Verne 1885)

Sitten und Gebräuche der sogenannten „Wilden". Einerseits berichteten sowohl Columbus als auch Vespucci von den sanften, intelligenten und stets hilfsbereiten edlen Wilden und andererseits von den abscheulichen, bestrafungswürdigen Kannibalen.

Die beiden klischeehaften Bilder von den Eingeborenen – der „edle Wilde" und seine dunkle Gegenvorstellung, der Kannibale – haben eine lange Tradition. Während der falsch verstandene Mythos Rousseaus vom edlen Wilden durch die Entdeckung Tahitis sowohl eine lang anhaltende Wiederbelebung als auch eine drastische Widerlegung erfuhr, wurde die Vorstellung von den menschenfressenden Wilden zur Rechtfertigung der Gräueltaten der Europäer in der Neuen Welt verwendet. Umgekehrt fand aber auch durch die Verteidiger der gequälten Indios eine Übertragung der Vorstellung von den mörderischen Fremden auf die Eroberer statt. Für Las Casas waren die Eingeborenen „Lämmer", während die spanischen Eroberer von ihm als „Wölfe" bezeichnet wurden.

Columbus und die Wilden der Westindischen Inseln

Als Christoph Columbus (1451–1506) am 12. Oktober 1492 auf der Insel San Salvador in der Bahamagruppe landete, traf er zum ersten Mal auf die Eingeborenen Amerikas, die er „Indianer" nannte, weil er glaubte, in Indien angekommen zu sein. Sein erster Eindruck war, dass sie „ohne Zweifel gutmütig und sanft sind. Ihre einzigen Waffen sind Lanzen mit einer Spitze aus Stein oder dem Knochen eines Fisches" (Columbus 1970, S. 97). Auch auf Kuba erwiesen sich die Einwohner als so gutmütig, dass sie ihre Speere gegen eine Handvoll Glasperlen eintauschten. Als die „Santa Maria" auf einer Sandbank vor der Küste Haitis strandete, überboten sich die Indianer in ihrer Hilfsbereitschaft. Die Freundlichkeit der Indianer war so groß, dass Columbus ohne Bedenken einen Teil seiner Mannschaft zurückließ, als er mit den ihm verbliebenen Schiffen, der „Nina" und der von Martín Alonso Pinzón befehligten „Pinta", nach Spanien zurückkehrte. Doch schon auf seiner ersten Reise gab es bald nach seiner Ankunft auf San Salvador Anzeichen und Gerüchte, dass nicht alle Bewohner der Insel so friedfertig waren, wie es die ersten Begegnungen mit ihnen nahelegten: „Sie zeigten uns Pfeile der Caniboto-Indianer, lange Rohre, deren Spitze ein in Feuer gehärtetes Holzstück bildete, und wiesen auf Körperstellen, wo ein Stück Fleisch fehlte. Allen Ernstes be-

haupteten sie, die Kannibalen hätten es ihnen abgebissen und in rohem
Zustand verzehrt. Natürlich glaubte ich ihnen kein Wort" (Columbus
1970, S. 114). Aber kurze Zeit später konnte Columbus sich selbst von
der Gefährlichkeit dieses Indianerstammes überzeugen, als er in einer
breiten Bucht auf ihn stieß und die hässlichen abstoßenden Züge und die
mit Kohle geschwärzten Gesichter dieser Indianer sowie ihre gefährlichen Waffen erblickte. Dass Columbus so schnell von der Existenz der
Kannibalen überzeugt war, ist darauf zurückzuführen, dass ihm der
abenteuerliche Reisebericht Marco Polos bekannt war, der auch eine
drastische Schilderung über Menschenfresser enthält: „Die Bewohner
dieses Landes essen Menschenfleisch, das sie für schmackhafter als jedes
andere halten, vorausgesetzt, dass die betreffende Person nicht an einer
Krankheit gestorben ist. Wenn sie in die Schlacht ziehen, bemalen sie
sich ihre Gesichter mit feinster Azurfarbe und lassen ihre Haare lose um
die Ohren fliegen. Sie sind mit Schwertern und Lanzen bewaffnet und
marschieren alle zu Fuß, mit Ausnahme ihres Führers, der zu Pferde reitet. Sie sind ein sehr wildes Menschengeschlecht, trinken das Blut ihrer
erschlagenen Feinde und verschlingen anschließend deren Fleisch"
(Marco Polo 1972, S. 248). Marco Polo spricht auch von einer Insel, die
Angaman heißt, deren Bewohner „ein viehisches Geschlecht sind mit
Köpfen, Augen und Zähnen wie Hunde. Sie sind von grausamer Natur
und töten und fressen alle, die nicht zu ihrem eigenen Volk gehören,
wenn sie ihrer habhaft werden können" (Marco Polo 1972, S. 276).

Columbus glaubte aber bei seiner ersten Begegnung mit den als Kannibalen verschrienen Caniboto-Indianern zunächst, dass auch diese zu
friedlichen Tauschgeschäften fähig seien. Am späten Nachmittag ließ er
die Indianer, die er auf sein Schiff eingeladen hatte, durch ein Boot ans
Ufer zurückbringen. Doch dann erlebte er eine böse Überraschung: „Ich
sah selber vom Deck aus, wie rasch alles vor sich ging. Kaum hatten
meine Matrosen – es waren sechs – das Land betreten, sprangen auch
schon etwa fünfzig mit Keulen und Schwertern bewaffnete Wilde hinter
den Bäumen hervor und griffen an. Zwei von ihnen schwangen Stricke,
offenbar um meine Leute zu fesseln und fortzuzerren. Aber sie kamen
schlecht an. Im Nu hatten die Matrosen ihre Schwerter gezückt und hieben auf die Angreifer ein. Schon nach wenigen Minuten gaben die Kannibalen Fersengeld, laut schreiend und ihre Waffen zurücklassend." Zu
diesem Bericht fügt Columbus voller Reue und Enttäuschung hinzu:
„Nichts könnte mich mehr schmerzen, als dass heute zum ersten Mal auf

diesen glücklichen Eilanden von weißen Männern das Blut der Eingeborenen vergossen wurde. Aber mich trifft keine Schuld, und ich weiß nun, dass es doch notwendig war, La Navidad zu erbauen und eine Kanone auf Haiti zurückzulassen" (Columbus 1970, S. 124 f.). Diese Vorsichtsmaßnahme erwies sich nur als allzu richtig. Denn als Columbus auf seiner zweiten Reise mit seiner stattlichen Flotte von 17 Schiffen Hispaniola (Haiti) erreichte, musste er feststellen, dass seine erste Niederlassung niedergebrannt und die gesamte Besatzung getötet worden war, nicht ohne Schuld der Spanier selbst, die plündernd und vergewaltigend die Insel auf der Suche nach Gold und Frauen durchstreift hatten. Aber es kam noch schlimmer. In der Hütte eines Dorfes auf der Insel Guadeloupe traf er zum ersten Mal auf direkte Anzeichen der von den übrigen Einwohnern gefürchteten Kannibalen. Nach dem Bericht seines Sohnes Fernando Columbus über die zweite Reise fand er „viele aufgespießte Menschenköpfe und Körbe mit Menschenknochen" (Fernando Columbus 1959, S. 14). Zuvor hatte die Mannschaft seines Schiffes am Strand sechs Frauen angetroffen, die sich zu ihnen vor den Kariben geflüchtet hatten und freiwillig auf die Schiffe kamen, indem sie ihnen durch Zeichen deutlich machten, dass die Bevölkerung dieser Insel aus Menschenfressern und Sklavenhaltern bestehe und sie deshalb nicht dort bleiben wollten. Sie glaubten sich in größerer Sicherheit, wenn sie sich Leuten anvertrauten, die sie noch nie gesehen hatten und die von ganz fremder Art waren, als wenn sie bei den grausamen Kariben geblieben wären, die ihre Männer und Kinder gegessen hatten; die Frauen erklärten, sie selbst würden von den Kariben nicht getötet und gegessen, sondern als Sklavinnen gehalten (Fernando Columbus 1959, S. 12). Dass es sich tatsächlich um Menschenfresserei handelte, wurde später dadurch festgestellt, dass man in einem Haus am Strand einen Männerarm fand, der zum Rösten an einem Bratspieß steckte (Fernando Columbus 1959, S. 54).

Nach den Angaben des andalusischen Arztes Diego Alvarez Chanca, der Columbus begleitete, flohen die Bewohner bei dem Anblick des Admirals und seiner Mannschaft, als sie mit einem Boot auf dieser Insel landeten und in die verlassenen Dörfer und Hütten eindrangen. Dort fanden sie „eine große Anzahl menschlicher Gebeine und Schädel, die um die Hütten hingen gleich Gefäßen, die zum Aufbewahren von Dingen aller Art bestimmt sind" (Chanca 1992, S. 62). Es war auch Chanca, der einen ausführlichen Bericht über die Gräueltaten der Kannibalen in der Karibik

Abb. 18: Kannibaleninsel (aus Philoponus 1621)

lieferte: „Sie greifen andere Inseln an und rauben alle Frauen, derer sie habhaft werden können, vor allem junge und schöne Mädchen, die sie sich sowohl als Dienstmägde als auch als Geliebte halten. Sie entführen so viele von ihnen, dass uns aus den fünfzig Behausungen, aus denen sie geflohen waren, mehr als zwanzig gefangene Mädchen folgten. Diese Frauen berichteten auch, dass die Kariben mit unglaublicher Brutalität vorgehen. Die Nachkommen, die sie mit den gefangenen Frauen gezeugt haben, essen sie und ziehen nur jene auf, die von ihren eigenen Frauen geboren wurden. Die Männer, die sie lebend erwischen konnten, werden in ihre Hütten geschleppt, um geschlachtet und sogleich verzehrt zu werden. Sie sind der Meinung, dass Menschenfleisch derart exquisit ist, dass es kaum eine ähnliche Köstlichkeit auf der ganzen Welt geben kann. Und das dokumentiert sich auch ganz eindeutig in der Tatsache, dass von den Knochen, die wir in ihren Behausungen gefunden haben, alles abgenagt worden war, was nur abzunagen war, und alles, was übrig geblieben war, nicht gegessen werden konnte, weil es ungenießbar war. In einer der Hütten entdeckte man ein menschliches Nackenstück, das in einem Topf kochte. Gefangenen Jungen wurden ihre Geschlechtsteile abgehackt. Sie wurden als Sklaven gehalten, bis sie erwachsen waren, und dann, wenn die Kariben feiern wollten, töteten sie diese, weil sie meinten, dass das Fleisch von Jungen und Frauen nicht so gut zu essen sei" (Chanca 1992, S. 25).

Wirtschaftlich gesehen war das von Columbus verfolgte ursprüngliche Ziel, den Seeweg zu den gewürzreichen Großstädten Chinas und Indiens zu entdecken, nicht erreicht worden. Als Ersatz für das verfehlte Ziel diente nicht nur das Gold der Eingeborenen, sondern schon Columbus wies darauf hin, dass die Eingeborenen eine unerschöpfliche Quelle arbeitsamer Sklaven sein könnten. Um eine solche Versklavung zu rechtfertigen, kam ihm jene Gruppe der Eingeborenen ganz recht, die er und seine Begleiter als barbarische Menschenfresser schildern. So stellt schon Alexander von Humboldt fest, dass „Columbus die Interessen der Menschheit dem brennenden Wunsche aufopferte, den Besitz der von den Weißen eingenommenen Inseln gewinnreicher zu machen, Hände zur Geldwäsche herbeizuschaffen und die Ansiedler zu befriedigen, welche aus Geiz oder Faulheit die Sklaverei der Indianer begehrten. Ein unglückliches Zusammentreffen von Verhältnissen führte den Admiral, ohne dass er sich dessen bewusst wurde, auf die Bahn der Ungerechtigkeiten und Erpressungen, welche er durch religiöse Beweggründe zu rechtfertigen sich bemühte. Er hatte seit dem Beginne seiner zweiten Reise die Gruppe der Kleinen Antillen und die wilde Bevölkerung der Cariben näher kennengelernt; er gab schon in dem Tagebuch seiner ersten Reise (15. Januar 1493) als Synonym von Carib den Namen Caniba, ehe er später von ihm selbst in den Antonio de Torres erteilten Verhaltungsbefehlen in Canibales latinisiert wurde" (Humboldt 1837, S. 189).

Der Zustand des Aufruhrs, in dem sich mehrere Teile von Haiti befanden, schien dem Admiral eine größere Strenge gegen Menschen zu gestatten. Zuerst war, was man schon in dem Tagebuch seiner ersten Reise angedeutet findet, nur die Rede davon, Indianer mitzunehmen, um sie in Spanien zu unterrichten und sie dann in ihre Heimat zurückzuschicken. Aber ab dem Jahre 1493 und der Gründung einer neuen Stadt mit dem Namen Isabella wurde Columbus verwegener. Die Cariben und wahrscheinlich auch die Eingeborenen von Haiti wurden als widerspenstige Aufrührer angesehen und daher als Sklaven behandelt. Die zwölf Schiffe des Antonio de Torres, welche zu Puerto de la Navidad am 2. Februar 1494 unter Segel gingen, waren mit unglücklichen caribischen Gefangenen befrachtet. Ganze Familien wurden von dem heimatlichen Boden fortgerissen. Der Admiral war der Meinung, dass die Cariben ausgezeichnete Missionare abgeben dürften, „wenn sie von der Gewohnheit zurückgekommen sein würden, Menschenfleisch zu essen" (Humboldt 1837, S. 190 f.). Darauf folgte der wahrhaft schauderhafte Vorschlag des Columbus, einen Sklavenhandel einzurichten, der auf der Ausfuhr von Indianern und einem periodischen Eintausch von Lebensmitteln und anderen Einfuhrartikeln gegen menschliche Geschöpfe beruhen sollte.

„Alle diese Dinge", so lautete der Vorschlag, den Columbus durch Antonio de Torres an Königin Isabella übermitteln ließ, „können in Canibalensklaven bezahlt werden, welche außerhalb ihres Landes ihre barbarischen Gewohnheiten ablegen werden" (Humboldt 1837, S. 192).

Tatsächlich befrachtete auch der Bruder des Christoph Columbus, der zum Adelantado ernannte Don Bartolomeo, fortwährend die nach Spanien abgehenden Schiffe mit indianischen Sklaven unter dem heuchlerischen Vorwand, sie unterrichten oder einer Strafe für ihren Ungehorsam zuführen zu lassen. Auf Vorschlag des Admirals schickte der Adelantado auf einen Schlag 500 auf drei Schiffe verteilte Indianersklaven fort, die gegen Ende Oktober 1496 im Hafen von Cádiz ankamen. Zu gleicher Zeit war auch schon die Leibeigenschaft in den sogenannten Encomiendas eingerichtet worden. Zuerst hatte das von Königin Isabella erlassene Gesetz nur eine Kopfsteuer verlangt, deren Bezahlung durch eine Medaille angezeigt wurde, die der Besteuerte am Halse zu tragen verpflichtet war. Von dem Jahr 1503 an wurden der Arbeitszwang, die willkürliche Ansetzung des Tagelohnes, das Recht, die Eingeborenen zu Tausenden nach den entferntesten Teilen der Insel zu versetzen und sie acht Monate hindurch von ihrer Familie und ihrem Wohnsitz zu trennen, gesetzliche Einrichtungen. Der Keim aller dieser Missbräuche war in den dem Statthalter von Haiti, Don Nicolas de Ovando, erteilten Instruktionen zu suchen. Während der vierten und letzten Reise des Columbus vervielfältigte sich die Zahl der Aufstände, und Ovando ließ, ehe er den gänzlichen Untergang der eingeborenen Bevölkerung von Haiti vollendete, 84 Kaziken aufhängen oder verbrennen. Das aber war für Columbus eine grausame Schandtat. In einem Brief an seinen Sohn Don Diego drückte er den Schauder aus, welchen die grausamen Taten Ovandos in der Seele aller rechtlich denkenden Menschen hervorriefen. Er fügte hinzu, dass Indien nach dieser Schandtat untergehe und auf allen Seiten von Flammen verzehrt werde. Das entsetzliche Dekret, welches gestattete, die Cariben von den Inseln und dem Festland zu Gefangenen zu machen und zu verkaufen, diente als Vorwand zur Fortführung der Feindseligkeiten.

Eine gewisse ethnographische Gelehrsamkeit kam dieser gewinnsüchtigen Niederträchtigkeit sogar zu Hilfe. Man stellte lange Untersuchungen über die Schattierungen an, durch welche sich die Abarten des Menschengeschlechts unterschieden. Man bestimmte, welches diejenigen Völkerschaften seien, die man als Cariben oder Canibalen zu betrachten habe und die der gänzlichen Vernichtung oder der Sklaverei anheimfielen, und welche Völkerschaften friedliche Indianer und alte Freunde der Spanier seien.

Entscheidend war jene Schlacht, mit der Columbus als Kolonisator endgültig die Macht über die Indianer Haitis übernahm. Es sollen 70 000 Indianer gewesen sein, die sich gegen 200 Spanier zu Pferd und von Hunden begleitet zum Kampf vereinigt hatten. Die Sonne war am Untergehen, als die beiden ungleichen Heere aufeinanderstießen. Doch der Angriff der Spanier erfolgte erst um Mitternacht, zu einer Zeit, zu der die Indianer nicht kämpfen. Mit ihren Pferden und Hunden fielen die Spanier in das Lager der völlig überraschten Indianer ein und töteten mehr als 10 000 von ihnen (vgl. Oeser 2004). 20 000 Indianer wurden gefangen, und auf diese wartete eine schreckliche Hölle. Diese Hölle wurde den Indianern durch einen Tribut bereitet, den ihnen Columbus auferlegte: Jeder Indianer, der das 14. Lebensjahr erreicht hatte, musste alle drei Monate ein bestimmtes Maß an Goldstaub abliefern, den man aus den Flüssen auswaschen oder in den Gruben ausgraben konnte. Dieser Tribut kam einem Todesurteil gleich. Denn jeder, der die geforderte Menge nicht erbringen konnte, wurde als Sklave verkauft oder umgebracht.

Die ältesten Nachrichten von der Neuen Welt: Vespucci

Niemand bezweifelt heutzutage, dass Christoph Columbus als Entdecker Amerikas angesehen werden muss, obwohl er glaubte, er habe nur einen Teil Asiens auf dem Seeweg nach Westen erreicht, nicht einen neuen Kontinent, und an diesem Irrtum bis zu seinem Tod hartnäckig festhielt. Die Benennung des neuen Kontinents nach dem Vornamen Amerigo Vespuccis (1451/54–1512) erfolgte durch den Kartographen Waldseemüller, der auf seiner Weltkarte von 1507 die Bezeichnung „America" verwendete. Doch diese Namensgebung wurde bereits von Las Casas als Ungerechtigkeit empfunden. Und der spanische Geschichtsschreiber

Herrera behauptete in seiner „Descripción de las Indias Occidentales"
sogar, dass Amerigo Vespucci „listig und absichtsvoll seine Berichte ge-
fälscht habe in der Absicht, Columbus die Ehre zu stehlen, der Entdecker
Amerikas gewesen zu sein" (zit. nach Zweig 1989, S. 24). Columbus
selbst hat aber Vespucci als seinen Freund betrachtet, wie ein Brief, den
der Admiral kurz vor seinem Tode, am 5. Februar 1505, an seinen Sohn
Diego richtete, beweist. Doch im weiteren Verlauf der 400 Jahre langen
Diskussion wurde Vespucci als Betrüger angesehen, der Columbus den
Ruhm der Entdeckung eines neuen Kontinents stehlen wollte. Vespucci
selbst hatte dies jedoch nie im Sinn, sondern fühlte sich nur deshalb berechtigt, die Bezeichnung „Mundus Novus" in seinen berühmten Brief an
Lorenzo di Medici zu verwenden, weil keine seiner Vorläufer „von diesen
Gebieten Kenntnis besaßen und deren Existenz allen, die davon hören,
völlig neu ist" (Vespucci 2012, S. 17). Die meisten von ihnen glaubten,
dass sich südlich des Äquators kein Festland befände, sondern nur eine
unendliche See, die sie Atlantik nannten, und auch diejenigen, die hier
einen Kontinent für möglich hielten, waren aus verschiedenen Gründen
der Meinung, er müsse nicht bewohnbar sein. Vespucci hat aber bewiesen, dass diese Ansicht falsch ist und der Wahrheit in keiner Weise entspricht, da er südlich des Äquators einen Kontinent fand, der mit Völkern
und Tieren dichter besiedelt war als Europa oder Asien und Afrika
(Vespucci 2012, S. 17).

Von dieser großen Menge von Menschen und Tieren der Neuen Welt
liefert nun Vespucci in mehreren Briefen einen genauen Bericht. Er fand
dort ein mildes und umgängliches Volk vor, das er folgendermaßen beschreibt: „Alle, beiderlei Geschlechts, laufen nackt umher, ohne irgend
einen Körperteil zu bedecken; und wie sie aus dem Leib der Mutter kommen, so gehen sie bis zu ihrem Tod. Sie besitzen keine persönlichen Güter, sondern alles gehört der Gemeinschaft. Sie leben ohne König zusammen und ohne Staat und jeder ist sein eigener Herr" (Vespucci 2012,
S. 27). Dann aber kommt Vespucci auf die dunkle Seite dieses scheinbar
harmlosen, glücklichen Naturvolkes zu sprechen: Sie führen untereinander Kriege, und wen sie „gefangen nehmen, den behalten sie bei sich,
freilich nicht sein Leben zu schonen, sondern um ihn später zum Zwecke
der eigenen Ernährung zu töten" (Vespucci 2012, S. 27). Dass es sich
dabei um kein Schauermärchen handelte, konnte Vespucci schon deswegen umso sicherer sein, weil er selbst während seines 27 Tage dauernden Aufenthaltes in einer ihrer Städte zwischen den Häusern am Gebälk

aufgehängtes gesalzenes Menschenfleisch gesehen hatte, ganz so, wie man sonst Speck und Schweinefleisch aufzuhängen gewohnt ist. Eine besonders abscheuliche Untat der Kannibalen ereignete sich auf der dritten Reise Vespuccis. Auf dieser Reise war Vespucci an der Küste Brasiliens weit nach Süden gekommen. Als er mit seiner Mannschaft an Land gehen wollte, um sich mit Holz und Wasser zu versorgen, sahen sie auf der Spitze eines Berges eine Menge von nackten Menschen stehen, die nicht herabzukommen wagten. Als zwei Christen, die gutwillig der Aufforderung folgten, mit den Wilden ins Innere des Landes zu kommen, nach sieben Tagen noch nicht zurückgekehrt waren, wurde vom Schiff ein „junger starker und geschickter Geselle" zu den am Strand versammelten Weibern der Wilden geschickt. Doch das war, wie es sich bald herausstellte, eine folgenschwere Fehlentscheidung: „Mittlerweile kam", berichtet Vespucci voll Entsetzen, „ein Weib vom Berg herab, die trug einen großen Kolben in der Hand, und da sie zu dem Jüngling kam, da gab sie ihm mit ihrem Kolben einen solchen Streich von hinterwärts zu, dass er nimmermehr eine Ader geregt. Als das geschehen, so nahmen ihn die anderen Weiber, und zogen ihn bei den Füssen auf den Berg. Die Weiber teilten den Jüngling, den sie erwürget hatten, vor unseren Augen in Stücken, und zeigten uns die Stücke davon, die brieten sie darnach an einem Feuer, das sie gemacht hatten, und zuletzt fraßen sie ihn. Die Männer zeigten uns auch an, wie sie die andern beiden Christen auch so getötet und gefressen hätten, was wir ihnen auch gar zu gerne glaubten. Diese Schande tat uns sehr weh, da wir mit unseren Augen sehen mussten, wie gräulich sie mit den Toten umgingen" (Vespucci 1722, S. 51).

Die Menschenfresserdebatte: Staden und Montaigne

Ein halbes Jahrhundert später erfährt der Bericht Vespuccis über die brasilianischen Kannibalen eine Bestätigung durch den hessischen Abenteurer Hans Staden (1525–1576), der bei einem Überfall der Tupinambá in deren Gefangenschaft geriet. Unter welchen Zeremonien dieser Indianerstamm seine Feinde tötet und frisst, womit sie sie totschlagen und wie sie mit ihnen umgehen, das alles hat Staden aus eigener Erfahrung genauso glaubwürdig dokumentiert, wie er die Landschaften, Pflanzen und Tiere beschrieben hat. Er erzählt, dass nach einer längeren vorbereitenden Zeremonie derjenige, der den Totschlag vorzunehmen hat, eine

Keule nimmt und dem Gefangenen damit hinten auf den Kopf schlägt, dass diesem das Hirn herausspritzt. Sofort ergreifen die Frauen den Toten, ziehen ihn über das Feuer und schaben ihm die ganze Haut ab. Wenn die Haut abgeputzt ist, nimmt ein Mann den Erschlagenen, schneidet ihm die Beine über den Knien und die Arme vom Leib ab. Dann kommen vier Weiber, packen die vier Stücke und laufen mit großem Freudengeschrei um die Hütten. Danach schneiden sie ihm den Rücken mit dem Hintersten von dem Vorderteil ab. Das teilen sie alle unter sich, aber die Eingeweide behalten die Weiber, sieden sie und machen aus der Brühe einen Brei, den sie und die Kinder trinken. Die Eingeweide essen sie, ebenso das Fleisch vom Kopf. Das Hirn, die Zunge und was sie sonst genießen können, essen die Kinder. Wenn das alles geschehen ist, dann geht ein jeder wieder heim und nimmt seinen Anteil mit sich. Staden schließt seinen Bericht mit der Versicherung ab: „Das alles habe ich gesehen und bin dabei gewesen" (Staden 1964, S. 187). Staden selbst entkam schließlich den Kannibalen, die beeindruckt durch seinen standhaften Glauben lange gezögert hatten, ihn zu töten. Nach vier Jahren und zwei Monaten gefahrvollen und abenteuerlichen Lebens in Brasilien konnte er die Rückreise nach Europa antreten. Dort wurde er wegen der Schlichtheit seiner Darstellungsweise in Wort und Bild als ein „Berichterstatter von einzigartiger Eindringlichkeit und Wahrheitsliebe" (Maack in Staden 1964, S. 5) angesehen.

Ähnlich hat im 17. Jahrhundert Michel de Montaigne (1533–1592) in seinem Essay über die Kannibalen auf den Bericht eines einfachen Mannes über Menschenfresserei reagiert, dem er gerade wegen seiner Ungebildetheit eine größere Wahrheitsliebe zugesteht als einem Gelehrten: „Der Mensch, welchen ich bei mir hatte, war ein einfältiger und plumper Mensch, welche Art von Leuten am geschicktesten ist, ein wahres Zeugnis abzulegen" (Montaigne 2010, S. 224). Nach den Berichten dieses namentlich ungenannten einfachen Mannes gibt Montaigne an, dass diese Kannibalen mit denjenigen Völkern Krieg führen, welche jenseits ihrer Berge weiter im festen Land wohnen. „Sie beweisen in ihren Gefechten eine bewundernswürdige Tapferkeit, die niemals anders als mit Mord und Blutvergießen endigt. Jeder bringt statt des Siegeszeichens den Kopf eines von ihm erlegten Feindes nach Hause, und befestigt ihn an seiner Haustüre. Nachdem sie ihren Gefangenen lange Zeit gut gepflegt haben, wird er in Gegenwart einer Versammlung von Bekannten und Freunden mit dem Schwert niedergemacht. Wenn dieses geschehen

Abb. 19: Hans Staden und Michel de Montaigne (aus Staden 1557)

ist, braten sie ihn, essen ihn gemeinschaftlich miteinander, und schicken auch ihren abwesenden Freunden Stücke davon. Dieses geschieht nicht, wie man denkt, um sich davon zu nähren, wie es ehedem die Scythen machten; sondern um die strengste Rache auszuüben" (Montaigne 2010, S. 228). Dann aber zieht Montaigne einen kritischen Vergleich zwischen diesen Verhaltensweisen der Wilden und den barbarischen Verhaltensweisen der Christen in der Neuen Welt sowie den Untaten der Europäer während der Konfessionsstreitigkeiten: „Es verdrießt mich, dass wir bei unsern eigenen Fehlern so blind sind, da wir die ihrigen so genau wahrnehmen. Ich dächte, es wäre barbarischer, einen Menschen lebendig zu fressen, als ihn tot zu fressen: einen Körper, der noch die völlige Empfindung hat, durch die grausamsten Martern und Peinigungen zu zerfleischen, ihn langsam braten zu lassen, ihn von Hunden und von Schweinen zerreißen zu lassen; als ihn, wenn er tot ist, zu braten und zu essen. Gleichwohl haben wir das erste nicht allein gelesen, sondern noch vor kurzem gesehen: nicht unter alten Feinden, sondern unter Nachbarn und Mitbürgern; und, was das schlimmste ist, unter dem Vorwande der Gottesfurcht und Religion" (Montaigne 2010, S. 229).

Über den Wahrheitswert solcher und unzähliger anderer Aussagen über den Kannibalismus, die uns seit der Antike bis zur jüngsten Vergangenheit begegnen, ist man sich jedoch nicht einig. Heutzutage scheint man in der wissenschaftlichen Forschung von Seiten der Archäologen und Historiker der Ur- und Frühgeschichte (Peter-Röcher 1998) sowie der Ethnologen (Arens 1979) dazu geneigt zu sein, die Menschenfresserei bloß für einen Mythos zu halten, der dazu diente, den „Wilden" von dem zivilisierten Europäer als einen gänzlich anderen fremden Menschen abzugrenzen und damit auch seine Unterdrückung und Vernichtung zu rechtfertigen. Doch von den naturwissenschaftlichen Anthropologen (Winkler/Schweikhardt 1982) werden solche historischen Berichte ernster genommen, zumal sie durch Berichte aus der Gegenwart oder jüngsten Vergangenheit ergänzt werden können, die Fälle von rituellem Menschenfleischgenuss aus den unzugänglichen Waldgebieten im Innern Neuguineas, des Indischen Archipels, Kambodschas und Schwarzafrikas schildern. Sogar von dem ehemaligen Diktator Ugandas, Idi Amin, wurde unter Berufung auf seinen geflüchteten Leibarzt behauptet, dass er Herz und Nieren politischer Gegner gegessen haben soll. Das Gleiche soll auch der ebenfalls entmachtete Kaiser von Zentralafrika, Jean-Bédel Bokassa, getan haben.

Die Ursachen des Kannibalismus wurden hauptsächlich in erblichen Faktoren, übergroßer Aggression, religiösem Wahn, Geisteskrankheit, Hunger oder in einer Art kultureller Pubertät der Naturvölker gesehen, deren unerfreuliche Symptome, so mutmaßte man, sich mit zunehmendem Heranreifen zu Zivilisationen verlieren würden. Das Ausmaß und die Verbreitung des Menschenessens dürften aber auch vom Angebot an Säugetierfleisch im jeweiligen Lebensraum der Menschenesser abhängig gewesen sein. So sollen auf den Fidschi-Inseln vor der Ankunft der Europäer, die später Schweine und andere Haustiere einführten, nur Ratten gelebt haben. Ebenfalls arm an größeren einheimischen Säugetieren waren und sind noch heute Neuseeland und Neuguinea. Aber auch in Europa gab es aus wirtschaftlichen Gründen entsprechende Vorschläge zur Nahrungsbeschaffung, wie den nur als Satire gedachten „bescheidenen" Vorschlag des großen Satirikers Jonathan Swift (1667–1745), die hungernde Bevölkerung Irlands solle ihre Kinder an die Grundbesitzer und Wirtshäuser verkaufen, um durch deren Fleisch die wirtschaftlichen und sozialen Schwierigkeiten des ausgebeuteten und überbevölkerten Landes zu überwinden. Swifts Zeitgenossen reagierten auf diesen nicht ernstzunehmenden Vorschlag mit Schaudern und Empörung. Die umfangreiche Literatur über den Kannibalismus zeigt jedenfalls, dass es viele einander widersprechende Beweggründe gibt für die Sitte, Menschenfleisch zu verzehren: Machtgewinn, Rache, Pietät, Sehnsucht nach ewiger Jugend und Fruchtbarkeit, Bindung an eine Gemeinschaft oder Vermeidung von Übervölkerung. Für die auf der Evolutionstheorie beruhende moderne Anthropologie ist daher der Rückgriff auf die biologischen Wurzeln des Kannibalismus durchaus verständlich. So wird mit Recht darauf hingewiesen, dass das Verzehren von Artgenossen im Tierreich, auch unter den höheren Primaten, wie zum Beispiel bei Pavianen und Schimpansen, des Öfteren beobachtet wurde. Bei den Pavianen isolieren die Männchen ein Jungtier, töten und verzehren es dann mit sichtbaren Anzeichen freudiger Erregung. Auch bei den Schimpansen sind es ausschließlich die Männchen, die Jungtiere töten und fressen, wobei dem erfolgreichen Jäger meist die gesamte Beute zufällt (vgl. Winkler/Schweikhardt 1987, S. 147; Goodall 1991, S. 94 ff.).

Die Verwüstung der Neuen Welt: Las Casas und die „Schwarze Legende"

Der spanische Dominikanermönch Bartolomé de Las Casas (1484–1566) schildert in seiner berühmten Denkschrift über die Verwüstung Westindiens, „Brevísima relación de la destrucción de las Indias", den weiteren Verlauf der grausamen Vernichtung der Indianer, die bereits unter Columbus begonnen hatte. Zur Begründung seiner Denkschrift führt Las Casas an, dass die so ruhmreiche Entdeckung und Eroberung der Neuen Welt durch schreckliche Ereignisse überschattet waren: „Hierzu gehören die Blutbäder und Metzeleien, die man unter unschuldigen Menschen anrichtete, und die Entvölkerung von Orten, Provinzen und Königreichen, die man dort verschuldete, und alles Übrige, was nicht weniger schrecklich ist" (Las Casas 2006, S. 9). Gegen die Intention von Las Casas selbst, der nur das Gewissen der damaligen politisch Verantwortlichen schärfen wollte, wurde die Schrift von den europäischen Rivalen Spaniens als Kritik an der von Spanien ausgehenden politisch-religiösen Unterdrückung in der ganzen Welt verwendet. Sie bildete die Hauptquelle für die seit Anfang des 20. Jahrhunderts als „Schwarze Legende" (Leyenda negra) bezeichnete Ansicht von der Grausamkeit der spanischen Eroberer. Damit sollte verdeutlicht werden, dass der Bericht des Bischofs Las Casas über seinen historischen Kontext hinaus zu einem allgemein gültigen Dokument der menschheitlichen Leidensgeschichte geworden ist, die bis auf unsere Tage durch Fremdenhass und Fremdenfeindlichkeit gekennzeichnet ist und uns weiterhin bedroht. Bereits Herder hat diesen Bericht von Las Casas gegen die massive Kritik von dessen spanischen Landsleuten verteidigt: „Man warf ihm Übertreibung und eine glühende Einbildungskraft vor; der Lüge aber hat ihn niemand überwiesen. Und warum sollte das, was man glühende Einbildungskraft nennt, nicht lieber ein edles Feuer des Mitgefühls mit den Unglücklichen gewesen sein, ohne welches er freilich nicht also geschrieben hätte" (Herder 1795, S. 532).

Das Bild, das Las Casas von den Bewohnern der Neuen Welt entwirft, ist nicht das vom „edlen Wilden", sondern das von „sanften Schafen", die die Spanier wie ungeheuer blutgierige, seit vielen Tagen ausgehungerte Wölfe, Tiger und Löwen angefallen haben. Las Casas sieht in ihnen „die demütigsten, geduldigsten, friedfertigsten und ruhigsten Menschen, die es auf der Welt gibt, sie kennen keinen Zwist und keinen Hader, sind keine Störenfriede und Zänker, ohne Groll, Hass oder Rachsucht. Zugleich sind sie Leute von zartester, schwächlichster und empfindlichster Konstitution, die am schlechtesten Mühsal ertragen können und jeder Krankheit am leichtesten erliegen. Außerdem sind sie bitterarme Leute, die ganz wenige Güter besitzen und besitzen wollen." Nach der eigenen Erfahrung von Las Casas sind es zwei „hauptsächliche Mittel, die jene wählten, die sich Christen nennen und hinübergefahren sind, um jene beklagenswerten Völker auszurotten und vom Angesicht der Erde zu vertilgen: Das eine besteht in ungerechten, grausamen, blutigen und tyrannischen Kriegen. Das andere darin, dass die aus diesen Vernichtungskriegen übrig gebliebenen Männer mit dem härtesten, schrecklichsten und strengsten Frondienst bedrückt wurden, wie man ihn bisher noch niemals Menschen oder Tieren aufgebürdet hatte" (Las Casas 2006, S. 19). Den Grund, warum die Christen die Einwohner der Neuen Welt in so unendlich großer Zahl getötet und vernichtet haben, sieht Las Casas darin, dass sie mit ihrer unersättlichen Habsucht dem Gold nachjagten. Denn jene Länder waren fruchtbar und reich und die Leute dort so demütig, so geduldig und so leicht zu unterwerfen. Mit ihren Pferden, Schwertern und Lanzen verübten die Christen an ihnen Metzeleien und unerhörte Grausamkeiten, von denen Las Casas in schonungsloser Offenheit berichtet: „Sie drangen in die Ortschaften ein; sie verschonten nicht einmal

Kinder oder Greise, Schwangere oder Wöchnerinnen; ihnen allen schlitzten sie den Bauch auf und zerstückelten sie, als fielen sie über ein paar Lämmer her, die in ihren Hürden eingesperrt wären. Sie schlossen Wetten ab, wer mit einem einzigen Hieb einen Menschen zweiteilen oder ihm den Kopf mit einem Pikenstoß abtrennen oder ihm auch die Eingeweide aufreißen könne. Sie zerrten die neugeborenen Kinder von der Mutterbrust, packten sie an den Beinen und zerschlugen ihnen den Kopf an den Felsen" (Las Casas 2006, S. 21 f.). Dass es sich dabei, wie Las Casas vorgeworfen wurde, nicht um Schauermärchen handelt, will er selbst als Augenzeuge bestätigen: „All diese Dinge und unzählige andere habe ich selbst gesehen" (Las Casas 2006, S. 25).

Die Überprüfung des Wahrheitsgehaltes der Berichte der spanischen Eroberer wird auch durch die vielen Prozesse erleichtert, welche die Konquistadoren selbst gegeneinander führten, wenn sie sich in die Quere kamen (vgl. Engl 1975, S. 24). Ein Beispiel dieser Art führt bereits Las Casas an: „Ein Gouverneur trug nämlich Beweismaterial gegen einen anderen zusammen (denn jener, der in dem genannten Königreich Neugranada raubte und mordete, wollte ihm nicht zugestehen, dass auch er rauben und morden durfte), das von vielen Zeugen bestätigt war und die Verwüstungen, Frevel und Metzeleien behandelt, die er begangen hat. Dieser Bericht wurde im Indienrat verlesen und wird dort aufbewahrt" (Las Casas 2006, S. 137 f.). Nachdem in den Eroberungskriegen der Spanier alle Männer der Eingeborenen umgekommen waren, sodass nur junge Burschen, Frauen und Kinder übrig blieben, verteilten sie diese unter sich unter dem Vorwand, dass sie diese Heiden in den Dingen des katholischen Glaubens unterrichten wollten. „Obwohl all diese Christen", sagt Las Casas, „zumeist Dummköpfe und grausame, überaus habsüchtige und lasterhafte Männer waren, machte man sie zu Seelsorgern. Und die Sorge oder Obhut, die sie jenen angedeihen ließen, bestand darin, dass sie die Männer in die Bergwerke schickten, um Gold zu schürfen, was eine unerträgliche Arbeit ist, und die Frauen brachten sie auf ihre Estancias, das sind Landgüter, wo sie die Felder umgraben und das Land bestellen mussten. Die Männer starben an Mühsal und Hunger in den Bergwerken und die Frauen in den Estancias oder Landgütern ebenfalls" (Las Casas 2006, S. 34).

Doch es gibt auch einen dunklen Punkt im Leben des „Apostels der Indianer". Das war seine Haltung zur Frage der Versklavung von schwarzen Afrikanern, die Las Casas bis heute immer wieder zum Vorwurf ge-

Abb. 20: Bartolomé de Las Casas (aus Œuvres 1822)

macht wird. Wie er selbst zugibt, hat er die Versklavung der widerstands-
fähigeren Schwarzen als Ersatz für die Indios befürwortet. Da die
Zuckerverarbeitung von Tag zu Tag ausgebaut wurde, wuchs die Notwendigkeit, Schwarze dafür einzusetzen. Was Las Casas angeregt hatte,
geriet dadurch in die Hände der Geschäftemacher. Daraufhin bereute
Las Casas seinen Vorschlag. Denn er selbst konnte diesen Missbrauch der
Privilegien nicht mehr kontrollieren, da der König weit weg war und im
Indienrat täglich neue Mitglieder ernannt wurden, die keine Ahnung von
den Gesetzen hatten, die sie eigentlich hätten kennen müssen. Trotz hef-
tiger Kritik seiner spanischen Landsleute bereute er seine Darstellung
ihrer Gräueltaten jedoch nicht. Nach seiner dem Indienrat zugeschickten
Ansicht müssten die Indios befreit und der Herrschaft der Spanier entzo-
gen werden, damit ihnen kein Unrecht mehr zugefügt werde (Las Casas
Brief an den Indienrat vom 20. Januar 1531; in Meier/Langenhorst 1992,
S. 88, 90). Schließlich ging Las Casas im Jahre 1542 so weit, dass er die
Forderung erhob, alle spanischen Eroberungen in Amerika müssten rück-
gängig gemacht und die besetzten Gebiete ihren früheren einheimischen
Herrschern und natürlichen Herren zurückerstattet werden.

Kaum war der „Kurzgefaßte Bericht" erschienen, da verfertigte der
Hofhistoriograph Kaiser Karls V., Juan Ginés de Sepúlveda (1490–
1573), ein Pamphlet gegen „die voreiligen, skandalösen und ketzerischen
Behauptungen, die Fray Bartolomé de Las Casas in einem Buch über die
Eroberung der Westindischen Länder aufgestellt hat". Im Jahr 1550 kam
es vor einer Gelehrtenversammlung in Valladolid zu einem Disput zwischen dem auf diese rüde Weise angegriffenen Las Casas und Sepúlveda,
der in seinem Buch „Democrates alter sive de justis belli causis" den gerechten Krieg Spaniens gegen die Indios verteidigt hatte. Sepúlveda
führte in diesem öffentlichen Disput vier Hauptgründe an, die die gewaltsame Conquista rechtfertigen sollen: 1. Die Indios begehen Götzendienst und andere Sünden. 2. Sie sind von Natur aus servile und barbarische Menschen, den Spaniern unterlegen und zu Sklaven geschaffen.
3. Ihre Unterwerfung ist der bequemste Weg, um ihnen danach den
Glauben zu verkündigen. 4. Sie begehen mit ihren Menschenopfern und
ihrem Kannibalismus zu bekämpfende Verbrechen. Las Casas' Antwort
darauf war, „dass natürlich die Geistlichkeit und hauptsächlich der Papst
die christlichen Könige zur Verteidigung der heiligen weltweiten Kirche
ermahnen und notfalls auch zu Krieg und Kampf gegen Angreifer auffordern müssen". Dann aber bricht bei Las Casas die aus der Zeit der Recon-

quista stammende Islamfeindlichkeit hervor, wenn er sagt: „Aber daraus folgt doch nicht, es sei auch Aufgabe von Geistlichkeit und Papst, die Könige zur Nachfolge Mohammeds aufzurufen, nämlich zu Unruhestiftung und Verwüstung, Raub und Verschleppung, Mord und Vernichtung von friedlichen, ruhigen, wenn auch ungläubigen Völkern, die in ihren eigenen Ländern leben, ohne uns oder eine andere Nation attackiert zu haben!" (Meier/Langenhorst 1992, S. 102). Den Götzendienst entschuldigt Las Casas damit, dass der Kirche die Bestrafung von Götzendienst oder sonstigen Sünden nicht zusteht, wenn diese von Ungläubigen innerhalb der Grenzen ihrer eigenen Länder begangen werden, die nie den Glauben empfangen haben. Und dem Vorwurf der Barbarei begegnet er mit dem aus eigener Erfahrung bewiesenen Argument, dass auch das spanische Volk barbarisch und wild sei. Zu den Menschenopfern der Indios, die Las Casas nicht leugnen kann, obwohl er die von Sepúlveda angegebene Anzahl von jährlich 20 000 Menschen bestreitet, meint er, „dass die Indios im Stand der Unwissenheit und niemals verpflichtet waren, einem Prediger der christlichen Religion zu glauben, wenn dieser in Begleitung von Tyrannen, Kriegern, Räubern und Mördern auftritt" (Meier/Langenhorst 1992, S. 104). An diese Bemerkung schließt Las Casas sein Bekenntnis zur religiösen Toleranz an: „Es gibt hier keinen Unterschied in der Verpflichtung zwischen denen, die vom wahren Gott wissen, also uns Christen, und denen, die nicht von ihm wissen, aber irgendeinen Gott für den wahren halten." Doch das eindeutige Bekenntnis, das Las Casas zur religiösen Toleranz abgibt, wird durch seine von ihm immer wieder ausgedrückte Islamfeindlichkeit verdunkelt, wenn er etwa Sepúlveda vorwirft, dieser befürworte jenen Weg, „der vom Teufel und dessen Nachahmer und Apostel Mohammed in die Welt gesetzt worden ist und so viel Gewalt und Blutvergießen zur Folge hat" (Meier/Langenhorst 1992, S. 105).

Die Konquistadoren in Mexiko und Peru

Im Jahre 1517 wurde Mexiko entdeckt. „Nueva España" (Neuspanien) nannten die Spanier das Reich der Azteken. Bereits die ersten Entdecker behandelten bei ihren Expeditionen nach den Angaben von Las Casas „die Indios auf das schändlichste und brachten etliche um" (Las Casas 2006, S. 53). Doch für die blutige Eroberung des ganzen Landes der

Azteken war Hernán Cortés (1485–1547) verantwortlich. Im Auftrag des Gouverneurs von Kuba, Diego Velásquez, brach er im Februar 1519 von Havanna auf, um Mexiko zu erobern, wo er wenig später mit einer Streitmacht von 600 Spaniern, 250 mit den Spaniern verbündeten Indianern und 16 Pferden landete. Gleich in den ersten Kämpfen verloren die verschreckten Indianer viele ihrer Stammesgenossen, während die Spanier mit zwei Toten und 14 verwundeten Soldaten davonkamen. Dabei wurden auch einige Pferde verletzt, die nach dem Kampf mit dem Fett, das die Körper der toten Indianer lieferten, verbunden wurden. Außerdem förderten die Spanier so den Glauben der Indianer, die Ungeheuer nährten sich von Menschenfleisch. Der Ruf eines dank solcher Ungeheuer unbesiegbaren Eroberers begleitete Cortés in dem darauf folgenden unbarmherzigen Kampf mit den Tausenden von eingeborenen Indianern. Wie Cortés an Karl V. berichtete, waren „die Pferde unsere Festung, unsere einzige Hoffnung, davonzukommen. Sie allein waren unsere Rettung." Denn die von den Indianern für übernatürliche Wesen gehaltenen Reiter verbreiteten einen panischen Schrecken. Am Anfang wurden Pferd und Reiter von den Indianern als Einheit betrachtet, als ein Ungeheuer, „das sich selbst in zwei Teile spalten kann" (vgl. Oeser 2007, S. 100).

Doch das Abenteuer, auf das sich Cortés einließ, nämlich mit einer so geringen Anzahl von Leuten das Riesenreich der Azteken zu erobern, schreckte seine Soldaten. Da er von allem Anfang an ahnte, dass er gegen den Ungehorsam seiner Soldaten werde ankämpfen müssen, ließ er in einem Akt unerhörter Kühnheit, der seinen Begleitern nur die Wahl ließ, zu siegen oder zu sterben, seine Schiffe auf Land setzen. Denn er glaubte, dass all diejenigen, die ihn verlassen wollten, ihren Plan ausführen würden, wenn die Schiffe dort weiter ankerten. Dadurch, dass er seine Schiffe auf den Strand setzen ließ, wurde allen die Hoffnung genommen, je wieder das Land verlassen zu können; Cortés aber konnte sich mit größerer Sicherheit auf den Marsch begeben, in der Überzeugung, dass trotz seiner Abwesenheit die Truppen, die er zurücklassen musste, ihm treu bleiben würden" (Cortés 1980, S. 12).

Seit dem Einfall der Spanier in Neuspanien dauerten die Mordtaten und Verwüstungen auf diesem gewaltsamen Marsch nach dem Bericht von Las Casas zwölf ganze Jahre an. Die Verwüstungen durch die blutigen und grausamen Hände und Schwerter der Spanier wurden in einem Gebiet angerichtet, das beinahe den ganzen Umkreis der Stadt Mexiko und ihre Umgebung umfasste. „Über vier Millionen Menschen haben die

Abb. 21: Die Eroberer von Mexiko und Peru (Cortés und Pizarro nach
zeitgenössischen Darstellungen)

Spanier während der genannten zwölf Jahre in dem erwähnten Gebiet
mit Schwert und Lanze umgebracht, und sie haben Frauen und Kinder,
Jünglinge und Greise bei lebendigem Leibe verbrannt. Es waren gewaltsame Einfälle grausamer Tyrannen", sagt Las Casas, „die nicht nur vom
Gesetz Gottes, sondern auch von allen menschlichen Gesetzen verurteilt
werden". Und fügt im Sinn seiner Islamfeindlichkeit, die sich allerdings
nicht gegen die aus Spanien vertriebenen Mauren oder Araber, sondern
gegen die Türken richtet, wieder hinzu, dass die Verwüstungen der
spanischen Eroberer „jenen gleichen, die der Türke unternimmt, um die
christliche Kirche zu zerstören, ja noch weit schlimmer als sie sind" (Las
Casas 2006, S. 55).
    Ähnlich wie im Fall der Türkenkriege ist auch bezüglich der Erobe-
rung Mexikos aufschlussreich, die unterschiedlichen Bewertungen in den
Berichten über diese Ereignisse zu verfolgen. In seinem Bericht an Kaiser
Karl V. schildert Cortés die grausame Vernichtung eines Großteils der
Bevölkerung der Stadt Cholula, die sich seiner Meinung nach einer Ver-
schwörung gegen die Spanier schuldig gemacht hatte, als eine heroische
Heldentat: „Ich ließ die Geiseln im Saal festbinden und gab das Zeichen
zum Angriff. Wir stiegen zu Pferde und fielen über die Masse der India-

ner her, von denen wir in zwei Stunden mehr denn zweitausend um-
brachten. Eure Majestät möge wissen, dass alles, noch bevor wir unser
Haus verlassen hatten, wohl vorbereitet worden war, denn die Straßen
waren bereits versperrt und die Indianer auf ihren Posten. Wenn wir sie
überrumpelt und so völlig geschlagen haben, so kommt das daher, dass
sie keine Führer hatten, da diese nämlich von mir vergiftet worden waren" (Cortés 1980, S. 42 f.).

Für Las Casas war dagegen diese von Cortés als Heldentat gefeierte
Bestrafung der indianischen Bewohner Cholulas nichts anderes als eine
völlig unberechtigte scheußliche Metzelei: „Neben anderen Metzeleien
richteten sie die folgende in einer großen Stadt an, die mehr als dreißigtausend Einwohner hat und Cholula heißt. Alle Herren des Landes und
der benachbarten Gegend und an ihrer Spitze alle Priester mit dem
Oberpriester gingen nämlich den Christen sehr hochachtungsvoll und
ehrerbietig in einer Prozession entgegen, um sie zu empfangen, und sie
nahmen sie in die Mitte, um sie in der Stadt, in den für fremde Gäste bestimmten Häusern des Herrschers oder der vornehmen Herren dieser
Stadt, zu beherbergen; da beschlossen die Spanier, dort ein Blutbad anzurichten oder (wie sie es nennen) eine Züchtigung vorzunehmen, um
Furcht in allen Winkeln jener Lande zu erwecken und zu verbreiten und
ein Zeichen ihres wilden Grimms zu geben. Denn die Spanier waren (wie
man nämlich wissen muss) stets gewillt, in allen Ländern, die sie überfielen, ein grausames und aufsehenerregendes Blutbad anzurichten, damit
jene sanften Schafe vor ihnen zittern sollten. Hierfür ließen sie deshalb
zuerst alle Herren und Adligen der Stadt und aller ihr unterstehenden
Orte zusammen mit dem Oberherrn rufen, und sobald diese kamen und
eintraten, um mit dem Befehlshaber der Spanier zu reden, wurden sie sogleich gefangen genommen, ohne dass jemand es bemerkte und diese
Neuigkeit verbreiten konnte. Sie hatten von ihnen fünf- oder sechstausend Indios als Lastträger verlangt. Diese kamen bald alle, und die Spanier trieben sie auf dem Hof zwischen den Häusern zusammen. Wenn
man solche Indios sieht, wie sie sich bereit machen, die Lasten der Spanier zu tragen, so muss man großes Mitleid und Erbarmen mit ihnen
empfinden. Sie gehen nämlich nackt und bloß umher und haben lediglich
die Scham bedeckt, und auf der Schulter tragen sie ein paar kleine Netze
mit ihrer armseligen Nahrung. Sie alle kauerten sich wie ganz sanfte
Lämmer nieder. Sie waren allesamt im Hof vereint und mit anderen Leuten zusammen, die sich gerade dort befanden. Bewaffnete Spanier stell-

Abb. 22: Der Verrat Montezumas durch Cortés (Kupferstich von Antonio de Solis 1715 und Campe 1821)

ten sich an die Hoftore, um sie zu bewachen, und alle übrigen legten die Hand ans Schwert und töteten mit Schwert und Lanze all jene Schafe, sodass nicht ein einziger entkommen konnte, sondern jeder, der fliehen wollte, abgeschlachtet wurde. Nach zwei oder drei Tagen kamen viele Indios blutüberströmt, aber lebendig heraus, die sich unter den Toten versteckt und geschützt hatten. Weinend liefen sie zu den Spaniern und baten um Erbarmen, dass man sie nicht töte. Doch man erwies ihnen keinerlei Erbarmen oder Mitgefühl, vielmehr wurden sie in Stücke gehauen, sobald sie hervorgekrochen waren" (Las Casas 2006, S. 57).

Nach dieser grausamen Bestrafung einer ganzen Stadt zog Cortés weiter zur Hauptstadt des Aztekenreiches. Mit schonungsloser Offenheit schildert er, wie er den ihn freundlich empfangenen Kaiser Montezuma aus Furcht, in der künstlich angelegten Lagunenstadt eingeschlossen zu werden, auf verräterische Weise gefangen nahm. Bei dem darauf folgenden Aufstand der Indianer wurde Montezuma von seinen eigenen Leuten durch einen Steinwurf getötet, als er auf eine Art Balkon hinaustrat und zu den Mexikanern reden wollte.

Angesichts der großen Gefahr, in der sich die an Anzahl weit unterlegenen spanischen Eroberer befanden, und der Verluste, die ihnen jeden

Abb. 23: Montezumas Tod (aus Verne 1885)

Tag die Indianer zufügten, beschloss Cortés unter dem Druck seiner Gefährten, die sämtlich verletzt waren, und zwar zum größten Teil so schwer, dass sie nicht mehr kämpfen konnten, die Stadt zu verlassen. Auf diesem Rückzug erlitten seine Truppen ungeheure Verluste; zwar fielen Tausende von Indianern unter ihren Streichen, aber die Zahl der Spanier und der Pferde schmolz immer mehr zusammen. Erst nachdem die Spanier eine Stadt der mit ihren verbündeten Indianer erreicht hatten, konnten sie ihre Verletzungen kurieren, die sie während ihres Rückzuges durch andauernde Angriffe ihrer Verfolger erlitten hatten. Cortés berichtet seinem Kaiser von dem traurigen Zustand seiner Streitmacht: „Ich blieb zwanzig Tage in der Stadt Tlaxcala und pflegte meine Wunden, die sich – besonders die am Kopfe – während des Rückzuges sehr verschlimmert hatten; auch auf die Heilung der Wunden meiner Gefährten war ich bedacht; einige jedoch starben, teils an ihren Verletzungen, teils an Erschöpfung. Andere verloren ein Bein oder einen Arm, denn es fehlte uns an Heilmitteln. Ich selbst wurde zum Krüppel, indem ich zwei Finger an der linken Hand einbüßte" (Cortés 1980, S. 114).

Der Verlust einer so großen Anzahl von Gefährten hinterließ bei den überlebenden spanischen Eroberern solch qualvolle Erinnerungen, dass Cortés den festen Entschluss fasste, aufs Neue gegen die Einwohner der großen Stadt zu ziehen, die an diesem Missgeschick Schuld hatten. Er wollte nicht eher ruhen, bis er einen glänzenden Sieg über die Feinde davongetragen hätte. Seinem Kaiser berichtete er in einem zweiten Schreiben vom 15. Mai 1522, dass er in dieser Absicht vor keiner Gefahr, Strapaze, noch Ausgabe zurückschrecken wolle. Als er den mit ihm verbündeten Indianern meldete, dass er und seine Leute bereit seien, mit der Einschließung der Stadt Mexiko zu beginnen, trafen mehr als 50 000 Kriegsleute ein, die als alte Feinde der Mexikaner vor Eifer glühend sofort bereit waren, sich mit diesen zu messen. Diese Übermacht der indianischen Verbündeten war es auch, die bei der anschließenden Eroberung der Stadt gegen deren Bewohner solche Grausamkeiten verübte, dass selbst die rachedurstigen Spanier voller Entsetzen und Abscheu vergeblich versuchten, ihnen Einhalt zu gebieten. Nach den Angaben von Cortés, der die Schuld für diese Gräuel nicht den zivilisierten Spaniern zugeschrieben wissen wollte, richteten die mit Schwertern und Schilden bewaffneten indianischen Bundesgenossen unter den unglücklichen Mexikanern ein schreckliches Blutbad an, bei dem mehr als 40 000 getötet und gefangen genommen wurden. Das Geschrei, das Wimmern und

Schluchzen der Frauen und Kinder, „zerrissen uns das Herz", sagt Cortés, „und wir gaben uns alle erdenkliche Mühe, die Wut unserer Indianer zu besänftigen, denn niemals hat man menschliche Wesen in solchen Grausamkeiten schwelgen sehen. Wir waren nicht imstande, sie daran zu hindern, denn wir wenigen Spanier – neunhundert an Zahl – gingen in diesen hundertundfünfzigtausend Indianern unter, und weder Bitten noch Drohungen veranlassten sie, das Plündern und Morden einzustellen" (Cortés 1980, S. 237). Immer wieder versuchte Cortés die Führer der Kriegspartei in der Stadt zur Übergabe zu überreden. Während dieser Zeit standen die Mexikaner buchstäblich auf den Leichen ihrer Gefallenen. Lange Reihen von Männern, Frauen und Kindern wandten sich zur Flucht; einige stürzten ins Wasser in der Hoffnung, so schneller dem Verderben zu entgehen, brachen aber dort tot zusammen, unter den zahllosen Leichen erstickt. Das Salzwasser, das sie tranken, der Hunger und die Pest hatten mehr als 50 000 Seelen in der Stadt hinweggerafft. Die Überlebenden hatten nicht einmal mehr die Kraft, noch die Zeit, die Leichen ins Wasser zu werfen, sondern ließen sie in den Straßen liegen, durch die man nicht gehen konnte, ohne auf einen toten Feind zu treten. Cortés ging sogar so weit, seine indianischen Bundesgenossen des Kannibalismus zu verdächtigen: „Da zahllose Einwohner jetzt zu uns kamen", berichtet Cortés, „stellte ich in den Straßen, die sie passieren mussten, Spanier auf, damit unsere Verbündeten nicht über die traurigen Überreste dieses großen Volkes herfielen. Den Hauptleuten unserer Indianer legte ich ans Herz, darüber zu wachen, dass ihre Leute niemand mehr töteten; doch alles vergebens. Auch an diesem Tage schlachteten sie noch mehr als fünfzehntausend hin" (Cortés 1980, S. 241).

Erst nach der Gefangennahme des Kaisers der Mexikaner, der Montezuma nachgefolgt war, wurde der Krieg am 13. August 1521 beendet. Die Belagerung der Stadt hatte 75 Tage gedauert. In seinem Bericht an Kaiser Karl V. stellt Cortés trotz der Grausamkeiten, die seine Kriegsleute und die mit ihm verbündeten Indios an den unglücklichen Bewohnern von Mexiko verübt hatten, voller Stolz fest: „Eure Majestät wird hiernach die Mühen, Strapazen und Gefahren ermessen können, die seine Untertanen auf sich genommen haben, und deren Bewältigung sie zu Männern machte, die ewig im Gedächtnis der Nachwelt leben werden" (Cortés 1980, S. 242 f.).

Nicht weniger grausam war nach der Ansicht von Las Casas die Eroberung von Peru: „Wenn man alle Grausamkeiten und Mordtaten einzeln

erzählen wollte, die in jenen Königreichen von Peru die Christen begangen haben und jeden Tag bis heute begehen, so wären sie ohne jeden
Zweifel derart schrecklich und zahlreich, dass alles, was wir über die anderen Teile Westindiens gesagt haben, davon überschattet würde und
unbedeutend erscheinen müsste, so zahlreich und so schwerwiegend sind
sie" (Las Casas 2006, S. 136). Der Beginn des solcherart von Las Casas
charakterisierten Unternehmens war aber für die Eroberer Francisco
Pizarro und Diego de Almagro zunächst wenig erfolgversprechend. Die
Mannschaften, die Pizarro und Almagro ausgewählt hatten, um Peru zu
erobern, waren keineswegs wohlausgerüstete Helden, sondern vielmehr
arme, halbverhungerte und geschundene Leute. Ihre ehrgeizigen und
goldgierigen Führer behandelten sie schlecht: „Noch niemals auf dieser
Erde gab es Christenmenschen", schrieben sie an den Gouverneur in
Panama, „die so unterdrückt und geplagt worden sind, wie wir auf dieser
Fahrt. Wenn einer umfällt, kommt er nicht mehr hoch, wenn einer krank
wird, schilt man ihn einen Lügner; selbst wenn er unter der Erde liegt,
glaubt man ihm nicht" (zit. nach Engl 1975, S. 48 f.). Sie hatten berechtigte Angst, in so geringer Zahl in das unbekannte Land aufzubrechen.
Tatsächlich waren die Spanier auf diesem Eroberungszug in das Hochland von Peru in großer Gefahr. Denn bereits ein Drittel der Krieger,
über die der regierende Inka Atahualpa verfügte, hätte bei einem der
schwierigen Passübergänge gereicht, um alle Spanier oder zumindest die
meisten von ihnen beim Aufstieg zu töten, und wenn noch welche davon-
gekommen wären, hätte sie der Tod auf der Flucht ereilt.

Pizarros Eroberung des Inkareiches mit einer so geringen und keineswegs heldenmütigen Mannschaft gelang nur durch einen verräterischen
Hinterhalt, den er Atahualpa bei der ersten Begegnung in der Stadt Cajamarca bereitete. Als der Inkaherrscher, begleitet von einer Menge festlich gekleideter Leute, in einer prachtvollen offenen Sänfte sich der Plaza
näherte, schickte Pizarro den Mönch Vicente de Valverde zu ihm hin.
Dieser sollte ihn im Namen Gottes und des Königs auffordern, sich dem
Gesetze Jesu Christi und dem Dienste Seiner Majestät zu unterwerfen;
Pizarro werde ihn wie einen Bruder halten und es nicht dulden, dass ihm
Leid oder Schaden in seinem Land zustoße. Der Mönch predigte Atahualpa, dass Jesus befohlen habe, zwischen den Seinen dürfe kein Krieg
und keine Zwietracht herrschen, sondern nur vollkommener Friede; er
erbitte und erflehe diesen Frieden in seinem Namen. Dabei las er die
Predigt, die er hielt, aus dem Brevier vor, welches er in Händen hielt.

Abb. 24: Atahualpas Gefangennahme (aus Campe 1821)

Atahualpa verlangte es zu sehen, der Mönch reichte ihm das verschlossene Buch hinauf. Der Inka mühte sich vergebens, es zu öffnen, warf es auf den Boden und rief, die Spanier seien Räuber und Schurken und er werde sie alle töten. Er weiche nicht von der Stelle, bis sie ihm nicht Rechenschaft gäben und für alles zahlten, was sie im Lande angerichtet hatten. Als der Mönch sah, wie seine Worte verfingen, hob er sein Buch auf, rannte mit gesenktem Kopf zurück zu Pizarro und rief diesem zu: „Seht Ihr nicht, was los ist? Wie könnt Ihr Euch noch mit höflichem Getue aufhalten mit jenem Hund, der vor Hochmut birst, und ringsum alles voller Indios?" (Chronik des Miguel Esteste 1547, zit. nach Engl 1975, S. 99). Und er versprach Pizarro, ihm für alles Folgende die Absolution zu erteilen.

Francisco Pizarro ging auf Atahualpas Sänfte zu, wo einige Spanier vergebens versuchten, den Herrscher aus der Sänfte zu zerren. Einer von ihnen warf sein Messer nach Atahualpa, um ihn zu töten. Aber Pizarro unterband dies und verkündete laut: „Keiner verletze diesen Indio bei Todesstrafe!" (Engl 1975, S. 100). Darauf stießen sieben oder acht Spanier zu der Sänfte vor, hängten sich gemeinsam an eine Seite und zerrten daran, bis sie kippte. So geriet Atahualpa in Gefangenschaft. Daraufhin wurde das Zeichen gegeben, die Kanone abzufeuern. Im selben Moment schmetterten die Trompeten; die Reiterei sprengte mit ihren Pferden auf den Platz; die Indios behinderten und stießen sich gegenseitig, die Spanier stürzten über sie her und metzelten sie nieder. Die Zahlenangaben über das Massaker von Cajamarca sind sehr unterschiedlich. Sie reichen von 2000 bis zu 6000 oder 7000 Indios. Die Spanier selber hatten keine Verluste. Nur so nebenher wird der Tod eines Negers erwähnt: „Niemand wurde getötet außer einem Neger" (Engl 1975, S. 101). Pizarro führte dann Atahualpa in seine Gemächer, wo er Tag und Nacht bewacht wurde. Als es dunkelte, sammelten sich die Spanier und dankten dem Herrn, dass er sie behütet und beschützt hatte.

Am nächsten Tag überreichte Pizarro Atahualpa ein Kreuz und sagte ihm, jedermann, ob allein oder in einer Gruppe, solle ein solches Kreuz in Händen halten. Streifen würden am folgenden Morgen zu Pferd und zu Fuß die Umgebung durchkämmen und diejenigen töten, die nicht das Zeichen des Kreuzes trügen. Atahualpa bot Pizarro Gold und Silber als Preis für seine Freiheit an. Auf die Frage Pizarros, wie viel Gold und Silber er als Lösegeld biete, antwortete Atahualpa, er werde das Gemach Pizarros mit Gold und den großen Speicher mit Silber füllen. Aber die

Beutegier der Spanier war noch größer und führte zu Plünderungen in der Stadt Cuzco mit ihren reichen Heiligtümern. Was aber den Inka Atahualpa betrifft, der in den Monaten seiner Gefangenschaft in einem Raum mit Pizarro schlief, so übermitteln Augenzeugen ein äußerst sympathisches Bild: „Der Kazike Atahualpa ist ein selten gescheiter, fähiger Kopf und sehr darauf aus, alles über uns zu erfahren und uns genau kennen zu lernen; er spielt sogar schon recht gut Schach" (Espinosa in: Engl 1975, S. 112). Doch hatte er auch seine dunklen Seiten. Denn er hielt sich an den traditionellen Brauch, Trinkgefäße aus den menschlichen Schädeln seiner Feinde herzustellen. Er besaß in seinem Haus einen Kopf, aus dem man das Hirn herausgeschält hatte. Der Schädel war vergoldet und im Mund hatte er ein goldenes Röhrchen; diesen Schädel brachte Atahualpa Pizarro, welcher dann beim Essen fragte, was das sei. Der Inka antwortete: „Das ist der Schädel eines meiner Brüder, der gegen mich Krieg geführt und selber gesagt hat, er werde aus meinem Haupt trinken. Ich aber habe ihn getötet und trinke jetzt aus seinem Schädel" (Engl 1975, S. 113).

Nach der Einschmelzung des Goldes, das Atahualpa als Lösegeld zusammengebracht hatte, ließ Pizarro ihn für frei erklären. Aber zugleich ließ er öffentlich verkünden, im Interesse der Krone und zur Sicherung des Landes solle der Inka noch so lange in Gewahrsam gehalten und stark bewacht werden, bis mehr Spanier eingetroffen seien und so eine höhere Sicherheit gewährleistet sei. Während seiner Gefangenschaft äußerte Atahualpa wiederholt, was er mit den Spaniern und ihren Pferden vorgehabt habe, falls er die Oberhand behalten hätte: Die Streitpferde und die Stuten erschienen ihm als das Wichtigste; er wollte mit ihnen eine Zucht anfangen. Von den Spaniern wollte er einige der Sonne opfern, andere für den Haus- und Haremsdienst kastrieren. Als er erfuhr, dass das Gold außer Landes gebracht werde, befahl er, überall Truppen zu mobilisieren; die einen sollten über die Christen herfallen, die sich einschiffen wollten, die anderen das Stammlager angreifen und versuchen, ihren Herrn zu befreien. Pizarro, dem dies entdeckt wurde, ließ Atahualpa eine Kette um den Hals legen und verurteilte ihn am nächsten Tag im Einvernehmen mit den königlichen Beamten zum Feuertod. Am Abend wurde der Inka auf die Plaza geführt und an einen Pfahl gebunden, um lebendig verbrannt zu werden. Als aber Atahualpa beteuerte, er wolle Christ werden, wurde er getauft und entrann dadurch dem Feuertod, nicht aber der Hinrichtung, die eine beschlossene Sache war. Als er merkte, dass er doch

Abb. 25: Atahualpas Erdrosselung (nach Theodor de Bry aus Verne 1885)

getötet werden sollte, bat er Pizarro, er möge sich um seine kleinen Kinder kümmern und sie zu sich nehmen. Das waren seine letzten Worte. Die anwesenden Spanier sprachen für sein Seelenheil das Credo, und anschließend wurde er erdrosselt.

Nach dem Tod Atahualpas entwickelte sich unter den beutegierigen Spaniern ein mörderisches Wettrennen um die Reichtümer der besiegten Eingeborenen, das schließlich zu einem Bürgerkrieg entartete, in dem die beiden Anführer der Eroberung Perus, Pizarro und Almagro, den Tod fanden. Da auch nach dem Tode Pizarros die grausamen Kriege gegen die Indianer andauerten, kam schließlich eine amtliche Entscheidung über die Kriterien eines gerechten Indianerkrieges zustande, niedergelegt in dem sogenannten „Requerimento". Jeder Konquistador wurde darin verpflichtet, dieses Schriftstück bei jedem neuen Entdeckungs- und Eroberungszug in seinem Gepäck mit sich zu führen, um es der besiegten Bevölkerung vorzulesen. Aber bereits Las Casas bezeichnete dieses Requerimento als ungerecht, absurd und rechtlich ungültig. Es war zudem zumeist wirkungslos, wie die Antworten von zwei Kaziken auf die ausführlichen Erklärungsversuche der Spanier zu dem Inhalt des Schriftstückes mit seinen überzogenen Rechtsansprüchen zeigten: „Dass es nicht mehr als einen Gott gebe und dass er über Himmel und Erde regiere und der Herr aller sei, sagten sie, das erscheine ihnen richtig und müsse wohl so sein; was aber den Papst betraf, dass er anstelle Gottes Herr des ganzen Universums sei und den König von Kastilien mit diesen Ländern hier belehnt habe, dazu meinten sie, der Papst müsse besoffen gewesen sein, als er dies tat; denn er verteilte, was ihm nicht gehörte, und der König, der das Lehen erbeten und angenommen habe, müsse ein Narr gewesen sein, denn er fordere etwas, was anderen gehöre; er solle nur hierherkommen, um es in Besitz zu nehmen: dann würden sie seinen Kopf auf einen Pfahl stecken" (Herrera 1953, Bd. III, S. 162; übers. Engl 1975, S. 64). Las Casas kritisierte auch die Handhabung des Requerimento an einem Beispiel, das sich auf dem Isthmus von Panama ereignete. Die spanischen Eroberer näherten sich dort bei Nacht in großer Stille einem Dorf und lasen von fern her das Requerimento den Bäumen vor, behaupteten aber, dass den Kaziken und den Indios alles vorgetragen worden sei. Jene aber hätten sich geweigert, sich Ihrer Königlichen Hoheit zu unterwerfen und Christen zu werden. Anschließend bei Morgengrauen überfielen sie die Bewohner des Dorfes in ihren armseligen Betten.

Menschenopfer verbunden mit Menschenfresserei hatten im christlichen Europa die Überzeugung von der Notwendigkeit der Missionierung der fremden Völker als zivilisatorischer Aufgabe aufkommen lassen. Wohin auch immer die Eroberer kamen, ob es nun Mexiko oder Peru war, stets bildeten die Menschenopfer die Rechtfertigung für ihre Untaten und für die gewaltsame Missionierung der Indianer. Der bekannte Historiker aus der Zeit des Kolonialismus, William Hickling Prescott, beruft sich auf die Gefährten von Cortés, denen zufolge es üblich war, die Schädel der Geopferten in speziellen Gebäuden aufzubewahren. In einem solchen Gebäude zählten sie davon 136 000. Ohne eine genaue Berechnung zu versuchen, kann man nach Prescotts Meinung daraus schließen, dass jährlich Tausende auf den blutigen Altären der mexikanischen Gottheiten geopfert wurden. Auch in Peru gab es Menschenopfer. Dort hielten die Indianer an ihren Bräuchen, Sitten und Opfern bis weit hinein ins 17. Jahrhundert fest, in entlegenen Gegenden noch viel länger. Der Geistliche Ramos Gavilán berichtet: „Der Spanier Pedro Franco kam bei der Suche nach Erzminen um 1598 in eine Gegend, wo heidnische Grabstätten waren; darunter war eine weitaus größer als die übrigen. Als er sich dieser näherte, vernahm er zu seinem Erstaunen lautes Klagen. Das Stöhnen nahm immer stärker zu, je näher er kam, und schien von einem menschlichen Wesen zu stammen. Das Grab war zugemauert, und er brach es auf mit Hilfe einer Stange. Da fand er zu seiner Überraschung innen ein zehnjähriges Mädchen von ausnehmender Schönheit. Es befand sich schon fast im Sterben, und danach stellte sich heraus, dass es drei oder vier Tage vorher in dem Grabe von den Curacas als Opfer für ihre Götter eingemauert worden war. Das gerettete Mädchen lebte noch lange Zeit, und die Geschichte ist in dieser Gegend wohlbekannt" (zit. nach Engl 1975, S. 391). In einem Traktat über heidnische Bräuche berichtet auch ein anderer Autor, Hernández Principe, als glaubwürdiger Augenzeuge von einem solchen Menschenopfer an einem Mädchen im Alter von zehn Jahren: „Das Mädchen Tanta Carhua ist in die Annalen des Dorfes Aija bei Ocros in Mittelperu eingegangen, weil es als Menschenopfer dargebracht worden ist. Man sagt, es sei über die Maßen schön gewesen, und sein Vater, Caque Poma, habe aufgrund dieser Opferung vom Inka die Herrschaft und Häuptlingswürde von Aija erlangt. Zuvor hatte man das Mädchen nach Cuzco gebracht, wo es sehr gefeiert wurde. In der Heimat führte man es auf einen hohen Berg eine Meile von Aija entfernt und ließ es in eine dort errichtete Totenkammer hinab. So wurde es lebendig eingemauert." Hernández Principe begab sich an Ort und Stelle und befahl, die Grabkammer freizulegen: „Auf der Sohle eines Schachtes von drei Mannslängen tief fand man den Boden sorgfältig geebnet. In einer Nische, die einem Wandschrank ähnelte, saß Tanta Carhua nach alter Art geschmückt mit vielen Juwelen, Ziernadeln und Silberscheiben, die der Inka ihr geschenkt hatte, neben ihr viele kleine Krüge und Gefäße. Ihr Körper war bereits verfallen und die feinen Gewebe an ihr so brüchig, dass man kaum daran rühren durfte" (zit. nach Engl 1975, S. 392).

Diese historischen Quellen haben in der Gegenwart eine Bestätigung erhalten. Im Jahr 1999 wurden knapp unterhalb des 6739 Meter hohen Gipfels des Vulkans Llullaillaco im nordwestlichen Argentinien die tiefgefrorenen Körper dreier Kinder gefunden: Ein 13 Jahre altes Mädchen sowie zwei weitere Kinder im Alter von vier bis fünf Jahren waren gemeinsam mit Artefakten und Beigaben in einem steinernen Schrein eingeschlossen. Die Leichname der drei Kinder gehören zu den weltweit am besten erhaltenen natürlichen Mumien. Neben computertomografischen Analysen wurde vor allem das Haar der geopferten Kinder untersucht, aus dem sich Rückschlüsse auf Stoffwechseländerungen ziehen ließen. Auf diese Weise konnte man eine Zeitspanne von etwa zwei Jahren vor ihrem Tod zurückverfolgen und einen erhöhten Konsum von Kokablättern und Alkohol knapp vor dem Tod feststellen. Die 13-Jährige hatte in den letzten eineinhalb Monaten vor ihrem Tod sehr viel Alkohol zu sich genommen – vermutlich in Form des fermentierten Maisgetränks Chicha als psychoaktiver Substanz, welche das Bewusstsein in eine abstumpfende Richtung verändert. Bei den zwei jüngeren Kindern war der Koka- und Alkoholkonsum niedriger. Es wurde daher vermutet, dass bei dem älteren Mädchen eine stärkere Sedierung nötig war. Da die Opfer keine Spuren von Gewalteinwirkung zeigten, nimmt man an, dass die Kinder durch Erfrieren verstorben sind (vgl. Wilson et al.1999, S. 201).

Die Amazonen

Eine besondere Art von Xenophobie stellt der jahrhundertealte Mythos von den Amazonen dar, deren Name in der Neuzeit von den spanischen Konquistadoren auf den größten Strom Südamerikas übertragen worden ist, der ihn bis heute trägt. Ursprünglich rührt die Bezeichnung nach

Abb. 26: Amazone
(aus Guyon 1763)

Auffassung des altgriechischen Historikers Diodor von der in der Antike weit verbreiteten Vorstellung her, dass sich diese kriegerischen Frauen die rechte Brust wegbrannten oder wegschnitten, damit sie ihnen beim Spannen ihres Bogens oder Werfen ihres Wurfspeers nicht hinderlich sei. Nur aus solchem Grund habe dieses Volk den Namen Amazonen (von a-mazos = brustlos) erhalten (Diodor 1828, S. 223). Amazonen werden bereits in der zweiten Hälfte des 8. Jahrhunderts v. Chr. bei Homer erwähnt (Homers Ilias, o. J. S. 102). Ausführlich berichten die antiken Autoren Herodot, Diodor von Sizilien und Strabo von den Amazonen. Nach den Angaben Herodots ritten sie mit oder ohne Männer auf die Jagd, zogen mit ihnen in den Krieg und trugen auch wie diese männliche Kleidung. Was aber das Heiraten betrifft, galt bei ihnen das Gesetz, dass kein Mädchen sich verehelichen darf, wenn sie nicht vorher einen Feind erlegt hat. Da nun nicht jede Gelegenheit dazu hatte, starben viele als alte Jungfrauen (Herodot 1794, S. 195).

Einen anderen Bericht über die Amazonen liefert viele Jahre später der griechische Historiker und Geograph Strabo (63 v. Chr. – 13 n. Chr.). Er schildert die Amazonen als ein Volk von Frauen, das an den nördlichen Abhängen der Berge des Kaukasus wohnt und die ganze Zeit hindurch alle Geschäfte selbst verrichtet. Sowohl Ackerbau und Gärtnerei als auch die Viehzucht, besonders die Zucht der Pferde, werden von ihnen ohne männliche Hilfe betrieben. Die stärksten unter ihnen gehen häufig auf die Jagd und üben sich in den Kriegsgeschäften. „Allen wird schon", berichtet Strabo weiter, „als Kindern die rechte Brust ausgebrannt, damit sie den Arm ungehindert zu der Verrichtung gebrauchen können, besonders aber zum Wurfspießwerfen, sie bedienen sich aber auch des Bogens, der Streitaxt und des Schildes und machen sich aus den Fellen wilder Tiere Helme, Mäntel und Gürtel." An zwei Monaten im Frühling besteigen sie das nahe Gebirge, das sie von den männlichen Nachbarn trennt. Diese wohnen ihnen der Kindererzeugung wegen bei, und zwar „blindlings und im Dunkeln, wie gerade einer eine findet; und nachdem sie die Amazonen geschwängert haben, werden sie von diesen entlassen. Alle Mädchen nun, welche die geschwängerten Amazonen gebären, behalten sie für sich, die Knaben hingegen bringen sie ihren Erzeugern zur Erziehung. Jeder von diesen nimmt sich eines jeden Knaben wohlwollend an, weil er ihn bei der Ungewissheit für seinen Sohn hält" (Strabo 2007, S. 728 f.). Doch Strabo selbst hat große Zweifel, ob dieser Bericht und auch noch andere Erzählungen, die von den Amazonen lauter Wundervolles und Unglaubliches kolportieren, der Wahrheit entsprechen: „Denn wer wird glauben", sagt er, „dass jemals ein Heer, oder ein Staat, oder ein Volk von Weibern ohne Männer bestand? Und nicht bloß bestand, sondern auch Einfälle in fremdes Gebiet machte?" Das komme ihm so vor, als ob jemand sagte, die damaligen Männer seien Weiber und die Weiber seien Männer gewesen. Gerade das wird aber im ersten Jahrhundert vor Christus von Diodor von Sizilien in seiner Universalgeschichte behauptet, wenn er von der Königin der Amazonen sagt: „Sie hat den Männern das Wollspinnen zugewiesen und die Arbeiten der Frauen im Haus. Auch erließ sie Gesetze, durch welche die Frauen zu den Werken des Krieges bestimmt, die Männer aber zu Dienst und Knechtschaft erniedrigt wurden. Den neugeborenen Knaben verstümmelten sie Beine und Arme, um sie für kriegerische Dingen unfähig zu machen, den Mädchen aber brannten sie die rechte Brust weg, damit diese durch ihre spätere Erhöhung in der Blütezeit des Körpers ihnen nicht hinderlich sei, und eben aus diesem Grund habe das Volk den Namen Amazonen erhalten" (Diodor 1828, S. 223).

Jenseits dieser antiken Tradition kam bis in die Neuzeit immer wieder die umstrittene Frage nach der realen Existenz und dem Wohnort der Amazonen auf. Während als Wohnort der klassischen, aus der Antike bekannten Amazonen, für deren Existenz heutzutage mehrere archäologische Funde angeführt werden, der heutige Nahe Osten angenommen wurde, gab es bereits frühzeitig weitere Hinweise auf ein legendäres Frauenvolk in Nordafrika. Im dritten Buch seines Geschichtswerkes spricht schon Diodor auch von Amazonen in Afrika. Diese sollen zunächst die Inseln des Grünen Vorgebirges, die Canarien-Inseln, bewohnt haben. Von dort aus seien sie nach Afrika übergesetzt und hätten, nachdem sie die Numidier bezwungen hätten, mit ihrer Königin Myrine an der Spitze „von dreitausend Amazonen zu Fuß, und zweitausend zu Pferde, welche beiderseits mit Schlangenhaut bedeckt gewesen" die arabischen Völker geschlagen. Von Ägypten aus, das sie durchzogen hätten, seien sie nach Syrien und von dort aus bis zu den Ionischen Inseln vorgedrungen; sie seien aber dann nach einer Niederlage vertrieben worden. Die wenigen noch übrig gebliebenen Amazonen seien sie schließlich nach Afrika zurückgekehrt, wo ihnen Herkules zuletzt vollends den Garaus gemacht habe.

In Afrika blieb die Geschichte von den kriegstüchtigen Frauen, die heldenmütig ihr Land verteidigten, aber auch die größten Grausamkeiten verübten, in lebendiger Erinnerung. Tem-Bam-Dumba, die Tochter eines Häuptlings des wegen seiner Menschenfresserei berüchtigten Stammes der Jagga, soll, um zu beweisen, dass sie als oberste Anführerin und Oberpriesterin besser als jeder Mann geeignet sei, eine entsetzliche Untat begangen haben: Sie riss sich selbst ihren Säugling von der Brust, zerstampfte das jammernde Kind in einem Mörser und ließ aus diesem entsetzlichen Teig eine Salbe kochen. Mit dieser Salbe bestrich sie sich selbst und ihre hochrangigen Krieger, indem sie behauptete, dass dies gegen jede Todesgefahr schütze und unbezwingbar mache. Von Anna Xinga, der Tochter des 1622 verstorbenen Königs von Angola, wird berichtet, dass sie den rechtmäßigen Erben des Königsthrones, den Sohn ihres im Kampf gegen die Portugiesen gefallenen Bruders, mit eigener Hand ermordet haben soll. Als sie zum Stamm der Jagga kam, wurde sie

Abb. 27: Xinga als Oberpriesterin und Heerführerin der Jagga (aus Zimmermann 1802)

wegen ihrer Kriegstalente von diesen bereits an weibliche Anführer gewöhnten Wüterichen zur Königin und zur Oberpriesterin gemacht. Als solche soll sie vor jeder wichtigen Unternehmung mehrere ihrer Untergebenen geschlachtet und eine Schale von Menschenblut getrunken haben. Dabei trug sie angeblich männliche Kleidung, während ihre Garden in Weiberkleidern einhergingen und auch Weibernamen führten.

Eine Art von Bestätigung erfuhren diese alten Nachrichten durch Berichte aus dem 19. Jahrhundert. Der König des westafrikanischen Staates Dahomey unterhielt nämlich ein Amazonenkorps von etwa 5000 Frauen als Leibgarde (vgl. Edgerton 2000). Diese „Amazonen" wurden vor allem eingesetzt, um konkurrierende Sklavenhändler-Reiche zu schwächen oder um selbst bei benachbarten Völkern Sklaven zu fangen. Von ihrer besonderen Grausamkeit erzählt man sich, dass sie das Blut von dem Schwert leckten, mit dem sie soeben einen Gegner geköpft hatten. Sie rösteten und verspeisten anschließend dessen Körper und brachten seine Gedärme als Siegestrophäen heim. Gegen Ende des 19. Jahrhunderts mussten sie sich gegen die eindringenden Franzosen wehren. Zunächst waren sie sehr erfolgreich. Denn es fiel den Franzosen anfangs schwer, Frauen zu bekämpfen, zumal die Kriegerinnen oft barbusig kämpften und ihre Weiblichkeit offen zur Schau trugen. Immer wieder berichteten verstörte Soldaten: „Die tote Amazone war sehr schön und gut gebaut, und ihr totes Gesicht hatte einen besonders milden und friedvollen Ausdruck." Schließlich aber überwanden die Franzosen jede Zurückhaltung. Sie nannten die Frauen „Harpyen", die „wie wilde Tiere brüllten". 1892 vernichteten die Franzosen fast das gesamte Amazonenheer und Dahomey wurde französische Kolonie. Weniger als 60 Frauen überlebten die Katastrophe. Damit war jedoch in Afrika der Einsatz von Frauen als Garde oder Leibwächter ihrer Herrscher noch nicht zu Ende. In der jüngsten Vergangenheit erfuhr man von Gaddafis treuesten Leibwächtern, von weiblichen Bodyguards, die „Amazonen" genannt wurden und ihm auf Schritt und Tritt folgten. Bei seinen Auslandsbesuchen soll Gaddafi diese Garde öfters stolz präsentiert haben. Dabei trugen diese weiblichen Leibwächter Uniformen, die in ihrem Prunk derjenigen ihres Anführers in nichts nachstanden. Wie man später, nach dem Sturz Gaddafis, erfahren konnte, war ihr Leben unter dem libyschen Despoten allerdings keineswegs beneidenswert. Fünf der ehemaligen Leibwächterinnen gaben einem libyschen Psychologen gegenüber an, dass sie in dieser Zeit wiederholt vergewaltigt, bedroht und schikaniert worden seien (Quelle: Nachrichtenagentur AFP).

Doch die Gegend, in der man hoffte, die Amazonen zu finden, war weder Kleinasien noch Afrika, sondern die Neue Welt. So zeigte sich bereits Christoph Columbus beeindruckt von den Arawak-Frauen auf Santa Cruz, die in der Armee mitkämpften. Wie schon bei den Griechen ist es jedoch auch hier schwierig, Geschichte und Legende auseinanderzuhalten. Der Reiz des Neuen veranlasste auch Velázquez, an Cortés die Anweisung zu geben, nach Langohren, Hundsgesichtern und Amazonen Ausschau zu halten. Folgsam berichtet Cortés in einem Brief, man habe durch einen Hauptmann, der zur Eroberung einer Provinz ausgeschickt worden war, von einer Amazoneninsel gehört. Diesen Hauptmann hätten einige Herren dieser Provinz der Existenz einer solchen Insel versichert, „die nur von Frauen ohne einen einzigen Mann bewohnt sei. Zu gewissen Zeiten gingen Männer vom Festland hinüber, um sich mit ihnen zu begatten. Die von den schwanger gewordenen Frauen geborenen Mädchen würden aufgezogen, die Knaben aber ausgestoßen. Diese Insel liege zehn

Tagereisen von dortiger Provinz entfernt, und viele seien schon hingekommen und hätten sie gesehen. Auch wurde hinzugefügt, sie sei reich an Perlen und Gold" (Cortés 1980, S. 264). Cortés verspricht zwar, dieser Nachricht auf den Grund zu gehen, wichtiger als die Entschleierung solcher Geheimnisse des Landes war ihm dann aber die Kolonisation, von der er sich größere Erträge erhoffte.

Die authentischste und zugleich ausführlichste Nachricht von den Amazonen stammt von den Konquistadoren von Peru. Einer von ihnen, Gonzalo Pizarro, unternahm 1540 auf der Suche nach dem sagenhaften „Dorado" eine riesige Expedition von Quito aus nach Osten über die Anden hinweg den Amazonas hinab. Viele aus seiner großen Armee wurden krank, einige wurden sehr schwach, andere konnten nicht mehr weiter und starben vor Hunger. Pizarro entschloss sich daher zum Rückmarsch über die Anden nach Quito, wo er von der Ermordung seines Bruders in Lima durch den jungen Don Diego de Almagro erfahren musste. Nicht viel besser erging es seinem Unterführer, dem abtrünnigen Hauptmann Orellana, der sich inzwischen den Fluss hinabtreiben ließ. Denn er fand zunächst 200 Meilen lang keine Nahrung. Nachdem seine Mannschaft ihre Lederriemen und Schuhsohlen gekocht und aufgegessen hatte, krochen die einen auf allen Vieren, die anderen auf Stöcke gestützt in den Bergen herum, um irgendwelche Wurzeln zum Essen zu finden. Endlich erreichten sie einige Ortschaften der Indianer, die ihnen aber nicht freundlich gesinnt waren. Denn sie stießen dort auf den Herrschaftsbereich der Amazonen. Die genannten Dörfer waren gewarnt worden und wussten von dem Kommen der Spanier. Deshalb eilten die Bewohner heraus zum Wasser des Flusses und sagten ihnen, sie sollten weiterfahren, sonst würden sie sie alle ergreifen und zu den Amazonen bringen. Bei dem Versuch, das Land zu erreichen, kam es nun zu einem harten Gefecht. Über eine Stunde dauerte der Kampf, und die Indianer verloren nicht den Mut, ja es schien, als verdoppele er sich, da sie viele ihrer eigenen Leute fallen sahen. Sie schritten über deren Leichen hinweg, zogen sich etwas zurück und stießen dann wieder vor. Die Erklärung dafür, warum diese Indianer sich auf solch hartnäckige Weise verteidigten, lag darin, dass sie tributpflichtige Untertanen der Amazonen waren. Als sie vom Nahen der Spanier erfahren hatten, hatten sie sich mit der Bitte um Hilfe an die Amazonen gewandt, und es waren zehn oder zwölf von ihnen zu ihnen gestoßen. Orellana behauptete, diese Weiber selbst gesehen zu haben, die „als weibliche Hauptleute in vorderster Front vor allen Indianermännern kämpften. Diese Frauen waren so tapfer, dass die indianischen Männer es nicht wagten, sich zur Flucht zu wenden, und jeden vor unseren Augen mit Keulen töteten, der uns den Rücken kehrte." Das war auch der Grund dafür, dass die Indianer die Verteidigung so lange aufrechterhielten. Orellana liefert auch eine genaue Beschreibung des Aussehens der Amazonen: „Die Frauen sind sehr hellhäutig und groß und tragen sehr langes Haar, das sie geflochten und um den Kopf gewickelt haben. Sie sind sehr kräftig und gehen ganz nackt, wobei allerdings ihre Schamteile bedeckt sind. In den Händen tragen sie ihre Pfeile und Bogen, und sie leisten im Kampf so viel wie zehn Indianermänner" (zit. nach Engl 1975, S. 267). Nach der Schlacht mit den Amazonen flüchteten sich Orellana und seine Leute in eine unbewohnte Gegend und lagerten in einem Eichenhain nahe am Fluss. Als sich alle etwas beruhigt hatten, begann er, einen gefangenen Indio über die Amazonen zu befragen. Er wollte wissen, was das für Frauen seien, die den Indios Hilfe gebracht und die Spanier bekriegt hätten, und ob sie verheiratet seien; der Indio sagte: nein. Der Hauptmann fragte ihn nach ihrer Lebensweise. Die Antwort des Indios lautete: „Er selber sei schon viele Male dort gewesen und habe ihre Wohnungen gesehen und ihre Gebräuche beobachten können, denn als ihr Vasall sei er immer von seinem Herrn geschickt worden, die Tribute zu überbringen" (zit. nach Engl 1975, S. 270). Weiterhin sagte er, dass die Zahl dieser Frauen groß sei; er kenne 70 Ortschaften mit Namen, und in einigen sei er selbst gewesen. Der Hauptmann fragte, ob jene Frauen Kinder gebären; der Indio sagte: ja. Da fragte der Hauptmann weiter, wie sie denn schwanger werden könnten, wo sie doch nicht verheiratet seien und kein Mann unter ihnen wohne, und erhielt folgenden Bescheid: „Jene Indianerinnen hätten von Zeit zu Zeit Gemeinschaft mit Indios. Wenn sie jene Lust ankomme, sammelten sie eine Menge Kriegsvolk und überfielen einen großen Herrn, dessen Residenz und Land an das jener Frauen angrenzt, entführten mit Gewalt die Männer in ihr Land, behielten sie bei sich, solange es ihnen dienlich erscheine, und schickten sie, wenn sie sich schwanger fühlten, wieder heim, ohne ihnen ein anderes Übel zuzufügen. Wenn sie dann niederkämen und es sei ein Sohn, dann töteten sie ihn und brächten ihn zu seinem Vater; wenn es eine Tochter sei, dann feierten sie Feste und zögen sie auf und lehrten sie alle Künste des Krieges" (zit. nach Engl 1975, S. 270 f.). Abschließend erzählt der indianische Gewährsmann: „Viele jenem Frauenstaat benachbarte indianische Provinzen seien ihnen unter-

Abb. 28: Charles Marie de la
Condamine (aus Verne 1879)

tänig und müssten Tribute und Dienste leisten; mit anderen stünden die
Frauen im Krieg, insbesondere mit dem schon erwähnten Stamm, dessen
Männer sie sich holen, um mit ihnen Umgang zu pflegen. Dieser Stamm
sei sehr stark an Zahl und seine Mitglieder besonders hochgewachsen
und hellhäutig. Der Gewährsmann betonte, er habe alles, von dem er hier′
erzähle, viele Male gesehen; er sei ja täglich dort aus- und eingegangen″
(zit. nach Engl 1975, S. 271). Um die Amazonen zu sehen, pflegten die
Indios in großer Zahl 1400 Meilen weit den Fluss hinabzufahren. Denn
wer es auf sich nehme, zu Fuß zu diesen Frauen im Tiefland zu gehen, der
müsse als Knabe aufbrechen und komme als Greis wieder.

Zwei Jahrhunderte später (1743) wagte Charles Marie de la Condamine, ein durch die Vermessung des Längengrades am Äquator in Peru
berühmter Gelehrter der französischen Akademie, im Anschluss an seine
Vermessungsarbeit eine abenteuerliche Reise zum Amazonas und hörte
dabei von bewaffneten Frauen, vor denen ihn ein indischer Kazike
warnte: „Wir erkundigten uns allenthalben bei Indianern verschiedener

Stämme nach diesen Frauen und fragten, ob es wahr sei, dass sie entfernt von allem Umgang mit Männern leben und nur einmal im Jahr mit ihnen zusammenkommen. Alle erwiderten uns, dass sie dasselbe von ihren Vätern hätten erzählen hören, und fügten tausend Einzelheiten hinzu. Ein Indianer von Mortigura bot mir an, den Fluss zu zeigen, auf dem man in das Land der Amazonen komme; dieser heißt Irijo. Was jedoch P. d'Acugna von ihren Sitten und dem Abschneiden einer Brust berichtet, ist unstreitig von den Europäern hinzugefügt und von den Indianern aus Liebe zum Wunderbaren geglaubt. Doch ist das Dasein eines solchen Frauenvolkes in Amerika gar nicht zu bezweifeln, in einem Land, wo die Frauen ihren Männern in den Krieg folgen, wo sich oft ein Haufen misshandelter Sklaven oder Sklavinnen in die Urwälder zurückzieht und dort jahrelang für sich besteht. Wie leicht konnte da eine Anzahl Frauen auf den Gedanken kommen, sich ihren Tyrannen zu entziehen und unabhängig von Männern zu leben! Das Ganze kann nicht von Europäern erdichtet sein, da Orellana schon bei seiner Ankunft die Sage vorfand" (La Condamine 1778, S. 99–110).

Abgesehen davon, dass La Condamine von der Existenz der Amazonen, die dem Fluss seinen Namen gaben, überzeugt war, machte er noch weitere Beobachtungen über die Bewohner des Amazonasgebietes und stellte fest, dass es an den Ufern des Amazonas keine Menschenfresser mehr gab, aber landeinwärts, besonders gegen Norden zu, sollten noch welche leben. Dort finde man Indianer, die ihre Gefangenen fressen. Obwohl es zu seiner Zeit am Amazonas keine indianische Völkerschaft mehr gab, die den Europäern feindlich zu sein schien, gab es, wie La Condamine erfuhr, doch noch Orte, an denen es gefährlich wäre, die Nacht am Lande zu verbringen. Seine Beobachtungen zusammenfassend charakterisiert La Condamine die Indianerstämme, auf die er im Verlauf seiner Forschungsreisen traf, folgendermaßen: „Gierig und gefräßig, sobald sie etwas haben, woran sie sich Genüge tun können; enthaltsam aber, wenn die Not sie dazu zwingt, sodass sie auf alles verzichten und nichts zu begehren scheinen; über alle Maßen zaghaft und furchtsam, jeder Arbeit feind, und unberührt von jedem Antrieb des Ruhms, der Ehre oder der Dankbarkeit; allein mit dem Gegenwärtigen befasst, und von ihm vollständig beherrscht; ohne jede Sorge um die Zukunft; unfähig zur Voraussicht und Reflexion; sobald nichts sie stört, überlassen sie sich einer kindlichen Freude, die sie dadurch zum Ausdruck bringen, dass sie ohne Anlass und Ziel umherspringen und unmäßig lachen; sie verbringen ihr

Leben ohne zu denken, und sie altern, ohne die Kindheit, deren Fehler sie alle behalten, je zu verlassen" (La Condamine 1778, S. 50 f.). Weit davon entfernt, die Sorglosigkeit und Selbstgenügsamkeit der Wilden wie noch die meisten früheren Beobachter der Neuen Welt als Hinweis auf ihre paradiesische Unschuld zu betrachten, sieht La Condamine darin den Beweis für ihre Arbeitsscheu, ja für ihre Unvernunft im Allgemeinen. Die Schlussfolgerung, dass die Wilden des Amazonas alt werden, ohne das Stadium der Kindheit je zu verlassen, zu der La Condamine aufgrund seiner Beobachtungen gelangt ist, stellt einen der frühesten Belege für die Herausbildung dieser Vorstellung dar, die später in der Ethnologie und in der Psychologie bis hin zu Freuds Ineinssetzung von primitiver und kindlicher Psyche so folgenreich fortwirken sollte (vgl. Kohl 1981, S. 132 ff.). Die Begegnung und Auseinandersetzung mit den Gesellschafts- und Lebensformen der Wilden führen La Condamine zu der Ansicht, dass man sie als unvollkommene Stufen der eigenen Entwicklung ansehen müsse. Damit wird zugleich die starre Alternative zwischen einer Idealisierung und einer Dämonisierung der Wilden aufgelöst, innerhalb derer sich der anthropologische Diskurs lange Zeit bewegt hat. Die von den Reisenden und Philosophen des 17. Jahrhunderts wiederholt aufgeworfene Frage, ob die Lebensweise der Wilden jener der Zivilisierten überlegen sein könnte, ist für La Condamine endgültig negativ entschieden: „Man kann nicht ohne Beschämung sehen, wie wenig der Mensch sich vom Tier unterscheidet, wenn er der einfachen Natur überlassen und der Erziehung und der Gesellschaft beraubt ist" (La Condamine 1778, S. 52).

Der Wilde Westen und die Gräueltaten der Grenzer

Die englischen Entdecker und Kolonisten an den Küsten Nordamerikas waren nicht besser als die spanischen und portugiesischen Eroberer. Ihre Gefühle der Abneigung und der Feindschaft gegen die vorgefundenen Einwohner traten von allem Anfang an gleich nach dem Betreten der Neuen Welt zutage. Man sah in ihnen den „schmutzigsten und verächtlichsten Teil des Menschengeschlechts" und „die wahrhaftigen Ruinen der Menschheit auf dem Antlitz der Erde" (Friederici 1969, 3. Bd., S. 351). Man hielt sie jeden zivilisatorischen Fortschritts für unfähig. Diese Abneigung, die schnell zu einem grimmigen Hass auf die durch den Verkehr mit dem Abschaum der weißen Grenzbevölkerung verdorbenen, sittlich

Abb. 29: Grenzer im Kampf gegen die Indianer in Arizona nach Theodore Roosevelt (aus Roosevelt 1896)

heruntergekommenen Indianer wurde, hielt durch die ganze Kolonialzeit und die Zeit der Ausbreitung der Republik an. Man fuhr fort, diese „blutdürstigen, hinterlistigen und rachsüchtigen Rothäute" als abgeneigt jeder Arbeit gegenüber, rückständig in jedem Zweig der Kultur und unfähig zu irgendwelchem Fortschritt hinzustellen. Sie waren daher dazu verdammt, ausgerottet zu werden. Der Hass gegen die Indianer, eben weil sie Indianer und die Besitzer des Landes waren, machte sich bei jeder Gelegenheit in Gestalt gemeiner Schimpfereien gegen sie Luft, an denen sich alle Stände beteiligten, nicht zuletzt die Geistlichkeit. General Andrew Jackson, der von seinen indianischen Gegnern nie anders als mit Schimpfnamen wie „cowardly dogs" oder „unrelenting barbarians" sprach und der später als Präsident der Vereinigten Staaten nicht das Geringste an seiner Gesinnung änderte, konnte keine Spur von Verständnis dafür finden, dass diese Indianer ihr Vaterland verteidigten, das er ihnen nehmen wollte.

Gang und gäbe war es in den Erzählungen der Zeitgenossen, in den Chroniken und geschichtlichen Darstellungen, die Indianer ins Unrecht zu setzen. Man sprach davon, dass die ins Indianerland als Räuber eingefallenen landgierigen Hinterwäldler sich gegen die „Angriffe" der „blutdürstigen" Indianer hätten „verteidigen" müssen. Wenn ein unabhängiger, von den weißen Grenzern misshandelter Indianerstamm auf den Kriegspfad gezwungen wurde, so war dies eine Rebellion, und hatte er im ehrlichen Kampfe weiße Feinde erschlagen, so war dies ein Massaker und die gefallenen Grenzer oder Soldaten waren „ermordet" worden. Dagegen ging die gemeinste und feigste Schlächterei, welche Weiße an harmlosen Weibern und Kindern begehen konnten, als ein brillanter Sieg durch das ganze Land. Vieles von dem, sagt der deutsche Ethnologe und Kolonialhistoriker Georg Friederici, „was in den Vereinigten Staaten als allgemein anerkannte und geglaubte Geschichte im Umlauf ist, hat keinen anderen Unterbau als schmähliche Lüge und Verleumdung" (Friederici 1969, 3. Bd., S. 353).

Doch es gab auch Ausnahmen unter den amerikanischen Historikern und Schriftstellern. So war es James Fenimore Cooper mit seinen Lederstrumpfgeschichten, der den wahren Charakter der Indianer gegen solche Verleumdungen verteidigte. Und Washington Irving weist darauf hin, „dass man nur allzu sehr geneigt war, sich das gewöhnliche Urteil über den Charakter der Indianer nach den erbärmlichsten Horden zu bilden, welche die Grenzen unsicher machen und dicht bei den Ansiedlungen sich herumtreiben. Diese bestehen nur zu oft aus entarteten Geschöpfen, welche durch die Laster der weißen Gesellschaft verdorben und geschwächt sind. Sie wurden trunksüchtig, faul, diebisch und kleinmütig. Inmitten der ganzen Fülle der Wildnis fühlten sie sich als Ungeziefer, das diesen blühenden Garten verheert. Ihre ursprüngliche Unabhängigkeit ist zerstört worden und ihr angestammter Mut wurde durch die alles bezwingende Macht der europäischen Kriegführung eingeschüchtert. Als die Indianer noch die Herren der Wildnis waren, bestand ihr Mut wesentlich in der Verachtung der Gefahr und der Schmerzen. Unerschrocken streiften sie durch die unermesslichen Regionen ihrer Wälder und Seen, den Zufällen der in der Einsamkeit sie überkommenden Krankheit, lauernden Feinden und nagendem Hunger ausgesetzt. Kein Held aus älterer und neuerer Zeit kann den Indianer in seiner hochherzigen Verachtung des Todes und in der Standhaftigkeit, mit welcher er die grausamsten Qualen erträgt, übertreffen. Er sieht ruhig den Tod herannahen und erduldet ihn triumphierend unter den verschiedenen Martern, die ihm von den ihn umgebenden Feinden bereitet werden. Wenn die verzehrenden Flammen tief in seinen Eingeweiden wüten und das Fleisch ihm von den Muskeln fällt, stimmt er seinen letzten Siegessang an, welcher den Trotz eines unüberwindlichen Herzens atmet und die Geister seiner Väter zu Zeugen anruft, dass er ohne einen Seufzer sterbe" (Irving 1947, S. 354). Doch all dieser Mut verhinderte nicht den Untergang der roten Nation, der durch die europäischen Eroberer auf unerbittliche Weise verursacht wurde. „Wir werden zurückgetrieben", sagte ein alter indianischer Krieger, „bis wir uns nicht weiter zurückziehen. Noch eine kleine Weile, und die weißen Männer werden aufhören, uns zu verfolgen, denn wir werden aufhören zu sein" (Irving 1947, S. 357).

Der wilde und glühende Hass der Hinterwäldler des Fernen und Mittleren Westens gegen die Indianer, in denen sie kaum menschliche Wesen sahen und deren Rechte ihnen bei ihrer rohen Rücksichtslosigkeit völlig gleichgültig waren, stammt indes nicht erst aus diesen erbitterten Kämpfen um die Eroberung des Westens, wie Theodore Roosevelt glauben machen will (Roosevelt 1896).

Schon die ersten britischen Kolonisten in Virginia hatten zugegeben, es ganz genauso gemacht zu haben wie die Spanier und Portugiesen in Südamerika. In den Zeiten der Wanderung gen Westen und der gewaltsamen Landnahme der Angloamerikaner herrschte dann die Meinung, dass die „Ausrottung der Rothäute" die einzig mögliche und erfolgversprechende Lösung des Eingeborenenproblems darstelle. Zwar gab es auch Präsidenten der Vereinigten Staaten, die zumindest das Unrecht erkannten, das den Indianern zugefügt wurde. So hat bereits John Quincy Adams die Sachlage richtig wiedergegeben, als er in seinem Tagebuch den Satz niederschrieb: „Es ist vergeblich, für Gerechtigkeit einzutreten in einem jeden Falle, der Indianer betrifft." Und ein anderer Präsident der Republik, Thomas Jefferson, hat die Tatsachen nicht weniger gut erkannt, als er bekümmert feststellte: „Ich zittere für mein Volk, wenn ich der Ungerechtigkeiten gedenke, deren es sich gegen die Ureinwohner schuldig gemacht hat" (Friederici 1969, 3. Bd., S. 356). Der Gedanke, dass während des ganzen geschichtlichen Vorgangs der Eroberung Nordamerikas durch die Engländer und Angloamerikaner fast immer die Indianer die Angegriffenen oder Vergewaltigten waren, die sich lediglich verteidigten, ist wohl nur ganz wenigen gekommen. „Denn in den Geschichtswerken der Vereinigten Staaten", sagt Friederici, „welche die Untaten des eigenen Volks gegen die Eingeborenen seines Landes verschweigen, beschönigen oder als belanglos über sie hinweggleiten, hat niemand, der die Wahrheit sucht, Wahrheit und Berichtigung seiner Vorurteile finden können" (Friederici 1969, 3. Bd., S. 357).

Verträge mit Indianern über Gebiete, die diese von Rechts wegen besaßen, wurden von der Regierung der Vereinigten Staaten mit derselben bindenden Kraft gemacht wie die Staatsverfassung. Aber diese Verträge wurden nicht eingehalten. Es muss bezweifelt werden, ob je ein einziger von der Regierung der Vereinigten Staaten mit den Indianern geschlossener Vertrag so erfüllt worden ist, wie er gelautet hat. Die Masse der Ungerechtigkeit, Gewalttätigkeit, Unehrlichkeit und des Wortbruchs, die an diesen Verträgen der Vereinigten Staaten mit den Eingeborenen ihres Landes haftet, ist schier nicht zu glauben. Es waren Vereinbarungen zwischen einem Löwen und einer Maus, gewaltsame Diktate unter vorgehaltener gespannter Pistole, oder Abkommen, in denen die machtlosen und geplünderten Indianer ihr schon längst von den gewaltsam eingedrungenen rohen Grenzern geraubtes Land gegen eine lächerlich geringe Entschädigung abtreten mussten (vgl. Friederici 1969, 3. Bd., S. 362). Die zum Kampf ums Dasein gezwungenen Indianer verteidigten mit verzweifeltem Mut und mit allen zur Verfügung stehenden Mitteln der rücksichtslosesten und grausamsten Art das Land ihrer Väter, den Bestand ihres Stammes und ihrer mit Vernichtung bedrohten Rasse. Dass sie die Weiber und Kinder der sie erbarmungslos bedrängenden und sich an Zahl immer weiter vermehrenden Weißen nicht schonten, „wer will es ihnen verargen", sagt Friederici, „wo es nach dem Willen eben dieser Weißen um ihr Sein oder Nichtsein ging?" (Friederici 1969, 3. Bd., S. 366).

Das Leben eines Indianers, ob Mann oder Weib, war in den Augen der Grenzer und Hinterwäldler kaum der Rede wert; jeder maßte sich Gerichtsbarkeit und Entscheidung über Leben und Tod eines Eingeborenen ohne Weiteres an und verfuhr mit rücksichtsloser Tyrannei nach Art der schlimmsten Konquistadoren. Auf den bloßen Verdacht hin, dass ihnen ein Messer oder ein Beil gestohlen worden sei, das die Indianer nicht sogleich herausgeben wollten oder konnten, zögerten die weißen Grenzer nicht, ohne Rücksicht auf anwesende Weiber und Kinder mit einer Salve in die Indianer hineinzufeuern. Grundsätzlich knallten sie jeden ihnen vor die Flinte kommenden Indianer, gleich welchen Geschlechts oder Alters, mit Kugel oder Schrot nieder.

Jäger mit solchen Grundsätzen, wie sie Coopers „Lederstrumpf" schildert, waren alle vom Schlage seines Harry March und seines Tom Hutter, und wenn sie Christen waren, so war ihr Christentum nicht das der frommen Mährischen Brüder, sondern das des Alten Testaments, des Buches Josua und der Richter. „Mache das Niederknallen der roten Teufel zu deiner Lebensarbeit", war die Lehre des Hinterwaldvaters an seinen jungen Sohn, und dieser schoss sie ab, wo immer er nur konnte (Friederici 1969, 3. Bd., S. 366). „Manche Nacht", erzählt ein Augenzeuge unter den

Abb. 30: James Fenimore Cooper und Washington Irving

Grenzern, „habe ich am Lagerfeuer gesessen und den Erzählungen von blutigen und wilden Auftritten gelauscht, in denen die Erzähler die Täter und die armen Indianer die Opfer waren; und ich fühlte mein Herz vor Scham klopfen und vor Empörung kochen, wenn diese teuflischen Taten von denen beklatscht wurden, zu deren Belustigung sie erzählt wurden" (Friederici 1969, 3. Bd., S. 367). Bestraft wurde niemand; kein Hinterwaldgericht war jemals dazu zu bringen, den Mörder eines Indianers zu verurteilen, aber oft waren solche Verbrechen der Grund für einen Indianerkrieg. Solche Indianerkriege haben die Vereinigten Staaten Unmengen an Geld, Ehre und Ansehen gekostet.

Auch vor den Ruhestätten der Toten machten die Grenzer und Kolonisten nicht halt. Gleich die Pilgerväter gingen mit schlechtem Beispiel voran. Man durchwühlte die Gräber, immer in der Hoffnung, auf Gold und Silber zu stoßen, wie zuvor die spanischen Konquistadoren; sie taten es nicht der Wissenschaft, sondern des Gewinnes wegen und entnahmen, was die Gräber an Wertsachen enthielten. Diese weißen Grabschänder hatten keinerlei Verständnis dafür, wie sehr sie durch diese Rohheit die heiligsten Gefühle der Eingeborenen verletzten und Hass und Rachegefühl entfachten.

In den Zeiten, als England Spaniens Vorherrschaft auf dem Meere

bekämpfte und zugleich mit der Begründung seiner eigenen Kolonial-
macht begann, war es an der Tagesordnung, Spanien wegen seiner
Behandlung der Einwohner Amerikas zu verdammen. Die berühmte „Brevísima Relación" des Bischofs Las Casas wurde zu dieser Zeit ins Englische
übersetzt und möglichst weit verbreitet. Dabei wurde zugleich im Gegensatz zu diesen Verbrechen Spaniens auf den „stolzen Platz" hingewiesen,
welchen die Engländer durch ihren Kampf „für Religion, Freiheit und Menschenrechte" (Friederici 1969, 3. Bd., S. 369) in der Geschichte eingenommen hätten. Friederici ist allerdings der Meinung, dass es nicht schwer sei,
aus der Geschichte des Zusammenstoßes zwischen den Eroberern Nordamerikas und den Eingeborenen ihrer Kolonien auch eine Art von „Brevísima Relación" zusammenzustellen. Da war das „Lancaster-Gemetzel", das
Hinmorden der friedlichen Indianer durch die „Paxton Boys"; da war das
„Massaker von Gnadenhütten", das kaltblütige Hinschlachten von christlichen Indianern, Männern und Frauen, die der Mährischen Kirche an-
hingen und die von den Hinterwäldlern einzeln umgebracht und dann
skalpiert wurden. Weiterhin gab es Andrew Jacksons berüchtigten
„Florida-Krieg", bei dem die Häuptlinge der Indianer unter dem Beifall der
ganzen weißen Bevölkerung des Westens aufgehängt wurden. Daran
schlossen sich das „Blutbad von San Antonio" in Texas an, weiter das unerhörte und grausige „Chivington-Massaker" am Sand Creek: „To kill and
scalp all, big and little", war das Feldgeschrei des Obersten der Freiwilligen,
J. M. Chivington, vormals Prediger der Methodisten-Kirche und Führer
der Streitkräfte der Vereinigten Staaten in der „Schlacht am Sand Creek"
(vgl. Friederici 1969, 3. Bd., S. 370). Und schließlich gab es auch das ruch-
lose Vorgehen des Obersten John M. Washington gegen die zum Ver-
tragsabschluss bei ihm versammelten Navajos, bei welcher Gelegenheit ihr
Oberhäuptling, der 80-jährige Narbona, erschossen wurde.

Im Fernen Westen lieferte die geradezu unsagbare Rohheit und Seelen-
losigkeit der Rocky-Mountain-Trapper ein besonders grausiges Kapitel.
Sie fielen wie wilde Tiere über die fast verteidigungslosen Eingeborenen
her, machten alles nieder, Groß und Klein, männlich und weiblich, ließen
keines ihrer Opfer unskalpiert und schreckten schließlich nicht vor Kannibalismus zurück (Friederici 1969, 3. Bd., S. 370 f.). So wie die Spanier
ganze Völker ausrotteten, um den wohlverdienten Tod eines der Ihrigen,
welcher ein Räuber und ein Weiberschänder gewesen war, oder den Verlust eines wertvollen Pferdes zu rächen, so verübten auch die angloameri-
kanischen Minenleute grauenvolle Gemetzel, wahrhaftige Schlachtfeste,

unter den armseligen Stämmen Nevadas und Kaliforniens, die an Überfällen auf Weiße gänzlich unschuldig waren. „Das Tal von Kalifornien", bekennt ein zeitgenössischer Historiker, „kann seine Annalen durch keinen einzigen anständigen Indianerkrieg ausschmücken; dagegen kann es sich rühmen, hundert oder zweihundert viehische, durch unsere ehrlichen Bergleute und braven Grenzer verübte Schlächtereien zu haben, und zwar von einer Art, wie es nur immer ein Stück Land von gleicher Größe in unserer Republik aufweisen kann. Die armen Eingeborenen von Kalifornien hatten weder die Stärke noch die Einsicht, sich zu gefährlichen Massen zusammenzutun. Wenn daher hier und dort einer von ihnen den Mut fand, Weib und Kinder zu verteidigen oder Wiedervergeltung zu üben für eine der vielen unaufhörlich an ihnen verübten Gewalttaten, so war dies ein hinreichender Grund für die Bergleute und Ansiedler, um sich zusammenzutun und jeden Indianer niederzuschießen, welchen sie trafen, sei er alt oder jung, schuldig oder unschuldig, freundlich oder feindlich, bis endlich ihr Blutdurst gestillt war" (Friederici 1969, 3. Bd., S. 371). Hinzugefügt werden muss, dass Briten und Angloamerikaner nach Art der Spanier Bluthunde gegen die Eingeborenen einsetzten, dass sie durch Verabreichung von Gift und vergiftetem Branntwein ihre Zahl verminderten, auch durch Verteilen oder heimliches Einschmuggeln blatternverseuchter Decken und Bekleidungsstücke eine verheerende Pest unter sie brachten. Bedenkt man, dass schließlich sogar der Regierung der Vereinigten Staaten ein ausgearbeitetes Projekt zur planmäßigen Vernichtung der Indianer vorgelegt wurde, so lässt sich durchaus ein Vergleich zwischen dem Auftreten der Spanier den Eingeborenen Amerikas gegenüber und dem der Briten und Angloamerikaner ziehen. Keinem von ihnen steht das Recht zu, über den anderen zu Gericht zu sitzen oder gar über die Eingeborenen- und Rassenpolitik anderer Kolonialvölker ein Verdammungsurteil zu fällen (vgl. Friederici 1969, 3. Bd., S. 372).

Die Indianer spielten bei den Eroberungszüge der englischen, französischen und spanischen Kolonisten eine wichtige Rolle, die mehr als 200 Jahre lang, von 1606 bis 1815, die Politik und Geschichte Nordamerikas bestimmt hat. An allen Kriegen hatten sie einen hervorragenden, manchmal sogar ausschlaggebenden Anteil. Diese Politik der Kolonialherren konnte so erfolgreich sein, weil den Indianern Amerikas ein über den Stamm hinausgehendes Gemeinsamkeits- und Vaterlandsgefühl fehlte, sofern nicht einzelne Persönlichkeiten wie Pontiac und Tecumseh als Führer eingriffen.

Abb. 31: Tecumseh (Benson John Lossings Porträt nach Pierre Le Drus Bleistift-skizze von 1808) und der historische Lederstrumpf Daniel Boone (nach einem Stich eines unbekannten Meisters in der National Gallery of Art in Washington)

Während Franzosen und Engländer die mit ihnen verbündeten Indianer gegeneinander ausspielten, kam den arglosen, verführten Indianern nur selten der Gedanke, dass es ein Kampf um den Besitz ihres eigenen Landes war, zu dem sie missbraucht wurden, und dass, mochte der Streit ausgehen, wie er wollte, unter allen Umständen sie die Leidtragenden waren. Andererseits hatten aber auch die Europäer mit ihren roten Bundesgenossen große Schwierigkeiten. Denn diese wussten sehr wohl, was sie wert waren, und versuchten, ihre Gunst möglichst teuer zu verkaufen. Sie waren stolz, anmaßend, selbstständig bis zum Ungehorsam, in hohem Grade disziplinlos und durch ihre Wankelmütigkeit, Launenhaftigkeit, ihre Unbändigkeit und Grausamkeit auf dem Kriegspfad eine ständige schwere Sorge für ihre Auftraggeber und die sie anführenden europäischen Offiziere. Um sie als Bundesgenossen zu gewinnen, hatte man massenhaft Branntwein und Feuerwaffen mit Munition als Hauptbestechungsmittel an die käuflichen Häuptlinge verschenken müssen. Hatte man sie aber dadurch gewonnen, dann musste man allerhand Demütigungen und Unwürdigkeiten in Kauf nehmen, um sie bei guter Laune zu halten. Diese Bündnisse hatten vor allem bei den Franzosen eine lange Geschichte. Bereits 1597 wurden in der Gegend der St.-Lorenz-Mündung 300 indianische Krieger als Bundesgenossen von Basken und Südfranzosen gegen die Engländer herangeführt. Von dieser Zeit bis zum Ende der französischen Herrschaft in Nordamerika hat es stets Bündnisse zwischen Franzosen und Eingeborenen gegeben. Aufgehetzte rote Verbündete schickte man zu Unternehmungen los, die selbst auszuführen man sich scheute oder zu denen man sich ungern bekennen wollte. Das Wissen umd die Unentbehrlichkeit des roten Mannes hat die Franzosen immer wieder angestachelt, mit Mitteln verschiedenster Art Verbündete unter den Indianerstämmen zu suchen und für sich zu gewinnen. Franzosen und Engländer begannen 1692 damit, die von ihnen ausgerüsteten roten Bundesgenossen gegeneinander mobilzumachen, nachdem die Franzosen schon vier Jahre vorher eine Prämie von zehn Biberfellen für jeden eingebrachten Skalp, rot oder weiß, christlich oder heidnisch, ausgesetzt und bezahlt hatten, eine Summe, für die sich der glückliche Skalpjäger eine Flinte, vier Pfund Pulver und 40 Pfund Blei kaufen konnte. Bereits 1693 und 1694 empfing der französische Gouverneur in Kanada, Frontenac, feierlich englische Skalpe aus den Händen seiner roten Alliierten. Diese nannten sich selbst „Français sauvages", in ähnlicher Weise, wie während des Ersten Weltkrieges die Senegal-Neger in den Heeren Frankreichs in den deutschen Heeresberichten als „schwarze Franzosen" auftauchten. In allen ihren amerikanischen Kolonialgebieten waren die Franzosen ohne ihre indianischen Bundesgenossen hilf- und machtlos. In ihren Kriegen gegen die Engländer waren die Indianer ihre Hauptkampfkraft und größte Hilfe gewesen und hatten sie oft aus verzweifelter Lage gerettet. Wohl fochten die meisten französischen Offiziere und Kadetten mit größtem Heldenmut, aber von der französischen Truppe lief die Hälfte bei den ersten Schüssen davon, um nie wieder auf das Schlachtfeld zurückzukehren. Die Sieger waren die Indianer. Sie waren es, die die Engländer erledigten und dafür auch bei weitem mit den meisten Toten und Verwundeten bezahlten. Die zahlenmäßig überlegenen Angloamerikaner wären mit den Frankokanadiern leicht fertiggeworden, wenn nicht die französischen Indianer gewesen wären. Durch die Art aber, wie die Franzosen diese ihre roten Alliierten bei jeder Gelegenheit zu einer verheerenden, grausamen Kriegführung gegen die Zivilbevölkerung an den englischen Grenzen losließen, wurde die Anwesenheit Frankreichs auf nordamerikanischem Boden von den englischen Kolonien als eine wirkliche Gefahr empfunden, obwohl die zahlenmäßige Stärke und Kampfkraft der regulären französischen Truppen in ihren Kolonien auch nicht entfernt an die der englischen heranreichte. Die Engländer hatten keinerlei Bedenken, auch ihrerseits ihre roten Skalpjäger gegen die Franzosen loszulassen, und taten es, wo sie nur konnten. Wie diese „Hornissen und Bluthunde Frankreichs" (Friederici 1969, 2. Bd., S. 504) in den Wäldern Nordamerikas vorgingen, zeigt das Beispiel des tatkräftigen Kommandanten von Fort Duquesne, der seine Skalpabteilungen, bestehend aus Indianern und ein paar Kanadiern, auf die Grenzbevölkerung losließ, deren Leiden und Verluste im Sommer und Herbst 1755 furchtbar waren. Die Verheerungen waren entsetzlich, für die Angreifer dazu noch ohne größere Verluste, da die Engländer keine Indianer zu ihrem Schutz aufbieten konnten und ihr Versuch, Kolonisten auszuheben und als Indianer verkleidet vorzuschicken, gescheitert war. Die Gepflogenheit der Grenzer, als Indianer verkleidet ins Feld zu ziehen, war auch bei den Franzosen üblich, obwohl es die Regierung verboten hatte. Auch dies zeugt davon, dass man auf diesem Kriegsschauplatz der sich bekämpfenden europäischen Kolonisten die Indianer für die gefährlicheren Gegner hielt und sie mehr fürchtete als die Weißen. Dazu trugen auch ihre kannibalischen Gepflogenheiten bei, die sie gelegentlich vor den Augen ihrer weißen Verbündeten übten, welche diese Gräuelszenen nicht zu verhindern wagten, und die von ihnen angerichteten Verheerungen und Plünderungen. Bei Fort William Henry beispielsweise schlachteten sie Teile der abziehenden englischen Garnison mit Weibern und Kindern ab und auf dem Schlachtfeld von St. Foy schlugen sie die verwundeten Engländer tot und skalpierten alle Toten. Denn die Verdienste eines jeden einzelnen indianischen Bundesgenossen wurden nach der Zahl der den Franzosen abgelieferten Skalpe berechnet. Die von den Indianern eingelieferten Skalpe wurden oft mit einer gewissen Feierlichkeit vom höchsten anwesenden Offizier oder Beamten in Empfang genommen und ihre Anzahl wurde vom Gouverneur dem Minister in Paris gemeldet. In Louisiana gingen französische Offiziere mit ihren Soldaten auf regelrechte Skalpjagd. Wenigstens die Halbblütigen unter ihnen zogen immer den Skalp ab, wenn sie einen Gegner erlegt hatten. Aber insgesamt war das Skalpieren unter den Kanadiern und Franzosen sicherlich nicht derartig verbreitet

Abb. 32: Louis Antoine de Bougainville in Kanada (aus Bougainville 2003)

und gang und gäbe wie bei den Engländern und Angloamerikanern, bei denen lange Zeit jeder Siedler an der Grenze zugleich ein Skalpjäger war.

Einen zeitgenössischen authentischen Bericht aus eigener Erfahrung liefert der später durch seine Weltumsegelung und seine Entdeckungen in der Südsee berühmt gewordene Louis Antoine de Bougainville, der in seinen jungen Jahren als Offizier der französischen Armee in Kanada war: „Die Grausamkeiten und die Anmaßung dieser Barbaren versetzen einen in Schrecken und bedrücken das Gemüt. Es ist abscheulich, den Krieg auf diese Art zu führen; die Vergeltungsmaßnahmen sind grauenerregend, und was die Gewöhnung und die Gefühllosigkeit anbelangt, scheint die Luft, die man hier atmet, ansteckend zu sein" (zit. nach Friederici 1969, 2. Bd., S. 509). Die Wilden begingen auf dem Schlachtfeld entsetzliche Grausamkeiten. Von 17 Gefangenen, die sie mit sich führten, hatten sie bereits einige bewusstlos geschlagen und zwei getötet. Sie schreckten auch vor Kannibalismus nicht zurück: „Der Leichnam eines Engländers wurde am Lager der Indianer vorbeigetrieben. Mit lauten Schreien umringten sie ihn, tranken sein Blut und legten seine Teile in den Kessel. Es waren allerdings nur die westlichen Indianer, die diese Grausamkeiten begingen. Unsere domestizierten Indianer nahmen daran nicht teil, sie verbrachten den ganzen Tag bei der Beichte" (Bougainville 2003, S. 218). „Jede ihrer Etappen auf der Strecke vom Lac Saint-Sacrement und vom Lac Champlain war gekennzeichnet gewesen von Szenen des Horrors, die sich jeder Beschreibung widersetzen. Schließlich waren sie in Montreal angekommen, beladen mit Beutegut, vollgestopft mit Blut und Menschenfleisch, hingerissen von einer Erfolgsserie, die alles übertraf, das sie sich vorgestellt hatten. Ihre Unverfrorenheit kannte keine Grenzen mehr. Die Stadt Montreal, die völlig ungedeckt von Soldaten war, war ihrer Willkür ausgeliefert. Einmal töteten sie in Gegenwart der ganzen Stadt einen ihrer englischen Kriegsgefangenen, steckten ihn in einen Dampfkessel und zwangen seine unglücklichen Landsleute, von ihm zu essen" (zit. nach Friederici 1969, 2. Bd., S. 509).

Im Gegensatz zu solchen Gräueltaten der mit den Franzosen verbündeten Indianer soll die Eroberung Nordamerikas durch die Briten und Angloamerikaner durch unblutigen Sieg auf friedliche Weise herbeigeführt worden sein. Man vergisst aber, dass ein solch unblutiger Sieg ohne Waffen, nur durch die Arbeit des fleißigen Pioniers, erst errungen werden konnte, nachdem zuvor durch blutige Siege ein großer Friedhof und riesige, von den Indianern gesäuberte Landflächen als Schauplatz für diese unblutigen Eroberungen geschaffen worden waren. Die weißen Grenzer und Pioniere haben ein Land neu besiedelt, dessen einheimische Bevölkerung sie bereits vorher mit der Schärfe der Waffen und anderen Mitteln ausgerottet hatten. Oft genug hat man in der Geschichte der Vereinigten Staaten diese Kämpfe, die ihrem Charakter nach blutige und mitleidslose Vernichtungskämpfe waren, nicht beim richtigen Namen genannt oder in der historischen Darstellung überhaupt verschwiegen. Aber auch hier lässt sich die Blutspur verfolgen, die der Weiße Mann zumindest das ganze erste Jahrhundert hindurch bei seiner Eroberung des Landes gezogen hat. Der Zusammenstoß mit den Eingeborenen und ihre Behandlung durch die Europäer war dem Charakter nach nicht verschieden von dem Verhalten der Spanier in früheren Zeiten. „Niemals haben Ehrgeiz", sagt Montaigne, „niemals Feindschaften der Völker die Menschen gegeneinander zu so schauerlichen Kriegen und in so elendes Unglück gebracht" (zit. nach Friederici 1969, 3. Bd., S. 417).

4. Forschungsreisende im Dienste der Völkerkunde

Bevor die berühmten Weltumsegler des 18. Jahrhunderts, Louis Antoine de Bougainville und James Cook, mit ihren wissenschaftlichen Begleitern ihre Entdeckungen machten, waren die Reisen um die Welt riskante Unternehmungen. Die langen Reisezeiten, der Mangel an frischer Nahrung und Süßwasser, die dadurch entstandenen Krankheiten, vor allem Skorbut, verbunden mit dem geringen Stand des medizinischen Wissens rafften immer wieder einen Großteil der Mannschaften hinweg. Wie Bougainville in einem Vorbericht zur Beschreibung seiner Reise um die Welt feststellt, war die erste Weltumsegelung im Jahre 1519 durch den Portugiesen Ferdinand Magellan die „verwegenste Handlung, die je ein Mensch unternommen hatte" (Bougainville 1980, S. 9). Sie hatte das große wissenschaftliche Verdienst, dass dadurch zum ersten Mal die runde Gestalt der Erde aus der Erfahrung bewiesen wurde.

Die erste Weltumsegelung: Magellan

Die Flotte, mit der Ferdinand Magellan (1480–1521) am 10. August 1519 von Sevilla auslief, bestand aus fünf Schiffen und einer 237 Mann starken Besatzung. Unter diesen Leuten befand sich auch ein Freiwilliger, Antonio Pigafetta (1491–1531), der die Erlaubnis erhalten hatte, an der gefahrvollen Reise teilzunehmen, und sich als ebenso getreuer wie scharfsichtiger Beobachter und Chronist dieser ersten Weltumsegelung erwies.

Wie Pigafetta berichtet, wollte Magellan keinem seiner Leute den kühnen Plan seiner Fahrt mitteilen, um nicht von seiner großartigen und bewundernswerten Tat abgehalten zu werden. Die Kapitäne, die ihn begleiten sollten, verfolgten Magellan jedoch mit Hass, der sogar in einen Mordanschlag gegen ihn ausartete (Pigafetta 2012, S. 73). Mit Ausnahme eines einzigen beteiligten sich alle Kapitäne an diesem Anschlag. Doch der hinterhältige Plan wurde entdeckt und die Meuterer wurden hingerichtet. Einer wurde geviertelt, ein anderer bei einem Fluchtversuch

Abb. 32: Ferdinand Magellan (nach einer Lithographie von Charles Legrand 1841) und Antonio Pigafetta (zeitgenössisches Porträt nach einer Statue im Museum seiner Heimatstadt Vicenza)

erstochen. Nur einer von ihnen wurde vom Generalkapitän begnadigt, weil er vom Kaiser selbst zum Kapitän ernannt worden war (Pigafetta 2012, S. 97 f.).

Bereits nach Überqueren des Äquators machten die Seefahrer Bekanntschaft mit Menschenfressern: „Sie leben sehr lange, viele von ihnen erreichen ein Alter von 125 bis 140 Jahren. Männer und Frauen sind gebaut wie wir; sie laufen völlig nackt umher. Ihre Wohnungen bestehen aus langen Hütten, in denen zuweilen 100 Männer samt ihren Frauen und Kindern leben. Es herrscht darin zu jeder Zeit ein ohrenbetäubender Lärm. Ihre Barken, Kanoes genannt, sind aus einem Baumstamm verfertigt, der unter Zuhilfenahme eines schneidenden Steins ausgehöhlt wird. In einem einzigen Kanoe haben oft 30 bis 40 Mann Platz. Sieht man diese dunkelhäutigen, nackten, schmutzigen und kahlen Menschen rudern, könnte man glauben, Matrosen des Styx vor sich zu haben. Männer und Frauen gehen nackt einher. Bisweilen essen sie Menschenfleisch, aber nur das ihrer Feinde. Sie verzehren ihre Feinde jedoch nicht unverzüglich, sondern zerlegen sie und verteilen die Stücke unter die Tapfersten. Jeder nimmt den Teil, der ihm zugefallen ist, mit nach Hause, räuchert ihn und lässt alle acht Tage ein kleines Stück davon braten" (verkürzt zit. nach Pigafetta 2012, S. 81 f.).

Als Magellan durch die nach ihm benannte Meerenge in ein Meer kam, in welchem sie drei Monate und zwanzig Tage segelten, gerieten sie wegen Nahrungsmangels in große Bedrängnis: „Der Zwieback, den wir aßen, war kein Zwieback mehr, sondern nur noch Staub, der mit Würmern und dem Unrat von Mäusen vermischt war und unerträglich stank. Auch das Wasser, das wir zu trinken gezwungen waren, war faulig und übel riechend. Um nicht hungers zu sterben, aßen wir das Leder, mit dem die große Rahe zum Schutz der Taue umwunden war. Diese Lederstücke, beständig dem Wasser, der Sonne und den Winden ausgesetzt, waren so hart, dass wir sie vier bis fünf Tage lang in Meerwasser tauchen mussten, um sie weicher zu machen. Dann brieten wir sie auf Kohlen und würgten sie, von Ekel geschüttelt, durch die Kehle. Oft blieb uns auch nichts anderes übrig, als Sägespäne zu essen, und selbst Mäuse, so sehr sie der Mensch verabscheut, waren eine so gesuchte Speise geworden" (Pigafetta 2012, S. 108). Während dieser schrecklichen Tage starben vier Seeleute und Magellan ließ jedes Mal, wenn einer den letzten Seufzer getan hatte, den Leichnam rasch den Wellen übergeben. „Wahrscheinlich befürchtete er", sagt Pigafetta als Augenzeuge dieser traurigen Ereignisse, „dass der eine oder andere zum Menschenfresser werden könnte. Ich sah einen, der mit von Gier erfüllten Augen auf einen soeben verstorbenen Spanier starrte und dabei den Unterkiefer mahlend hin und her bewegte, und ich gab mich keinem Zweifel hin, dass dieser Seemann überlegte, welches Stück er aus dem Toten schneiden könnte, um es roh hinunterzuschlingen" (Pigafetta 2012, S. 108 f.). Einer von den Seeleuten entdeckte im Schiffsraum Ratten. Nun begann eine wilde Jagd auf diese schrecklichen Tiere und jeder, dem es gelang, eines von ihnen zu erlegen, konnte seinem Bauch diese abscheuliche Nahrung zuführen. Die meisten hatten nicht die Geduld, die Tiere auf einem Kohlenfeuer zu braten, sie schlangen sie roh hinunter und übergaben sich gleich hinterher. Zwei Bootsmänner gerieten wegen einer erlegten Ratte in Streit und der eine von ihnen erschlug den anderen mit der Axt, mit der dieser die Ratte getötet hatte. Magellan verurteilte den Übeltäter zum Tode. Der Bootsmann sollte geviertteilt werden, aber niemand besaß noch die Kraft, das Urteil zu vollstrecken. So wurde er erdrosselt und der Leichnam ins Meer geworfen.

In diesem Zeitraum von drei Monaten und zwanzig Tagen erlebte Magellan während der ganzen Fahrt keinen einzigen Sturm. Daher wurde dieses Meer „Pazifik", wörtlich der „Friedliche" oder auch „Stiller Ozean" genannt. Doch die Einwohner der Inseln auf diesem Meer waren keineswegs friedlich. Als Magellan auf einer davon, die größer war als die anderen, landen wollte, um sich mit Trinkwasser und frischer Nahrung zu versorgen, erstürmten die Bewohner seine Schiffe und entwendeten bald diesen, bald jenen Gegenstand, ohne dass die Besatzung imstande gewesen wäre, sie daran zu hindern. Sie versuchten auch, die ausgehungerten Seeleute dazu zu bewegen, die Segel einzuziehen und an Land zu gehen. Ja, sie waren so geschickt, das Boot zu stehlen, das am Heck eines der Schiffe befestigt war. Nach diesem frechen Diebstahl ging Magellan selbst mit vierzig Bewaffneten an Land, verbrannte mindestens fünfzig Hütten und ließ mehrere Kanus zerstören. Dabei kamen sieben Eingeborene ums Leben. Aber nur so war es ihm möglich, wieder in den Besitz des Bootes zu gelangen. Die Kranken, die auf dem Schiff zurückblieben, brachten Magellan, der mit seinen Leuten an Land ging, um die Insulaner zu bestrafen, die seltsame und grausige Bitte vor, er möchte ihnen, „falls einer der Eingeborenen getötet werden sollte, dessen Eingeweide bringen, da sie ihre Gesundheit wiedererlangen würden, wenn sie diese Eingeweide verzehrten" (Pigafetta 2012, S. 114).

Bei der Abfahrt von diesen mit Recht „Ladronen" genannten Inseln („Diebesinseln") verfolgten die Insulaner Magellans Schiffe in mehr als hundert Kanus und boten ihm, um ihn zu täuschen, Fische zum Verkauf an. Ließ er sie aber an seine Schiffe herankommen, bewarfen sie diese mit Steinen und ergriffen dann die Flucht.

Pigafetta liefert einen entsprechenden Bericht über die Verhaltensweisen und das Aussehen der Bewohner dieser Inseln: „Sie kennen kein Gesetz und handeln, wie es ihnen gut dünkt. Sie gehorchen weder einem König noch einem anderen Oberhaupt, beten nichts an und gehen nackt. Manche von ihnen haben lange Bärte und lange schwarze Haare, die auf der Stirn in einen Knoten geknüpft sind. Oft tragen sie auch Hüte, die sie aus Palmblättern verfertigen. Sie sind groß und wohlgestaltet. Ihre Gesichtsfarbe nähert sich einem dunklen Grün, aber man erzählte uns, dass sie weiß das Licht der Welt erblicken und ihr Körper erst braun wird, wenn sie alt geworden sind. Sie verstehen es, die Zähne rot und auch schwarz zu färben, und je bunter sie einer gefärbt hat, desto größer ist sein Ansehen" (Pigafetta 2012, S. 115). Die Frauen sind „erfreulich anzu-

Abb. 33: Die Ladronen-Inseln oder „Diebesinseln" (nach Theodor de Bry aus Verne 1885)

sehen", berichtet Pigafetta: „Sie sind von schönem Wuchs und weniger braun als die Männer. Ihre Haare sind sehr schwarz und lang, oft so lang, dass sie ihnen bis zu den Knien reichen. Ein Bootsmann machte den Vorschlag, wir sollten ein paar Insulanerinnen an Bord nehmen und später, wenn wir ihrer überdrüssig würden, sie auf einer anderen Insel an Land setzen. Aber der Generalkapitän verbot dies, wahrscheinlich deshalb, weil er befürchtete, die Zucht könnte darunter leiden. Gleichwohl gelang es den Leuten von der ‚Trinidad' drei Frauen auf das Schiff zu bringen. Als der Generalkapitän davon erfuhr, ließ er den Rädelsführer auf unser Schiff bringen und verurteilte ihn zu 25 Stockhieben. Die Frauen wurden ins Meer geworfen und schwammen zu ihren Inseln zurück" (Pigafetta 2012, S. 117).

Nach einigen Tagen erreichten die Weltumsegler ein Archipel von mehreren Inseln, die heutigen Philippinen, deren Bewohner eine friedliche Gesinnung hatten. Sie waren sogar bereit, das Christentum anzunehmen, nachdem Magellan ihnen durch Abfeuern seiner Kanonen seine Macht demonstriert hatte. Ausschlaggebend war aber auch die Heilung des königlichen Bruders, mit der Magellan den guten Willen der Dorfbewohner gewann. „In der Mitte des Platzes wurde nun ein großes hölzernes Kreuz aufgerichtet und dann wurde bekannt gemacht, dass jeder, der sich dazu entschlossen habe, die christliche Religion anzunehmen, alle seine Götzenbilder vernichten müsse und dafür zu sorgen habe, dass in seiner Behausung anstelle der Götzenbilder ein Kreuz zu finden sei. Dieses Symbol müsse jeden Tag angebetet werden, jeder Eingeborene müsse sich morgens nüchtern vor ihm auf die Knie werfen und ein Gebet sprechen, das Magellan sie lehren werde. Außerdem werde es ihre Pflicht sein, ihren Glauben an Christus durch gute Werke zu bestätigen. Alle Eingeborenen versprachen, sich an diese Weisungen zu halten" (Pigafetta 2012, S. 154). Auf diese Weise wurden an diesem Tage beinahe 800 Menschen – Männer, Weiber und Kinder – getauft. Acht weitere Tage brauchten die selbst ernannten Missionare, bis alle Bewohner dieser und der benachbarten Inseln getauft waren. Dass es sich dabei um eine Zwangsbekehrung handelte, geht schon daraus hervor, dass auf einer der Inseln ein Dorf, dessen Bewohner sich weigerten, getauft zu werden, niedergebrannt wurde.

Als sich schließlich auch einer der Häuptlinge der Insel Matan weigerte, die Macht des Königs von Spanien anzuerkennen und der Tributpflicht nachzukommen, entschloss sich Magellan mit dem Argument, dass ein guter Hirte seine Herde nicht verlassen dürfe, selbst mit drei Booten zu dieser Insel zu fahren. Er verließ mit 60 Mann, die mit Panzern und Helmen bewaffnet waren, um Mitternacht die Insel Zubu, gefolgt von fast 1000 ihrer bewaffneten Bewohner, die das Christentum bereits angenommen hatten. Drei Stunden vor Sonnenaufgang erreichten sie Matan. Der Generalkapitän, der versuchen wollte, Blutvergießen zu vermeiden, ließ dem aufsässigen Häuptling mitteilen, dass er ihn und seine Stammesgenossen als Freunde ansehen wolle, wenn sie die Oberherrschaft des Königs von Spanien anerkennten und sich dem christlichen König von Zubu unterwürfen. Andernfalls würden sie die Macht ihrer Waffen fühlen. Die Insulaner verweigerten eine solche unbedingte Unterwerfung und wurden daher entsprechend dieser Drohung angegriffen. Bei dem Angriff wurde Pigafetta, der daran mutig teilnahm, verwundet, Magellan aber getötet. Die Überzahl der Feinde war groß. Aber Magellan erinnerte seine Leute daran, dass vor kurzem der Kapitän Fernando Cortés in Yukatan mit 200 Getreuen 300 000 Indianer besiegt hatte. Hier waren es mehr als 1500 Insulaner, deren Zahl sich ständig zu vermehren schien und deren Angriffswut sich immer mehr steigerte. Ein vergifteter Pfeil durchbohrte den rechten Oberschenkel Magellans. Darauf gab er den Befehl zu einem geordneten Rückzug. Pigafetta berichtet als Augenzeuge und Mitkämpfer vom heldenhaften Tod seines Befehlshabers: „Aber auch als wir schon im Wasser standen, ließen die Insulaner nicht von uns ab. Weiter prasselten ihre Geschosse auf uns nieder. Da sie unseren Befehlshaber kannten, richtete sich ihr Angriff vor allem gegen ihn. Zweimal wurde ihm der Helm vom Kopf gerissen. Aber er wich nicht, obwohl nur noch wenige an seiner Seite kämpften. Länger als eine Stunde dauerte dieser ungleiche Kampf. Magellan wich noch immer nicht und so gelang es einem der Insulaner, ihn mit der Spitze seiner Lanze im Gesicht zu verwunden. Der Generalkapitän durchbohrte seinen Gegner sofort mit seiner Lanze, die im Körper des Getöteten stecken blieb. Er wollte nun seinen Degen ziehen, vermochte ihn aber nur noch halb aus der Scheide zu bringen, weil ihm der verwundete rechte Arm kaum mehr gehorchte. Als die Insulaner dies sahen, drangen sie alle auf ihn ein und einer von ihnen stieß unserem Generalkapitän die Lanze so heftig in den linken Schenkel, dass er aufs Gesicht fiel. In demselben Augenblick warfen sich alle Feinde auf ihn und hieben mit ihren Waffen auf ihn ein. So kam unser treuer Führer, unser Licht, unsere Stütze, ums Leben" (Pigafetta 2012, S. 166).

Anschließend an diesen Bericht drückt Pigafetta in bewegten Worten die Hoffnung aus, „dass ihn sein Ruhm überleben wird. Er besaß alle Tugenden. Mitten in der größten Gefahr bewies er seine unerschütterliche Standhaftigkeit. Auf dem Meer unterwarf er sich selbst größeren Beschränkungen als die Mannschaft. Er besaß eine genauere Kenntnis der Seekarten und der Schifffahrtskunst als jeder andere Mensch auf Erden. Das geht schon daraus hervor, dass außer ihm niemand den Wagemut besaß, die Erde zu umsegeln, was ihm beinahe geglückt ist" (Pigafetta 2012, S. 168).

Die nachfolgenden Reisen um die Welt dienten hauptsächlich der Erweiterung der politischen Machtsphären der europäischen Nationen und weniger oder überhaupt nicht der Vermehrung der Erkenntnisse über unsere Welt und ihre Bewohner. Von den 13 Reisen dieser Art waren nur wenige in der Absicht unternommen worden, Entdeckungen zu machen. Die anderen Seefahrer verfolgten einzig das Ziel, sich durch Kaperfahrten auf Kosten der damals die Weltmeere beherrschenden Spanier zu bereichern. Auch die Engländer, wie der damals berühmte William Dampier, der in den Jahren 1683 bis 1691 bald als Seeräuber, bald als Kaufmann auf verschiedenen Schiffen die Welt umreiste, kannten nur dieses eine Ziel, sich zu bereichern. Erst in der zweiten Hälfte des 18. Jahrhunderts sollten sich solche eigennützigen Einstellungen ändern. Es waren nun wissenschaftliche Entdeckungsreisen, die freilich nicht ohne Konkurrenzverhalten zwischen Engländern und Franzosen die Szene beherrschten.

Bougainville und die Jesuitenmission in Paraguay

Es war vor allem Louis Antoine de Bougainville (1729–1811), der den entscheidenden Beitrag zur Ethnographie als einer empirischen Wissenschaft lieferte. Wohl vertraut mit der wissenschaftlichen Diskussion seiner Zeit und unzufrieden mit den damals entwickelten anthropologischen Theorien stellt Bougainville sich auf den Standpunkt des einfachen Beobachters und beginnt seine Beschreibung der Weltumsegelung mit der Bemerkung, dass er sehr weit entfernt vom „Heiligtum der Wissenschaften und der Literatur" sei: „Meine Ideen und mein Stil tragen zu sehr den Stempel des herumschweifenden und wilden Lebens, das ich seit 12 Jahren führe. In den Wäldern Kanadas und auf den Meeren bildet man sich nicht zum Schriftsteller" (Bougainville 1980, S. 21). Mit seinem Bericht wolle er weder jemanden bestätigen noch widerlegen, und er trachte noch weniger danach, irgendeine Hypothese aufzustellen oder zu bekämpfen: „Ich bin Reisender und Seemann, das ist ein Lügner und schwach denkender Mensch in den Augen jener Art von bequemen und stolzen Schriftstellern, welche im Schatten ihres Arbeitszimmers ins Blaue hinein über die Welt und ihre Bewohner philosophieren und sozusagen die Natur nach ihren eigensinnigen Einfällen bilden wollen. Es ist in der Tat ein sehr sonderbares und unbegreifliches Verfahren, wenn Leute, die selbst nichts gesehen und keine Erfahrung haben, nur nach den Beobachtungen von Reisenden, denen sie doch das Vermögen zu sehen und zu denken absprechen, schreiben und ihre Dogmen aufstellen" (Bougainville 1980, S. 21).

Gleich am Beginn seiner Reise um die Welt konnte er aus eigener Erfahrung den wahren Zustand des berühmten Jesuitenstaates ermitteln, der in Europa den Namen Paraguay, in Amerika aber richtiger den Namen des Flusses Uruguay führte. „Wenn man sich", sagt Bougainville, „diesen Staat allgemein und aus der Ferne vorstellt, scheint er der Menschheit Ehre zu machen, weil er sich bloß auf geistliche Waffen stützte und allein durch die Überzeugungskraft zusammengehalten ward. Man denke sich eine Gesellschaft von Menschen in einem fruchtbaren Land und unter einem gemäßigten Himmelsstrich, die alle arbeitsam sind, aber doch nicht für sich allein arbeiten, sondern alle geernteten Früchte in ein gemeinschaftliches Magazin liefern, woraus ein jeder wieder so viel erhält, wie er zu seinem Unterhalt, zu seiner Kleidung und zu seiner übrigen Haushaltung braucht. Solange sie zu arbeiten vermögen, ernähren sie die heranwachsende Jugend, und wenn das Alter ihre Kräfte verbraucht hat, erweisen ihre Mitbürger ihnen den Dienst, welchen sie ihnen zuvor geleistet. Man stelle sich solche Orte vor, in welchen die Privatwohnungen bequem und die öffentlichen Gebäude prächtig sind, deren glückliche Bewohner keinen Unterschied von Rang und Stand kennen und gleichermaßen vor großem Reichtum und vor Dürftigkeit gesichert sind. Dies ist das Bild der Missionen aus der Entfernung und die Täuschung der Perspektive" (Bougainville 1980, S. 105 f.).

Die Jesuiten, so Bougainville weiter, fingen ihr Unternehmen zwar mit dem Mut von Märtyrern und einer wirklichen Engelsgeduld an. Beides gehörte dazu, um ein wildes, unbeständiges, träges und ganz unabhängiges Volk zu gewinnen und an Arbeit und Gehorsam zu gewöhnen. Der

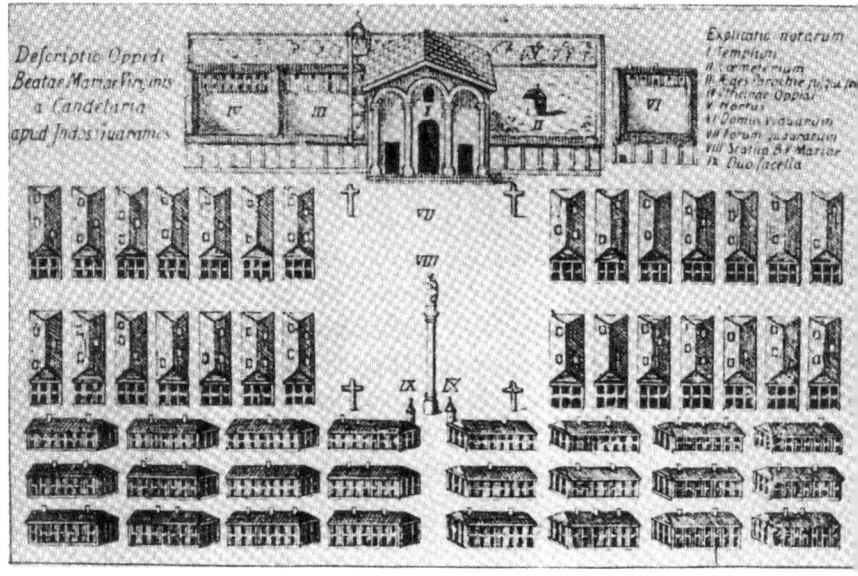

Abb. 34: Jesuitenmission (aus Dobrizhoffer 1784)

Eifer der Jesuiten siegte aber über die unzähligen Hindernisse, welche sie bei jedem Schritt fanden, und ihr sanftmütiges Betragen wusste endlich die wildesten Menschen zu zähmen. Aber bei der Einrichtung der einzelnen Missionen war die Theorie unendlich von der wirklichen Ausführung unterschieden. Die übereinstimmende Darstellung von mehr als 100 Augenzeugen hat Bougainville davon überzeugt, dass es sich in Wirklichkeit um eine Unterdrückung und Ausbeutung der zum Christentum bekehrten Indianer handelte. Denn diese lebten unter ihren Missionaren in einer sklavischen Unterwürfigkeit. Sowohl Männer als auch Frauen wurden, wenn sie etwas gegen die Gesetze begangen hatten, wie die Kinder in den Schulen mit Ruten gezüchtigt, und sie baten sich sogar eine gnädige Strafe aus, wenn sie in Gedanken Sünden begangen hatten.

Der Pfarrer bewohnte ein großes Haus bei der Kirche, an die sich zwei Gebäude anschlossen. In dem einen wurde Unterricht in Musik, Malerei, Bildhauerei und Baukunst und in verschiedenen Handwerken gegeben. In dem anderen Gebäude befand sich eine Menge junger Mädchen, welche unter der Aufsicht alter Weiber zu allerlei Arbeiten angehalten wurden. Den Männern wurde von 8 Uhr des Morgens ihre Arbeit entweder auf dem Felde oder in den Werkstätten angewiesen, und die Aufseher wachten streng über sie. Den Weibern wurde montags eine bestimmte Menge Baumwolle ausgeteilt, die sie am Ende der Woche gesponnen wieder abliefern mussten. „Um 5 Uhr 30 Minuten nachmittags musste sich der ganze Ort zum Rosenkranzgebet versammeln und dem Pfarrer die Hand küssen. Dann wurde jeder Familie, die meist aus 8 Personen bestand, 1 Unze Mate-Tee, 4 Pfund Rindfleisch und etwas Mais ausgeteilt. Sonntags war Rasttag, und nach beendetem Gottesdienst, der länger währte als sonst, konnte sich ein jeder mit verschiedenen Spielen beschäftigen, die ebenso traurig waren wie dieses ganze übrige Leben" (Bougainville 1980, S. 108).

Aus dieser zuverlässigen Nachricht über das Leben und Leiden der Indianer zeigte sich für Bougainville, dass sie „gewissermaßen nichts besaßen und dass in ihrer ganzen Lebensart, in ihrer Arbeit und in ihrer Ruhe eine unerträgliche Einförmigkeit herrschte. Diese Langeweile, die man mit Recht als tödlich bezeichnet, reicht aus, um das zu erklären, was man uns von ihnen sagte, nämlich dass sie stürben, ohne gelebt zu haben und ohne den Verlust des Lebens zu bedauern. Die Jesuiten schilderten die Indianer noch dazu als Menschen, die kaum so viel Verstand wie die Kinder hätten; das Leben, das sie führten, hinderte diese großen Kinder jedoch daran, jemals so vergnügt und munter zu sein wie die kleinen" (Bougainville 1980, S. 109).

Die Jesuiten arbeiteten noch unermüdlich an der Ausbreitung dieser Missionen, als der spanische Hof die Verbannung der Jesuiten aus Südamerika beschloss. Der zuständige spanische Statthalter, von dem aber die Jesuiten bisher unabhängig waren, versprach den Indianern, sie aus der Sklaverei zu erlösen und sie in den Besitz ihrer Güter zu bringen, die man ihnen bis jetzt vorenthalten habe. Die Indianer schienen nicht missvergnügt zu sein, doch deuteten ihre Mienen mehr Erstaunen als Freude an. Als Bougainville einige von ihnen vor seiner Abreise aus Buenos Aires besuchte, wirkten sie träge und hatten das stumpfsinnige Aussehen von in Fallen gefangenen Tieren. Nach diesen Erlebnissen setzte Bougainville seine Reise fort, auf welcher der Umsturz in den Missionen der Jesuiten, wie er selbst sagt, „eine der wichtigsten Begebenheiten gewesen ist" (Bougainville 1980, S. 117).

Tahiti – Paradies oder Lasterhöhle?

Bougainville zufolge sollte die Beschreibung der Bewohner unserer Welt den gleichen Status einer Tatsachenwissenschaft haben wie die Geographie, die zu seiner Zeit und auch noch später mit den Hypothesen und haltlosen Spekulationen von Schreibtischgelehrten belastet war, welche die kühnen Seefahrer ins Verderben schickten. Am schärfsten äußerte sich Bougainville in seinem Schiffstagebuch, als er im Inselgewirr der Louisiaden umherirrte: „Verflucht sei, wer Land in eine Karte ohne anderen Grund als den Einfall seiner Unwissenheit einzeichnet! Ich wünsche ihm einen Teil des Grauens, das wir durchmachen" (Nachwort zu Bougainville 1980, S. 419). Doch im Unterschied zur Geographie, wo jede neue Entdeckung auf objektive Weise bestätigt oder widerlegt werden konnte, verhielt es sich mit der Beschreibung der fremden Bewohner unserer Welt wesentlich komplizierter. Denn sie geschah und geschieht auch heute noch vom subjektiven Standpunkt der europäischen Kultur aus, die je nach den unterschiedlichen philosophisch-moralischen, ästhetischen oder auch religiösen Bewertungskriterien die Beobachtung des Aussehens, der Sitten und Gebräuche verzerrt und verfälscht. Auch die moderne Ethnologie mit ihren verfeinerten Methoden der „teilnehmenden Beobachtung" ist noch immer in diesem Dilemma gefangen. Eins steht jedoch fest: Je geringer die Kenntnis der abendländischen Kultur mit ihrem philosophisch-historischen Hintergrund bei den Entdeckern und Seefahrern des 18. Jahrhunderts war, desto weniger gerieten sie in schwärmerische Irrtümer.

Bougainville mit seiner Kenntnis der antiken Philosophie und Literatur sah in Tahiti die Wiederbelebung der glücklichen Insel Kythera. „Aus diesem Mann werde ich nicht klug", schreibt Diderot, „das Studium der Mathematik, das eine geruhsame, sitzende Lebensweise voraussetzt, hat seine Jugendzeit ausgefüllt, und plötzlich geht er von einem zurückgezogenen und nachdenklichen Dasein zu dem tätigen, mühsamen, unsteten und gedankenlosen Beruf eines Reisenden über" (Diderot 1965, S. 7). Und er fügt hinzu: „Eine weitere offensichtliche Ungereimtheit ist der Widerspruch zwischen dem Charakter dieses Mannes und seinem Unternehmen. Bougainville hat eine gewisse Vorliebe für gesellschaftliche Zerstreuungen; er liebt die Frauen, das Theater, delikate Mahlzeiten; er überlässt sich dem Strudel der Welt ebenso bereitwillig wie der Unbeständigkeit des Elements, auf dem er sich hat hin und her werfen lassen" (Diderot 1965, S. 8).

Dass er auch auf seiner entbehrungsreichen Weltumsegelung allein eine gute Mahlzeit zu sich nahm, während sogar seine Offiziere sich mit dem kargen Mannschaftsessen begnügen mussten, sorgte bei diesen für neidische Kritik: „Ich kann nicht umhin, an dieser Stelle anzumerken", schreibt einer von ihnen in seinem Tagebuch, „dass, wenn es hart ist für die Offiziere, dieselben Lebensmittel wie die Mannschaft zu sich zu nehmen, dies noch fühlbarer wird, wenn sie niemals mit dem Kapitän essen, ob dieser gleich keine andere Tafel haben sollte. Gewöhnt an Schokolade mit Mandelmilch, nimmt er nur diese außer unserer Nahrung zu sich. Nicht zu vergessen die Milch einer Ziege, welche man heute schlachten wird, und die Eier; aber diese Substanz, zusammen mit den anderen Nahrungsmitteln, macht seinen Zustand ganz verschieden von dem unsrigen. Sein Gesichtsausdruck bezeugt dies, und er erfreut sich des schönsten Schmerbauchs, der die Magerkeit unserer Gesichter ein wenig beleidigt" (de Saint-Germain in: Bougainville 1980, S. 380). Im Unterschied zu Bougainville wollte James Cook durchaus nicht besser speisen als der Letzte seines Schiffsvolks. Er nahm daher nie Federvieh mit auf die Reise, oder er hatte davon so wenig, dass es nicht verdient, genannt zu werden. Er aß beständig das harte, zähe Pökelfleisch, allein zuletzt hielt es sein Magen nicht mehr aus; er bekam heftige Verstopfungen und ein Gallenfieber.

Bougainville war durch seine sorgfältige Ausbildung mit den naturwissenschaftlichen, geographischen und anthropologischen Theorien seiner Zeit sehr gut vertraut. Er stand auf der Höhe der wissenschaftlichen Diskussion seiner Zeit und war daher am besten geeignet, der Frage nachzugehen, inwieweit die von den Philosophen der Jahrhundertmitte entwickelten anthropologischen Theorien die Sichtweise und das Urteil eines gebildeten ethnographischen Beobachters bestimmten und inwieweit sie dort, wo sie bald mit der beobachteten fremden Realität, bald aber auch mit seinen persönlichen Interessen und Erwartungen in Konflikt gerieten, dadurch die Ergebnisse seiner Beobachtungstätigkeit verzerrten. Bougainville hatte ja bereits während seines Aufenthalts in Kanada Gelegenheit erhalten, die Lebensformen „wilder" Gesellschaften aus eigener Anschauung kennenzulernen. Noch erfüllt von der Lektüre Rousseaus hatte er anfänglich die „glückliche Einfalt" der kanadischen Indianer bewundert und sie in seinem Tagebuch mit den Heroen des homerischen Griechenlands verglichen. Wie damals viele französische Offiziere ließ auch er sich von einem der auf Seiten Frankreichs kämpfenden Indianerstämme adoptieren. An seinen Tagebucheintragungen lässt sich aber verfolgen, wie er dieses erste, schwärmerische Bild unter dem Eindruck seiner Kriegserlebnisse allmählich revidierte. Hatte er anfangs die kriegerischen Tugenden der kanadischen Wilden gerühmt, so wurde ihm später gerade ihre – an den zivilisatorischen Standards Europas gemessen – ungezügelte, spontane Aggressionslust zum Anlass des Abscheus und Ekels. Auch im Laufe seines Aufenthaltes in Tahiti musste er seine schwärmerischen Ansichten über dessen Bewohner revidieren.

Dagegen war es für James Cook (1728–1779), der alle Gelehrsamkeit außer der Mathematik verachtete, kein Problem, die Sitten und Gebräuche der Tahitianer nach den üblichen moralischen Alltagsvorstellungen europäischer Zivilisation zu beschreiben. Deswegen fiel auch die Interpretation Tahitis und seiner Bewohner bei diesen beiden Weltumseglern so konträr aus: Was für den einen ein Paradies war, war für den anderen eine Lasterhöhle. Die beiden Forschungsreisenden unterschieden sich extrem sowohl in ihrer Ausbildung als auch in ihrem Charakter. „In seinem Umgang war Cook nicht der angenehmste Mann", weiß Georg Christoph Lichtenberg über ihn zu berichten, „Feinheit, Artigkeit und eine gewisse Kultur, die nötig sind, in Gesellschaft zu gefallen, fehlten ihm gänzlich. Er war meistens in eine Art von mürrischer Zurückhaltung wie vergraben. Man hat ihn auf einer Reise von drei Jahren ein einziges Mal singen und einmal pfeifen gehört. Was in seinem Gemüt damals vorgegangen sein mag, weiß man nicht" (Forster, Lichtenberg 1983, S. 169). Lichtenberg vermutet, dass die Erklärung in seiner Erziehung und ehemaligen Gesellschaft zu suchen sei. „Denn er war merkwürdig enthaltsam, und man kann von ihm sagen: er liebte weder den Wein noch das Frauenzimmer. Bei seiner zweiten dreijährigen Reise um die Welt kam er nur ein einziges Mal auf den Sozietätsinseln in den Verdacht, einen geheimen Besuch am Tage in der Kajüte angenommen zu haben. Bei Nacht hat er nie welchen gehabt. Seine vorige Gesellschaft soll ihn oft zum Trinken haben zwingen wollen, aber immer vergeblich" (Forster, Lichtenberg 1983, S. 170).

Cooks oft gewagte und freizügige Ausdrucksweise über manche wichtige Punkte der geoffenbarten Religion soll es beinahe wahrscheinlich gemacht haben, dass er diese zwar nicht verwarf, doch sehr bezweifelte. Wer ihn genauer gekannt habe, meint Lichtenberg, werde das aber nur seinem oft weit getriebenen Widerspruchsgeist und dem gänzlichen Mangel an gründlichem Unterricht in der Religion zuschreiben. Ebendiesem Mangel an ordentlichem und gründlichem Unterricht in andern Dingen habe man auch zuzuschreiben, dass er sich oft über die Londoner Sozietät der Wissenschaften lustig machte. Überhaupt bemerkte man, dass das Bewusstsein seiner Überlegenheit an wahrem, gesundem Menschenverstand und an der Macht des eigenen Nachdenkens, die er bei sich verspürte, in ihm eine Verachtung gegen alle Gelehrsamkeit, mathematische etwa ausgenommen, bewirkt hatte. Als daher sein zweiter Leutnant James King bei der dritten Reise, auf der Cook umkam, sein Bedauern darüber äußerte, dass keine Gelehrten mitfuhren, sagte er: „Der Teufel hole die Gelehrsamkeit und alle Gelehrten" (Forster, Lichtenberg 1983, S. 171).

Bevor Bougainville Tahiti erreichte, hatte er nach einer entbehrungsreichen Fahrt durch die Magellanstraße mit durch Schlechtwetter erzwungenen Aufenthalten an ungastlichen Ankerplätzen in Feuerland Gelegenheit, die Pécherais, gänzlich unzivilisierte Wilde, zu beobachten: „Diese Wilden sind klein, hässlich, mager und haben einen unerträglichen Geruch an sich. Sie gehen fast nackend; ihre ganze Kleidung besteht aus schlechten Seehundsfellen, die zu klein sind, um sie völlig zu bedecken. Die Weiber sind hässlich, und die Männer scheinen sich nicht viel aus ihnen zu machen. An Land lesen sie Holz und Muscheln, ohne dass die Männer teil an allen diesen Arbeiten nehmen. Sogar wenn die Weiber Kinder an der Brust haben, sind sie nicht frei von dieser Fron; sie tragen die Kinder auf dem Rücken in dem Fell, das ihre Bekleidung ausmacht. Diese Wilden wohnen alle in wildem Durcheinander, Weiber, Männer und Kinder, und zwar in Hütten, in deren Mitte ein Feuer brennt. Ihre vornehmlichste Nahrung sind Muscheln. Ich habe bei allen schlechte Zähne bemerkt, welches, wie ich vermute, daher kommt, dass sie die Muscheln brennend heiß verzehren, ob sie gleich noch halb roh sind. Sie scheinen gutherzig zu sein, sind aber zugleich so schwach, dass man ihnen für ihre Gutherzigkeit fast keinen Dank weiß. Unter allen Wilden, die ich in meinem Leben gesehen, leben die Pécherais am elendsten, mit anderen Worten, noch im Naturzustand. Wenn ein Mensch, der frei und sein eigener Herr ist, dabei weder Pflichten noch Berufsgeschäfte kennt und mit dem zufrieden ist, was er hat, weil er es nicht besser weiß, beklagt zu werden verdient, so würde ich diese vorzüglich beklagen, da ihnen nicht nur alles fehlt, was zur Bequemlichkeit des menschlichen Lebens gehört, sondern da sie auch mit dem schrecklichsten Klima der Welt zu kämpfen haben" (Bougainville 1980, S. 151 ff.).

Abb. 35: Pécherais-Feuerländer (aus Cook 1774)

Obwohl Bougainville den Naturzustand des Wilden anders beurteilte als Rousseau, war er doch insofern einer seiner Anhänger, als er dessen Idee von der Ungleichheit der Menschen und deren Entartung durch die Zivilisation übernahm und auf seine Erfahrungen über die unterschiedlichen Völker anwandte, die er bei seiner Reise um die Welt antraf: „Sobald mehrere Familien (ich verstehe unter einer Familie Eltern und Kinder) beisammen wohnen, entstehen unterschiedliche Interessen, indem ein jeder mit Gewalt oder durch List herrschen will. Aus den Familien entsteht eine Art bürgerlicher Gesellschaft, an der, wenn sie auch in Wäldern wohnt und nur aus nahen Verwandten besteht, ein aufmerksamer Beobachter den Keim aller Laster feststellen wird, denen die in Nationen zusammengefassten Menschen, als sie gesittet wurden, Namen gegeben und die der Grund für das Steigen und Fallen der größten Reiche sind. Aus dem Grunde folgt auch, dass in solchen bürgerlichen Gesellschaften, die durch gute Sitten verfeinert worden, Tugenden entstehen, für die solche Menschen, die noch zu sehr im Naturzustand leben, nicht empfänglich sind" (Bougainville 1980, S. 153). Als ein Beispiel dafür gelten Bougainville die von den Spaniern nur halbzivilisierten Indianer am Río de la Plata: „Die Indianer, welche diesen Teil Amerikas im Norden und Süden des Rio de la Plata bewohnen, sind von denen, welche die Spanier noch nicht unterworfen haben und welche sie Indios bravos nennen. Sie sind von mittlerer Statur, sehen sehr hässlich aus und haben fast durchgehend die Krätze. Ihre Hautfarbe ist braungelb und wird durch das Fett, mit dem sie sich ständig beschmieren, noch dunkler. Diese Indianer bringen ihr Leben auf den Pferden zu und haben keine festen Wohnungen, jedenfalls nicht in der Nähe der spanischen Siedlungen. Sie kommen zuweilen mit ihren Weibern dahin, um Branntwein zu kaufen, und hören nicht eher auf zu saufen, als bis sie sich vor Trunkenheit nicht mehr regen können. Zuweilen versammeln sich 200 bis 300 von ihnen, um Rinder aus spanischem Besitz zu rauben oder die Karawanen von Reisenden zu überfallen. Sie plündern diese nicht nur, sondern morden auch oder führen die Reisenden in die Sklaverei" (Bougainville 1980, S. 42 f.). Es ist daher kein Wunder, dass das Urteil Bougainvilles über die Bewohner Tahitis ganz anders lautet als das über die wilden und halbzivilisierten Indianer, die er bisher angetroffen hatte.

Bougainville war zwar nicht der erste Europäer, der den Boden Tahitis betrat. Den Ruhm, Tahiti der europäischen Seefahrt durch genaue nautische Angaben erschlossen zu haben, konnte vielmehr der britische Kapitän Samuel Wallis für sich in Anspruch nehmen, dessen Fregatte „Dolphin" die Insel am 16. Juni 1767 erreichte. Doch es war ein durchaus zweifelhafter Ruhm: nicht nur, dass gleich in den ersten Tagen seines Aufenthalts 15 Tahitianer ihrer Entdeckung durch die Europäer zum Opfer fielen, als sie sich gegen die Inbesitznahme ihres Landes durch die Repräsentanten der britischen Krone zur Wehr setzten, sondern auch, weil es vermutlich die Besatzung dieses Schiffes war, die durch die Verbreitung der Syphilis den ersten Anlass für den raschen Rückgang der Bevölkerungszahl der Insel in den folgenden Jahrzehnten bildete. Im Jahr

1857, also genau 80 Jahre nach der verhängnisvollen ersten Begegnung mit Vertretern der europäischen Kultur, war die Einwohnerzahl Tahitis infolge der von den Engländern und Franzosen eingeschleppten Seuchen und Geschlechtskrankheiten sowie infolge der durch ihre Ankunft ausgelösten und bald mit Hilfe der eingeführten Feuerwaffen ausgefochtenen Kriege von ca. 32 000 auf 7 200 Personen gesunken (vgl. Kohl 1981, S. 202).

Doch Bougainville und seinem Reisegefährten Philibert Commerson blieb es vorbehalten, der Insel den Charakter eines unberührten, glückseligen Südseeparadieses zu verleihen. Gleich als die beiden Schiffe das lang ersehnte Land sichteten und mit vollen Segeln in eine Bai steuerten, die einen sicheren Ankerplatz versprach, wurden sie von den aus allen Ecken der Insel herbeieilenden Einwohnern mit Zweigen von Bananenstauden als Zeichen des Friedens freundlich empfangen. In kurzer Zeit versammelten sich über 100 Pirogen von verschiedener Größe um die beiden Schiffe der Franzosen. Sie waren mit Kokosnüssen, Bananen und anderen Früchten des Landes beladen, die gegen allerlei Kleinigkeiten eingetauscht wurden. Dieser Handel wurde mit beiderseitigem Zutrauen geschlossen. Die Insulaner waren darin so treuherzig, dass man einfach gute Vorstellungen von ihrem Charakter haben musste. Bei näherer Bekanntschaft mit diesem Volk stellt Bougainville jedoch fest, dass die Vielweiberei bei ihnen allgemein zu sein scheint: „Ihre einzige Leidenschaft ist die Liebe, daher ist die Menge der Weiber auch der einzige Aufwand der Vornehmen. Vater und Mutter tragen gemeinsam Sorge für die Kinder. In Tahiti ist es nicht üblich, dass die Männer sich allein mit dem Fischfang und dem Krieg beschäftigen und dem schwächeren Geschlecht die mühsame Besorgung des Hausstandes und des Landbaues überlassen. Die Weiber bringen ihre Tage in Ruhe und Muße zu, und ihre größte Beschäftigung ist die Sorge, zu gefallen. Ich kann nicht sagen, ob die Ehe bei ihnen eine zivile oder durch die Religion befestigte Verbindung ist und ob sie getrennt werden kann oder nicht. Dem sei, wie ihm wolle, die Weiber sind ihren Männern vollkommen unterworfen. Sie würden eine wider Wissen des Mannes begangene Untreue mit dem Leben bezahlen müssen." Aber im Widerspruch dazu behauptet Bougainville, dass die Einwilligung zur Liebe mit anderen nicht schwer zu erhalten sei, „weil man gar keine Eifersucht kennt und die Männer die ersten sind, welche ihre Weiber nötigen, sich einem anderen in die Arme zu werfen. Ein unverheiratetes Mädchen kennt in dieser Hinsicht keine Scham und kann ihrer Neigung und ihren Trieben ungehindert folgen; öffentlicher Beifall zollt ihrer Niederlage Anerkennung. Es scheint, dass man kein Bedenken trägt, eine Person zu heiraten, die noch so viele Liebhaber zuvor gehabt hat. Sie wird also ihren verliebten Neigungen keinen Zwang antun, da sie so viele ähnliche Beispiele vor Augen hat. Das Klima, das Singen, das Tanzen und die dabei üblichen wollüstigen Stellungen – all das erinnert jeden Augenblick an die Süße der Liebe und ruft zur Hingabe" (Bougainville 1980, S. 206 f.).

Bougainville glaubte anfangs, dass unter den Einwohnern Tahitis Gleichheit der Stände herrsche und dass sie vermöge ihrer Freiheit nur gewissen allgemeinen Gesetzen unterworfen seien, die auf das Beste des Ganzen abzielen. Doch er hatte sich getäuscht. Er musste erkennen, dass die Könige und Vornehmen über das Leben ihrer Sklaven und Knechte völlige Gewalt hatten. Bougainville vermutet sogar, dass sie dasselbe Recht auch über den gemeinen Mann des Volkes besaßen. Zumindest gilt ihm als gewiss, dass die Menschenopfer stets aus dieser unglücklichen Klasse genommen werden. Fleisch und Fisch waren nach seiner Beobachtung nur eine Speise der Vornehmen, die übrigen mussten sich mit Hülsenfrüchten und Obst behelfen. Der Unterschied zwischen den Ständen äußerte sich sogar in der Beleuchtung bei Nacht: „Der gemeine Mann brennt zu diesem Zweck eine andere Art Holz als die Vornehmen. Die Könige allein haben das Recht, vor ihr Haus den Baum zu setzen, welchen wir die Trauerweide oder den Baum des Herrn nennen" (Bougainville 1980, S. 218).

In einer Besprechung von Bougainvilles „Voyage autour du monde" in der „Correspondance littéraire" macht Denis Diderot eine allgemeine kritische Bemerkung über die Berichte von Forschungsreisenden, die auch auf die Reise Bougainvilles bezogen ist: „Wie könnte einer, dem das Gefallen am Wunderbaren angeboren ist, die Dinge so sehen, wie sie sind, zumal wenn er die Mühe, die er sich gemacht hat, um zu sehen, durch etwas Außerordentliches rechtfertigen muss. Die Reisenden unter den Geschichtsschreibern und die Gelehrten unter den Schriftstellern müssen vertrauensseliger und verblüffter sein als andere Menschen: sie lügen, sie übertreiben, sie betrügen, und das, ohne unehrlich zu sein." Aber Diderot anerkennt die Bedeutung von Bougainvilles Expedition und sieht in ihr vor allem drei Vorteile: „eine bessere Kenntnis unserer alten Wohnstätte und ihrer Bewohner, mehr Sicherheit auf den Meeren, die er mit dem Lot in der Hand durchsegelt hat, und mehr Genauigkeit auf unseren

Abb. 36: Louis Antoine de Bougainville, Philibert Commerson und Denis Diderot

geographischen Karten". An verschiedenen Stellen seiner Besprechung knüpft dann Diderot Bougainville folgend längere Betrachtungen über Sitten und Gebräuche der Wilden und Insulaner an. Er preist das Leben im Naturzustande, die Freiheit der Liebesbeziehungen, die von moralischen Vorurteilen nicht belastet sind, und tadelt scharf die Übergriffe der Europäer, ihre Kolonialpolitik und ihren verderblichen Einfluss. Ein Teil dieser Kritik ist in die rhetorische Form einer Strafrede gekleidet. Aus der Umarbeitung und Erweiterung dieser Besprechung ist einige Jahre später der „Nachtrag zu Bougainvilles Reise" entstanden, der aber erst im Jahre 1796 posthum nach dem Tod Diderots erschienen ist. Darin schreibt Diderot seine eigenen Gedanken zwei Gesprächspartnern und seine eigene Strafrede einem greisen Bewohner der Insel zu. Wie der Untertitel des „Nachtrags" lautet, beginnt das Werk mit einem „Gespräch zwischen A. und B. über die Unsitte, moralische Ideen an gewisse physische Handlungen zu knüpfen, zu denen sie nicht passen". Aus diesem Dialog ergibt sich die Einsicht, dass Zwang und moralische Fesseln nicht nur eine Folge des Christentums, sondern die Bedingung jeder sich fortentwickelnden Gesellschaft sind. Das insulare Dasein erweist sich als eine Vorstufe der Menschheitsgeschichte, in der sich auf einer zu kleinen Insel bei Vermehrung ihrer Einwohner schreckliche Dinge ereignen: „Sie vernichten sich gegenseitig, sie fressen einander auf; deshalb gab es vielleicht ein sehr frühes und ganz natürliches Urzeitalter der Menschenfresserei von insularem Ursprung. Oder die Vermehrung ist dort durch irgendein abergläubisches Gebot eingeschränkt; das Kind wird im Schoß seiner Mutter vielleicht durch Fußtritte von einer Priesterin vernichtet. Oder der geopferte Mensch stirbt unter dem Messer eines Priesters. Vielleicht greift man auch zur Kastrierung der Männer oder zur Ringelung der Frauen" (Diderot 1965, S. 11). Daher gibt es auf den wilden, unfruchtbaren Inseln des Pazifiks so viele Bräuche von seltsamer und doch notwendiger Grausamkeit, deren Ursache im Dunkel der Zeiten verloren gegangen ist und den Philosophen viel Kopfzerbrechen bereitet. Doch das scheint nicht für die glücklichen, friedfertigen Bewohner Tahitis zu gelten, die auf einer paradiesischen Insel leben: „Der Tahitianer steht dem Anfang der Welt, der Europäer ihrem Greisenalter so nahe! Der Abstand, der ihn von uns trennt, ist größer als der Abstand zwischen dem neugeborenen Kind und dem Menschen in der Auflösung des Alters. Er versteht nichts von unseren Bräuchen und Gesetzen oder sieht in ihnen nur Fesseln, die in hunderterlei Formen gekleidet sind: Fesseln, die nur Empörung und Verachtung in einem Wesen hervorrufen können, in dem das Freiheitsgefühl das tiefste aller Gefühle ist" (Diderot 1965, S. 15).

Als Bougainville sich zur Abfahrt von Tahiti bereit machte, eilten die Bewohner in Massen zum Ufer und hielten ihn an seinen Kleidern fest. Sie umarmten seine Gefährten und brachen in Tränen aus. Da trat gemäß Diderots „Nachtrag" der schon erwähnte Greis, der schon bei der Ankunft der Europäer verachtungsvolle Blicke auf sie geworfen hatte, mit strenger Miene vor und hielt eine – von Diderot erfundene – Rede. Mit dieser Abschiedsrede des alten Tahitianers rechnet Diderot in aller Schärfe mit den Folgen ab, die sich aus dem Entdeckungsunternehmen Bougainvilles für ein bis dahin sich selbst überlassenes Naturvolk ergeben mussten: „Weint, Tahitianer, weint ruhig", so lässt Diderot den tahitischen Greis ausrufen, „aber weint über die Ankunft und nicht über die Abfahrt dieser bösen und ehrgeizigen Menschen. Eines Tages werden sie wiederkehren, in der einen Hand das Holzstück, das ihr am Gürtel dieses Mannes dort befestigt seht, und in der anderen Hand das Eisen, das an der Hüfte des anderen dort hängt, um euch in Ketten zu legen, euch abzuschlachten oder euch ihren Ausschweifungen und Lastern zu unterwerfen. Eines Tages werdet ihr ihnen dienen, ebenso verdorben, niedrig und unglücklich wie sie" (Diderot 1965, S. 17). Dann wendet sich der Greis an Bougainville und fügt hinzu: „Und du, Häuptling jener Räuber, die dir gehorchen, entferne dich mit deinem Schiff schnell von unseren Gestaden. Wir sind unschuldig, wir sind glücklich, und du kannst unserem Glück nur schaden. Wir folgen dem reinen Trieb der Natur; du aber hast versucht, seine Eigenart in unseren Gemütern auszulöschen. Hier gehört alles allen; du aber hast uns irgendeinen Unterschied von Mein und Dein – ich weiß nicht welchen – gepredigt. Unsere Töchter und Frauen sind uns allen gemein; du hast dieses Vorrecht mit uns geteilt, hast in ihnen aber fremde Leidenschaften entfacht, rasende Leidenschaften. Sie wurden in deinen Armen toll, du wurdest in ihren Armen grausam. Sie fingen an, sich gegenseitig zu hassen; ihr brachtet euch ihretwegen um, und sie kehrten zu uns zurück, aber befleckt mit eurem Blut" (Diderot 1965, S. 18).

Besonders schlimm ist der Vorwurf der Einschleppung von Krankheiten: „Wir kannten nur eine Krankheit, nämlich diejenige, zu der Mensch, Tier und Pflanze verurteilt sind: das Alter. Du aber hast uns eine andere gebracht; du hast unser Blut verseucht. Vielleicht müssen wir nun mit unseren eigenen Händen unsere Töchter, Frauen und Kinder ausrotten, sowohl diejenigen, die mit deinen Frauen zusammengekommen sind, als auch diejenigen, die mit deinen Männern verkehrt haben. Unsere Felder werden mit jenem unreinen Blut getränkt sein, das aus deinen Adern in unsere eigenen übergegangen ist; oder unsere Nachkommen werden verurteilt sein, jenes Übel zu nähren und fortzupflanzen, das du auf ihre Väter und Mütter übertragen hast, und werden es weiter vererben. Unglücklicher, du bist schuld an den verheerenden Folgen, welche die verhängnisvolle Umarmung deiner Leute noch haben wird, oder an den Morden, die wir begehen werden, um eine weitere Vergiftung zu verhüten" (Diderot 1965, S. 20 f.).

Der Alte beschließt seine anklagende, schroffe und „ungestüme" Abschiedsrede mit den Worten: „Diese nichtswürdigen Fremden sollen bei ihrer Abfahrt nichts anderes hören als die brüllende See und nur sehen, wie die tobende Brandung einen öden Strand reinwäscht" (Diderot 1965, S. 24).

Diese Ansicht vom Idealbild der naturgemäßen und triebgerechten Ordnung Tahitis vor dem Einbruch der Europäer wird von Diderot der zwanghaften christlichen Sexualmoral gegenübergestellt, die durch ihre Gebote und Verbote nur zu Verbrechen und Ausschweifungen führen kann: „Man tadelt, beschuldigt, verdächtigt und tyrannisiert sich gegenseitig; man ist neidisch und eifersüchtig, betrügt sich und verletzt sich, verbirgt sich und tarnt sich, belauert und ertappt sich, zankt und lügt.

Töchter hintergehen ihre Eltern, Männer ihre Frauen, Frauen ihre Männer; Mädchen – ja, ich zweifle nicht daran –, Mädchen erwürgen ihre Kinder; argwöhnische Väter verachten und vernachlässigen ihre Kinder; Mütter trennen sich von ihnen und überlassen sie ihrem Schicksal; kurz, Verbrechen und Ausschweifung zeigen sich in allen möglichen Formen. Die vielgerühmte zivilisierte Gesellschaft ist nur eine Bande von Heuchlern, die heimlich die Gesetze mit Füßen treten, oder ein Haufen von Dummköpfen, bei denen das Vorurteil die Stimme der Natur völlig erstickt hat" (Diderot 1965, S. 24).

Aber auch auf Diderots Tahiti gibt es Verbrechen und Strafen. Sie treffen jene Männer und Frauen, die gegen das eine große Gebot der Vermehrung verstoßen haben und deshalb verbannt oder versklavt werden. Die erstaunliche Gastfreundschaft der Tahitianer gegenüber den Europäern erhält auf diese Weise eine Erklärung. Sie erweist sich unter dem gleichen Gesichtspunkt nur als kühle bevölkerungspolitische Berechnung: „Ihr kommt zu uns", sagt ein Tahitianer, „wir überlassen euch unsere Frauen und Töchter; ihr wundert euch darüber; ihr bezeugt uns dafür eine Dankbarkeit, die uns zum Lachen bringt; ihr dankt uns dafür, obwohl wir dir und deinen Gefährten die höchste Aufgabe auferlegen. Wir verlangten von dir kein Geld, wir stürzten uns nicht auf deine Waren, wir verachteten deine Erzeugnisse; aber unsere Frauen und Töchter kamen zu dir und entzogen deinen Adern Blut. Wenn du eines Tages fortgehst, wirst du uns Kinder hinterlassen." Und er fügt hinzu: „Obwohl wir kräftiger und gesünder sind als ihr, haben wir doch bemerkt, dass ihr uns an Intelligenz übertrefft, und so haben wir einige unserer schönsten Frauen und Töchter dazu bestimmt, den Samen einer Rasse zu empfangen, die besser ist als die unsere" (Diderot 1965, S. 50 f.).

Trotz der auch von Bougainville als sorgfältigem Beobachter schließlich erkannten Mängel und Ungerechtigkeiten bei dem Volk der Tahitianer blieb der Traum vom Paradies in Europa erhalten. Es war vor allem der schwärmerische Brief des die Weltumsegelung Bougainvilles begleitenden Naturforschers Philibert Commerson an den Astronomen Jérôme Lalande, der dem Pariser Publikum den Eindruck vermittelte, Tahiti sei das verloren gegangene Paradies der Menschheit: „Diese Insel schien mir so beschaffen, dass ich ihr schon den Namen Utopia beigelegt, den Thomas Morus seiner idealen Republik gegeben. Ich wusste noch nicht, dass Herr de Bougainville sie Neu Kythera genannt, und erst später hat ein Prinz dieser Nation (nämlich jener, den man nach Europa gebracht) uns erklärt, dass sie bei ihren Bewohnern Tahiti heiße. Der Name, den ich ihr bestimmte, kam einem Lande zu, vielleicht dem einzigen auf der Erde, wo Menschen ohne Laster, ohne Vorurteile, ohne Mangel, ohne inneren Zwist leben. Geboren unter dem schönsten Himmelsstrich, genährt von den Früchten eines Landes, das fruchtbar ist, ohne bebaut zu werden, regiert eher von Familienvätern als von Königen, kennen sie keinen anderen Gott als die Liebe. Weder die Schande noch die Scham üben ihre Tyrannei aus. Jeder Fremde wird zur Teilnahme an diesen glücklichen Mysterien zugelassen, ja es ist sogar eines der Gesetze der Gastfreundschaft, ihn dazu einzuladen, sodass der gute Tahitier unaufhörlich genießt – entweder das Gefühl seiner eigenen Wonnen oder das Schauspiel der Sinnenlust der anderen. Ein puritanischer Sittenrichter sieht darin vielleicht nur Zügellosigkeit der Sitten, grauenvolle Prostitution, den dreistesten Zynismus, aber ist es nicht der Zustand des natürlichen Menschen, der in seinem Ursprung wesentlich gut, von jedem Vorurteil frei ist und der ohne Argwohn und ohne Gewissensbisse den sanften Trieben eines stets sicheren Instinktes folgt, welcher noch nicht zur Vernunft degeneriert ist" (Commerson 1769 in: Bougainville 1980, S. 365 f.). Und was die praktischen Fähigkeiten der Bewohner Tahitis betrifft, schwärmt Commerson: „Dies hier ist wahrhaftig keine Horde von grobschlächtigen und stumpfsinnigen Wilden; alles bei diesem Volke trägt den Stempel der vollkommensten Intelligenz." Commerson nimmt die Tahitianer auch vor dem Vorwurf, sie seien insgesamt Diebe, in Schutz: „Ich werde mich von diesen teuren Tahitiern nicht trennen, ohne sie von einem Schimpf reingewaschen zu haben, den man ihnen antat, indem man sie als Diebe bezeichnete. Es ist wahr, dass sie uns viele Dinge weggenommen, und dies sogar mit einer Geschicklichkeit, die dem gewitztesten Spitzbuben von Paris alle Ehre gemacht hätte. Aber verdienen sie deshalb die Bezeichnung Diebe? Was ist Diebstahl denn? Der Raub einer Sache, welche Eigentum eines anderen ist. Damit einer sich zu Recht beklagt, bestohlen worden zu sein, muss man ihm also einen Gegenstand weggenommen haben, bei dem vorher festgesetzt und anerkannt wurde, dass er ein Recht auf dessen Besitz habe. Aber gibt es dieses Besitzrecht in der Natur? Nein, es ist reine Konvention. Keine Konvention verpflichtet, es sei denn, sie ist bekannt und wird akzeptiert. Der Tahitier, der nichts hat, der großzügig alles anbietet und verschenkt, was er andere begehren sieht, erhebt darauf keinen ausschließlichen Anspruch; wenn er uns also eine Sache wegnimmt, die seine Neugierde erregt, so ist dies für ihn nur ein Akt des natürlichen Ausgleichs" (Commerson 1769 in: Bougainville 1980, S. 371). Auch Bougainville hat zwar die Diebstähle als störend empfunden, äußert aber für sie trotzdem ein hohes Maß an Verständnis: „Das einzige Übel war, dass man alles, was an Land gebracht wurde, und sogar seine Taschen hüten musste, denn in ganz Europa gibt es keine so geschickten Hände zum Stehlen wie hier. Indes scheint der Diebstahl unter ihnen nicht üblich zu sein. In ihren Häusern ist nichts verschlossen, alles liegt und hängt umher ohne Schloss oder Wächter. Ohne Zweifel reizte die Neugierde auf die ihnen fremden Gegenstände ihre Begierden" (Bougainville 1980, S. 187).

Eine ähnliche Konstellation wie zwischen Bougainville und Commerson wiederholte sich während Cooks erstem Aufenthalt auf Tahiti. In diesem Fall war es Sir Joseph Banks, der vertraute Beziehungen zu den Inselbewohnern aufnahm, von der sexuellen Gastfreundschaft der Tahitianer oft Gebrauch machte, an ihren Zeremonien teilnahm und selbst bei ihren Festen mittanzte. Auf diese Weise erwarb Banks sich eine Kenntnis der Sitten und Gebräuche der Tahitianer, die sein Bordtagebuch auch heute noch als eines der wertvollsten ethnographischen Dokumente über die tahitische Kultur des 18. Jahrhunderts erscheinen lassen. Banks machte sich auch in Konfliktfällen häufig zum Fürsprecher der Tahitianer (vgl. Kohl 1981, S. 295 f.).

Für James Cook dagegen war Tahiti kein Paradies, sondern eher eine Lasterhöhle, in der Diebstähle, Wollust und Völlerei an der Tagesordnung waren. Als er auf seiner ersten Reise nach einem dreimonatigen Aufenthalt Tahiti wieder verließ, lieferte er eine Zusammenfassung seiner Eindrücke über das Aussehen und die Gemütsart der dortigen Einwohner, die auf den ersten Blick mit den schwärmerischen Äußerungen der französischen Seefahrer übereinzustimmen scheint: „Das Volk selbst ist von der größten Statur der Europäer. Die Männer sind groß, stark, von schönen Gliedmaßen, überhaupt ansehnliche Leute" (Cook 1774, S. 185). Über das Aussehen besonders der vornehmen Frauen sagt Cook, dass sie von jener Art heller Olivenfarbe seien, die viele Europäer der weißen Farbe vorziehen. „Sie haben dabei auch eine ungemein glatte und sanfte Haut. Ihre Gesichter sind wohlgebildet; die Kinnbacken sind nicht hoch, die Augen nicht hohl, noch die Stirne hervorragend; das einzige an ihrer Gesichtsbildung, das mit unseren Begriffen von Schönheit nicht übereinstimmt, ist die Nase, die etwas flach ist. Hingegen sind ihre Augen, insbesondere bei den Frauenzimmern, voller Ausdruck; bald glühen sie wie

Abb. 37: James Cook und Joseph Banks (aus Cook 1843)

Feuer, dann sind sie wieder zärtlich schmachtend; ihre Zähne sind fast
ohne Ausnahme ungemein schön, eben und weiß, und ihr Atem ist ganz
rein, von allem Geruch frei" (Cook 1774, S. 185). Überhaupt kann Cook
die persönliche Reinlichkeit dieses Volkes nicht genug rühmen: „Die Ein-
geboren von Otaheite beiderlei Geschlechts baden sich am ganzen Körper einen Tag wie den anderen, ohne Ausnahme, dreimal in fließendem
Wasser; einmal, sobald sie des Morgens aufstehen; einmal zu Mittag und
noch einmal des Abends, ehe sie sich schlafen legen" (Cook 1774,
S. S. 207).

Auch in Bezug auf die Gemütsart der Insulaner findet Cook zunächst
lobende Worte: „Ihr Betragen ist edel, und ihre Aufführung gegen Fremde
und gegen einander leutselig und höflich. Ihrer Gemütsart nach waren sie
überdies noch tapfer, offenherzig, freimütig, ohne allen Argwohn, Ver-
räterei, Grausamkeit und Rachsucht; dieser guten Eigenschaften wegen
setzten wir auch so viel Vertrauen auf sie, als man auf den besten Freund
nur setzen kann" (Cook 1774, S. 185 f.). Dann aber spricht Cook über jene
von allen Besuchern dieser Insel erwähnte, aber unterschiedlich bewertete
Eigenschaft, die seinen Aufenthalt immer wieder in Schwierigkeiten gebracht hat, indem er nach der Aufzählung ihrer guten Eigenschaften fest-

stellt: „Allein insgesamt waren sie Diebe" (Cook 1774, S. 186). Und zwar waren Cook zufolge und entgegen allen Vorstellungen der Franzosen diese Diebereien auch gegen die eigenen Stammesgenossen gerichtet. Bei einer besonderen Gelegenheit sah Cook mit Bedauern, dass diese Leute bedenkenlos gegeneinander vorsätzliche und niederträchtige Betrügereien begingen. „Bisher", sagt Cook, „hatte ich sie derer an uns verübten Diebstähle wegen noch immer damit entschuldigt, dass die Reize des für sie unschätzbaren europäischen Metalls, und die Vorstellung, dass sie sich plötzlich damit bereichern konnten, für ihre natürliche Ehrlichkeit allzu mächtige Versuchungen wären. Nach dem aber, was ich sehen musste, änderte ich mein Urteil, und die gute Meinung, die ich bisher von ihnen hatte, verringerte sich merklich" (Cook 1774, S. 169). Gaben diese Diebereien Cook schon Anlass genug, an der moralischen Unschuld der Wilden Tahitis zu zweifeln, so war das von den Franzosen Bougainville und Commerson so schwärmerisch verherrlichte Geschlechtsleben dieses Volkes für ihn ein unbegreifliches Laster. Nicht nur musste er feststellen, dass „der Bruder die Schwester, der Vater die Tochter aus Höflichkeit oder um Lohn einem Fremden anbietet, dass Ehebrüche, selbst von Seiten der Frau begangen, nicht anders als durch einige Scheltworte, oder höchstens mit einer kleinen Tracht Schläge, bestraft werden", sondern er stellte auch mit Grausen fest, dass es dort einen Grad von Ausschweifungen gebe, der bei keiner anderen Nation, die bisher entdeckt worden war, bekannt geworden sei. Von dieser wahren Horrorgeschichte berichtet Cook voller Ekel und Entsetzen: „Eine sehr beträchtliche Anzahl der vornehmsten Leute von Otaheite, beiderlei Geschlechts, haben nämlich eine Gesellschaft unter sich errichtet, worin ein jedes Frauenzimmer einer jeden Mannsperson gemeinschaftlich ist. Solchergestalt sichern sie sich eine beständige Abwechslung, so oft ihnen die Lust dazu ankommt, und dieses ereignet sich so oft, dass der nämliche Mann und die nämliche Frauensperson es selten länger als zwei oder drei Tage miteinander halten. Diese Gesellschaften werden Arreoys genannt, und die Mitglieder derselben halten gewisse Zusammenkünfte unter sich, denen sonst niemand beiwohnen darf; die Männer belustigen sich dabei mit Wettringen, und die Weiber tanzen mit verschiedenen Männern mit den mutwilligsten Gebärden, um bei jenen Lüste zu erregen, die alsdann, wie man uns versicherte, oft auf der Stelle befriedigt werden" (Cook 1774, S. 205).

Solche Berichte klingen auch für Cook noch einigermaßen harmlos. Der eigentliche verbrecherische Horror beginnt erst bei den Folgen die-

Abb. 38: Die Tänze der Tahitianerinnen (aus Cook 1774)

ser Ausschweifungen: „Allein so arg dieses auch sein mag", sagt Cook, „so ist es im Vergleich mit den Folgen dieser Wollust doch noch nichts. Wenn irgendeine von den Frauenspersonen schwanger wird, welches sich bei dieser Lebensart seltener ereignet, als wenn sie nur mit einem Mann zu tun hätten, so wird das arme Kind gleich, so wie es geboren ist, erstickt, damit es dem Vater nicht zur Last fallen und die Mutter in der Vergnügung ihrer teuflischen Lüste nicht hindern möge" (Cook 1774, S. 205). Sollte aber eine Frau, überwältigt von jener angeborenen Liebe, welche die Natur allen Geschöpfen zur Erhaltung ihrer Jungen eingepflanzt hat, das Leben ihres Kindes schonen wollen, dann ist das nur gestattet, wenn sie einen Mann findet, der sich des Kindes als Vater annehmen will. Doch als Folge dieser Entscheidung werden beide mit Schimpf und Schande aus der Gesellschaft ausgestoßen.

Neben Diebstahl, Prostitution und sexueller Ausschweifung verbunden mit verbrecherischem Kindsmord muss Cook noch ein weiteres Laster vor allem der vornehmen und reichen Tahitianer feststellen: eine hem-

Abb. 39: Ein tahitischer Fresser (nach den Angaben von Georg Forster aus Verne 1879)

mungslose Völlerei und Fresssucht. Von den unglaublichen Mengen an Nahrungsmitteln, welche die Tahitianer auf einmal zu sich nehmen, weiß Cook als Augenzeuge zu berichten: „Es ist unglaublich, was für eine Menge an Lebensmitteln diese Leute auf einmal zu sich nehmen. Ich bin Zeuge gewesen, dass ein Mann zwei oder drei Fische, drei Brotfrüchte, jede größer als zwei Fäuste, vierzehn oder fünfzehn Bananen, jede 6 bis 7 Zoll lang und 4 bis 5 Zoll im Umfang, und beinahe ein Quartmaß voll gekneteter Brotfrucht, die ebenso nahrhaft ist als der dickste unge-backene Fladen, bei einer Mahlzeit gegessen hat" (Cook 1774, S. 200).

Dies konnten nicht nur die wissenschaftlichen Begleiter Cooks auf seiner ersten Reise, Joseph Banks und Doktor Daniel Solander, sondern auch Georg Forster auf seiner zweiten Reise bestätigen: „Wir kamen zu einem hübschen Haus, in welchem ein sehr fetter Mann ausgestreckt da lag, und in der nachlässigsten Stellung, das Haupt auf ein hölzernes Kopfkissen gelehnt, faulenzte. Vor ihm waren zwei Bediente beschäf-tigt, seinen Nachtisch zu bereiten. Zuvor setzte sich eine Frauensper-son neben ihn und stopfte ihm von einem großen gebackenen Fische und von Brodfrüchten jedes Mal eine gute Hand voll ins Maul, welches er mit sehr gefräßigem Appetit verschlang. Man sah offenbar, dass er für nichts als den Bauch sorge, und überhaupt war er ein vollkommenes Bild phlegmatischer Fühllosigkeit. Kaum würdigte er uns eines Seiten-blicks und einsilbige Wörter, die er unterm Kauen zuweilen hören ließ, waren nur eben so viel Befehle an seine Leute, dass sie überm Her-gucken nach uns das Futtern nicht vergessen möchten. Das große Ver-gnügen, welches wir auf unsern bisherigen Spaziergängen in der Insel, besonders aber heute, empfunden hatten, ward durch den Anblick und durch das Betragen dieses vornehmen Mannes nicht wenig vermindert. Wir hatten uns bis dahin mit der angenehmen Hoffnung geschmeichelt, dass wir doch endlich einen kleinen Winkel der Erde ausfindig gemacht, wo eine ganze Nation einen Grad von Zivilisation zu erreichen und dabei doch eine gewisse frugale Gleichheit unter sich zu erhalten ge-wusst habe, dergestalt, dass alle Stände mehr oder minder gleiche Kost, gleiche Vergnügungen, gleiche Arbeit und Ruhe mit einander gemein hätten. Aber wie verschwand diese schöne Einbildung beim Anblick dieses trägen Wollüstlings, der sein Leben in der üppigsten Untätigkeit ohne allen Nutzen für die menschliche Gesellschaft, eben so schlecht hinbrachte, als jene privilegierten Schmarotzer in gesitteten Ländern, die sich mit dem Fett und Überfluss des Landes mästen, indes der fleißi-

gere Bürger desselben im Schweiß seines Angesichts darben muss"
(Forster 1983, S. 275 f.).
Diese Fresssucht der Insulaner machte auch nicht vor der eigenen Art
halt. Cook stellt, wie auch andere Forschungsreisende, das Auftreten von
Kannibalismus fest. So berichtet er über die Kannibalen von Neuholland,
dass er bei ihnen einen Unterarmknochen eines Mannes oder einer Frau
erhielt, der ganz frisch war und von dem das Fleisch erst kürzlich entfernt
worden war, und sie erklärten, dass sie erst vor einigen Tagen die Besatzung eines Bootes ihrer Feinde getötet und verzehrt hatten. Cook aber
nahm an, dass es auch einfach Fremde gewesen sein mochten. Denn er
vermutete, dass sie alle Fremden als Feinde ansahen. Auf die Frage von
Banks: „Wo kommen die Köpfe hin? Esst ihr denn diese auch?", sagte ein
alter Mann: „Von den Köpfen essen wir nur das Gehirn, und sobald ich
euch wieder einmal besuche, will ich ein Paar von ihnen mitbringen, damit ihr sehen sollt, dass ich die Wahrheit sage" (Cook 1774, S. 388).
Nach solchen Aussagen hatte niemand mehr den geringsten Zweifel
daran, dass diese Leute Kannibalen waren. Banks sah sogar, dass einer
von ihnen einen Unterarmknochen in die Hand nahm, und um zu zeigen,
dass er das Fleisch gegessen hatte, „biss er auf den Knochen und benagte
ihn, und gab durch Gebärden zu verstehen, dass ihm das Fleisch ein
rechter Leckerbissen gewesen sei" (Cook 1774, S. 387).

Georg Forster, der nicht daran zweifelte, dass die Neuseeländer Men-
schenfresser seien, liefert in seinem Reisebericht eine ungewöhnliche
Schilderung und Beurteilung des Kannibalismus auf Neuseeland und
löste dadurch in den gebildeten Zirkeln Europas eine hitzige kontroverse
Debatte aus. Er berichtet, dass einer seiner Mitreisenden, ein Herr
Pickersgill, den Kopf eines Getöteten zu kaufen wünschte, um ihn zum
Andenken dieser Reise mit nach England zu nehmen. „Er bot also einen
Nagel dafür und erhielt ihn, um diesen Preis, ohne das mindeste Beden-
ken (Anmerkung: Dieser Kopf befindet sich jetzt in Herrn Joh. Hunters
anatomischem Cabinet zu London). Als er mit seiner Gesellschaft an
Bord zurückkam, stellte er ihn oben auf das Geländer des Verdecks zur
Schau hin. Indem wir noch alle darum her waren, ihn zu betrachten,
kamen einige Neu-Seeländer vom Wasserplatz zu uns. Sobald sie des
Kopfes ansichtig wurden, bezeugten sie ein großes Verlangen nach
demselben, und gaben durch Zeichen deutlich zu verstehen, dass das
Fleisch von vortrefflichem Geschmack sei. Den ganzen Kopf wollte Herr
Pickersgill nicht fahren lassen, doch erbot er sich, ihnen ein Stück von

der Backe mitzuteilen, und es schien, als freuten sie sich darauf. Er schnitt
es auch wirklich ab und reichte es ihnen; sie wolltens aber nicht roh essen,
sondern verlangten es gar gemacht zu haben. Man ließ es also, in unsrer
aller Gegenwart, ein wenig über dem Feuer braten, und kaum war dies
geschehen, so verschlangen es die Neu-Seeländer vor unsern Augen mit
der größten Gierigkeit. Nicht lange nachher kam der Capitain mit seiner
Gesellschaft an Bord zurück, und da auch diese Verlangen trugen, eine so
ungewöhnliche Sache mit anzusehen, so wiederholten die Neu-Seeländer
das Experiment noch einmal in Gegenwart der ganzen Schiffsgesell-
schaft. Dieser Anblick brachte bei allen denen, die zugegen waren, son-
derbare und sehr verschiedene Wirkungen hervor. Einige schienen, dem
Ekel zum Trotze, der uns durch die Erziehung gegen Menschenfleisch
beigebracht worden, fast Lust zu haben mit anzubeißen, und glaubten
etwas sehr Witziges zu sagen, wenn sie die Neu-Seeländischen Kriege
für Menschenjagden ausgaben. Andre hingegen waren auf die Menschenfresser unvernünftigerweise so erbittert, dass sie die Neu-Seeländer
alle totzuschießen wünschten, gerade als ob sie Recht hätten, über das
Leben eines Volks zu gebieten, dessen Handlungen gar nicht einmal vor
ihren Richterstuhl gehörten! Einigen war der Anblick so gut als ein
Brechpulver. Die übrigen begnügten sich, diese Barbarei eine Entehrung
der menschlichen Natur zu nennen und es zu beklagen, dass das edelste
der Geschöpfe dem Tiere so ähnlich werden könne!" (Forster 1983,
S. 444 f.).
   Wie sehr Forster von der mit eigenen Augen gesehenen Tatsache der
Menschenfresserei der Neuseeländer überzeugt war, spricht er in seiner
Reisebeschreibung deutlich aus: „Philosophen, die den Menschen nur
von ihrer Studierstube her kennen, haben dreist weg behauptet, dass es,
aller älteren und neueren Nachrichten ohnerachtet, nie Menschenfresser
gegeben habe: Selbst unter unsern Reisegefährten waren dergleichen
Zweifler vorhanden, die dem einstimmigen Zeugnis so vieler Völker bisher noch immer nicht Glauben beimessen wollten. Capitain Cook hatte
indessen schon auf seiner vorigen Reise aus guten Gründen gemutmaßt,
dass die Neu-Seeländer Menschenfresser sein müssten; und jetzt, da wir
es offenbar mit Augen gesehen haben, kann man wohl im geringsten
nicht mehr daran zweifeln" (Forster 1983, S. 445). Und dann zieht er
einen Vergleich zwischen dem Kannibalismus der Wilden und den Barbareien der zivilisierten Nationen, die er für weit grausamer hält: „Wir
selbst sind zwar nicht mehr Kannibalen, gleichwohl finden wir es weder

grausam noch unnatürlich, zu Felde zu gehen und uns bei Tausenden die Hälse zu brechen, bloß um den Ehrgeiz eines Fürsten, oder die Grillen seiner Maitresse zu befriedigen. Ist es aber nicht Vorurteil, dass wir vor dem Fleische eines Erschlagenen Abscheu haben, da wir uns doch kein Gewissen daraus machen, ihm das Leben zu nehmen? Ohne Zweifel wird man sagen wollen, dass ersteres den Menschen brutal und fühllos machen würde. Allein, es gibt ja leider Beispiele genug, dass Leute von zivilisierten Nationen, die, gleich verschiedenen unsrer Matrosen, den bloßen Gedanken von Menschenfleisch-Essern nicht ertragen, gleichwohl Barbareien begehen können, die selbst unter Kannibalen nicht erhört sind! Was ist der Neu-Seeländer, der seinen Feind im Kriege umbringt und frisst, gegen den Europäer, der, zum Zeitvertreib, einer Mutter ihren Säugling, mit kaltem Blut, von der Brust reißen und seinen Hunden vorwerfen kann? Der Bischof Las Casas sah diese Abscheulichkeit unter den ersten spanischen Eroberern von Amerika" (Forster 1983, S. 448).

Einen wesentlichen Beitrag zur Beschreibung Tahitis und seiner Bewohner hat Georg Forster in seiner „Reise um die Welt" (1777) dadurch geliefert, dass er die überschwänglichen Berichte vom paradiesischen Leben der Einwohner Tahitis durch genauere Beobachtungen des Alltagslebens korrigieren konnte. „Immerhin mögen Romandichter", sagt er, „die sich ihrer Ideale nicht entschlagen können und gewohnt sind, von Naturmenschen, vom Goldenen Zeitalter, von ursprünglicher Vortrefflichkeit und Einfalt und einem angeborenen Gefühl, dass allen alles gehöre, überirdisch zu träumen, immerhin mögen sie, sage ich, diese Bilder ihrer süßelnden Phantasie auch in ihre Darstellung der wirklichen Welt übertragen: der Reisende durchirrt alle vier Weltteile und findet nirgends das liebenswürdige Völkchen, welches man ihm in jedem Walde und in jeder Wildnis versprach." Völlig unzutreffend sei vor allem die Vorstellung, dass es bei den Einwohnern Tahitis kein Besitzrecht gebe und allen alles gemeinsam gehöre. „Man zeige uns den Wilden", sagt dagegen Forster, „der, ohne blödsinnig zu sein, vom Mein und Dein gar keine Begriffe hat. Sein ist die Hütte, die er errichtet, der Pelz, den er genäht, der Kahn, den er ausgehöhlt, der Bogen, den er geschnitzt, die Schleuder, die er geflochten, das Netz, das er gestrickt, der Putz, den er sich mühsam zusammengesucht und mit unendlicher Geduld bereitet hat. Sein ist der Baum über seinem Haupte, der ihm Früchte trägt, das Wild, das er tötet, der Fisch, den er fängt. Sein ist endlich der Wald, wo er jagt, das Ufer, wo er fischt, das Weib, das er umarmt. Niemand versucht es ungeahndet, ihn im Besitz dieses Eigentums zu beeinträchtigen." Forster zieht auch einen Vergleich zwischen der Sozialstruktur der Gesellschaft auf Tahiti mit ihrer Schichtung in Adlige, freie Krieger und abhängige Bedienstete einerseits und dem System der Fronarbeit, der benachteiligten Stellung der Frau und dem alten europäischen Feudalsystem andererseits. Es sei zwar zwischen den drei tahitischen Klassen ein wesentlicher Unterschied vorhanden, doch werde die Zufriedenheit des Volks dadurch ungleich weniger beeinträchtigt, als es in den zivilisierten Ländern Europas zutreffe. Denn die Lebensart der Nation sei überhaupt zu einfach, als dass die Verschiedenheit des Standes einen merklichen Unterschied zulassen könnte. Auf Tahiti ist zwischen dem Höchsten und dem Niedrigsten, meint Forster, nicht einmal ein so großer Unterschied vorhanden, wie man ihn in England zwischen der Lebensart eines Handwerksmannes und eines Tagelöhners findet. Das Volk sehe sich insgesamt als eine einzige Familie und die Befehlshaber gleichsam nur als seine älteren Brüder an, denen nach dem Recht der Erstgeburt Vorzug gebührt. Doch Forster meint, dass diese glückliche Gleichheit nicht lange andauern könne. Da die von der Arbeit befreiten Vornehmen sich in einem ungleich stärkeren Maß vermehren müssten als die dienstbare Klasse, so werde diese künftig immer mehr mit Arbeit beschwert werden. Das gemeine Volk werde diesen Druck empfinden, das Gefühl der gekränkten Rechte der Menschheit werde in ihm erwachen und es werde zu einer Revolution kommen. „Dies ist der gewöhnliche Zirkel aller Staaten. Vorderhand steht freilich für Tahiti", sagt Forster, „noch lange keine solche Veränderung zu befürchten; ob aber die Einführung des fremden Luxus die Ankunft dieser unglücklichen Periode nicht beschleunigen werde? Das muss man den Europäern zur ernstlichen Erwägung anheimstellen. Wahrlich! wenn die Wissenschaft und Gelehrsamkeit einzelner Menschen auf Kosten der Glückseligkeit ganzer Nationen erkauft werden muss; so wär' es, für die Entdecker und Entdeckten, besser, dass die Südsee den unruhigen Europäern ewig unbekannt geblieben wäre!" (Forster 1983, S. 332).

Die Riesen von Patagonien

Ein anderes Volk, das die Europäer in Staunen versetzte und über das es widersprüchliche und zum Teil unglaubwürdige Berichte der Seefahrer gab, waren die Riesen von Patagonien. Die ersten Nachrichten über sie stammen von Magellan. Südlich des Río de la Plata hatte er die Gelegenheit, einen von ihnen mit eigenen Augen zu sehen. Pigafetta berichtet von diesem ersten Zusammentreffen: „Eines Tages erblickten wir zu unserem Erstaunen an der Küste einen Mann von Riesengröße, der unbekleidet tanzte und sang und sich dabei Sand über den Kopf warf. Dieser Mann war so groß, dass ihm der Kopf des Größten von uns nur bis zum Gürtel reichte. Er war schön gewachsen und besaß ein rot bemaltes Gesicht. Die Augen waren von einem gelben Kreis eingerahmt und zwei herzförmige Flecken zierten die Wangen. Die wenigen Haare waren weiß gefärbt. Sein Mantel, aus Pelzwerk zusammengesetzt, stammte von einem Tier, das, wie wir später oft genug feststellen konnten, in diesem Lande in großen Scharen lebt. Dieses Tier hat den Kopf und die Ohren eines Maultiers, den Leib eines Kamels, die Beine eines Hirsches und einen Pferdeschweif. Auch wiehert es wie ein Pferd. Mit der Haut des Tieres hatte der Riese seine Füße umwickelt. In der Hand hielt er einen kurzen starken Bogen, dessen Sehne, ein wenig dicker als eine Lautensaite, aus den Därmen desselben Tieres gefertigt war, und kurze Pfeile aus Schilfrohr, die an einem Ende gefiedert waren. Sie glichen den unsrigen, nur dass sie anstelle einer eisernen Spitze eine aus weißem und schwarzem Feuerstein hatten. Aus demselben Stein stellen diese Wilden Werkzeuge her, mit denen sie das Holz bearbeiten" (Pigafetta 2012, S. 87 f.). Magellan ließ diesen Riesen an Bord bringen, ihm Speisen und Getränke reichen und unter anderem auch einen Spiegel aus Stahl zeigen. „Da der Riese von solch einem Ding keinen Begriff hatte und nicht ahnte, dass er sich darin selber sehen würde, fuhr er, als er seine Gestalt erblickte, so erschrocken zurück, dass er vier Mann, die hinter ihm standen, zu Boden warf. Magellan schenkte ihm Schellen, einen kleinen Spiegel, einen Kamm und ein paar Glasperlen. Dann ließen wir unseren Gast durch viele wohlbewaffnete Soldaten wieder an Land bringen. Am Strande zeigte sich ein zweiter Riese, der es, wie es schien, nicht wagte, sich unserem Schiff zu nähern. Als unsere Matrosen auf ihn zukamen, rief er andere, die wir vorher nicht bemerkt hatten, hinzu und alle stellten sich nun nackt und unbewaffnet, wie sie waren, in einer Reihe auf und tanzten und sangen, wobei sie den Zeigefinger gegen den Himmel hoben. Sie zeigten uns ein aus Wurzeln bereitetes weißes Pulver, das sich in tönernen Gefäßen befand, und luden uns ein, davon zu kosten. Unsere Matrosen forderten sie durch Zeichen auf, unsere Schiffe zu besichtigen, und machten sich erbötig, den Riesen beim Tragen ihrer Waffen zu helfen. Die Riesen leisteten der Einladung Folge. Die Männer nahmen Pfeile und Bogen, alles andere luden sie ihren Frauen auf, genauso wie Lasttieren" (Pigafetta 2012, S. 88 f.). Die Frauen der Patagonier beschreibt Pigafetta als nicht so groß, aber außergewöhnlich dick. „Ihr Anblick", sagt er, „versetzte uns in nicht geringe Verwunderung. Ihre herabhängenden Brüste sind über einen Fuß lang. Sie bemalen und kleiden sich wie ihre Männer und tragen außerdem ein kleines Fell um die Hüften" (Pigafetta 2012, S. 90). Außerdem stellt er fest, dass diese Indianer nicht sesshaft sind, sondern sich wie die Zigeuner bald an diesem, bald an jenem Ort niederlassen. Sie sind sehr starke Esser. Zwei von ihnen, die sich mehrere Tage bei den Leuten Magellans aufhielten, aßen ein jeder täglich einen Korb voll Zwieback, dazu tranken sie einen halben Eimer Wasser. Mäuse essen sie roh, ohne ihnen vorher die Haut abzuziehen Magellan gab diesem Volk wegen seiner großen Füße den Namen Patagonier.

Es scheint durch den einstimmigen Bericht der Franzosen erwiesen zu sein, dass dieses Volk die größte Statur und den robustesten Körperbau hatte, die bei Menschen bekannt sind. Keiner war unter 5 Fuß und 5 bis 6 Zoll groß, einige sogar 6 Fuß. Ihr außerordentlich breiter Rücken, ihr großer Kopf und ihre plumpen Glieder gaben ihnen ein riesenmäßiges Aussehen.

Magellan versuchte auch, Exemplare des Riesenvolkes der Patagonier zur Aufzucht in Spanien zu verschleppen. Dabei ging er gegen die gutmütigen nichtsahnenden Riesen auf hinterlistige Weise vor: „Sie waren unbewaffnet und auf verschiedene Weise bemalt. Da der Generalkapitän damit rechnete, bald wieder in See stechen zu können, beschloss er die Gelegenheit zu nützen und die zwei Größten zurückzubehalten, um sie mit nach Spanien zu nehmen. Da er aber einsah, dass es schwer fallen würde, Gewalt anzuwenden, bediente er sich einer List: Er beschenkte die Riesen mit einer großen Menge von Messern, Spiegeln und Glasperlen und bot ihnen dann noch zwei Paar der eisernen Ringe an, wie man sie zum Fesseln verwendet. Die Wilden zeigten sofort ein heftiges Verlangen, die eisernen Ringe zu besitzen, doch sie konnten mit ihren schon überladenen Händen nicht nach ihnen fassen. Nun bedeutete ihnen Magellan, sie sollten sie an ihren Füßen befestigen. Damit waren sie zufrieden und die Matrosen legten ihnen die Ringe an. Als die Riesen inne wurden, dass sie überlistet worden waren und die Fesseln nicht mehr abzustreifen vermochten, gerieten sie in Wut, schnaubten, „heulten und riefen den Setebos, ihren mächtigsten Gott, um Hilfe an. Der General-

Abb. 40: Ein Riese aus Patagonien (aus Zimmermann 1808)

kapitän wünschte nun auch einiger Weiber habhaft zu werden, um diese Riesengattung nach Spanien zu verpflanzen. Er gab den Befehl, die zwei ungefesselten Eingeborenen zu zwingen, unsere Matrosen an den Ort zu bringen, wo sich die Frauen aufhielten. Nur mit Mühe waren neun der stärksten Matrosen imstande, die Riesen zu überwältigen und zu fesseln. Einer der Indianer befreite sich dennoch wieder, der andere widersetzte sich mit solcher Heftigkeit, dass er eine leichte Wunde am Kopf davontrug" (Pigafetta 2012, S. 92). Daraufhin ergriffen alle Indianer, Männer, Frauen und Kinder, überraschend die Flucht. Sie hatten ohne Zweifel den Verwundeten gesehen und Verdacht geschöpft. Schließlich wurde dieser dann doch gefügig gemacht und auf das Schiff verfrachtet.

Während der Fahrt unterhielt sich Pigafetta, so gut das möglich war, dann und wann mit dem patagonischen Riesen: „Indem ich mich der Gebärdensprache bediente, konnte ich von ihm erfragen, wie er diesen und jenen Gegenstand in seiner Sprache benannte. Der Riese gewöhnte sich mit der Zeit daran, sogleich die Gegenstände, die ihm in die Augen fielen, zu benennen, wenn er sah, dass ich Feder und Papier mitgebracht hatte. Unter anderem erklärte er mir auch, wie man in seinem Lande ein Feuer entfacht: Man reibt ein zugespitztes Holz gegen ein anderes, bis ein Stück Baummark, das zwischen den Hölzern liegt, Feuer fängt" (Pigafetta 2012, S. 106). Als Pigafetta dem Riesen eines Tages das Kreuz zeigte und es küsste, gab ihm der Patagonier durch Gebärden zu verstehen, dass Setebos in seinen Körper kommen werde und er daran sterben werde; am nächsten Tag wunderte er sich, dass dies nicht geschah. Vielmehr erkrankte wenige Wochen später der Riese selbst. Als er fühlte, dass er sterben werde, verlangte er nach dem Kreuz und küsste es. Dann bat er um die Taufe.

Die Verschleppung der Eingeborenen nach Europa

Das Wegfangen und Mitschleppen von Eingeborenen, um sie zu Hause als Muster vorzuzeigen, war, abgesehen von der seelenlosen Gesinnung und der Grausamkeit gegenüber den unschuldigen, entheimateten Opfern, ihren Frauen, Kindern und Eltern, zumeist auch ein schmählicher Vertrauensbruch, weil sich die Eingeborenen nur im Vertrauen auf die vorgespiegelte Freundschaft den Weißen in die Hände gegeben hatten (vgl. Friederici 1969, 2. Bd., S. 522). Bereits Columbus verschleppte Indianer als Sklaven nach Spanien. Nach seiner Landung erhielt er ein Sendschreiben des König und der Königin mit einer Einladung an den Hof. Von Sevilla aus zog er über Córdoba, Valencia und andere Städte in einem Triumphzug nach Barcelona. Sechs Indianer begleiteten ihn und trugen Käfige mit bunten Papageien sowie einige Goldproben. Überall war die Neugier riesengroß.

Ein ähnliches trauriges Schicksal wie der mit List und Gewalt an Bord von Magellans Schiff geschleppte patagonische Riese erlitt jener Eingeborene von der Insel Tahiti, den Cook auf seinem Schiff nach Europa mitnehmen wollte. Denn auch dieser starb auf der Überfahrt an einer Krankheit. Doch im Unterschied zu dem patagonischen Riesen ging der Tahitianer freiwillig mit. Cook berichtet: „Eine Zeit lang, bevor wir diese Insel verließen, erboten sich mehrere der Eingeborenen täglich, mit uns zu gehen, und da die Ansicht herrschte, dass sie uns bei künftigen Entdeckungen nützlich sein müssten, entschlossen wir uns, einen mit Namen Tupia mitzunehmen, einen Häuptling und Priester. Dieser Mann war die meiste Zeit bei uns gewesen, die wir auf der Insel zugebracht hatten, wodurch wir Gelegenheit nahmen, einiges über ihn in Erfahrung zu bringen. Wir erachteten ihn als eine sehr intelligente Person, und es war unter den uns bekannten Eingeborenen keiner, der mehr wusste von der Geographie der Inseln dieser Meere, von ihren Produkten und den religiösen Sitten und Bräuchen ihrer Einwohner, und so schien er unseren Zwecken am dienlichsten; aus diesen Gründen und auf den Wunsch von Mr. Banks nahm ich ihn an Bord auf, zusammen mit einem jungen Burschen, seinem Diener" (Cook 1983, S. 64 f.). Doch in Batavia fielen Tupia und sein Diener dem ungesunden Klima zum Opfer: „Jedoch um der Wahrheit die Ehre zu geben, muss man sagen, dass Tupias Tod nicht allein auf die ungesunde Luft Batavias zurückgeführt werden kann, hatte dieser doch sein Leben lang nach einer vegetarischen Diät gelebt, die ihn die Strapazen eines Lebens auf See doppelt schwer ertragen ließ. Er war stets ein außergewöhnlich sensibler, hochintelligenter Mann gewesen, jedoch auch stolz und widerspenstig vermochte er sich zu geben, was seine Situation an Bord für ihn selbst wie auch für seine Umgebung höchst unerfreulich gestaltete. Andererseits jedoch hatte er viele Kranke bis zu ihrem Hinscheiden aufopferungsvoll gepflegt und so einen guten Teil seines Lebens an Bord verbracht" (Cook 1983, S. 156).

Auf Cooks zweiter Reise erreichte ein Eingeborener zwar sein Ziel England, sollte aber seine Heimat nie wiedersehen, denn er starb auf der

Abb. 41: Der von
James Cook nach
England ver-
schleppte
Tahitianer O-Mai
(aus Cook 1983)

Rückreise. Georg Forster berichtet über die Verschleppung dieses Eingeborenen O-Mai, der an Bord der „Adventure" nach England gebracht
wurde, wo er eine Zeitlang der Gegenstand der allgemeinen Neugierde
gewesen ist. „Man hat das Publikum verschiedentlich mit allerhand fabelhaften Nachrichten von diesem Indianer unterhalten, dahin gehört unter
andern das lächerliche Vorgeben, dass er ein Priester der Sonne sei, dergleichen es doch in seinem Vaterlande nirgends gibt. Er war lang von
Statur, aber sehr schlank, und hatte besonders feine und zierlich gebildete
Hände. Aus seinen Gesichtszügen hingegen konnte man sich im geringsten keinen richtigen Begriff von der Schönheit machen, die den Einwohnern auf Tahiti eigentümlich ist; wir tun ihm im Gegenteil kein Unrecht,
wenn wir behaupten, dass uns auf Tahiti und allen Societäts-Inseln nur
wenig so mittelmäßige Gesichter vorgekommen sind, als das seinige. Dabei war er von so schwarzer Farbe, als wir sie kaum unter dem gemeinsten

Volke angetroffen hatten. Es war wirklich unglücklich, dass man gerade diesen Menschen zur Probe eines Volks auswählte, welches alle Seefahrer als schön von Bildung und hell von Farbe beschrieben hatten. Sein Herz und Verstand waren so, wie beides unter seinen Landsleuten gewöhnlich zu sein pflegt. Er war kein außerordentliches Genie wie Tupaia; aber er hatte ein gefühlvolles Herz, und einen offnen Kopf, der bald etwas begriff, daneben war er dankbar, mitleidig und lebhaft, aber auch flüchtig" (Forster 1983, S. 348).

Forster teilt auch mehrere Nachrichten über O-Mais Aufenthalt in England mit, etwa von dem Unterricht, den er dort erhalten hatte, und von seiner Rückreise. In England wurde er „für sehr dumm oder auch besonders gescheit angesehen, je nachdem die Leute selbst beschaffen waren, die von ihm urteilten. Seine Sprache, die keine rauen Mitlaute hat, und in welcher sich alle Worte mit einem Vokal endeten, hatte seine Organe so wenig geläufig gemacht, dass er ganz unfähig war, die mehr zusammengesetzten englischen Töne hervorzubringen: dieser physische oder vielmehr Gewohnheits-Fehler ward aber oft unrecht ausgelegt. Kaum war er in England angekommen, so ward er in große Gesellschaften geführt, mit den schimmernden Lustbarkeiten der wollüstigen Hauptstadt bekannt gemacht, und im glänzenden Kreis des höchsten Adels bei Hofe vorgestellt. Natürlicherweise ahmte er jene ungezwungene Höflichkeit nach, die an allen diesen Orten üblich und eine der größten Zierden des geselligen Lebens ist; die Manieren, Beschäftigungen und Ergötzlichkeiten seiner neuen Gesellschafter wurden auch die seinigen, und gaben ihm häufige Gelegenheit, seinen schnellen Verstand und lebhafte Einbildungskraft sehen zu lassen. Um von seinen Fähigkeiten eine Probe anzuführen, darf ich nur erwähnen, dass er es im Schachspiel sehr weit gebracht. Er konnte aber seine Aufmerksamkeit nicht besonders auf Sachen richten, die ihm und seinen Landsleuten bei seiner Rückkehr hätten nützlich werden können: die Mannigfaltigkeit der Gegenstände verhinderte ihn daran. Keine allgemeine Vorstellung unseres zivilisierten Systems wollte ihm in den Kopf; und folglich wusste er auch die Vorzüge desselben nicht zum Nutzen und zur Verbesserung seines Vaterlandes anzuwenden" (Forster 1983, S. 19 f.). Zwar mag er wohl öfters gewünscht haben, von Ackerbau und Viehzucht Kenntnis zu bekommen; aber es fand sich niemand, der auf diesen Wunsch eingegangen wäre. Nachdem er fast zwei Jahre in England zugebracht und die Blatternimpfung glücklich überstanden hatte, kehrte er unter Führung Cooks, der im Juli 1776 auf dem Schiff „Resolution" von neuem aus Plymouth absegelte, wieder nach Tahiti zurück. Man überhäufte ihn bei seiner Abreise mit einer Menge Kleider, Zierrat und andern Kleinigkeiten, um sein kindisches Verlangen zu befriedigen. So gab man ihm eine Drehorgel, eine Elektrisiermaschine, ein Panzerhemd und eine Ritterrüstung mit. Doch sollte das Schiff, auf dem er zurückgeschickt wurde, den Tahitianern auch ein Geschenk von Ochsen und Schafen und Ziegen bringen. Für Forster war die Einführung von nützlichen Haustieren etwas, das den europäischen Entdeckern Ehre einbringen konnte, auch wenn sie kein anderes Verdienst hätten, als dass sie „Ziegen auf Tahiti, Hunde auf den freundschaftlichen Inseln und Neuen Hebriden, und Schweine auf Neu-Seeland und Neu-Caledonien zurückgelassen haben" (Forster 1983, S. 21).

Nicht nur die Engländer machten sich der Verschleppung von Eingeborenen nach Europa schuldig, sondern auch Bougainville, dem der Herrscher des Gebietes, in dem er sich aufhielt, einen seiner Stammesgenossen als Reisegefährten anbot. Dieser Eingeborene, der Aoturu hieß, hatte sich schon kurz nach Ankunft der Franzosen freiwillig und vertrauensvoll auf die „Etoile" begeben. Die Frauen weinten sehr. Der Herrscher drängte Bougainville lebhaft, wiederzukommen, was ihm auch versprochen wurde, denn andernfalls wäre der Indianer nicht mitgefahren. „Dieser bedauernswerte Mensch", sagt der Schiffsschreiber Bougainvilles, Louis-Antoine de Saint-Germain, später, „wird lange die Dummheit bereuen, die er begangen, denn ich halte die Rückkehr in sein Vaterland für unmöglich und wäre glücklich, wenn der Kummer über den langen Aufenthalt auf See ihn nicht der augenblicklichen Vorfreude auf die Begegnung mit Frankreich beraubte. Sein hauptsächlicher Beweggrund ist das Verlangen, sich für einige Zeit mit weißen Frauen zu verheiraten" (Bougainville 1980, S. 177). Am Versailler Hof und in den Salons von Paris wurde die Reise Bougainvilles, von der er den Tahitianer mitbrachte, zum Hauptgesprächsstoff. Bougainville und sein Schatten Aoturu waren die Helden des Tages. Die Feste feiernde, wollüstige Gesellschaft der zu Ende gehenden Ära Ludwigs XV. wusste auf ihre Weise die Erzählungen von den Liebesformen und „sanften Sitten" des fernen Tahitis zu genießen. Aoturu wurde auch den berühmten Zeitgenossen Bougainvilles vorgeführt: dem Naturforscher Buffon, den Philosophen d'Alembert, Helvetius, d'Holbach und dem Historiker und Geographen de Brosses. La Condamine untersuchte und beschrieb Aoturu genau. Mit dem königlichen Dolmetscher Pereire studierte er die Sprache des Tahitianers. Diderot beobachtete ihn in einem der Pariser Salons.

Während die Öffentlichkeit durch eine knappe Meldung im „Mercure de France" von Bougainvilles Rückkehr, der Entdeckung einer nicht näher bezeichneten Insel in der Südsee und von einem mitgebrachten Einwohner dieser Insel erfuhr, begann Bougainville mit der Arbeit an der „Reise um die Welt", in der er eine Rechtfertigung für die Verschleppung des Tahitianers liefert: „Da wir ein unbekanntes Meer zu durchreisen hatten und im Voraus wussten, dass unsere künftige Wohlfahrt von der menschlichen Gesinnung der zu entdeckenden Völker und ihrem Willen, uns mit Lebensmitteln zu versorgen, abhängen würde, war es ein großer Vorteil für uns, einen Einwohner einer der wichtigsten Inseln bei uns zu haben." Der Grund, warum Bougainville den Eingeborenen aus Tahiti bis nach Paris mitnahm, war aber die Hoffnung, „dass Frankreich von dem Bündnis mit einem im Mittelpunkt der schönsten Gegenden der Welt wohnenden mächtigen Volke Nutzen ziehen könnte", wenn Aoturu zu seinen Mitbürgern zurückgeschickt werde, nachdem man ihn in den nützlichsten Wissenschaften und Kenntnissen unterrichtet hatte (Bougainville 1980, S. 211). Bougainville berichtet von den guten Absichten, die er hatte: „Ich habe weder Sorge noch Kosten gespart, um ihm seinen Aufenthalt in Paris so angenehm und nützlich wie möglich zu machen. Er hat während seines Aufenthaltes von 11 Monaten auch keine Spur von Langeweile gezeigt." Aber die meisten Leute, die neugierig waren, ihn zu sehen, waren nur eingebildete leere Köpfe, die nach vorgefassten Meinungen urteilten, obwohl sie nie etwas außer Paris gesehen hatten. Einige fragten Bougainville sogar, ob man in dem Lande dieses Wilden weder französisch noch englisch, noch spanisch redete. Andere, die nicht so einfältig waren, hatten doch von der Intelligenz dieses Insulaners einen schlechten Begriff, und zwar aus keinem anderen Grunde als dem, dass er nach einem zweijährigen Zusammensein mit Franzosen kaum ein paar französische Wörter aussprechen konnte. Lernen doch, sagten sie, Italiener, Engländer und Deutsche, wenn sie ein Jahr lang in Paris gewesen, die französische Sprache. Bougainville, der in der zweiten Auflage seines Reiseberichts ein tahitisches Wörterverzeichnis angefügt hat, gibt darauf eine bemerkenswerte Antwort, wenn er sagt, „dass es dem Insulaner schon physisch wegen der Beschaffenheit seiner Sprachorgane unmöglich wäre, viele unserer Wörter auszusprechen" (Bougainville 1980, S. 212). Und Philibert Commerson liefert dazu eine einleuchtende Erklärung, wonach es sich bei der Sprache der Tahitianer um „eine sehr klang-volle, harmonische Sprache handelt, welche sich aus etwa 400 oder 500 undeklinierbaren und unkonjugierbaren Worten zusammensetzt, das heißt eine Sprache, welche frei ist von jeder Syntax, die aber ausreicht, um alle ihre Vorstellungen wiederzugeben und alle ihre Bedürfnisse auszudrücken. Eine edle Einfachheit, welche die Modifikation der Töne und leidenschaftliches Gebärdenspiel nicht ausschließt, bewahrt sie vor jener so prächtigen Tautologie, welche wir den Reichtum der Sprache nennen und durch welche wir im Labyrinth der Worte die Reinheit der Wahrnehmungen und die Schnelligkeit des Urteils einbüßen. Der Tahitier bezeichnet indes jeden Gegenstand, sobald er ihn bemerkt. Der Ton, in dem er den Namen dieses Gegenstandes ausspricht, drückt schon aus, was er bei seinem Anblick empfindet. Wenige Worte schaffen eine schnelle Unterhaltung. Die Vorgänge in der Seele, die Regungen des Herzens geschehen gleichzeitig mit der Bewegung der Lippen. Derjenige, der spricht, und derjenige, der zuhört, sind stets in Übereinstimmung. Unser tahitischer Prinz, welcher in den 7 oder 8 Monaten, die er mit uns zusammen war, nicht einmal 10 von unseren Worten gelernt hat, wusste sich, meistens betäubt von unserer Zungenfertigkeit, keinen anderen Rat, als sich die Ohren zuzuhalten und uns ins Gesicht zu lachen" (Commerson in Bougainville 1980, S. 366). Der Grund für diese geringe Anzahl an Wörtern liegt nach Bougainville schlicht darin, dass man „von einer Nation, welche so einfach und beschränkt lebt und so wenige Bedürfnisse hat, nichts anderes erwarten kann" (Bougainville 1980, S. 212). Aber diese Armut an Wörtern wird durch eine andere Fähigkeit ausgeglichen: „Obwohl Aoturu nur wenige Worte der französischen Sprache herausbringen konnte, ging er doch täglich allein in der Stadt umher, ohne sich zu verirren, und kaufte zuweilen Kleinigkeiten, die er selten über ihren wahren Wert bezahlte. Von den Schauspielen gefiel ihm nur die Oper, weil er den Tanz leidenschaftlich liebte. Er wusste die Tage, an denen Opern gespielt wurden, sehr genau, ging allein hin und bezahlte am Eingang wie jedermann; sein Lieblingsplatz war in den Galerien hinter den Logen" (Bougainville 1980, S. 213).

Aoturu reiste im März 1770 wieder aus Paris ab und ging von La Rochelle mit dem Schiff „Brisson" nach Mauritius, damals Ile de France genannt, unter Segel. Bougainville bemerkt noch, dass er Nachricht von seiner Ankunft auf der Ile de France bekommen habe und dass ein Schiff ausgerüstet werde, das ihn nach Tahiti zurückbringen solle. Aber Bougainvilles Wunsch, dass Aoturu seine Nation bald wiedersehen sollte, ging nicht in Erfüllung. Denn dieser Versuch, Tahiti zu erreichen, endete in einem Desaster. Während Aoturu bereits wenige Tage nach der Abfahrt an den Pocken starb, wurden der Kommandant der Expedition und weitere 30 Mitglieder der Schiffsbesatzung bei einem Landungsversuch von eingeborenen Bewohnern der neuseeländischen Küste erschlagen (vgl. Dunmore 1965, S. 170 f. und S. 186 ff.).

Die Berichte über das Scheitern dieser Expedition sowie über den Tod anderer europäischer Entdeckungsreisender wie James Cook oder La Pérouse, die ein ähnliches Schicksal fanden, sollten in den folgenden Jahren das Ende der Legende vom guten Südseeinsulaner einleiten (vgl. Kohl 1981, S. 299).

Cooks Tod und das Ende der Südseeschwärmerei vom „guten Wilden"

Ein Sturm beschädigte den Vormast der „Resolution" und zwang Cook zu einem längeren Aufenthalt in einer Bucht von Hawaii. Dieser Aufenthalt war für die ausgehungerte Mannschaft zunächst ein Segen. Wie Kapitän King berichtet, „war es eine Lust anzusehen, wenn die freigiebigen Insulaner den Matrosen, die während des kurzen Aufenthaltes sehr zugenommen hatten, auf die Bäuche patschten." Doch er fügt hinzu: „Wenn man die ungeheure Menge Schweine und Vegetabilien bedenkt, die wir aufgezehrt hatten, so wird man sich nicht wundern, dass sie sich nach unserer Abreise gesehnt haben" (Cook 1803, Bd. 3, S. 448). Als sich die Ausbesserung des Schadens am Mast und den Segeln in die Länge zog, begann sich das Verhalten der sonst so freundlichen Insulaner zu verändern. Man hörte von ihnen kein Freudengeschrei mehr und es fanden sich auch nicht mehr wie früher haufenweise Leute bei den Europäern ein. Als die Wasserfässer der „Discovery" gefüllt werden sollten, wurden die Seesoldaten mit Steinen beworfen. Auch die Diebstähle häuften sich. Und es kam zu einem Streit zwischen den Seeleuten Cooks und den Insulanern. Denn ein Offizier beschlagnahmte ein Kanu, das man verdächtigte, auf Diebstahl auszugehen. Als der Besitzer sein Eigentum zurückforderte, wobei er unter vielen Protesten seine Unschuld beteuerte, weigerte sich der Offizier, es herauszugeben. Ein Streit kam auf, bei welchem ein Insulaner durch einen schweren Schlag mit einem Ruder niedergeschlagen wurde. Die Eingeborenen, die bisher schweigend, als ruhige Zuschauer, an dem Platz verharrt hatten, ließen nun einen Steinhagel auf den Offizier und seine Seeleute niedergehen, der diese zum Rückzug zwang. Als der Kapitän Cook von diesen Vorfällen erfuhr, drückte er darüber seinen großen Unwillen aus, weil er fürchtete, dass diese Leute ihn zu gewaltsamen Maßnahmen zwingen würden, damit bei ihnen nicht der Eindruck einer Überlegenheit entstünde (Cook 1803, Bd. 3, S. 455).

Ebendiese Situation eines gewaltsamen Vorgehens gegen die Insulaner stellte sich nur allzu bald ein, als Cook versuchte, den alten König der Insulaner, Terreoboo, an Bord zu bringen, um so die Herausgabe des gestohlenen Beibootes zu erzwingen. Doch ein Zwischenfall, bei dem unglücklicherweise ein Häuptling des höchsten Ranges getötet wurde, machte diesen Plan zunichte. Denn die Nachricht von seinem Tod führte dazu, dass die Weiber und Kinder fortgeschickt wurden und die Männer ihre Kriegskleidung anlegten und sich mit Speeren und Steinen bewaffneten. „Einer von ihnen, welcher in seinen Händen einen Stein und einen langen eisernen Dolch trug, Pahooa genannt, näherte sich dem Kapitän Cook und forderte ihn heraus, indem er seinen Arm zum Angriff schwang und drohte, mit dem Stein zu werfen. Cook riet ihm, seine Drohungen bleiben zu lassen, da aber sein Gegner nur noch dreister wurde, so geriet er in Zorn und schoss mit Schrot nach ihm. Der Insulaner war mit einer Matte bekleidet, durch die das Blei nicht dringen konnte. Indem er nun sah, dass er verwundet war, nahm seine Verwegenheit noch zu" (Cook 1803, Bd. 3, S. 459). Cook schoss zum zweiten Mal mit einer Kugel und tötete den Insulaner. Sogleich erfolgte ein allgemeiner Angriff der Eingeborenen mit Steinen, welcher von den Matrosen mit einer Salve aus ihren Flinten beantwortet wurde. „Zu jedermanns Verwunderung hielten die Insulaner das Feuer mit großer Standfestigkeit aus und stürzten unter schrecklichem Geschrei auf das Detachement los, ehe noch die Seesoldaten frisch laden konnten. Nun gab es einen Auftritt voll Grausen und Verwirrung" (Cook 1803, Bd. 3, S. 460).

Vier Seeleute, denen bei ihrem Rückzug in den Felsen der Weg abgeschnitten worden war, fielen der Wut des Feindes zum Opfer; drei weitere und ein Leutnant wurden verwundet. „Unser unglücklicher Befehlshaber", berichtet Kapitän King in seinem die Beschreibung der dritten Reise Cooks ergänzenden Bericht, „befand sich, da man ihn das letztmal deutlich sah, am Rande der See und rief den Booten zu, das Feuer einzustellen

Abb. 42: Cooks Tod (nach einem Gemälde von John Webber von 1784 aus Cook 1843)

und an das Ufer zu kommen. Wenn es wahr ist, dass die Seesoldaten und die Mannschaft der übrigen Boote ohne seinen Befehl geschossen haben, und dass er, wie einige von denen, die bei dem Treffen dabei waren, glaubten, einem neuen Blutvergießen zuvorkommen wollte, so wurde er wahrscheinlich ein Opfer seiner Menschenliebe. Man hat wirklich bemerkt, dass kein einziger Eingeborener, solange er ihnen ins Gesicht sah, einige Gewalttätigkeit an ihm auszuüben versuchte. Aber als er umgekehrt hatte, um den Kanots Befehle zu geben, wurde er von hinten mit einem Dolch niedergestoßen, sodass er vorwärts in die See fiel. Als ihn die Insulaner fallen sahen, erhoben sie ein Freudengeschrei. Sie zogen seinen Körper sogleich an das Ufer zurück, rissen einander den Dolch aus der Hand, und beeiferten sich mit einer wilden Hitze, ihm auch dann noch Stöße beizubringen, als er schon den Geist aufgegeben hatte" (Cook 1803, Bd. 3, S. 460 f.). Erst als von beiden Schiffen Verstärkung ankam, zogen sich die Insulaner zurück.

Kapitän King, der das Kommando über die Seeleute am Land übernahm, gelang es nicht nur, den Mast, die Segel und die astronomischen Geräte fortzuschaffen, sondern er konnte auch von den durch Kanonenschüsse der „Discovery" eingeschüchterten Insulanern das Versprechen

erwirken, Cooks Leichnam herauszugeben. In Wirklichkeit war dann die
Übergabe der Überreste von Cooks Leichnam ein grauenerregendes Erlebnis für die ganze Mannschaft. Kapitän King beteuert, wie unmöglich
es ihm sei, das Entsetzen zu beschreiben, das die Seeleute befiel, als sie
statt des Leichnams von Cook nur „ein Stück Menschenfleisch von etwa
zehn Pfund" sahen. Der Überbringer dieses grausigen Pakets gab an, dass
„dies alles sei, was von dem Leichnam Cooks vorhanden wäre, das Übrige
sei zerstückelt und verbrannt worden" (Cook 1803, Bd. 3, S. 472). Aber
auf die eindringliche Frage, ob die Insulaner nicht einen Teil davon gegessen hätten, zeigte er großes Entsetzen und fragte umgekehrt, ob denn
die Europäer gewohnt seien, Menschenfleisch zu essen.

Die Mannschaft, die über die an Cook verübte Grausamkeit erbost
war, nahm daraufhin an den Insulanern furchtbare Rache. Sie verwüste-
ten ein ganzes Dorf, ließen es in Flammen aufgehen und erschossen die
Bewohner, die versuchten, sich vor den Flammen zu retten. Von diesem
Gemetzel brachten sie sogar zwei Köpfe mit, die sie den erschossenen
Insulanern abgeschnitten hatten. Die Köpfe wurden auf dem Verdeck zur
Schau aufgestellt und erst auf Bitten einer Delegation der Insulaner entfernt, die mit einer weißen Fahne ausgestattet an Bord kam, um sich zu
ergeben. Doch die Kommandanten der Seeleute wollten nur unter der
Bedingung Frieden gewähren, dass nicht nur alle Überbleibsel des Leichnams von Cook, sondern auch die sterblichen Überreste der Gefallenen
der Mannschaft übergeben wurden. Als diese Forderung erfüllt worden
war, wurden Cooks Gebeine in eine Totenlade gelegt und unter den üblichen Zeremonien im Meer versenkt. „Die Leser können sich leicht vorstellen", sagt King, „wie schwer uns dabei ums Herz war" (Cook 1803,
Bd. 3, S. 482).

Als die Nachricht vom Tod Cooks Europa erreichte, waren die Reak-
tionen darauf sehr unterschiedlich. In England vergoss die Königin Tränen, amerikanische Missionare dagegen verdammten die Anbetung, die
Cook von den Einwohnern Haitis erfahren hatte, und beschuldigten ihn,
dass er sich unmoralisch verhalten habe, indem er seinen Seeleuten gestattet habe, ein loses Betragen an den Tag zu legen, und dass er für das
Hinschlachten von Eingeborenen verantwortlich sei. Goethe empfand
das Ende Cooks als die Katastrophe eines großen Lebens. In einem Brief
an Frau von Stein vom 19. September 1781 schrieb er, es sei „schön, dass
er so umkam. Ein Mensch, der vergöttert wird, kann nicht länger leben
und soll nicht, um seiner und anderer willen."

Abb. 43: Kritiker und Verteidiger Cooks: Wekhrlin, Lichtenberg und Forster

Die schärfste Kritik an Cook anlässlich seines Todes erschien ebenfalls in Deutschland im Rahmen einer vehementen Kritik am Verhalten europäischer Reisender gegenüber fremden Völkern. Sie stammt von Friedrich Ludwig Wekhrlin (1739–1792), der einer der bedeutendsten Publizisten der deutschen Aufklärung war. Für ihn sind die eigentlichen Barbaren die europäischen Forschungsreisenden und nicht die Eingeborenen: „Wenn die Bewohner von St. Salvador und Quito mit Colombo und Pizarro gemacht hätten wie die Sandwich-Insulaner mit Cook, so wären der Menschheit abscheuliche Schandflecke erspart worden. Wer gibt uns das Recht, die friedlichen Gefilde ferner Nationen aufzusuchen, und da unsere Wappenpfähle aufzustecken? Mit Sechspfündern und Doppelhacken drein zu schießen, und sie in Fesseln zu legen? Diese Völker sind Barbaren, sagt ihr. Barbaren? Die Sandwich-Insulaner zeigten Verstand genug, als sie Cook totschlugen. Die hochmütigen Barbaren, die es nicht wagen, in Marocco oder China eine Pluderbüchse loszubrennen, erschüttern die Atmosphäre friedlicher unbewehrter Insulaner mit ihrem Donner; und wird ihnen ein Nagel gestohlen, so feuern sie ihre Flinten unter die Haufen, und verbrennen ihre Hütten, sie, die ganze Inseln stehlen." Deshalb nimmt er auch den Tod Cooks mit Genugtuung wahr: „In Europa wäre ihm zum wenigsten der Kopf auf einem Schafott vor die Füße gelegt worden. Ohne Zweifel werden einige Weiber und wissenschaftskränkelnde Seelen in Europa über das Schicksal des Kapitän Cook wimmern. Aber es sei den literarischen

Klagekrähen erlaubt, die Exekution des Kapitän Cook zu beweinen" (Wekhrlin 1779, Bd. 4, S. 125 ff.). Doch kurze Zeit später vollzieht Wekhrlin eine überraschende Wende. Nachdem er Lichtenbergs Abhandlung „Einige Lebensumstände von Capt. James Cook" im Göttingischen Magazin gelesen hat, nimmt er seine bösartige Kritik an Cook zurück und gibt zu, sich geirrt zu haben.

Lichtenberg schreibt ganz im Widerspruch zu der ursprünglichen harten Kritik Wekhrlins über Cooks Verhalten auf der Insel Tahiti: „Auf O-Taheiti selbst kam ihm nun sein Umgang mit den Wilden in Kanada, Neufundland und Labrador sehr zustatten. Er wusste mit diesen freilich gesittetern Völkern so umzugehen, dass er sich ihren Respekt zugleich mit ihrem Zutrauen erwarb. Es kam auch unter ihm auf dieser Insel nie zu den Ausbrüchen von Grausamkeit, denen dieses wehrlose Volk so oft ohne Not von den Waffen gesitteter Europäer ausgesetzt war" (Forster, Lichtenberg 1983, S. 147). Lichtenberg liefert auch eine eindrucksvolle Würdigung von Cooks Leistungen: „Von wessen Unternehmungen und Taten, kann man fragen, haben neuerlich alle Menschen von Erziehung über ganz Europa und mit so vieler Teilnehmung gelesen und gesprochen als von den seinigen? Wessen Mannes Bildnis, der weder ein Prinz, noch ein Eroberer, noch ein Rebell war, hat man mit so allgemeiner Neugierde angesehen und angestaunt? Alles, was er getan hat, hat er zum Dienst seines Vaterlandes und zur Erweiterung nützlicher Kenntnisse getan. Feuer und Schwert haben keinen Anteil. Daher auch mancher, der ihm in unsern Tagen an Ruf gleichkam, ihm an Ruhm nachstehen möchte; und wessen Tod, lässt sich also endlich fragen, ist neuerlich so allgemein beklagt worden als der seinige?" (Forster, Lichtenberg 1983, S. 166 f.). Lichtenberg bemüht sich in seiner Verteidigung Cooks, dem Leser auch die Charakterzüge des berühmten Seefahrers und seine großartigen Kenntnisse in Sachen der Seefahrt bekannt zu machen: „Als Seefahrer gelangte er zu unsterblichem Ruhm. Denn die Reisen seiner Vorläufer wie Byron, Wallis und anderer hatten wenig oder gar nichts zu der Ausbreitung unserer Kenntnisse über diese unbekannten Teile der Erde beigetragen. Sie hatten weder die mathematischen Kenntnisse dieses Mannes noch die große praktische Fertigkeit in Aufnehmung und Entwerfung der Seekarten und am allerwenigsten die Geduld, drei bis vier Jahre auf einer Entdeckungsreise zuzubringen" (Forster, Lichtenberg 1983, S. 172 f.).

Auch ein Essay von Georg Forster über „Cook den Entdecker" enthält eine bemerkenswerte Verherrlichung Cooks und seiner Leistung für die menschliche Zivilisation. Die „blendende Größe" seiner Tat und seines Geistes, schreibt Forster, „hat man lange genug bloß angestaunt, wie etwa ein glänzendes Meteor. Entfaltete man aber ihre Beziehungen auf die Summe unseres Wissens und berechnete man ihren gegenwärtigen und dereinst zu hoffenden Nutzen, dann erst würde sich Cooks ganzer Wert für die Menschheit unparteiisch abwägen lassen; dann würde jene gaffende Bewunderung, die auch die Dummheit unserem Helden zollt, bei Denkenden in dankbare Verehrung übergehen" (Forster, Lichtenberg 1983, S. 5 f.). Eine solche dankbare Verehrung drückt Forster selbst am Ende seines Essays mit folgenden Worten aus: „Seine Entwürfe waren groß, durchdacht, wohlgeordnet und von männlicher Kühnheit; sein Genie beseelte ihre Ausführung und bürgte für den Erfolg. Die Ehre, das Ansehen, der Wohlstand seiner neuen Lage verengten sein Herz nicht und änderten nichts in seinem Betragen; er blieb nach wie vor der Mann von einfachen Sitten, der zwischen seiner Pflicht und seinem Vergnügen keinen Unterschied kannte" (Forster, Lichtenberg 1983, S. 136). Forster bescheinigt Cook auch, was den Umgang mit den Wilden betrifft, im Unterschied zu anderen rohen und gewalttätigen Seefahrern und Entdeckern eine unbedingte Achtung für die Menschheitsrechte: „Sein richtiges Gefühl, sein von den Fesseln des Vorurteils freier Verstand, seine Achtung für die Rechte der Menschheit bewogen ihn zur Schonung und Nachsicht." Als wesentliches Resultat der Reisen Cooks um die ganze Welt sieht Forster den Nachweis, „dass durch das ganze Südmeer, von der Nachbarschaft Indiens bis gegen Peru und Mexiko hinüber, auf weit entfernten und vereinzelten Inseln, ein Volk angetroffen wird, das in Gestalt, Sprache und Überlieferungsbegriffen durchgehends übereinstimmt, ob es gleich in Kultur, Verfassung und Sitten verschieden ist". Das aber bedeutet, dass die Natur des Menschen „sowohl der Organisation nach, als in Beziehung auf die Triebe und den Gang ihrer Entwickelung, spezifisch dieselbe ist". Forster fügt auch im Gegensatz zu Rousseaus Vorstellung vom ursprünglichen „Wilden" hinzu, „dass, so wie es kein Volk ohne Sprache und keine Sprache ohne Vernunft gibt, so auch keinen bloß tierischen Stand der Natur". Doch er stimmt Rousseau darin zu, „dass eine völlige und absolute Gleichheit unter den Menschen, so wie sie physisch nirgends existiert, auch sittlich unmöglich ist" (Forster, Lichtenberg 1983, S. 111).

5. Die Auseinandersetzung mit den Kulturen des Fernen Ostens

Die Fremdenfeindlichkeit der Europäer hat sich im weiteren Verlauf der Neuzeit grundsätzlich verändert. Im 19. und 20. Jahrhundert ging es nicht so sehr um die Unterdrückung und Ausbeutung oder Missionierung der sogenannten „Wilden", sondern um den Zusammenstoß der imperialistischen Mächte Europas mit den alten, hoch entwickelten Kulturen Asiens und der sowohl im Osten wie im Westen Europas zu einem Kulturträger entwickelten islamischen Welt. Wenngleich man die Einfälle der Hunnen und Mongolen hatte abwehren können, blieben sie doch als schreckliche Erinnerungen im Gedächtnis der zivilisierten Europäer erhalten. Für den gewöhnlichen Europäer war der Ferne Osten wegen der monate- oder sogar jahrelangen Reisezeiten und der Gefahren der Reisewege durch fremde, wilde Länder freilich unerreichbar. Zwar wurde China von mutigen Kaufleuten wie Marco Polo auf dem Landweg besucht, aber erst später entwickelten sich von Europa aus Handelsbeziehungen, die zunächst sehr begrenzt blieben. Es war vor allem Japan, das sich durch eine selbst gewählte Isolation vor jeglichem fremden Einfluss schützen wollte, was auch für seine unmittelbaren Nachbarstaaten in Asien, vor allem China, galt. Verschärft wurde diese Situation durch den Eroberungsdrang der Europäer, vor allem der Portugiesen, die zwar nicht mit Waffengewalt, aber mit ihrem wirtschaftlich und religiös missionarischen „Waren- und Seelenhandel" in das jahrhundertelang abgeschlossene Land eindrangen. Auch China wurde von den „fremden Teufeln" aus Europa nicht verschont, die man durch den Boxeraufstand vergeblich zu vertreiben versuchte. Zu stark war in Europa, vor allem im deutschen Kaiserreich, das Schreckgespenst der Verwüstungen durch die Hunnen, die mit den aufständischen Boxern in China verglichen wurden.

Die Isolation Japans

Japan war ein nicht nur gegen die Europäer, sondern auch gegen China und Korea abgeschlossenes Land mit einer eigenen Tradition. Es wurde von Anfang an von zwei Kaisern regiert: von einem geistlichen und einem weltlichen. Dem geistlichen Oberhaupt wurde vom japanischen Volk höchste Verehrung entgegengebracht, was sich auch in seinem Titel ausdrückt. Der Kaisertitel „Tenno" wurde in Japan bereits im 7. Jahrhundert verwendet. Er bedeutete ursprünglich so viel wie „himmlischer Fürst". Ein weiterer Titel war „Dairi", „Sohn des Himmels", der auf die Abstammung des geistlichen Kaisers verwies. Vom Volk wurde er als ein überirdisches Wesen angesehen, das man nicht zu Gesicht bekommen konnte, weil es seinen Wohnsitz, den man nicht betreten durfte, nie verließ. Später kam der Titel „Mikado" („erlauchtes Tor") hinzu, der sich eigentlich auf den kaiserlichen Palast bezog und damit nur indirekt auf den Kaiser verwies, ähnlich dem Titel „Hohe Pforte" für den Sultan im Osmanischen Reich. Der weltliche Kaiser stammte, wie sein japanischer Militärtitel „Schogun" besagt, aus dem Kriegeradel. Ursprünglich war er nur ein Anführer des Kriegerstandes der Samurai, der jeweils bei Unruhen und Kriegsgefahr vom Dairi zum Oberbefehlshaber berufen wurde. Erst im 12. Jahrhundert, als durch inneren Familienzwist und Bürgerkriege der Kaiserthron zu wanken begann, gelang es dem großen, vom Dairi selbst ernannten Feldherrn Yoritomo nicht nur, den Frieden wiederherzustellen, sondern auch einen Großteil der Macht des Dairi zu übernehmen und diese Position erblich zu machen. Auf diese Weise wurde die Regierungsmacht zwischen einem geistlichen und einem weltlichen Kaiser geteilt. Gegenüber fremden Staaten wurde der Schogun mit dem Titel „Taikun" bezeichnet. Er war der unumschränkte despotische Herrscher in militärischen und verwaltungstechnischen Angelegenheiten, während der Dairi der vom Volk verehrte geistliche Regent blieb, dem auch der Schogun nicht die Achtung versagen konnte. Für das Volk war diese Regelung einer geteilten Macht von Vorteil, weil der geistliche Regent eine Art letzte Schutzwehr gegen völlige Willkürlichkeiten des weltlichen Kaisers bildete. Auf diese Weise war über lange Zeit der innere Friede des Landes gesichert, das sich zugleich immer mehr nach außen hin abschottete.

Diese Isolierung Japans hatte im Urteil der Europäer einen durchaus ambivalenten Charakter. Einerseits bedeutete sie Verzicht auf die Errun-

genschaften einer „höheren Kultur" und auf nutzbringende Handelsbeziehungen, andererseits war mit der sogenannten „höheren Kultur" des
Westens das Eindringen verderblicher Einflüsse verbunden: „Wenn die
Verbindung mit einer fremden Nation einem sich selbst genügenden
Reich zugleich mit der höheren Kultur unausbleiblich verderbliche Laster einimpft, dann scheint die Frage über die Zulassung dieser fremden,
hochzivilisierten und hochlasterhaften Nation wohl ziemlich überflüssig"
(Zimmermann 1811, 11. Bd., 2. Abt., S. 248). Unter diesem Gesichtspunkt war auch für aufgeklärte Europäer Japans insulare Lage von hohem
Wert, und das Absondern dieser Nation von anderen Völkern, ja sogar
das Verbot des Auswanderns ihrer Bewohner, erschien ihnen wenigstens
nicht mehr „in einem so widrigen Lichte und der Nation selbst so nachteilig als Anfangs" (Zimmermann 1811, 11. Bd., 2. Abt., S. 249).

Der „Waren- und Seelenhandel" der Portugiesen

Im Jahr 1542 wurde der Portugiese Fernando Mendez Pinto durch einen
Sturm mit seinem Schiff nach Japan verschlagen. Nach dieser zufälligen
Entdeckung des japanischen Inselreichs gelang es den Portugiesen kurze
Zeit später, sich dort festzusetzen, um Handel zu betreiben und die Bevölkerung zum christlichen Glauben zu bekehren. So brachten sie neben
den europäischen Waren und Kaufleuten zugleich den berühmten Apos-
tel des Katholizismus, Franz Xaver, dorthin. Fanden er und seine Ordens-
brüder bei den Japanern mit ihren Bekehrungsabsichten aus mangelnder
Kenntnis von deren Sprache und Sitten auch zunächst nur wenig An-
klang, so sollte sich das mit dem Fortschritt, den die Missionare in dieser
Hinsicht zeitigten, schnell ändern. Einen besonders großen Einfluss erhielten sie dadurch, dass sogar drei japanische Fürsten den christlichen
Glauben annahmen und ihre eigenen Enkel als Gesandte zu Papst
Gregor XIII. nach Rom schickten. Auf diese Weise machten sowohl der
Waren- als auch der „Seelenhandel" der Portugiesen unglaubliche Fort-
schritte und erregten dadurch den Hass der japanischen Priesterschaft.
   Das selbstherrliche Verhalten eines portugiesischen Bischofs war der
geradezu lächerliche Anlass, der den Japanern die Gelegenheit gab, ihrem
Fremdenhass freien Lauf zu lassen und diese stolzen Feinde zu demü-
tigen – und sie womöglich auszurotten: „Auf der Hinreise des ersten
Reichsrats von Japan nach der Kaiserstadt Jedo stieß dieser auf den

Bischof und erwartete mit Recht die ihm zukommende Ehrenbezeugung. Allein der stolze Geistliche vermochte es nicht, seinen Norimon zu verlassen, ja, nur selbst durch Stillhalten der Sänfte ihm Ehrfurcht zu bezeugen. Bei einer auf Zeremonien so genau achtenden Nation erzeugte dies bitteren Hass gegen die Christen. Der Minister unterließ nicht, dem Kaiser gleich bei seiner Ankunft in Jedo diese der Nation angetane Verunehrung klagend und wahrscheinlich mit den dunkelsten Farben darzustellen, und veranlasste hierdurch die erste Verfolgung der Christen 1597. Von dieser Zeit an dauerte sie, kaum pausenweise unterbrochen, ganze 40 Jahre" (Zimmermann 1811, 11. Bd., 2. Abt., S. 149 f.). Fürchterliche Gräueltaten wurden nicht nur an den Missionaren, sondern auch an den Japanern begangen, die den christlichen Glauben angenommen hatten und nicht ableugnen wollten: „Bald übergoss man sie mit kochendem Wasser, bald träufelte man in die ihnen geschlagenen Wunden siedendes Öl. Man setzte sie nackend der dort brennenden Sommersonne aus, brannte selbst die empfindlichsten Glieder mit glühenden Eisen. An Pfählen gebunden ward das Holz ihres Scheiterhaufens weit umher gelegt, um sie durch das langsame Feuer zum Ableugnen des Christentums zu nötigen" (Zimmermann 1811, 11. Bd., 2. Abt., S. 151). 40 000 Japaner kamen auf diese grausame Weise um. Die Portugiesen mussten auf ewig das Land verlassen und nur die Holländer erwarben sich auf schmachvolle Weise bei dieser Gelegenheit die Erlaubnis, ihren Handel fortzusetzen. Denn sie waren den Japanern behilflich, mit ihren Kanonen die christlichen Glaubensmärtyrer, die sich in einem Fort verschanzt hatten, zu ermorden. Die Japaner, die nicht verstehen konnten, dass Christen gegen Christen fochten, sahen seitdem mit tiefer Verachtung auf die Holländer herab, die sich mit der fadenscheinigen Behauptung rechtfertigten, sie seien keine katholischen Christen. Doch die auf diese schändliche Weise erkaufte Handelsfreiheit der Holländer wurde von den japanischen Beamten auf bedrückende und entehrende Weise eingeschränkt. Niemals zeigte sich das Niedrige der kaufmännischen Gewinnsucht mehr als zu dieser Zeit, da die Holländer zum Handel in Japan zugelassen waren. Bei ihrer Ankunft mussten sie ihre Waffen abgeben und durften ihr Schiff nicht verlassen; außerdem war es ihnen nicht gestattet, mit den Japanern zu sprechen oder sonstigen Verkehr mit ihnen zu haben. Ausnahmen bildeten nur das Wachpersonal und die japanischen Freudenmädchen. Um den Schleichhandel, auf den die Todesstrafe stand, und jede nur mögliche Verbindung mit den Japanern zu verhindern, ging man dazu über, die ankommenden Holländer sofort auf einer kleinen Insel in der Nähe von Nagasaki einzusperren. Diese Insel maß nach Angaben des deutschen Forschungsreisenden Engelbert Kaempfer, der dort in den Jahren 1690 bis 1692 als Arzt arbeitete, nur 82 Schritt in der Breite und 200 Schritt in der Länge. Auf beiden Seiten der von einer Gasse durchschnittenen Insel waren Häuser aus Holz und Lehm errichtet worden, die mehr Ziegenställen als menschlichen Wohnungen glichen. Die ganze Insel war mit starken Brettern in Form von spanischen Reitern umschlossen.

Die strenge Abgeschlossenheit Japans wurde erst im Jahre 1854 beendet, als ein amerikanisches Geschwader von acht Kriegsschiffen in der Bucht von Tokio erschien und die Öffnung der Häfen von Schimoda und Hakodate für den Handelsverkehr erzwang. Diesem Beispiel folgten die Russen, denen es gelang, die Öffnung der Häfen von Nagasaki und Yokohama zu erreichen. 1860 erzwangen die Holländer und Preußen ähnliche Begünstigungen (Kreitner 1881, S. 331). Aber nur ein geringer Teil der Bevölkerung sah die Vorteile eines Handelsverkehrs mit Fremden. Die Fürsten des Landes setzten im Auftrag ihres militärischen Oberbefehlshabers, des Taikun, die Zugänge Japans in Verteidigungszustand und der Mikado, das geistliche Oberhaupt Japans, ordnete öffentliche Andachten und Gebete an, damit der Himmel das bevorstehende Unheil abwehre.

Der Aufstand der Samurai

Als aber der Taikun mit der amerikanischen Delegation zu verhandeln begann und Verträge mit den Fremden abschloss, die vom Mikado noch nicht anerkannt wurden, zogen sich die einflussreichsten Fürsten aus der Regierung zurück und die ihnen unterstellten Krieger, die Samurai, gaben die Parole aus: „Ehret den Mikado und vertreibt die fremden Barbaren!" (Kreitner 1881, S. 332). Daraufhin verübten die Samurai zahlreiche Mordanschläge nicht nur an Europäern, sondern auch an einem japanischen liberalen Fürsten, der auf dem Wege zu seinem Schloss massakriert wurde. Sein Kopf wurde als abschreckendes Zeichen der Strafe, welche allen europäerfreundlichen Agitatoren bevorstünde, der Menge gezeigt. Die Mörder stellten sich selbst der Regierung mit der Bitte, so bald als möglich die Todesstrafe über sie verhängen zu wollen. Was auch bald darauf geschah.

Abb. 44: Samurai (aus Lehnert 1878)

Zahlreiche Blutspuren erschlagener Europäer bezeugen die fremdenfeindliche Gesinnung der Samurai. Am 5. Juli 1861 wurde die englische Gesandtschaft in Tokio überfallen. Um Mitternacht, während die japanische Wache schlief, drangen die Mörder in das Gebäude ein und hieben einige Engländer nieder, bevor sie durch Revolverschüsse vertrieben wurden. Ein weiterer Zwischenfall verschärfte die Lage. Nach der Entsendung der ersten japanischen Gesandtschaft nach Europa im Jahr 1862 berief der Mikado eine Versammlung der Fürsten ein. Von einem zahlreichen Samurai-Gefolge begleitet begegnete der Zug des Fürsten auf dem Weg von Tokio nach Yokohama einer Gesellschaft von Europäern, die gerade einen Spazierritt unternahmen. Die japanische Sitte habe von all jenen, berichtet Kreitner, welche dem fürstlichen Zug entgegenkamen, das Einbiegen auf Seitenwege verlangt. „Die Europäer unterließen dies. Ohnehin von eingewurzelter Gehässigkeit erregt, zogen etliche der Krieger ihre Schwerter und drangen auf die Europäer ein. Der Kaufmann Richardson wurde getötet, den Übrigen gelang es, auf den schnellen Pferden Yokohama zu erreichen" (Kreitner 1881, S. 333). Die Engländer verlangten daraufhin die Auslieferung des Fürsten. Als sie nicht erfolgte, eskalierte der Streit. Im Frühjahr 1863 schossen die Engländer die Stadt Kogoschima in Trümmer und die Japaner rächten sich dafür, indem sie die englischen und amerikanischen Gesandtschaftsgebäude einäscherten. Außerdem beschossen sie einzelne amerikanische, französische und holländische Schiffe, was ein erneutes Bombardement einer weiteren japanischen Stadt zur Folge hatte. Einige Zeit später wurden in Osaka zehn Matrosen und ein Offizier eines französischen Kriegsschiffes ermordet. Die japanische Regierung zeigte das tiefste Bedauern über diesen traurigen Vorfall von Fremdenhass und verhängte bereitwillig die von den Franzosen diktierten Strafen. Sämtliche Samurai, die an dem Attentat beteiligt waren, wurden zum Harakiri verurteilt. Nachdem elf von ihnen dieses Urteil an sich vollzogen hatten, wurde den anderen auf Wunsch der Franzosen das Leben geschenkt (Kreitner 1881, S. 335).

Das Harakiri, eine bestimmte Form der Selbsttötung, bei der mit einem eigens dazu konstruierten gebogenen Messer der Bauch aufgeschlitzt wird, war auf die Edelleute der Kriegskaste beschränkt, die diesen Selbstmord unter gewissen Umständen entweder freiwillig ausführten oder wenn sie wegen eines Verbrechens dazu verurteilt wurden. Harakiri wurde als ein Privileg angesehen, für das der Verurteilte dankbar zu sein hatte, da er dadurch seinen Rang als Samurai nicht verlor. Als ein Offizier der Samurai-Truppe eines japanischen Fürsten anlässlich von schweren Tumulten in der Hafenstadt Kōbe, den Befehl gab, auf die Fremden zu feuern, wollte der Mikado, der die Fremdenfeindlichkeit der Samurai eindämmen versuchte, den Fremden Genugtuung geben. Er ordnete daher an, dass beim Tod des zum Harakiri verurteilten Offiziers zum ersten Mal Europäer als Zeugen zugegen sein sollten. Es waren sieben Beamte von je einer europäischen Gesandtschaft, von denen der zweite Sekretär der britischen Gesandtschaft, A. B. Mitford, folgenden Bericht lieferte: „Langsam und mit großer Würde stieg der Verurteilte auf die Estrade vor dem Altar und setzte sich dann mit dem Rücken gegen den Altar auf die rote Filzdecke. In dieser Position blieb er bis zu seinem Tod. Darauf überreichte ihm einer der Beamten einen Dolch mit einer Schneide so scharf wie ein Rasiermesser. Der Verurteilte, der den Dolch ehrerbietig entgegennahm, verbeugte sich, ließ seine Oberkleider bis zum Gürtel herabfallen, stopfte die Ärmel sorgfältig unter seine Knie und befestigte sie dort, um zu verhindern, dass er im Todeskampf rückwärts falle. Denn ein japanischer Edelmann muss sterbend immer vorwärts fallen. Entschlossen und mit fester Hand ergriff er dann den Dolch und stieß ihn sich unter die Taille auf der linken Seite tief in den Leib, zog ihn langsam durch bis auf die rechte Seite und gab ihm, indem er ihn in der klaffenden Wunde umdrehte, einen kleinen Ruck nach oben. Während dieser Operation bewegte sich kein Muskel in seinem Gesicht. Als er den Dolch herauszog, beugte er sich nach vorne über und streckte seinen Hals aus; dabei flog zum ersten Mal ein Ausdruck von Schmerz über sein Antlitz. Dennoch gab er keinen Laut von sich. Der Kaischaku, ein Freund und Begleiter des Verurteilten, der, immer an seiner Seite kauernd, jede seiner Bewegungen überwachte, sprang in demselben Augenblick auf die Füße und wuchtete sein Schwert für eine Sekunde in die Luft. Dann kam ein Blitz, ein schwerer, dumpfer, hässlicher Stoß und ein polternder Fall; mit einem Hieb war der Kopf vom Körper getrennt. Das tiefe Stillschweigen, welches herrschte, war nur unterbrochen von dem hässlichen Geräusch des Blutes, welches aus dem entseelten vor uns liegenden Rumpf rieselte. Es war schauerlich" (verkürzt zit. nach Lehnert 1878, S. 892 f.).

Als sich die Lage wieder beruhigte und der Fremdenhass der Japaner zumindest bei dem einsichtigen Teil der Bevölkerung im Schwinden begriffen war, ließ sich der regierende Taikun Histotsubaschi schließlich im Jahre 1867 dazu überreden, dem Mikado Mutsuhito seine Abdankung anzubieten, der diese auch annahm und damit zum alleinigen Herrscher Japans wurde.

Als der Kaiser gleich darauf alle Verträge mit den Europäern anerkannte, regte sich erneut der Fremdenhass unter den enttäuschten Samurai, die nach Aufhebung des Feudalsystems und ihrer Eingliederung in

Abb. 45: Mutsuhito,
Kaiser von Japan
(nach einer Fotografie
des Freiherrn von
Stillfried aus Lehnert
1878)

die Regierungsarmee ihrer traditionellen Rechte, Schwerter tragen zu
dürfen und von den Provinzfürsten besoldet zu werden, verlustig gingen.
Doch diesmal richteten sich ihre Angriffe nicht direkt gegen die Fremden, sondern gegen die neue eigene Regierung, um den Mikado von seinen schlechten Ratgebern zu befreien. Es war kein Geringerer als der
hoch angesehene General Saigō Takamori, dem der Mikado die alleinige
Kaiserkrone zu verdanken hatte, der nun, nachdem er mit seinem Vorschlag zum Krieg gegen Korea gescheitert war, aus dem Staatsrat der
Regierung austrat und zum Anführer des Aufstandes wurde. Er zog sich
in seine Heimat Kagoschima zurück und gründete dort eine Kriegsschule
für Samurai, in der im Jahr 1875 30 000 Krieger unter Verpfändung
ihres Lebens inskribiert waren (vgl. Kreitner 1881, S. 332).
   Bereits zwei Jahre später erfolgte der Aufstand der ihrem Führer Saigō
Takamori treu ergebenen Samurai. Die Samurai, die nach traditioneller
Manier kämpften, waren zwar am Anfang gegen die mit modernsten
westlichen Waffen neu ausgerüsteten Truppen der japanischen Regierung recht erfolgreich, wurden aber schließlich nach wiederholten Treffen vernichtend geschlagen. Saigō wurde verwundet. Sein Freund Reppu

Abb. 46: Saigō
Takamori (nach
einer Statue im
Ueno Park in
Tokio von 1898)

hieb ihm den Kopf ab und verscharrte ihn. Als man die Getöteten iden-
tifizierte, fand man auch das Haupt des Führers der Rebellion. Der Kommandant der Kaiserlichen wusch als Zeichen der höchsten Verehrung
Saigōs Kopf und ließ hierauf die Gefallenen in einem Tempel in Kagoschima begraben (Kreitner 1881, S. 331–338).

So endete die Rebellion der Samurai. Sie bedeutete den endgültigen
Sieg der modernisierenden Kräfte über die Anhänger der alten Tradition
in Japan. Saigō Takamori aber wurde in der Erinnerung des japanischen
Volkes zu einem tragischen Helden, dessen Mut auch von der Regierung
später anerkannt und durch die Errichtung eines Denkmals geehrt wurde.

Die Samurai wurden im Sinne der vom Kaiser eingeführten allgemeinen Wehrpflicht in die Regierungstruppen eingegliedert und verloren damit alle ihre Sonderrechte.

Die fremden Teufel in China

Ähnlich wie in Japan bildete in China der Handel mit den Portugiesen den Ursprung des Fremdenhasses. Als Fernando Perez im Jahre 1516 China erreichte und um die Genehmigung zum freien Handel ersuchte, wurde er von den misstrauischen Chinesen schroff zurückgewiesen. Der portugiesische Gesandte und seine Begleiter wurden ins Gefängnis geworfen, wo sie auch verstarben. Noch mehr als 20 Jahre später war der Name der Portugiesen in China so verhasst, dass in jedem Kanton vor ihnen per Anschlag gewarnt wurde: „Lasst nie", hieß es, „die Leute mit langen Bärten und großen Augen ein!" (Zimmermann 1810, Bd. 10, S. 273). Doch ein für die Portugiesen glücklicher Zufall änderte diese fremdenfeindliche Stimmung. Die Chinesen waren 1563 zu schwach, um ihre Hafenstadt Kanton gegen Seeräuber zu verteidigen. Die Portugiesen wurden zu Hilfe gerufen, und es gelang ihnen auch, die Belagerung aufzuheben und die Seeräuber zu vertreiben. Als Dank für diesen wichtigen Dienst erhielten die Portugiesen die später so berühmt gewordene Insel Macao.

Im Zeitalter des Kolonialismus konnte sich das Riesenreich China trotz der Überlegenheit einer jahrtausendealten Kultur und Zivilisation der eindringenden Invasionstruppen der westlichen Welt nicht mehr erwehren. Die Gier nach fremden Besitzungen im Innern Chinas war groß. Großbritannien, Frankreich, Russland und schließlich auch Deutschland wetteiferten um den Besitz immer neuer Territorien. Daher wurde auch am Ende des für China so unglücklich verlaufenden 19. Jahrhunderts die abwehrende Haltung des kaiserlichen Hofes gegenüber den maßlosen Ansprüchen der fremden Mächte immer deutlicher. Am 21. November 1899 erging ein kaiserliches Edikt an die Vizekönige und Gouverneure der Provinzen: „Die gegenwärtige Lage wird von Tag zu Tag schwieriger. Verschiedene Mächte beobachten uns wie Geier und können es nicht erwarten, die Ersten zu sein, die ihre Hand auf die Gebiete im Innern unseres Landes legen. Im Hinblick auf die gegenwärtige finanzielle Lage und die militärische Stärke Chinas wollen wir sicherlich von unserer Seite keinen Streit vom Zaun brechen. Aber es könnten sich Dinge ereignen, die uns zum Handeln zwingen. Sollten die starken Feinde aggressiv werden und versuchen, gewisse Vorrechte zu erzwingen, denen wir niemals zustimmen können, dann müssen wir uns auf die Gerechtigkeit unserer Sache verlassen. Was hätte ein Land wie das unsere mit seinem riesigen Gebiet, das sich über viele zehntausend Li erstreckt, seinem ungeheuren, naturgebundenen Schutz und seiner Bevölkerung, die mehrere hundert Millionen zählt, schon von irgendeinem mächtigen Eindringling zu befürchten, wenn alle loyal zum Kaiser stünden und ihr Land liebten? Nie sollte das Wort ‚Friede' aus dem Mund unserer hohen Würdenträger kommen, noch sollten sie es auch nur einen Augenblick in ihrer Brust tragen" (O'Conner 1980, S. 10).

Vor diesem Hintergrund entstand die Boxerbewegung. Die „Fäuste der gerechten Harmonie" – so lautet die Übersetzung des chinesischen Namens der Boxer – waren gegen die „fremden Teufel" gerichtet, aber vor allem auch gegen die Chinesen, die zum christlichen Glauben übergetreten waren. Die aus der unteren Schicht des chinesischen Volkes stammenden Boxer wurden auch als Feinde des Mandschu-Regimes angesehen. In dieser Bedeutung hatten sie einen Vorläufer in der religiösen Bewegung der Taiping, die ebenfalls die Mandschu-Dynastie bekämpften.

Der Taipingaufstand

Die Mandschu-Dynastie belastete das Volk mit ungerechten Steuern und begünstigte aus Gewinnsucht den Opiumhandel. In dieser allgemeinen Not trat der Sohn eines armen Dorfältesten eines Bergvolkes in der Nähe der südchinesischen Metropole Kanton auf, der sich „Hung Hsiu-tschuan" nannte, das heißt „der Vollendete". Er beanspruchte für sich, die „Hand und Stimme Gottes" zu sein, ausgesandt, um „die Sünder zu vernichten und die Not des Volkes zu lindern" (vgl. Nutting 1966, S. 22), und proklamierte sich zum „Himmlischen Kaiser". Seine Bewegung nannte er Taiping Tien-kuo, das heißt „Himmlisches Königreich des großen Friedens". Die einfachen Bauern Südchinas liefen ihm in Scharen zu, da sie sich von ihm die Rettung aus Ausbeutung und Korruption erhofften. Den Lehren ihres Anführers gemäß enthielten sie sich des Alkohols und des verbotenen Opiums, ja, sie zeigten sogar eine gewisse Hinneigung zum Christentum. Das gewann ihnen anfangs die lebhafte Sympathie der europäischen Kaufleute in Schanghai. Es gab sogar zahlreiche westliche Missionare und Diplomaten, die überzeugt waren, man könne die Taiping durch entsprechende Schulung zu Vorkämpfern für das Evangelium in China machen.

Für die Vertreter der europäischen Mächte in China kam noch die hochmütige Haltung der kaiserlichen Dynastie hinzu, die sich zwei Jahrhunderte lang geweigert hatte, diplomatische Beziehungen aufzunehmen, weil die andere Seite es abgelehnt hatte, China als höchste Macht der Welt anzuerkennen.

Als aber der Aufstand der Taiping näher an Schanghai heranrückte, änderte sich die wohlwollende und verständnisvolle Haltung der Europäer gegenüber den Rebellen. Man erkannte, wie viel Gräuel und Schrecken, Verwüstung und Not der Eroberungszug der Rebellen im Tal des Jangtse verursachte. Für den Oberkommandierenden der britischen Streitkräfte in China, General Elgin, waren daher die Taiping nichts weiter als Flusspiraten, und je rascher man das Jangtse-Tal von ihnen befreie, desto besser sei es für die Interessen Großbritanniens und der anderen zivilisierten Nationen. Zuvor aber wollte man dem Kaiser von China eine Lektion in internationalem gutem Benehmen erteilen. Denn dieser hatte die britischen und französischen Gesandten, die einen Freundschaftsvertrag mit dem Kaiser unterzeichnen sollten, in einen Hinterhalt gelockt, sodass sie sich nur unter schweren Verlusten wieder zurückziehen konnten. Dabei gerieten ein großer Teil ihrer Soldaten und deren englische Kommandanten in Gefangenschaft der kaiserlichen Truppen. Bei der nun anstehenden Strafexpedition sollte ein englischer Pionierleutnant, der später als „Chinese Gordon" berühmt wurde, eine wichtige Rolle spielen.

Charles Gordon traf am 17. September 1860 aus England in Schanghai ein. Dort hatten bereits die alliierten europäischen Truppen Großbritanniens und Frankreichs ihren Rachefeldzug gegen den in Peking residierenden Mandschu-Kaiser begonnen. Am 11. Oktober wurde Gordon als Kommandant einer Pioniereinheit in großer Eile nach Peking nachgeschickt, um Schanzen und Batterien vor der Stadt aufzuwerfen. Nachdem dies geschehen war, forderte man unter Androhung des Beschusses die unbedingte Übergabe der Stadt und die Auslieferung der Gefangenen. Darauf öffneten sich die Tore der Stadt. Als man aber erfuhr, dass die Gefangenen im Sommerpalast des Kaisers unter schrecklichen Martern einen qualvollen Tod gefunden hatten, fiel Gordon die undankbare und umstrittene Aufgabe zu, auf Befehl des kommandierenden Generals Elgin als Rache für diese Untat den kaiserlichen Palast niederzubrennen: „Es

Abb. 47: Charles Gordon
(aus Gordon 1908)

wurde öffentlich bekannt gegeben, dass es wegen der schlechten Behandlung der Gefangenen geschehe. Wir rückten sofort dorthin", erzählt
Gordon in seinem Tagebuch, „und nach einer kurzen Plünderung wurde
das Ganze ein Raub der Flammen. Eine der kostbarsten Stätten wurde auf
diese Weise in geradezu vandalischer Weise zerstört" (Gordon 1908,
S. 171). Außerdem mussten die Chinesen 10 000 Pfund Sterling für jeden Engländer und 500 Pfund für jeden eingeborenen Soldaten, der in
der Gefangenschaft zu Tode gekommen war, bezahlen.

   Auf dem Rückweg von dieser Strafexpedition gegen den Kaiser, der
kurze Zeit später starb, machte Gordon vor Schanghai auch die Bekanntschaft mit den plündernden Taiping: „In einzelnen Haufen kamen sie bis
in die nächste Nähe des Stadtgebietes, steckten in Brand, was sie konnten, und trieben die Landleute zu Tausenden vor sich her" (Gordon 1908,
S. 180). Gordon war fassungslos, welche Massen an Landbevölkerung
nach Schanghai flüchteten, sobald die Taiping in die Nähe kamen: „Mindestens 15 000 Flüchtlinge sind zurzeit hier, und keineswegs nur Weiber

und Kinder, sondern stämmige Männer, die sich wohl wehren könnten,
aber die Angst lähmt ihnen alle Tatkraft. Weiterhin im Lande haben die
Leute Unglaubliches zu leiden, und viele sterben Hungers. Dieser Aufruhr ist eine entsetzliche Landplage, und unsere Regierung sollte allen
Ernstes eingreifen, um ihn zu unterdrücken. Worte können das Elend
nicht schildern, das überall herrscht, wo die Rebellen hinkommen. Eine
reiche Provinz ist zur Wüste geworden" (Gordon 1908, S. 180 f.). Daher
kamen Gordon berechtigte Zweifel an der bisher geübten Neutralität der
europäischen Mächte: „Es ist recht schön, von Nichteinmischen zu reden. Ich bin doch im Ganzen nicht besonders zart besaitet, und auch
unseren Soldaten kann man das im Allgemeinen nicht nachsagen. Und
doch: Wir sind alle aufs Tiefste ergriffen von dem Elend und der erbärm-
lichen Lage dieser armen Menschen" (Gordon 1908, S. 181).

Inzwischen hatte auch eine Gruppe einheimischer Kaufleute in
Schanghai zur Selbsthilfe gegen die mordenden und plündernden aufständischen Taiping gegriffen und eine Schar von Söldnern unter dem
Kommando des Amerikaners Frederik Townsend Ward angeheuert, die
dann unter Gordon als „stets siegreiche Armee" Berühmtheit erlangte.
Fünf Monate nach Gordons Eintreffen in Schanghai wurde Ward, der
Kommandant dieser Söldnerarmee, bei der Verfolgung der Taiping südlich von Tsingpo getötet. Das Kommando ging an Wards Stellvertreter,
den Frankoamerikaner H. A. Burgevine, über. Der neue Kommandant
kannte keine Rücksicht auf Menschenleben. Nachdem seine Leute eine
Stadt am Nordrand der Schanghaier Zone erobert hatten, feierte er seine
Beförderung, indem er nicht nur den Truppen gestattete, die Stadt zu
plündern, sondern indem er auch die gefangenen Taiping auf ebenso originelle wie grausame Weise töten ließ. Man band sie vor die Mündungen
der Kanonen und schoss dann die Geschütze ab. Nachdem die „Times of
India" einen Bericht über diese Gräueltaten veröffentlicht hatte, brach in
der britischen Öffentlichkeit ein wahrer Proteststurm los. Also musste
man sich nach einem Ersatz für Burgevine umsehen, und Gordon war der
einzige passende Kandidat, der nicht wie die anderen europäischen Söldner nur auf Gewinn aus war.

Gordon hat von vornherein seine Tätigkeit in dieser Armee als ein
Werk im Dienste der Menschlichkeit angesehen und war durchdrungen
von der Meinung, dass Chinas rechtmäßige Regierung zu unterstützen
sei. Denn die Rebellen waren in seinen Augen die Tyrannen des armen
Landvolkes. Obwohl Gordon der festen Überzeugung war, dass die Sol-

daten seines Korps nicht grausamer waren als die Soldaten irgendeiner christlichen Nation, gab es von Anfang an Unzufriedenheit unter Offizieren und Mannschaften. Denn Gordon setzte dem Plündern einer eroberten Stadt ein Ende. Die Missstimmung, die daraufhin eintrat, führte schließlich zu einer Meuterei, die Gordon erst dadurch beenden konnte, dass er den Rädelsführer hinrichten ließ. Nachdem er mit solchen drastischen Maßnahmen seine Söldnerarmee einigermaßen in den Griff bekommen hatte, bereitete ihm der Kommandant der kaiserlichen Truppen, Li Hung-Chang, eine schwere Enttäuschung. Dieser hatte nämlich erreicht, dass die Söldnertruppe nicht mehr von den Kaufleuten aus Schanghai finanziert werden, sondern von ihm selbst als Futai, das heißt als dem Gouverneur dieser Provinz, befehligt werden sollte. Um aber sicher zu sein, dass ihm Gordon nicht nur theoretisch unterstellt sein würde, bestand er auf der Ernennung eines gleichrangigen chinesischen Kommandanten. Mit dieser unklaren Befehlssituation war bereits ein Konflikt vorauszusehen. In diesem Konflikt bewies Gordon nicht nur seine Redlichkeit, was die Einhaltung von Versprechen gegenüber dem Feind, der sich in der Stadt Su-tschou verschanzt hatte, anbelangt, sondern zeigte auch seinen Mut gegenüber seinem Vorgesetzten, dem Futai, der dieses Versprechen nicht einhielt, aber dann vor Gordon fliehen musste, um nicht von ihm erschossen zu werden.

Gordon selbst, der unnötiges Blutvergießen vermeiden wollte, war von vornherein der Überzeugung, dass die Rebellenführer gern mit ihm in Unterhandlungen eingetreten wären, wenn man ihnen anständige Bedingungen gestellt hätte. Auch der Futai versprach Gordon bereitwillig, mit diesen Leuten gnädig umzugehen. Alles schien in bester Ordnung zu sein. Aber bald darauf musste Gordon von der Enthauptung der Taipinggeneräle erfahren. Darüber hinaus hatte der Futai auch befohlen, die Stadt zu plündern. Nachdem Gordon die schreckliche Nachricht vom Tode der Taipinggeneräle erhalten hatte, kannte sein Zorn keine Grenzen. Er hatte zunächst die feste Absicht, den wortbrüchigen Futai Li kurzerhand zu erschießen. In seinem Tagebuch schreibt er: „Ich fuhr hinüber und erblickte sechs Leichname; an dem einen erkannte ich Nar Wangs Kopf. Die Hände und der übrige Körper waren auf das Grässlichste verstümmelt und mitten durchgeschnitten. Nar Wangs Körper war zum Teil beerdigt. Eben hatte ich Nar Wangs Kopf in die Hand genommen, da erschienen in der Ferne unsere Dampfer. Der Futai war scheinbar gewarnt worden. Denn er entfloh auf einem andern Wege" (Gordon 1908, S. 227).

Später versuchte der Futai sich damit zu rechtfertigen, dass beim Überleben der Rebellengeneräle aller Wahrscheinlichkeit nach ein neuer großer Aufruhr ausgebrochen wäre. Doch das Missfallen und der Ekel über ihre unbarmherzige Enthauptung waren bei der Truppe Gordons so groß, dass er zu fürchten begann, sie könnten in Haufen zu den Rebellen überlaufen. Anfang Dezember 1863 schrieb Gordon an seine Familie: „Hätte man dem Feinde, der sich ergeben hatte, die Treue gehalten, so wäre es mit der Rebellion jetzt wohl ein für allemal zu Ende gewesen, denn die andern Städte, die noch standhalten, wären ohne Zweifel dem Beispiel von Su-tschou gefolgt. Wir hätten uns dann rühmen können, den Aufruhr mit ganz geringem, aber unumgänglichem Blutvergießen unterdrückt zu haben" (Gordon 1908, S. 229). So aber setzte sich der Taipingaufstand zunächst noch mit gesteigerter Grausamkeit fort. Einer von den verbliebenen Taipinggenerälen, Chung Wang, ließ 2000 Unglückliche aus bloßer Rache für die Hinrichtung seiner Kameraden köpfen. Doch der Widerstand der Rebellen war bereits durch die Erfolge von Gordons siegreicher Armee gebrochen. So konnte Gordon bereits am 10. Mai 1864 notieren: „Ich habe doch das befriedigende Gefühl, dass das Ende dieser Rebellion nahe bevorsteht. Und ich weiß auch, dass es noch jahrelang hätte dauern können, wenn ich dem Heere ferngeblieben wäre" (Gordon 1908, S. 233). Für die durch Gordons Erfolge beschleunigte Niederschlagung des Taipingaufstandes zeigte sich die chinesische Regierung sehr dankbar. So berichtete Gordon nach seiner Heimat: „Ich darf wohl sagen, die chinesische Regierung hat mir die höchsten Ehren zuteilwerden lassen: nämlich den obersten militärischen Rang und das Recht der gelben Jacke, eine Auszeichnung, die nicht mehr als 20 andern Mandarinen im Reiche zuteilgeworden ist" (Gordon 1908, S. 233 f.).

Nach der Rückkehr in seine Heimat hatte Gordon seinen Ehrentitel „Chinese Gordon" vor allem der britischen Presse zu verdanken, die auf der Suche nach einem Helden war. Es war ein Zeitalter, in dem es schien, sagt Lord Elton in seiner Gordonbiographie, „als wäre jedes Regiment der britischen Armee imstande, einen jungen Offizier zu stellen, der in der Lage war, eine Grenze zu befrieden, eine Rebellion zu unterdrücken und ein Weltreich zu erobern und zu verwalten" (Nutting 1967, S. 80). Ganz im Sinne dieser Auffassung wurde Gordon später zur Unterdrückung des Mahdi-Aufstandes im Sudan entsandt, eine Mission, die ihn sein Leben kostete (vgl. Oeser 2012).

Der Boxeraufstand

Im Unterschied zu dem Taipingaufstand, der zunächst nur gegen die ungerechte Behandlung des chinesischen Volkes durch die Mandschu-Dynastie gerichtet war und erst im weiteren Verlauf der Unruhen zu einer Gefahr für die fremden Kaufleute wurde, war der Boxeraufstand von allem Anfang an gegen die „fremden Teufel" gerichtet, aber auch gegen die Chinesen, die zum christlichen Glauben übergetreten waren. Einer der wichtigsten Augenzeugenberichte über die Belagerung der ausländischen Diplomaten in Peking stammt von Mrs. Conger, der Frau von Edwin H. Conger, dem amerikanischen Gesandten in Peking. Sie hatte wohl schon von den Aktivitäten der Boxer gehört, sah aber ohne Bangen in die Zukunft, obwohl ihr bewusst war, dass die Ablehnung der fremden Kolonialmächte sich überall in China breitmachte. Sie schrieb an ihre Schwester: „Der Fremdenhass wächst seit vielen Monaten ständig an und hat sich in letzter Zeit ganz offen in organisierter Form durch den Boxerbund gezeigt. Die Mitglieder stammen aus der Gesellschaftsschicht der Tagelöhner. Da es hier seit Monaten nicht mehr geregnet hat und einem Großteil der Bevölkerung eine Hungersnot droht, behaupten sie, es gäbe wohl einen Grund dafür, dass die Regengötter ihre Gebete nicht erhörten. Sie glauben, dass die ‚fremden Teufel' ihre Götter verhext, ihre Brunnen vergiftet und Krankheiten über ihre Kinder gebracht hätten. Der Boxerbund versucht nun mit allen möglichen seltsamen Riten und Zauberbeschwörungen, die guten Geister zurückzugewinnen" (Conger 1909, zit. nach O'Conner 1980, S. 19).

Dass die Boxer nicht nur eine seltsame religiöse Sekte waren, sondern eine große Gefahr für die Fremden darstellten, wurde den ausländischen Diplomaten in Peking erst dann klar, als die Boxer eine Baptistenmission angriffen, mehr als 30 Menschen töteten und in den nördlichen Provinzen Chinas Gräueltaten an den zum Christentum übergetretenen Chinesen verübten.

Ungefähr die Hälfte der in Peking lebenden Ausländer waren Missionare und Lehrer, die zu Kathedralen, Kirchen, Kapellen, Schulen, Kranken- und Waisenhäusern gehörten, die überall in der Stadt verstreut lagen. Sie nahmen nur selten, wenn überhaupt, am Gesellschaftsleben der Gesandtschaften teil. Eine andere soziale Schicht bildeten die ausländischen Händler, einige Geschäftsleute, die sich vorübergehend hier aufhielten, Konzessionsjäger, Bankiers, Abenteurer und Globetrotter, die auf ihrem Wege gerade Station machten. Zwischen den Missionaren gab es bittere Rivalitäten. Die Katholiken waren in puncto Seelenrettung in China immer dominierend gewesen und hatten bereits Missionsstationen in China errichtet, noch ehe die Mandschus vom Norden her in das Land einfielen. Die Protestanten waren erst später gekommen und waren eifersüchtig auf die Erfolge der Katholiken. Nicht einmal in jenen Tagen, als die Missionare und die zum christlichen Glauben übergetretenen Chinesen verfolgt und von Massakern bedroht wurden, konnten sich Protestanten und Katholiken auf eine gemeinsame Position einigen. Ökumenisches Verhalten war undenkbar.

Das Gesandtschaftsviertel war ein rechteckiges Gelände der Tatarenstadt, das durch einen von Norden nach Süden fließenden Kanal in ungefähr zwei gleiche Teile geteilt war. Die südliche Grenze bildete die Mauer der Tatarenstadt, zwölf Meter hoch und ebenso dick. Dahinter lag die Chinesenstadt. Im Norden wurde das Viertel begrenzt durch die ebenso hohe Mauer der Kaiserstadt. Sie war rosafarben und mit gelben Ziegeln gekrönt. Das chinesische Außenministerium lag im Osten, und im Westen schloss sich ein chinesisches Wohnviertel an. An der Gesandtschaftsstraße lagen die holländische, die amerikanische, die deutsche, die russische, die japanische, die französische und die italienische Gesandtschaft. Die britische und die österreichische Gesandtschaft bildeten den nördlichen Abschluss.

Zunächst breitete sich bei den Gesandtschaften sorgloser Optimismus aus. Man war der Meinung, dass die Boxer keine wirkliche Gefahr bedeuteten und dass sich niemand bedroht zu fühlen brauche. Doch Bischof Favier schrieb in einem warnenden Brief: „Das erklärte Endziel ist die Vernichtung aller Europäer. Die Verbündeten der Boxer warten bereits in Peking. Zunächst sollen die Kirchen angegriffen werden, dann die Gesandtschaften" (zit. nach O'Conner 1980, S. 38). Bischof Favier berief sich auf die Tatsache, dass am 17. Mai 1900 drei Dörfer niedergebrannt und 61 Christen 90 Meilen vor Peking niedergemetzelt worden seien. Einen Tag später sei nur 40 Meilen von der Hauptstadt eine Kapelle der London-Mission dem Erdboden gleichgemacht worden. Tausende von Flüchtlingen zögen heimatlos übers Land. Innerhalb der nächsten vier Tage verdüsterte sich die Situation zusehends. Plötzlich waren Peking, Tientsin und die Vertragshäfen voll von Flüchtlingen, meistens Europäern, die bei den Eisenbahn- und Bergwerksgesellschaften angestellt waren. Die Berichte von niedergebrannten Dörfern, erschlagenen Christen,

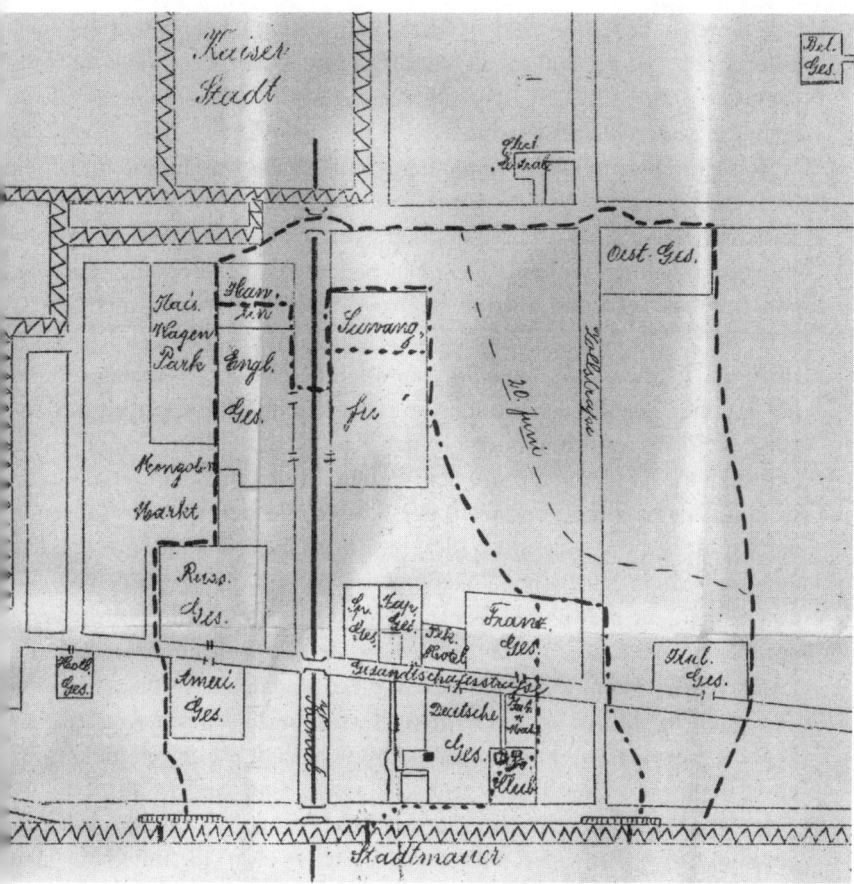

Abb. 48: Pekinger Gesandtschaftsviertel (aus Rauch 1907)

Zerstörungen von Ausländereigentum und Massen von Boxerpartisanen, die sich auf die Hauptstadt zubewegten, häuften sich. Viele erinnerten sich jetzt an die Ermahnungen des Bischofs Favier wie auch an einen Brief, der am 10. Mai 1900 in der „Peking and Tientsin Times" erschienen war. Verfasser war ein chinesischer Regierungsbeamter, der den Ausländern sehr wohlwollend gegenüberstand. „Ich schreibe in aller Ernsthaftigkeit und Aufrichtigkeit", warnte er, „und möchte Sie darüber informieren, dass es einen geheimen Plan gibt, der zum Ziel hat, alle Ausländer in China zu vernichten und die an diese verpachteten Gebiete zurückzubekommen. Alle Chinesen der Oberschicht wissen davon, und diejenigen unter ihnen, die ausländische Freunde haben, haben diese gewarnt" (zit. nach O'Conner 1980, S. 39 f.). Die Kaiserinwitwe selbst, fügte er hinzu, unterstütze den Boxeraufstand.

Tatsächlich hatte diese unter dem Einfluss des ausländerfeindlichen Prinzen Tuan den Befehl erlassen, „junge und kräftige Boxer" für die kaiserliche Armee zu rekrutieren und jede Verstärkung der Gesandtschaftstruppen in Peking zu verhindern. Das bedeutete, dass der lang ersehnte, von Admiral Seymour angeführte Expeditionstrupp Peking nicht erreichen sollte. Die Angriffe der Boxer auf ihn wurden sogar von der Kaiserinwitwe in einem Edikt vom 24. Juni öffentlich belobigt: „Die Boxer, die die Truppen bei diesen Aktionen so tatkräftig unterstützten, sind Männer des Volkes; mit ihnen braucht der Staat weder Soldaten noch Geld. Selbst kleine Kinder griffen zu den Waffen. In all den Gefahren schützen sie die Geister ihrer Vorfahren, der Götter und der Weisen. Tausende von Menschen sind von einem Ideal beseelt. Wir beeilen uns, dieses Edikt zum Lobe der patriotischen Boxer zu erlassen, und versichern denjenigen unter ihnen, die in Mühsal leben, dass für sie gesorgt werden wird. Wenn wir diese Ärgernisse überstanden haben, werden wir sie mit besonderen Zeichen unserer Gunst beehren. Lasst diese Soldaten des Volkes in ihrem Bestreben fortfahren, mit vereinten Herzen und all ihren Kräften Angriffe abzuwehren und ihre Loyalität bis zum Ende zu beweisen. Dies ist unser innigster Wunsch" (zit. nach O'Conner 1980, S. 71).

Inzwischen wurde die Lage der von den Boxern in der Hauptstadt eingeschlossenen Ausländer immer verzweifelter. Am 13. Juni hatte sich sogar ein Boxer mit seinem Wagen in das Gesandtschaftsviertel gewagt. Sein Haar war mit einem roten Band zusammengebunden, und auch von seinen Hand- und Fußgelenken wehten rote Bänder. Ein roter Gürtel hielt die Taille seiner weißen Tunika zusammen. Er war ganz offensichtlich zum Töten angezogen. Als der Boxer herausfordernd um sich blickend sein Messer an der Stiefelsohle wetzte, trat gerade der deutsche Gesandte auf die Straße.

Der deutsche Gesandte war Baron Clemens von Ketteler. Er griff sofort den messerwetzenden Boxer mit seinem Spazierstock an und zog ihn vom Wagen herunter. Für einen Augenblick schien der Boxer vergessen zu haben, dass er bewaffnet war, und floh; der Baron blieb ihm auf den Fersen. Der Boxer sprang aber über die Mauer und verschwand. Der Baron kehrte zum Wagen zurück und fand im Innern am Boden zusam-

Abb. 49: Baron Clemens von
Ketteler

mengekauert einen zweiten, noch sehr jungen Boxer. Der Baron verprü-
gelte ihn und übergab ihn dann den Wachen der deutschen Gesandtschaft, die ihn einsperrten. Einige Stunden später am gleichen Nachmittag
stürmte eine johlende Horde Boxer Schwerter schwingend in die Tatarenstadt östlich des Gesandtschaftsviertels. Sie stürmten durch die Straßen,
brachen in Geschäfte ein, plünderten und schlugen auf jeden ein, der sich
ihnen in den Weg stellte.

Als der Morgen heraufzog, war es in den Straßen ruhig geworden.
Doch mit dem Tageslicht wurde auch offenbar, dass die Boxer ihre zer-
störerische Mission gründlich erfüllt hatten. Ihr Hauptziel war das Gebiet
um die Südkathedrale gewesen, wo hauptsächlich Katholiken lebten.
Eine starke Patrouille aus Amerikanern, Russen, Deutschen und Franzosen marschierte zur Südkathedrale, sammelte alle noch auffindbaren
überlebenden Chinesenchristen und schoss auf alles, was wie ein Boxer
aussah. Der niedergebrannte und geplünderte Bezirk um die Kathedrale
bot einen erschreckenden Anblick. Hunderte von Christen waren ermordet oder aus ihren Wohnungen in die Flammen getrieben worden.

„Frauen und Kindern wurden in Stücke gehackt, Männer wie Federvieh an den Füßen aufgehängt, Nasen und Ohren abgeschnitten, die Auge ausgestochen" (Depesche eines Augenzeugen an die Londoner Times vom 13. Oktober 1900). Hohe Würdenträger des Hofes fuhren nachts im Wagen umher, um mit Befriedigung die Metzeleien zu betrachten. Aus sicherer Entfernung sah auch die Kaiserinwitwe dem Schauspiel zu, für das sie in hohem Maße mitverantwortlich war.

Im Gesandtschaftsviertel entschloss man sich zu Strafexpeditionen in die Viertel der Einheimischen, wo man die Konfrontation mit den Boxern suchte, die man praktisch als jagdbares Wild betrachtete (vgl. O'Conner 1980, S. 78). Am 17. Juni erfuhr Baron von Ketteler, dass sich eine Gruppe von 50 bis 100 Boxern an der Tatarenmauer versammelt hatte. Der Baron griff nach seiner Pistole, stellte in Eile einen Begleittrupp zusammen und ging auf die Mauer. Die etwa 200 Meter entfernten Boxer boten ein leichtes Ziel für die schweren und treffsicheren Mauser-Gewehre. Sieben Boxer wurden tödlich getroffen, die anderen liefen in wilder Flucht davon. Als es zu Verhandlungen mit der chinesischen Regierung über den Abzug der Gesandtschaften kam, war es ausgerechnet der kühne Baron von Ketteler, der sich erbot, die stockenden Verhandlungen durch eine Intervention zu beschleunigen. Zusammen mit seinem Dolmetscher Heinrich Cordes machte er sich in zwei Sänften mit rotem und grünem Verdeck als Zeichen ihrer diplomatischen Würde auf den Weg, eskortiert nur von zwei livrierten Vorreitern. Diese Mission endete jedoch für den Baron bereits nach 15 Minuten tödlich.

Monate später wurde der Bericht des schwer verwundeten Dolmetschers Cordes in der Times veröffentlicht: „Ich beobachtete einen Wagen mit einigen Lanzenträgern, der vor der Sänfte des Gesandten vorbeifuhr, als ich plötzlich etwas erblickte, was mir das Herz stocken ließ. Die Sänfte des Gesandten war drei Schritte vor mir. Ich sah einen Fahnenträger, dem Aussehen nach ein Mandschu, in voller Uniform mit einem Mandarinhut mit Knopf und blauer Feder, vorrennen. Kaum einen Meter vom Sänftenfenster entfernt hob er das Gewehr und feuerte hinein. Entsetzt schrie ich: ‚Halt!' Ich sprang auf die Füße. Ein Schuss traf mich in den unteren Teil des Körpers und weitere Schüsse wurden auf mich abgefeuert. Ich sah die Sänfte des Gesandten stehen, aber es regte sich nichts darin ... Ich bin ganz sicher, dass die Ermordung des deutschen Gesandten ein geplanter Mord war, ausgeführt auf Befehl hoher Regierungsbeamter von einem kaiserlichen Fahnenträger" (zit. nach O'Conner, S. 83 f.)

Abb. 50: Überfall auf Baron Clemens von Ketteler und Hinrichtung seines
Mörders (zeitgenössische Darstellungen um 1900)

Abb. 51: Deutsche in China: Rückzug des internationalen Expeditionskorps unter Admiral Seymour

Bereits zuvor hatten die täglich düsterer lautenden Nachrichten die Entsendung einer Expedition zum Schutz der bedrohten Gesandtschaften notwendig gemacht. Am 10. Juni 1900 brach ein 2100 Mann starkes internationales Expeditionskorps unter dem Befehl des britischen Admirals Sir Edward Hobart Seymour auf, um die Gesandtschaften in Peking zu schützen.

Der Vormarsch der Truppen sollte per Eisenbahn erfolgen, die jedoch nach nur wenigen Kilometern nicht mehr benutzbar war. Denn sie war von den Boxern in einem so großen Umfang zerstört worden, dass eine Wiederherstellung ausgeschlossen war. Noch ein Jahr später standen die Trümmer der Lokomotiven – fast gespenstisch in ihrer aufgerichteten Höhe – auf dem früheren Bahnkörper, ein Wahrzeichen der Schrecknisse jener Zeit. Sogar unter ihren Rädern waren die Schienen herausgerissen worden, um den fremden Ungetümen keinen Zentimeter Bewegungsfähigkeit zu lassen (Löffler 1902, S. 4 f.) Hinzu kamen noch Gefechte mit den kaiserlichen chinesischen Truppen, die bewiesen, dass man es nicht mehr bloß mit den Banden eines Volksaufstandes zu tun hatte. Daher entschloss sich Admiral Seymour zum Rückzug, der vor allem von den deutschen Truppen abgesichert wurde.

Danach stellten sechs europäische Staaten sowie Amerika und Japan ein Expeditionskorps zur Verstärkung der Schutztruppen für die belagerten Botschaften in Peking zusammen.

Abb. 52: Kaiser Wilhelm II. und Graf Alfred von Waldersee (aus Rauch 1907)

Die Nachricht vom Tod seines Gesandten hatte vor allem den deutschen Kaiser Wilhelm II. in seiner Entscheidung beeinflusst, dass ein 30 000 Mann starkes Expeditionskorps in den Fernen Osten geschickt werden solle. Zum Oberbefehlshaber bestimmte er den Feldmarschall Graf Alfred von Waldersee. Bei der Verabschiedung eines Teils der deutschen Truppen am 27. Juli 1900 hielt Wilhelm II. seine berüchtigte Hunnenrede, von der es zwei Versionen gibt. Der offizielle Wortlaut lautet: „Große überseeische Aufgaben sind es, die dem neu entstandenen Deutschen Reiche zugefallen sind, Aufgaben weit größer, als viele Meiner Landsleute es erwartet haben. Das Deutsche Reich hat seinem Charakter nach die Verpflichtung, seinen Bürgern, wofern diese im Ausland bedrängt werden, beizustehen. Die Aufgaben, welche das alte Römische Reich deutscher Nation nicht hat lösen können, ist das neue Deutsche Reich in der Lage zu lösen. Das Mittel, das ihm dies ermöglicht, ist unser Heer. In dreißigjähriger treuer Friedensarbeit ist es herangebildet worden nach den Grundsätzen Meines verewigten Großvaters. Auch ihr habt eure Ausbildung nach diesen Grundsätzen erhalten und sollt nun vor dem Feinde die Probe ablegen, ob sie sich bei euch bewährt haben. Eure Kameraden von der Marine haben diese Probe bereits bestanden, sie haben euch gezeigt, dass die Grundsätze unserer Ausbildung gute sind, und Ich bin stolz auf das Lob auch aus Munde auswärtiger Führer, das eure Kameraden draußen sich erworben haben. An euch ist es, es ihnen gleich zu tun. Eine große Aufgabe harrt eurer: ihr sollt das schwere Unrecht, das geschehen ist, sühnen. Die Chinesen haben das Völkerrecht umgeworfen, sie haben in einer in der Weltgeschichte nicht erhörten Weise der Heiligkeit des Gesandten, den Pflichten des Gastrechts Hohn gesprochen. Es ist das umso empörender, als dies Verbrechen begangen worden ist von einer Nation, die auf ihre uralte Kultur stolz ist. Bewahrt die alte preußische Tüchtigkeit, zeigt euch als Christen im freundlichen Ertragen von Leiden, möge Ehre und Ruhm euren Fahnen und Waffen folgen, gebt an Manneszucht und Disziplin aller Welt ein Beispiel. Ihr wisst es wohl, ihr sollt fechten gegen einen verschlagenen, tapferen, gut bewaffneten, grausamen Feind. Kommt ihr an ihn, so wisst: Pardon wird nicht gegeben. Gefangene werden nicht gemacht. Führt eure Waffen so, dass auf tausend Jahre hinaus kein Chinese mehr es wagt, einen Deutschen scheel anzusehen. Wahrt Manneszucht. Der Segen Gottes sei mit euch, die Gebete eines ganzen Volkes, Meine Wünsche begleiten euch, jeden einzelnen. Öffnet der Kultur den Weg ein für allemal! Nun könnt ihr reisen! Adieu Kameraden!"

In dieser veröffentlichten Version fehlt die entscheidende Textpassage, die erst die Bezeichnung „Hunnenrede" rechtfertigt, aber wegen ihres provozierenden Charakters weggelassen wurde. Sie lautet in der nicht korrigierten ursprünglichen Rede folgendermaßen: „Kommt ihr vor den Feind, so wird derselbe geschlagen! Pardon wird nicht gegeben! Gefangene werden nicht gemacht! Wer euch in die Hände fällt, sei euch verfallen! Wie vor tausend Jahren die Hunnen unter ihrem König Etzel sich einen Namen gemacht, der sie noch jetzt in Überlieferung und Märchen gewaltig erscheinen lässt, so möge der Name Deutscher in China auf 1000 Jahre durch euch in einer Weise bestätigt werden, dass es niemals wieder ein Chinese wagt, einen Deutschen scheel anzusehen!"

Doch dieses deutsche Aufgebot kam für die Befreiung der Gesandtschaften in Peking zu spät. Bereits am 14. August 1900, als alle Hoffnungen geschwunden waren, erreichten englische, russische und amerikanische Entsatztruppen Peking und befreiten die Eingeschlossenen in den Gesandtschaften. Was als gemeinsame militärische Operation geplant war, endete in einem internationalen Wettrennen. Jedes Kontingent versuchte, möglichst vor allen anderen Rivalen in die Stadt einzudringen. Die Briten gewannen schließlich dieses Rennen, indem eine Truppe von indischen Sikh-Soldaten des britischen Kontingents durch einen Kanal ungehindert vom Feind in die Stadt eindrang. Als man die britischen Fah-

nen sah, schrien alle durcheinander: „Sie kommen! Sie kommen!" Man
tanzte vor Freude. Augenzeugen berichten von dem entscheidenden Augenblick der Befreiung: „Nun drängten sich alle unsere Leute, Gesandte,
Soldaten, Matrosen, Freiwillige und Chinesenchristen um die Befreier.
Viele Frauen schluchzten und streichelten die schweißüberströmten Befreier … Endlose Kolonnen marschierten durch die glühende August-
hitze. Bevor es dunkel wurde, schlossen sich auch noch französische und
russische Truppen an. Es schien, als ob die ganze Welt ausgezogen wäre,
um uns zu retten" (O'Conner 1980, S. 214 f.). Bis zum 16. August wurde
dann die ganze Hauptstadt in die Hand der Verbündeten gebracht. Die
Welt frohlockte über die Rettung der Gesandtschaften in Peking. Während man sich in Reden und Stellungnahmen unaufhörlich selbst beweih-
räucherte, während die gesamte Christenheit den Sieg über die dunklen
Kräfte des Heidentums und des Aberglaubens feierte, wurde Peking an
die diversen internationalen Kontingente verteilt. Plündern war bald die
Hauptbeschäftigung der alliierten Soldaten und auch der Zivilisten ein-
schließlich der Mitglieder der Gesandtschaften. Nach einem kurzen
Dankgebet fielen sie wie die Heuschrecken über Läden, Paläste, Häuser
und Regierungsgebäude und natürlich auch über die Verbotene Stadt
her. Ein britischer Korrespondent beobachtete, wie Versuche unternommen wurden, bei Soldaten und Zivilisten wieder Ordnung herzustellen:
„Man erließ eine Verordnung, dass Plünderer standrechtlich erschossen
würden. Diese Drohung wurde jedoch nur bei Chinesen zur Anwendung
gebracht. Jeden Tag konnte man lange Reihen von Packeseln sehen, die
ganze Ladungen von Silber, Getreide und Seide aus Regierungs- und privaten Lagern zu den Quartieren der Alliierten transportierten. Missionare, Frauen und Männer, wurden häufig beobachtet, wie sie wertvolle
Gegenstände aus verlassenen Häusern heraustrugen" (O'Conner 1980,
S. 247 f.). Ein Befehl aus Washington hatte zwar allen Bürgern der Vereinigten Staaten verboten, sich an der Plünderung der Stadt oder des
Landes zu beteiligen. Das hinderte jedoch viele Amerikaner nicht daran,
an den Plünderungen teilzunehmen. Viele Chinesen glaubten jedoch
noch immer an die Integrität der Amerikaner und kamen in Scharen, um
sich von dem amerikanischen Gesandten bei der Sicherung ihrer Besitz-
tümer durch eine schriftliche Bestätigung helfen zu lassen. In Wirklichkeit waren diese Schriftstücke nur ein Wegweiser für Plünderer.

Viele Chinesen erwarteten nichts Besseres als die barbarische Behandlung, die ihnen zuteilwurde, obwohl die meisten von ihnen weder mit

den Verbrechen der Boxer noch mit irgendwelchen Aktionen gegen die Ausländerregierungen etwas zu tun hatten. Die wohlhabenden Chinesen hatten die Hauptstadt verlassen und ihre Lieblingsfrauen und Konkubinen mitgenommen. Die weniger wichtigen Familienmitglieder, Kinder und Frauen, die zurückgelassen worden waren, begingen unverzüglich Selbstmord durch Erhängen oder ertränkten sich in den Brunnen der Höfe. Das zeigt, dass diese Menschen den selbst gewählten Tod dem Schicksal vorzogen, das sie von den zivilisierten christlichen Soldaten erwarteten (vgl. O'Conner 1980, S. 249). Über der ganzen Stadt hing der Geruch des Todes und verrottender Abfälle. Dazwischen feierten die Sieger wahre Plünderorgien. Peking war zu einem gigantischen Diebesmarkt geworden. Die Plünderungen waren aber noch harmlos im Vergleich zu den Szenen, die sich Tag und Nacht in der wehrlosen Stadt abspielten. Vergewaltigung, Raub und Verstümmelung waren gang und gäbe. Chinesen, die man verdächtigte, Boxer gewesen zu sein oder mit ihnen sympathisiert zu haben, wurden gefoltert und getötet. Auch Chinesen, die überhaupt nichts mit der Rebellion zu tun hatten, wurden ihrer Besitzungen beraubt, mussten zusehen, wie ihre Töchter vergewaltigt, ihre Geschäfte geplündert und ihre Häuser niedergebrannt wurden. Ein unkontrollierbarer Wahnsinn schien die Besatzungstruppen aus aller Herren Länder befallen zu haben. Freilich wurde seitens des internationalen Armeeoberkommandos auch nicht das Geringste unternommen, um diesem Treiben Einhalt zu gebieten. Im Gegenteil, viele hielten dies für eine gerechte Vergeltung. Selbst die Missionare sprachen sich nur selten gegen die Vergeltungsmaßnahmen aus (vgl. O'Conner 1980, S. 252). Gegen Ende des Monats August drang die Kunde von den andauernden groben Übergriffen in Peking durch Korrespondentenberichte an die Außenwelt. Darauf hagelte es Ge- und Verbote aus den Staatskanzleien und Kriegsministerien der Hauptstädte der ganzen Welt: Schluss mit den Plünderungen. Die Ordnung ist sofort wieder herzustellen. Aber die meisten brachten es nicht übers Herz, sich die einmalige Gelegenheit entgehen zu lassen, und rafften weiter. Noch im Oktober schrieb ein britischer Offizier nach Hause, dass sowohl die einfachen Soldaten wie auch die „besseren Leute" immer noch eifrig damit beschäftigt seien, Beute zu machen. Auch die Frau des englischen Gesandten bildete da keine Ausnahme: „Lady Macdonald war mit einer kleinen Gruppe unterwegs … und widmete sich hingebungsvoll dem Plündern" (vgl. O'Conner 1980, S. 255).

Die wenigen, welche diese Übergriffe in Peking bedauerten, sahen in der Ankunft eines deutschen Feldmarschalls, der zum Oberbefehlshaber der internationalen Besatzungsmacht ernannt worden war, einen kleinen Hoffnungsschimmer. Deutsche Disziplin und Rechtschaffenheit waren bekannt. Graf von Waldersee ging der Ruf voraus, diplomatisches Geschick zu besitzen. Er war mit einer Amerikanerin verheiratet und schien von allen Preußen der geeignetste zu sein. Trotzdem hatte Kaiser Wilhelm große Schwierigkeiten, Befürworter für seine Ernennung zum Oberbefehlshaber zu finden. Der amerikanische Präsident McKinley war aus wahltaktischen Gründen dafür, weil er die Wählergruppe der Deutsch-Amerikaner berücksichtigen musste. Die Engländer, Russen und Japaner stimmten nur widerwillig zu, am längsten zögerte Frankreich, weil der Graf von Waldersee ein Veteran des Deutsch-Französischen Krieges von 1871 war. Waldersee kam mit seinen Leuten Anfang Oktober an. Nach einem kurzen Aufenthalt in Tientsin waren die Soldaten begierig, auch ihren Anteil an der Kriegsbeute zu bekommen. Ein britischer Korrespondent berichtete, dass seit der Ankunft des deutschen Korps wieder mehr geplündert und vergewaltigt wurde: „Sobald die Nacht hereinbricht, plündern und rauben diese Männer, wo und was sie können. Sie behaupten, dass der Kaiser in seiner Abschiedsrede ihnen dies aufgetragen hätte. Jetzt würden sie nur seinem Befehl Folge leisten" (zit. nach O'Conner 1980, S. 257). Aber der Feldmarschall war auch entschlossen zu beweisen, was deutsche Soldaten zu leisten vermögen, und unternahm deshalb eine Reihe von Strafexpeditionen. Diese Aktionen wurden von einem Großteil der deutschen Soldaten missbilligt, die mit so verlockenden kriegerischen Aussichten nach China gezogen waren, nun aber erkennen mussten, dass dieser Feldzug zur friedlichen Besetzung einer Provinz mit gelegentlichen Polizeimaßregeln verflachte. Von ihnen machten die einen in einer übertriebenen Kritik ihrer Enttäuschung Luft und die anderen schrieben, „wenn sie zu dumm und zu klein waren, um ehrlich sein zu können, in ihren Briefen an Eltern und Geschwister, an Bräute und Geliebte grell und plump gemalt, was sie nie gesehen haben", Das waren, sagt der dem Oberkommando attachierte Fedor von Rauch, die Verfasser der von ihm sogenannten „Hunnenbriefe" (Rauch 1907, S. 367).

„Aber wenn die verhängnisvolle deutsche Neigung zur Kritik", führt der für Pressemitteilungen verantwortliche Attaché weiter aus, „sich verbindet mit einer anderen Schwäche unseres Volkes, der Auslandsdienerei, dann kann das Ergebnis nur Unheil und Schande sein. Jetzt scheinen wir in der Tat schon vor dem hässlichen Bilde zu stehen: Nach der Flöte der ausländischen Presse stimmen auch zu Hause die Unzufriedenen, die Reichsverdrossenen und Philister Zeter und Mordio an über den unglücklichen Krieg in China, der unsere Soldaten verdürbe und unseren Offizieren keine Ehre brächte. Gewiss ist ja, zumal anfangs, manches vorgekommen, was besser ungeschehen geblieben wäre: manche Rohheit, manches Vergehen am Eigentum, mancher Verstoß gegen die zu Hause so streng geübte Selbstzucht. Aber das waren stets nur einzelne Fälle, die durch die Neuheit der Verhältnisse hervorgerufen und entschuldbar waren, deren Wiederholung dann, sobald nach Ankunft des Armee-Oberkommandos alles in regelmäßigere Bahnen geleitet wurde, mit der unnachsichtlichsten Strenge geahndet wurde" (Rauch 1907, S. 368). Damit war den Schreibern und Verbreitern der Hunnenbriefe, die sozusagen die Antwort auf die Hunnenrede des Kaisers Wilhelm II. waren, der Boden für weitere Anklagen gegen die Mannschaften entzogen.

Ein bisher unveröffentlichter Bericht über die Kämpfe in China 1900/1901 stammt von Generalmajor Franz von Gottberg, der nach eigenen Erlebnissen und Erfahrungen die Ursachen dieser Kämpfe und ihren Verlauf geschildert hat. Er war mit Waldersee Anfang Oktober in Tientsin angekommen und konnte sich dort, da er neben seinen Adjutan-ten-Geschäften gleichzeitig die Stellung als Platzmajor innehatte, einen Überblick über die Verhältnisse in China und den Zustand der internationalen Truppen verschaffen.

So schreibt er: „Die französischen Truppen machten im Allgemeinen einen sehr viel günstigeren Eindruck, als wir erwartet hatten. Besonders die Zuaven und Chasseurs d'Afrique waren durchweg stramm und militä-risch, während die Marine-Infanterie etwas salopp im Anzug und schlapp in der Ehrenbezeugung war. Ein französischer Offizier erklärte mir das dadurch, dass diese Truppen in den Colonien auf kleinen Posten zerstreut und wenig unter Aufsicht seien. Er rühmte aber ihren Schneid und ihre Ausdauer. Man muss sich überhaupt bei Beurteilung der fremden Truppen davon los machen, immer die deutsche ruhige und gemessene Strammheit als Maßstab anzusehen" (Gottberg 2003, S. 25)

„Die Russen machten einen gut disziplinierten, abgehärteten, kriegerischen Eindruck. Noch unberührt von den verweichlichenden Einflüssen der modernen Kultur erschienen sie als etwas wüste, aber kräftige Staturmenschen. Ihren Vorgesetzten blind gehorchend, einfach und anspruchs-

Abb. 53: Vertreter der internationalen Truppen: 1. Engländer, 2. Amerikaner,
3. Franzose (Marine), 4. Inder, 5. Deutscher, 6. Franzose (Infanterie), 7. Österreicher, 8. Italiener, 9. Japaner (nach einer zeitgenössischen Fotografie von Feldwebel
Hermann Kessler, 1900/1901)

los bilden sie ein vorzügliches Soldaten-Material. Die Offiziere der
Linien-Regimenter sind zwar nicht als Kavaliere zu bezeichnen, doch be-
fleißigen sie sich guter Formen und sind höflich. Die der Garde und der
Kavallerie stehen durchaus auf der Höhe der gesellschaftlichen Bildung"
(Gottberg 2003, S. 25 f.)

„Die Amerikaner machen einen wenig militärischen Eindruck. Mir
schien es, als ob sie möglichst in ihrem Benehmen den freien Republikaner
markieren wollten. Sie sehen aber schmuck aus und sind gut angezogen."

„Am interessantesten war es mir", sagt von Gottberg, „die Japaner zu
beobachten. Man muss ihnen zugestehen, dass sie selbst vor der schärfsten Kritik bestehen. Sauber und ordentlich in ihren Anzügen, nüchtern,
wissbegierig, aufmerksam machen sie den Eindruck von gut erzogenen
Soldaten. Ihre Exerzier-Vorschriften lehnen sich vielfach an das deutsche
Reglement an."

„Sehr störend wirkte an den Italienern, dass sie ihrem Reglement gemäß nach Verlauf je einer Stunde stets 5–10 Minuten Halt machten."

„Die Engländer hatten als Infanterie und Kavallerie nur indische Truppen in China. Diese Leute sahen mit ihren großen überschlanken Figuren, ihren schwarzen Bärten, dunkel blitzenden Augen und ihrer malerischen Tracht gut aus, aber ihr kriegerischer Wert ist gegenüber europäischen Truppen nicht allzu hoch anzuschlagen. Die englischen Mannschaften, welche nur bei der Artillerie vertreten waren, machten einen recht guten, anständigen Eindruck. Sie wie auch die Inder waren stets tadellos angezogen. Der englische Offizier trägt etwas viel Selbstbewusstsein zur Schau, aber er gewinnt bei näherer Bekanntschaft" (Gottberg 2003, S. 26).

Der deutsche Offizier von Gottberg erkennt von seinem Standpunkt aus auch sehr genau die Ursachen und Gründe des Boxeraufstandes. China, das Reich der Mitte, mit seiner uralten Kultur ist für ihn ein „Land der Rätsel und der Ungeheuerlichkeiten". Der Charakter seines Volkes ist zu unverständlich, als dass die Vorgänge dort für Deutschland, das sich im Allgemeinen der Weltpolitik fernhielt, von aktuellem Interesse gewesen wären. „Als aber Industrie und Handel sich in Deutschland nach 1870 in staunenswerter Weise entwickelten, da streckte der deutsche Kaufmann auch bald mit richtigem Verständnis seine Fühler nach dem fernen Ostasien aus, und heute sehen wir ihn dort bereits in ernster Konkurrenz mit dem größten Handelsvolk der Welt, den Engländern. Nach den Verträgen China's mit den europäischen Ländern mussten die fremden Kaufleute ihre Tätigkeit aber auf gewisse Handelsplätze beschränken, während die Missionare ihren Wirkungskreis auch auf das Innere des Reiches ausdehnen durften. Dem Missionar folgte der Kaufmann, dem Kaufmann der Soldat, das sehen wir häufig in der Weltgeschichte. China, das so stolz auf seine alte Kultur war, fühlte immer mehr, dass es dem Ansturm der jungen europäischen Kultur mit ihrer hoch entwickelten Waffen- und Maschinen-Technik nicht gewachsen war. Aus diesem Gefühl der Ohnmacht heraus entwickelte sich naturgemäß der Hass. Nicht beim chinesischen Kaufmann, denn er fand beim Verkehr mit dem europäischen Handel seinen Vorteil, nicht beim Landmann und Arbeiter, soweit sie nicht später künstlich fanatisiert wurden, wohl aber bei der Dynastie sowie den vielen großen und kleinen Mandarinen, die sich in ihrer Autorität bedroht fühlten, und bei der buddhistischen Priesterschaft. Aber ein Krieg mit fremden Mächten war aussichtslos. Das war der Grund für die Unzufriedenheit der breiten Volksmassen, die zur Bildung der geheimen Sekte vom langen Messer Yi-hc-quan (Boxer) und in ihren späteren Folgen zu den chinesischen Wirren führte" (Gottberg 2003, S. 1 f.)

Als Gottberg auf seiner Rückfahrt einen Deutsch sprechenden Chinesen fragte, auf welche Ursachen er die chinesischen Wirren zurückführe, antwortete dieser ohne Besinnen: „Auf dreierlei – die Hungersnöte, die Katholiken und die Mandarinen-Wirtschaft." Statt „Hungersnöte" solle man besser, meint von Gottberg, „Verelendung der Volksmassen" sagen, „hervorgerufen sowohl durch Überschwemmungen, Missernten, Übervölkerung wie durch das Ausbeutungssystem der Mandarine. Diese Misswirtschaft der Mandarine ergab sich dadurch, dass diese Beamten mit großer Macht ausgestattet wurden. Gewöhnlich durch einflussreiche Verbindungen oder gar durch Bestechungen in ihre Stellung gekommen, betrachten sie das gemeine Volk als zu melkende Kuh. Der Wohlstand der ihnen anvertrauten Bezirke liegt ihnen im Allgemeinen nur insofern am Herzen, als er die notwendige Vorbedingung für die von ihnen zu erwerbenden Reichtümer ist. Die meisten der erhobenen Gelder fließen in ihre Taschen, soweit sie nicht an einen höheren Mandarin oder gar an den kaiserlichen Hof abzuführen sind. Diese Abgaben bilden den Maßstab zur Beurteilung der Tätigkeit eines Beamten. Aber für das öffentliche Wohl geschah fast gar nichts. Die wenigen Kanäle und gepflasterten Straßen, die großen Tempel u. s. w. rühren aus alten guten Zeiten her, in denen noch kraftvolle Herrscher an der Spitze standen. Das Bestechungs- und Erpressungs-System ist derartig ausgebildet und fast zu einer stillschweigend erlaubten Einrichtung geworden" (Gottberg 2003, S. 2).

Von Gottberg übt auch Kritik an den katholischen Missionaren. Der letzte Hauptpunkt der Ursachen für den Boxeraufstand waren die katholischen Missionare, die seit Jahrhunderten in China tätig waren, sich aber dann als eine große Enttäuschung erwiesen, als zwischen ihnen und den anderen christlichen Missionaren Zwistigkeiten ausbrachen: „Eine Religion, die von der Liebe predigt und deren Anhänger sich untereinander befehdeten und verleumdeten, schien dem Chinesen eine falsche Lehre. Eine Christen-Verfolgung großen Stils brach aus, bei der viele ihr Leben verloren" (Gottberg 2003, S. 3).

Hinzu kam, dass hinter der Mission die Gesandtschaft stand und hinter ihr die bewaffnete europäische Macht. Das begründete die politische Macht des Missionars und erklärte auch den Hass, den der gebildete Chinese gegen die Mission hegte. Das erzeugte auch in den niederen

Schichten der Bevölkerung Unfrieden und Missstimmung, die zu dem blutigen Aufstand der Boxer führte, der mit schrecklichen Hinrichtungen aller daran Beteiligten endete. „Der Gleichmut", sagt aber Gottberg, „mit welchem die Chinesen in den Tod gingen, war bewundernswert." Abschließend stellt er nicht ohne Stolz auf sein Vaterland fest: „Die deutsche China-Expedition hatte ihren Zweck vollkommen erfüllt. Es waren keine großen Schlachten geschlagen, keine Taten vollbracht, deren Ruhm die Welt erfüllen konnte. Aber wer die Chinesen kannte und die ganze Affaire nüchtern betrachtete, der hatte wohl solche Ereignisse auch nicht erwartet. Die Sühne für die Ermordung unseres Gesandten war erreicht. Die Chinesen hatten Deutschlands starken Arm kennengelernt; sämtliche Völker hatten erkannt, dass Deutschland, welches sich bis dahin auf überseeische Unternehmungen nicht eingelassen hatte, imstande war, in kürzester Zeit eine wohlorganisierte bedeutende Truppenmacht über das Meer zu schicken. Das Deutsche Reich hatte zum ersten Mal mit machtvoller Hand in die Weltpolitik eingegriffen zum Schutz seiner überseeischen Interessen und konnte mit dem Erfolg wohlzufrieden sein" (Gottberg 2003, S. 26 f.).

6. Afrika – der dunkle Kontinent

Schon in der Antike hat Afrika als das „Reich des Wunderbaren" gegolten. Obschon diesen Weltteil nur ein schmaler Meeresarm von Europa trennt, war dieses Wunderland bis zum 18. Jahrhundert eine „unbekannte Welt". Der durch seine Geschichte über „Gullivers Reisen" berühmte Schriftsteller Jonathan Swift (1667–1745) konnte noch über die Geographen spotten, weil sie „auf den Karten Afrikas ihre Lücken mit wilden Zeichnungen füllten und in unbewohnten Plätzen aus Mangel an Städten Elefanten einmalten" (vgl. Park 2011, Einführung S. 7). Dass es sich bei diesem „dunklen Erdteil", vor allem Innerafrika, um eine noch völlig unbekannte Welt handelte, offenbarte jeder Schritt, den die Afrikareisenden dieser Zeit unternahmen. Es war vor allem die Bevölkerung Afrikas, die Staunen erregte: „Die sonderbarsten Menschenrassen und Völkerschaften finden sich in ihm vereint. Alle Nuancen der Schwarzen und ihre Ausartungen: Neger mit Tigerzähnen, zwergartige Elefantenjäger; Menschen- und Heuschrecken-Fresser; Heere streitender Weiber; ungeheure Staaten, von einem einzigen Despoten mit eisernem Szepter regiert, neben kleinen Republiken, ja neben patriarchalischen Regierungen; und dennoch ist unter allen der Mensch verkäuflicher Sklav" (Zimmermann 1802, 1. Bd., S. 32).

Als Fremde wurden die Araber oder Mauren betrachtet. Ehe die Araber Afrika unterwarfen, nannte man in der Mitte des 7. Jahrhunderts alle Einwohner Afrikas mit dem allgemeinen Namen Mauren. Die Bewohner des Nordens wurden dann unter den Kalifen zu Mohammedanern gemacht. Von diesem Bereich aus griff die Herrschaft der Mauren über die „gutmütigen Neger" mit jedem Jahr weiter um sich. Diese zeichneten sich nicht nur durch ihre Religion, ihre Lebensart und ihren Charakter gegenüber den „boshaften Mauren" aus, sondern auch durch ihre äußere Gestalt: „Der Neger hatte, bei einer mehr oder minder schwarzen Farbe, eine dicke sammetartig anzufühlende Haut; einen eigenen, stark riechenden Schweiß, und größtenteils krauses Wollenhaar, gewöhnlich von schwarzer, zuweilen von rötlicher Farbe. An dem schmalen zusammengedrückten Kopfe tritt der Unterteil des Gesichtes weiter als bei den übrigen Menschenrassen hervor und gibt dadurch dem Neger bald mehr, bald minder einige Ähnlichkeit mit dem Affen" (Zimmermann 1802, 1. Bd., S. 39). Die Afrikareisenden dieser Zeit berichten von den Negern, dass sie eingedrückte Nasen und hoch aufgeworfene rote Lippen haben. Es gebe aber auch Neger mit erhabenen Nasen und fein gebildeten Lippen. Fast alle hätten aber schön geordnete, weiße Zähne. In ihrer Physiognomie gebe es große Unterschiede: „Bald rohe, bald sanftere Züge; bald große, bald kleinere Augen von verschiedenen Farben; bald ein gescheites, bald ein stumpfsinniges Gesicht; und es gibt Neger, deren Züge selbst verfeinerte Europäer für schön erklären würden" (Zimmermann 1802, 1. Bd., S. 40).

Die Hauptregion, welche die Mauren unter den schwarzen Ureinwohnern einnahmen, begann an der Mündung des Senegal und bildete eine schmale Zone von Westen nach Osten, bis nach Abessinien hin. Die Neger in diesen Gegenden erkauften sich lieber durch Tribut den sicheren Schutz der Mauren, als immerwährend ihren Räubereien ausgesetzt zu sein. Sie bezeigten ihren uneingeschränkten Gehorsam gegen die maurischen Gebieter, wofür sie von diesen mit der größten Verachtung behandelt wurden. Doch kam es auch zur Vermischung dieser beiden Rassen, woraus eine neue Generation entstand, die nach Ansicht der europäischen Afrikreisenden die bösen Eigenschaften beider Völker besaß. Freilich gab es auch Ausnahmen positiver Art. Als ein Beispiel dafür wurde Job ben Salomon Jallo, ein junger Mann aus dem Stamm der Fulahs, angeführt, die sich zum Islam bekannten. Von Räubern eines benachbarten Stammes gefangen genommen und als Sklave nach London verkauft, nahmen dort sein schönes Aussehen, sein anständiges Betragen und seine geistigen Fähigkeiten jedermann für ihn ein. Er besaß nicht nur ein so gutes Gedächtnis, dass er den ganzen Koran bereits seit seinem 15. Lebensjahr auswendig wusste und in England dreimal aus dem Kopf niederschrieb, sondern er hatte auch ein schnelles Auffassungsvermögen für technische Dinge. So musste er eine Taschenuhr nur ein einziges Mal zerlegen, um ihren ganzen Bau und ihre Funktion zu verstehen. Im Jahr 1734 wurde er auch der königlichen Familie vorgeführt, die von ihm derartig beeindruckt war, dass sie ihn reich beschenkte. Auf diese Weise konnte er sein Lösegeld an seinen Besitzer bezahlen und in seine Heimat zurückkehren (vgl. Zimmermann 1802, 1. Bd., S. 48 ff.)

Abb. 54: Afrikareisende: Mungo Park, David Livingstone, Henry Morton
Stanley

Das andere Extrem im Aussehen der Neger bildete der Stamm der
Jagga, die zu dieser Zeit als das wildeste von allen Negervölkern galten
und von abgrundtiefer Hässlichkeit waren, welche sie noch künstlich zu
steigern wussten: „Stark von Körperbau, ist ihr Ansehen grässlich wegen
der dem Gesichte eingebrannten Narben und der langen Federn oder
auch Knochen, welche sie quer durch die durchbohrte Scheidewand der
Nase tragen. Sie suchen sich noch mehr durch das Ausschlagen der
beiden oberen Schneidezähne und das Verdrehen der Augenwimper zu
verstellen" (Zimmermann 1802, 1. Bd., S. 86). Solche unterschiedliche
Nachrichten über die Völker Afrikas, die meist von Kaufleuten oder Sklavenhändlern stammten, veranlassten schließlich die wissenschaftlichen
Vereinigungen Europas dazu, durch vertrauenswürdige, wissenschaftlich
gebildete Personen darüber der Wahrheit entsprechende, empirisch ge-
sicherte Erkenntnisse gewinnen zu lassen.

Reisen ins Innerste Afrikas: Mungo Park

Im Jahre 1793 suchte die Afrikanische Gesellschaft in London jemanden,
der zur Erforschung Innerafrikas eine Reise den Gambia aufwärts unternehmen sollte. Mungo Park (1771–1806), der gerade aus Sumatra zu-

rückkam, wo er als Schiffsarzt tätig gewesen war, trat kurz entschlossen in die Dienste dieser Gesellschaft ein, die von Sir Joseph Banks geleitet wurde; denn er wollte gern ein so unbekanntes Land wie Afrika näher erforschen und den Charakter und die Lebensweise seiner Bewohner aus eigener Erfahrung kennenlernen. Obwohl er erfuhr, dass sein unmittelbarer Vorgänger auf ebendem Weg, den er einschlagen sollte, vermutlich von dem ungesunden Klima hinweggerafft oder vielleicht sogar von Eingeborenen ermordet worden war, ließ er sich nicht abschrecken (Park 2011, S. 21). In seinem Tagebuch schildert er seine Erlebnisse, die den Europäern zum ersten Mal die Sitten und Gebräuche der schwarzen Bevölkerung näherbrachten. Er selbst als ein Weißer, der in die Gebiete Innerafrikas vordrang, wurde dort als ein sonderbarer Fremder angesehen, den man voller Neugier betrachtete.

Als er ein großes Dorf erreichte, fand er viele Eingeborene in dünnen französischen Flor gekleidet. Das Betragen der Frauen, musste Mungo Park gleich bei der ersten Begegnung feststellen, passte jedoch keineswegs zu dem eleganten Gewand, denn sie waren im höchsten Grad zudringlich. Sie versammelten sich um ihn und forderten Bernstein, Korallen und was sie sonst bei den Ankömmlingen sahen mit solchem Ungestüm, dass Mungo Park einfach nachgeben musste. Sie zerrissen ihm den Mantel und schnitten seinem Bedienten die Knöpfe vom Rock. Schließlich blieb ihm nichts anderes übrig, als weiterzuziehen, um ihren Zudringlichkeiten nicht länger ausgesetzt zu sein. „Ein Schwarm dieser Harpyien", berichtet er, „verfolgte uns eine halbe Meile weit" (Park 2011, S. 42). Dem König von Fattekonda, mit dem Mungo Park später zusammentraf, war die Idee, dass man aus bloßer Neugier eine Reise unternehmen könne, völlig neu. Es scheine ihm ganz undenkbar, sagte er, dass ein Mensch bei Sinnen eine so gefährliche Reise unternehme, bloß um ein Land und dessen Bewohner kennenzulernen. Er freute sich aber über die Geschenke, besonders über einen Sonnenschirm, den er zum Erstaunen seiner Bedienten, die den Gebrauch dieser wunderbaren Maschine nicht begriffen, immerzu auf- und zumachte. Dann bewunderte er den blauen Rock, den Mungo Park trug, und dessen gelbe Knöpfe ihm besonders zu gefallen schienen. Er wollte auch diesen gerne geschenkt bekommen. Da Mungo Park bereits erkannt hatte, dass die Bitte eines afrikanischen Fürsten, in seinem eigenen Reich an einen Fremden gerichtet, nicht viel weniger als ein Befehl war, zog er den Rock sogleich aus und legte ihn zu den Füßen des Herrschers nieder. Zum Gegengeschenk erhielt er einen großen Vorrat an Lebensmitteln. Am anderen Morgen bat der König Mungo Park, seine Frauen zu besuchen, die sehr begierig seien, den Weißen zu sehen. Man führte ihn zu ihnen, und kaum war er in den Hof getreten, als das ganze Serail sich um ihn drängte. Einige baten um Arzneien, andere um Bernstein, aber alle wollten das große afrikanische Universalmittel versuchen und zur Ader gelassen werden. Es waren zehn oder zwölf Frauen, alle jung und schön, mit viel Korallen und Bernstein in ihrem Kopfputz. Sie spotteten und lachten besonders über seine weiße Haut und über die hervorstehende Nase und behaupteten, dass beides erkünstelt sei. Die Farbe sei dadurch entstanden, meinten sie, dass man ihn als Kind in Milch gebadet habe, und die Nase wiederum sei so lange gekniffen worden, bis sie diese hässliche, unnatürliche Form habe annehmen müssen (vgl. Park 2011, S. 45 f.).

Im Vergleich zu diesen Erlebnissen bei den „gutmütigen Negern" erlebte Mungo Park beim Zusammentreffen mit den Mauren eine böse Überraschung. Mitten in einem Dorf trat ganz unerwartet ein Trupp Mauren in seine Hütte, die ihm von den freundlichen Schwarzen zur Verfügung gestellt worden war. Sie kämen, sagten die Mauren, auf Befehl ihres Herrschers Ali, um ihn in dessen Lager zu bringen. Wenn er gutwillig mit ihnen gehe, so habe er nichts zu fürchten, weigere er sich aber, ihnen zu folgen, dann hätten sie Befehl, Gewalt zu gebrauchen. Nach einer tagelangen Reise durch heißes, sandiges Land erreichten sie endlich die Residenz Alis. Sie bestand aus einer Menge Zelten von schmutzigem Aussehen, die ohne Ordnung in einer großen Ebene zerstreut standen und zwischen denen Herden von Kamelen, Hornvieh und Ziegen weideten. Auf die erste Nachricht hin, dass der Weiße angelangt sei, drängte sich alles zu ihm heran. Wer gerade bei dem Brunnen Wasser schöpfte, der warf den Eimer weg, nur um ihn zu sehen, zwischen den Zelten stieg man zu Pferde, und Männer, Frauen und Kinder strömten von allen Seiten auf ihn zu. Er war bald so umringt, dass er sich nicht rühren konnte. Einer zupfte ihn am Rock, der andere nahm ihm den Hut ab, und wieder ein anderer untersuchte seine Westenknöpfe. Beim Zelt Alis angekommen, wo eine große Menge Frauen und Männer versammelt war, wurde er zu ihm eingelassen. Ali hatte einen langen weißen Bart und schien von arabischer Herkunft zu sein. Sein Aussehen war finster und stolz. Er betrachtete Mungo Park sehr aufmerksam und fragte seine maurischen Begleiter, ob er Arabisch spreche; sie verneinten es, er schien verwundert zu sein und schwieg. Alle Anwesenden und besonders die Frauen waren sehr neugierig; sie stellten tausend Fragen, besichtigten jeden Teil seiner Kleidung, durchsuchten seine Taschen und nötigten ihn, die Weste aufzuknöpfen, um sie seine weiße Haut sehen zu lassen. Sie zählten sogar die Zähne und Finger, als ob sie zweifelten, dass er ein Mensch sei.

Am Abend wurde auf dem Sand vor dem Zelt eine Matte ausgebreitet, und auf dieser musste er, umgeben von der neugierigen Menge, die Nacht verbringen. Bei Sonnenaufgang kam Ali mit einem kleinen Gefolge und ließ ihm eine Hütte zuweisen, in der er vor der Sonne geschützt sei. Kaum hatte er seine neue Herberge bezogen, als die neugierigen Mauren sich wieder haufenweise versammelten, um ihn zu sehen. Er musste einen von seinen Strümpfen ausziehen, um sie seinen Fuß sehen zu lassen, und ebenso seine Jacke und Weste, um ihnen zu zeigen, wie er seine Kleider an- und auszog. Jedem, der ihn besuchte, musste er dies wiederholen, denn jeder, der die Wunder der Kleider eines Weißen gesehen hatte, wollte, dass auch sein Freund sie sehen sollte. So musste Mungo Park von Mittag bis Abend sich unaufhörlich an- und ausziehen, auf- und zuknöpfen. Die Nacht hindurch hielten die Mauren regelmäßig Wache bei ihm und sahen manchmal zur Hütte herein, ob er schlafe. Am nächsten Tag, mit Sonnenaufgang, fingen die Plagereien und das Verhöhnen wiederum an wie tags zuvor. Das empörende Betragen dieser Menschen, sagt Mungo Park, lasse sich mit Worten nicht beschreiben. Sie sannen gleichsam nur auf Unheil und freuten sich an dem Elend ihrer Mitgeschöpfe. „Ich war ihrer Rohheit, Wildheit und ihrem Fanatismus völlig ausgeliefert. Fremd, ohne Schutz und Christ – einer dieser Umstände wäre schon genug gewesen, jeden Funken von Menschlichkeit in der Brust eines Mauren zu ersticken, alle drei vereinigten sich nun in mir, also konnte ich nichts Gutes erwarten. Um wenigstens Ali nicht zu missfallen und überhaupt den Mauren keinen Vorwurf zu geben, mir übel zu begegnen, tat ich unweigerlich alles, was von mir verlangt wurde, und ertrug jede Beleidigung mit Geduld. Aber ich gestehe es, in meinem ganzen Leben habe ich mich nie in einer so drückenden Lage befunden wie hier in Alis Lager, wo ich von dem rohesten, wildesten Volk auf Erden vom Morgen bis zum Abend die gröbsten Beschimpfungen ertragen musste und nicht einmal sauer dazu aussehen durfte!" (Park 2011, S. 87). An einem anderen Morgen kam Ali, von sechs Hofleuten begleitet, zu Mungo Parks Hütte und befahl ihm aufzusitzen. Sie besuchten vier Frauen in ihren Zelten und man bewirtete sie überall mit einem Becher Milch und Wasser. „Alle diese Frauen waren sehr korpulent", schreibt Mungo Park, „was hier für größte

Schönheit angesehen wird. Sie fragten vielerlei und betrachteten meine Haut und mein Haar sehr aufmerksam, taten aber gleichzeitig so, als sei ich eine Art von untergeordnetem Wesen. Sie runzelten die Stirn und schauderten, wenn sie die Weiße meiner Haut sahen. Mein Anzug und mein Ansehen gaben auf dem ganzen Weg meinen Gefährten viel Anlass zum Spott. Sie galoppierten um mich herum, als ob sie ein wildes Tier hetzten, schwangen ihre Flinten um die Köpfe und veranstalteten allerhand Reiterkünste, wahrscheinlich um zu zeigen, dass sie kecker und gewandter seien als ihr armer Gefangener" (Park 2011, S. 93).

Dann kommt Mungo Park genauer auf das Verhalten und die Gebräuche dieses kriegerischen Volkes zu sprechen: „Die Mauren sind sehr gute und dreiste Reiter. Da ihre Sättel hinten und vorn hoch sind, so sitzen sie fest, stürzt auch einmal einer herunter, so verletzt er sich selten, weil der Boden überall sandig und daher weich ist. Beim Reiten setzen sie Ehre und Vergnügen darein, ein Pferd im schärfsten Galopp durch einen Hieb plötzlich zum Anhalten zu bringen, sodass es oft in die Knie sinkt. Ali reitet immer ein milchweißes Pferd mit rot gefärbtem Schweif. Er geht niemals zu Fuß, außer zu den Betstunden, und selbst in der Nacht müssen in der Nähe seines Zeltes zwei bis drei Pferde immer gesattelt stehen. Die Mauren halten erstaunlich viel auf ihre Pferde, weil deren große Schnelligkeit es ihnen ermöglicht, Streifzüge in die Negergebiete zu unternehmen" (Park 2011, S. 93 f.).

Als das Lager der Mauren weiter nach Norden verlegt wurde, nahm man Mungo Park als Gefangenen mit. Dort angekommen erwarteten ihn weitere Qualen: „Als ich einmal im Lager vergebens um Wasser gebeten hatte und nach einem Fieberanfall doppelt heftigen Durst litt, wollte ich in der Nacht selbst mein Glück an den Brunnen versuchen. Um Mitternacht schlich ich mich also aus meinem Zelt. Um den Weg nicht zu verfehlen – die Brunnen liegen eine halbe Meile weit vor der Stadt –, richtete ich mich nach dem Brüllen der Herde. Ich fand die Mauren beim Wasserschöpfen beschäftigt und bat, dass sie mich trinken lassen möchten, wurde aber zurückgewiesen. Ich ging von einem Brunnen zum anderen, bis ich zu einem kam, wo nur ein alter Mann und zwei Knaben waren. Ich wandte mich nun mit meiner Bitte an den Alten und er schöpfte mir sogleich einen Eimer Wasser. Als ich ihn aber annehmen wollte, besann er sich, dass ich ein Christ sei und befürchtete, der Eimer könnte durch meine Lippen verunreinigt werden. Er goss also das Wasser in den Trog und sagte mir, ich möchte nur daraus trinken. Der Trog war eben nicht groß, und drei Kühe tranken schon daraus. Ich wollte aber meinen Teil auch davon haben, kniete also nieder und trank in der Gesellschaft der Kühe mit viel Behagen, bis beinahe kein Wasser mehr da war" (Park 2011, S. 101).

Schließlich gelang es Park doch, aus der Gefangenschaft der Mauren zu entfliehen. Seine Erleichterung war groß: „Es ist unmöglich zu beschreiben, wie froh ich war, als ich mich umsah und außer Gefahr fand. Meine Empfindung war die eines Genesenden, ich atmete freier, ich fühlte mich ungewöhnlich leicht. Die Wüste selbst schien mir reizend, und ich fürchtete nichts so sehr, wie einem Trupp umherstreifender Mauren zu begegnen, der mich in das Land der Räuber und Mörder, aus dem ich glücklich entronnen war, wieder zurückschleppen konnte. Allerdings merkte ich bald, dass meine Lage sehr kläglich war, denn ich verfügte über keine Mittel, mir Nahrung zu verschaffen, und hatte keine Aussicht, Wasser zu finden" (Park 2011, S. 112). Dabei drohte die Nacht sehr unangenehm zu werden; ein Wind erhob sich, der einen heftigen Regen erwarten ließ. Da die wilden Tiere in der Gegend so zahlreich waren, wäre er genötigt gewesen, auf einen Baum zu klettern und sich in den Ästen zu lagern. Gegen Sonnenuntergang, als er sich eben anschickte, die Nacht auf diese Art zuzubringen, erlebte er eine rührende Geschichte von der Barmherzigkeit der schwarzen Bevölkerung. Denn es kam eine Frau von der Feldarbeit und machte Halt, um ihn zu betrachten. Sie führte ihn in ihre Hütte, zündete eine Lampe an, breitete eine Matte auf der Diele aus und sagte ihm, dass er die Nacht über bleiben könne. Als sie merkte, dass er hungrig war, brachte sie ihm einen Fisch, der auf heißer Asche geröstet worden war. Nachdem sie auf diese Art die dringendsten Forderungen der Gastfreundschaft gegen den unglücklichen Fremden erfüllt hatte, deutete sie auf die Matte und sagte ihm, er könne sich ohne Besorgnis schlafen legen. Ihren weiblichen Hausgenossen, die während der ganzen Zeit wie versteinert um ihn herumgestanden hatten, befahl sie, ihre Baumwollspinnerei wieder aufzunehmen. Sie erleichterten sich diese Arbeit durch Gesänge, die bald auch ihn und sein Schicksal zum Thema machten. Eine der jungen Frauen sang, und die Übrigen fielen nachher als Chor ein. Die Melodie war sanft und klagend, und die Worte lauteten etwa: „Die Winde sausten, der Regen fiel – der arme Weiße, matt und verdrossen, kam und setzte sich unter unseren Baum. Er hat keine Mutter mehr, die ihm Milch bringt, keine Frau, die ihm Korn stampft. Chor: Beklaget den Weißen, keine Mutter hat er, usw., usw." (Park 2011, S. 130).

So unbedeutend dies erscheinen mag, so war es doch für einen Menschen in Mungo Parks Lage im höchsten Grad rührend. Von den Männern wurde er im Allgemeinen meistens auch gütig behandelt. Dass aber manchmal doch das Gegenteil eintrat, führte er bei einigen auf rohen Geiz, bei anderen bloß auf blinde Intoleranz zurück. Dagegen erlebte er kein einziges Beispiel, dass eine Frau sich hartherzig gegen ihn gezeigt hätte. Die mütterliche Liebe, die bei ihnen weder durch den Zwang eines gesitteten Lebens unterdrückt noch durch mancherlei Sorgen geschwächt werde, war überall in hohem Grad sichtbar und rief auch bei den Kindern eine entsprechende Zärtlichkeit hervor. Als ein Beispiel hierfür berichtet Mungo Park, dass einer seiner Begleiter einmal sagte: „Schlage mich, nur schimpfe meine Mutter nicht!" (Park 2011, S. 172). Diese Gesinnung fand er überall vorherrschend, und in ganz Afrika sei es die gröbste Beleidigung, die man einem Neger antun könne, wenn man nachteilig von seiner Mutter spreche. Andererseits, meint Mungo Park, dürfe man sich nicht darüber wundern, dass dieses kindliche Gefühl gegen den Vater nicht ebenso stark ausgeprägt sei. Die Vielweiberei schwäche die väterliche Liebe, die sich auf die Kinder verschiedener Frauen verteilt, während sich die ganze eifersüchtige Zärtlichkeit der Mutter auf den einen Punkt konzentriere, ihre eigenen Kinder zu beschützen. Zu seiner großen Zufriedenheit bemerkt Mungo Park, „dass die Sorgfalt der Mütter für die Kinder sich nicht nur auf das Wachstum und das Wohlbefinden des Körpers, sondern auch in einem gewissen Grad auf die Bildung des Gemüts erstreckt" (Park 2011, S. 172). Denn das Erste, was die Frauen ihren Kindern einschärfen, sei die Mahnung, der Wahrheit überall treu zu bleiben.

Dass aber die Stellung der Frau sowohl bei den Schwarzen als auch bei den Mauren den Männern nicht ebenbürtig ist, liegt nach seiner Meinung an der Vielweiberei: „Da der Mann gewöhnlich für jede Frau eine ansehnliche Summe bezahlt, so fordert er auch von ihnen allen den strengsten Gehorsam und die tiefste Ehrerbietung und behandelt sie als gemietete Mägde und nicht als seine Gesellschafterinnen. Sie haben jedoch die häuslichen Angelegenheiten unter ihrer Aufsicht, stehen der Wirtschaft vor, besorgen die Küche und halten die Sklavinnen in Ordnung" (Park 2011, S. 175). So groß aber auch die Autorität ist, welche die schwarzen Ehemänner über ihre Gattinnen behaupten, so hatte Mungo Park doch nicht bemerkt, dass sie diese grausam behandelten: „Nur wenn die Weiber untereinander Streit haben, was sich natürlich bei ihrer Lage sehr oft ereignen muss, so entscheidet der Mann, der es bisweilen nötig findet, eine kleine körperliche Züchtigung vorzunehmen, um nur die Ruhe wieder herzustellen. Beklagt sich aber eine Frau bei dem Obersten der Stadt, dass sie ihr Mann ungerechterweise bestraft oder für eine andere Frau eine unerlaubte Parteinahme gezeigt habe, so wird die Sache gerichtlich untersucht. In diesen Palavern oder Gerichtsverhandlungen, in denen doch hauptsächlich nur verheiratete Männer sitzen, wird es aber, wie ich gehört habe, mit der Klage einer Frau nicht immer sehr ernst genommen. Die Klägerin wird bisweilen selbst der Zanksucht überführt und abgewiesen" (Park 2011, S. 176). Mungo Park verteidigt die Schwarzen auch gegen den Vorwurf der Faulheit. Dass sie von den Weißen an der Küste zu Unrecht für eine träge und untätige Nation gehalten werden, begründet er mit dem Klima, das für große Anstrengungen sehr ungünstig sei. Auch könne man, meint er, von einem Volk nicht sagen, dass es träge sei, wenn es für sich nur das Lebensnotwendige erarbeite: „Da sie nicht Gelegenheit haben, die überzähligen Produkte ihrer Arbeit auf eine vorteilhafte Art umzusetzen, so begnügen sie sich, nur so viel Land anzubauen, dass sie selbst davon leben können" (Park 2011, S. 180 f.).

Mungo Park entschloss sich zu einer zweiten Reise ins Innere Afrikas, als ihm Sir Joseph Banks die Leitung einer Expedition an den Niger anbot. Obwohl ihm einige seiner Freunde, unter ihnen der Dichter Walter Scott (1771–1832), abrieten, brach er begleitet von seinem Schwager Alexander Anderson und dem Zeichner George Scott am 30. Januar 1805 auf und erreichte sieben Wochen später die afrikanische Westküste. Von dort aus wollte er den Weg östlich des Senegal bis nach Sego am Niger wählen, dort mit den ihn begleitenden Handwerkern ein größeres Boot zimmern und dem Strom flussabwärts bis zur Mündung folgen. Zum Schutz des ganzen Unternehmens sollte ihn ein Trupp Kolonialsoldaten begleiten. Diese auf Weisung des Kolonialministeriums abkommandierte Truppe bestand aus Leutnant Martyn und 35 altgedienten Soldaten des Afrikanischen Korps. Hinzu kam noch der Mandigo-Führer namens Isaako. Das umfangreiche Gepäck war auf 42 Esel verladen. Die rasch einsetzenden Verluste bewiesen aber, dass das ganze Unternehmen fehlgeplant war. Mungo Park hätte aufgrund seiner Erfahrungen erst die bevorstehende Regenzeit abwarten und den Aufbruch in das Innere um sechs Monate verschieben müssen. In seinem übertriebenen Optimismus unterschätzte er aber die Schwierigkeiten und überschätzte im Gegen-

Abb. 55: Mungo Parks Tod (aus Park 1831)

zug das Leistungsvermögen und den Gesundheitszustand seiner europäischen Begleiter.

Als die Karawane nach knapp vier Monaten, sieben Wochen später als
ursprünglich vorgesehen, am 19. August den Niger erreichte, lebten nur
noch Park, Anderson, Scott, Martyn und sieben Soldaten, fast alle mehr
oder weniger krank. Auch Mungo Park selbst entging seinem Schicksal
nicht. Ein Augenzeuge berichtet von seinem Tod, der von gegenüber
Fremden feindlich gesinnten Dorfbewohnern verursacht wurde: „Vor
diesem Dorf ist ein Felsen, der quer über die ganze Breite des Flusses
läuft. In ihm befindet sich eine Öffnung in Form eines Tores, die den
einzigen Durchgang für das Wasser bildet, das zur Flutzeit hier sehr rei-
ßend ist. Die Truppe besetzte den Felsen über dieser Öffnung. Herr Park
kam an, als sich das Heer schon aufgestellt hatte, versuchte aber trotzdem die Durchfahrt. Sie griffen ihn an und warfen Lanzen, Pfeile und
Steine herab. Herr Park verteidigte sich lange Zeit, zwei Sklaven im hin-
teren Teil des Bootes verloren ihr Leben. Sie warfen alles in den Fluss und
feuerten immerfort, allein, von der Menge und der Anstrengung über-

wältigt, unfähig, das Boot gegen den Strom zu halten und ohne Aussicht zu entkommen, ergriff Herr Park einen der Weißen und sprang mit ihm ins Wasser; Martyn tat das Gleiche. Sie ertranken im Strom, während sie zu entkommen suchten" (Park 2011, S. 313).

Ein Missionar im Dienste der Menschlichkeit: Livingstone

Sein Nachfolger in der Erforschung Afrikas und seiner Bewohner, David Livingstone (1813–1873), war nicht nur ein gewöhnlicher Forschungsreisender, sondern er war erfüllt von seinem Missionsdrang. Auf seiner letzten Reise fühlte er sich sehr glücklich, wieder ins Innere Afrikas zu reisen. Der Zweck seiner Reise, die Lage der Eingeborenen zu verbessern, machte für ihn alle Strapazen erträglich. Auch der Gedanke, unerforschtes Land zu bereisen, bereitete ihm ein besonderes Vergnügen. „Immer empfindet man", schreibt er in dem Tagebuch seiner letzten Reise (1866– 1873), „das spannende Gefühl lauernder Gefahren. Die Gemeinschaft der Mühe und Gefahr verbindet uns freundschaftlich mit unseren Begleitern. Nur erbärmliche und einfältige Menschen könnten den niedrigen Stand der Eingeborenen zum Vorwand nehmen, um selbstüberheblich ihre eigene Größe zu empfinden. Und doch geschieht das oft, offenbar, weil die Menschen sich nicht abgewöhnen können, ihre eigene Vollkommenheit an den Mängeln anderer zu erkennen. Eine der vornehmsten Wirkungen des Reisens ist die, dass es uns Vertrauen zur eigenen Kraft einflößt und unsere Geistesgegenwart stärkt" (Livingstone 2006, S. 5). Dabei sei Afrika, meint er, ein wahres Paradies. Beschwerlich werde die Sache nur, wenn, wie es manchmal vorkam, als Verpflegung nur Markknochen und Elefantenfüße zur Verfügung stünden.

Seine Schilderung der Bevölkerung Afrikas beginnt er mit den Einwohnern des Küstengebiets, den Arabern mit drei Vierteln Negerblut; laut Livingstone verbanden diese Mischlinge die schlechten Eigenschaften der beiden Elternrassen. Obwohl Muslime, kamen sie und bettelten um Branntwein. Sie tranken diesen aber nur heimlich, niemals öffentlich. Auch habe sie ihr religiöses Gefühl nicht dabei gestört, mit dem verbotenen Alkohol schwunghaften Handel nach dem Innern von Afrika zu treiben. Den Einwohnern des Landesinneren stellt Livingstone ein viel günstigeres Zeugnis aus: „Die Einwohner hier sind vollkommen unabhängig und anerkennen keinerlei Oberherren. Sie haben niedrige Stirnen,

schwulstige Nasenflügel, volle Lippen, einigermaßen wohlgebaute Gliedmaßen; Hände und Füße sind klein. Eisen kennen sie nicht, benützen zumeist hölzerne Speere. Als Zahlungsmittel verwendeten wir Kattunstoff.
Wir tauschten dagegen Geflügel, Reis und Mais. Sie haben zwar eine
Sprache, doch stehen sie immerhin in Fühlung mit den Küstenarabern"
(Livingstone 2006, S. 7). Der Anfang seiner Reise stand unter einem guten Zeichen. Die Täler,
die sie durchzogen, waren von unvergleichlicher Schönheit. Alles war
grün. Baumgruppen belebten das landschaftliche Bild, das an die Szene-
rie englischer Parks erinnerte. Doch bald musste er von dem Entsetzen
erregenden kannibalischen Verhalten mancher Bewohner dieser Gegend
erfahren: „Wenn man hier die Eingeborenen voneinander sprechen hört,
bekommt man ein Bild von dem entsetzlichen Zustand moralischer Ver-
rottung, in dem sie leben. Hier kann niemand allein ausgehen, ohne eines
grässlichen Todes gewiss zu sein. Sogar beerdigte Leichen werden gestohlen – ob es Menschen oder Hyänen sind, die sie ausgraben, ist nicht
ganz sicher. Im Matembaland, am Lualaba, sollen Streitigkeiten zwischen
Eheleuten recht oft damit enden, dass der Gatte die Gattin erschlägt und
ihr Herz mit Ziegenfleisch zusammen isst: Das hat angeblich Zauber-
kräfte. Wieder in anderen Gebieten werden hauptsächlich Finger als
Zaubermittel gegessen. Aber nur bei den Bambaré ist allein die Gier nach
Fleisch Ursache des Kannibalismus" (Livingstone 2006, S. 172 f.).
    Die Leute eines anderen Stammes bestritten, dass sie Menschen
schlachteten; sie fraßen nur die gefallenen Gegner auf. „Doch scheint
mir", sagt Livingstone, „dass die Toten im Magen ihrer Besieger rumo-
ren", denn einer von ihnen habe ihm erzählt, „das Menschenfleisch sei
nicht gut, man bekomme davon Träume. Westlich des Lualaba soll es
allerdings Stämme geben, die sogar lebende Menschen auf Sklavenmärkten kaufen, um sie zu schlachten". Über den Geschmack des Menschen-
fleisches werde übereinstimmend berichtet, es schmecke salzig und
bedürfe keinerlei würzender Zutaten. „Und dieses viehische Volk ist
schön!", ruft Livingstone aus, „besonders die Frauen sind hübsch. Sie kleiden sich in faltenreiche Röcke" (Livingstone 2006, S. 199). „Auf dem
Markt sah ich", berichtet Livingstone weiter, „einen Menschen, der zehn
menschliche Unterkiefer auf einem Strick aufgereiht über die Schulter
gehängt hatte. Auf meine Frage versicherte er stolz, er habe die Besitzer
dieser Unterkiefer getötet und aufgegessen. Mit einer sehr drastischen
Geste zeigte er mir, wie er seine Opfer mit dem Messer abgestochen

habe. Ich bezeugte ihm meinen Abscheu, aber er lachte, und auch die Umstehenden fanden es komisch" (Livingstone 2006, S. 201). Die Gegend, in der sich Livingstone zu dieser Zeit befand, das Manjuemaland, war sehr ungesund. Fieber, Nässe, Kälte und schlechte Nahrung wirkten zusammen, sodass er an Cholera erkrankte und schmerzhafte Geschwüre bekam, die bei diesem Klima bereits aus kleinen Verletzungen entstanden. Schließlich gingen auch seine mageren Vorräte an Lebensmitteln zu Ende. Es verblieben ihm nur noch einige Tauschwaren, ohne die er bei diesem grausamen Volk zu keiner Verpflegung kommen konnte. „In meiner Verlassenheit", klagt er, „gleiche ich dem Mann, der von Jerusalem nach Jericho ging und unter die Räuber fiel. Nur dass ich keine Hoffnung habe, dass ein freundlicher Samariter mir zu Hilfe kommt" (Livingstone 2006, S. 211). Wie hätte er ahnen können, dass in dieser Stunde höchster Beschwernis der gute Samariter wirklich schon an seiner Tür stand. Eines Morgens kam ein Diener hereingestürzt und schrie, ganz atemlos: „Ein Engländer! Ich habe ihn selbst gesehen!" (Livingstone 2006, S. 211). Damit stürzte er wieder hinaus. Bald sah Livingstone die amerikanische Flagge und wusste, mit welcher Nationalität er es zu tun hatte. Es war Henry Morton Stanley (1841–1904), Reporter des New York Herald, den James Gordon Bennett Junior mit 4000 Pfund nach Afrika geschickt hatte, damit er Livingstone, der als vermisst galt, auffinde, „lebend oder tot".

Beim Anblick der von Stanley mitgebrachten Lebensmittelvorräte stellte sich der Appetit des völlig entkräfteten Livingstone wieder ein. Statt täglich zwei geschmacklose Mahlzeiten hinunterzuwürgen, aß er wieder viermal und fühlte sich nach einer Woche im Besitz neuer Kräfte. Die uneigennützige Freundschaft Bennetts und Stanleys rührten ihn sehr und er war unendlich dafür dankbar, dass Stanley seine Aufgabe mit unerhörter Energie und großer Umsicht gelöst hatte. Doch für Livingstone war das Eintreffen Stanleys kein Grund zur Heimkehr. Der Nachschub an Lebensmitteln ermutigte ihn zu neuen Unternehmungen, bei denen er seine Kräfte überschätzte. „Entdeckungsreisen", schrieb er, als er wieder schwer an Fieber erkrankte, „sind kein Kinderspiel". Eines Morgens betraten vier seiner Gefährten seine Hütte. Livingstone lag nicht auf seinem Bett. Er kniete daneben und schien zu beten. Die Männer wollten sich zurückziehen, aber einer flüsterte ihnen zu: „Er kniet schon sehr lange so, vielleicht ist er tot" (Livingstone 2006, S. 248). Auf einer Kiste, die als Tisch diente, stand eine Kerze, die den Raum dürftig erleuchtete. Livingstone kniete neben seinem Bett, der Körper ruhte auf den Händen.

Abb. 56: Auffindung Livingstones durch Stanley (aus Stanley 1879)

Eine Minute lang beobachteten sie ihn, und da man keinen Atemzug hörte, trat einer näher und berührte Livingstones Wangen: Der Körper war bereits kalt. Die Diener hoben ihn auf, legten ihn auf das Bett und deckten ihn zu. Man nahm an, dass er in den Morgenstunden des 1. Mai 1873 gestorben war.

Ethnographische Ansichten eines Spezial-Korrespondenten in Zentralafrika: Stanley

Stanley gelangte zwar zu seinem Ruhm als Afrikaforscher erst durch die sensationelle Auffindung Livingstones. Zuvor war er aber bereits den Nil hinaufgezogen, wo er den Oberingenieur der Baker'schen Expedition traf und ein Duell zwischen ihm und einem tollen jungen Franzosen verhindern konnte, der sich mit ihm auf Pistolen duellieren wollte, weil er die Zumutung übelnahm, für einen Ägypter gehalten zu werden. Von der Insel Sansibar, die der Ausgangspunkt seiner Expedition zur Auffindung Livingstones sein sollte, hatte Stanley eine denkbar schlechte Vorstel-

lung: In seiner Phantasie war sie nicht viel mehr als eine vom Meer um-
gebene Sandbank, auf der sich ein paar Oasen befänden und auf der
Cholera, Fieber und namenlose, aber schreckliche Krankheiten zu wüten
pflegten. Er glaubte, sie sei von unwissenden Schwarzen mit dicken Lippen bewohnt, deren Äußeres mit Gorillas zu vergleichen sei. Aber nach
seiner Ankunft auf der Insel brachte ihm bereits der erste Tag seine Unwissenheit im Bezug auf das Volk Afrikas zum Bewusstsein. Er spazierte
durch die Stadt und verschaffte sich einen Eindruck über das Negerquartier, der allerdings nicht besser ausfiel, als er ihn in seiner Phantasie aufgrund seiner Lektüre von Reiseberichten gewonnen hatte. Aus ihm
spricht eine verachtungsvolle Abneigung gegenüber den fremden, nicht-
europäischen Völkern: „Im Negerquartier rochen die Straßen sehr übel
nach der gelben und schwarzen Bevölkerung, welche mit ihren Wollköp-
fen vor den Türen ihrer elenden Hütten schwatzend, lachend, feilschend
und keifend saßen. Der Geruch war ein Gemisch von Häuten, Teer,
Schmutz, vegetabilischem Abgang, Exkrementen u. s. w." (Stanley 1879,
S. 12). Dagegen erscheinen Stanley die Araber von Sansibar im höchsten
Grad interessant. Sie haben nach seiner Beobachtung die Sitten ihrer
Vorväter mitgebracht, als sie auf die Insel kamen: „Wohin der Araber auch
geht, bringt er seinen Harem, seine Religion, sein langes Gewand, sein
Hemd, seine Pantoffeln und seinen Dolch mit sich. Wenn er ins Innere
von Afrika dringt, so vermag aller Spott der Neger nicht, seine Lebens-
weise zu verändern" (Stanley 1879, S. 13).

Als Stanley in Sansibar ankam, fiel ihm bei den dort ansässigen Arabern eine gewisse Geschäftigkeit auf, die man seiner Meinung nach bewundern musste. Die Mehrzahl von ihnen war schon oft in gefahrvollen
Lagen gewesen, wenn sie nach Zentralafrika vorgedrungen waren. Die
reichen Erfahrungen, die sie bei diesen gefahrvollen Reisen gesammelt
hatten, „haben ihrem Gesicht einen gewissen unverkennbaren Zug
von Selbstvertrauen und Selbstgenügsamkeit gegeben. Sie haben etwas
Ruhiges, Entschlossenes, Trotziges, Unabhängiges an sich, welches jedem unbewusst Achtung abgewinnt" (Stanley 1879, S. 14). Gegen die in
Sansibar häufig anzutreffenden Mischlinge hegt Stanley eine große Verachtung: „Sie sind weder schwarz noch weiß, weder gut noch schlecht,
weder zu bewundern noch zu hassen. Sie sind alles zu jeder Zeit; sie kriechen beständig vor den großen Arabern und sind immer grausam gegen
die Unglücklichen, die unter ihr Joch kommen" (Stanley 1879, S. 14).
Sooft Stanley einen elenden, halbverhungerten Neger sah, glaubte er mit

Bestimmtheit, dass er der Mischlingsrasse angehöre, über die sein äußerst vorurteilsbehaftetes Verdikt lautet: „Stets habe ich in ihm einen kriechenden Heuchler, einen feigen, entarteten, treulosen und gemeinen Menschen gefunden. Er scheint stets bereit, vor einem reichen Araber niederzufallen und ihn anzubeten, aber er ist einem armen schwarzen Sklaven gegenüber unbarmherzig. Wenn er am meisten schwört, so kann man sich darauf verlassen, dass er am meisten lügt, und doch ist es diese Menschenrasse, welche sich am raschesten in Sansibar vermehrt, diese syphilitische, triefäugige, blasshäutige Mischung des Afrikaners und Arabers" (Stanley 1879, S. 14).

Über die eingeborenen Neger auf Sansibar, unter denen sich auch Repräsentanten der Stämme von Innerafrika befinden, fällt Stanley ein günstigeres Urteil. Ein Spaziergang durch ihre Quartiere zwingt ihn zuzugeben, dass „die Neger Menschen wie unsereins sind, obgleich von anderer Farbe; dass sie Leidenschaften und Vorurteile, Sympathien und Antipathien, Geschmacksrichtungen und Empfindungen wie alle anderen Menschen haben" (Stanley 1879, S. 17). Weder seine Farbe noch irgendwelche Eigentümlichkeiten seiner Physiognomie sollten daher nach Stanleys Meinung einen Neger irgendwelcher Rechte berauben, die er als Mensch beanspruchen kann. Das gilt auch für die „wilden Schwarzen aus dem heidnischen Zentralafrika", zwischen deren Natur und seiner eigenen er während seiner Expedition trotz der genauesten Beobachtung keinen bedeutenden Unterschied feststellen konnte. Doch gab es nach Stanleys Erfahrungen Unterschiede zwischen den barbarischen Stämmen der Schwarzen. Die nahe der Küste lebenden Stämme waren durch den Verkehr mit den halbzivilisierten Arabern beeinflusst und besser angezogen. Aber, sagt Stanley, „wie in der Haut eines Russen der Tatare steckt", so lässt sich auch behaupten, dass man unter dem schneeweißen Hemd des schwarzen Stammesangehörigen den echten Barbaren finden wird. Zwar scheint er auf der Straße und dem Bazar der Küstenstädte halb arabisiert; seine freundlichen Manieren, sein demütiges Fußfallen, seine Kniebeugen, sein Jargon, alles beweist, dass er mit der herrschenden Klasse, der er unterworfen ist, in Berührung gekommen ist. Wenn er aber in sein Dorf zurückkehrt, „wirft er das Hemd ab und erscheint in der ganzen Schwärze seiner Haut, mit hervorstehendem Unterkiefer und dicken Lippen, als reiner Neger und Barbar" (Stanley 1879, S. 229).

Die ersten Repräsentanten der reinen Barbaren, auf die Stanley stieß, als er nur zwei Tagesreisen von der Küste entfernt war, waren ein furchtsamer Stamm, der niemals einen räuberischen Überfall auf eine Gruppe zusammengehöriger Menschen gemacht hätte. Dagegen waren die Barbaren weiter im Inneren des Landes ein kriegerisches, stattlich aussehendes Volk, das sich kühn wegen der kleinsten Verletzung seines besonders fruchtbaren Gebietes in den Kampf stürzte und es tapfer gegen räuberische Nomaden verteidigte. Die Angehörigen dieses Stammes, die sowohl in körperlicher als auch in geistiger Beziehung den in Stanleys Augen knechtischen Rassen, die sie umgaben, überlegen waren, waren bei den Mohammedanern als Sklaven sehr beliebt. Mit diesem größten Übel in Afrika, der Sklaverei, beschäftigte sich Stanley, vor allem aber Mungo Park.

Die Verdammten dieser Erde: Sklaven

Mungo Park gewann als erster Europäer einen Eindruck über das Ausmaß der Sklaverei in Afrika: „Ich nehme an, dass die Zahl der Sklaven in Afrika dreimal so groß ist wie die der Freien. Sie haben für ihre Dienste nichts zu fordern als Nahrung und Kleidung und können gütig oder hart behandelt werden, je nach der Gesinnung ihres Herren" (Park 2011, S. 184). Das Recht eines Herrn über seine Haussklaven erstreckte sich aber nur auf eine mäßige Züchtigung. Über diejenigen Sklaven, die im Krieg gefangen oder für Geld gekauft worden sind, ist seine Macht weniger beschränkt. „Diese unglücklichen Geschöpfe werden ganz wie Fremdlinge angesehen, die auch auf den Schutz der Gesetze keinerlei Ansprüche haben" (Park 2011, S. 184). Die meisten von ihnen wurden in großen Karawanen aus den Ländern Innerafrikas, von denen viele den Europäern nicht einmal dem Namen nach bekannt waren, herangeführt. Der Krieg war die ergiebigste Quelle der Sklaverei. Die zweite Quelle, nämlich die Hungersnot, entstand oft – jedoch nicht immer – aus den Verwüstungen des Krieges. Mungo Park konnte viele Beispiele dafür angeben, dass Leute freiwillig ihrer Freiheit entsagten, um ihr Leben zu retten. Da die Eltern eine fast unumschränkte Gewalt über ihre Kinder hatten, kam es in allen Gegenden Afrikas häufig vor, dass einige Kinder verkauft wurden, um der übrigen Familie dadurch Lebensmittel zu verschaffen. Mungo Park wusste auch, auf welche Weise verhindert wurde, dass die zu Sklaven gemachten Kriegsgefangenen flüchten und in ihre Heimat zurückkehren konnten: Sie wurden in entfernte Gebiete und vor allem auch an die Küste zum Verkauf gebracht.

Abb. 57: Sklaven aus Zentralafrika, die an die Küste gebracht werden (aus Park 2011)

Als sich Livingstone einer großen Karawane anschloss, die ins Innere des Landes abging, schien ihm das Los der Sklaven in Afrika zunächst nicht nur erträglich, sondern sogar angenehm zu sein: „Unsere Karawane, Sklaven, Träger und ihre arabischen Herren, bildet drei Abteilungen, die zusammen wohl 450 Köpfe zählen. An der Spitze von jeder der drei Gruppen marschiert ein Führer mit einer Fahne, Trommeln erschallen und das Kudehorn wird geblasen. Die Führer – etwa ein Dutzend für jede der drei Truppen – tragen phantastischen Kopfputz aus Federn und Perlenschnüren, rote Westen und merkwürdige Jacken, die aus zerschnittenen Fellen zusammengeflickt sind. Dass der Marsch mit Musik begleitet wird, hat eine belebende Wirkung. Sobald sich die Karawane in Bewegung gesetzt hat, übt der Lärm eine fast hypnotisierende Wirkung aus. Meine Begleiter, allesamt losgekaufte Sklaven, ließen mir kaum Zeit zum Ankleiden – kaum hatten sie die Klänge gehört, die ihnen aus ihrer Kindheit vertraut waren, als sie schon drauflosstürmten. Nichts ist dem Afrikaner unliebsamer als Spott. Wenn sich zum Beispiel ein Unfall ereignet, etwa ein Mann seine Last verliert, brechen alle anderen in spöttisches Geschrei aus. Die Angst, verspottet zu werden, wirkt hier viel größere Wunder als die Angst vor der Peitsche. Solchermaßen strebt die Karawane vorwärts, und die Herren haben nichts weiter zu tun, als nachzufolgen und Nachzüglern und Erkrankten auf die Beine zu helfen. So lief das Sklavenvolk rascher, als wir folgen konnten. Wenn zuweilen Rast gemacht worden wäre, hätten wir es besser ertragen, aber fünf Stunden in einem Atem weiterzulaufen ist in solch heißem Klima eine furchtbare Anstrengung. Auch die weiblichen Sklaven marschieren sehr tüchtig, fast alle tragen Lasten auf den Köpfen, nur die Führerinnen nicht, die zumeist Gattinnen von Arabern waren. Sie tragen gestickte weiße Schals und allerlei Gold- und Silberschmuck auf dem Kopf. Diese Ladys haben einen leichten Gang und halten auf den längsten Märschen bis zum letzten Schritt durch. Das Gewicht der Kupferringe, die sie an den Gelenken tragen und die zuweilen mehrere Pfund wiegen, scheint den Schwung ihres Ganges nur zu beflügeln. Und dabei fallen diese Frauen durchaus nicht erschöpft nieder, wenn der Ort erreicht ist, an dem Nachtlager bezogen werden soll, sondern beginnen dann erst zu kochen – und auch darin zeigen sie eine große Fertigkeit. Aus wilden Früchten und allerlei recht unappetitlichem Zeug wissen sie Speisen zu bereiten, die ihren Männern ausgezeichnet munden" (Livingstone 2006, S. 102).

Doch dieses friedliche Bild der von ihren Herren gut behandelten Sklaven wurde schwer gestört, als Livingstone einen Sklavenmarkt besichtigte: „Die Erwachsenen scheinen es als Schande zu empfinden, wie Vieh verkauft zu werden. Die Käufer prüfen das Gebiss, heben die Kleider hoch, um die Beine zu prüfen, werfen wohl auch einen Stock fort, den dann der Sklave zurückholen muss: damit sie seinen Gang beobachten können. Mit Gekreisch und Geschrei werden Preise ausgerufen. Die Käufer sind zumeist Araber und Perser. Von den Ersteren wird behauptet, dass sie ihre Sklaven gut behandeln. Offenbar weil beide, Herr und Sklave, in gleicher Indolenz dahinvegetieren. Der Fortschritt der Zivilisation verschlimmert das Schicksal der Sklaven, statt es zu verbessern: Wenn sich erst die Bedürfnisse des Herrn vergrößern, wird der Unterschied deutlicher fühlbar, und die Ausbeutung nimmt brutalere Formen an". Auf welch grausame Weise die Sklaven aus dem Inneren Afrikas transportiert wurden, musste Livingstone selbst als Augenzeuge sehen: „Heute stießen wir auf eine Frau, die stranguliert und an einen Baum gebunden war: Sie war tot. Wir erfuhren von Eingeborenen, dass die Unglückliche wohl beim Transport mit den anderen nicht Schritt halten konnte und von ihrem Herrn getötet wurde, damit sie nicht Eigentum eines anderen würde, der sie zufällig am Wege fände. Ich muss hier bemerken, dass wir des Öfteren auf Sklaven stießen, die auf diese Art an Bäume gebunden waren, andere wieder fanden wir erstochen oder erschossen in ihrem Blute liegen. Immer bekommen wir die gleiche Erklärung zu hören: Der Sklavenhalter, wütend, durch die Marschunfähigkeit seines Sklaven um sein Geld zu kommen, tötet den Sklaven. Der Zweck ist dabei wohl doppelt: Die Überlebenden werden eingeschüchtert und geben ihre letzte Kraft her, um den Weg fortzusetzen" (Livingstone 2006, S. 23).

Ähnlich wie Livingstone hatte zunächst auch Stanley einen harmlosen Eindruck vom Sklavenhandel, als er selbst auf eine Sklavenkarawane stieß: „Die Sklaven sahen durchaus nicht niedergeschlagen aus, sondern schienen im Gegenteil von dem philosophischen Humor erfüllt, den der muntere Diener Martin Chuzzlewit's an den Tag legt. Wäre es nicht um die Ketten gewesen, so hätte man nur mit Schwierigkeit den Herrn vom Sklaven unterscheiden können; die physiognomischen Züge waren dieselben. Das milde Wohlwollen, mit dem sie uns anblickten, war auf allen Gesichtern gleichmäßig zu sehen. Die Ketten waren schwer und hätten auch Elefanten fesseln können, aber da die Sklaven außer denselben

nichts zu tragen hatten, konnte ihr Gewicht nicht unerträglich sein" (Stanley 1879 1. Bd., S. 106). Doch bald musste auch er erkennen, dass der Sklavenhandel in Ostafrika für die dortigen Stämme verderblich war. Die Sklavenhändler verrieten sie an organisierte Banditenbanden, die aus vagabundierenden, fortgelaufenen Sklaven, Verbrechern aus Sansibar und Menschenräubern bestanden. Diese Banden überzogen die Stämme mit Krieg, und da Sklaven dieser Stämme sehr gesucht und sowohl wegen der Schönheit ihrer Gestalt als auch ihrer physischen sowie sonstigen Vorzüge halber gern gekauft wurden, nahmen diese Raubzüge so zu, dass die Stämme nach einigen Jahren gänzlich aus ihren schönen Tälern vertrieben wurden. Bei einem solchen Raubzug ins Herz des Landes wurden mehr als 500 Sklaven erbeutet. Da die arabischen Sklavenhändler auf dem Weg nach Sansibar durch die bedrohliche Haltung der Eingeborenen, welche die geringste Beleidigung mit Blut zu rächen bereit waren, belästigt wurden, gaben sie den Menschenraub zwischen dem Tanganika und dem Meere auf. In anderen Gebieten, wo die Eingeborenen furchtsam, unentschlossen und in kleine Stämme zersplittert waren, traten sie indes kühn auf und ließen ihren Neigungen zu jenem schändlichen Handel freien Lauf. Die Berichte, welche Livingstone aus jenen Gegenden Stanley mitteilte, sind höchst beklagenswert. Er wurde zum Beispiel der unfreiwillige Zuschauer bei einer furchtbaren Metzelei, die an den Bewohnern eines volkreichen Bezirks auf dem Marktplatz eines Dorfes verübt wurde. An einem Markttage fing ein arabischer Mischling mit seiner bewaffneten Sklavenbegleitung die allgemeine Metzelei damit an, dass er mitten in die Menschenmenge schießen ließ. Man nimmt an, dass ungefähr 2000 Menschen anwesend waren. Beim ersten Flintenknall stürzten alle diese armen Leute zu ihren Booten. In der großen Eile der Flucht wurden die Boote von den ersten wenigen Leuten, die sie glücklich in Besitz nahmen, fortgerudert. Wer so nicht mehr davonkam, sprang in das tiefe Wasser des Flusses; hier wurden viele eine Beute der zahlreichen, auf den Schauplatz zustürzenden gefräßigen Krokodile; der größte Teil jedoch erlag den Kugeln des unbarmherzigen Sklavenjägers und seiner schurkischen Bande. Livingstone glaubt, wie auch die Araber selbst, dass hierbei ungefähr 400 Menschen, hauptsächlich Frauen und Kinder, getötet und noch viel mehr zu Sklaven gemacht worden sind. Und dies ist nur einer der vielen Frevel, von denen er unfreiwilliger Zeuge gewesen ist (Stanley 1879, 2. Bd., S. 94).
Auf seiner zweiten Afrikareise, die ihn in den dunkelsten Teil des Kon-

Abb. 58: Der zum
Gouverneur ernannte
Sklavenjäger Tippu-
Tib (aus Stanley 1890)

tinents führte, schloss er mit dem berüchtigtsten Sklavenjäger dieser Gegend, Tippu-Tib, einen von dem belgischen König genehmigten Vertrag,
der die Araber an der Sklavenjagd hindern sollte und an den sich selbst
der zu diesem Zweck neu ernannte Gouverneur Tippu-Tib halten musste.

Doch Stanley wusste nur zu gut, dass der Plan zur Ausrottung des
Sklavenhandels in ganz Zentralafrika ein „wahnwitziges Projekt" sei, das
bei der geringen Zahl an einsatzwilligen Weißen in Wirklichkeit einem
Selbstmord gleiche. Das war ihm vor allem am Beispiel des Generals
Gordon klar geworden, der nach vergeblichen Mühen im Sudan dem von
ihm bekämpften, aber siegreichen Mahdi die Freigabe zugestehen musste
(vgl. Oeser 2012).

Die Klassen der Sklavenhändler und die Sklavenkategorien nach Schweinfurth

Auch der berühmte deutsche Afrikaforscher Georg Schweinfurth (1836–1925) hatte erkannt, dass für das wirtschaftliche Leben im Sudan ein ausgedehnter Sklavenhandel maßgeblich war und daher nicht unterbunden werden konnte. Die ägyptische Regierung war zwar der Internationalen Liga gegen den Sklavenhandel beigetreten. Das hinderte sie aber nicht daran, indirekt mit dem Sklavenhandel Geld zu verdienen. Denn die Zahlungsfähigkeit der Araber hing zu einem großen Teil von ihrem Erfolg auf der Sklavenjagd ab. War der Fang gut, profitierte die Staatskasse. Es gab daher in dieser Angelegenheit für Schweinfurth „keinen Ausweg, keinen Kompromiss, keine Hoffnung auf bessere Zeiten, kein Vertrauen auf ägyptische Beamte, nicht einmal vom Vizekönig kann man Hilfe erhoffen" (Schweinfurth 1922, S. 511).

Schweinfurth teilt die Sklavenhändler, die im Sudan ihr Unwesen trieben, in drei Klassen ein. Die erste Klasse bilden die Gellabun. Das sind kleine Händler mit einem Esel oder einem Ochsen. Ihre Zahl ist so hoch, dass sie sich zur Landplage auswachsen. Die Waren, die sie anbieten, bestehen hauptsächlich aus Ballen von Baumwollstoffen und allerhand Kleinigkeiten wie Pfeifenköpfen, Spiegeln, türkischen Schuhen, Teppichen und dergleichen, aber oft bieten sie auch gewöhnliche Gewehre belgischen Ursprungs an. Alle Gellabun besitzen einen Esel, auf dessen Rücken sie den größten Teil ihres Lebens verbringen. Der Esel, wenn er nicht den Strapazen der Reise erliegt, wird im Gebiete der Sklavenjäger gegen zwei bis drei Sklaven eingetauscht, sodass im glücklichen Fall ein Kleinkrämer, der mit 25 Talern Wert an Waren und mit einem Esel ins Land kam, mindestens vier Sklaven, die in Khartum einen Erlös von 250 Talern erreichen, einzutauschen vermag. Der Rückzug wird dann zu Fuß angetreten und die Sklaven müssen den allernötigsten Reisebedarf tragen.

Eine Klasse höher stehen die Agenten, die eine Mittlerstellung zu den größeren Händlern einnehmen, wobei sie geschickt ihre Stellung als schriftkundige Leute, Rechtsgelehrte oder als Faqihs (islamische Geistliche) ausnutzen. Ihr Krämergeist erstreckt sich auf die unterschiedlichsten Branchen des Erwerbs. Die ärmeren Faqihs sind Zwischenhändler, Kleinkrämer, Amulettschreiber, Wunderdoktoren, Schulmeister und Kuppler in einer Person. Die reicheren, welterfahreneren dagegen haben ihre

Abb. 59: Der deutsche Afrikaforscher Georg Schweinfurth (aus Schweinfurth 1922)

besoldeten Gehilfen unter sich und betreiben Schulen und Schankwirtschaften im Großen. „Solche Leute", weiß Schweinfurth zu berichten, „stehen nichtsdestoweniger beim Volk zuweilen in hohem Ansehen, und der Ruf ihrer Frömmigkeit überdauert nicht selten die Generation, in der sie gewirkt haben. Man begräbt alsdann ihren Leichnam auf den öffentlichen Gebetplätzen und befestigt an Stangen weiße Fähnchen, um die geheiligte Stätte zu bezeichnen. Von Seriba zu Seriba wandernd, durchziehen sie das Land und führen im wahren Sinne des Wortes das, was unsere Frommen ein Gebetsleben nennen" (Schweinfurth 1922, S. 501). Doch Schweinfurth muss auch feststellen, dass er nie unbarmherziger die Sklaven behandelt sah als von diesen glaubensstarken Männern.

Die bedeutsamste Klasse aber wurde von den wenigen großen, sesshaften Sklavenhändlern gebildet. Sie waren die einzigen, die in die Länder der Schwarzen einzudringen pflegten, „begleitet von ansehnlichen Banden eigens zu diesem Zwecke unterhaltener Bewaffneter, die sie aus der Zahl ihrer besten Sklaven rekrutieren" (Schweinfurth 1922, S. 502).

Schweinfurth schätzt die im Sudan in Dienst stehenden Sklaven auf eine Anzahl von 50 000 bis 60 000 ein, was nicht zu hoch gegriffen war. Im Gegensatz zu den auf Lager gehaltenen und bloß als Ware behandelten Sklaven teilt er diese in folgende vier Kategorien ein:

1. Knaben von 7 bis 10 Jahren, die zum Gewehr- und Patronentragen dienen und von denen jeder nubische Söldner wenigstens einen besitzt. Bei vorgerücktem Alter treten sie unter die zweite Kategorie.

2. Sogenannte „Basinger", die aus größtenteils in den Seriben aufgewachsenen Eingeborenen bestehen und die mit Gewehren bewaffnet eine Art schwarzer Schutztruppe darstellen, deren Bestimmung es ist, alle Raub-, Kriegs- und Handelszüge der nubischen Söldner zu begleiten. Diese schwarzen Sklavensoldaten bilden in allen Seriben nahezu die Hälfte der bewaffneten Macht. Zufrieden, ein Hemd und eine Flinte zu tragen, begeben sie sich gern in die Knechtschaft und folgen, in der Erwartung, dass ihnen dort eine regelmäßige Nahrung geboten wird, freudig den fremden Sklavenjägern.

3. Eine dritte Kategorie bilden die Sklavinnen im Hause. Jeder Soldat hat eine oder mehrere Sklavinnen. Bei mehreren Sklavinnen macht er eine zu seiner Favoritin, die anderen müssen das Mehl bereiten und die Fladen backen. Bei armen Soldaten, die nur eine Sklavin haben, muss diese das Mädchen für alles sein. Sie hat das Wasser vom Brunnen herbeizutragen, in einem riesigen Krug auf ihrem Haupt, sie wäscht, wenn es

etwas zu waschen gibt, sie reibt auf einer Steinplatte Korn, bereitet den Brei, röstet auf einer Eisenplatte den Fladen. Außerdem fegt sie nicht nur Haus und Hof mit ihren Händen, sie dient auch als Lastträger, um Holz aus der Wildnis herbeizuholen oder auf Reisen den Plunder ihres Herrn fortzuschaffen. 4. Unter die letzte Kategorie fasst Schweinfurth alle Sklaven und Sklavinnen zusammen, die ausschließlich zu landwirtschaftlichen Zwecken Verwendung finden. Zur Feldarbeit dienen vor allem die alten Sklavinnen, die zu allen übrigen Arbeiten untauglich erscheinen, aber deren Kräfte immerhin noch zum Ausrupfen des Unkrauts ausreichen.

Aber nicht nur Araber, auch einige europäische Händler waren in das dunkle Geschäft des Sklavenhandels eingestiegen, wie der österreichische Afrikareisende Richard Buchta zu berichten weiß: „Nach und nach erfährt man, dass so ziemlich die meisten hiesigen auf dem Weißen Fluss Handel treibenden Europäer an diesen Geschäften beteiligt waren. Den Anfang damit machte ein Franzose De Malzac. Dieser Mensch hat in den Jahren 1857 bis 1859 mehrere hundert Berberiner als Sklaven und Ochsenjäger unterhalten, diese nur mit Sklaven bezahlt, alles im weiten Umkreis seiner Behausung geraubt, gesengt, gebrannt, was sich ihm zur Wehr setzte, niedergeschossen und Gräuel aller Art verübt. Unter anderem erzählt man, er habe einen seiner Diener, den er bei einer Lieblingssklavin gefunden, an einen mit Negerschädeln geschmückten Baum in seinem Hofe gebunden und kaltblütig als Revolverscheibe benutzt" (Buchta 1888, S. 30).

Seefahrten in den Tod: Die Sklavenschiffe

Eines der dunkelsten Kapitel des Sklavenhandels, der über das Ursprungsland Afrika hinausreichte, war der Transport der schwarzen Sklaven nach Amerika. Über dessen Ablauf gibt es wahrheitsgetreue zeitgenössische Berichte. So kann man in dem populären Taschenbuch der Entdeckungsreisen im 18. Jahrhundert von E. A. W. Zimmermann von den entsetzlichen Zuständen erfahren, wie sich solche Transporte mit eigens dafür eingerichteten Sklavenschiffen abspielten: „Die armen Neger, mehrere Hundert an der Zahl, wurden gezwungen, in die untern Behältnisse hinabzusteigen. Ein scheußlicher gestankvoller Abgrund. Jammernde, kranke, in Ketten geschmiedete Menschen pressten sich und verwundeten sich bei jeder Bewegung in dieser düsteren Höhle, in der wegen der Enge des Raums eine mephitisch gewordene Atmosphäre machte das Atmen zur Strafe. Das Angstgeschrei der Weiber, die Wut der Verzweifelnden, das wilde Rufen der den Anker lichtenden und das Schiff in Bewegung setzenden Matrosen über den Köpfen dieser Unglücklichen; dies alles zusammen erweckte bei einem Gefangenen den Gedanken: ‚Höchst gescheite, aber auch höchst boshafte Satane müssen diese Weißen sein" (Zimmermann 1802, 1. Bd., S. 144 f.). Die Größe dieser Sklavenschiffe war unterschiedlich, aber sie waren mit ihrer Menschenfracht meist überladen, wie konkrete Angaben zeigen. So hatte das Schiff der Firma Brooks aus Liverpool mit 320 Tonnen nach Aussage seines Kapitäns 321 Männer, 127 Weiber, 90 Knaben und 41 Mädchen an Bord. Zusammen mit 45 Matrosen waren das über 650 Personen; behördlich gestattet waren jedoch für ein solches Schiff von 320 Tonnen nur 450 Personen. Bei dieser Belegung bekam jeder einzelne männliche Sklave genau einen Raum von 6 Fuß Länge und 1 Fuß, 4 Zoll Breite, ein Weib 5 Fuß, 10 Zoll Länge bei gleicher Breite wie bei einem Mann. Ein Knabe bekam ebenfalls einen Raum von 5 Fuß Länge, aber nur 1 Fuß, 2 Zoll Breite. Am geringsten bemessen war der Raum für ein kleines Mädchen, der nur 4 Fuß, 6 Zoll in der Länge bei nur 1 Fuß Breite haben sollte. Bei Einhaltung dieser Verordnung war das Schiff so mit Sklaven gefüllt, das eben noch Raum genug vorhanden war, dass die Menschen flach auf dem Rücken liegen konnten.

„Eine solche Eingeschränktheit", heißt es weiter in diesem zeitgenössischen Bericht, „ist sicher furchtbar, die Luft muss notwendig höchst ansteckend werden, in diesem von animalischen Substanzen unter dem heißen Klima so vollgepfropften Kasten. Allein wie wird dies alles an Tödlichkeit zunehmen, wenn man sich nun gar noch 159 Menschen dazwischen eingekeilt denkt!" (Zimmermann 1802, 1. Bd., S. 146 f.). Bei dieser nochmals größeren Anzahl waren die unglücklichen Menschen gezwungen, nebeneinander auf der Seite zu liegen, und das bei der geringen Höhe der Verdecke von weniger als drei Fuß, sodass aufrechtes Sitzen unmöglich war. Die Sklaven wurden auf den Schiffen größtenteils zweimal am Tag mit einem Brei ernährt, dem eine Palmölsoße, Wasser, Pfeffer und manchmal auch Fleischbrühe beigemischt war. Diese für die Schwarzen, die in ihrem Vaterland von frischen Früchten, Wurzeln und Fischen gelebt hatten, ungewohnte Kost verursachte häufig Krankheiten, besonders die Ruhr. Hinzu kam noch, dass die Ausleergeschirre tagelang unausgeleert herumstanden. Bei stürmischem Wetter mussten sogar die

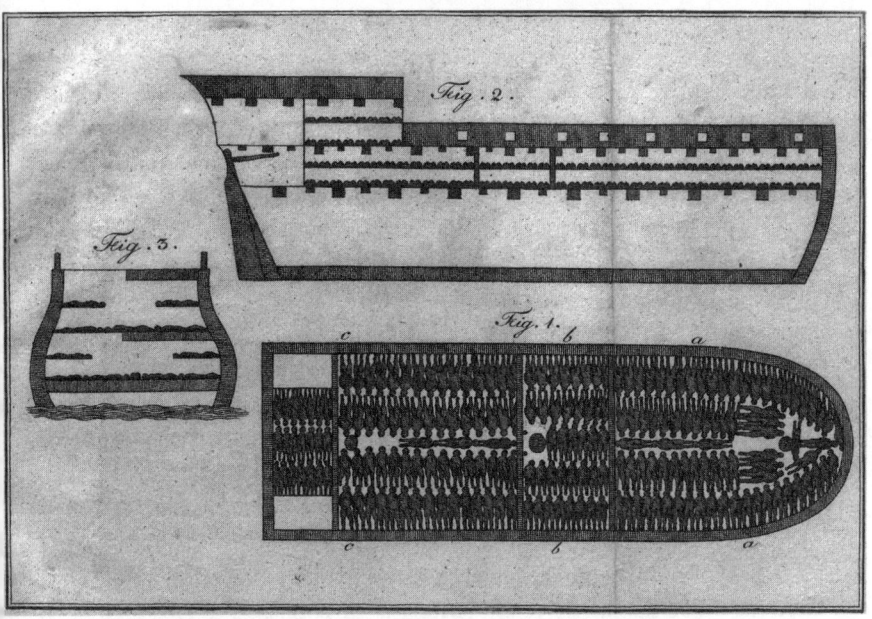

Abb. 60: Sklavenschiff (aus Zimmermann 1802)

wenigen kleinen Luftlöcher geschlossen werden. Die Hitze wurde dann so groß, dass der Wundarzt nur völlig nackt darin einige Minuten verbringen konnte. Doch diese Hitze war noch das geringere Übel. Der Boden war wie in einem Schlachthaus mit dem den Kranken abgegangenen Blut und Schleim bedeckt. Der pestilenzartige Geruch warf eine große Anzahl der Gesunden aufs Krankenlager. Männer, die am Abend völlig gesund in das untere Verdeck hinabstiegen, zog man am Morgen als Leichen hervor. In den Sklavenkammern spielten sich schreckliche Szenen ab. Auf dem mit Blut bedeckten Boden schleppten sich die aneinander Gefesselten gewaltsam zu den Ausleerungsgefäßen hin. Die durch ihre Eisen Verwundeten schrien, die Wahnsinnigen tobten, die stiller Leidenden winselten, die Sterbenden röchelten und die an einen verscheidenden Mitbruder Angeschmiedeten machte der von diesem ausgehende Kadavergeruch wahnsinnig.

Bei diesen grauenhaften Zuständen ist es nicht zu verwundern, dass oft weit über die Hälfte der Sklaven auf der Reise starben. Noch höher war der Verlust, wenn ein solches Sklavenschiff in eine lang andauernde Windstille geriet oder auf einer einsamen Sandbank strandete. Dann zitterte die Mannschaft vor dem Hungertod und opferte die unglücklichen Sklaven. Auf diese Weise wurden nach der Strandung eines Sklavenschiffes von 400 Sklaven fast alle erschossen. Nur 34 blieben übrig und wurden später in Jamaika verkauft. Auf einem anderen Schiff, das 900 Sklaven an Bord hatte und in eine Windstille geraten war, spielten sich mörderische Szenen ab. Je zwei und zwei der unglücklichen Sklaven wurden aneinandergebunden und ins Meer geworfen, sodass nur 100 am Leben blieben und in Westindien zum Verkauf angeboten wurden. Auf solche Unglücksfälle bereitete man sich manchmal mit Schauder erregender Umsicht vor. Zwei französische Kapitäne gestanden, dass sie Gift mit sich führten, um in Notfällen die Sklaven damit zu töten. Tatsächlich hatte man sich auf einer langen Fahrt, auf der die Lebensmittel nicht mehr hinreichten, auf diese Weise der Sklaven entledigt. Von 500 blieben nur 20 bei der Ankunft in Santo Domingo übrig (Zimmermann 1802, 1. Bd., S. 155). Auf einem anderen Schiff brach ein Feuer aus und das Schiff explodierte, als die Flammen die Pulverkammer erreicht hatten. Während fast alle sonstigen Passagiere ins Meer sprangen, flogen die noch angeketteten Sklaven mit dem Schiff in die Luft.

Wie Humboldt berichtet, wurden Schwarze auf Santo Domingo bereits fünf Jahre vor dem Tode des Christoph Columbus eingeführt, aber nur in sehr geringer Anzahl. Diese historische Tatsache widerlegt die so oft aufgestellte Behauptung, der unselige Gedanke, bei der Ausbeutung der Gruben Neger an die Stelle der Eingeborenen auf den Antillen zu setzen, sei von Las Casas ausgegangen. Der Hof von Madrid wachte mit einer misstrauischen Vorsicht über die Eigenschaften derjenigen Individuen, welchen der Zutritt auf Haiti gestattet werden sollte. Davon ausgeschlossen wurden die Mauren, die Juden, die Neubekehrten, die nichtspanischen Mönche und die Söhne und Enkel verbrannter Leute, das heißt derjenigen, welche auf dem Scheiterhaufen der Inquisition ihr Leben eingebüßt hatten; aber die Einfuhr von Negern, welche in der Wohnung christlicher Herren geboren waren, war gestattet. Die Anzahl der schwarzen Sklaven hatte aber bis zum Jahr 1503 so beträchtlich zugenommen, dass der damalige Gouverneur Ovando bei dem Hof vorstellig wurde, „dass er keine Schwarzen mehr nach der Insel Espaniola senden möge, weil sie häufig davonliefen und dann den sittlichen Charakter der Eingeborenen verdürben" (Humboldt 1837, S. 215). Doch ein königlicher Erlass aus dem Jahr 1511 sah vor, „dass man nach den Inseln eine bedeutende Anzahl Neger von den Küsten Guineas übersetzen solle, weil ein Neger mehr arbeite als vier Indianer" (Humboldt 1837, S. 216). Der Vorschlag von Las Casas datiert erst aus dem Jahr 1517, war aber geeignet, den Sklavenhandel zu einer noch größeren Ausdehnung zu bringen.

Für Humboldt ist „zweifelsohne die Sklaverei das größte aller Übel, welche jemals die Menschheit betroffen, ob man den seiner Familie im Heimatland entrissenen und ins Zwischendeck eines Negerschiffes geworfenen Sklaven oder ihn als Glied der auf den Antillen eingepferchten schwarzen Menschenherde betrachte" (Humboldt o. J., S. 69). „Eines Tages wird man Mühe haben zu glauben, dass es vor dem Jahre 1826 auf keiner der Antillen ein Gesetz gab, welches verhinderte, Kinder in zartem Alter zu verkaufen und von ihren Eltern zu trennen, welches die entwürdigende Methode verbot, die Neger mit heißem Eisen zu zeichnen, bloß um leichter das Menschenvieh zu erkennen" (Humboldt o. J., S. 71).

Für Humboldt ist es auch keine Lösung, wenn geistreiche Schriftsteller durch sinnreiche sprachliche Fiktionen wie „Negerbauern der Antillen" die Barbarei der Sache zu verschleiern versuchten oder ein Staatsmann und Philosoph im Zeitalter der Aufklärung wie Henry St. John Viscount Bolingbroke, der selbst die Antillen besucht hatte, darauf hinwies, dass „an Bord eines englischen Kriegsschiffes öfters gepeitscht wird als auf den Pflanzungen in den britischen Kolonien" (Humboldt o. J., S. 68), und dazu anmerkte: „Im Allgemeinen peitscht man die Neger sehr wenig, aber man hat sehr verständige Besserungsmittel ersonnen, als sie zum Beispiel siedend heiße, stark gepfefferte Suppe essen oder mittels eines sehr kleinen Löffels eine Glaubersalzlösung schlürfen zu lassen" (A Voyage to the Demerary 1807, zit. nach Humboldt o. J., S. 68).

Auch alle gut gemeinten Vorschriften zur Verminderung des Strafausmaßes halfen den Sklaven nicht: „Menschenliebe besteht nicht darin, ein wenig Stockfisch mehr und ein paar Peitschenhiebe weniger zu geben" (Humboldt o. J., S. 70).

7. Kolonialismus und Imperialismus

Mit der Entstehung imperialistischer Nationalstaaten in Europa gewann der Kolonialismus eine neue Dimension. Denn zwischen ihnen, vor allem zwischen England und Frankreich, setzte ein kriegerischer Wettlauf um die Eroberung neuer Kolonien in Afrika und Asien ein. Die fremden Feinde waren nicht mehr die Eingeborenen der okkupierten Länder, sondern die konkurrierenden Nationen, die sich gegenseitig mit Hass und Eifer den Besitz der Kolonien streitig machten. Es waren vor allem zwei Ereignisse, welche charakteristisch für das Vorgehen der europäischen imperialistischen Mächte in den fremden Ländern waren: der Ägyptenfeldzug Napoleon Bonapartes und die britische Okkupation des inzwischen bis in die Äquatorialprovinzen erweiterten ägyptisch-türkischen Herrschaftsgebietes. Danach erfolgte ein Wettlauf der europäischen Nationen um die Kolonien in Afrika, an dem sich auch Deutschland beteiligte, bis schließlich fast der ganze Kontinent ohne Rücksicht auf die Siedlungsgebiete der Stammesgesellschaften der eingeborenen schwarzen Bevölkerung zwischen den europäischen Mächten aufgeteilt war.

Der Ägyptenfeldzug Napoleon Bonapartes

Als General Bonaparte Italien verließ, ging er nach Paris in der Absicht, eine Landung in England zu versuchen. Die Ausführung dieses Plans schien ihm aber, wenigstens für den Augenblick, unmöglich. Derweil wurde seine Stellung in Paris mit jedem Tage problematischer und in gewisser Beziehung gefährlicher. Er war unzufrieden mit dem Direktorium, das seinerseits die Ansprüche des siegreichen Generals fürchtete. Bonaparte fühlte, dass er an der Spitze eines Heeres jene Unabhängigkeit wiederfinden musste, die ihm in Italien, wo er unumschränkt geherrscht hatte, zur Gewohnheit und zum Bedürfnis geworden war. Er musste die Welt durch neue Heldentaten überzeugen, um den Kriegsruhm seiner

Nation auf den höchsten Gipfel erheben zu können. Unter diesen Umständen tauchte der Gedanke einer Expedition nach Ägypten auf. Bonapartes Ziel war es, die Vorherrschaft Frankreichs im Mittelmeer zu festigen, Ägypten zu einer französischen Kolonie zu machen und den Einfluss Frankreichs bis nach Kleinasien auszudehnen.

Ägypten war damals noch von den Mamelucken beherrscht, die ursprünglich Militärsklaven der arabischen Kalifen gewesen waren. Schon lange zuvor hatte sich im Jahre 1250 die Palastgarde, die aus Mamelucken bestand, erhoben und den letzten Sultan der Aijubidendynastie, Turan Schah, ermordet. Seitdem waren die Mameluckensultane die eigentlichen Herrscher Ägyptens. Auch nach der Eroberung Ägyptens durch das Osmanische Reich 1517 blieb die öffentliche und militärische Verwaltung in ihren Händen. Bonaparte bezog seine Informationen über Ägypten aus den beiden am Vorabend der Französischen Revolution erschienenen Werken über Ägypten, Savarys „Lettres sur l'Égypte" und Volneys „Voyage en Égypte et en Syrie". Claude-Étienne Savary war ein begeisterter Reisender, der von dem Nutzen solcher damals nicht ungefährlichen Unternehmungen überzeugt war: „Reisen sind eine lehrreiche Schule für den Menschen; nur hier kann er seinen Nebenmenschen kennenlernen. Er bekommt, indem er bei verschiedenen Völkerschaften sich aufhält und ihre Sitten, ihre Religion, ihre Regierung untersucht, einen Vergleichungspunkt, um die Sitten, Religion und Regierung seines Landes zu beurteilen. Mit den Vorurteilen der Erziehung umgeben und dem Gesetz der Gewohnheit unterworfen, solange er sein Vaterland nicht verlässt, betrachtet er andere Völker gleichsam durch ein dunkles Glas, welches in seinen Augen ihre Gestalt und Farbe ändert und ihn veranlasst, ein falsches Urteil zu fällen. Er wird über ihre Irrtümer erstaunen, indem er selbst so auffallenden Irrtümern huldigt; er wird über ihre Gebräuche lachen und doch selbst Sklave ebenso ausschweifender Gewohnheiten sein. Alsdann aber, wenn er mit überlegter Aufmerksamkeit die Sitten und natürlichen Fähigkeiten der verschiedenen Völker untersucht und die Stärke des Einflusses berechnet hat, die Erziehung, Gesetze und Himmelsgegend auf ihre physischen und moralischen Eigenschaften haben: Alsdann erweitert sich die Sphäre seiner Begriffe, Nachdenken befreit ihn von dem Joch der Vorurteile, und glücklich zerbricht er die Bande, womit Gewohnheit seine Vernunft gefesselt hielt. Wenn er alsdann seine Blicke auf sein Vaterland richtet, so wird die Binde von seinen Augen fallen, die Irrtümer, die er daselbst eingesogen hatte, werden verschwinden,

Abb. 61: Constantin-
François Volney (aus
Volney 1822)

und er wird die Gegenstände in ihrem verschiedenen Licht erblicken"
(Savary 1785, S. I f.).

Von diesen beiden französischen Forschungsreisenden, deren Berichte
Bonaparte eifrig gelesen hatte, war es aber vor allem Constantin-François
Volney, der das Wesen der ägyptischen Bevölkerung eingehend studiert
hatte. In der Religion sah er das Haupthindernis für die Begründung der
französischen Herrschaft. „Um sich in Ägypten festzusetzen", erklärte er
im Jahre 1788, „muss man drei Kriege führen: den ersten gegen England,
den zweiten gegen die Pforte, den dritten und schwierigsten aber gegen
die Mohammedaner, die die Bevölkerung des Landes bilden. Dieser letz-
tere wird solche Verluste verursachen, dass man ihn vielleicht als unüber-
windliches Hindernis ansehen muss" (Napoleon o. J., Bd. 4, S. 402). Napoleon hat sich diese Worte zu Herzen genommen und sein Verhalten in

Ägypten danach gerichtet. Denn es waren solche Ansichten, die sein rücksichtsvolles Verhalten gegenüber den Ägyptern, die damals bereits den Islam angenommen hatten, beeinflussten. Er fühlte sich als ihr Befreier von dem Joch der Mameluckenbeys, die den englischen Handel begünstigten und die französischen Kaufleute misshandelten.

Durch die Autorität seines militärischen Rufs und durch seine begeisterten Reden nahm Bonaparte die französische Regierung für den Plan ein, die ohnedies schon nichts sehnlicher wünschte, als sich um jeden Preis des gefürchteten Generals zu entledigen. Dazu bot ein Feldzug im fernen Ägypten die beste Gelegenheit. Alle Vorbereitungen wurden unter Bonapartes persönlicher Leitung getroffen; er verfasste sogar eigenhändig die Erlasse des Direktoriums. Plan, Entschluss, politische und militärische Maßregeln und Ausführung, alles war sein Werk (vgl. Oeser 2013, S. 96). Noch leichter fiel es ihm, eine Menge ehrgeiziger, zu verwegenen Unternehmungen geneigter Leute für die Expedition nach Ägypten zu gewinnen. Die Expedition, die am 19. Mai 1798 mit dieser Kommission von Gelehrten, einer Bibliothek und wissenschaftlichen Instrumenten von Toulon aus unter Segel ging, bestand aus 13 Linienschiffen, 9 Fregatten, 11 Korvetten, 232 Transportschiffen, 32 300 Mann und 680 Pferden. Auf dem Wege nach Ägypten gelang es Bonaparte, die Insel Malta von den beim Volk verhassten Rittern des Johanniterordens zu erobern, was in Frankreich große Begeisterung und im übrigen Europa große Überraschung hervorrief. Die Eroberung von Malta verzögerte die Fahrt nach Ägypten nur um zehn Tage. Und bereits weitere zehn Tage später, am 29. Juni, kam Alexandria in Sicht. Napoleon befahl, noch am selben Abend die Ausschiffung durchzuführen. Da die See stürmisch war, hatten die Soldaten große Mühe, in die Boote zu kommen und die Klippen zu vermeiden, die der Reede von Alexandria vorgelagert sind. Neunzehn Mann ertranken bei dieser schwierigen Landung. Einen Tag vor der Landung hatte Bonaparte folgenden Tagesbefehl erlassen: „Soldaten! Ihr sollt eine Eroberung unternehmen, deren Einfluss auf die Zivilisation und den Welthandel unberechenbar ist. Ihr werdet England den schwersten und empfindlichsten Schlag versetzen, den es je erhalten hat, bis ihr ihm endlich den Todesstoß gebt. Anstrengende Märsche stehen uns bevor, auch müssen wir einige Schlachten liefern, aber alle unsere Unternehmungen werden von Erfolg gekrönt sein, denn das Glück ist uns hold. Wenige Tage nach unserer Ankunft wird es keine Mameluckenbeys mehr geben, die ausschließlich den englischen Handel begünstigen, die unsere Kaufleute misshandeln und die unglücklichen Bewohner des Nillandes knechten. Die Völker, unter denen wir leben werden, sind Mohammedaner. Ihr erster Glaubensartikel lautet: Es gibt keinen Gott außer Allah und Mohammed ist sein Prophet. Widersprecht ihnen nicht. Behandelt sie ebenso wie die Juden und wie früher die Italiener. Seit rücksichtsvoll gegen die Muftis und ihre Imams, wie ihr gegen Rabbiner und Bischöfe gewesen seid. Die römischen Legionen beschützten alle Religionen. Ihr werdet hier Bräuche finden, die von den europäischen Sitten grundverschieden sind, aber ihr müsst euch daran gewöhnen. Die Völker, die wir aufsuchen, behandeln die Frauen anders als wir. Aber in jedem Lande ist derjenige, der ihnen Gewalt antut, ein Scheusal. Das Plündern bereichert nur eine kleine Anzahl Soldaten; es entehrt uns, zerstört unsere Hilfsquellen, macht uns die Völker zu Feinden, die wir uns in unserem eigenen Interesse zu Freunden machen müssen." Wie ernst es Bonaparte mit diesen Worten war, zeigen die ersten beiden Artikel des Armeebefehls. Der Artikel 1 lautete: „Jeder Heeresangehörige, der geplündert oder Notzucht getrieben hat, wird erschossen." Und Artikel 2 lautete: „Jeder Heeresangehörige, der eigenmächtig Städte, Dörfer oder Eingeborene mit Kontributionen belegt oder Erpressungen irgendwelcher Art begeht, wird erschossen" (Napoleon o. J., Bd. 4, S. 339 f.).

Nach einer auch für den Kommandierenden General nicht ganz gefahrlosen Überfahrt nahm Bonaparte in aller Eile noch in der Nacht die Parade der bisher gelandeten Truppen ab; es waren nur 4000 Mann von allen Regimentern. In seinen Erinnerungen schreibt er über diesen entscheidenden Augenblick: „Der Mond schien mit vollem Glanz; man sah wie bei hellem Tageslicht den weiß leuchtenden Boden des dürren Afrikas. Nach einer langen und gefahrvollen Seefahrt waren wir endlich am Strande des alten Ägypten, das von orientalischen Völkerschaften bewohnt ist, deren Sitten, Gebräuche und religiöse Meinungen von den unsrigen so verschieden waren. Da die Umstände drängten, so mussten wir mit einer Handvoll Leute ohne Kavallerie und Artillerie eine Festung angreifen und einnehmen – eine Festung, die von einer fanatisierten bewaffneten Menge verteidigt wurde. Was für Gefahren und Ereignisse, was für Schwankungen des Glücks, was für Strapazen standen uns noch bevor!" (Napoleon o. J., Bd. 4, S. 340).

Die französische Landungsarmee eroberte im Sturmschritt die Festungsmauern der Stadt Alexandria. Der Stadtkommandant kapitulierte und leistete Bonaparte den Treueid. Der Verlust der Franzosen betrug

Abb. 62: Napoleon Bonaparte nach der Landung in Ägypten (aus Napoleon o. J.)

300 Mann an Toten und Verwundeten. Auch die Generale Kléber und Menou wurden verwundet. Nach der Schlacht bei den Pyramiden, in der die ganze waffenfähige Mannschaft der Mamelucken und die Volkswehr von Kairo geschlagen worden waren, erfolgte der ungehinderte Einzug in die Stadt. Bonaparte verhielt sich aber gegenüber der muslimischen Bevölkerung und ihren Scheichs sehr vorsichtig. Trotz der Aufstände, die bereits an verschiedenen Orten des Landes ausgebrochen waren, zeigte er sich zumindest öffentlich gegen Aufrührer großmütig. Deren Herz war voll Dankbarkeit für die ihnen erwiesene Großmut. Sie waren mehr denn je überzeugt, dass Bonaparte den Koran und den Propheten liebte und dass seine Beteuerungen, er wünsche das arabische Volk glücklich zu sehen, aufrichtig gemeint seien. Der Kommandierende General drückte seine angeblich gottgewollte Überlegenheit mit folgenden Worten aus: „Keine Menschenmacht vermag etwas gegen mich. Meine Ankunft aus dem Abendlande an den Ufern des Nils ist durch mehr als eine Koransure vorausgesagt worden. Davon wird eines Tages die ganze Welt überzeugt sein" (Napoleon o. J., Bd. 4, S. 434 f.). In Wirklichkeit fanden jedoch zahlreiche Hinrichtungen statt, nicht öffentlich, sondern in aller Stille und meist nachts. Die Leichname wurden in Säcke gesteckt und in den Nil geworfen. Bonaparte selbst schrieb am 27. Oktober 1798 an einen seiner Generäle: „Jede Nacht lassen wir dreißig Köpfe von Aufrührern abschneiden. Ich hoffe, dass sich dies die andern zur Warnung dienen lassen" (Napoleon o. J., Bd. 4, S. 435).

Die französische Armee befand sich kaum seit einem Monat in Kairo, als sich die Gesinnung der Scheichs bereits völlig geändert hatte. Sie waren erstaunt, dass der von ihnen so sehr befürchtete Sieg der Ungläubigen ihnen selbst zu einem Triumph verhalf. Ihre sämtlichen Dörfer und Besitzungen wurden mit taktvoller Aufmerksamkeit geschont. Sie hatten nie höheres Ansehen genossen, und zwar nicht nur von Seiten der Mohammedaner, sondern auch der im Lande ansässigen Christen: Kopten, Griechen und Armenier. Diese hatten den Einzug der Armee benützt, um von den Arabern verursachte drückende Zustände von sich abzuschütteln und sich gegen die Muslime aufzulehnen; sobald aber der Kommandierende General Bonaparte davon erfuhr, wies er sie in ihre Schranken zurück. Bald herrschte wieder volle Ordnung; dies erfüllte die Mohammedaner mit Freude und flößte ihnen volles Vertrauen ein.

Der Übertritt zum Islam:
Napoleons taktisch-militärische Erwägungen

Seit der Revolution kannte die französische Armee keinen Gottesdienst mehr. Sie war in Italien nicht in die Kirchen gegangen und tat dies in Ägypten ebenso wenig. Die Wirkung dieses Verhaltens auf die muslimische Bevölkerung war gut, denn wenn die Franzosen auch keine Mohammedaner waren, so war doch andererseits erwiesen, dass sie auch keine Götzendiener waren. Besonders die Vorliebe für Napoleon lag klar zutage und man nahm mit Sicherheit an, dass die Franzosen niemals die Gläubigen besiegt hätten, wenn nicht ihre Führer unter dem besonderen Schutz des Propheten ständen. Daher erfolgte von den höchsten muslimischen Würdenträgern das Angebot zum Übertritt der französischen Besatzungsmacht zum Islam: „Werdet Mohammedaner. 100 000 Ägypter werden sich um euch scharen, 100 000 Araber werden aus Arabien, Medina und Mekka zu euch kommen. Wenn ihr diese auf eure Weise führt und an Manneszucht gewöhnt, werdet ihr das Morgenland erobern und das Vaterland des Propheten in seiner ganzen Glorie wieder aufrichten!" (Napoleon o. J., Bd. 4, S. 406). General Bonaparte war zwar der unerschütterlichen Überzeugung, dass jedermann in der Religion sterben soll, in der er geboren ist. Aber er begriff sofort, dass schon Unterhandlungen über diesen Gegenstand von guter Wirkung sein mussten. Er antwortete daher auf dieses Angebot: „Zwei große Schwierigkeiten stellen sich dem Übertritt meiner Person und meines Heeres zum Islam in den Weg. Erstens die Beschneidung, zweitens das Verbot des Weintrinkens. Meine Soldaten sind von Kindheit an Wein gewöhnt; ich werde sie niemals überreden können, darauf zu verzichten" (Napoleon o. J., Bd. 4, S. 406).

Nach langer Beratung verfassten die vier höchsten Muftis ein offizielles Schreiben. Darin hieß es, die Beschneidung sei nur eine Auszeichnung; sie sei vom Propheten nicht vorgeschrieben, sondern nur empfohlen worden; man könne also Muslim sein ohne vorausgegangene Beschneidung. Was die zweite Frage betreffe, so könne man wohl Wein trinken und trotzdem Mohammedaner sein; aber in diesem Falle befinde man sich im Stande der Sünde und habe keine Hoffnung, die Belohnungen zu erlangen, die den Auserwählten versprochen seien. Napoleon sprach in Bezug auf die erste Frage seine Befriedigung aus; seine Freude schien aufrichtig zu sein, und die alten Scheichs teilten sie. Mit tiefem Schmerz aber äußerte er sich über den zweiten Teil des Schreibens. Wie könnte er Menschen dazu überreden, eine andere Religion anzunehmen, um sich gleichzeitig selbst als Sünder und Empörer gegen die Gebote des Himmels zu erklären? Die Scheichs gaben zu, dass dies schwierig sei. Daraufhin verfassten die Muftis ein zweites Schreiben, worin es hieß, die Neubekehrten könnten Wein trinken und dennoch gute Mohammedaner sein, vorausgesetzt, dass sie die Sünde durch gute Werke und wohltätige Handlungen ausglichen. Napoleon ließ Pläne zu einer Moschee entwerfen, die groß genug sein sollte, um die ganze Armee am Tage ihrer Bekehrung zum Islam aufzunehmen.

Um diese Zeit trat General Jacques-François de Menou (1750–1810) öffentlich zum Islam über. Diese Nachricht erfüllte das ganze ägyptische Volk mit Freude. Menou hatte eine ägyptische Sklavin, die Tochter eines Bademeisters, gekauft und geheiratet. Aus Liebe zu seiner Frau war der originelle General Muselmann geworden. Große Überwindung kostete dieser Glaubenswechsel den ehemaligen Aristokraten und Abgeordneten der Generalstände nicht, denn er war Freidenker und Voltairianer. Als er mit seiner jungen Gattin nach Paris zurückkehrte, trat sie zum Katholizismus über und wurde eine gläubige Christin. Gescheit soll sie darum aber doch nicht geworden sein. Dazu kam, dass sie in kurzer Zeit bedeutend an Leibesfülle zunahm. Mit 24 Jahren sah sie schon alt aus. Sie soll von unglaublich beschränktem Verstand gewesen sein, sodass man sie für eine Aufwäscherin in einem Kaffeehaus hätte halten können. Seine Heirat mit einer Türkin machte Menou daher zur Zielscheibe des Spottes des ganzen Landes (vgl. Napoleon o. J., Bd. 4, S. 409).

Dagegen verteidigte sich Napoleon gegen die Behauptung Vivant Denons, eines Mitgliedes des Gelehrtenstabs seiner Expedition, dass er in Ägypten Mohammedaner geworden sei: „Das ist aber nicht der Fall", stellt er im Jahre 1807 fest, „Ich bin nie den Vorschriften dieser Religion nachgekommen, habe nie in einer Moschee gebetet, habe mich nie des Weines enthalten und mich auch nicht beschneiden lassen. Ich habe nur gesagt, wir seien Freunde der Mohammedaner und ich hätte große Achtung vor Mohammed, ihrem Propheten – und das ist in der Tat wahr, denn ich habe heute noch allen Respekt vor ihm. Ich wollte nur erreichen, dass die Imams in den Moscheen für mich beteten, damit das Volk mich noch mehr verehrte, als es schon der Fall war" (Napoleon o. J., Bd. 4, S. 410). Emmanuel de Las Cases notiert unterm 6. April 1816 in seinem Tagebuch folgende bemerkenswerte Äußerung Napoleons: „Übrigens ist es nicht ausgeschlossen, dass die Umstände mich schließlich doch be-

Abb. 63: Napoleon Bonaparte und die Scheichs (aus Napoleon o. J.)

stimmt hätten, zum Islam überzutreten. Ich hätte das jedoch nur unter günstigen Voraussetzungen getan, wenn ich nämlich bis an den Euphrat vorgedrungen wäre. Ein Glaubenswechsel, der bei Privatinteressen nicht entschuldigt werden kann, lässt sich vielleicht begreifen, wenn man dadurch unermessliche politische Ziele erreichen kann. Heinrich IV. sagte mit Recht: Paris ist wohl eine Messe wert. Sollte der Orient, ja vielleicht die Unterwerfung von ganz Asien nicht einen Turban und lange Hosen wert sein? Denn darauf beschränkte ich alles. Die vornehmen Scheichs hatten sich alle Mühe gegeben, uns die Sache leicht zu machen und hatten alle größeren Schwierigkeiten beseitigt. Sie gestatteten uns den Wein und erließen uns die Beschneidung – wir hätten also nur unsere Hüte und Hosen verloren. Ich sage wir, denn die Armee, die zu allem bereit war, hätte sich das gewiss gefallen lassen und darin nur Stoff zum Lachen und Scherzen gesehen" (Napoleon o. J., S. 410).

Der Feldzug nach Syrien und die Rückkehr Napoleons nach Frankreich

Napoleon war am 19. Mai 1798 von Toulon in See gestochen; er war also 16 Monate und 20 Tage von Europa fern gewesen. Während dieser kurzen Zeit hatte er Malta eingenommen, Unter- und Oberägypten erobert, zwei türkische Heere vernichtet, ihren General gefangen genommen, ihr ganzes Gepäck und die gesamte Feldartillerie erbeutet und den Grundstein zur einer Kolonie gelegt. Doch er wollte mehr als die Eroberung Ägyptens, die nur eine Zwischenstation für seine Pläne war. Der Feldzug nach Syrien war sein nächstes Unternehmen, das er noch vor seiner Rückreise nach Frankreich durchführte. Der Gedanke, Indien von Ägypten aus auf dem Landwege zu erobern, gehörte zu Napoleons Lieblingsplänen, mit denen sich der gestürzte Kaiser während seiner unfreiwilligen Muße auf St. Helena viel beschäftigte. Einen Niederschlag dieser strategischen Träumereien, die den Spuren Alexanders des Großen folgten, findet man in seinen Memoiren über den Feldzug in Syrien. Für die Durchführung eines solchen gigantischen Unternehmens fehlten General Bonaparte 1799 jedoch die erforderlichen Mittel. Es standen ihm rund 13 000 Mann zur Verfügung, 16 500 ließ er als Besatzung in Ägypten zurück. Mit dieser geringen Truppenmacht durch unwegsame Wüsten und Gebirge bis Indien oder auch nur über Kleinasien auf Konstantinopel vorzudringen, wäre ein Ding der Unmöglichkeit gewesen und hätte den sicheren Untergang Bonapartes und seiner Armee zur Folge gehabt. Der damals 30-jährige General, der durch die Wüsten Syriens ritt, mag sich in seinen himmelstürmenden Träumen mit diesem großartigen Plan beschäftigt haben, aber an seine tatsächliche Verwirklichung und praktische Durchführung hat er damals noch nicht gedacht, wenigstens machte er sie vom Ausgang des Feldzuges in Syrien und von der weiteren politischen Entwicklung in Europa abhängig.

Napoleon wollte Kairo am 5. Februar verlassen, um mit seiner Armee die Offensive gegen Syrien zu beginnen. Er verschob jedoch seine Abreise um einige Tage, als er erfuhr, dass in Europa Krieg zwischen Neapel und Frankreich ausgebrochen sei und die Ionischen Inseln von der vereinigten russisch-türkischen Flotte blockiert seien. Den bereits eingeleiteten Feldzug in Syrien konnte er nicht mehr abbrechen, er musste ihn aber möglichst rasch zu Ende führen, um im Falle größerer kriegerischer Verwicklungen in Europa, die sich leicht auch auf Oberitalien auswirken

Abb. 64: General Napoleon Bonaparte in Syrien (nach einer zeitgenössischen Lithographie von Auguste Raffet)

konnten, jeden Augenblick bereit zu sein, in die Heimat zurückzukehren und sich dem bedrohten Vaterland zur Verfügung zu stellen. Vorher musste er auch noch Ägypten gegen die Angriffe der Türken sichern. Durch ein Schreiben vom 10. Februar setzte er das Direktorium von dem Beginn des Feldzugs folgendermaßen in Kenntnis: „Ich reise in einer Stunde ab. Man muss neun Tage lang ohne Wasser und Gras durch die Wüste ziehen. Ich habe eine ziemlich bedeutende Anzahl Kamele zusammengebracht, und ich hoffe, dass mir nichts fehlen wird. Wenn Sie diesen Brief lesen, stehe ich vielleicht schon auf den Ruinen der Stadt Salomos" (Napoleon o. J., Bd. 5, S. 26).

Bonaparte fasst das Ergebnis des Syrienfeldzuges in dem Tagesbefehl vom 21. Mai zusammen: „Nachdem wir mit einer Handvoll Leute drei Monate lang im Herzen von Syrien Krieg geführt, vierzig Feldgeschütze und fünfzig Fahnen erobert, sechstausend Mann gefangen genommen, die Festungswerke von Gaza, Jaffa, Haifa und Akka dem Erdboden gleich gemacht haben, werden wir nach Ägypten zurückkehren; die vorge-

rückte Jahreszeit ruft mich dorthin" (Napoleon o. J., Bd. 5, S. 88). Der
Verlust, den die Armee durch den syrischen Feldzug erlitt, belief sich auf
1400 Tote und 85 Amputierte. Doch das schlimmste Ereignis auf diesem
Feldzug war der Ausbruch der Pest in der französischen Armee im eroberten Jaffa. Beim Abmarsch wurde erörtert, ob man dem diensthaben-
den Arzt die Erlaubnis geben solle, dass er den Unglücklichen Opium zu
ihrem beliebigen Gebrauch zurücklasse. Napoleon dazu: „Ich werde stets
bereit sein, für meine Soldaten zu tun, was ich für meinen eigenen Sohn
tun würde; da jedoch die Kranken binnen vierundzwanzig Stunden eines
natürlichen Todes sterben werden, so werde ich erst heute Nacht abmar-
schieren, und Murat wird mit 500 Reitern bis morgen Nachmittag 2 Uhr
hier bleiben" (Napoleon o. J., Bd. 5, S. 93). Dem Arzt, der mit der Nach-
hut zurückblieb, befahl er, jedem Kranken, der im Augenblick des Ab-
marsches noch lebte, eine Gabe Opium neben das Bett zu stellen und ihn
zu belehren, wie er durch das Gift sich der Grausamkeit der Türken entziehen könne.

Dieser auf Freiwilligkeit beruhende Ratschlag wurde jedoch als „Vergiftung" der Pestkranken von Jaffa verleumdet. Damit wurde den
Gegnern Napoleons ein willkommener Anlass gegeben, über den „kor-
sischen Tiger" und „Menschenschlächter" herzufallen. Napoleon hat
sich auf St. Helena gegen diese Anschuldigungen verteidigt: Es handelte sich demnach um einige Pestkranke, die sich im letzten Stadium
der Krankheit befanden und nach der Diagnose der Ärzte keine 24
oder höchstens 36 Stunden mehr zu leben hatten. Diese dem Tod ge-
weihten Unglücklichen mitzunehmen, hätte furchtbare Folgen für die
ganze Armee haben und leicht eine offene Meuterei der Soldaten hervorrufen können, die aus berechtigter Furcht vor Ansteckung sich ohnehin weigerten, Pestkranke zu pflegen oder zu transportieren. Die
Sterbenden also mitzunehmen, um sie nach zwei oder drei Tagen doch
im Wüstensand zu begraben, dafür aber sich der Gefahr auszusetzen,
die ganze Armee zu infizieren, hielt Napoleon mit Recht für ein Verbrechen gegenüber seinen Soldaten. „Einige der Kranken, die gemerkt hatten, dass die Ärzte sie aufgaben, baten inständig, man möge sie töten",
gibt Napoleon am 23. Januar 1817 in seiner Verbannung auf St. Helena
an und fügt hinzu: „Nach den Erfahrungen, die ich in Bezug auf die
seitens der Türken den Gefangenen angetanen Qualen gemacht hatte,
glaubte ich, es wäre ein Akt der Barmherzigkeit, ihre Wünsche zu erfüllen und ihr unvermeidliches Ende um einige Stunden zu beschleuni-

gen ... Ich hätte es übrigens, wie ich betonen möchte, nicht für ein Verbrechen gehalten, wenn man den Leuten wirklich Opium gegeben hätte. Es wäre vielmehr eine Wohltat gewesen. Einige hoffnungslose Pestkranke, die keine Aussicht auf Genesung hatten, zurückzulassen, damit sie von den Türken unter den entsetzlichsten Qualen abgeschlachtet wurden, wäre gewiss viel grausamer gewesen ... Wäre ich selbst in dieser Lage, so würde ich, falls ich noch Besinnung und Kraft genug besäße, darauf bestehen, dass es mir gereicht würde" (Napoleon o. J., Bd. 5, S. 94 f.). Diese Betrachtung, die Napoleon auf St. Helena anstellte, war aber nur eine Wiederholung dessen, was 20 Jahre vorher in Jaffa jedermann und er selbst geäußert hatte.

Nach seinem Feldzug in Syrien zog sich Napoleon im Juni 1799 wieder nach Ägypten zurück. Dort war ein osmanisches Heer von 18 000 Mann unter Mustafa Pascha bei Abukir gelandet und hatte sich festgesetzt. Napoleon griff die Osmanen mit 5000 Mann Infanterie und 1000 Mann Kavallerie an und fügte ihnen eine vernichtende Niederlage zu. Doch mitten in der Schlacht waren die Franzosen gezwungen, bei ihrem Vorgehen gegen die Türken 50 Verwundete zurücklassen. „Die Türken stürzten nach ihrer Gewohnheit in Haufen herbei, um den Unglücklichen die Köpfe abzuschneiden und sich dadurch die Reiherfeder mit silberner Spange zu verdienen" (Napoleon o. J., Bd. 5, S. 116). Empört über dieses entsetzliche Schauspiel erstürmten die Franzosen das Lager der Türken. Dieser Ort wurde dann zu einer wahren Schlachtbank voll von Gräueln. Der Pascha gab sich schließlich mit 1000 seiner Leute gefangen. Die übrigen flohen vor diesem Schicksal und suchten ihre Rettung in den Fluten des Meeres. Ein Augenzeuge berichtet: „Es war ein furchtbares Schauspiel, von mehreren tausend Menschen nur die turbanbedeckten Köpfe aus dem Wasser hervorragen zu sehen. Vergebens strebten sie danach, sich schwimmend auf die eine halbe Stunde entfernt im Hafen liegende englische Flotte zu retten. Zweitausend andere hatten sich an den Strand unter einen Felsen geflüchtet, und vergebens suchten wir ihnen begreiflich zu machen, dass sie sich ergeben sollten; so mussten sie bis auf den letzten Mann getötet werden, aber sie verkauften ihr Leben teuer" (Lavalette, Memoiren, zit. nach Napoleon o. J., Bd. 5, S. 116). Die Division Kléber, die im Anmarsch war, hatte unterwegs unter Hitze und Durst zu leiden und konnte daher nicht vor dem Abend auf dem Schlachtfeld von Abukir eintreffen. Jean-Baptiste Kléber, der keinen Augenblick an Bonapartes Sieg zweifelte, eilte seinen Truppen voraus, um

Abb. 65: Jean-Baptiste Kléber begrüßt Napoleon Bonaparte nach der siegreichen Schlacht von Abukir (nach einer Zeichnung von Auguste Raffet aus Napoleon o. J.)

wenigstens noch Augenzeuge des Triumphes der französischen Waffen über die Türken zu sein. Er traf gerade ein, als die letzten Schanzen genommen wurden und die Schlacht entschieden war. Da schwang Kléber begeistert seinen Federhut, umarmte den kleinen, schmächtigen Bonaparte und drückte ihn an seine breite Brust, indem er in die klassischen Worte ausbrach: „General, Sie sind groß wie die Welt, aber die Welt ist zu klein für Sie!"

Damit konnte General Bonaparte als glorreicher Sieger aus Ägypten nach Frankreich zurückkehren. Die Regierung hatte ihn ermächtigt, sowohl gegen Malta, Ägypten und Syrien wie auch gegen Konstantinopel oder Indien ganz nach eigenem Ermessen vorzugehen. Er hatte das Recht, alle Stellen zu besetzen, ja sogar seinen eigenen Nachfolger zu ernennen und nach Frankreich zurückzukehren, wann und wie er wollte. Tatsächlich schien nach dem Sieg in der Schlacht von Abukir im Sommer 1799 der Augenblick gekommen zu sein, der seine Anwesenheit in Ägypten nicht mehr erforderte. Ägypten wurde von keiner Seite mehr bedroht. Die Eingeborenen waren unterworfen, die meisten von ihnen den Franzosen aufrichtig ergeben. Die Mamelucken hatten keine Bedeutung mehr. In Europa dagegen herrschte ein chaotischer Kriegszustand, der Frankreich ernsthaft bedrohte. Die französische Armee in Ägypten wusste zwar, dass der Krieg in Europa wieder begonnen hatte, kannte aber nicht seinen Verlauf. Die strenge Blockade hatte sie seit sechs Monaten aller Nachrichten aus Europa beraubt. Aus den Zeitungen, die schließlich doch in Ägypten ankamen, erfuhr man von den Leiden, die über die Republik hereingebrochen waren. Die verbündeten Gegner Frankreichs waren siegreich. Russlands und Österreichs Heere hatten an Donau und Etsch die Franzosen geschlagen. Die Zisalpinische Republik war gestürzt, Mantua belagert. Die Kosaken standen bereits an der Alpengrenze. Von allen Tribünen der Nation rief man laut dem Sieger von Italien zu, er solle dem Vaterland zu Hilfe eilen. Es war kein Augenblick mehr zu verlieren. Bonaparte beschloss, nach Frankreich zurückzukehren, um das Vaterland vor der Wut seiner Feinde zu erretten. Schon Anfang August 1799 hatte sich General Kléber gegenüber dem Dolmetscher Napoleons über dessen baldige Abreise dahingehend geäußert, dass Napoleon seine Armee in Ägypten wie ein kleiner Unteroffizier im Stich lassen werde. Doch die Beschuldigung, Bonaparte habe seine Armee in Ägypten feig im Stich gelassen und sei nach Frankreich geflohen, entspricht nicht den Tatsachen. Sogar eine so heftige Feindin Napoleons wie Frau von Stael musste zugeben, „dass es Wahnwitz wäre, wollte man seine Abreise von Ägypten als Feigheit bezeichnen" (Napoleon o. J., Bd. 5, S. 126). Denn es gehörte großer Mut und tollkühne Entschlossenheit dazu, den Versuch zu wagen, mit ein paar armseligen, schlecht segelnden Schiffen das von der vereinigten englisch-türkisch-russisch-portugiesischen Flotte besetzte Mittelmeer zu durchkreuzen. Bonaparte übergab vor seiner Abreise dem General Menou die Instruktionen für General Kléber.

Er diktierte mehrere Abhandlungen über den Stand der Dinge und über seine Pläne. Die erste Abhandlung enthielt die Grundsätze, die er in Bezug auf die Regierung von Ägypten eingehalten hatte. Darin stellt er fest, dass die Araber die Feinde der Türken und Mamelucken seien und

Abb. 66: General Kléber und General Menou (aus Napoleon o. J.)

dass man unmöglich darauf rechnen könne, ohne Vermittler einen Einfluss auf sie zu gewinnen. Deshalb habe er die Ulemas und Schriftgelehrten dazu bestimmt: einmal, weil sie die natürlichen Führer seien; dann, weil sie den Koran auslegten; denn die größten Hindernisse gehen seiner Meinung nach aus den religiösen Überzeugungen hervor. Auch aus taktischen Überlegungen habe er sich der Schriftgelehrten bedient, weil sie wenig geeignet seien, sich an die Spitze einer bewaffneten Erhebung zu stellen. Die Sultane von Konstantinopel hätten die Politik verfolgt, den Scherif von Kairo in der allgemeinen Achtung herabzusetzen und die Beziehungen der Ulemas zu Mekka einzuschränken oder sogar gänzlich zu unterbinden. Dagegen habe er alte Bräuche wieder belebt, habe sich die Freundschaft des Scherifs erworben und alles Mögliche getan, um die Beziehungen zur heiligen Stadt zu vermehren und zu verstärken. Napoleon betont daher auch, dass man die größte Sorgfalt darauf verwenden müsse, die Muslime davon zu überzeugen, dass man den Koran liebe und den Propheten verehre. Das habe sich als das stärkste Mittel erwiesen und am meisten dazu beigetragen, die Regierungsmacht der Franzosen beim Volk beliebt zu machen (Napoleon o. J., Bd. 5, S. 136 f.). Weiterhin schlägt der scheidende Kommandierende General Bonaparte etwas vor,

Abb. 67: Napoleon Bonaparte verlässt Ägypten (Zeichnung von Horace Vernet
aus Napoleon o. J.)

was auch später für die ägyptisch-türkische Regierung unter der Aufsicht
Englands charakteristisch blieb: „Vor allen Dingen muss man sich jedes
Jahr mehrere tausend Schwarze aus dem Sennar und Darfur verschaffen
und in die französischen Regimenter einreihen, sodass jede Kompanie
zwanzig Neger erhält. Sie sind an die Wüste und an die Hitze des Äquators gewöhnt; wenn sie drei oder vier Jahre gedient haben, werden sie
gute und treue Soldaten sein" (Napoleon o. J., Bd. 5, S. 139).

Die Abreise Bonapartes erfolgte ganz plötzlich. Während sie auf dem
von den Wogen bespülten Strand auf- und abgingen, sagte er zu General
Menou: „Ich werde nach Paris gehen und diese Advokatenbande hinaus-
werfen, die uns auf der Nase herumtanzt und vollkommen unfähig ist, die
Republik zu regieren, ich werde mich an die Spitze der Regierung stellen,

alle Parteien um mich sammeln, die Italienische Republik wiederherstellen und unsere prachtvolle ägyptische Kolonie fest mit Frankreich verbinden" (Napoleon o. J., Bd. 5, S. 148 f.). Sein letzter Tagesbefehl an die Armee lautete: „Soldaten, die Nachrichten aus Europa bestimmen mich zur Rückkehr nach Frankreich. Ich übertrage den Oberbefehl über die Armee dem General Kléber. Bald werdet ihr wieder von mir hören, im Augenblick kann ich nicht mehr sagen. Es ist mir schmerzlich, Soldaten zu verlassen, die ich liebe, aber meine Abwesenheit wird nur vorübergehend sein. Der Führer, den ich zurücklasse, besitzt das Vertrauen der Regierung und das meine" (Napoleon o. J., Bd. 5, S. 149). Die Einschiffung fand um 7 Uhr abends statt. Nachdem man unterwegs vielen Gefahren entgangen war und einen Zwischenaufenthalt in Bonapartes Heimat Korsika gemacht hatte, kam die Flotte nach fünf- und vierzigtägiger Fahrt am 9. Oktober in Frankreich an.

Nach der Abreise Bonapartes, der inzwischen zum ersten Konsul Frankreichs aufgestiegen war, endete jedoch die Eroberung Ägyptens für die französische Armee mit einem militärischen Desaster. Der mit dem Oberkommando betraute General Kléber wurde ermordet und sein unfähiger Nachfolger Menou musste das mit so viel Mühe und Blutvergießen eroberte Ägypten den Engländern übergeben.

Die ägyptische Frage und die Folgen der britischen Okkupation

Um die Situation des Landes am Nil unter ägyptisch-türkischer Herrschaft zu verstehen, muss man den wirtschaftlichen und politischen Zustand Ägyptens zu dieser Zeit mit den Augen jener Europäer betrachten, welche die Geschichte dieses Landes maßgeblich beeinflusst haben. Es waren vor allem die Engländer, die aufgrund der chaotischen wirtschaftlichen Verhältnisse in Ägypten Einfluss auf die Regierungsgeschäfte erlangten. Der Bedeutendste unter ihnen war ohne Zweifel Evelyn Baring, der spätere Earl of Cromer (1841–1917), der in den Jahren 1883–1907 britischer Generalkonsul von Ägypten war. Er war der Verfasser eines zweibändigen Werkes, in dem er seine in den langen Jahren seiner Dienstzeit in Ägypten gewonnenen persönlichen Erfahrungen mitteilte. Für den Inhalt dieses Buches wollte er ausdrücklich die alleinige und vollständige Verantwortung übernehmen. Es hat, wie er im Vorwort betont,

„nicht den geringsten amtlichen Charakter" (Cromer 1907). Daher konnte er auch mit schonungsloser Offenheit nicht nur über die Missstände in der Verwaltung des Landes berichten, sondern auch in harten Worten über jene Personen urteilen, welche diese Misere verursachten. Eine fremde Macht, die Engländer, mussten die Türken bei der Regierung der Ägypter beaufsichtigen und führen (Cromer 1908, I, S. 5). Regiert wurde Ägypten von einem „Vizekönig oder Khediven", der jedoch vom Sultan in Konstantinopel eingesetzt wurde. Diese seltsame Konstellation, dass die von den Türken eingesetzte ägyptische Regierung von einer europäischen Macht kontrolliert wurde, war eine Folge des Zerfalls des Osmanischen Reiches, das sich in Afrika von Ägypten bis Tunis erstreckte. Die Zerstückelung des türkischen Reiches begann mit der Besetzung von Tunis durch die Franzosen im Jahre 1881, während das Vorgehen der Engländer in Ägypten mit dem Ankauf der Suezkanal-Aktien zusammenhing, deren Schuldentilgung die ägyptisch-türkische Regierung nicht mehr leisten konnte. Die wirtschaftliche Katastrophe kündigte sich im April 1876 an, als der damals regierende Khedive Ismail Pascha die Einlösung seiner Schatzamtsscheine wegen Geldmangels einstellen musste. Bereits hier spielte Evelyn Baring eine entscheidende Rolle. Er wurde 1877 im Zuge der internationalen Kontrolle der ägyptischen Finanz- und Wirtschaftspolitik nach Ägypten entsandt, wo er den Posten eines Kommissars bei der Verwaltung der öffentlichen Schulden in Ägypten erhielt. Ihm war klar, dass die leichtfertige Verwaltung der Landesfinanzen durch den verschwenderischen Khediven Ismail Pascha früher oder später zu einem finanziellen Krach führen musste.

Bereits die Vorgänger Ismail Paschas hatten durch ausländische Kredite einen beträchtlichen Schuldenberg angehäuft. Während Cromer den Großvater Ismails und Eroberer des Sudans, Mehemed Ali, noch als „raues Genie" betrachtete, das den Ruhm beanspruchen konnte, Ägypten von dem zerfallenden Körper des ottomanischen Reichs wirtschaftlich abgetrennt und ihm so eine gesonderte Verwaltungsexistenz verliehen zu haben, waren für ihn dessen Nachfolger Ibrahim und Abbas orientalische Despoten von der schlimmsten Sorte, die vor keiner Untat, wie der Tötung unbequemer Untertanen, zurückscheuten. Ibrahim, der Sohn Mehemed Alis war nach Cromer „ein wahnsinniger Wilder", der die Expedition gegen die Wahhabiten leitete und diese Anhänger einer radikalen islamischen Sekte kurzerhand töten ließ, als sie sich nicht mit den orthodoxen Mullahs einigen konnten, die er in seinem Heer mitführte

(Cromer 1908, I, S. 18). Auf Ibrahim und Abbas, dessen scheußliche Untaten zahllos gewesen sein sollen, folgte der weniger blutgierige Said Pascha, dessen Hauptfehler nach Cromers Ansicht eine übermäßige Eitelkeit und eine trostlose Unfähigkeit in Regierungsgeschäften waren. Said war es auch, der zuerst europäische Abenteurer, deren einziges Ziel es war, sich auf Kosten des Landes zu bereichern, nach Ägypten einlud und an Regierungsgeschäften beteiligte. Auch Ismail Pascha war zunächst von dieser üblen Sorte von Abenteurern umgeben, die ihn zu der zynischen Ansicht brachten, dass kein lebender Mensch ehrlich sei. Das änderte sich erst mit dem Eintreffen jener kleinen Anzahl britischer und französischer Beamter, welche wie Evelyn Baring die Kontrolle des zusammengebrochenen ägyptischen Finanzwesens übernehmen sollten. So sehr sich diese Beamten nach Charakter und Fähigkeiten unterschieden, hatten sie doch einige grundsätzliche Merkmale gemeinsam. „Wir waren alle ehrlich", sagt Cromer in seinen Erinnerungen, und setzt nicht ohne eine gewisse Selbstgefälligkeit hinzu: „Wir waren alle fähig, uns unabhängige Meinungen zu bilden und auszusprechen, und wir waren alle entschlossen, nach besten Kräften unsere Pflicht bei der Ausübung der Ämter zu tun, die uns übertragen worden waren" (Cromer 1908, I, S. 24). Dies galt im höchsten Maß auch für den durch die Niederschlagung des Taipingaufstandes in China berühmt gewordenen General Gordon, dem vom ägyptischen Ministerpräsidenten Nuber Pascha die Stelle eines Gouverneurs der Äquatorialprovinz im Süden des Sudans angeboten wurde. Schon sein erstes Ansuchen an den Khediven Ismail war ungewöhnlich. Es bestand darin, dass der Khedive sein Gehalt von den angebotenen 10 000 Pfund auf 2000 herabsetzen sollte, weil er es verabscheute, Geld anzunehmen, das letztlich von den armen elenden Geschöpfen stammte, die von den Steuereinnehmern gepeinigt wurden, um es herbeizuschaffen (Gordon 1908, S. 248).

Der Zustand Ägyptens zu dieser Zeit war für die Bevölkerung tatsächlich bejammernswert. Ein Großteil des urbaren Landes war, seinen ursprünglichen Besitzern enteignet, in die Hände des Khediven übergegangen. Den Grundbesitzern und Bauern wurde eine drückende Last von Steuern aufgeladen. Auch die besitzlosen Landarbeiter und kleinen Gewerbetreibenden wurden in Form einer Kopfsteuer belastet. Man ging sogar so weit, dass selbst von Leuten, die gar keinen Beruf ausübten, eine Gewerbesteuer verlangt wurde. Auf die Frage Cromers, ob eine derartige Maßnahme nicht doch zu weit gehe, antwortete ein hochgestellter ägyptischer Beamter: „Ist es denn die Schuld der Regierung, wenn der Mann kein Gewerbe betreibt? Er hätte ja irgendein Gewerbe ergreifen können, die Regierung hinderte ihn nicht daran" (Cromer 1908, I, S. 46). Verschlimmert wurde diese Situation durch den Charakter der eingeborenen Beamten, welche die Steuern eintrieben. Angesichts der Unsicherheit ihrer Amtsdauer, die vom Pascha abwärts völlig willkürlich war, versuchten die meisten von ihnen, solange es ging, so viel wie möglich für sich herauszuschlagen. Durch Bestechung, falsche Abrechnungen und Verschweigen von Einnahmequellen wurden sowohl das ägyptische Schatzamt auf der einen Seite als auch die Grundbesitzer und Bauern auf der anderen betrogen.

Der Khedive selbst musste zugeben, dass die Steuern oft für neun Monate und mancherorts gar für ein Jahr im Voraus eingetrieben wurden, damit die Regierung ihren Verpflichtungen nachkommen konnte. Und doch kam es so weit, dass große Summen Geldes für der Regierung gelieferte Waren nicht ausbezahlt werden konnten. Bei Nichterfüllung der Verbindlichkeiten hatten alle mit Ägypten Handel treibenden ausländischen Firmen die Anweisung gegeben, der Regierung jede Lieferung zu verweigern außer gegen Barzahlung bei Auslieferung. Da aber die ägyptische Regierung nicht einmal Geld hatte, um die schon längst vorhandenen Ansprüche der ausländischen Gläubiger zu befriedigen, wandten sich diese an die Gerichte. Die Nichtvollziehung der Urteile führte schließlich zu einer Intervention der europäischen Mächte, in deren Folge in einem neu gebildeten ägyptischen Ministerkabinett zwei europäische Minister ernannt wurden: ein englischer, der mit dem Finanzministerium betraut wurde, und ein französischer, der zum Minister für öffentliche Arbeiten bestellt wurde. Als aber der Finanzminister in seinem Finanzplan das Land für bankrott erklärt hatte, entließ der Khedive die europäischen Minister und gab den Auftrag zur Bildung eines neuen Ministerkabinetts. In seinem Schreiben wies er darauf hin, dass der europäische Finanzminister, „indem er das Nationalgefühl gegen das Kabinett erregte, diesem den Todesstoß gegeben habe" (Cromer 1908, I, S. 98). Das neue Ministerkabinett sollte daher nur aus Ägyptern zusammengesetzt werden. Es waren aber alles Männer, die vom Khediven völlig abhängig waren und nicht im Mindesten das öffentliche Vertrauen genossen. Damit war klar, dass keine befriedigende Lösung der finanziellen Schwierigkeiten möglich sei, solange Ismail Pascha an der Spitze der Regierungsgeschäfte stand. Daher legten der britische und der französische

Abb. 68: Evelyn Baring, Earl of Cromer (aus Churchill 1899) und Tewfik Pascha (aus Stanley 1890)

Generalkonsul im Auftrag ihrer Regierungen dem Khediven nahe, „unter günstigen und ehrenvollen Bedingungen von seiner Stellung zurückzutreten, die auszufüllen ihn sein Charakter und seine Vergangenheit ungeeignet machen" (Cromer 1908, I, S. 129). Als Ismail Pascha nicht freiwillig abdanken wollte, übten die europäischen Mächte diplomatischen Druck auf den türkischen Sultan in Konstantinopel aus, sodass dieser ihn im Jahre 1879 absetzte. Zu seinem Nachfolger bestimmte der Sultan Ismails Sohn Tewfik.

Der Khedive sah ein, dass damit das Ende seiner Herrschaft gekommen war. Er ließ seinen Sohn zu sich kommen und übertrug ihm in Gegenwart aller Minister seine Macht. Für Cromer „läutete Ismail Paschas Abdankung die Totenglocke willkürlicher persönlicher Herrschaft in Ägypten ein" (Cromer 1908, I, S. 136). Wenige Leute hatten sich in einer beneidenswerteren Lage befunden als Ismail Pascha, als er Khedive von Ägypten wurde. Er war absoluter Herrscher eines Volkes, das eines der fruchtbarsten Länder der Welt bewohnte. Er besaß Macht, Rang und großen Reichtum. Aber er missbrauchte seine Macht und verschleuderte seinen Reichtum. Wie verschwenderisch er war, lässt sich aus dem Bericht eines englischen Kutschers erkennen, der in Ismails Diensten gestanden hatte und an dessen Glaubwürdigkeit Cromer keinen Zweifel hegte. „Als Ismael", so dieser Kutscher, „und sein Bruder Mustapha in Paris waren, pflegten sie alles zu kaufen, was sie sahen. Sie waren wie die Kinder, nichts war schön genug für sie. Sie kauften Wagen und Pferde, wie die der Königin Victoria oder des Kaisers, und ließen sie dann aus Mangel an Aufsicht und Reinigung verkommen" (Cromer 1908, I, S. 134).

Nach dem Sturz Ismails konnte eine Garantie dafür, dass eine solche Herrschaft nicht etwa wiederaufleben könne, nach Cromers Meinung nur durch eine lang andauernde britische Okkupation gegeben werden, die dann unter dem neuen Khediven Tewfik auch tatsächlich eintrat.

Das Massaker von Alexandria

Die Ursache für die britische Intervention war eine Meuterei der ägyptischen Armee. Der Khedive Tewfik hatte, um den Haushalt zu sanieren, einer Verminderung der Heeresausgaben zugestimmt. Die große Mehrheit der Offiziere, die 1878 auf Halbsold gestellt worden waren, bestand aus Ägyptern, die ihre Unzufriedenheit in einer Petition ausdrückten. In dieser Petition wurde darauf hingewiesen, dass der Kriegsminister, der wie die meisten Verwaltungsbeamten ein Türke war, die ägyptischen Offiziere bei Beförderungen ungerecht behandelt habe. Er habe sich benommen, so heißt es in diesem Schreiben, „als ob sie seine Feinde seien oder als ob Gott ihn gesandt habe, um seinen Zorn an den Ägyptern auszulassen" (Cromer 1908, I, S. 136). An die Spitze dieser Meuterei stellte sich der Oberst des 4. Regimentes, Ahmed Arabi, ein Ägypter fellachischen Ursprungs. Ihm gelang es, mit der aufrührerischen Armee im Rücken nicht nur die Entlassung des türkischen Kriegsministers zu erzwingen, sondern selbst auf dessen Posten im Ministerkabinett zu kommen. Es gab zwar einen nominellen Premierminister, aber Arabi war der eigentliche „Schiedsrichter über das Schicksal des Landes" (Cromer 1908, I, S. 193). Sein Rückhalt in der Öffentlichkeit war groß, weil er im Grunde genommen genau die Ansicht des von der türkischen Oberhoheit geknechteten ägyptischen Volkes vertrat. Er wollte beweisen, dass die Ägypter unter der Dynastie der Khediven bisher keine Sicherheit des Lebens und des Besitzes gekannt hätten: „Sie wurden ins Gefängnis geworfen, verbannt, erwürgt, in den Nil geworfen, durch Hunger gepeinigt oder beraubt, wie es der Wille ihrer Herren sei. Ein freigelassener Sklave sei freier als ein frei geborener Araber. Der unwissendste Türke werde geehrt und dem besten Ägypter vorgezogen" (Cromer 1908, I, S. 194).

Vor den englischen Diplomaten leugnete Arabi mit deutlichen Worten den Wunsch, die Europäer loszuwerden, ob als Beamte oder Einwohner; er nannte sie die notwendigen Lehrer des Volkes. Als er sich aber mit der ägyptischen Nationalpartei verbündete und öffentlich gegen die Verwendung von Europäern in Ägyptens Verwaltung wetterte, wurden er und das gesamte Ministerium vom Khediven auf Druck englischer und französischer Diplomaten abgesetzt. Daraufhin telegrafierten die Offiziere der Regimenter und der Polizeitruppen, die in Alexandria lagen, dem Khediven, dass „sie den Rücktritt Arabi Paschas nicht annähmen und dass sie seiner Hoheit zwölf Stunden Zeit zur Überlegung ließen, nach welchem Aufschub sie für die öffentliche Ruhe nicht mehr verantwortlich sein würden". Es war klar, dass der Khedive, ohne wirksame Hilfe von außerhalb, gezwungen sein würde, den Wünschen der meuternden Armee nachzugeben. Da weder vom Sultan aus Konstantinopel noch von dem englisch-französischen Geschwader, das bereits im Hafen von Alexandria lag, Unterstützung zu erwarten war, musste er schließlich, um ein Blutbad zu vermeiden, Arabi wieder als Kriegsminister einsetzen. Diese Wiedereinsetzung Arabis wurde von den eingeborenen Ägyptern als ein Zeichen dafür betrachtet, dass die Christen aus Ägypten vertrieben werden sollten und dass sie das Land wiedergewinnen würden, das von Europäern aufgekauft oder an sie verpfändet worden war, und dass schließlich die nationale Schuld gestrichen werden würde.

In Alexandria, wo sich Arabi bei seinen Garnisonen aufhielt, zeigten sich bereits Anzeichen einer fremdenfeindlichen Haltung. Europäer waren auf den Straßen gestoßen und angespien worden. Ein Scheich hatte laut an den großen Verkehrsadern der Stadt gerufen: „Moslems, kommt und helft mir, die Christen zu töten!" Am 9. Juni 1882 wurde ein Grieche von einem Ägypter gewarnt, „vorsichtig zu sein, da die Araber im Begriff seien, am selben oder nächsten Tag die Christen zu töten". Am 10. Juni liefen einige Moslems aus den unteren Klassen in den Straßen umher und riefen, „dass der letzte Tag für die Christen nahe gerückt sei". Am 11. Juni brach dann der Sturm zu gleicher Zeit an drei Stellen los. Mehr als 50 Europäer wurden mit größter Grausamkeit hingeschlachtet. Noch viel mehr wurden schwer verwundet und kamen nur mit knapper Not mit

dem Leben davon. Wo sich ein Europäer blicken ließ, wurde gerufen:
„Moslems! Tötet ihn! Tötet den Christen!" (Cromer 1908, I, S. 265 f.).
Die Wirkung des Blutbades von Alexandria sollte den langsamen und
zögernden Gang der europäischen Diplomatie beschleunigen. Eine Un-
tersuchung über den Aufstand wurde eingeleitet, aber die englischen
Mitglieder der Kommission zogen sich zurück, als der übermächtige
Kriegsminister, der inzwischen zum Pascha ernannte Arabi, dem Privat-
sekretär des Khediven mitteilte, „dass er nicht gestatten würde, einen
Araber hinzurichten, es sei denn, dass für jeden Araber ein Europäer
gehängt würde" (Cromer 1908, I, S. 271). Als jedoch Arabi begann, in
Alexandria Batterien aufzuwerfen mit der Absicht, sie gegen die im Hafen
stationierte britische Flotte zu richten, war klar geworden, dass er nur
durch Gewalt unterdrückt werden konnte. Diese Aufgabe musste notwendigerweise England zufallen, da die französische Regierung an einem
Akt offensichtlicher Feindseligkeit gegen Ägypten nicht teilnehmen
wollte und der Sultan mit der Entsendung einer türkischen Armee in
jedem Fall zu spät kommen musste. Genau einen Monat, nachdem das
Blutbad in Alexandria stattgefunden hatte, am 7. Juli 1882, eröffnete die
britische Flotte das Feuer auf die von der ägyptischen Armee aufgeworfe-
nen Batterien. Diese wurden erst am Nachmittag nach großen Zerstörungen in der Stadt zum Schweigen gebracht. Am folgenden Tag zog
sich die ägyptische Garnison zurück, nachdem sie die von dem Pöbel
geplünderte Stadt zuvor in Brand gesetzt hatte. Offensichtlich war aber
diese Niederbrennung Alexandrias nicht infolge eines Befehls des Kommandanten, wie es später Arabi vorgeworfen wurde, sondern als ein Akt
der Disziplinlosigkeit der sich zurückziehenden ägyptischen Armee geschehen. Im Laufe der nächsten Tage nahmen dann die britischen Truppen von der Stadt Besitz und stellten die Ordnung wieder her. Arabi zog
sich mit seinen Truppen nach Tel-el-Kabir in die Nähe von Kairo zurück,
wo er dann am 13. September von einem britischen Expeditionskorps
von 20 000 Mann unter dem Kommando von Lord Garnet Joseph Wolse-
ley vernichtend geschlagen wurde. Der Khedive hatte bereits am 22. Juli
Arabi, auf dem eine schwere moralische Verantwortung für das vergos-
sene Blut lastete, formell aus seiner Stellung als Kriegsminister entlassen.
Gegen ihn wurde dann auch Anklage wegen Rebellion erhoben. Er wurde
zum Tode verurteilt, dieses Urteil indes unmittelbar nach seiner Ver-
kündigung in lebenslängliche Verbannung umgewandelt. Es wurde ange-
ordnet, dass er nach Ceylon verschickt werden sollte. Ein Schiff wurde

angemietet und Arabi verließ mit den sechs Hauptschuldigen Suez am
26. Dezember 1882. Aber schon 1901 erhielt er die Erlaubnis, nach
Ägypten zurückzukehren. Mit dem Einmarsch britischer Truppen und der Besetzung von Alexandria und Kairo hatte die britische Herrschaft in Ägypten begonnen.
Der Khedive Tewfik blieb formell weiterhin Vizekönig und Vasall der
Osmanen, aber Evelyn Baring, der am 1. September 1883 zum britischen
Generalkonsul in Ägypten ernannt wurde, war als Berater oder, besser
gesagt, als Beaufsichtiger Tewfiks der tatsächliche Herrscher des Lan-
des – ein Amt, das er mit der ihm eigenen Härte verwaltete.

Die Islamisierung des Sudans und das Elend
der schwarzen Bevölkerung

Die Bevölkerung des landschaftlich so verschiedenartigen Sudan, die
heute mehrheitlich islamisch ist, war dies nicht immer. Die byzantinisch-
christliche Tradition mit ihren Kirchen und Klöstern war lange Zeit die
vorherrschende Kultur im nördlichen Sudan. Die Islamisierung begann
erst im 13. Jahrhundert und vereinigte im 16. und 17. Jahrhundert die kulturelle und sprachliche Vielfalt der Bevölkerungsgruppen im Nord- und
Zentralsudan. Die Hauptlehrsätze dieser Religion wurden in ihrer ursprünglichen Erhabenheit und Einfachheit am deutlichsten von den ersten Anhängern des Propheten ausgedrückt: „Er lehrte uns, einen Gott zu
verehren, die Wahrheit zu sprechen, Treue zu halten, unseren Verwandten zu helfen, die Rechte der Gastfreundschaft zu erfüllen und uns von
allem Unreinen, Gottlosen, Unrechten fernzuhalten. Und er befahl uns,
zu beten, Almosen zu geben und zu fasten" (Stanley Lane-Poole, Studies
in a Mosque, S. 96; zit. von Cromer II, 1908, S. 127). Sogar Cromer, dem
ja der religiöse Fanatismus der Muslime bei dem blutigen Aufstand in
Alexandria noch in Erinnerung war, hat die offenkundigen Vorteile gesehen, welche die islamische Religion der ganzen Welt gebracht habe.
„Den vielen Hunderten von Millionen Menschen, die den Islam angenommen haben, und besonders den Armen unter ihnen", sagt er, „hat die
Annahme dieser Lehrsätze nicht nur geistigen Trost gespendet, sondern
auch materielle Wohltaten in dieser Welt wie Hoffnung auf Unsterblichkeit in der zukünftigen Welt gebracht". Weiter stimmt er mit den
damaligen Islamwissenschaftlern in England überein, wenn er von der

„staatenbildenden Macht der Religion" spricht und darauf hinweist, dass, „wo auch immer ein barbarischer Stamm sich irgendwie über das Niveau der Barbarei erhoben und sich entwickelt hat, es meistens durch die Bekehrung zum Islam geschehen ist" (Cromer II, 1908, S. 127 f.). Aber er teilt auch die Meinung eines Kenners der starken und der schwachen Seiten des Islam, der gesagt hat: „Als Religion ist der Islam groß; er hat Menschen, die vorher viele Götter in unreiner Weise anbeteten, gelehrt, zu einem Gott in reiner Verehrung zu beten. Als soziales System ist er ein vollständiger Fehlschlag" (Stanley Lane-Poole, Studies in a Mosque, S. 101; zit. von Cromer II, 1908, S. 128).

Für diesen Fehlschlag gibt es aus europäischer Sicht mehrere Gründe, die weniger vom Koran als von der Tradition des politischen Islam herrühren. Als allerersten Grund nennt Cromer, dass der Islam die Frauen in einer Stellung ausgesprochener Minderwertigkeit hält. So hat Mohammed den Männern die Erlaubnis erteilt, „zu heiraten, was Euch an Weibern gut erscheint, zwei, drei oder vier, oder je nachdem, was Eure rechte Hand besitzt" (Sure IV, 3; vgl. Cromer II 1908, S. 153). Hinzu kommt noch die Leichtigkeit der Ehescheidung, die nach den Regeln des sunnitischen Islam, dem die Ägypter und Sudanesen angehören, einem Mann erlaubt, sich von seiner Frau, ohne schlechtes Betragen ihrerseits oder ohne einen Grund anzugeben, scheiden zu lassen (Cromer 1908, II, S. 152). Zweitens, so Cromer weiter, verbinden sich im Islam die Religion und das öffentliche Recht zu einem untrennbaren und unveränderlichen Ganzen. Das bewirkt eine Starrheit der Gesetze, die vor allem in der Strafgesetzgebung nach veralteten Prinzipien angewandt werden, wie sie an die Zustände der arabischen Halbinsel im 7. Jahrhundert angepasst waren. So konnte ein verurteilter Räuber auf sechs verschiedene Arten bestraft werden: „Es konnten ihm die rechte Hand und der linke Fuß und dann der Kopf abgeschlagen werden; oder er konnte verstümmelt, wie eben angegeben, und dann gekreuzigt werden; oder er konnte verstümmelt, geköpft und schließlich gekreuzigt werden; oder er konnte nur einfach geköpft oder einfach gekreuzigt oder erst geköpft und dann gekreuzigt werden" (Cromer 1908 II, S. 129). Eine der schlimmsten Strafen, die noch heutzutage in der islamischen Welt gültig ist und den Protest der ganzen übrigen Welt hervorruft, ist die Steinigung von untreu gewordenen Frauen. Aus Sicht Cromers kommt erschwerend hinzu, dass der Islam die Sklaverei zwar nicht begünstigt, aber geduldet hat. Hier muss Cromer allerdings bekennen, dass zu seiner Zeit auch „der Christ nicht nur Sklavenbesitzer, sondern auch, was noch schlimmer ist, Sklavenjäger war. Obwohl die christliche Religion die Sklaverei nie gutgeheißen hat" (Cromer II, 1908, S. 131). Entscheidend aber ist für Cromer, dass der Islam eine unduldsame Religion ist. Denn er gebietet, dass gegen diejenigen, die er als Ungläubige betrachtet, ein heiliger Krieg geführt werden muss. „Wenn ihr den Ungläubigen begegnet", zitiert Cromer den Koran, „so schlagt ihnen das Haupt ab, bis ihr ein großes Blutbad angerichtet habt" (Cromer II, 1908, S. 134). Auch der Abfall vom Islam wird mit dem Tode bestraft.

Der Einfluss des Islam hat während mehr als tausend Jahren den Sudan durchdrungen. In den nördlichen Distrikten, wo die arabischen Einwanderer siedelten, war diese Entwicklung zur Zeit der ägyptisch-türkischen Herrschaft vollendet. Dagegen verharrten die nach dem Süden verdrängten schwarzen Ureinwohner auf der niedrigen Entwicklungsstufe des Ahnenkults und anderer Formen des Aberglaubens, wie der Furcht vor den Geistern der Hexerei. Ihre Lebensweise war nach den Angaben Winston Churchills noch bis in die Zeit der türkisch-ägyptischen Herrschaft so geartet, wie wir uns dies bei prähistorischen Menschen vorstellen: „Sie jagen, bekämpfen sich untereinander, heiraten und sterben, ohne über ihr leibliches Wohl hinauszudenken und ohne eine höhere Macht zu fürchten. Sie zeigen die Tugenden von Barbaren. Sie sind mutig und aufrichtig. Ihre geringe Intelligenz entschuldigt Niedrigkeit ihrer Gewohnheiten. Ihre Unwissenheit garantiert für ihre Unschuld." Doch dieser Lobpreisung der einheimischen schwarzen Bevölkerung steht bei Churchill eine vernichtende Kritik ihrer Handlungsweise gegenüber. Denn sie sind nach seiner Meinung „ihrer Natur nach liederlich und grausam und sie leben in Zwietracht und Elend" (Churchill 1899, I, S. 14 f.).

Obwohl die einheimischen Schwarzen an Zahl überlegen waren, übertrafen nach Churchill die Araber sie an Stärke. Die Intelligenz und Charakterfestigkeit der Eindringlinge, die nicht nur von der Arabischen Halbinsel, sondern auch über die Wüste aus Ägypten kamen, sorgte für ihre Verbreitung im ganzen Sudan. Die schwarze Urbevölkerung musste diesen Zuzug der Araber zulassen und vermischte sich mit ihnen. Von dieser „Mischung von Arabern und Negern" behauptet Churchill, dass sie „eine verderbte und grausame Art hervorgebracht hat, umso mehr gefürchtet, als sie intelligenter sind als die ursprünglichen Wilden" (Churchill 1899, I, S. 16). Solche Ansichten findet man auch bei Henry Morton Stanley.

Abb. 69: Winston Churchill
in Ägypten

Nur in entfernten und schwerer zugänglichen Gebieten im Süden und Westen haben nach Churchills Beobachtung die arabischen Einflüsse die schwarze Bevölkerung noch unverändert gelassen. Zwischen den Arabern im Norden des Sudans und den Schwarzen im Süden fand sich jede Abstufung. Bei manchen Stämmen wurde ein reines Arabisch gesprochen. Bei anderen hatte das Arabische lediglich die alte einheimische Sprache abgewandelt, und die islamische Religion war dem älteren Aberglauben angepasst worden.

Die Araber fingen Churchill zufolge schon früh an, die einfachen Eingeborenen auszubeuten. Einige der arabischen Stämme waren Kamelzüchter, andere Ziegenhirten, wieder andere Baggara oder Kuhhirten. Alle aber, ohne Ausnahme, waren sie Menschenjäger. Während Hunderten von Jahren floss zu den großen Sklavenmärkten ein beständiger Strom gefangener Schwarzer. Die Erfindung des Schießpulvers und die Feuerwaffen, die sich die Araber zu eigen gemacht hatten, erleichterten ihnen das Geschäft, da sie die unwissenden Schwarzen nochmals benachteiligten. So lässt sich die Situation im Sudan während mehrerer Jahrhunderte laut Churchill auf die folgende Kurzformel bringen: „Die dominierende Rasse der arabischen Eindringlinge sorgte unter der Urbevölkerung unaufhaltsam für die Ausbreitung ihres Bluts und Brauchtums, ihrer Religion und Sprache, während sie zur selben Zeit diese ausplünderte und versklavte" (Churchill 1899, I, S. 16). Den Zustand der Gesellschaft, die daraus hervorgehen musste, kann man sich leicht ausmalen. Die kriegerischen arabischen Stämme bekriegten sich in endlosen Zwistigkeiten und Fehden. Die Schwarzen, welche die beständige Aussicht auf ihre Gefangennahme erzittern ließ, erhoben sich da und dort gegen ihre Peiniger. Hin und wieder vermochte ein bedeutender Scheich eine Vereinigung etlicher Stämme zustande zu bringen, die aus einer mit Gewehren bewaffneten militärischen Kaste und einer Vielzahl von Sklaven bestand, die manchmal zu Soldaten ausgebildet wurden. Das alles blieb von der Außenwelt unbeachtet. Weite Wüsten trennen den Sudan davon. Dieser Zustand sollte sich auch dann nicht ändern, als der gesamte Sudan unter ägyptisch-türkische Herrschaft kam. Unter den chaotischen politischen und wirtschaftlichen Verhältnissen in Ägypten nahmen vielmehr Korruption und Missstände im fernen Sudan auf unkontrollierbare Weise zu.

Von 1819 bis 1883 regierte Ägypten den Sudan. Diese Herrschaft war in den Augen eines unbestechlichen Beobachters wie Churchill „weder freundlich noch weise, noch einträglich" (Churchill 1899, I, S. 20). Die Nöte der Menschen wurden durch sie eher noch verschlimmert als gelindert, man suchte sie lediglich zu verdecken. Die rohe Ungerechtigkeit des Schwerts wurde ersetzt durch die Heimtücke von Bestechung und Korruption. Im Mantel des Gesetzes und bewaffnet mit der Autorität der Behörden, traten Gewalt und Raub noch hässlicher in Erscheinung. Das Land blieb unentwickelt und arm, kaum hielt es die Bewohner am Leben. Die Bürde der beträchtlichen auswärtigen Garnisonen und eine Masse habsüchtiger Beamter verschärften die wirtschaftlichen Härten. Knappheit war die Regel, Hunger kehrte periodisch wieder. In Khartum lösten sich korrupte und unfähige Generalgouverneure mit bestürzender Geschwindigkeit ab. Die beständigen Wechsel, die jeden Ansatz einer vernünftigen Verwaltung vereitelten, taten der Misswirtschaft keinen Abbruch, sondern förderten sie vielmehr. Fast ohne Ausnahme betätigten sich die ägyptischen Beamten als Unterdrücker. Denn in den Ministerien in Kairo wurde der Erfolg ihrer Verwaltung einzig und allein an der Menge des Geldes gemessen, das aus den Eingeborenen herausgequetscht werden konnte. Churchill verweist in diesem Zusammenhang auf einen Bericht des 1882 von der britischen Krone in den Sudan entsandten Lieutenant-Colonel Herbert Stewart, der die wahren Zustände in diesem Land in aller Offenheit dargestellt hat: „Die willkürlichen und überzogenen Steuern wurden mit vorgehaltenem Bajonett eingetrieben. Wenn ein kleiner Häuptling in Rückstand geriet, wurden seine Nachbarn gegen ihn aufgehetzt, zeigte sich ein arabischer Stamm widersetzlich, wurde eine militärische Expedition entsandt" (Stewart's Report in Egypt, No.11, 1883; zit. in Churchill I, S. 22). Die ägyptischen Steuereintreiber agierten mehr durch Betrug als durch direkte Gewalt. Da diese Methoden vor dem Blick der Zivilisation vollständig verborgen blieben, erfreuten sie sich in ihren Funktionen größter Machtfülle. Kein Vorwand, kein Wortbruch war ihnen zu niederträchtig, kein Amtseid, kein Vertrag galt so viel, als dass man ihn nicht hätte missachten können.

Den Sklavenhandel im Sudan konnte die ägyptisch-türkische Verwaltung keineswegs eindämmen, vielmehr stützte sie ihre Autorität auf eine mächtige irreguläre Streitkraft von schwarzen Sklavensoldaten, den Basingern, die nicht schlechter ausgerüstet waren als die regulären Soldaten. Sie waren nicht nur stärker an Zahl und mutiger, sondern blickten mit beständig abnehmender Furcht und ebenso beständig wachsendem Hass auf die auswärtigen, aus Ägypten stammenden Garnisonen, die für sich allein eine völlig unbrauchbare Armee darstellten. Fast 40 000 Mann waren auf acht Hauptgarnisonen und zahlreiche kleinere Stützpunkte verteilt. Eingeschränkt durch natürliche Hindernisse und riesige Distanzen in einem Land ohne Straßen, umgeben von einer Bevölkerung, deren Erbitterung mit ihren Nöten von Jahr zu Jahr wuchs, hätten die ägyptisch-türkischen Streitkräfte des Khediven im Sudan ihre Sicherheit einzig auf die Fähigkeit ihrer Offiziere, auf eine hervorragende Disziplin und auf die Überlegenheit ihrer Waffen gründen können. Doch der üble Ruf des Sudans hielt besser ausgebildete Leute davon ab, in solch entfernten Gebieten Dienst zu tun, und wenn es sich vermeiden ließ, ging keiner in den Süden. Schon die Offiziere der Armee, welche die Khediven im Nildelta unterhielten, waren nach der Ansicht Churchills gemessen mit europäischen Maßstäben nichts anderes als ein „lärmender feiger Haufen, schlecht ausgebildet und kaum je bezahlt. Und der Abschaum der Armee im ägyptischen Nildelta war die Elite der Armee im Sudan. Im Dunkel dieser entlegensten Provinzen taten die Offiziere über lange Zeiträume Dienst, manche ihr ganzes Leben. Einige waren in Ungnade dorthin geschickt worden, andere benachteiligt durch ihre Herkunft. Bei einigen war es extreme Armut, die sie zum Dienst außerhalb Ägyptens zwang,

Abb. 70: Basinger, die schwarzen Sklavensoldaten

andere lockte der Sudan mit der Hoffnung, dort einen ausgefallenen Geschmack zu befriedigen. Den Harems einheimischer Frauen, welche die
meisten von ihnen sich hielten, zog nur die Menge des Gelds eine Grenze,
das sie mit allen eben verfügbaren Mitteln an sich raffen konnten. Viele
waren gewohnheitsmäßige, hoffnungslose Trinker. Fast alle waren unehrlich. Alle waren sie faul und unfähig" (Churchill 1899, I, S. 24).

Unter solcher Führung wären die besten Truppen bald verkommen.
Und die Ägypter im Sudan waren keine erlesenen Soldaten. Wie ihre
Offiziere waren sie der übelste Teil der Armee des Khediven. Wie jene
hatte es diese in den Sudan verschlagen. Wie jene waren sie träge und
verweichlicht, ihre Ausbildung war mangelhaft, ihre Disziplin lax, ihre
Moral niedrig. All das bildete jedoch noch keineswegs ihre ganze
Schwäche und gefährliche Lage. Nicht nur waren die regulären Truppen demoralisiert, sondern es existierte auch noch die irreguläre, wohlbewaffnete Streitmacht der Basinger, die zahlreicher und mutiger waren
als die fremden regulären Truppen und diese mit ständigem Hass betrachteten.

Den regulären ebenso wie den irregulären Truppen standen die wilden arabischen Wüstenstämme und die abgehärteten Schwarzen aus den Wäldern gegenüber, aufgestachelt durch Leiden und Unrecht. Nur ihre Unfähigkeit, sich zusammenzutun, schob den Tag hinaus, an dem sie die Invasoren vom Erdboden vertilgen würden. Die ägyptische Provinz Sudan war für Churchill ein Kartenhaus: „Nicht dass es zusammenstürzte, war ein Wunder, sondern dass es sich so lange gehalten hatte" (Churchill 1899, I, S. 25). Es war der Aufstand des Mahdi, der für lange Jahre die ägyptisch-türkische Herrschaft im Sudan beendete. Nach dem Rachefeldzug des Generals Kitchener, der die todesmutigen Krieger des ersten islamischen Gottesstaates in der blutigen Schlacht von Omdurman besiegte, wurde Ägypten mit all seinen Provinzen trotz der Eingriffsversuche Frankreichs zu einer britischen Kolonie (Oeser 2012). Der „kranke Mann am Bosporus", der Sultan des Osmanischen Reichs, der bisher nominell die Oberherrschaft über Ägypten innegehabt hatte, konnte dies nicht mehr verhindern.

Nach der Okkupation Ägyptens durch die Briten setzte der Wettlauf der europäischen Mächte um die Kolonien in Afrika ein. Frankreich, das abermals durch die Briten aus Ägypten verdrängt worden war, okkupierte 1881 Tunis, 1884 Guinea und errichtete 1885 die Kolonien Französisch-Westafrika und 1910 Französisch-Äquatorialafrika. Leopold II. von Belgien hatte mithilfe Henry Morton Stanleys seine Privatkolonie Belgisch-Kongo errichtet, die Portugiesen hatten sowohl in West- als auch in Ostafrika Kolonien errichtet, Italien hatte Teile von Eritrea besetzt und Deutschland richtete seine sogenannten afrikanischen Schutzgebiete sowohl im Westen als auch im Osten Afrikas ein.

Der Kampf um die Diamantenfelder und der Zulukrieg

Am Beginn dieser Entwicklung stand der Kampf zwischen den Briten und den holländischen Buren des Oranje-Freistaats um das Gebiet der Diamantenfelder. Ein Augenzeuge, der sich sieben Jahre in Südafrika aufgehalten hat, der österreichische Arzt Emil Holub, berichtet von den dortigen klimatischen und sozialen Zuständen.

Es war eine trostlose Gegend mit einem rauen stürmischen Wetter, das die Bewohner in ständig wiederkehrenden Variationen von Sandstürmen und Regen seine Wut fühlen ließ. Viele Abenteurer hatten sich dort ein-

Abb. 71: Emil Holub (aus
Holub 1881)

gefunden und da die Engländer in dem erst kürzlich erworbenen Land
noch keine Ordnung hatten schaffen können, war die Sicherheit des
Eigentums und sogar des Lebens stark gefährdet. Den Übeltätern war
nicht beizukommen, weil die meisten von ihnen nach vollbrachter Tat
das Weite suchten und nach einer halben Wegstunde von den zentralen
Diamantenfeldern aus den Oranje-Freistaat erreichten, wo sie vollständig
sicher waren. Denn die Regierung des Freistaates grollte noch immer
wegen der Annexion der Diamantenfelder und fühlte sich deshalb nicht
bemüßigt, der englischen Polizei hilfreich unter die Arme zu greifen.
Unter jenen Abenteurern waren viele, die sich in ihrer Hoffnung getäuscht sahen, in dem Diamanten-Eldorado ohne jede Anstrengung
Reichtümer zu erwerben, und da sie schwere Arbeit scheuten, bildete
sich aus ihnen eine lichtscheue Bande, die auch unter der schwarzen
Bevölkerung Rekruten und Helfershelfer fand. Holub selbst erfuhr an
einem frechen Einbruch in seine armselige Hütte, wie bedrohlich die
Lage war. Als er mitten in der Nacht vernahm, wie jemand versuchte, die
Tür aufzudrücken, sprang er auf und riss die Tür selbst auf, worauf der
Eindringling überrascht hineintaumelte. „Den Strolch bei der Kehle zu

Abb. 72: Überfall auf den Diamantenfeldern (aus Holub 1881)

fassen und ihm den Revolver an die Brust zu setzen, war das Werk eines Augenblicks. Nun sah ich", schildert der mutige Arzt sein Vorgehen, „bei dem schwachen Schimmer des halb von Wolken verdeckten Mondes, dass ich einen halbnackten Kaffer, der so schwarz wie ein Bewohner der Hölle war, gefasst hatte". Da Holub wusste, wie leicht das Entkommen aus den nur aus Blechplatten bestehenden Gefängnissen war, warf er den Einbrecher in den Straßengraben, aus dem sich dieser blitzschnell aufraffte und eiligst die Flucht ergriff. Als Holub am folgenden Tag seinen Patienten von dem nächtlichen Vorfall erzählte, bedauerten sie allgemein, dass er den Strolch nicht niedergeschossen hatte.

Die schwarzen Eingeborenen, die den Diggern als Arbeiter dienten, hatten ein schweres Los. Sie mussten aus den tiefen Gruben das diamantenhaltige Erdreich in Eimern mithilfe einer an einem Pfahl befestigten Eisenrolle mit den bloßen Händen hochziehen. Holub konnte den Tross von Eingeborenen aller Farbnuancen beobachten, wie sie bald schreiend und lärmend, bald still wie eine gedrillte Truppe den europäischen Diggern, ihren Herren, folgten. Die verschiedenen Hautschattierungen der Hottentotten, Betschuana und Zulu verschwanden für den flüchtigen Blick unter der grauen Staubkruste, die alle gleichmäßig bedeckte. Es waren aber gerade die Zulu, die ursprünglichen Bewohner dieser Gegend, die den großen Traum hegten, wieder die Herren ihrer Heimat zu werden. „Dieser Schlag hätte aber", meint Holub, „einen furchtbareren noch im Gefolge gehabt: die Erhebung der meisten südafrikanischen Stämme gegen alle Weißen" (Holub 1881, S. 493). Deshalb verteidigte er auch den ohne Kriegserklärung erfolgten Angriff der Engländer auf die Zulu. Hätte die englische Regierung in Afrika nicht zuerst zu den Waffen gegriffen, so meint er, dann wären die Zulu „wie eine Meute blutgieriger Hunde" in die Kolonie eingebrochen und innerhalb einer Woche hätten durch diesen Überfall 20 000 bis 30 000 Menschen ihr Leben eingebüßt (vgl. Holub 1881, S. 492). Als Holub Gelegenheit hatte, in England mit „hochstehenden Personen" zu sprechen, traf er auf folgende Einstellung gegenüber den südafrikanischen Eingeborenen: „Man war von der allgemein bisher geltenden Idee des Aussterbens der schwarzen Rasse und ihres Verdrängtwerdens von Seiten der Weißen durchdrungen und glaubte, in dem Zulukrieg nur eine Bestätigung dieser Ansicht zu finden." Nach Holubs Meinung hatte die Behandlung der Schwarzen durch die Weißen zumeist deswegen zu Misserfolgen geführt, weil sie auf einer irrigen Auffassung von der Natur und Stellung der Eingeborenen beruhte. Vor allem zwei Vorurteile beherrschten die europäischen Kolonisten: „Das erste davon sah in den Eingeborenen trotz ihrer angeborenen Laster die unschuldig Bedrückten; das zweite im Gegensatz hierzu erblickte in den Schwarzen den Weißen inferiore, kaum menschliche Kreaturen" (Holub 1881, S. 475). Er selbst gewann während seines Aufenthaltes in Afrika die Überzeugung, dass es in Südafrika Eingeborenenstämme gab, welche in ihrer geistigen Beziehung, in ihrer Auffassung etc. einem gewöhnlich entwickelten Kind von etwa fünf bis sechs Jahren nicht unähnlich seien. „Spezielle Charakter-Eigentümlichkeiten einzelner Eingeborenenstämme erklären uns ihre mindere oder höhere Kulturstufe ähnlich wie Geistes- und Gemütsanlagen, die Kinder einer europäischen zivilisierten Familie untereinander unterscheiden. Gutmütigkeit als

Abb. 73: Der
Zulukönig
Ketschwajo nach
einer Photographie
um 1875

Charakterzug bei dem einen, Sinn für Fleiß bei dem zweiten, Hang zum
Diebstahl oder Raubsucht bei anderen Stämmen finden wohl teilweise in
der größeren oder geringeren Gehirnmasse ihre Erklärung" (Holub 1881,
S. 476). Sein mehrjähriger Aufenthalt unter verschiedenen Stämmen und
sein Wirkungskreis als Arzt gab Holub hinreichend Gelegenheit, die
Ansichten der verschiedenen Stämme der Schwarzen und ihre Lebens-
weisen kennenzulernen und über ihre Beziehungen zu den Engländern
und Holländern Erfahrungen zu sammeln. Daher rührt auch seine Ansicht über den räuberischen Charakter der Zulu, die er für die größte
Gefahr für die Weißen in Südafrika hält: „In keinem Eingeborenen-
land Süd-Afrikas ist eine solche Rohheit und Unmenschlichkeit, ist eine
solche Barbarei zu beobachten, solch tierische Wut manifestiert wie in
Ketschwajos Land" (Holub 1881, S. 496).

Der damals regierende König der Zulu, Ketschwajo (Cetshwayo) ist für Holub „ein blutdürstiger Tyrann, dessen Macht auf Tausenden und abermals Tausenden entmenschter, ihm wie eine Rotte wilder Wölfe in sklavischer Unterwürfigkeit blindlings folgender Kreaturen beruht" (Holub 1881, S. 495). Doch die größte Gefahr für die Weißen in Südafrika bestand nach seiner Meinung darin, dass Farbige, die sich seit vielen Jahren als Diener, Aufseher oder Arbeiter zwischen den Weißen bewegten und die Zulu als einen Erbfeind hassten, wenn sie von dem selbstherrlichen Auftreten Ketschwajos hörten, sich im Stillen freuten, dass ein schwarzer Bruder den Weißen Trotz und Hohn zu bieten imstande war: „Ja, die Zulumacht, die Macht des blutdürstigen Ketschwajo", sagten fast alle, „ist eine hohe Mauer, ist ein Felsen, über den das Bleichgesicht nicht klimmen, den es nicht bezwingen kann" (Holub 1881, S. 496). Auch Holub konnte es sich nicht versagen, den Mut und die Tapferkeit der Zulu anzuerkennen: „Ich möchte sie beinahe als das kriegerischste und kampfmutigste unter den unzivilisierten Völkern bezeichnen. Wir beobachten an ihnen nicht allein Mut und Tapferkeit, sondern auch einen hervorragenden Sinn für Strategie" (Holub 1881, S. 501). Dann beschreibt er in allen Einzelheiten die Kampfweise der Zulu, wie sie später auch durch die Berichte von den Schlachtfeldern bestätigt wurde: „Bei ihrem Angriff nützen sie alle Vorteile des Terrains aus, hohe Grasfelder, Regenmulden, dichtes Gestrüpp etc., dichte Nebel sowie die nächtliche Zeit, um dem Feind so nahe wie möglich zu kommen" (Holub 1881, S. 501). Sei das nicht möglich, so gingen sie gegen ihn auf der freien Grasebene vor und zeigten dabei eine Todesverachtung, wie sie sonst bei keinem afrikanischen Stamm vorkomme.

Diese Einschätzung Holubs erklärt nicht nur die rasche Ausbreitung der Zuluherrschaft, sondern auch die katastrophalen Niederlagen der Engländer, die trotz überlegener Bewaffnung der Wucht solcher Angriffe nicht gewachsen waren. Denn zu Beginn der Auseinandersetzungen unterschätzten die Engländer die Zulumacht und zogen mit zu geringen Streitkräften in den Krieg. Erst als mehrere Regimenter zur Verstärkung der englischen Truppen eingesetzt wurden, gelang es, die Zulu zu besiegen.

Bei Ausbruch des Ersten Weltkrieges tobte schon ein anderer Kampf in Ostafrika. Diesmal waren es die europäischen Kolonialmächte selbst, die sich dort einen Stellvertreterkrieg lieferten. Nachdem die Briten den Zulukrieg gewonnen hatten, annektierten sie die Burenrepublik Trans-

Abb. 74: Zulukrieg (aus Holub 1881)

vaal. Die Buren wehrten sich gegen die Annexion, was 1880 zum Ersten Burenkrieg führte. Im Friedensvertrag 1881 einigte man sich auf eine weitgehende Selbstverwaltung der Burenrepubliken. Im Zweiten Burenkrieg wurden Transvaal und der Oranje-Freistaat indes besiegt und in das Britische Empire integriert. Das Deutsche Reich erklärte Togo, Kamerun, Deutsch-Südwestafrika (heute Namibia) und Deutsch-Ostafrika zu sogenannten Schutzgebieten.

Deutschlands Kampf in Ostafrika und die Heldentaten der Askaris

Die Kolonie Deutsch-Ostafrika war während der gesamten Dauer des Ersten Weltkrieges umkämpft. Bis 1915 gelang es der Schutztruppe, den größten Teil des Gebietes gegen erste Angriffe aus Kenia zu halten, mehrere Vorstöße in die britischen und belgischen Nachbargebiete zu unternehmen und einen Landungsversuch britisch-indischer Truppen bei Tanga abzuwehren. Im Jahr 1916 hatten die Alliierten dann stärkere

Abb. 75: General
Lettow-Vorbeck (aus
Lettow-Vorbeck 1920)

Kräfte zusammengezogen und marschierten aus Kenia, Belgisch-Kongo und Nyassaland in Deutsch-Ostafrika ein. Innerhalb weniger Monate hatten sie die Schutztruppe in den unwegsamen Süden des Landes zurückgedrängt. Nach schweren Kämpfen und großen Verlusten zog sich die Schutztruppe unter ihrem Kommandeur General Lettow-Vorbeck im November 1917 in das portugiesische Mosambik zurück, wo sie sich mehrmonatige Rückzugsgefechte mit alliierten Truppen lieferte. Kurz vor dem Ende des Krieges gelang der Schutztruppe noch der Marsch von Mosambik durch den Süden von Deutsch-Ostafrika bis nach Nordrhodesien, wo sie am 25. November 1918 kapitulierte.

Der Versailler Vertrag bestimmte, dass Deutschland alle Kolonien abzutreten hatte. Deutsch-Ostafrika wurde am 20. Januar 1920 der Verwaltung des Völkerbundes unterstellt.

Doch für den Kommandierenden General Paul von Lettow-Vorbeck war Deutschlands Kampf in Ostafrika damit noch nicht zu Ende. In seinen Kriegserinnerungen, die er im selben Jahr des Vertragsabschlusses von Versailles veröffentlichte, drückt er die Hoffnung aus, dass „wir unser schönes Land nicht zum letzten Mal gesehen haben". Und richtet an die deutsche Jugend die beschwörenden Worte: „Wenn Ihr die Geschichte dieses Krieges gelesen habt, darf in Eurem Herzen der Wunsch entstehen, dass Ihr das Land Eurer Väter im fernen Afrika als Deutsche einst betreten müsst. Viele unserer treuen Eingeborenen werden Euch von Herzen begrüßen, und Ihr werdet die Arbeit fortsetzen müssen, die wir dort begonnen haben. Dann habe ich Euch nicht umsonst erzählt von dem Rauschen deutscher Palmen an der deutschen Küste des Großen Indischen Ozeans" (Lettow-Vorbeck 1920, S. 280). Mit Blick auf die „treuen Eingeborenen" im ehemaligen Deutsch-Ostafrika betont der General, dass es vor allem die Askaris waren, deren Standhaftigkeit und Treue zu den deutschen Schutztruppen diese vier Jahre des Krieges gegen eine 100 fache Übermacht bis zur Kapitulation im Jahre 1918 überstehen ließen. Als „Askaris" (ursprünglich auf Arabisch „Soldat") wurden in Afrika einheimische Soldaten oder Polizisten in den Kolonialtruppen der europäischen Mächte bezeichnet. Askaris spielten sowohl bei der Eroberung von Kolonien als auch bei der Aufrechterhaltung der Kolonialherrschaft eine wichtige Rolle. Sie waren ursprünglich in Ägypten angeworbene Söldner aus dem Sudan oder Zulu aus dem portugiesischen Mosambik und bildeten den Großteil der deutschen Schutztruppe in Deutsch-Ostafrika. Im Ersten Weltkrieg trugen sie die Hauptlast des Kampfes gegen die britischen Truppen. Laut Lettow-Vorbeck waren sie es, die ihm zuriefen: „Wir werden bei dir bleiben, bis wir fallen!" Im Vorwort seines Buches nährt er den Mythos der deutschen Kolonialgeschichte von dem „germanischen Wesen" dieser schwarzen Soldaten, indem er fragt: „Klingt das nicht wie der Ausdruck unseres eigensten germanischen Wesens mit seiner schlichten, wortkargen Treue, mit seiner mannhaften Festigkeit, die die Zähne aufeinanderbeißt?" (Lettow-Vorbeck 1920, S. V).

Tatsächlich hatten die Askaris den deutschen Kolonialherren in freiwilliger Loyalität gedient und nach dem Ende der deutschen Herrschaft sich nach dieser zurückgesehnt. Beim Abschied 1918 sollen Tränen geflossen sein. Entgolten wurde ihre Treue mit vergleichsweise hohem Sold und dem Anrecht auf lebenslange Rente. Ein Teil der Askaris kam zu Beginn nicht aus Ostafrika, sondern aus dem anglo-ägyptischen Sudan. Diese waren entweder Söldner oder Feinde der Briten. Die Masse der insgesamt etwa

Abb. 76: Askari vor dem Gefecht (aus Lettow-Vorbeck 1920)

40 000 Mann, die im Ersten Weltkrieg die von allen Seiten wiederholt vorgetragenen Angriffe alliierter Truppen abwehrten, waren allerdings Einheimische. Zusammen mit dem kleinen Kontingent deutscher Soldaten unternahmen sie auch Angriffe auf gegnerische Gebiete. Deutsche und Askaris konnten auf die Unterstützung der einheimischen Bevölkerung bauen, die keineswegs unter alliierte Herrschaft kommen wollte. Der Krieg wurde als eine Mischung aus Stellungs-, Bewegungs- und Partisanenkrieg geführt und verband deutsche Militärtaktik mit einheimischer Kenntnis der Verhältnisse und Beweglichkeit zu einer schlagkräftigen Kampfführung. Die Treue der Askaris gegenüber der Schutztruppe im Ersten Weltkrieg wurde mit lebenslangen Pensionen belohnt, die von der Bundesrepublik Deutschland vom Anfang der 1960er Jahre bis zum Tode der letzten Askaris Ende der 1990er Jahre weiterhin ausgezahlt wurden.

8. Nationalismus und Rassismus

Die Errichtung des bürgerlichen Staates, der als neues Identitätskonzept die Nation hervorbrachte, ist unbestreitbar eine wichtige Etappe in der Fortschrittsgeschichte der Menschheit. Es war die Französische Revolution, welche die erste Erklärung der Menschenrechte zustande brachte. Die wichtigsten Elemente oder Grundbausteine, die zur Konstruktion des Nationsbegriffs verwendet wurden und ihn heute noch bestimmen, sind folgende: die Ethnie, eine Konstrukt, das auf einer gemeinsamen Abstammung oder Herkunft basiert; die Sprache als einigendes Band eines Kollektivs; die Kultur als Sitten- und Wertegemeinschaft; aber auch und nicht zuletzt das Territorium als gemeinsamer Lebensraum (vgl. Ruf 2012, S. 11). Der unterschiedlich starke Bezug auf eines dieser Elemente, welche den Begriff der „Nation" ausmachen, ist bis heute konstitutiv für kollektives Identitätsverständnis bis in seine juristische Ausformulierung im Staatsangehörigkeitsrecht: „So galt in Frankreich lange Zeit ausschließlich das ius solis, das ‚Bodenrecht', als Definitionsgrundlage für die Staatsangehörigkeit: Franzose ist, wer auf französischem Boden geboren ist – und sei dies auf Martinique oder La Réunion. Das deutsche Staatsangehörigkeitsrecht dagegen ist geprägt durch das ius sanguinis, das Bluts- oder Abstammungsrecht: Deutscher ist, wer von einem deutschen Vater (inzwischen gilt auch die Mutter) abstammt. Dies ist inzwischen gemildert durch die Option, die aus der Migration hervorgegangene Menschen in Deutschland haben: Sie erhalten mit Geburt die deutsche Staatsangehörigkeit und die des Herkunftslandes der Eltern, mit 18 Jahren müssen sie sich jedoch für eine der beiden entscheiden. Nach wie vor dominiert also das ethnische Kriterium" (vgl. Ruf 2012, S. 12).

Einig ist man sich heute aber darin, dass monokausale Erklärungsschemata nicht zulässig sind. Sowohl Ethnogenese, die sich mit der Entstehung der Völker beschäftigt, als auch Glottogenese, die sich mit der Entstehung von Sprachen beschäftigt, gehen von der Voraussetzung aus, dass letzten Endes eine Bündelung und Potenzierung mehrerer Faktoren für die Entwicklung des Eigenbewusstseins eines Volkes verantwortlich ist (vgl. Oeser 1985, S. 2 ff.). Daher ist der Begriff „Nation" definitorisch unscharf, weil man aufgrund der verschiedenen Faktoren und Merkmale nicht immer eindeutig angeben kann, ob ein Individuum unter diesen Begriff fällt oder nicht. Ein solcher typologischer Begriff muss aber deswegen keineswegs unpräzise sein, weil er positiv ausgedrückt innerhalb des Begriffsfeldes zu einer strengen Ordnung führt. Denn ein Individuum steht innerhalb eines typologischen Begriffs auf einer Skala der stärkeren oder schwächeren Ausprägung der verschiedenen Merkmale. So kann man zum Beispiel von einem „typischen Deutschen" oder „typischen Italiener" oder „typischen Griechen" sprechen, je nach Ausprägung bestimmter Merkmale. Rassismus beruht auf der falschen Gleichsetzung solcher typologischen Begriffe mit klassifikatorischen Begriffen, die von einem einzigen Merkmal bestimmt sind, wie etwa der Hautfarbe, Gehirngröße oder Schädelform in der naturwissenschaftlichen Anthropologie (Blumenbach, Camper). Als natürliche Klasse ist jedoch nur der Homo sapiens anzusehen, während Rassen, Stämme und Völker nur infraspezifische Varietäten darstellen, die schon wegen der Vermischung durch Heirat nur schwer oder überhaupt nicht voneinander als geschlossene natürliche Fortpflanzungsgemeinschaften abzutrennen sind. Ethnische Gruppen, Völker oder Nationen sind daher schon längst nicht mehr Angehörige einer biologischen Abstammungsgemeinschaft, sondern einer Abstammungsgemeinschaft durch Überlieferung. Ihre Entstehung ist keine Sache des „Blutes", sondern der Verfassung (vgl. Oeser 1985, S. 2 ff.).

Die historische Debatte um den Rassenbegriff

Die kulturwissenschaftliche Völkerkunde in ihrer um die philosophischen Grundlagen erweiterten Form bildet zwar die theoretische wie empirische Grundlage der Untersuchung der Xenophobie als eines kulturgeschichtlichen Phänomens der unausrottbaren und sich sogar immer mehr steigernden Fremdenfeindlichkeit, andererseits ist dabei auch die naturwissenschaftlich orientierte physische Anthropologie mit ihrer heutzutage auf der Evolutionstheorie und vergleichenden Verhaltensforschung beruhenden Grundlage zu berücksichtigen. Denn gerade auf diesem Gebiet wird in der populärwissenschaftlichen Literatur noch immer ein Rassismus biologischer Art vertreten, der auf einer längst obsolet gewordenen Vorstellung beruht, für die fälschlicherweise vor allem Darwin verantwortlich

Abb. 77: Biologen: Linné, Buffon, Darwin

gemacht wird, die jedoch bloß eine Erfindung des sogenannten „Sozialdarwinismus" ist und mit dem historischen Darwin nichts zu tun hat.

In der Geschichte der Biologie gibt es scheinbar genügend Anhaltspunkte für die Anwendung des Rassenbegriffs auf den Menschen. Das berühmteste Beispiel ist Carl von Linnés Einteilung der Menschenrassen. Er wird deshalb als erster Vertreter eines biologisch begründeten Rassismus angesehen, der vier große Menschengruppen beschrieben und klassifiziert hat: „Amerikaner: Rot, jähzornig, aufrichtig. Mit schwarzem, geraden dichten Haar; weiten Nasenlöchern, einem bartlosen Kinn. Hartnäckig, zufrieden, freiheitsliebend. Bemalt sich mit kunstvollen Linien. Er lässt sich durch Gewohnheit lenken.

Europäer: Weiß, sanguinisch, muskulös. Mit blondem herabwallenden Haar, blauen Augen. Einfallsreich, erfinderisch. Er lässt sich durch Gesetze lenken.

Asiate: Blassgelb, melancholisch, grausam. Mit schwarzgrauem Haar, dunklen Augen. Streng, hochmütig, habsüchtig. Bedeckt mit lockeren Kleidern. Er lässt sich durch die allgemeine Meinung lenken.

Afrikaner: Schwarz, phlegmatisch, schlaff. Mit scheußlichem gekräuselten Haar, fettiger Haut, platter Nase, wulstigen Lippen, Frauen mit schamlosen Busen, an der Brust hängendem Säugling. Verschlagen, träge, nachlässig. Er lässt sich durch die Willkür seiner Herrscher lenken" (Linné 1789, S. 22 f.).

Was jedoch bei der Interpretation dieser Einteilung Linnés als Rassismus übersehen wird, ist die historische Tatsache, dass Linné mit seiner Einteilung der Pflanzen und Tiere nicht die beobachtbare Wirklichkeit gemeint hat, sondern nur die künstliche Konstruktion eines Klassifikationssystems beabsichtigte, das lediglich der Wiedererkennung dient. Denn er war sich der grundsätzlichen Problematik bewusst, die sich aus dem Übergang von der Naturbeschreibung zur methodischen Konstruktion eines Klassifikationssystems notwendig ergibt: Die Einteilungen des Systematikers bleiben so lange künstliche und abstrakte Trennungslinien, solange nicht alles, was sich auf das aufgestellte System bezieht, im Sinne einer vollständigen empirischen Induktion festgestellt ist (vgl. Oeser 1974). Das aber war zu Linnés Zeiten in keinem Bereich der lebendigen Natur gegeben, am wenigsten beim Menschen, dessen Vielfalt erst im Lauf der Entdeckung fremder Völker erkennbar wurde.

Obwohl um die Mitte des 18. Jahrhunderts „die Reisenden Tiere, Pflanzen und Mineralien aller Art mit Eifer gesammelt, untersucht und aufs Genaueste beschrieben hatten, war aber der Mensch gewöhnlich unberücksichtigt geblieben" (Reichenbach 1855, S. 11). Das änderte sich jedoch im Zeitalter der Weltumsegelungen. Die großen Entdecker wie James Cook und Louis Antoine de Bougainville führten Wissenschaftler wie Joseph Banks, die beiden Forster oder Philibert Commerson mit sich, die bereits ausführliche ethnographische Beschreibungen der von ihnen entdeckten fremden Völker lieferten und den europäischen Anthropologen das Material für die Erweiterung der Linné'schen Einteilung des Menschengeschlechts zur Verfügung stellten. So war es Joseph Banks, der Johann Friedrich Blumenbach (1752–1840) durch seine Mitteilungen und Geschenke von Hirnschädeln von Amerikanern und Insulanern der Südsee die Grundlage lieferte, in seinem Werk „Über die natürlichen Verschiedenheiten im Menschengeschlechte" (Leipzig 1798) die Varietäten der Menschen neu in fünf Gruppen zu ordnen: in die mongolische, amerikanische, kaukasische, malayische und äthiopische Varietät.

Wie Linné in seinem „künstlichen" Pflanzensystem als Einteilungsmerkmal die Anzahl und Art der Staubgefäße benutzte, diente auch Blumenbach nur ein bestimmter anatomischer Teil des Menschen als Einteilungsmerkmal seines anthropologischen Systems: die Form des Hirnschädels. Er ging dabei so vor, dass er den Schädel, ohne den Unterkiefer, mit seinen Jochbeinen horizontal auf den Tisch stellte, und dann von hinten über den Schädel hinwegblickte. Auf diese Weise hoffte er, den „Nationalcharakter"

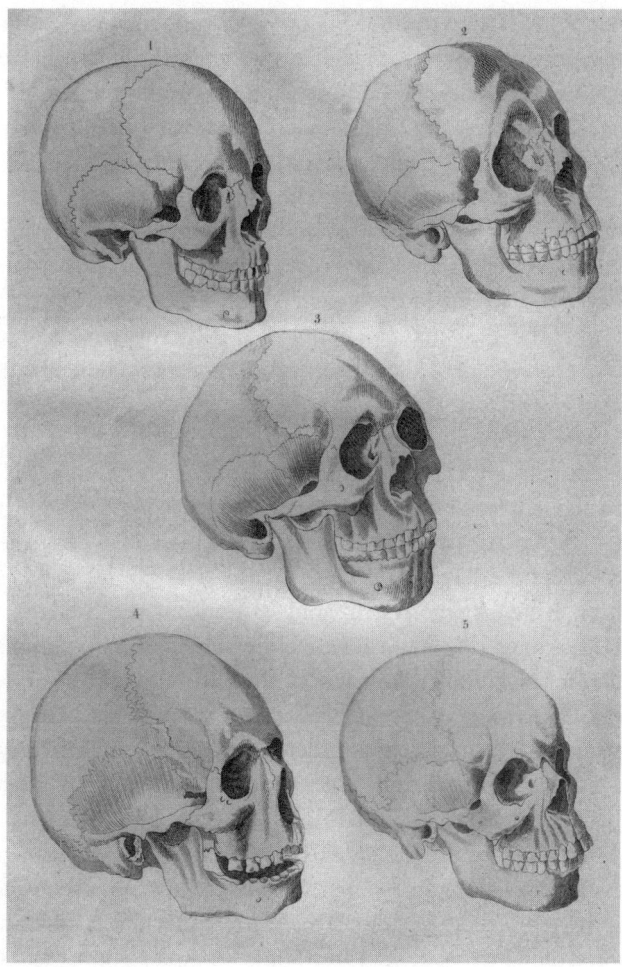

Abb. 78: Blumenbachs fünf Musterschädel der Varietäten des Menschenge-
schlechts (aus Blumenbach 1798)
Fig. 1: Mongolische Varietät: Der Schädel eines Tungusen.
Fig. 2: Amerikanische Varietät: Der Schädel eines karaibischen Fürsten von der
Insel St. Vinzenz. (Geschenk des Herrn Baronet Banks)
Fig. 3: Kaukasische Varietät: Der Schädel einer Georgerin. (Geschenk des
Freyherrn von Asch).
Fig. 4: Malayische Varietät: Der Schädel eines Otaheiten. (Geschenk des Herrn
Baronet Banks)
Fig. 5: Äthiopische Varietät: Der Schädel einer guineischen Negerin. (Geschenk
des Herrn Steph. Joh. van Geuns, Prof. zu Utrecht)

der Schädel je nach ihrer breiten oder runden Form bestimmen und durch ebenso viele „Musterschädel" aus seiner Sammlung nachweisen zu können. Der schwedische Anatom Anders Adolf Retzius (1796–1860) entwickelte daraufhin ein Messverfahren zur quantitativen Erfassung derartiger Schädelmerkmale. Er unterschied dolichozephale Langköpfe, bei denen die Länge des Schädels die Breite um ein Viertel übertrifft, und brachyzephale Kurzköpfe, bei denen die Länge die Breite nur um ein Fünftel bis ein Achtel übertrifft (Retzius 1845). Außerdem unterschied er in jeder Varietät je nach dem Vorspringen der Kiefer orthognathe und prognathe Schädel. So gehören die Germanen zu den orthognathen Dolichozephalen, die Slawen zu den prognathen Brachyzephalen (vgl. Daniel 1882, S. 113).

Die Verwendung des „Nationalcharakters" der Schädel als Einteilungsmerkmal geht schon auf den Holländer Peter Camper (1722–1789) zurück. Camper sägte, während er in Amsterdam Anatomie lehrte, die Köpfe von Leichnamen von Menschen verschiedenen Alters senkrecht mitten durch und erkannte auf diese Weise, dass die für das Gehirn bestimmte Höhle im Ganzen regelmäßig ist und nur die Stellung von Ober- und Unterkiefer den natürlichen Unterschied für die auffallende Verschiedenheit der Völker ausmachte. Entscheidend dafür war der Gesichtswinkel. Dieser sogenannte „Camper'sche Winkel" wird zu einem spitzen oder stumpfen, je nachdem, ob der Oberkiefer sehr hervorspringt und dem Gesicht ein schnauzenartiges, tierisches Aussehen verleiht oder ob diese Partien zurücktreten und Stirn und Augen hervortreten und dem Gesicht ein typisch menschliches Aussehen geben, wie es Camper in Vollendung in den klassischen griechischen Statuen als Schönheitsideal verwirklicht sieht. All das fand er durch seine umfangreiche Sammlung von Schädeln verschiedener Nationen bestätigt. Er besaß „außer Köpfen unserer und benachbarter Länder, den Schädel eines Negers von Angola, und eines bejahrten Negers, den Kopf einer Hottentottin, den Schädel eines Jünglings von Madagaskar, eines Mongolen, eines Chinesen, eines Mannes von Celebes, und eines Kalmukken, folglich Schädel aus acht sehr verschiedenen Ländern" (Camper 1792, S. XIV). Nur der Schädel eines Amerikaners fehlte ihm noch. Aber er konnte wenigstens in Oxford im Jahre 1786 den Schädel eines „Otaheiters" abzeichnen, den Captain King von seiner letzten Reise mit James Cook mitgebracht hatte

Mit dem nach ihm benannten Gesichtswinkel als Grundlage seines Lehrgebäudes kam aber Camper durch Vergleichung verschiedener Völ-

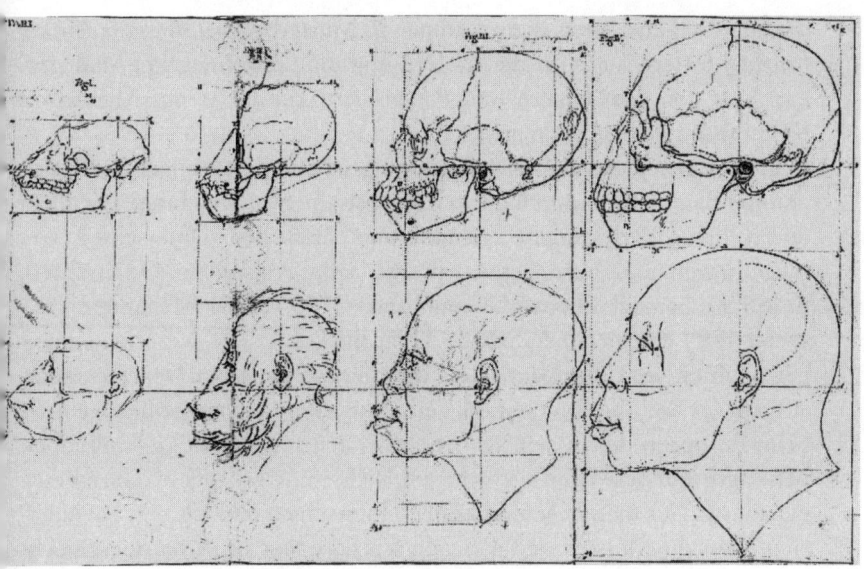

Abb. 79: Vergleichung der Gesichtswinkel bei Mensch und Tier (aus Camper 1792)

ker und Tiere zu problematischen wertenden Aussagen: „Als ich zu dem Negerkopf den Kopf eines Kalmukken erhielt, diese beiden mit einem Europäischen verglich und einen Affenkopf danebenstellte, sah ich, dass eine von der Stirn zur Oberlippe gezogene Linie den Unterschied zwischen den Gesichtern dieser Nationen angab und die Übereinkunft des Negers mit dem Affen deutlich machte. Ich reihte einige dieser Gesichter auf eine Horizontallinie und zog die Gesichtslinie unter verschiedenen Winkeln dazu. Ließ ich nun die Gesichtslinie vorwärts herüber fallen, so erhielt ich ein antikes Gesicht; ließ ich sie hinterwärts fallen, ein Negergesicht; neigte sie sich noch mehr zurück, so ergab diese Linie einen Affen" (Camper 1792, S. XV).

Trotz seines beschränkten Erfahrungsmaterials brachte Camper ähnlich wie Blumenbach eine auf Musterbeispielen beruhende Klassifikation der sich immer mehr abzeichnenden Vielfalt des Menschengeschlechtes zustande: Der Kalmücke dient Camper als Beispiel für ganz Asien von Sibirien bis Neuseeland und auch für die Nordamerikaner. Der europäische Kopf kann als Muster gelten für ganz Europa, für die Türkei, für Persien und den größten Teil von Arabien bis nach Hindustan. Der Kopf des angolischen Negers dient Camper als Musterbeispiel für ganz Afrika, für die Hottentotten, für die Kaffern und die Einwohner von Madagaskar. Von den Mexikanern und Patagoniern konnte er aus Mangel an Kenntnissen nichts bestimmen.

Unterstützt wurden diese anthropologischen Vorstellungen von Camper und Blumenbach durch die zeitgenössische Hirnforschung, vor allem durch die Überlegungen Soemmerings über den Unterschied von Negerhirnen und Europäerhirnen (vgl. zum Folgenden: Oeser 2010, S. 138 ff.). Samuel Thomas Soemmering (1755–1830) behauptete ja in seiner 1784 erschienenen Schrift „Über die körperliche Verschiedenheit des Mohren vom Europäer", dass die Sinnesorgane bei Negern stärker ausgeprägt und ihre Nerven im Verhältnis zum Gehirn größer seien als beim Europäer, der in seinem Lebensbereich mehr geistige Funktionen benötigte und deswegen auch ein vergleichsweise größeres Gehirn besitzen müsse. Aus diesem anatomischen Unterschied schließt nun Soemmering, „dass die Mohren weit näher als wir Europäer ans Affen-Geschlecht grenzen" und „dass es nicht eingebildeter Stolz ist, der uns oft zu weit über die Mohren erhebt" (Soemmering 1784, S. 5). In der zweiten Hälfte des 19. Jahrhunderts erlebte die Untersuchung der unterschiedlichen Hirngewichte verschiedener Völker eine wahre Blütezeit. Zunächst wurden die Vergleiche zwischen den europäischen Völkern fortgesetzt. Zu den viel diskutierten, aber fragwürdigen und zum Teil einander widersprechenden Resultaten aus Vergleichen zwischen den Gewichten von französischen und deutschen Gehirnen kamen Untersuchungen über das mittlere Hirngewicht von Engländern und Schotten hinzu. Aus all diesen Angaben berechnete man schließlich das mittlere Hirngewicht des männlichen Europäers mit 1390 Gramm oder 49 Unzen (vgl. Bastian 1882, 2. Teil, S. 27).

Der Vergleich dieses mittleren europäischen Hirngewichts mit dem der Völker Afrikas und Asiens weist bereits deutliche Züge eines damals durchaus üblichen Rassismus auf. So ergab eine Wägung von nur zwölf männlichen Negergehirnen ein mittleres Hirngewicht von 1255 Gramm. Daraus schloss man voreilig, dass „der Einfluss der Rasse auf das Gehirngewicht kaum zu bezweifeln ist und mit Bestimmtheit zu erwarten ist, dass die direkte Beobachtung der Gehirne anderer niederer Rassen zu ähnlichen Ergebnissen führen wird. Die Gehirne der Hindus, Hottentotten, Buschmänner und Australneger haben wahrscheinlich ein noch geringeres Gewicht als das Gehirn der Neger". Obwohl immer wieder betont wurde, dass bei all diesen Gehirnwägungen auch die Körpergröße berücksichtigt werden müsse, kamen dann doch solch unkritische Bemerkungen vor wie die Aussage, „dass das Gehirngewicht des männlichen Negers mit dem des weiblichen Europäers übereinstimmt" (vgl. Bastian 1882, S. 28).

Während sich auf diese Weise auch die weitergehende Vermutung, dass das geringste Gehirngewicht sich bei den Buschleuten Afrikas vorfinden lassen müsse, durch die bereits von Gratiolet untersuchte sogenannte „hottentottische Venus", die außerdem noch eine bemerkenswert einfache und symmetrische Struktur der Hirnwindungen aufwies, scheinbar bestätigte, sollte man bei den Völkern Asiens eine Überraschung erleben. So wurden bei der Vermessung von 16 Gehirnen von Chinesen, die im Jahre 1874 einem großen Taifun in Hongkong zum Opfer fielen und mit einer Ausnahme alle der niedrigsten Stufe der chinesischen Gesellschaft, den Kulis, zugehörten, erstaunlich hohe Hirngewichte gefunden, die sogar das europäische Mittelmaß übertrafen.

Während man diese Tatsache noch mit der alten und sehr hohen Kultur der Chinesen erklären konnte, die sich auch auf die Hirngröße der Kulis ausgewirkt haben soll, ergaben weitere Untersuchungen, dass selbst die als „niederste" Völker eingestuften Ureinwohner Australiens in ihrer Hirngröße keineswegs von der europäischen abweichen. Das Resultat lautete vielmehr: „Es ist absolut unmöglich, ein Gehirn als zu einer bestimmten Rasse gehörig zu erkennen, oder mit anderen Worten, wir können nicht einsehen, wann ein gewisses Gehirn einem Australier angehört hat und warum es nicht ebenso gut in den Schädel eines Europäers passen würde" (vgl. Oeser 2010, S. 148). Von den Feuerländern stellte man fest, dass ihr Hirngewicht relativ zu ihrer Körpergröße sogar noch günstiger ist als bei den Europäern, während sie im Bezug auf den Windungstyp auf der gleichen Höhe stehen wie die Europäer. Und als man durch neue Methoden das Flächenmaß der grauen Hirnrinde bestimmen konnte, stellte sich zur großen Überraschung heraus, dass nicht die Europäer, sondern die Hottentotten die ausgedehnteste Rinde besitzen.

Es waren dann vor allem die Nachfolger von Camper und Blumenbach, welche diese Einteilungen nach Hirnschädelform und Hirngewicht nicht nur durch physische Merkmale wie Hautfarbe und Haarfarbe, sondern auch durch geistige und moralische Eigenschaften ergänzten, die sie aus eigenen Erfahrungen und den Berichten der Seefahrer des 18. Jahrhunderts schöpften. So führte der französische Botaniker und Reisende Jean-Baptiste Bory de Saint-Vincent (1780–1846) in seinem Werk „L'homme,

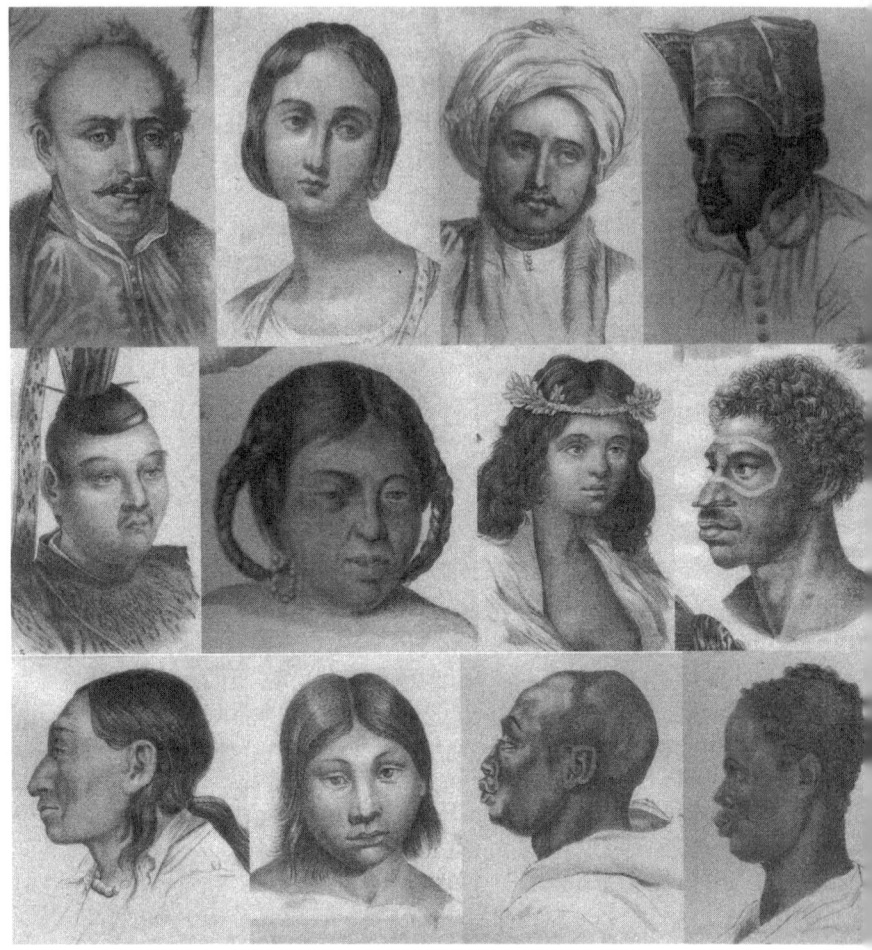

Abb. 80: Borys Einteilung der Menschenrassen: Kaukasier, Araber, Inder, Chinese, Eskimo, Malayen, nordamerikanischer Indianer und südamerikanische Indianerfrau, afrikanische Neger (aus Reichenbach 1855)

essai zoologique sur le genre humain" nicht weniger als 15 Menschenrassen auf und lieferte dazu nicht nur eine Beschreibung ihres physischen Aussehens, ihrer Kleidung und ihrer Wohnstätten, sondern auch ihrer geistigen und moralischen Eigenschaften, ihrer Religion und ihrer Sprache.

Dabei nehmen äußerst problematische wertende Aussagen über Rassenmerkmale einen großen Teil der Beschreibung ein: Während die „wahren Kaukasier" als gesellig, kunstsinnig und wissbegierig geschildert werden, ist bei den Arabern Vielweiberei und sklavische Behandlung der Frauen üblich. Die Inder werden als sanft und gutartig beschrieben und die Mongolen oder Skythen als geschickte Reiter. Gleichzeitig wirft Bory de Saint-Vincent ihnen vor, seit Attila und Dschingis Khan ein Räuberleben zu führen. Die Chinesen sind für ihn dadurch gekennzeichnet, dass sie Ackerbau und Seidenzucht treiben und viele wichtige Erfindungen zustande gebracht haben, von denen sie einige sogar den Europäern streitig machen. Aber moralisch zeichnen sie sich durch Feigheit und Kriecherei aus. Die Nordpolbewohner, die Eskimos, Tungusen u. s. w., reiben sich gerne mit Seehundsfett ein und haben daher oft einen unerträglichen Geruch, umso mehr, als sie überhaupt sehr unreinlich sind. Sie werden aber als friedliebend und furchtsam geschildert und mit ihrem nicht eben beneidenswerten Schicksal vollkommen zufrieden. Die Malayen teilt Bory de Saint-Vincent in die östlichen oder Malayen im eigentlichen Sinn und in die westlichen oder ozeanischen ein. Die Frauen der östlichen sind nach Bory schön zu nennen, besitzen viel Beweglichkeit und Grazie, sind reinlich und waschen sich häufig. Die Männer haben einen schönen muskulösen Körper, sind aber wild, rachsüchtig, unbeständig, faul und treulos. Die östlichen Malayen, die auf den Hauptinseln des Stillen Ozeans leben, haben eine höhere Statur, aber ihre Weiber sind eher hässlich, vor allem, was das plumpe männliche Gesicht betrifft. Doch auf Otaheiti soll das Gesicht vieler Weiber schön sein. Ehedem waren die östlichen Malayen Anthropophagen (Menschenfresser) und „manche", fügt Bory de Saint-Vincent hinzu, „sind es noch" (zit. nach Reichenbach 1855, S. 17). Außerdem lebt auf Neuguinea noch ein außerordentlich wilder Stamm, die Papus, von dunkelbrauner Hautfarbe und weit abstehenden Haaren, wodurch der Kopf unförmig groß erscheint. Die roheste Rasse, ohne Religion und Gesetze sind für ihn die Australier. Sie sind faul, aber nicht ohne Verstand, und leben nicht in größeren Gesellschaften, sogar ohne Wohnung, und bieten so das ursprüngliche, nicht verklärte Bild des Rousseau'schen Wilden. Noch schlimmer werden die auf den Fidschi-Inseln lebenden menschenfressenden Afurus (Homo melanius) charakterisiert: „Sie sind grausam, zeigen weniger Verstand als die Australier und ziehen in Horden umher, alle Kultur verschmähend" (zit. nach Reichenbach 1855, S. 18). Auch die Nordamerikaner werden nicht besser bewertet. Sie wollen angeblich von der Zivilisation nichts wissen, schweifen als Jäger umher und sind zum Teil ebenfalls noch Menschenfresser. Die Südamerikaner oder „eigentlichen Amerikaner" werden als genügsam, träge und geistlos bezeichnet. Während frühere Reisende die Patagonier als Riesen ansahen, werden sie von Bory de Saint-Vincent auf ihre wirkliche Größe heruntergeschraubt. Denn diese beträgt nach seiner Meinung nicht mehr als sechs, bestenfalls sechseinhalb Fuß.

Von den „eigentlichen Negern" weiß er nur zu berichten, dass die meisten von ihnen unter despotischen Herrschern leben, die beständig Krieg führen, um Sklaven zu machen, die dann nach Asien und Amerika verkauft werden. Sogar ihre eigenen Mitbürger verkaufen diese Despoten als Sklaven. Eine besondere Eigenart besteht bei ihnen darin, dass ihre seidenartige schwarze Haut einen stark riechenden und färbenden Schweiß absondert. Die Kaffern kommen dagegen bei Bory de Saint-Vincent besser weg: Die Gesichtszüge sind regelmäßiger und schöner als bei den eigentlichen Negern, weil der untere Teil weniger hervorragend ist. Ihre Haut ist heller und ihr Schweiß ist nicht übel riechend. Sie sind kriegerischer als die Neger und einer ihrer Stämme, die Jagga, tragen Halsbänder aus Zähnen und Knochen von Menschen, die sie aufgefressen haben. Am schlechtesten kommen in dieser Beschreibung der äthiopischen Rasse die Hottentotten weg. Sie stehen für Bory de Saint-Vincent „ihrer geistigen und körperlichen Bildung nach unstreitig am Ende der langen Reihe von Menschenstämmen, aber doch immer noch so hoch, dass zwischen ihnen und dem Orang-Utang noch eine bedeutende Kluft ist". Die Hottentotten, die den Tabak sehr lieben, werden als faul und unreinlich bezeichnet. Als besondere Eigentümlichkeit wird noch erwähnt, dass sich die Frauen zuweilen durch besonders ausladende Hinterbacken auszeichnen, die aus bloßem Fett bestehen. Im Jahre 1816 war sogar in Paris eine solche Hottentottin unter dem Namen der „hottentottischen Venus" zu sehen (Bory de Saint-Vincent 1827; vgl. Reichenbach 1855, S. 20).

Im Laufe der Entwicklung der Anthropologie in Europa verschärften sich diese negativen Charakterbeschreibungen zur offenen Fremdenfeindlichkeit. So kann man in den Lehrbüchern der Geographie des 19. Jahrhunderts von den Negern als einer „unleugbar körperlich und geistig tief stehenden Rasse" lesen, bei der die „tierisch-sinnlichen Triebe überwiegen". Und auch das heute noch immer gültige Bild des nordamerikanischen Indianers wurde in diesen Büchern bereits zur Zeit seines

Untergangs auf eine melancholisch stimmende Weise geprägt: „Eine unheimliche Kälte und Unempfindlichkeit ist dieser Rasse eigen. Fremd unseren Hoffnungen, unseren Freuden, unserm Kummer, ist es selten, dass eine Träne ihre Augen befeuchtet, dass ein Lächeln durch ihre Miene zuckt. Auf Zeitmomente der größten Kraftanstrengung fähig, ist diese Rasse einer andauernden anstrengenden Arbeit unfähig, besitzt neu einströmenden Völkerelementen gegenüber nur geringe Widerstandskraft und Zähigkeit und geht in raschem Verlaufe dem Aussterben zu." Dem gegenüber ist natürlich die europäische Rasse die „bildungsfähigste und daher die der Träger der Weltgeschichte" (Daniel 1882, S. 115).

Derartige Wertungen von moralischen und geistigen Eigenschaften bestimmter Menschengruppen veranlassten einen modernen Kritiker des Rassismus zu der nicht unberechtigten Aussage: „Hätten sich die Anthropologen darauf beschränkt, die Menschengruppen nach ihren physischen Merkmalen zu gliedern und daraus keine weiteren Schlüsse zu ziehen, wäre ihre Arbeit so harmlos wie die des Botanikers oder Zoologen und lediglich deren Fortsetzung gewesen. Doch stellte sich schon gleich zu Beginn heraus, dass diejenigen, die die Klassifikationen vornahmen, sich das Recht anmaßten, über die Eigenschaften der Menschengruppen, die sie definierten, zu Gericht zu sitzen: indem sie von den physischen Merkmalen Extrapolationen auf geistige oder moralische vornahmen, stellten sie Hierarchien von Rassen auf" (Poliakov et al. 1992, S. 20 f.).

Das aber hatte bereits der Begründer der biologischen systematischen Klassifikation, Linné, getan, und mit gutem Grund. Denn für ihn war der Homo sapiens gerade auch durch seine geistigen und moralischen Fähigkeiten ausgezeichnet. Eine Ansicht, die von der modernen Verhaltensforschung, für die das tierische und menschliche Verhalten auf mentale Eigenschaften zurückführbar ist, vollauf bestätigt worden ist. Dabei ist auch noch zu berücksichtigen, dass Linné seine Einteilungen nur als provisorische künstliche Systeme betrachtete, die jedoch „so lange mangels eines natürlichen unbedingt notwendig sind" (vgl. Oeser 1974). Diese selbstkritische Einsicht Linnés wird von Buffon (1707–1788) generell zur Widerlegung der Systematik und zur Erneuerung der rein deskriptiven Naturgeschichte benützt, indem er betont, dass es „in der Natur in Wirklichkeit nur Einzelwesen gibt und dass die Gattungen, Ordnungen und Klassen nur in unserer Einbildung bestehen" (Buffon 1853–1855, Bd. 1, S. 88). Die Tätigkeit des Systematikers bestehe daher im Unterschied zu der des bloß beschreibenden Naturhistorikers darin, Trennungslinien zu ziehen, wo in der Natur selbst keine vorhanden seien. Für Darwin, dessen Evolutionstheorie Linnés Theorie der Artkonstanz widerlegt hat, ist Buffon in vieler Hinsicht der Gegenpol dieses großen Systematikers. Noch 14 Jahre nach Linnés Begründung der Systematik übernimmt Buffon in seinem Werk über die Naturgeschichte ganz bewusst im Gegensatz zu Linné die Gruppierungsmethode des einfachen Menschen, der die Tiere nach ihrer Nützlichkeit für sich und nach dem Grade seiner Bekanntschaft mit ihnen einteilt. So hält Buffon es zum Beispiel für richtiger, statt des Zebras, das in fremden Regionen lebt und den Menschen viel weniger bekannt ist, den Hund dem Pferd nachzuordnen. Doch den Menschen selbst mit dem Affen oder den Löwen mit der Katze einzuordnen, so wie es Linné in seiner Systematik getan hat, heißt für Buffon: „Die Natur entwürdigen und schänden statt sie beschreiben" (Buffon, Hist. nat. d. animaux. Le lion 1761.; dt. Übers. von Zimmermann 1953, S. 223).

So sehr er die reine Naturbeschreibung betont, erhält der Begriff der Naturgeschichte bei Buffon noch eine tiefere Bedeutung. Ähnlich wie Darwin sieht auch er in der Natur eine kontinuierliche Stufenfolge, die keine Unterbrechungen duldet. Während jedoch Darwin sogar den Menschen als oberstes Glied in diese Stufenleiter einfügt, schließt Buffon einen solchen kontinuierlichen Übergang völlig aus: „Die Natur schreitet immer weiter mit unmerkbaren Graden und Abstufungen. Diese Wahrheit, sonst ausnahmslos, wird beim Übergang zum Menschen plötzlich ungültig; es besteht ein unendlicher Unterschied zwischen den Fähigkeiten des Menschen und denen des vollkommensten Tieres, ein augenfälliger Beweis, dass der Mensch abweichender Natur ist, dass er allein eine Klasse für sich bildet, von der aus man beim Herabsteigen einen unendlichen Raum durchschreiten muss, ehe man beim Tier anlangt. Denn wenn der Mensch zur Ordnung der Tiere gehören würde, müsste es in der Natur eine gewisse Anzahl von Wesen geben, weniger vollkommen als der Mensch, aber vollkommener als das Tier, über die man unmerklich und in Abstufungen vom Menschen zum Affen kommen müsste; aber das gibt es nicht" (Buffon, Hist. nat. d. animaux. l'homme; dt. Übers. von Zimmermann 1953, S. 220

Dass es tatsächlich eine derartige Abstufung zwischen Affe und Mensch gegeben hat, wurde jedoch von der modernen Paläontologie durch die Entdeckung der Hominidenevolution nachgewiesen. Am Beginn des Überganges vom Affen zum Menschen steht der Australopithecus africanus. Sein Entdecker Raymond A. Dart stellte die These auf, dass dieser Hominide, den er für den direkten Vorläufer des Menschen hielt, ein bewaffnetes Raubtier war (Dart 1953). Zur Unterstützung seiner Theorie hatte er ein umfangreiches Material an fossilen Knochen gesammelt, aus dem hervorgehen sollte, dass Australopithecus ein systematischer, vorsätzlicher Benutzer von Waffen gewesen ist. Bei Veröffentlichung dieses Materials fügte Dart noch die Befunde von sechs Australopithecinen hinzu, die alle Schädelbrüche aufwiesen und deren Knochen abgenagt waren. Daraus folgerte Dart, dass Australopithecus ein Mörder und Kannibale war (Dart 1995, S. 106 f.) Auch nach Auffassung einiger heutiger Biologen gehören die Fleisch fressenden Hominidenarten und somit auch der moderne Mensch zu den Totschlägerarten. Zumindest aber kann diese nicht unbestritten gebliebene Vorstellung von der ursprünglichen Raubtiernatur des Menschen ein Licht auf seine durch Krieg und Völkermord gekennzeichnete Geschichte werfen, in der er sich als der größte und erfolgreichste Totschläger von allen Lebewesen dieser Erde erwiesen hat, der nur mehr einen Feind kennt: sich selbst (vgl. Oeser 1987).

Buffon, der von der Hominidenevolution noch nichts wissen konnte, hat dagegen eine Theorie der Entwicklungsgeschichte der Organismen mit der Annahme „organischer Moleküle" entworfen, die, den jeweiligen äußeren Bedingungen wie etwa Temperatur und Klima angepasst, immer wieder neue Artmodelle bilden. Kant und alle Entdecker und Ethnographen vor der Begründung der Evolutionstheorie durch Darwin haben diese Vorstellung einer direkten Bewirkung der körperlichen Unterschiede unter den Menschenrassen durch den Einfluss des Klimas übernommen. Obwohl Immanuel Kant (1724–1804) von der Einheit des Menschengeschlechts überzeugt war, hat er doch den damals noch ungeklärten Begriff „Rasse" in seiner 1775 erschienen Schrift „Von den verschiedenen Racen der Menschen" auf den Menschen angewendet. Er versteht aber darunter weder den Linné'schen Artbegriff, der zwar eine konstante, aber nur künstlich konstruierte Einheit darstellt, noch den modernen Rassenbegriff, der heutzutage wegen seines ideologischen Inhaltes und seiner politischen Instrumentalisierung obsolet geworden ist, sondern Kant beruft sich auf Buffons Regel, dass „Tiere, die miteinander fruchtbare Jungen erzeugen", zu ein und derselben physischen „Naturgattung" gehören, die nicht auf Ähnlichkeiten, sondern auf gemeinsamer Abstammung der Individuen beruht. „Nach diesem Begriffe gehören alle Menschen auf der weiten Erde zu einer und derselben Naturgattung, weil

Abb. 81: Gegner des Rassismus: Immanuel Kant und Johann Gottfried Herder
(nach zeitgenössischen Porträts aus dem Besitz des Verfassers)

sie durchgängig miteinander fruchtbare Kinder zeugen, so große Verschiedenheiten auch sonst in ihrer Gestalt mögen angetroffen werden"
(Kant 1775, S. 429).

Abweichungen dieser Naturgattungen oder Arten, wenn sie sich in
langen Zeugungen erhalten, das heißt erblich geworden sind, heißen
nach Kant „Abartungen" oder „Rassen". Und auf den Menschen angewendet trifft er bereits eine klare Unterscheidung zwischen Arten und
Rassen: „Auf diese Weise sind Neger und Weiße zwar nicht verschiedene
Arten von Menschen (denn sie gehören vermutlich zu einem Stamme),
aber doch zwei verschiedene Rassen" (Kant 1775, S. 430). Diese können
sich aber noch immer kreuzen und fruchtbare Mischlinge – in diesem
Fall Mulatten – erzeugen. Dagegen sind Blonde und Brünette nicht verschiedene Rassen der Weißen, weil ein blonder Mann von einer brünet-
ten Frau auch lauter blonde Kinder haben kann."

Was nun die Einteilung der Menschheit in Rassen betrifft, so weicht
Kant insofern von Linnés starrer Einteilung ab, als er das Zustandekom-
men von Rassen oder „Abartungen" im Sinne von Buffon durch eine lang

andauernde Einwirkung des Klimas verursacht sieht und damit auch einen entwicklungsgeschichtlichen Zusammenhang annimmt. So sieht er in den Amerikanern „eine noch nicht völlig eingeartete hunnische Rasse" (Kant 1775, S. 433). Luft und Sonne sind für ihn die Hauptfaktoren, die in den verschiedenen Gegenden der Erde die äußerlichen Unterschiede, vor allem in der Hautfarbe, zwischen den verschiedenen Rassen der Menschen hervorrufen. In diesem Sinne glaubt Kant, dass „die Ursache, Neger und Weiße für Grundrassen anzunehmen, für sich selbst klar ist" (Kant 1775, S. 433), während das Olivengelb und das mehr oder weniger Braune der hunnischen und hindustanischen Rasse zu verschiedenen Variationen führt, die durch Vermischung dieser Rassen zu „Blendlingen" noch weitere Unterschiede in der Färbung der Haut ergeben, wie das Gelb der Mestizen oder das Braun der Mulatten.

Voltaire ist im Gegensatz zu Buffon die Vorstellung einer unendlichen Kluft fremd, die den Menschen vom Tierreich trennt. Für ihn steht vielmehr fest, dass die Natur in unmerklichen Abstufungen voranschreitet und dass sich das Tier auf seiner obersten Stufe, dem Affen, vom Menschen auf seiner untersten Stufe, dem Neger, allein durch ein paar Ideen und ein paar Kombinationen mehr unterscheidet. Voltaire differenziert infolgedessen nicht zwischen den natürlichen Arten und den Varietäten der menschlichen Gattung und verzichtet dementsprechend auch auf ein einheitliches Klassifikationsprinzip zur Unterscheidung der menschlichen Rassen. Bald sind es die Hautfarbe und der Bartwuchs, bald aber auch bestimmte körperliche Absonderlichkeiten, wie etwa die sogenannte Hottentottenschürze, die für ihn eine jeweils eigene „race" oder „espèce d'hommes" konstituieren. Die Frage, wie diese Varietäten zustande gekommen sein könnten, stellt sich ihm erst gar nicht, da für ihn feststeht, dass die Unterschiede zwischen den natürlichen Arten von Anbeginn an gegeben waren, wäre es doch traurig gewesen, wie er einmal bemerkt, „hätte es so viele Arten von Affen gegeben und nur eine einzige von Menschen" (zit. nach Kohl 1981, S. 157). Die Vielfalt der Natur sei vielmehr von allem Anfang der Schöpfung selbst angelegt. An dieser bereits 1734 entwickelten Überzeugung hat Voltaire auch später festgehalten. Selbst zu einem Zeitpunkt, als sich die Anschauungen Buffons vom Einfluss des Klimas auf die Entstehung von unterschiedlichen Rassen bereits weitgehend durchgesetzt hatten, wies er jeden Versuch zurück, die physischen Varietäten der menschlichen Gattung als Resultat umweltbedingter Einflüsse oder historischer Entwicklungen zu begreifen. Dass das Klima keine Auswirkungen auf die körperlichen Eigenschaften des Menschen haben könne, ist für ihn schon dadurch erwiesen, „dass Neger und Negerinnen, die man in kältere Länder gebracht hat, auch dort immer nur Lebewesen ihrer Art hervorbringen und dass die Mulatten nur eine Bastardrasse sind, wie sie entsteht, wenn ein Schwarzer sich mit einer Weißen oder ein Weißer sich mit einer Schwarzen zusammentut" (Voltaire 1878, XI, S. 6; vgl. Kohl 1981, S. 159).

Schon von allem Anfang an gab es aber in Johann Gottfried Herder (1744–1803) einen entschiedenen Gegner der Verwendung des Rassenbegriffs: „Ich sehe keine Ursache dieser Benennung. Rasse leitet auf eine Verschiedenheit der Abstammung, die hier entweder gar nicht stattfindet oder in jedem dieser Weltstriche unter jeder dieser Farben die verschiedensten Rassen begreift." Für ihn ist „das Menschengeschlecht nur ein und dieselbe Gattung". Daher gibt es „weder vier oder fünf Rassen noch ausschließende Varietäten auf der Erde" (Herder 1794, 2. Teil 7. Buch, S. 93 f.). Doch Affe und Mensch sind für ihn, ähnlich wie bei Buffon, nie ein und dieselbe Gattung gewesen. Alle Ähnlichkeiten zwischen ihnen sind nur durch äußere Umstände bedingt. Aussehen und Gestaltung des Menschen sind aus der Natur des Menschen erfolgt, „auch wenn kein Affe auf Erden wäre" (Herder 1794, 2. Teil 7. Buch, S. 92). Die meisten der scheinbaren Affenähnlichkeiten, argumentiert Herder, hat man in Ländern beobachtet, in denen es nie Affen gegeben hat. Die Natur hat den Affen in so viele Gattungen und Spielarten verteilt und diese so weit verbreitet, als sie sie verbreiten konnte. „Du aber Mensch", sagt Herder, „ehre dich selbst. Weder Pongo noch der Longimanus ist dein Bruder; aber wohl der Amerikaner, der Neger. Ihn also sollst du nicht unterdrücken, nicht morden, nicht stehlen: denn er ist Mensch, wie du bist" (Herder 1794, 2. Teil 7. Buch, S. 93). Dass Herder mit seiner Aussage über die Einheit des Menschengeschlechts Recht behalten hat, geht schon daraus hervor, dass auch nach heutiger Auffassung der Homo sapiens jedenfalls nach dem Untergang der anderen Hominiden nur als eine einzige Art angesehen wird. Und auch darin hat Herder Recht gehabt, dass den heutigen Menschen und den rezenten, das heißt den heutigen Affen ein unüberbrückbarer Abgrund trennt, der sich durch keine Abstammung mehr überbrücken lässt. Das aber heißt, dass alle Menschen dieser Erde trotz größter Unterschiede in Aussehen und Lebensweise die gleiche genetische Grundausstattung besitzen, sodass Herder auch mit seiner eindringlichen Mahnung vor der Xenophobie Recht behält.

Nun sind die Begriffe Volk, Kultur, Nation nicht etwa nur wertneutrale, analytische Beschreibungskategorien, sondern sie stellen praktische Identifikationsbegriffe dar. Fast immer kleiden sich kollektive Identitäten in moralisierende Gewänder, definieren sich als „gut" und die anderen als „böse". Latent ist damit im Nationsbegriff schon die Ausgrenzung, Diskriminierung des anderen enthalten. Es hilft daher wenig, dem Begriff der Nation positive Konnotationen zuzuweisen, dem Begriff des Nationalismus dagegen negative, wie dies die deutsche Bundeszentrale für politische Bildung versucht: „Übersteigertes Bewusstsein vom Wert und der Bedeutung der eigenen Nation. Im Gegensatz zum Nationalbewusstsein und zum Patriotismus (Vaterlandsliebe) glorifiziert der Nationalismus die eigene Nation und setzt andere Nationen herab. Zugleich wird ein Sendungsbewusstsein entwickelt, möglichst die ganze Welt nach den eigenen Vorstellungen zu formen" (zit. nach Ruf 2012, S. 12).

Nation und Nationalismus sind aber untrennbar miteinander verbunden. Denn jedes Nationalverständnis enthält immer auch nationalistische Tendenzen. Dieses Konzept, das einerseits die Demokratie (und Menschenrechtserklärung) hervorgebracht hat, ist und bleibt janusköpfig, sind doch im Namen der Nation und des Nationalismus in Verbindung mit dem Rassismus die wohl scheußlichsten Massenverbrechen in der Menschheitsgeschichte begangen worden. Sie reichen von der Vernichtung der „Indianer" über den Massenmord an den Armeniern bis zur Monstrosität der industriell organisierten Vernichtung der europäischen Juden bis zum Balkan und den Völkermorden in Afrika (vgl. Ruf 2012, S. 13).

Biologie als Schicksal: Der genetische Determinismus

Bevor man von Rassismus mit all seinen üblen Folgerungen spricht, ist es notwendig, nicht nur den historischen Stand der Debatte um den Rassenbegriff zu beachten, die keineswegs so eindeutig war, wie sie manchmal aus ideologischen Gründen dargestellt wird, sondern man muss vor allem die heute gültigen Kenntnisse der Genetik und Verhaltensforschung berücksichtigen. Dann zeigt sich nämlich, dass es sich bei dem Vorwurf des biologistischen Rassismus um längst überholte Meinungen und eine fatale Unkenntnis des gegenwärtigen Forschungsstandes dieser biologischen Disziplinen und von außen herangetragene Fehlinterpretationen handelt.

Das betrifft vor allem die Grundlage des Rassismus, den genetischen Determinismus. Die Vorstellung moderner geistes- und sozialwissenschaftlicher Kritiker des Rassismus, dass es für den naturwissenschaftlich orientierten Anthropologen nicht erlaubt ist, geistige und moralische Eigenschaften als Einteilungsmerkmale des Menschengeschlechts zu benützen (vgl. Poliakov et al. 1992, S. 20 f.), ist seit der Begründung der modernen vergleichenden Verhaltensforschung (Ethologie) nicht mehr aufrechtzuhalten. In der Humanethologie gibt es genügend Hinweise, dass die Wurzeln grundlegender Verhaltensweisen des Menschen weit in den vormenschlichen Bereich zurückreichen und ebenso konstante artspezifische Merkmale wie Zähne und Knochen darstellen. Das gilt in einem gewissen Maße auch für die Xenophobie, die eine für das Überleben des Individuums und der Art wichtige Funktion besitzt. Angst und Misstrauen gehören sicher zu den ältesten Gefühlsregungen der Menschheit. Unbestreitbar liegen die Wurzeln dieser Gefühle in der Vorgeschichte des Menschen als biologischer Art.

Das aber bedeutet nicht eine Rückkehr zum genetischen Determinismus, der in der modernen Biologie schon längst als überholt gilt. Denn das genetische Programm beim Menschen ist nach heutiger Auffassung prinzipiell ein offenes Programm, das einer epigenetischen Überformung zugänglich ist. Dieser Begriff der „epigenetischen Überformung" meint eine auf der genetischen Basis aufgebaute zusätzliche konstruktive Determination. Daher muss man nicht ein Loch im genetischen Determinismus suchen, um die Freiheit und Eigengesetzlichkeit der kulturellen Evolution etablieren zu können. Das Verhältnis von genetischen und kulturellen Determinanten lässt sich nicht im Sinn von einander disjunktiv ausschließenden Alternativen verstehen, vielmehr stehen sie auf verschiedenen, komplex miteinander verbundenen Ebenen. Der Begriff der „epigenetischen Überformung" deutet diese Verschränkung von „angeboren" und „erworben" an. Denn unter Epigenese wird gewöhnlich von den Biologen die Summe aller Wechselwirkungen zwischen den Genen und der Umwelt verstanden, aus denen die individuellen Merkmale eines Organismus hervorgehen. Dass in diesen Wechselwirkungen gewisse Regelmäßigkeiten auftreten können, die sich auch auf psychische Phänomene und Verhaltensweisen erstrecken, die genetisch verankert sind, wie die Angst vor Spinnen (Arachnophobie) oder Schlangen, tiefen Abgründen oder großen Höhen (Höhenangst) oder auch weiten offenen Räumen (Agoraphobie), lässt sich nach den Ergebnissen der vergleichenden

Verhaltensforschung und Psychologie nicht leugnen, doch sie bedeuten keinen genetischen Determinismus. Hinzu kommt noch, dass die moderne Genetik das Angeborensein auf die messbare Wahrscheinlichkeit bezieht, ob sich ein Merkmal in bestimmter Umgebung und unter bestimmten Bedingungen, nicht aber in allen Umgebungen und unter jeder Bedingung, entwickeln wird. Daher ist auch der mehrfach erbrachte Nachweis von primitiven Gesellschaften mit völlig friedlichem Charakter, wie im Falle mancher Stämme der Buschmänner oder Malayen, keine Widerlegung der angeborenen Neigung des Homo sapiens zur Aggression. Es sind die Umweltbedingungen, die einmal die genetische Veranlagung zur Aggression, ein anderes Mal diejenige zur Friedfertigkeit hervortreten lassen. In jedem Fall aber bedeutet die genetische Veranlagung grundsätzlich Friedfertigkeit nach innen, das heißt innerhalb der Gruppenmitglieder, und Aggression nach außen gegenüber fremden Gruppen, die den Lebensraum streitig machen. Damit ist man bereits an den Wurzeln der Xenophobie angelangt. Denn diese territoriale Kleingruppenmoral bestimmt nicht nur den prähistorischen Menschen, sondern ist in größerem Zusammenhang bis in die Geschichte der Hochkulturen erkennbar. Davon scheint schon Herder eine Ahnung gehabt zu haben, wenn er von dem „verhaltenen Hass der Amerikaner gegen die Europäer" spricht, die auf untilgbare Weise das Gefühl in sich tragen: „Ihr gehört nicht hierher! Das Land ist unser! Feind und Fremder ist ihnen also eins. Sie haben das Recht, ungebetene oder beleidigende Gäste zu verzehren" (Herder 1785, S. 251). Nur im extremen Fall einer nackten Überlebensstrategie kann sich die Aggression auch nach innen richten, also auf die Mitglieder der eigenen Gruppe genetisch Verwandter. Das Aussetzen von Kindern und das Töten der Alten sind bekannte Folgen davon, die als geschichtliche Realität von den Spartanern im Altertum bis zu den Bergstämmen des nördlichen Uganda in der Gegenwart bekannt sind und sogar noch in Grimms Märchen von Hänsel und Gretel anklingen. Denn wer hat sich nicht gefragt, warum die Eltern so grausam sein können, ihre Kinder fortzuschicken und dem Hungertod preiszugeben? Die biologisch einleuchtende Antwort darauf lautet: weil sie nach der Hungerperiode neue Kinder erzeugen können, die den Fortbestand ihrer Art sichern.

Nach Entstehung der Evolutionstheorie Darwins konnte jedenfalls von einem genetischen Determinismus als Grundlage eines biologischen Rassismus nicht mehr die Rede sein. Darwins Theorie bedeutet zwar die Abstammung des Menschen vom Tierreich, aber zugleich die Zerstörung des Artbegriffs und in logischer Konsequenz auch die des Begriffs „Rasse" als konstante Untereinheit. Einen biologisch begründbaren Rassismus hat es daher in der Biologie selbst nicht gegeben: weder bei Linné noch bei Darwin, noch in der modernen Biologie und Genetik, ebenso wenig in der Verhaltensforschung. Biologischer Rassismus existiert nur im Kopf von ungebildeten Demagogen, wie das Beispiel von Hitlers Antisemitismus auf schreckliche Weise gezeigt hat.

Um Rassismus, Gewalt und Diskriminierung wirkungsvoll zu begegnen und sie dauerhaft zu überwinden, ist eine systematische Erforschung und konsequente Beseitigung der Ursachen erforderlich. Voraussetzung dafür ist aus wissenschaftstheoretischer Sicht eine Analyse und Rekonstruktion der historischen Originalquellen des europäischen Nationalismus, die zumindest bis zum Deutsch-Französischen Krieg von 1870/1871 zurückreichen. Eine Folgeerscheinung dieses Krieges war in Frankreich ein ausgeprägter Antisemitismus, in dem sich, abgesehen von der Dreyfus-Affäre, der nationalistische Fremdenhass gegenüber Deutschland in der literarischen Figur des „deutschen Juden" bei Jules Verne äußerte. Der Brand von Paris wiederum wurde mit Richard Wagners „Feuerkur" angestrebt. Damit meinte Wagner nämlich nichts anderes als die Niederbrennung von Paris, wie aus seinem Briefwechsel mit dem deutschen Komponisten Theodor Uhlig (1822–1853) hervorgeht. „Mit völligster Besonnenheit", schrieb Wagner am 22. Oktober 1850 an Uhlig, „und ohne allen Schwindel versichere ich Dir, dass ich an keine andere Revolution mehr glaube als an die, die mit dem Niederbrande von Paris beginnt". Dieser Brand werde erst mit der Vernichtung fremder Elemente im neuen deutschen Reich der Vollendung entgegengehen: „Starker Nerven wird es bedürfen, und nur wirkliche Menschen werden es überleben, das heißt solche, die durch die Not und das großartigste Entsetzen erst zu Menschen geworden sind. Lass einmal sehen, wie wir uns nach dieser Feuerkur wiederfinden" (zit. nach Zelinsky 1978, S. 93).

Die Anfänge des politischen Nationalismus: Der Deutsch-Französische Krieg

Der Deutsch-Französische Krieg von 1870/1871 hatte seine Vorgeschichte in der militärischen Auseinandersetzung zwischen dem Deutschen Bund unter der Führung Österreichs auf der einen Seite und Preußen mit dessen Verbündeten auf der anderen um die Vorherrschaft in Deutschland. Entschieden wurde der Krieg in der Schlacht von Königgrätz, in der es den Preußen gelang, die Österreicher zu schlagen. Die Folge davon war die Auflösung des Deutschen Bundes und die Gründung des Norddeutschen Bundes unter der Vormachtstellung Preußens. In Frankreich wurde die Stärkung Preußens als Niederlage angesehen. Und als die Spanier in den europäischen Fürstenhäusern nach einem Kandidaten suchten, den das Parlament zum König wählen könnte, und dafür einen Spross einer süddeutschen Nebenlinie der Hohenzollern vorschlugen, reagierte man in Frankreich empört über das angebliche Ansinnen, Frankreich mit einem deutschen König in Spanien „in den Rücken zu fallen", und verlangte im Sinne des politischen Gleichgewichts in Europa von König Wilhelm I. das Versprechen, nie wieder einer hohenzollernschen Thronkandidatur zuzustimmen. Diese als unverschämt empfundene Forderung wurde von dem preußischen Ministerpräsidenten und Bundeskanzler des Norddeutschen Bundes, Otto von Bismarck, aufgrund der von König Wilhelm aus dem Kurort Ems an ihn geschickten Depesche als erpresserische Provokation zurückgewiesen. Damit war für Frankreich der lang ersehnte Kriegsgrund gegeben: „Leicht erregbar, kampflustig seit uralten Zeiten", heißt es in einer deutschen Darstellung des Krieges von 1870/71, „fortwährend geködert und beräuchert durch Hinweise auf glorreiche Taten der Vergangenheit, stets auf seine überreichen Hilfsmittel verwiesen, ergriff das französische Volk begierig die ihm gebotene Gelegenheit, seinen Zorn gegen Deutschland ausströmen zu können, das ihm nur als der Unterdrücker und Verkleinerer des französischen Ruhmes und Namens geschildert worden war" (Hiltl 1895, S. 5).

Nicht nur in Deutschland sah man in dieser Entwicklung den Ausbruch eines nationalen Racheakts, sondern auch der für seinen naturalistischen Realismus bekannte französische Schriftsteller Emil Zola schildert die allgemeine Stimmung in Frankreich kurz vor Ausbruch des Krieges ähnlich: „Wir haben uns ja nach dem Krieg mit Preußen gesehnt; lange haben wir geduldig gewartet, um die alte Geschichte ins Reine zu bringen". Wenngleich man sich über die lange Verzögerung gewundert hatte, so zweifelte doch niemand daran, „dass die Preußen eine fürchterliche Tracht Hiebe kriegen würden" (Zola o. J., S. 17 f.). Doch lässt Zola in seinem düsteren Roman „Der Zusammenbruch" einen Elsässer, dessen Vetter als Hauptmann der preußischen Garde in Berlin sitzt und voll

Hass gegen Frankreich ist, warnend sagen: „Ach! Deutschland kenne ich ja auch; und das Schrecklichste ist, dass ihr alle es scheinbar so wenig kennt wie China" (Zola o. J., S. 17). Er zeichnet ein für Deutschland geradezu schwärmerisch-gutes, für Frankreich dagegen höchst ungünstiges Bild vom Zustand der beiden Erzfeinde am Beginn des Deutsch-Französischen Krieges. Deutschland ist für ihn ein in Neubildung begriffenes Reich mit dem begeisterten, unwiderstehlichen Antrieb, sich mit Preußen an der Spitze seine Einheit zu erkämpfen. Besonders rühmt er „die Einrichtung der allgemeinen Wehrpflicht, die das Volk in Waffen bedeutete, das gut unterrichtet, voller Manneszucht, mächtig ausgerüstet auf den großen Krieg eingedrillt war, noch ruhmbedeckt von seinem zerschmetternden Sieg über Österreich; die geistigen Fähigkeiten, die sittliche Kraft eines solchen von fast lauter jungen Führern befehligten Heeres, das einem Oberbefehlshaber gehorchte, der die Kriegskunst erneuern zu wollen schien, klug und von einem geradezu vollkommenen Verstand" (Zola o. J., S. 18).

Weniger schmeichelnd klingt die Charakterisierung der „jungen deutschen Führer" bei dem literarischen Kontrahenten Zolas, Jules Verne. Dieser liefert in seinem patriotischen Roman „Der Weg nach Frankreich", der die Rückkehr der französischen Emigranten aus Deutschland in ihr Heimatland zum Gegenstand hat, eine Beschreibung eines jungen deutschen Offiziers, die in ihrer Bösartigkeit kaum zu übertreffen ist: „Es war einer jener deutschen Offiziere, wie man sie damals und auch später noch häufig sah, ein ziemlich stattlicher Mann mit blondem Haar, das ins Rötliche ging, und mit hellblauen Augen, die kalt und hart dreinblickten. Er hatte ein überhebliches Auftreten und wiegte sich angeberisch in den Hüften. Elegant wollte er erscheinen und wirkte doch nur plump. Was mich anbelangt, war mir der Kerl vom ersten Augenblick an unsympathisch, ich fand ihn sogar abscheulich" (Verne 1887, S. 39 f.; dt. Übers. von Wolf Oeser).

Auf der anderen Seite liefert Zola eine realistische Charakterisierung eines Leutnants, wie er in den unteren Rängen der französischen Armee anzutreffen war. Aus kleinbürgerlichen Verhältnissen stammend diente dieser Offizier zuerst in Afrika, wo er Korporal geworden war, bei Sewastopol Sergeant, nach Solferino Leutnant, und war also in 15 Jahren harten Daseins und heldenhaften Mutes so weit gekommen, sich bis zu dieser Stufe emporzuschwingen; aber er war zu ungebildet, um es je bis zum Hauptmann zu bringen. Er „platzte förmlich vor Wohlbehagen; die

Abb. 82: Der abscheuliche Deutsche (aus Verne 1887)

Abb. 83: Zuaven in der französischen Armee (aus Hiltl 1895)

ganze altbekannte Heiterkeit des französischen Soldaten klang aus seinem Siegesgelächter", wenn er davon berichtete, wie die Österreicher bei
Solferino im Galopp vor den Bajonetten der Franzosen davonliefen, „als
ob sie Feuer unterm Hintern hätten" (Zola o. J., S. 20). Oder wenn er aus
seinen Afrikaerinnerungen mitteilte, dass die „schmierigen Mohren wie
Hasen" vor einer Minderzahl französischer Soldaten davonliefen (Zola
o. J., S. 18).

Die militärische Eroberung Nordafrikas durch Frankreich hatte aber
auch einen unerwarteten Preis. Das System der Stellvertretung hatte den
Soldaten zu einem bezahlten Handwerker gemacht. Das galt vor allem
für die „schwarzen Horden aus den Gefilden Afrikas, welche französische
Waffen führten. Namentlich die törichterweise so sehr bevorzugten
Zuaven waren es, welche zur Zersetzung der französischen Armeeverhältnisse, zu einer völligen Lockerung der notwendigen Disziplin beigetragen haben. Da man ihre Zügellosigkeit stets mit ihrer Tapferkeit

entschuldigt hatte, glaubten sie, sich alles erlauben zu können, und steckten mit ihrem schlechten Beispiel die anderen Regimenter an" (Hiltl 1895, S. 50).

So stand bei Kriegsbeginn das „altersschwache Kaisertum" Frankreich einem Deutschland mit seinem patriotisch gesinnten Oberbefehlshaber und seinen wohlausgerüsteten Armeen gegenüber. Das Kaisertum Napoleons III. war zwar durch das Plebiszit noch einmal gestärkt worden, aber es war, wie Zola den skeptischen Elsässer in seinem Roman über den Zusammenbruch Frankreichs sagen lässt, „an der Wurzel verfault." Es hatte jeden Gedanken an ein gemeinsames Vaterland durch Zerstörung der Freiheit geschwächt und war zu spät wieder liberal geworden, nur um seinen eigenen Untergang zu erleben. Das Heer war zwar mit bewundernswertem Mut erfüllt und überladen mit den Lorbeeren der Krim und Italiens. Aber es war auch, „durch Stellenkauf verdorben, in der afrikanischen Schule stecken geblieben, zu siegesgewiss, um sich mit neuer Wissenschaft abzugeben." Die Generäle waren „mittelmäßig, sich in Eifersüchteleien verzehrend, einzelne von erstaunlicher Unwissenheit." Und der Kaiser an ihrer Spitze war „zaudernd, durch sich selbst und andere über das beginnende schreckliche Abenteuer getäuscht, in das alle sich blind, ohne ernsthafte Vorbereitung hineinstürzten, mit der sinnlosen Hast einer zum Schlachthaus geführten Herde" (Zola o. J., S. 19).

Tatsächlich eroberten die deutschen Armeen Preußens, Bayerns und Sachsens gemeinsam in blutigen Schlachten Stück für Stück französischen Bodens. Mit der verlorenen Schlacht von Sedan am 2. September 1870 waren dann zugleich das Ende des Krieges und das Ende des französischen Kaisertums unter Napoleon III. gegeben. Obwohl sich nach der Gefangennahme Napoleons eine neue republikanische Regierung bildete, die den Krieg noch nicht aufgeben wollte, war Paris schließlich auf sich allein gestellt. Das Hauptquartier der deutschen Siegermächte wurde nach seiner Einnahme Versailles, wo sich König Wilhelm I., Fürst Bismarck und General Moltke einfanden. Nach dem erfolgreichen Kriegsverlauf konnte Bismarck die süddeutschen Staaten zum Eintritt in den Norddeutschen Bund bewegen. Damit vergrößerte sich der Norddeutsche Bund zum Deutschen Reich und der König von Preußen nahm den Titel „Deutscher Kaiser" an. Diese Proklamation Wilhelms I. zum deutschen Kaiser am 18. Januar 1871 im Spiegelsaal des französischen Schlosses zu Versailles wurde in Frankreich als Demütigung empfunden.

Auf Paris aber, das von deutschen Truppen eingekreist war, wartete ein schreckliches Schicksal. Das Schlimmste dabei war, dass die Verteidiger von Paris das Vertrauen in ihre Führer zu verlieren begannen. Anarchie machte sich breit. In den Klubs erhoben Redner ihre Stimmen und schrien laut die Parole „Kommune", die Bezeichnung für die linksgerichteten Aufständischen gegen die bürgerliche republikanische Regierung. Durch die Gassen schlichen Gestalten mit bleichen Gesichtern und zottigen Haaren. Sie trugen Waffen und hatten Flugschriften bei sich, die sie in den Kneipen verteilten, wo zu Hunderten die Nationalgardisten saßen. Als schließlich die Bevölkerung von Paris von den Verhandlungen ihrer Armeeführer mit dem Hauptquartier der Preußen in Versailles erfuhr und die Forderungen Bismarcks, die Abtretung des Elsass und drei Milliarden Francs Entschädigung, bekannt wurden, war die Stunde der Kommunarden gekommen. Es erhob sich ein Schrei des Zornes; die Fortsetzung des Krieges, äußerster Widerstand wurde für das Leben Frankreichs als unerlässliche Bedingung ausgerufen. Selbst ohne Hoffnung auf Sieg musste Paris sich verteidigen, damit das Vaterland leben könne (Zola o. J., S. 530). Man begegnete nur Uniformen; auch die Gleichgültigsten trugen das Käppi der Nationalgarden, die an die Stelle der Soldaten der regulären Armee treten sollten, deren Generäle die Preußen nicht hatten schlagen können. Sie mussten daher den anderen Platz machen, den Kommunarden, den Umstürzlern, die gewiss waren zu siegen, indem sie die Erhebung der Massen ausriefen. Man ließ gar keinen Zweifel zu: Sie würden die Preußen über den Haufen rennen, über ihre Leichen gehen.

Doch dieser wiedererwachte Nationalstolz hatte einen schrecklichen Preis: den Bruderkrieg zwischen den streitenden Parteien der Franzosen, der zur Selbstzerstörung von Paris führte. In den brudermörderischen Kämpfen um Paris ging es nur mehr um die Zerstörung der Stadt und die Ausrottung des verhassten Gegners. Die Kommune hatte geschworen, dass keiner von den Regierungstruppen aus Versailles über die von ihr errichteten Barrikaden kommen sollte. Eher sollte ganz Paris in Flammen aufgehen. Die Vorbereitungen dazu waren bereits getroffen: „Stadtviertel unterminiert, die Katakomben voll Pulver gestopft, die Baudenkmäler fertig zum In-die-Luft-Sprengen, alle Minenkammern durch elektrische Drähte verbunden, sodass ein Funke sie alle gleichzeitig entzünden konnte, mächtige Vorräte an brennbaren Stoffen, vor allem Petroleum, um Straßen und Plätze in Ströme, in Meere von Flammen zu verwandeln" (Zola o. J., S. 550). Die Befehle an die Nationalgarden lauteten, die Vier-

Abb. 84: Einzug in Paris (aus Hiltl 1895)

tel anzuzünden, wenn sie die Barrikaden im Stich lassen müssten. Für die preußische Armee, die der Selbstzerstörung der Stadt nur tatenlos zuzuschauen brauchte, war dieser Anblick eine stille Freude: „Endlich brannte Paris; Paris, dem die deutschen Granaten nur ein paar Ecken aus seinen Regenrinnen hatten herausschlagen können. In dieser Freude lag der ganze Rassenhass, die Überzeugung, Deutschland sei Richter über Frankreich, vom Gott der Heerscharen gesandt, um ein verdorbenes Volk zu züchtigen. Paris brannte zur Strafe für seinen jahrhundertelangen schlechten Lebenswandel, für seine lang aufgehäuften Verbrechen und Ausschweifungen. Abermals sollten die Germanen die Welt retten und den letzten Staub lateinischer Verderbnis auskehren" (Zola o. J.,

S. 564). Damit war der Augenblick immer nähergerückt, in dem durch die Geschütze der Deutschen eine Entscheidung herbeigeführt, die Kraft des Widerstandes der Millionenstadt gebrochen werden sollte. Obwohl die französische Regierung der nationalen Verteidigung ein Sendschreiben an die Kabinette Europas erließ, indem sie feierlich gegen das Bombardement von Paris als einen Akt der Barbarei protestierte, war es in der Nacht vom 8. auf den 9. Januar 1871 so weit. Paris befand sich in dieser dunklen Nacht in einer fast an Raserei grenzenden Erregung. In großen Massen bewegte sich die Bevölkerung auf den vom Gaslicht nicht mehr erhellten Straßen. Der Donner der feindlichen Geschütze rollte unaufhörlich. Feuerstreifen zogen durch die Luft, ein pfeifender Ton begleitete sie und krachend fielen die Granaten in die Stadt. Entsetzt, schreiend, fluchend stiebte die Menge nach allen Richtungen auseinander. Es gab keinen Zweifel mehr, der unerbittliche Gegner scheute sich nicht, „die heilige Stadt, den Mittelpunkt der zivilisierten Welt", zu bombardieren (Hiltl 1895, S. 784). Die Riesenbelagerung, an die man nicht hatte glauben wollen, war nun zu einer Tatsache geworden. Nach ihrer Beendigung erfolgte der triumphale Einzug der deutschen Armee in Paris.

Der Antisemitismus in Frankreich und die Affäre Dreyfus

Der Antisemitismus war in den royalistisch gesinnten Kreisen des französischen Bürgertums sehr verbreitet. Auch der nicht nur in Frankreich, sondern allseits beliebte Jules Verne, dessen Werke in alle europäischen Sprachen übersetzt wurden und von denen einige sogar in der osmanischen Türkei in arabischer Schrift erschienen sind, benutzte in einem seiner Romane, dem im Jahr 1877 erschienenen „Hector Servadac", das Klischee des habgierigen Juden. In diesem Roman geht es um eine Reise durch die Sonnenwelt auf einem Stück des Mittelmeerraumes, das von einem Kometen, der die Erde gestreift hat, in den Weltraum entführt wird. Verne betont zwar, dass die Gefahren nur durch das Zusammenwirken aller Nationalitäten, die sich zur Zeit der Katastrophe auf diesem Stück Erde befinden, bewältigt werden können. Aber die schockierende Darstellung des üblen Charakters eines deutschen Juden ist die Kehrseite des von Jules Verne sonst so liberal propagierten Internationalismus: „Es war ein Mann von fünfzig Jahren, den man leicht für sechzig halten konnte. Klein und hager von Gestalt, mit lebhaften, aber falschen Augen,

Abb. 85: Der Jude Isaak Hakhabut (aus Verne 1878)

Abb. 86: Alfred Dreyfus
(nach einer zeitgenössi-
schen Darstellung)

gebogener Nase, gelblich-rotem Bart, struppigem Haar, großen Füßen, langen, krallenartigen Händen, zeigte er ganz den Typus des deutschen Juden, der sich von allen anderen leicht unterscheidet. Das war der Wucherer mit dem Katzenbuckel und kalten Herzen, der Münzenkipper, der zusammenscharrende Geizhals von oben bis unten. Obwohl von Geburt Israelit, spielte er in den mohammedanischen Ländern den Mohammedaner und wäre Heide geworden, wenn ihm das mehr abgeworfen hätte" (Verne 1878, S. 171).

Kurz nach Erscheinen dieses Werkes erhielt Vernes Verleger Hetzel einen Brief des Pariser Großrabbiners Zadoc Kahn, der ihn darin fragte: „Wie, meinen Sie, soll ich diese letzte – für alle Juden so verletzende – Erzählung von M. Verne meinen Kindern geben, die seit langem Ihre treuen Abonnenten sind? ... Ich hätte gedacht, dass ein so findiges und erfindungsreiches Talent wie das seine derartige Mittel verschmähen würde, um den Leser zu amüsieren" (vgl. Dehs 2005, S. 94). Vernes Antisemitismus zeigt sich aber am deutlichsten in seiner Einstellung zur Dreyfus-Affäre. So schreibt er 1898, dass es besser sei, nicht davon zu reden: „Für mich ist sie seit langem entschieden, und wohl entschieden, mag in Zukunft kommen, was da wolle" (zit. nach Dehs 2005, S. 94). Dagegen war Émile Zola der heftigste Verteidiger von Dreyfus.

Die Dreyfus-Affäre, die eine innenpolitische Krise in Frankreich auslöste, entstand aus dem militärgerichtlichen Prozess gegen den französischen Hauptmann jüdischer Abstammung Alfred Dreyfus (1859–1935), der wegen angeblichen Landesverrats 1894 zur lebenslänglichen Deportation nach der Teufelsinsel verurteilt wurde. Die Hintergründe des Prozesses sind jedoch in antisemitischen Strömungen zu sehen. Dank der Hartnäckigkeit von Angehörigen, vor allem seines älteren Bruders Mathieu, der von der Unschuld Dreyfus' überzeugt war, stieß man auf Indizien, die den Schluss nahelegten, ein anderer Generalstabsoffizier, Major Esterházy, müsse der Verräter gewesen sein. Doch alle Versuche, eine Revision des Prozesses zu erreichen, scheiterten am Widerstand der Generäle, die nicht bereit waren, ihre Aussagen zu widerrufen. Vielmehr hatten sie nachträglich sogar Indizien zu Dreyfus' Ungunsten fälschen lassen. Als Esterházy am 11. Januar 1898 umgehend freigesprochen wurde, reagierten viele mit Empörung.

Einen wahren innenpolitischen Sturm entfachte gar ein offener Brief, den am 13. Januar 1898 Émile Zola in der Zeitung „L'Aurore" an den Staatspräsidenten Félix Faure richtete, um auf das Unrecht gegenüber Dreyfus hinzuweisen. Darin schrieb er unter anderem: „Meine Pflicht ist es, zu sprechen, ich will nicht Mitschuldiger sein. Meine Nächte würden gestört werden durch das Gespenst des Unschuldigen, der da drüben für ein Verbrechen büßt, das er nicht begangen hat. Und Ihnen, Herr Präsident, will ich sie entgegenschreien, diese Wahrheit, mit aller Macht der Empörung eines rechtschaffenen Mannes. Ein unheilvoller Mensch hat alles angezettelt." Es handele sich um einen „höchst abenteuerlichen und verworrenen Kopf, der Romanintrigen nachjagt und sich in den Mitteln der Sensationsromane gefällt, gestohlenen Papieren, anonymen Briefen, Zusammenkünften an einsamen Orten, geheimnisvollen Frauen, die nachts mit belastenden Papieren herumlaufen. Aber er war der Beauftragte, der die Affäre Dreyfus als Beamter der Justiz zu untersuchen hatte und damit nach der Reihenfolge der Daten und der Verantwortlichkeiten der erste Schuldige an dem Justizirrtum." Nach Zolas Meinung wurde die Untersuchung in einer Weise geführt, die an mittelalterliche Praktiken erinnert: „Im tiefsten Geheimnis, mit einer Menge barbarischer Mittel; dabei beruht sie auf einem einzigen, kindischen Beweisstück: auf jenem albernen Begleitschreiben, das nicht bloß auf einen gewöhnlichen Verrat, sondern auch auf die denkbar frechste Gaunerei hinauslief, denn die berühmten preisgegebenen Geheimnisse waren nämlich fast alle ohne Wert" – steckten doch nur die romanhaften und wahnwitzigen Phantasien des Anklägers dahinter. Um sich diese Gewissheit zu verschaffen, brauche man nur die Anklageakte, die vor dem Kriegsgericht verlesen wurde, zu prüfen. Am Ende der Aufstellung steht die Behauptung, „dass ein geheimes Beweisstück existiert, das man nicht vorzeigen darf, ohne dass morgen der Krieg erklärt würde". Für Zola ist das eine abscheuliche Lüge. Denn die Nachforschungen hatten ergeben, dass Major Esterházy der wahre Urheber dieses sogenannten Beweisstückes war und dass es zweifelsfrei von seiner Hand stammte. Die Aufregung war groß, denn die Verurteilung Esterházys hätte die Revision des Dreyfus-Prozesses unvermeidlich nach sich gezogen, und gerade dies wollte der Generalstab um jeden Preis vermeiden. Eine Revision des Prozesses hätte ja den Zusammenbruch eines „grausigen und furchtbaren Schauerromans" bedeutet. Das wurde von einem zweiten Kriegsgericht verhindert. Die Richter bestiegen ihren Richtersitz augenscheinlich mit der vorgefassten Meinung, dass Dreyfus vom ersten Kriegsgericht für das Verbrechen des Verrats verurteilt worden war und folglich als schuldig anzusehen sei. In einem zweiten Kriegsgericht könne er deshalb nicht für unschuldig erklärt werden. Für Zola war das erste Kriegsgericht vielleicht töricht gewesen, das zweite hielt er für absolut verbrecherisch. In seinem offenen Brief an den Staatspräsidenten erhebt er Anklage: „Ich klage das erste Kriegsgericht an, das Recht vergewaltigt zu haben, indem es einen Angeklagten auf ein geheim gebliebenes Schriftstück hin verurteilte, und ich klage das zweite Kriegsgericht an, diese Rechtsverletzung gedeckt zu haben, indem es seinerseits das Rechtsverbrechen beging, wissentlich einen Schuldigen freizusprechen. Es ist ein Verbrechen, das einfache und niedere Volk zu vergiften, die Leidenschaften der Reaktion und der Intoleranz zum Äußersten zu bringen, indem man sich hinter den schändlichen Antisemitismus verschanzt, an dem das große liberale Frankreich der Menschenrechte stirbt, wenn es nicht von ihm geheilt wird." Und er fügt hinzu: „Indem ich diese Anklagen erhebe, weiß ich sehr wohl, dass ich mich vor den Artikeln 30 und 31 des Pressgesetzes vom 29. Juli 1881, die das Vergehen der üblen Nachrede mit Strafe bedrohen, verantwortlich mache. Absichtlich setze ich mich dem aus" (zit. nach Oppitz 1986, S. 180–190).

Abb. 87: Die beiden literarischen Kontrahenten: Jules Verne und Émile Zola (aus Verne 1874 und Bibliothek des allgemeinen und praktischen Wissens 1905)

Tatsächlich gereichte der Vorwurf, dass ein französisches Kriegsgericht eine ungesetzliche Handlung vorgenommen habe, Zola zum Verderben. Ein französisches Schwurgericht verurteilte ihn am 18. Juli 1898 wegen Beleidigung des Kriegsgerichts zu einem Jahr Gefängnis und 3000 Francs Geldstrafe. Zola floh nach England. Die Wahrheit war indes nicht mehr aufzuhalten. Am 3. Juni 1899 wurde das Urteil von 1895 gegen Dreyfus aufgehoben und das Wiederaufnahmeverfahren an ein Kriegsgericht in Rennes verwiesen. Das Gericht verzichtete zwar „wegen mildernder Umstände" auf eine erneute Deportation, verurteilte Dreyfus aber auch jetzt noch zu zehn Jahren Gefängnis. Eine Amnestie des Präsidenten Émile Loubet setzte ihn einige Tage später auf freien Fuß. Dreyfus wurde am 12. Juli 1906 endgültig freigesprochen und militärisch rehabilitiert.

Das Verhältnis zwischen Jules Verne und Émile Zola spiegelt das durch die Dreyfus-Affäre politisch gespaltene Frankreich auf der literarischen Ebene wider. Jules Verne war der beliebteste Autor des meist royalistisch gesinnten wohlhabenden Bürgertums, während Zola mit seinem realistischen Naturalismus ein Vorkämpfer der Interessen der wenig bemittelten Kleinbürger und geknechteten Arbeiter war. Für Verne war der realistische Naturalismus Zolas, wie er an Hetzel schreibt, „faulig, schwerfällig, entsetzlich, widerlich, Übelkeit erregend" – aber auch „gewaltig". Und über Zolas Roman „Der Totschläger" äußert er sich gegenüber Hetzel: „Ich habe von Zolas Talent nur unter dem Gesichtspunkt der erstaunlichen Präzision seiner Details gesprochen, die alles übertrifft, was ich bisher auf diesem Gebiet gelesen habe. Aber er behandelt Themen, die nicht behandelt werden dürften, schon gar nicht auf diese Weise" (Brief vom 20. Februar 1877, zit. nach Dehs 2005, S. 110). Während Jules Verne in seinem Urteil gegenüber Zola noch eine gewisse Hochachtung zeigt, beurteilt dieser den vor allem bei der Jugend erfolgreichen Schriftsteller äußerst abfällig: „Das Genre will ich nicht diskutieren, es scheint mir alles Wissen der Kinder zu verderben. Allein bin ich gezwungen, den Erfolg zur Kenntnis zu nehmen. Sicher ist M. Verne zur Stunde der Schriftsteller, der sich in Frankreich am besten verkauft. Das hat nun allerdings keinerlei Bedeutung im Zuge der derzeitigen Literatur. Alphabete und Gebetbücher werden auch in beträchtlichen Mengen abgesetzt" (Emile Zola in: Le Figaro littéraire, 22. Dezember 1878).

Der Antisemitismus in Deutschland: Von Luther bis Fontane

Nicht nur in Frankreich, sondern in ganz Europa waren vor allem die Juden Opfer des Rassismus. Das hat bereits mit den gescheiterten Bekehrungsversuchen Martin Luthers (1483–1546) an den Juden begonnen. Wie wenig er von der Bekehrung der Juden hielt, darüber hat er sich in seinen Tischreden geäußert: „Wenn ich einen Juden taufe, will ich ihn an die Elbbrücke führen, einen Stein an den Hals hängen und ihn hinabstoßen und sagen: Ich taufe dich im Namen Abrahams" (Tischreden, Nr. 1795. In: Luther,1883, S. 478).

Hier wiederholte sich etwas, das in alten Zeiten die Feindschaft zwischen Mohammed und den Juden bewirkt hatte. Mohammed hegte zwar von allem Anfang an keineswegs eine Vorliebe für das Judentum und die Juden, doch war ihre Macht bedeutend genug, dass er sie als Anhänger zu gewinnen wünschte. Aber als die Juden nicht die geringste Lust zeigten, von ihren Gesetzen abzuweichen, und sich standhaft jeglichen Bekehrungsversuchen widersetzten, schlugen die Annäherungsversuche

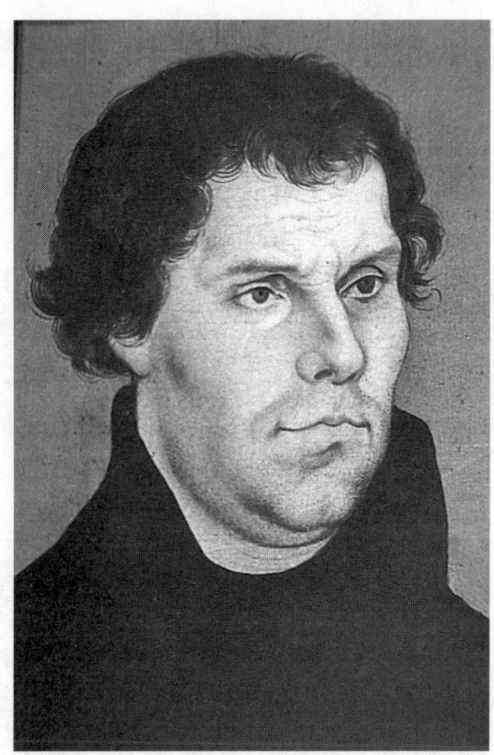

Abb. 88: Martin Luther
(nach Lucas Cranach 1520)

des gekränkten Propheten in unauslöschlichen Hass um. Das sollte auch einige Jahrhunderte später in Europa das Schicksal der ihren alttestamentarischen Glauben standhaft gegen die christlichen Bekehrungsversuche verteidigenden Juden sein. Denn es war Martin Luther, der nach seinen gescheiterten Bekehrungsversuchen zu einem der größten Hasser des Judentums wurde und zu dessen Vernichtung aufrief. Er sieht in ihnen Fremdlinge, die trotz ihres Mordens, Fluchens und Lästerns frei unter den Christen sitzen dürfen, die sie als verfluchte Gojim bezeichnen. Die Gerüchte, wonach die Juden die Brunnen vergiften, Kinder der Christen stehlen und umbringen, will Luther zwar nicht bestätigen, glaubt aber, dass sie dazu fähig seien.

Für eine offensichtliche Tatsache hält er, dass die Juden Wucherer sind, denn die Juden seien Diebe und Räuber, die durch ihren Wucher die Christen schinden und aussaugen. Daher meint Luther, dass man die

Abb. 89: Der Jude als Wucherer (Titelbild zu Luthers Schrift „Ein Sermon von dem Wucherer", Wittenberg 1520)

Abb. 90: Judenverbrennung (Holzschnitt aus Hartmann Schedels Weltchronik, Nürnberg 1493)

Juden vertreiben solle, wie es bereits in Frankreich und Spanien geschehen sei. Niemand halte sie in Deutschland. Die Straßen stünden ihnen offen, mochten sie doch in ihr Land ziehen, wann sie wollten. Luther will ihnen sogar Geschenke dazugeben, „dass wir ihrer los wären, denn sie sind uns eine schwere Last, wie eine Plage, Pestilenz und eitel Unglück in unserm Lande".

Dann aber stellt er einen Katalog von Maßnahmen auf, was nun mit diesem „verworfenen, verdammten Volk der Juden" zu tun sei. In seiner Schrift „Von den Juden und ihren Lügen" aus dem Jahre 1543 heißt es: „Erstlich, dass man ihre Synagogen oder Schulen mit Feuer anstecke und, was nicht verbrennen will, mit Erde überhäufe und beschütte, dass kein Mensch einen Stein oder Schlacke sehe ewiglich." Luther beruft sich in diesem Punkt auf Moses: „Moses schreibt, dass, wenn eine Stadt Abgötterei triebe, man sie mit Feuer ganz zerstören und nichts davon übriglassen sollte. Und wenn er jetzt lebte, so würde er der Erste sein, der die Judenschulen und -häuser ansteckte."

„Zum zweiten: dass man ihre Häuser desgleichen zerbreche und zerstöre, denn sie treiben eben dasselbe darin, das sie in ihren Schulen treiben. Dafür mag man sie etwa unter ein Dach oder Stall tun wie die Zigeuner, auf dass sie wissen, sie seien nicht Herren in unserm Lande, wie sie rühmen.

Zum dritten: dass man ihnen alle Betbüchlein und Talmudisten nehme, worin solche Abgötterei, Lügen, Fluch und Lästerung gelehrt wird.

Zum vierten: dass man ihren Rabbinen bei Leib und Leben verbiete, hinfort zu lehren, denn solches Amt haben sie mit allem Recht verloren.

Zum fünften: dass man den Juden das Geleit und Straße ganz und gar aufhebe, denn sie haben nichts auf dem Lande zu schaffen, weil sie nicht Herrn noch Amtleute noch Händler noch desgleichen sind; sie sollen daheim bleiben.

Zum sechsten: dass man ihnen den Wucher verbiete und ihnen alle Barschaft und Kleinod an Silber und Gold nehme und zur Verwahrung beiseite lege. Und dies ist die Ursache: alles, was sie haben, haben sie uns gestohlen und geraubt durch ihren Wucher, weil sie sonst kein andres Gewerbe haben. Solches Geld sollte man dazu brauchen (und nicht anders), wenn ein Jude sich ernstlich bekehrte, dass man ihm davon vor die Hand hundert, zweihundert, dreihundert Gulden je nach der Person gebe, womit er ein Gewerbe für sein arm Weib und Kindlein anfangen möge und die Alten und Gebrechlichen damit unterhalte, denn solch böse gewonnenes Gut ist verflucht, wenn man's nicht mit Gottes Segen zu gutem nötigem Gebrauche wendet.

Zum siebenten: dass man den jungen starken Juden und Jüdinnen in die Hand gebe Flegel, Axt, Karst, Spaten, Rocken, Spindel und lasse sie ihr Brot verdienen im Schweiß der Nase" (zit. aus Bienert 1982, S. 149 f.).

Unschwer lassen sich in diesen von Luther vorgeschlagenen Maßnahmen die Gräueltaten der nationalsozialistischen Verfolgung der Juden erkennen: Synagogenverbrennung, Zerstörung von Friedhöfen und von Haus und Eigentum der Juden, wie es tatsächlich in der sogenannten Kristallnacht vom 9. auf den 10. November 1938 geschehen ist. Mit seinen Ratschlägen folgt Luther dem schon lange vor ihm entstandenen christlichen Antijudaismus. Die signifikanteste Darstellung dieser Epoche ist die „Judensau". Seit dem 13. Jahrhundert diente sie als Figurenschmuck

Abb. 91: Ernst Moritz Arndt

der Dome und Pfarrkirchen in Magdeburg, Wittenberg, Regensburg und Freising, der Rathäuser in Salzburg und Kelheim sowie an vielen anderen Orten (vgl. Benz 2001, S. 7).

Unter den Protagonisten des deutschen Nationalismus im 18. und 19. Jahrhundert ist vor allem Ernst Moritz Arndt (1769–1860) zu nennen. Dieser deutsche Dichter und Patriot, der auch Abgeordneter der Deutschen Nationalversammlung war, wandte sich nicht nur gegen die französische Besatzung Deutschlands durch Napoleon mit den Worten: „Ich will den Hass gegen die Franzosen, nicht bloß für diesen Krieg, ich will ihn für lange Zeit, ich will ihn für immer" (Arndt 1813, S. 18); sondern er war auch der Meinung, dass man die „Einfuhr" der Juden nach Deutschland verbieten sollte, und begründete diese Ansicht mit folgenden Worten: „Die Juden als Juden passen nicht in diese Welt und in diese Staaten hinein, und darum will ich nicht, dass sie auf eine ungebührliche Weise in Deutschland vermehrt werden. Ich will es aber auch deswegen nicht, weil sie ein durchaus fremdes Volk sind" (zit. nach Ruf 2012, S. 72). Mit dem rassistisch-völkischen Antisemitismus im 19. Jahrhundert wurde

das klassische Bild Luthers vom reichen Juden, der nur durch Wucher zu
seinem vermeintlichen Reichtum gekommen ist, erneuert. Giftige und
bösartige Bemerkungen dazu finden sich bei Theodor Fontane (1819–
1898), der nach einem Badeaufenthalt auf Norderney schrieb: „Fatal waren
die Juden; ihre frechen, unschönen Gaunergesichter (denn in Gaunerei
liegt ihre ganze Größe) drängen sich einem überall auf. Wer in Rawicz
oder Meseritz ein Jahr lang Menschen betrogen oder wenn nicht betrogen, eklige Geschäfte besorgt hat, hat keinen Anspruch darauf, sich in
Norderney unter Prinzessinnen und Comtessen mit herumzuzieren" (zit.
nach Benz 2001, S. 9). Mit solchen Äußerungen erwies sich Fontane als
ein literarischer Vertreter der „Judenfeindschaft als Zeitgeist", der auf der
wissenschaftlichen Ebene von bedeutenden Historikern Deutschlands im
Berliner Antisemitismusstreit von 1879 diskutiert worden ist.

Ausgelöst wurde dieser Disput durch den Historiker Heinrich von
Treitschke. Dieser hatte sich gegen die von ihm befürchtete Masseneinwanderung von osteuropäischen Juden ausgesprochen und warf den deutschen Juden mangelnden Assimilationswillen vor (Benz 2001, S. 63). Der
Zenit der Konfrontation war erreicht, als Theodor Mommsen in den Streit
eingriff. Er verwahrte sich dagegen, dass die Juden als Mitbürger zweiter
Klasse betrachtet würden. Trotzdem machte er ihnen den Vorwurf, dass
sie in mancher Beziehung selbst eine Schuld treffe, wenn der christliche
Deutsche ihnen mit einem Gefühl der Fremdheit und Ungleichheit gegenüberstehe. Denn sie hätten sich selbst durch ihre freiwillige Abgeschlossenheit in diese Lage gebracht, vor allem durch ihre religiöse Einstellung
und Gesetzestreue, die jedem Bekehrungsversuch von Mohammed im
7. Jahrhundert bis zu Luther im 16. Jahrhundert widerstanden hatte.

Das Erbe aus der Antike: Tacitus und die Germanenideologie

Nach dem Erscheinen der ersten Ausgabe der „Germania" des Tacitus im
deutschsprachigen Raum (Nürnberg 1473) setzte eine Idealisierung der
Germanen ein, die man bereits in einer der ersten deutschen Übersetzungen der Werke des Tacitus als die Ahnen der damaligen Deutschen
betrachtete. Der Übersetzer Johann Samuel Müller verfolgte das Ziel,
den deutschen „Nationalgeist wieder emporzuheben", und verwies auf
eine damals gerade erschienene Schrift über den Nationalgeist, in der es
heißt: „Wir Deutschen, an innerer Stärke das erste Reich in Europa, sind

ein Raub der Nachbarn, ein Gegenstand ihrer Spöttereien, uneinig unter uns selbst, kraftlos durch unsere Trennung, stark genug, uns selbst zu schaden, ohnmächtig, uns zu retten, ein großes, gleichwohl verachtetes, ein in der Möglichkeit glückliches, in der Tat selbst sehr bedauernswürdiges Volk" (Tacitus 1766, 3. Bd., S. XLIV).

Eingedenk seiner Zielsetzung scheut sich der Übersetzer Müller nicht, den Titel der „Germania" mit „Das Alte Deutschland" wiederzugeben und die lateinische Bezeichnung „Germani" immer mit „die Deutschen" zu übersetzen (Tacitus 1766, 3. Bd., S. 591 ff.). Dabei ist er sich durchaus darüber im Klaren, dass „man hierunter nicht Deutschland nach seinem heutigen Umfang verstehen kann, sondern nur denjenigen Teil, den die Römer Trans Rhenanam nannten" (Tacitus 1766, 3. Bd., S. 589). Solche Vorstellungen, die den Ursprung der modernen Nationen ins Altertum zurückverlegen, wurden noch im 20. Jahrhundert zur Zeit des Nationalsozialismus vertreten. Ein Beispiel dafür ist die in der Germanistik vertretene Kontinuitätsthese (Höfler 1937), welche zwischen den Germanen und den heutigen Deutschen eine ununterbrochene Verbindung herstellen will: Deutsch ist dann nicht nur jetzt „deutsch", sondern auch damals.

Das Interesse für die „Germania" des Tacitus und die Germanen tauchte als Folge der Napoleonischen Besetzung Deutschlands am Anfang des 19. Jahrhunderts wieder auf, getragen von dem Volksbegriff Herders. Doch im nationalsozialistischen Deutschland, wurde Herder im Sinne der rassistisch-nationalistischen Ideologie durch Alfred Rosenberg missbraucht, der in einem Schulungsbrief aus dem Jahre 1936 schreibt: „Herder stellte das nationale Gemeinsamkeitsbewusstsein als lebenserfüllendes Erlebnis heraus, er wurde ein Lehrer für unsere Zeit und sprach ein Wort, das mitten hineingehört in unsere Zeit als unsere frohe Botschaft: Jede Nation hat ihren Mittelpunkt der Glückseligkeit in sich, wie jede Kugel ihren Schwerpunkt" (Der Schulungsbrief 3, 1936, S. 443; zit. nach Lund 1995, S. 19). Heute ist man sich einig darüber, dass „aus Herders Ausführungen zum Verhältnis von Volk, Muttersprache und Vaterland eine nationalistische Theorie zu konstruieren, eine grobe Verfälschung seiner Auffassungen darstellt" (Ahlzweig 1994, S. 112). Herder geht vielmehr von der Gleichwertigkeit der Völker und Sprachen aus und von der Idee, dass der Volkscharakter in dem unveränderten, durch die Geschichte geläuterten Geist eines Volkes erhalten bleibt.

Auch die Reden an die deutsche Nation, die der Philosoph Johann Gottlieb Fichte im Winter 1807/1808 hielt, sind von Tacitus beeinflusst.

Darin sprach Fichte über die geschichtliche Sendung der Deutschen und nannte sie ein „Urvolk" und eine „Nation". Er wollte damit die „Einheit des deutschen Volkes" betonen. Zur Vorbereitung der Reden soll er fast ausschließlich die „Germania" benutzt haben. Ebenso ist bei Ernst Moritz Arndt die geistige Verwandtschaft mit der „Germania" des Tacitus evident. Denn auch bei ihm gelten die Deutschen als reinrassig: „Die Deutschen sind nicht durch fremde Völker verbastardet, sie sind keine Mischlinge geworden, sie sind mehr als viele andere Völker in ihrer angeborenen Reinheit geblieben und haben sich aus dieser Reinheit ihrer Art und Natur nach den stetigen Gesetzen der Zeit langsam und still entwickeln können; die glücklichen Deutschen sind ein ursprüngliches Volk. ... Jedes Volk wird nur dadurch das Beste und Edelste hervorbringen können, dass es immer das Kräftigste und Schönste seines Stammes ausliest und miteinander zeugen lässt" (zit. nach Lund 1995, S. 19 f.)

Die Propheten des Nationalsozialismus: Gobineau, Wagner und Chamberlain

Unabhängig von diesen Vorläufern einer auf Tacitus beruhenden Verherrlichung des deutschen Volkes, das als direkte Nachkommenschaft der Germanen angesehen wurde, waren es drei Männer, die mit ihren Visionen von der Ungleichheit der Rassen und ihrem Antisemitismus zu den Propheten des Nationalsozialismus wurden. Während der Älteste von ihnen, Graf Arthur de Gobineau (1816–1882), schon einige Jahre vor der Geburt Hitlers 1889 gestorben war, hatten die beiden anderen, die sich ihrerseits auf Gobineau beriefen, nämlich der berühmte Komponist Richard Wagner (1813–1883) und sein Schwiegersohn Houston Stewart Chamberlain (1855–1927), direkten persönlichen Kontakt mit Adolf Hitler, den sie als den Retter der deutschen Nation ansahen.

Die Ungleichheit der Rassen zu begründen und in der Geschichte der Menschheit nachzuweisen war das Ziel, das sich Gobineau mit seinem „Essai sur l'inégalité des races humaines" (1853–1855) stellte. Das umfangreiche vierbändige Werk des Franzosen wurde von dem einflussreichen deutschen Rassentheoretiker Ludwig Schemann (1852–1938), der zum Wagnerkreis gehörte und Gobineau in Bayreuth kennengelernt hatte, in den Jahren 1898 bis 1901 ins Deutsche übertragen und erzielte erst dadurch große Wirkung in Deutschland. Gobineau bewunderte

Abb. 92: Die Propheten des Nationalsozialismus: Gobineau, Wagner und
Chamberlain

Richard Wagner und traf mehrmals mit ihm zusammen. Umgekehrt
kannte Wagner auch Gobineaus Werk über die Ungleichheit der Rassen
und war von dessen Ideen stark beeinflusst. Schemann spricht in seinem
Vorwort zur vierten Auflage (1921) von der „äußersten Trostlosigkeit
deutschen Lebens" und erkennt in Gobineau den tiefsten Sehergeist
seiner Epoche, dessen Werk den Hoffnungsschimmer für jeden vaterlän-
disch Gesinnten bedeute: „Wenn es Nacht ist, blicken wir in die Sterne"
(Gobineau 1939, 1. Bd., S. IX). Die leitende Idee Gobineaus, „die Rassen
aus den Völkern herauszulesen, die Geschichte der Völker im Lichte der
Rassen neu zu betrachten, verliert nichts von ihrer Großartigkeit und
Überzeugungskraft, sodass die Wahrheit der Gedanken durch die Irrtümer der Darstellung hindurchschlägt wie die Flamme durch widerspens-
tiges Brennmaterial und am Ende wie ein helles Siegesfeuer erstrahlt"
(Gobineau 1939, S. XI). Wie aber seine Tochter, Bertha Schemann, feststellen konnte, hatten sich die Dinge bereits 1939 von Grund auf gewan-
delt „Der Begriff ‚Rasse', jahrzehntelang nur von wenigen Tieferblicken-
den in seiner ganzen Bedeutung erfasst und als eine der großen treibenden
Kräfte im Völkerdasein erkannt, wurde mit Anbruch des neuen Reiches
zu einem der tragenden Pfeiler nationalsozialistischer Weltanschauung;
die aus solcher Erkenntnis sich ergebenden Folgerungen wurden auf allen
Gebieten unseres öffentlichen Lebens mit unerbitterlicher Schärfe angestrebt, zum Teil bereits verwirklicht" (Gobineau 1939, 1. Bd., S. VII).

In seiner Widmung der ersten Ausgabe (1853) an Georg V. von Hannover hatte Gobinau geschrieben, dass er fernab von zeitgenössischer Polemik eine Art von „geistiger Geologie" betreibe, da es ihm nicht um die Aufhellung der Zukunft von morgen gehe, sondern um die großen Perioden der Vergangenheit der Menschheit, die er nur nach Reihen von Jahrhunderten berechne. Nur so lassen sich nach seiner Meinung die Existenz und das Schicksal der verschiedenen Rassen, Gesellschaften und Zivilisationen begreifen. Denn es gibt unausweichliche „Naturgesetze, welche die soziale Welt regieren". Das grundlegendste dieser Gesetze ist, „dass alle Zivilisationen und Gesellschaften dem Tode geweiht sind" (Gobineau 1939, 1. Bd., S. 1). Doch nicht Fanatismus, Luxus, üble Sitten und Mangel an Religiosität sind für Gobineau die Ursache für den Sturz der Gesellschaften, sondern die „Degeneration" eines Volkes, die durch Mischung seiner Rassenbestandteile entsteht. Das Wort „degeneriert" auf ein Volk angewandt bedeutet für Gobineau, „dass dieses Volk nicht mehr den inneren Wert hat, den es ehedem besaß, weil es nicht mehr das nämliche Blut in seinen Adern hat, dessen Wert fortwährende Vermischungen allmählich eingeschränkt haben" (Gobineau 1939, 1. Bd., S. 31 f.). Die Verantwortlichkeit für den Verfall eines Volkes wird durch diese Vorstellung, so versichert Gobineau, „weniger schmachvoll". Denn sie lastet nicht mehr auf den direkten Nachkommen, den Söhnen, sondern auf den immer weniger und weniger nahen Verwandten. Gobineau will mit seinem Monsterwerk den Beweis erbringen, „dass die großen Völker im Augenblick ihres Todes nur noch einen ganz schwachen, ganz unwägbaren Teil des Blutes der Stifter, von denen sie geerbt haben, besitzen". Zivilisationen enden also, „weil sie nicht in denselben Händen bleiben". Voraussetzung für diese Erklärung ist aber die Annahme, „dass es zwischen den Menschenrassen wirklich ernstliche innere Wertunterschiede gibt" (Gobineau 1939, 1. Bd., S. 33). Genau das zu beweisen ist der Inhalt seines „Versuches über die Ungleichheit der Menschenrassen". Für Gobineau ist die Vorstellung von einer „angeborenen, ursprünglichen, stark ausgeprägten und bleibenden Ungleichheit zwischen den Rassen eine der ältestverbreiteten und -angenommenen in der Welt" (Gobineau 1939, 1. Bd., S. 46). Dieser Vorstellung entsprechen der Widerwille gegen das Fremdländische und die Überlegenheit, welche jede Nation sich ihren Nachbarn gegenüber zuspricht. Nur diejenigen, in deren Adern gemischtes Blut fließt, sind der Meinung, dass alle Menschen gleich sind. Doch unabhängig von dieser nicht beweisbaren Unterstellung Gobineaus, die Verteidiger der Gleichheit aller Menschen betreffend, existiert ein Argument für den gemeinsamen Ursprung aller Menschen, das auch in Gobineaus Augen das festeste wissenschaftliche Bollwerk der von ihm sogenannten „Unitarier" ist: „die Fruchtbarkeit der menschlichen Kreuzungen." Doch ein anderes Argument der Unitarier macht Gobineau einen „größeren Eindruck. Es heißt, dass die Genesis für unsere Gattung eine mehrfache Abstammung nicht zulässt!" (Gobineau 1939, 1. Bd., S. 156). Das scheint auch die Bibel zu bestätigen, da deren Ausleger versichern, dass Adam der Stammvater von allem, was sich Mensch nennt, gewesen sei und erst seine Söhne als die Ahnen der später aufgetretenen unterschiedlichen Völker anzusehen seien. Nach diesen Bibelauslegungen „sind die Japhetiden die Ahnen der europäischen Nationen, auf die Semiten entfällt Vorderasien, die Hamiten, aus denen man", sagt Gobineau, „ohne guten Grund eine ursprüngliche schwarze Rasse gemacht hat, nehmen die afrikanischen Gebiete ein" (Gobineau 1939, 157). Das aber sind für Gobineau Schranken, die von der Kirche gezogen wurden, aber nicht auf wissenschaftlicher Argumentation beruhen. Denn damit ist nur die Existenz eines Teils der Bevölkerung der Erde erklärt. „Und die Bevölkerung der übrigen Welt", fragt er, „was fängt man damit an? Sie bleibt bei dieser Einteilung draußen" (Gobineau 1939, 1. Bd., S. 157). Ohne mit den klerikalen Unitariern in einen „offenen Kampf" zu treten, beschränkt sich Gobineau auf die Frage, „ob es doch noch möglich wäre, die Tatsachen anders zu erklären, als sie es tun, und zu prüfen, ob nicht die wesentlichsten physischen und moralischen Verschiedenheiten mit all ihren Konsequenzen – unabhängig von der Einheit oder Vielheit des ersten Ursprungs – zwischen den Menschenrassen existieren können" (Gobineau 1939, 1. Bd., S. 158).

Der Ursprung des Menschen scheint für Gobineau, der bei der Verfassung seines Werkes noch nichts von Darwin wissen konnte, keiner Enträtselung zugänglich zu sein. Die verschiedenen Rassen hätten vielmehr allesamt nicht bezweifelt, dass der uralte Stammvater ihrer Gattung jeweils genau ihre Merkmale besessen habe. So haben sich die Weißen einen weißen Adam und eine weiße Eva geschaffen, während „ein scheinbar leichtfertiges Buch, das aber voll treffender Beobachtungen und wahrer Tatsachen ist, die Tausend und eine Nacht, erzählt, dass gewisse Neger Adam und seine Frau Eva für schwarz ausgeben; dass, diese Stammeltern der Menschen nach Gottes Bilde geschaffen, Gott ebenfalls schwarz sei und die Engel desgleichen und dass der Prophet Gottes

natürlich zu sehr bevorzugt gewesen, als dass er seinen Jüngern den Anblick einer weißen Haut hätte darbieten sollen" (Gobineau 1939, 1. Bd.,
S. 159). Daneben beruft sich Gobineau auch auf ein empirisch-wissen-
schaftliches Argument. Denn alle Ethnologen räumen ein, dass sich an
den Rassen trotz des Wandels der äußeren Verhältnisse wie Klima und
Nahrung auch „nach Verlauf einer Reihe von Jahrhunderten nichts Wesentliches, nichts Organisches in ihrem Bau geändert hat" (Gobineau
1939, 1. Bd., S. 161). Als ein Beispiel führt Gobineau die Araber an: „Wie
die ägyptischen Denkmäler sie uns darstellen, so finden wir sie noch
heute, nicht nur in den dürren Wüsten ihres Landes, sondern auch in den
fruchtbaren, oft feuchten Gegenden." Noch mehr gelte das für die Juden,
die von Palästina in alle Himmelsgegenden ausgewandert seien und
trotzdem die Züge ihres Aussehens bewahrt hätten. Gobineau beschränkt sich in seinen Aussagen über die Juden nicht auf die Gesichtszüge, sondern er behauptet, dass die Feststellung auch den „Bau ihrer
Glieder und ihrer Charakteranlage" (Gobineau 1939, 1. Bd., S. 164) betreffe. Daher kann man sich nicht, auch wenn man die Einheit des
Ursprungs der Menschheit annimmt, der Erkenntnis entziehen, dass,
„sobald die Typen trotz Klimaten und Zeitverhältnissen als vollkommen
erblich, beständig, mit einem Wort als so dauernd erwiesen sind, die
Menschheit nicht weniger vollständig und unwiderruflich geteilt ist, als
wenn die spezifischen Unterschiede in einer ursprünglichen Stammes-
verschiedenheit ihre Quelle hätten" (Gobineau 1939, 1. Bd., S. 168). Zur
Erklärung dieser unwiderruflichen Aufspaltung der Menschheit kann sich
Gobineau auf Georg Cuvier berufen, der in seinem „Discours sur les ré-
volutions de la surface du globe" die Ansicht vertrat, dass es in früheren
Zeiten große Katastrophen gegeben habe, die mit den gegenwärtigen
nicht zu vergleichen seien. Diese Katastrophen hatten sich nach der
Überzeugung von Gobineau im Lauf der Zeit derart vermindert und ver-
kleinert, dass sie in der Hälfte der Zeit, die das Menschengeschlecht auf
der Erde zugebracht habe, nicht mehr solche Veränderungen bewirkt
hätten wie diejenigen, die früher „die verschiedenen Rassen auf immer
getrennt haben" (Gobineau 1939, 1. Bd., S. 183).

Von Gobineau, der sich im Jahre 1881 in Bayreuth aufhielt, übernahm
Richard Wagner die Vorstellung von der Ungleichheit der Rassen. In
„Heldentum und Christentum" schrieb Wagner, „dass das menschliche
Geschlecht aus unausgleichbar ungleichen Rassen besteht und dass die
edelste derselben die unedleren wohl beherrschen, durch Vermischung

sie aber sich nicht gleich, sondern sich selbst nur unedler machen konnte" (Wagner 1881). Das gilt für ihn vor allem für das Verhältnis zwischen arischer Rasse und Judentum. Die meisten Wagnerverehrer ignorieren seinen Judenhass, weil sie ihr Bild vom musikalischen Genie nicht beschmutzen wollen, obwohl seine Musik, vor allem der Ring der Nibelungen, davon kaum zu trennen ist. Wenn die Judenfeindschaft des „Meisters" doch manchmal zur Sprache kommt, wird sie als Marotte behandelt, die ein bisschen peinlich und merkwürdig, aber durchaus nicht ernst zu nehmen sei (vgl. Küntzel 2013).

Wagner wollte, wie er selbst bekundet, über das Judentum nicht etwas Neues sagen, sondern nur die „unbewusste Empfindung, die sich im Volke als innerste Abneigung gegen jüdisches Wesen kundgibt, erklären, somit etwas wirklich Vorhandenes deutlich aussprechen" (Wagner 1998, S. 12). An dieser Abneigung konnte auch ein abstrakter Liberalismus, wie er in Deutschland für die Gleichberechtigung der Juden kämpfte, nichts ändern. „Bei allen Reden und Schreiben für die Judenemanzipation", sagt Wagner, „fühlten wir uns bei wirklicher, tätiger Berührung mit Juden von diesen stets unwillkürlich abgestoßen" (Wagner 1998, S. 13). Das aber sei nicht nur eine emotionale Angelegenheit, sondern hat nach Wagners Meinung vielmehr einen realen Grund. Denn der Jude ist „bereits mehr als emanzipiert: Er herrscht und wird so lange herrschen, als das Geld die Macht bleibt, vor welcher all unser Tun und Treiben seine Kraft verliert" (Wagner 1998, S. 14). Dass das geschichtliche Elend der Juden und die „räuberische Rohheit der christlich-germanischen Gewalthaber" ihnen diese Macht in die Hände gespielt haben, wird zwar von Wagner nicht geleugnet, aber dass dadurch auch der „öffentliche Kunstgeschmack" seiner Zeit in ihre geschäftigen Finger gebracht worden sei, erbost ihn auf eine Weise, dass er sich zu geradezu unglaublichen xenophobischen Beschimpfungen nicht nur ihrer Musik, sondern auch ihrer Sprache und Literatur hinreißen lässt. So sagt er über die jüdische Sprache und Ausdrucksweise: „Als durchaus fremdartig und unangenehm fällt unserm Ohr zunächst ein zischender, schrillender, summsender und murksender Lautausdruck der jüdischen Sprechweise auf: eine unsrer nationalen Sprache gänzlich uneigentümliche Verwendung und willkürliche Verdrehung der Worte und Phrasenkonstruktionen gibt diesem Lautausdruck vollends noch den Charakter eines unerträglich verwirrten Geplappers" (Wagner 1998, S. 127). Noch deutlicher wird Wagner die Unfähigkeit des Juden zum künstlerischen Ausdruck seiner Gefühle und Anschauungen am Gesang. „Wer hat nicht Gelegenheit gehabt", fragt Wagner, „von der Fratze des gottesdienstlichen Gesanges in einer eigentlichen Volkssynagoge sich zu überzeugen.

Wer ist nicht von der widerwärtigsten Empfindung, gemischt von Grauenhaftigkeit und Lächerlichkeit, ergriffen worden beim Anhören jenes Sinn und Geist verwirrenden Gegurgels, Gejodels und Geplappers?" (Wagner 1998, S. 22).

Was schließlich Wagners Hauptangriffspunkt betrifft, die Musik, vor allem die Oper, hat ihm das Schaffen des jüdischen Komponisten Mendelssohn Bartholdy die Augen dafür geöffnet, dass ein Jude „von reichster spezifischer Talentfülle sein, die feinste und mannigfaltigste Bildung, das gesteigertste, zart empfindende Ehrgefühl besitzen kann, ohne durch die Hilfe aller dieser Vorzüge es je ermöglichen zu können, auch nur ein einziges Mal die tiefe, Herz und Seele ergreifende Wirkung auf uns hervorzubringen" (Wagner 1998, S. 25). Damit aber ist bei Wagner auch eine Kritik an der gesamten zeitgenössischen Musik seiner Zeit verbunden: „Dieser Kunst konnten sich die Juden nicht eher bemächtigen, als bis in ihr das darzutun war, was sie in ihr erweislich offengelegt haben: ihre innere Lebensunfähigkeit" (Wagner 1998, S. 30). Seine eigenen Kompositionen sollten dazu dienen, den Geist der Kunst wiederzufinden.

Dass aber Wagners Antisemitismus nicht von seiner Musik zu trennen ist, erkennt man nach Theodor W. Adornos Meinung vor allem am Nibelungenzyklus: „Der Gold raffende, unsichtbar-anonyme, ausbeutende Alberich, der achselzuckende, geschwätzige, von Selbstlob und Tücke überfließende Mime – all die Zurückgewiesenen in Wagners Werk sind Judenkarikaturen" (Adorno 1971, S. 21). Die habgierigen Nibelungenbrüder gemahnen allein schon durch die Art ihres Gesangs an das, was Wagner die „semitische Aussprechweise" genannt und als „zischenden, schrillenden, summsenden und murksenden Lautausdruck" beschrieben hat (vgl. Rose 1992, S. 26). Friedrich Nietzsches Bewunderung für Wagners Musik war nur eine vorübergehende. „Solange man noch kindlich ist und Wagnerianer dazu, hält man Wagner für einen Großgrundbesitzer im Reich des Klangs. Doch schon im Sommer 1876 nahm ich bei mir von Wagner Abschied." Es war vor allem der Antisemitismus Wagners, der ihn zur Einsicht brachte, dass es „in der Tat damals höchste Zeit war, Abschied zu nehmen" (Nietzsche 1994, S. 190).

Fünfzig Jahre nach Wagners Tod nutzte Hitler seine Musik für den Nationalsozialismus. Seit seiner Jugendzeit beschäftigte Hitler sich nach eigenen Angaben mit Wagner: „Mir sind die Gedankengänge Wagners aufs Innigste vertraut. Ich kehre auf jeder Stufe meines Lebens zu ihm zurück" (zit. nach C. Wagner 2009). Hitler pflegte in den zwanziger Jahren eine innige Freundschaft mit Winifred, Wagners Schwiegertochter, die seinetwegen bereits 1926 der NSDAP beitrat. Bayreuth wurde Hitlers zweites Zuhause. Während seiner Wiener Zeit ging er regelmäßig in die Oper und beschäftigte sich intensiv mit Wagner.

Es war dieser Antisemitismus Wagners, der auch Houston Stewart Chamberlain (1855–1927), den Schwiegersohn des Komponisten, dazu brachte, in Hitler den Retter Deutschlands zu sehen. Chamberlains „Grundlagen des 19. Jahrhunderts" (1899) haben ihren Ausgang im Werk von Gobineau und in der taciteischen „Germania" sowie in Tacitus' antisemitischen Bemerkungen über die Juden im fünften Buch seiner Historiae. Aber im Unterschied zu Gobineaus Pessimismus, der den Untergang jeder Zivilisation auf die degenerierenden Einflüsse der Vermischung der Rassen zurückführte, hatte Chamberlain eine hoffnungsvolle Vorstellung von den Germanen als Herrenrasse und Kulturträger: „Ich verstehe in diesem Buche unter dem Wort ‚Germanen' die verschiedenen nordeuropäischen Völkerschaften, die als Kelten, Germanen und Slaven in der Geschichte auftreten und aus denen – meist in unentwirrbarer Vereinigung – die Völker des modernen Europa entstanden sind. Dass sie ursprünglich einer einzigen Familie entstammten, ist sicher; doch hat sich der Germane, im engeren, taciteischen Sinne des Wortes so sehr als geistig, sittlich und physisch unter seinen Verwandten hervorragend bewährt, dass wir berechtigt sind, seinen Namen als Inbegriff der ganzen Familie hinzustellen. Der Germane ist die Seele unserer Kultur. Das heutige Europa, weithin über den Erdball verzweigt, stellt das bunte Ergebnis einer unendlich mannigfaltigen Vermischung dar: Was uns alle aneinander bindet und zu einer organischen Einheit verknüpft, das ist germanisches Blut. Blicken wir heute umher, sehen wir, dass die Bedeutung einer jeden Nation als lebendige Kraft von dem Verhältnis des echt germanischen Blutes in ihrer Bevölkerung abhängt." Wahre Geschichte, meint Chamberlain, „beginnt in dem Augenblick, wo der Germane das Erbe des Altertums mit kraftstrotzender Hand ergreift" (Chamberlain 1912, 1. Bd., S. 304 f.). Diese Vorstellung macht ihn in ganz anderer Weise zum Propheten des Rassismus der nationalsozialistischen Ideologie als Gobineau. Bei Chamberlain verbindet sich die Anerkennung des Grundgedankens Gobineaus von der Ungleichheit der menschlichen Rassen mit einer scharfen Kritik an dessen dogmatischer, auf biblischen Vorstellungen beruhender Annahme von Urrassen und ihrer Verderben bringenden Vermischung: „Man sehe doch, wie Gobineau seine Darlegung – so erstaunlich reich an später bestätigten intuitiven Ahnungen und an historischem Wissen – auf die dogmatische Annahme gründet, die Welt sei von Sem, Ham und Japhet bevölkert worden; ein solch' klaffender Riss in dem Urteilsvermögen genügt, um ein derartiges Werk, trotz aller dokumentarischen Begründung, in die hybride Gattung der ,wissenschaftlichen Phantasmagorien' zu verweisen" (Chamberlain 1912, 1. Bd., S. 313). Eine weitere Wahnvorstellung Gobineaus besteht für Chamberlain in dessen Ansicht, dass die „reinen", edlen Rassen mit jeder Vermischung unwiederbringlich unreiner und unedler werden, woraus sich dann notwendigerweise eine trostlos pessimistische Ansicht über die Zukunft des Menschengeschlechtes ergibt. Doch eine solche Annahme beruht nach Chamberlains eigener Meinung auf einer gänzlichen Unkenntnis der physiologischen Bedeutung dessen, was man unter „Rasse" zu verstehen habe: „Eine edle Rasse fällt nicht vom Himmel herab, sondern sie wird nach und nach edel, genauso wie die Obstbäume, und dieser Werdeprozess kann jeden Augenblick von Neuem beginnen" (Chamberlain 1912, 1. Bd., S. 314). Daher lässt sich für ihn die Frage, was ein Arier sei, nicht wirklich beantworten: „Nur wer nichts von Ethnographie weiß, kann eine bestimmte Antwort auf diese Frage wagen. Sobald man diesen Ausdruck nicht auf die zweifelsohne miteinander verwandten Indo-Eranier beschränkt, gerät man in das Gebiet der ungewissen Hypothesen. Physisch weichen die Völker, die wir unter dem Namen ,Arier' zusammenzufassen gelernt haben, weit voneinander ab; sie weisen den verschiedensten Schädelbau auf, auch verschiedene Farbe der Haut, der Augen und des Haares; und gesetzt, es habe eine gemeinsame indoeuropäische Urrasse gegeben, was kann man gegen das sich täglich anhäufende Material anführen, welches wahrscheinlich macht, dass auch andere, ganz unverwandte Typen von jeher in unseren heutigen sogenannten ,arischen' Nationen reichlich vertreten sind, wonach man höchstens von einzelnen Individuen, nimmer von einem ganzen Volke sagen dürfte, es sei ,arisch'? Sprachliche Verwandtschaft liefert keinen zwingenden Beweis für Gemeinschaft des Blutes" (Chamberlain 1912, 1. Bd., S. 314 f.). Ursprünglich waren es aber gerade die Sprachforscher gewesen, die den Kollektivbegriff „Arier" aufstellten. Sehr bemerkenswert erscheint Chamberlain, dass auch die Leugner der arischen Rasse immerfort von ihr sprechen; als „working hypothesis" könnten sie sie eben nicht entbehren. Überhaupt könnten Anthropologen, Ethnologen und selbst Historiker, Religionsforscher, Philologen und Rechtsgelehrte auf den Begriff „Arier" von Jahr zu Jahr weniger verzichten. Das gilt auch für Chamberlain selbst. Sein rassistisch begründeter Antisemitismus hat einen ambivalenten Charakter. Einerseits sieht er die Juden als Angehörige einer den arischen Germanen absolut fremden Rasse, andererseits bewundert er diese Rasse, weil sie sich wie keine andere „rein" gehalten hat. Dabei beruft er sich auf Herders Aussagen über die Juden: „Das Volk der Juden ist und bleibt auch in Europa ein unserem Weltteil fremdes, asiatisches Volk, an jenes alte, unter einem entfernten Himmelsstrich ihm gegebene und nach eigenem Geständnis von ihm unauflösbare Gesetz gebunden" (Chamberlain 1912, 1. Bd., S. 382). Schon vor hundert Jahren, so Chamberlain, konnte daher Herder sagen, die „roheren Nationen Europas" seien „Sklaven des jüdischen Wuchers." Heute, meint Chamberlain, könnte Herder „dasselbe von dem weitaus größten Teil der zivilisierten Welt überhaupt sagen. Der Geldbesitz an und für sich ist aber das Wenigste; unsere Regierungen, unsere Justizpflege, unsere Wissenschaft, unser Handel, unsere Literatur, unsere Kunst, so ziemlich alle Lebenszweige sind mehr oder weniger freiwillige Sklaven der Juden geworden und schleppen die Fronkette, wenn auch noch nicht an beiden Füßen, so doch an einem". Dabei sei jenes von Herder betonte „Fremde" immer stärker hervorgetreten; vor hundert Jahren hätte man es doch mehr nur geahnt; jetzt habe es sich bestätigt: „Von idealen Beweggründen bestimmt, öffnete der Indoeuropäer in Freundschaft die Tore: Wie ein Feind stürzte der Jude hinein, stürmte alle Positionen und pflanzte – ich will nicht sagen auf den Trümmern, doch auf den Breschen unserer echten Eigenart die Fahne seines uns ewig fremden Wesens auf" (Chamberlain 1912, 1. Bd., S. 382). Andererseits verdienen die Juden nach Chamberlains Auffassung Bewunderung, denn sie haben mit absoluter Sicherheit nach der Logik und Wahrheit ihrer Eigenart gehandelt, und nie habe die Humanitätsduselei sie auch nur für einen Augenblick die Heiligkeit der physischen Gesetze vergessen lassen. „Kein Tropfen fremden Blutes dringt hinein; heißt es doch in der Thora: Kein Bastard soll in die Gemeinde Jahve's kommen, auch nicht nach zehn Generationen (Deuteronomium XXIII, 2)." Von diesem reinen Hauptstock der Juden, meint Chamberlain, „werden inzwischen aber Tausende von Seitenzweiglein abgeschnitten und zur Infizierung der Indoeuropäer mit jüdischem Blute benutzt. Ginge das ein paar Jahrhunderte so fort, es gäbe dann in Europa nur noch ein einziges rassenreines Volk, das der

Juden, alles Übrige wäre eine Herde pseudohebräischer Mestizen, und zwar ein unzweifelhaft physisch, geistig und moralisch degeneriertes Volk" (Chamberlain 1912, 1. Bd., S. 383). Die Frage, wer eigentlich als Jude zu bezeichnen ist, lässt sich angesichts des Bevölkerungschaos in Europa nach Chamberlain wissenschaftlich weder durch anthropologische noch durch historische Untersuchungen lösen. Doch er hält eine „trostreiche" Erfahrung bereit, die nach heutigem Verständnis offensichtlich nichts anderes meint als den biologischen Begriff der Xenophobie kleiner Kinder, nur verfälscht durch einen radikalen, auf Juden bezogenen Rassismus: „Es gehört Leben dazu, um Leben zu verstehen. Dabei fällt mir eine Tatsache ein, die mir von verschiedenen Seiten gemeldet wird, dass nämlich ganz kleine Kinder, besonders Mädchen, häufig einen ausgeprägten Instinkt für Rasse besitzen. Es kommt nicht selten vor, dass Kinder, die noch keine Ahnung haben, was ein ‚Jude' ist, noch dass es überhaupt so etwas gibt, zu heulen anheben, sobald ein echter Rassenjude oder eine Jüdin in ihre Nähe tritt! Der Gelehrte weiß häufig nicht einen Juden von einem Nichtjuden zu unterscheiden; das Kind, das kaum erst sprechen kann, weiß es" (Chamberlain 1912, 1. Bd., S. 591). Und Chamberlain fügt hinzu, dass ein einziger unbefangener Blick einen ganzen anthropologischen Kongress aufwiege. Wo der Gelehrte mit seinen künstlichen Konstruktionen versagt, könne ein kindliches Gemüt die Wahrheit wie ein Sonnenstrahl aufhellen.

Mit seinem Werk über die Grundlagen des 19. Jahrhunderts übte Chamberlain einen großen Einfluss auf die Vorstellungen Alfred Rosenbergs und später auch Adolf Hitlers aus. Aber nicht nur in antisemitischen und deutschnationalen Kreisen fand er seine Leser. Kaiser Wilhelm II. war ebenso angetan von Chamberlain wie D. H. Lawrence, Winston Churchill und sogar Albert Schweitzer. Im August 1916 wurde Chamberlain deutscher Staatsbürger. Seine einseitige Parteinahme für das Deutsche Reich brachte ihm in der britischen Presse den Ruf eines Abtrünnigen ein. An das Krankenbett gefesselt und abgeschieden von der Außenwelt setzte Chamberlain seine Hoffnung in den damals 34-jährigen Adolf Hitler, der ihn 1923 in Bayreuth besuchte. Chamberlain war sehr beeindruckt und schrieb in einem Brief an Hitler: „Sie sind überhaupt nicht der Fanatiker, als welcher Sie mir beschrieben worden sind. Ein Fanatiker entflammt den Geist, Sie wärmen das Herz. Ein Fanatiker will die Menschen mit Worten überwältigen; Sie wollen überzeugen, nur überzeugen, und das ist der Grund, warum Sie erfolgreich sind" (zit. nach Field 1981, S. 436.)

Hitler selbst sah umgekehrt England aus pragmatisch-wirtschaftlichen Gründen als möglichen Bündnispartner an. Handelte es sich doch um ein Land, das in einer jahrhundertealten Konkurrenz zu Frankreich lebte, dem „Todfeind" Deutschlands seit der Niederlage im Ersten Weltkrieg. Er war auch im Unterschied zu seinem späteren treuen Gefolgsmann Dönitz ein ausgesprochener Gegner des Dreierbundes aus Deutschland, Österreich-Ungarn und der damals noch osmanischen Türkei, den er in „Mein Kampf" als „Unsinn" und „rassenpolitisch verderblich" bezeichnet (Hitler 1934, S. 160). Und zwar deshalb, weil nach seiner Ansicht in der Donaumonarchie die eigentlichen Kulturträger dieses Vielvölkerstaates, mithin die Deutschen, durch Vermischung mit den übrigen darin vereinten Völkerschaften von Jahr zu Jahr innerlich hohler und schwächer werden mussten, und „dass nun diesem Unglücksbunde auch noch die Türkei anzugehören schien, verstärkte diese Gefahr auf das außerordentlichste" (Hitler 1934, S. 162).

Der Nationalismus in der Türkei und in den arabischen Ländern

Dass die erfolglose Belagerung Wiens aus religiösen Gründen nicht eine ewige Feindschaft zwischen der Türkei und dem westlichen Europa zur Folge hatte, zeigt auf der politischen Ebene das Bündnis des Osmanischen Reiches mit Deutschland, an dem sich auch Österreich-Ungarn beteiligte. Ein verbindendes Element zwischen dem Osmanischen Reich und Österreich-Ungarn war die religiöse und nationale Vielfalt, beide hatten auch mit dem erstarkenden Nationalismus zu kämpfen. In der Türkei war es der bis heute einflussreiche Schriftsteller und Dichter Ziya Gökalp, der den türkischen Nationalismus zum Durchbruch verhalf. So stellte er rigoros fest, dass „die Vorstellung eines gemeinsamen Staates oder eines Vaterlandes für verschiedene Nationalitäten ein leerer Begriff ist" (Gökalp 1959, S. 81).

Trotz dieses gemeinsamen Problems zeigte die österreichische Politik zunächst kein Interesse an einer engeren Zusammenarbeit mit Konstantinopel. Einer militärischen Kooperation oder gar einem Bündnis mit dem Osmanischen Reich war man in Wien abgeneigt, denn die osmanische Armee entsprach keineswegs den damaligen Standards. Die Entwicklungen im Sommer 1914 und der Ausbruch des Ersten Weltkrieges machten aber die bis dahin vorherrschende Zurückhaltung gegenüber den Osma-

Abb. 93: Karl Dönitz, Oberleutnant zur See, und die auf türkischer Seite kämpfende „Breslau" während eines Gefechts mit russischen Zerstörern (aus Dönitz 1917)

nen hinfällig. Am 2. August 1914 schloss Deutschland ein Bündnis mit dem Osmanischen Reich. Ziel dieses Abkommens war, Russland von Süden her unter Druck zu setzen und das britische Kolonialreich in seine Schranken zu verweisen. Dazu war aber eine Reorganisation von Armee und Flotte des Osmanischen Reiches notwendig. Weil dies von Deutschland zugesichert und auch sofort in Angriff genommen wurde, entschloss sich Österreich-Ungarn, dem Bündnis beizutreten. Aus dem ehemaligen Belagerer Wiens war ein Verbündeter geworden. Die Verhältnisse im Südosten Europas änderten sich mit der Eroberung Serbiens im Jahr 1915 grundlegend. Denn damit war eine Landverbindung zwischen den Verbündeten geschaffen worden und die direkte militärische Zusammenarbeit konnte nun aufgenommen werden. Für den Fall eines Angriffs auf die Türkei hatte Deutschland dem Osmanischen Reich bereits Beistand zugesichert. Dieser Beistand wurde noch vor dem Eintritt des Osmanischen Reiches in den Krieg dadurch realisiert, dass die von einem französisch-englischen Geschwader verfolgten deutschen Schlachtschiffe „Goeben" und „Breslau" wie geplant in die türkische Flotte eingegliedert wurden.

Voller Begeisterung über die neue Aufgabe berichtet der Oberleutnant zur See, Karl Dönitz, später im nationalsozialistischen Deutschland Großadmiral und Befehlshaber der Kriegsmarine, in seinem Kriegstagebuch: „Im Bosporus, vor einem Hintergrund von weißen Häusern, glänzenden Palästen, spitzen Minaretts und braunen Hügeln mit dunklen Zypressen, liegen zwei graue Schiffe; lang, geschmeidig und rassig, mit vier schlanken Schloten das eine: ‚Breslau-Midilli'; lang, niedrig, breit und wuchtig. Die dicken, gedrungenen Schornsteine kaum höher als die massigenTürme mit den drohenden Rohren, das andere: ‚Goeben-Sultan Jawus Selim'. An den Gaffeln weht der Halbmond im roten Felde, die Schiffe tragen ihr Kriegskleid" (Dönitz 1917, S. 9). Doch Dönitz wusste auch, „dass nicht alle Parteien und Strömungen im alten Stambul dem Dreierbund günstig waren und dass die deutschfreundlichen Türken noch einen schweren Kampf zu bestehen hätten, bis sich die Türkei an die Seite Deutschlands und Österreich-Ungarns stellen konnte, die in gewaltigem Ringen dem Streben Englands nach Mesopotamien, Frankreichs nach Syrien und Russlands Vormarsch auf Konstantinopel entgegentraten" (Dönitz 1917, S. 12). Gegen die russische Expansion führten dann die beiden Schiffe mit ihren deutschen Mannschaften im Schwarzen Meer einen abenteuerlichen Kleinkrieg, der in der Darstellung von Dönitz, der auf der „Breslau" stationiert war, wie ein germanisches Heldenepos klingt. Denn das wendige deutsche Schlachtschiff richtete in der russischen Flotte im Schwarzmeer arge Zerstörungen an. „Unser Kreuzer", sagt Dönitz, „kam mir vor wie eine geschmeidige Tigerkatze, die ein paar Opfer blitzschnell überfällt und dann mit einem riesigen Satz wieder in die Nacht entschwindet" (Dönitz 1917, S. 26).

Nach diesen von den beiden deutschen Schiffen getragenen osmanischen Marineaktionen gegen die russischen Schwarzmeerhäfen erklärte am 29. Oktober 1914 die Entente der Hohen Pforte den Krieg. Am 25. April 1915 landeten Ententetruppen an den Meerengen bei Gallipoli. Unter dem Oberbefehl des deutschen Reorganisators der türkischen Armee leitete Mustafa Kemal erfolgreich die Verteidigung. Anfang August desselben Jahres war die Intervention der Ententemächte unter Verlusten von 150 000 Mann gescheitert. Gallipoli wurde im Dezember geräumt.

Doch dieser Sieg der Türken hatte auch seine schreckliche Schattenseite. Denn die Aufrufe russischer Armenier an die osmanischen Armenier, sich der russischen Seite anzuschließen, beantwortete die jungtürkische Regierung mit Massakern und Deportationen in die syrische Wüste. Bis 1916 weitete sich diese Politik zu einem Völkermord aus. Zwischen 200 000 (Angaben aus protürkischen Quellen) und 2 Millionen (nach armenischen Quellen) Menschen fielen diesem Genozid zum Opfer. Erste Deportationspläne von armenischen Sträflingen, die als Zwangsarbeiter für den Eisenbahnbau rekrutiert wurden, werden dem stellvertretenden Stabschef der Osmanischen Armee, Generalstabsoffizier Colmar Freiherr von der Goltz zur Last gelegt. Von 1883 bis 1895 reorganisierte er die Osmanische Armee und wurde zum Müschir (Marschall) mit dem Titel Pascha ernannt. 1914 wurde er wieder in die Türkei berufen. Goltz traf am 12. Dezember 1914 in der Türkei ein, wo er zunächst als militärischer Berater des Sultans eingesetzt wurde. Seit Oktober 1915 führte von der Goltz den Oberbefehl über die 6. osmanische Armee.

Doch diesen Vorwurf, dass deutsche Offiziere im Dienste der Osmanischen Armee an dem Genozid der Armenier beteiligt waren, trifft vielmehr auf den Oberstleutnant Sylvester Boettrich (1869–1940) zu. In Friedenszeiten war er zunächst der Chef der Eisenbahn-Abteilung im osmanischen Generalstab, im Krieg dann Chef der türkischen Feldeisenbahn. Mit Beginn des Ersten Weltkrieges wurde die Zwangsarbeit zugunsten der Bagdadbahn ausgeweitet. Der militärstrategisch gebotene forcierte Ausbau dieser Strecke, verlangte mehr Arbeitskräfte. Daher begann die türkische Regierung bereits im Oktober 1914, alle Armenier zwischen 16 und 60 Jahren zu Arbeitseinsätzen zusammenziehen. Boettrich unterzeichnete am 16. Oktober 1915 einen Befehl, der die Entlassung und darauf folgende Deportation der beim Bau der Bagdadbahn eingesetzten Armenier genehmigte (Tamcke 2006, S. 77).

Die Maßregelungen, die der Gesamtdeportation der armenischen Bevölkerung vorausgingen, betraf vor allem die dem Alter nach wehrpflichtigen Armenier. Diese waren vorher zum Heeresdienst eingezogen worden und hatten sich tapfer nicht nur an den Dardanellen, sondern auch in den Kaukasuskämpfen gegen Russland tapfer geschlagen. Trotzdem wurden sie „zum größten Teil entwaffnet und als Lastenträger und Straßenarbeiter im Heeresdienst verwendet. Aus fast allen Provinzen lagen Nachrichten vor, dass nicht nur in einzelnen Fällen die armenischen Arbeiter von ihren muhammedanischen Kameraden erschlagen wurden, sondern, dass ganze

Abteilungen in Gruppen von 80, 100 oder mehr Mann auf Anordnung von Offizieren und Gendarmen von Militär und Gendarmerie erschossen wurden" (Lepsius 1919, S. 22 f.)

Schließlich waren es deutsche Militärberater und Regierungsangehörige, die von dem Großwesir und osmanisch-türkische Innenminister Talaat Pascha (1874–1921) angeordneten Massakern an dem armenischen Volk so erschüttert waren, dass sie bei der Reichsleitung in Berlin Bitten um Intervention und Schutz der Armenier einreichten. Aber die von Reichskanzler Bethmann-Hollweg ausgegebene Begründung für die Zurückhaltung der deutschen Regierung gegenüber diesen Gräueltaten der Türken lautete, dass man wegen des Kriegszustandes dem Bündnispartner nicht in den Rücken fallen und auf die Armenier keine Rücksicht nehmen könne. Trotzdem setzten sich einige Deutsche massiv für die Armenier ein. So war es der Missionar Johannes Lepsius, der als Teppichhändler verkleidet bereits im Frühjahr 1896 nach Anatolien reiste, um sich dort ein Bild über die schon damals erfolgten Massakern an den Armeniern zu machen. Nach Deutschland zurückgekehrt verfasste er darüber zwei Berichte über das fürchterliche Schicksal der dort beheimateten Armenier. Doch die bereits 1897 als Buch erschienene Anklageschrift über „Armenien und Europa" wurde von der Mehrzahl der Vertreter der deutschen Diplomatie ignoriert, während sein am 5. Oktober 1915 im Berliner Reichstag bei einer Pressekonferenz abgehaltener Vortrag über die „Lage des armenischen Volkes in der Türkei", als er ihn im darauf folgendem Jahr veröffentlichte, sogar von der Militärzensur verboten und beschlagnahmt wurde. Erst nach dem Krieg konnte dieser Bericht als Buch unter dem Titel: „Der Todesmarsch des Armenischen Volkes" (Lepsius 1919) erscheinen. Darin berichtet Lepsius über eine Unterredung mit dem damals amtierenden Kriegsminister Enver Pascha, der nach der von ihm geleiteten Revolution der Jungtürken als osmanischer Nationalheld galt und mit seinen pantürkischen Phantasien die Armenier als aufrührerische Feinde ansah, die nur ihre Träume von einen selbständigen Staat verwirklichen wollten. Deshalb lehnte Enver Pascha jede fremde Hilfe für die Armenier ab. Mit einen „Unterton höhnischer Grausamkeit" sagte er zu Lepsius: „Wir können mit unseren inneren Feinden fertig werden" (Lepsius 1919, S. XVI). Auf welche Weise dies geschah, zeigt Lepsius in seinem umfassenden Bericht von Augenzeugen, unter ihnen vor allem von amerikanischen Konsularbeamten und Missionaren, über das Schicksal des Armenischen Volkes in der Türkei während des Ersten

Weltkrieges (1915–1918). So heißt es in einem offiziellen amerikanischen Konsularbericht: „Die Methode der direkten Angriffe und Massakers, die in früheren Zeiten üblich war, ist heute etwas abgeändert worden, insofern man die Männer und Knaben in großer Zahl aus ihrer Heimat deportiert und unterwegs verschwinden lässt, um später die Frauen und Kinder folgen zu lassen.

Eine Zeitlang wurden von den Reisenden, die aus dem Innern kamen, vorwiegend dahinlautende Bericht gegeben, dass die Männer getötet worden seien, dass eine große Anzahl Leichen längs der Reiseroute liege und im Euphratwasser schwimme, dass die jüngeren Frauen und Mädchen und die Kinder von den begleitenden Gendarmen den Kurden ausgeliefert würden, und dass von denselben Gendarmen und Kurden unsagbare Verbrechen ausgeübt wurden" (Lepsius 1919, S. 18). Wie schrecklich diese Verbrechen waren, wurden von Krankenschwestern bestätigt, welche die Karawanen der armenischen Deportierten begleiteten. Sie berichteten von Kindern unter 15 Jahren die von den Gendarmen in den Fluss geworfen wurden: „Die schwimmen konnten, wurden erschossen, als sie mit den Wellen kämpften" (Lepsius 1919, S. 50).

Ein weiterer amerikanischer Konsularbericht vom 11. Juli 1915 bestätigte auch die systematische Tötung von mehreren Hundert armenischer Männer, die in Gruppen von jedes Mal 14 aneinandergebunden in unbewohnte Gegenden geführt und dort erschossen wurden: „Getötet wurden sie nur", sagt der amerikanische Konsularbericht, „weil der allgemeine Plan bestand, die armenische Rasse zu beseitigen" (Lepsius 1919, S. 68). Auch beobachtete man täglich männliche Leichen im Euphrat, die stromabwärts trieben, zu zweien mit dem Rücken zusammengebunden, zu drei bis acht an den Armen zusammengebunden. Ein deutscher Rittmeister erzählte, er habe auf einem seiner Ritte in dieser Gegend „zu beiden Seiten des Weges zahllose Leichen unbeerdigt liegen sehen, lauter junge Männer mit durchschnittenen Hälsen" (Lepsius 1919, S. 144).

Am schwersten war jedoch das Los der Frauen mit ihren kleinen Kindern, die auf diesen Todesgang vor Hunger sterben mussten. Ihr besonderer Kummer war es, dass sie ihre toten Kinder nicht begraben konnten. Sie schleppten sie „oft tagelang auf dem Rücken mit" (Lepsius 1919, S. 142).

Wie Lepsius setzte sich auch der Schriftsteller Armin T. Wegener (1886–1978) unermüdlich und verzweifelt für eine Bekanntmachung und Beendigung der Gräueltaten an den Armeniern ein und bemühte sich später sehr darum, diese zumindest zu dokumentieren (Wegener 1926; vgl. Hosfeld 2005, S. 265 f.). Wegener war 1916 als Sanitätsoffizier der osmanischen Armee in Ost-Anatolien tätig und sah dabei mit eigenen Augen die Vertreibung und den Völkermord an den Armeniern durch die Türken. Er intervenierte in dieser Angelegenheit auch in einem „Offenen Brief an den Präsidenten der Vereinigten Staaten von Nordamerika, Woodrow Wilson, über die Austreibung des armenischen Volkes in die mesopotamische Wüste". Seine Hoffnung, die Sieger würden sich nach dem Kriegsende 1918 für das armenische Volk einsetzen wurde jedoch enttäuscht.

Die Verantwortung für den Genozid an den Armeniern zu übernehmen, hat sich die Türkei bis heute geweigert. Nach offizieller Lesart war die Deportation der Armenier eine als legitim anzusehende Maßnahme im Krieg. Lange Zeit bestreitete die Türkei, dass es überhaupt zu einer nennenswerten Zahl von Morden an Armeniern gekommen sei. Wer in der Türkei an den Armeniermord erinnerte, musste damit rechnen, dass er wegen öffentlicher Herabsetzung des Ansehens der türkischen Nation vor Gericht gestellt und zu einer Haftstrafe bis zu fünf Jahren verurteilt wird (vgl. Die Welt. 26. April 2003). Als jedoch am Sonntag, den 12. 04. 2015 der Papst die Gräueltaten als „ersten Völkermord im 20. Jahrhundert" bezeichnete, hat ihn der türkische Staatspräsident Recep Tayyip Erdoğan zwei Tage später davor gewarnt, einen solchen „Unsinn" zu wiederholen (vgl. Deutsch Türkische Nachrichten 16. 04. 2015) und gedroht, die Hagia Sophia wieder zur Moschee zu machen. Solche Forderungen sind in der Türkei nicht neu. Zuletzt beschäftigte sich das türkische Parlament im Jahr 2013 mit einem entsprechenden Antrag auf Nutzungsänderung. Jetzt könnte jedoch ausgerechnet das Oberhaupt der Katholischen Kirche diese Forderung mit seiner Einschätzung der Ereignisse von 1915 wieder neu angeregt haben. So zitiert die türkische Zeitung Hürriyet die Aussage des Mufti von Ankara: „Ich glaube ehrlich gesagt, dass die Bemerkungen des Papstes den Prozess, die Hagia Sophia, für die Anbetung wieder zu eröffnen, nun beschleunigen werden" (Deutsch Türkische Nachrichten 19. 04. 15). Dass die Hagia Sophia, bis zur türkischen Eroberung im Jahre 1453 eine griechisch-orthodoxe Basilika war (siehe oben Kapitel 2), wurde jedoch verschwiegen.

Das Europäische Parlament hatte die Türkei am 15. 04. 2015 erneut aufgefordert, die Gräueltaten an den Armeniern im Osmanischen Reich vor 100 Jahren als Völkermord anzuerkennen. Doch Erdoğan hat ein solches Ansinnen kategorisch abgelehnt. Nachdem die sechs Parlamentsparteien im österreichischen Nationalrat in Wien die türkischen Massaker an den

Armeniern als „Völkermord" bezeichnet hatten, drohte Ankara Österreich mit Sanktionen (Kurier 24. April 2015). Auch der deutsche Bundestag hat am Freitag, 24. April 2015, an die Vertreibung und die Massaker an den Armeniern 1915/1916 erinnert, die von zahlreichen Abgeordneten als Völkermord bezeichnet wurden. So erklärte der Bundestagspräsident Lammert: „Das, was mitten im Ersten Weltkrieg im Osmanischen Reich stattgefunden hat, unter den Augen der Weltöffentlichkeit, war ein Völkermord." Um die Verwendung des Begriffs Völkermord hatte es aber im Vorfeld eine intensive Debatte gegeben, ob man dabei, wie es die Armenier fordern, von „Völkermord" sprechen soll oder ob der Begriff, wie es die türkische Seite wünscht, vermieden werden soll (www.dw.de/bundestag... über-völkermord...armeniern/a-1840556). Doch die Haltung der Türkei hat sich in dieser Frage in jüngster Zeit verändert. Kurz vor dem Armenier-Jahrestag verkündete Erdoğan den Vorschlag zur Bildung einer unabhängigen Historikerkommission, die untersuchen soll, was 1915 wirklich geschah. Die Türkei, versprach er, werde sich dem Urteil der Experten beugen.

Dass man nicht allen Türken eine Kollektivschuld am Völkermord an den Armeniern anlasten darf, hat bereits Lepsius hingewiesen, der von einem türkischen Soldaten berichtet, dass dieser „wegen der furchtbaren Behandlung der Armenier drei Tage und Nächte geweint" haben soll. Und ein muslimischer Scheich aus Aleppo hätte gegenüber einem deutschen Beamten der Bagdadbahn sogar geäußert: „Wenn man über die Behandlung der Armenier spricht, so schäme ich mich, dass ich ein Türke bin" (Lepsius 1919, S. 144).

Verfolgt man das nationalistisch geprägte Geschehen nach dem Ersten Weltkrieg weiter, so war das Schicksal der Armenier zwar das fürchterlichste aber nicht das einzige. Bis zum Jahre 1922 kam es auch zu Kämpfen mit den Griechen in Kleinasien, in denen die griechischen Truppen schließlich geschlagen und vertrieben wurden. Auch der überwiegende Teil der griechischen Zivilbevölkerung, vor allem in Smyrna (türkisch İzmir), wurde aus dem Land gewiesen. Von griechischer Seite wurden diese Ereignisse als die „Kleinasiatische Katastrophe" bezeichnet. Eine riesige Fluchtbewegung erfasste die Griechen Kleinasiens. In den nächsten Jahren verließen 1,3 Millionen Griechen die Türkei. Zugleich wurden hunderttausende von Bewohnern, die als Türken galten, aus Griechenland verwiesen. Denn auch hier strebten die nationalistischen Bewegungen nach einem einheitlichen Staatsvolk. Die Erfolge der Kema-

listen sorgten für einen Prestigeverlust der Regierung Sultan Mehmeds VI.
Am 13. Oktober 1923 wurde Ankara daher zur Hauptstadt erklärt und
am 29. Oktober die Republik ausgerufen. Mustafa Kemal Pascha, genannt „Atatürk", wurde Staatspräsident. Nachdem schon am 1. November 1922 das Sultanat abgeschafft worden war, mussten der letzte Sultan,
Mehmed VI., und alle Angehörigen der Dynastie Osman das Land verlassen. Schließlich endete am 3. März 1924 mit der Abschaffung des
Kalifats die Geschichte des Osmanischen Reiches.

Die Religion hatte ihre sowohl trennende als auch verbindende Macht
zugunsten des Nationalismus der Völker verloren. Denn abgesehen von
den über die Religionszugehörigkeit sich hinwegsetzenden Bündnissen
der europäischen Mittelmächte, führte der Nationalismus der Türken und
Araber zu einer Spaltung innerhalb der islamischen Welt, die unabhängig
davon intern schon von allem Anfang an durch den religiös-konfessionel-
len Gegensatz zwischen Sunniten und Schiiten historisch belastet war.

Die arabischen Untertanen des Osmanischen Reiches waren sich, bevor
europäische politische Ideen an Einfluss gewannen, zwar ihrer sprachlichen und kulturellen Eigenständigkeit und der daran haftenden geschichtlichen Erinnerungen wohlbewusst, aber sie hatten keinen Begriff
von einem eigenen arabischen Staat und nicht ernstlich den Wunsch, sich
von den Türken zu trennen. Mit Sicherheit stellten sie nicht die Tatsache
in Frage, dass die Sultane zufällig Türken waren. Im Gegenteil, sie hätten
es merkwürdig gefunden, wenn sie irgendetwas anderes gewesen wären.
Der Gedanke eines territorial festgelegten Nationalstaates war ihnen so
fremd, dass es im Arabischen kein Wort für Arabien gibt, und ebenso
hatte auch das Türkische bis in die neuere Zeit kein Wort für die Türkei
(Lewis 2001, S. 112). Erst tatarische Exilanten und Emigranten aus dem
Russischen Reich trugen diese Idee eines türkischen Nationalstaates in
das Osmanische Reich. Zuerst war die Reaktion seitens der osmanischen
Türken kühl, denn diese sahen keinen Grund, eine Anschauung zu übernehmen, die das Vielvölkerreich, über das sie herrschten, zerrütten
würde. Der Türkismus ist somit eine späte Form des Nationalismus. Sein
Gegenstand war nicht das amorphe Osmanische Reich, sondern die türkische Völkerfamilie, die zum Großteil außerhalb der bisherigen Grenzen lebte. Als das Osmanische Reich 1914 mit seinen zwei mächtigen
Verbündeten, Deutschland und Österreichisch-Ungarn, den Krieg gegen Russland aufnahm, die Imperialmacht, die über den größten Teil der
türkischen Länder und Völker herrschte, schien zum ersten Mal die

Möglichkeit zu bestehen, den pantürkischen Traum zu verwirklichen.
Nach einer Zeit der Entmutigung durch die Niederlagen der osmanischen
Heere auf den Schlachtfeldern des Ersten Weltkrieges flammte nach
1917 die Hoffnung wieder auf, als mit dem Ausbruch der Revolution und
des Bürgerkriegs in Russland und dem Zusammenbruch der russischen
Herrschaft in Zentralasien und Transkaukasien der Zeitpunkt der türkischen Befreiung und Einheit nahezurücken schien. Doch die Führer der
türkischen Republik, die aus den Trümmern des Osmanischen Reiches
erstand, vermieden solche Verwicklungen und traten solchen Bestrebun-
gen entgegen, um sich lieber auf die gewaltige Aufgabe des Wiederauf-
baus ihrer ruinierten Heimat zu konzentrieren (Lewis 2001, S. 127 ff.).
Der arabische Nationalismus ist sehr alt und tief verwurzelt. In vorisla-
mischer und frühislamischer Zeit hatten die Araber ein starkes ethnisches
und aristokratisches Selbstempfinden, das im kosmopolitischen islamischen Reich einem kulturellen Selbstbewusstsein wich, das auf dem
gemeinsamen Besitz des Arabischen, der heiligen Sprache des Korans,
beruhte. „Wer den Propheten liebt", hieß es damals, „liebt die Araber, und
wer die Araber liebt, liebt die arabische Sprache, in der das beste aller
Bücher offenbart wurde. Ein jeder, den Gott zum Islam geleitet hat,
glaubt, dass Muhammad der beste aller Propheten ist und dass Arabisch
die beste aller Sprachen ist" (zit. nach Lewis 2001). Doch die überwälti-
gende Mehrheit der Araber blieb dem Osmanischen Reich bis zu seinem
Untergang treu. Der politische Arabismus kam erst im 20. Jahrhundert
auf und wurde hauptsächlich von Syrern getragen, ganz besonders von
syrischen Emigranten in Ägypten, die offen gegen die Türken und den
osmanischen Sultan auftraten und einen arabischen Staat mit einem arabischen Kalifen forderten. (vgl. Lewis 2001, S. 130 f.). Die Waffenbru-
derschaft des Osmanischen Reichs mit den christlichen Kaiserreichen
Deutschland und Österreich-Ungarn musste dabei eine entscheidende
Rolle spielen. Hitler war jedoch gegen einen solchen völker- und natio-
nenübergreifenden Staatenbund und begründete seine Abneigung ganz
im Stil von Gobineaus Rassismus: „Alle großen Kulturen der Vergangenheit gingen nur zugrunde, weil die ursprünglich schöpferische Rasse an
Blutsvergiftung abstarb" (Hitler 1934, S. 316). Diese schöpferische Rasse,
der „wahrhafte Kulturbegründer dieser Erde", ist für ihn nur der Arier, ein
Begriff, den er von Chamberlain übernimmt, der sich mit keiner Aussage
deutlicher als Prophet des nationalsozialistischen Rassismus erweist als
mit der folgenden: „Würde auch bewiesen, dass es in der Vergangenheit

nie eine arische Rasse gegeben hat, so wollen wir, dass es in der Zukunft eine gebe; für Männer der Tat ist dies der entscheidende Gesichtspunkt" (Chamberlain 1912, 1. Bd., S. 317).

Der Ahnenpass: Arier und Nichtarier

Von Chamberlain, dessen Werk Adolf Hitler auf diese Weise unmittelbar beeinflusst hat, führt der Weg zu Alfred Rosenberg (1893–1946), dem Chefideologen der NSDAP und Autor des Werkes „Mythus des 20. Jahrhunderts" (1930), und zu dessen Freund, dem Germanisten Hans F. K. Günther (1891–1968), dem berüchtigten „Rassen-Günther", der die klassische Definition des Begriffs der Rasse lieferte: „Eine Rasse stellt sich dar in einer Menschengruppe, die sich durch die ihr eignende Vereinigung körperlicher Merkmale und seelischer Eigenschaften von jeder anderen Menschengruppe unterscheidet und immer wieder nur ihresgleichen zeugt" (zit. nach Lund 1995, S. 67). Günther verweist in seiner „Rassenkunde des deutschen Volkes" (1922) sowie in der Abhandlung „Herkunft und Rassengeschichte der Germanen" (1935) auf die „Germania" des Tacitus. Dabei ging es ihm nicht nur um das „Blut" im Sinne des biologistischen Rassenbegriffs, sondern wie schon bei Tacitus auch um den „Boden", das heißt um die Autochthonie. Beides läuft auf die Vorstellung von der ununterbrochenen Kontinuität einer reinen, alteingesessenen Rasse oder eines Volkstums mit altererbten Traditionen hinaus. Diese kontinuierliche Tradition wurde damit zur Grundlage für die Stiftung eines kollektiven Bewusstseins und für die Bildung einer nationalen Identität sowie für die Entstehung des Nationalstaats auf völkischer Basis. Der französisch-russische Anthropologe Joseph Deniker (1852–1918) hat als Erster von einer „race nordique" gesprochen, und diesen Ausdruck hat dann später Hans F. K. Günther im Sinne von „nordische Rasse" ins Deutsche aufgenommen. Dabei spielte auch die Aufteilung des schwedischen Anatomen Retzius in „Langschädelige" (Dolichokephale) und „Kurzschädelige" (Brachykephale) eine Rolle (Retzius 1845). Die Langköpfe wurden mit der blonden germanischen oder nordischen, in Europa ansässigen Rasse gleichgesetzt. So mussten sich 1933 zahlreiche SA-Männer Schädelmessungen und Begutachtungen ihrer Gesichtszüge unterziehen (Lund 1995, S. 27). Diese Gliederung in Kurz- und Langköpfe baut jedoch auf der Fiktion auf, dass es reine Rassen gibt. Da es diese reinen Rassen mit den besagten anatomischen Merkmalen in Europa nicht mehr geben kann, weil durch die lange Dauer der Rassenmischung allmählich so viele Zwischenformen entstanden sind, kann man zu keinem anderen Ergebnis gelangen als dem schon auf den ersten Blick offensichtlichen: „dass in der europäischen Bevölkerung längliche und runde Köpfe in bunter Mischung vertreten sind" (Wilser 1899, S. 3).

Ein anderes Kriterium bei der Gegenüberstellung von zwei Rassen ist die Sprache. Als der Oberbegriff „Arier" im 19. Jahrhundert erfunden wurde, ging es gerade um die Bezeichnung der sprachlichen Verwandtschaft vieler Völker von Europa bis Indien in Abgrenzung zu anderen Sprachfamilien. Dies änderte sich nach Einführung der Konstruktion der „germanischen" oder „nordischen" Rasse: Die Bezeichnung „Arier" wurde jetzt eingeengt und bildete im Dritten Reich den Gegensatz zu den Exponenten der Semiten, den Juden. Demzufolge galt man entweder als Arier oder Nichtarier. Eine dritte Möglichkeit gab es nicht. Daraus ergab sich die Forderung, die konstruierte germanische Rasse vor einer drohenden biologischen Entartung als Folge von Rassenmischung zu schützen. Die daraus resultierenden rassenhygienischen Maßnahmen waren zwar hauptsächlich gegen die „jüdische Antirasse", aber auch gegen „weniger wertvolle soziale Elemente" der deutschen Gemeinschaft wie etwa Zigeuner, Asoziale und Alkoholiker gerichtet. Eine kriegsbedingte Besonderheit nach dem Ersten Weltkrieg war die Existenz von „Negermischlingen", die als Besatzungskinder durch Verbindungen von deutschen Frauen und Mädchen mit schwarzen Angehörigen der französischen Truppen entstanden waren: „Ein anderer Schandfleck in der rassischen Entwicklung unseres Volkes sind die Folgen der schwarzen Besatzungstruppen im deutschen Rheinland nach dem Kriege. Es wird ein Schandfleck in der deutschen Geschichte bleiben, dass es hier deutsche Frauen gegeben hat, die die Geburt dieser unglücklichen Bastarde im Rheinland möglich gemacht haben" (Volk und Rasse, hrsg. vom Deutschen Hygiene-Museum, Dresden 1934, S. 20; zit. nach Lund 1995, S. 45). Mit der Bezeichnung „Bastardierung" wurde zugleich die noch heute gängige Vorstellung eines Abstiegs der „wertvolleren Rasse" (so auch Sarrazin 2012) verbunden. Solche Bastardierungen wurden im Nationalsozialismus als „Rassenschande" gewertet: „Der rassisch gesund empfindende Deutsche sieht es daher als Rassenschande an, wenn sich Weiße und Neger in überseeischen Ländern heiraten, er brandmarkt es gerade als widernatürlich, wenn sich hier in Deutschland Mädchen mit Negern einlassen, und ihn hat es als schwerste Schmach ge-

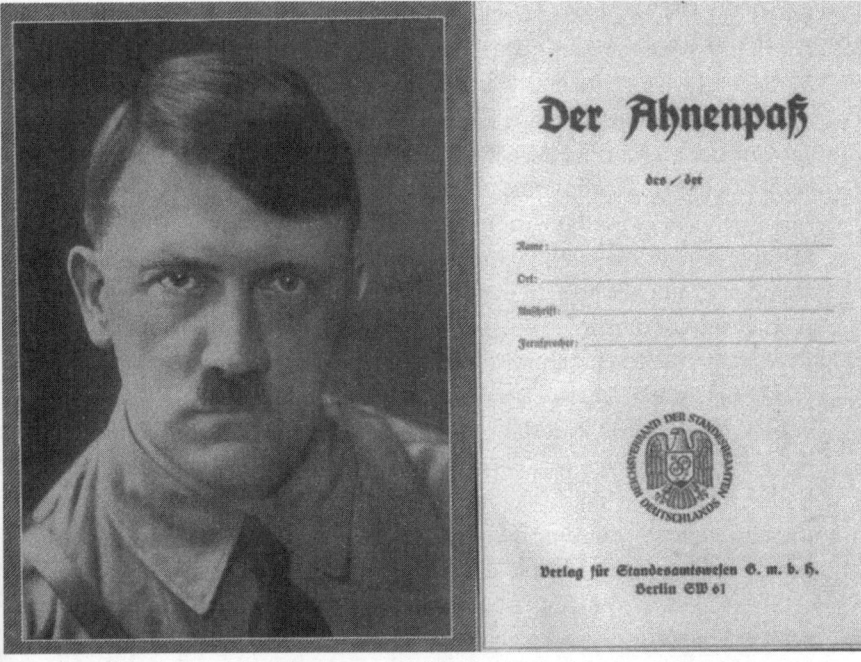

Abb. 94: Hitler und der Ahnenpass (Porträt aus „Mein Kampf" 1934)

troffen, dass schwarze Truppen als Besatzung in der Nachkriegszeit nach
Westdeutschland gelegt wurden und hier Mischlinge als Kinder hinterlassen haben" (vgl. Rein 1934, S. 56 f.; zit. nach Lund 1995, S. 45).

Hitlers demagogischer Unsinn in Sachen biologischer Vererbung wird
am deutlichsten in seinen Beispielen aus der Tierwelt. Während Voltaire
oder Gobineau Vergleiche mit Hunde- oder Pferderassen ziehen, ver-
wechselt Hitler in seiner Argumentation über Menschenrassen den biologischen Rassenbegriff, der nur eine Subspezies darstellt, mit dem Art-
oder Gattungsbegriff, wenn er sagt: „Jedes Tier paart sich nur mit einem
Genossen seiner Art. Meise geht zu Meise. Fink zu Fink, der Storch zur
Störchin, Feldmaus zu Feldmaus, Hausmaus zu Hausmaus, der Wolf zur
Wölfin u. s. w." (Hitler 1934, S. 311).

Dieser primitiv verfälschte biologische Rassenbegriff in seiner sozial-
darwinistischen Form war auch die Grundlage für die Einführung des
Ahnenpasses im nationalsozialistischen Deutschland. Am 7. April 1933

erließ der Reichsminister des Innern das „Gesetz zur Wiederherstellung des Berufsbeamtentums". Der von diesem Gesetz geforderte Abstammungsnachweis sollte bis 1800 zurückreichen. Der dem Formular des Ahnenpasses angehängte Text vermeidet jedoch jede Aussage über „höher- oder minderwertige Rassen", sondern benützt „nur" die für rassistisch orientierte Xenophobie charakteristische Bezeichnung „fremde Rasseneinschläge": „Die im nationalsozialistischen Denken verwurzelte Auffassung, dass es oberste Pflicht eines Volkes ist, seine Rasse, sein Blut von fremden Einflüssen frei zu halten und die im Volkskörper eingedrungenen fremden Blutseinschläge wieder auszumerzen, gründet sich auf die wissenschaftlichen Erkenntnisse der Erblehre und Rassenforschung. Dem Denken des Nationalsozialismus entsprechend, jedem anderen Volke volle Gerechtigkeit widerfahren zu lassen, ist dabei niemals von höher- oder minderwertigen, sondern nur von fremden Rasseneinschlägen die Rede." Dann folgt die Erläuterung des Begriffes „arische Abstammung", die abweichend von dem Begriff „arisch", wie er in der Sprachwissenschaft verwendet wird, mit der Bezeichnung „deutschblütig" gleichgesetzt wird. Was nun die Abgrenzung gegen die „fremden Rasseneinschläge" betrifft, die ja ausgemerzt gehören, so ist sie „vor allem auf das Blut der auch im europäischen Siedlungsraum lebenden Juden und Zigeuner, das der asiatischen und afrikanischen Rassen und der Ureinwohner Australiens und Amerikas (Indianer)" bezogen, „während ein Engländer oder Schwede, ein Franzose oder Tscheche, ein Pole oder Italiener, wenn er selbst frei von solchen fremden Blutseinschlägen ist, als arisch gelten muss."

Hitler selbst war nicht der Erfinder des Ahnenpasses, sondern „nur" der Vollstrecker der sich daraus ergebenden Konsequenzen. Er hat sich für seine eigene Ahnenliste kaum interessiert. Es waren vielmehr die beiden Diplom-Landwirte Richard Walther Darré (1895–1953) und Heinrich Himmler (1900–1945), die in der Vorgeschichte des Ahnenpasses eine entscheidende Rolle spielten. Seit ihrer Gründung hatte die NSDAP von ihren Mitgliedern das arische Blutsbekenntnis nur in Form einer einfachen Erklärung verlangt. Das sollte sich indes nach der Begegnung zwischen Hitler und dem bis dahin parteilosen Darré im Jahre 1930 ändern. Danach berief Himmler, als er am 31. Dezember 1931 den „Verlobungs- und Heiratsbefehl" der SS erließ, Darré zugleich zum Chef des „Rasse- und Siedlungshauptamtes SS". Der Befehl gestattete einem SS-Mann die Heirat nur dann, wenn ihm der Reichsführer SS dazu seine Zustimmung gab. Gemeinsam war Darré und Himmler schon von ihrem Studium der Landwirtschaft her das Denken in Analogien zwischen Tierzucht und Menschenzucht. So beruft sich Darré in seinem ersten Buch „Das Bauerntum als Lebensquell der Nordischen Rasse" auf die englische Pferdezucht: „Aus einer durchaus nicht einheitlichen Menge von Pferden schälen sich bei Anwendung rücksichtsloser Leistungsprüfungen einige bestimmte leistungsfähige Familien heraus, bilden mit der Zeit einen echten Adel unter den Pferden und können nunmehr auf ihrer Leistungshöhe nur erhalten werden durch rücksichtslose Reinhaltung ihrer Erbmasse, das heißt ihres Blutes." Darré glaubte nun, dass diese Erkenntnis über die Entstehungsursachen einer auf Leistung aufgebauten Hochzucht auch auf die Nordische Rasse der deutschen Bauernschaft übertragen werden könnte: „Wenn der nordische Hof ungeteilt in Dauerehe einem Erben übergeben worden ist und dieser Erbe das Ergebnis einer natürlichen oder bewussten Auswahl unter den Geschwistern war, so haben wir bereits sämtliche Faktoren in der Hand, um bei der Nordischen Rasse den Schritt von der Reinzucht zur Hochzucht verständlich zu machen" (Darré 1929 S. 350 ff. München 1929). Rasse als mögliches Ergebnis eines politischen Willensaktes in Analogie zur Tierzüchtung verstehen zu können, entsprach durchaus dem Zeitgeist. So hatte auch Professor Dr. Hans Friedenthal, selbst Jude, in seinem Vortrag vor der „Gesellschaft für jüdische Familienforschung" am 24. März 1926 in Berlin gesagt: „Von den Tierzüchtern wird das Wort Rasse in dem Sinne gebraucht, um eine Summe von Individuen zu bezeichnen, welche vom Menschen nach bestimmten Prinzipien ausgelesen wird, um ein vom Menschen festgesetztes Zuchtziel zu erreichen … Könnte die Menschheit sich ein besseres Ziel setzen, als die Erzeugung des Menschen anzustreben, welcher zugleich gut und klug, gesund und schön ist? … Der Weg zur Erreichung dieses Zieles wäre derselbe wie bei den Tieren" (Friedenthal 1926, S. 140–142). Bei Himmler, der die gleiche Vorstellung von der Priorität der nordischen Rasse wie Darré hatte, führte diese Tierzüchtungsanalogie zur politischen Forderung nach einer Schutzstaffel als antibolschewistischer Kampforganisation: „So sind wir angetreten und marschieren nach unabänderlichen Gesetzen als ein nationalsozialistischer, soldatischer Orden nordisch bestimmter Männer und als eine geschworene Gemeinschaft ihrer Sippen den Weg in eine ferne Zukunft und wünschen und glauben, wir möchten nicht nur sein die Enkel, die es besser ausfochten, sondern darüber hinaus die Ahnen spätester, für das ewige Leben des deutschen germanischen Volkes notwendiger Geschlechter." Diese Zukunft malte sich Himmler als ein großgermanisches Imperium aus: „Was Deutschland in der Zukunft vor sich hat, ist entweder das großgermanische Imperium oder das Nichts. Ich habe den Glauben, wenn wir in dieser Schutzstaffel unsere Pflicht tun, dass dann der Führer dieses großgermanische Imperium, das großgermanische Reich schaffen wird, das größte Reich, das von dieser Menschheit errichtet wurde und das die Erde je gesehen hat" (Smith/Peterson 1974, S. 49)

Als weiteres Element zur Beschreibung des Begriffs der „Nation" dient auch die Religion. Das weit verbreitete Christentum konnte aber nicht charakteristisch für die germanische Rasse sein. Es musste daher auch eine altgermanische eigene Religion konstruiert werden. Führende Nationalsozialisten arbeiteten daher gezielt auf die Abschaffung des Christentums hin: Sie wollten an seiner Stelle einen Kult mit heidnischen Komponenten als eine Ersatzreligion einführen, um das durch das Christentum zerstörte Germanentum wieder entstehen zu lassen. Das christliche Kreuz wollte man demgemäß durch das Hakenkreuz ersetzen, und die Fest- und Feiertage der christlichen Kirche sollten durch heidnische Riten ersetzt werden. An die Stelle der Weihnacht trat das Julfest als ein vorchristlicher, das heißt „germanischer" Feiertag, der im Sinne einer Sonnenwendfeier auf den 31. Dezember verlegt wurde (Lund 1995, S. 3). Doch am Ende des ersten Jahres nach der sogenannten „Machtergreifung" Hitlers hielt der Erzbischof von München und Freising, Kardinal Michael von Faulhaber (1869–1952), in St. Michael in München eine Silvesterpredigt, die sich direkt auf die taciteische „Germania" bezog, um den Nachweis zu erbringen, dass die alten Germanen kulturlose Barbaren waren. Dabei ging es dem Kardinal darum, einen frühen Angriff auf das aufkommende Neuheidentum zu landen: „Im deutschen Volk sind Geister an der Arbeit, um neben den beiden christlichen Bekenntnissen eine nordisch-germanische Religion aufzurichten" (zit. nach Lund 1995, S. 317). Mit Zitaten aus der „Germania" weist er nach, dass die Germanen Polytheisten waren, Menschenopfer darbrachten, Aberglauben hegten, kriegslustig waren, Blutrache übten, Sklaven hielten und der Faulheit und Trunksucht ergeben waren. Nur in drei Punkten fand Faulhaber etwas durchaus Lobenswertes bei den alten Germanen: „Vorbildlich in der Mannentreue, besonders innerhalb der ‚Gefolgschaft', in Krieg und Frieden, wenn sie dem Führer der Gefolgschaft einmal ihr Wort gegeben hatte. Vorbild in der Gastfreundschaft, die bei den Germanen wie bei keinem andern Volk geübt wurde. Vorbildlich in der hohen Auffassung von der Ehe und ehelichen Treue" (Faulhaber 1934, S. 101–124).

Die Täter-Opfer-Umkehr durch die Entgermanisierung der Tschechoslowakei

Mit dem Ende der nationalsozialistischen Herrschaft durch ihre Niederlage im Zweiten Weltkrieg war jedoch nicht das Ende des Nationalismus gegeben. Vielmehr entwickelte sich aus den Trümmern des Deutschen Reiches ein Nationalismus zweiter Art, der nicht weniger rassistisch begründet war. Das unübersehbare historische Beispiel dafür ist die Täter-Opfer-Umkehr durch die „Entgermanisierung der Tschechoslowakei".

Doch dieser Begriff der „Entgermanisierung" war nicht neu. Er hatte seine Wurzeln bereits zur Zeit des Ersten Weltkrieges. Als erster scheint Walther Rathenau (1867–1922) diesen Begriff der verwendet zu haben. Er sah ihn als Folge der „Umschichtung" der Bevölkerung, hervorgerufen durch die Mechanisierung der Produktion, die zu einer „Volksverdichtung" geführt habe (Rathenau 1917, S. 53). Zu dieser Ansicht hat Rathenau auch eine grundlegende Theorie entwickelt, nach der Geschichte sich nur dort ereignet, wo geschichtete Völker existieren. Als „geschichtete Völker" bezeichnete er diejenigen „Gemeinwesen, die von einer Oberschicht beherrscht, von einer stammverschiedenen Unterschicht getragen waren" (Rathenau 1922, S. 26). Nach einiger Zeit soll eine langsame Vermischung der beiden Schichten eingetreten sein, an deren Abschluss ein Gemenge entstanden sein soll, das die Eigenschaften der bisherigen Unterschichten getragen haben soll, die weitaus in der Überzahl waren. Damit bestätigte Rathenau die von tschechischen Historikern verteidigte Kolonisationstheorie, nach der die Sudetendeutschen als beutegierige Krieger einer pangermanischen Idee nach Böhmen und Mähren gekommen sind, um die dort seit Urzeiten friedlich hausenden slawischen Bewohnern zu vertreiben. So sagt auch Rathenau: „Vom ganzen ostelbischen Deutschland wissen wir, dass es zu geschichtlich bekannten Zeiten durch Eroberung und Kolonisation als doppelschichtiges Volksgebilde entstand. Die Sieger waren Germanen, die Besiegten Slawen, das Ereignis geschah vom zwölften bis ins vierzehnte Jahrhundert" (Rathenau 1922, S. 33) Im Zuge der Institutionalisierung der zunächst mit Gewalt gewonnenen und mit Gewalt

Abb. 95: Die Urheber des Begriffs der „Entgermanisierung": Rathenau, Masaryk und Beneš

behaupteten Macht der Eroberer musste sich die größere Anpassungs-
fähigkeit der Unterschichten an neue Lebensbedingungen als Vorteil
gegenüber der Oberschicht erweisen: „Die Herren aber konnten die
gleitenden Zügel nicht länger halten; zu Fürsten des Landes konnten sie
aufsteigen, Besitzer des Landes und seiner Menschen höchstens dem
Namen nach bleiben. Die Bewohner des Landes indessen waren ein
neues Volk, das sich allmählich mit den Söhnen und Töchtern seiner
Herren vermischte" (Rathenau 1922, S. 38).

Der weitere Ausbau des Landes durch Rodung und die Zunahme
immer neuer landwirtschaftlicher Anbauflächen kam den Unterschichten
zugute, die im Laufe der Vermischung die germanische Oberschicht auf-
zehrten. Dieser Prozess musste umso schneller verlaufen, da durch die
Entgermanisierung „ein neues, für die Aufgaben der Mechanisierung ge-
eignetes Menschenmaterial" geschaffen wurde (Rathenau 1922, S. 37).
Deshalb kann nach Rathenau die „Geistesverfassung der Entgermanisierung" nicht losgelöst von der Mechanisierung betrachtet werden. Denn
Mechanisierung der Produktiont entspricht der wirtschaftlichen Notwendigkeit, eine verzehnfachte Bevölkerung auf unveränderter Boden-
fläche durch neue Wirtschaftsmethoden am Leben zu erhalten. Wenn
jedoch Rathenau vom „Arbeitstrieb, Fertigkeit und die ängstliche Voraussicht bedrückter Menschen" spricht (Rathenau 1922, S. 37) sind jedoch

weniger die Slawen, sondern die jüdische Bevölkerung gemeint, deren Männer das Wirtschaftsleben und deren Frauen Bildung und Kunst beherrschten. So waren es „in Berlin die Jüdinnen;" sagt Rathenau „sie lernten, hörten, lasen dilettierten und reisten; Dinge, die den Großmüttern wo nicht den Hexentod, so doch tiefe bürgerliche Verachtung gebracht hätten" (Rathenau 1922, S. 277). Rathenau, selbst jüdischer Abstammung, war natürlich ein Gegner des Antisemitismus, den er als „die vertikale Invasion der Gesellschaft durch die Barbaren" bezeichnete (zit. nach Simmel, Adorno 2002, S. 59). Für ihn ist der Antisemitismus „die falsche Schlussfolgerung aus einer höchst wahrhaften Prämisse: der europäischen Entgermanisierung" (Rathenau 1922, S. 98). Solche Ansichten über den Antisemitismus führten schließlich zu massiven Bedrohungen durch rechtsradikale Organisationen, wie ein Hetzlied der so genannten „Freikorps" demonstriert: „Knallt ab den Walther Rathenau, die gottverdammte Judensau!" (zit. nach Jasper 1963, S. 57 Anm. 5). Tatsächlich ermordeten Mitglieder der Nachfolgeorganisationen der Freikorps am 24. Juni 1922 Walther Rathenau der damals noch als Reichsaußenminister amtierte (vgl. Sabrow 1998, S. 81–93).

Der Begriff der „Entgermanisierung" wurde aber auch unabhängig von Rathenau vom ersten Präsidenten der Tschechoslowakei Tomáš Garrigue Masaryk geprägt. Er war damals bereits gegen die später sogenannten Sudetendeutschen gerichtet. In einem Interview während der Verhandlungen, die zum Vertrag von St. Germain führten, äußerte er sich, dass sich die deutsche Minderheit vor allem durch die Verwendung des Begriffs „Entgermanisierung" bedroht fühlen konnte: „Unsere geschichtlichen Grenzen stimmen mit den ethnographischen Grenzen ziemlich überein. Nur die Nord- und Westränder des böhmischen Vierecks haben infolge der starken Einwanderung während des letzten Jahrhunderts eine deutsche Mehrheit. Für diese Landesfremden wird man vielleicht einen gewissen modus vivendi schaffen, und wenn sie sich als loyale Bürger erweisen, ist es sogar möglich, dass ihnen unser Parlament irgendeine Autonomie zugesteht. Im Übrigen bin ich davon überzeugt, dass eine sehr rasche Entgermanisierung dieser Gebiete vor sich gehen wird" (Le Matin, Paris, 10. Januar 1919).

Nach dem Zweiten Weltkrieg verdankte die Tschechoslowakei ihre Entstehung den Pariser Friedensverträgen. Die Wurzel des später über die (sudeten)deutsche Bevölkerung gekommenen Unheils wird man in dem Bruch der feierlichen Zusicherungen sehen dürfen, die Edvard Beneš namens der tschechischen Delegierten in St. Germain abgegeben hatte. Damals wurde erklärt: „Es ist die Absicht der tschechoslowakischen Regierung, die Organisation des Staates so zu gestalten, dass die staatsbürgerlichen Rechte auf den Prinzipien der Schweizer Konstitution basiert werden" (zit. nach der deutschen Übertragung der in englischer Sprache abgefassten Petition der Sudetendeutschen; vgl. Reichenberger 1995, S. 12 f.). Dieses Versprechen wurde niemals eingelöst, sondern eine „Staatsnation" der Tschechen und Slowaken geschaffen, von deren privilegierten Rechten die minderberechtigten „Minoritäten" (darunter 3 200 000 Deutsch-Österreicher, sogenannte Sudetendeutsche, 700 000 Ungarn, 100 000 Polen) ausgeschlossen waren. Wenn auch zunächst keine Verfolgung der nationalen Minderheiten stattfand, so blieb die Prager Politik doch bestrebt, deren Position zu schwächen und sie systematisch in der öffentlichen Verwaltung und im Wirtschaftsleben zu benachteiligen (vgl. Reichenberger 1995, S. 13). Das aber musste schließlich zu einem neu ausbrechenden Konflikt zwischen den Tschechen und den minderberechtigten Minoritäten führen. Die Sicherung des inneren Friedens hätte nur unter Preisgabe der Nationalstaatsideologie vorangetrieben werden können, wozu Beneš keinesfalls bereit war.

Mit Hitlers „Machtergreifung" 1933 begann nach Beneš der „Kampf auf Leben und Tod". Das Münchner Abkommen vom 29. September 1938 ersparte scheinbar der Welt diesen schwelenden Konflikt, indem man den Forderungen Hitlers folgend das Sudetenland aus dem tschechoslowakischen Staatsgebiet ausgliederte. Aber dabei blieb es nicht. Die große Mehrheit der Sudetendeutschen setzte Hitlers Politik keinen Widerstand entgegen, sondern unterstützte sie. Es kam zur Zerschlagung der Tschechoslowakei in den Jahren 1938/39 und zur Errichtung des „Reichsprotektorats Böhmen und Mähren". Dem tschechischen Volk drohte nach Ansicht von Beneš eine vollständige Germanisierung. Tatsächlich fielen der brutalen Herrschaft der deutschen Nationalsozialisten von 1939 bis 1945 an die 250 000 Bewohner des Protektorats zum Opfer. Sie wurden in Konzentrations- und Vernichtungslagern oder in Gestapo-Gefängnissen zu Tode gequält, von Standgerichten hingerichtet oder verloren bei Massakern an ganzen Einwohnerschaften ihr Leben, wie zum Beispiel in dem Dörfchen Lidice als Vergeltung für die Ermordung des Reichsprotektors Heydrich. Fast die gesamte jüdische Bevölkerung des Protektorats wurde in dem Lager Theresienstadt interniert und von dort zumeist weiter nach Auschwitz deportiert.

Die Rache für diese Untaten der deutschen Nationalsozialisten erfolgte unmittelbar nach Kriegsende. Nach seiner Rückkehr nach Prag am 16. Mai 1945 verkündete Beneš einer begeisterten Menge auf dem Altstädter Ring: „Es wird notwendig sein, insbesondere kompromisslos die Deutschen in den tschechischen Ländern und die Ungarn in der Slowakei völlig zu liquidieren, soweit diese Liquidierung im Interesse des einheitlichen Nationalstaates der Tschechen und Slowaken überhaupt nur möglich ist. Unsere Losung muss es sein, unser Land kulturell, wirtschaftlich und politisch endgültig zu entgermanisieren" (Vecerní Rudé právo 17. Mai. 1945). Und in seinem Aufenthalt in Tábor am 16. Juni 1945 sprach Beneš dieses Programm der Entgermanisierung noch deutlicher aus und zwar mit all seinen Konsequenzen: „Vergessen wir niemals, was die Deutschen mit uns in diesem Krieg getan haben und was sie für Absichten hatten, mit uns zu tun. Das war so schlimm, ja fürchterlich, dass daran für immer erinnert werden muss. Entscheiden wir uns, dass wir die Republik entgermanisieren müssen, überall und in allem. Überlegt euch, wie wir dies tun werden. Es wird um die Entgermanisierung von Namen, Landkreisen, Städten, Gewohnheiten – es wird um alles gehen, was entgermanisiert werden kann. Heute bricht die Zeit dafür auf. Erinnert Euch, was uns durch die Germanisierung seit der Zeit der Hussiten entstanden ist. So wird es unser Leitmotiv sein: Überall und in allem: Entgermanisierung der Republik" (Lidová Demokracie vom 17. Juni 1945).

Die an der Potsdamer Konferenz beteiligten Siegermächte stimmten aber dagegen darin überein, dass jede derartige Überführung „in ordnungsgemäßer und humaner Weise erfolgen soll" (Potsdamer Abkommen, Artikel XIII). Doch die tatsächliche Ausführung dieser „Überführung" muss man wegen der von Beneš in seiner Ansprache auf dem Altstädter Ring verwendete Ausdrucksweise einer kompromisslosen völligen Liquidierung der Deutschen in den tschechischen Ländern als Völkermord bezeichnen. Das gilt zumindest für die ersten Phase der sog. „wilden" Vertreibung (vom 5. Mai bis 2. August 1945). Aber auch bei der sog. „geregelten" Vertreibung (vom 25. Januar bis 27. November 1946) handelte sich um einen grausamen Racheakt, der die zumeist völlig unschuldige deutsche Bevölkerung traf.

Viel später versuchte eine aus Deutschen und Tschechen zusammengesetzte Historikerkommission, diese Problematik durch gegenseitige Zugeständnisse zu klären: „Die deutsche Seite ist sich bewusst, dass die nationalsozialistische Gewaltpolitik gegenüber dem tschechischen Volk

dazu beigetragen hat, den Boden für Flucht, Vertreibung und zwangsweise Aussiedlung nach Kriegsende zu bereiten. Die tschechische Seite
bedauert, dass durch die nach dem Kriegsende erfolgte Vertreibung sowie zwangsweise Aussiedlung der Sudetendeutschen aus der damaligen
Tschechoslowakei, die Enteignung und Ausbürgerung unschuldigen
Menschen viel Leid und Unrecht zugefügt wurde" (Deutsch-tschechische
Erklärung über gegenseitige Beziehungen und deren künftige Entwicklung. 1997 vgl. www.bundestag.de/kulturundgeschichte/geschichte/.../
244732). Doch diese wechselseitigen Zugeständnisse sind von einer Anerkennung der Vertreibung der Sudetendeutschen als Völkermord noch
weit entfernt. In diesem Zusammenhang muss jedoch angeführt werden,
dass bereits lange zuvor – sozusagen von neutraler, in diesem Fall amerikanischer Seite aus – das „Committee against Mass Expulsion" in New
York zwei Broschüren herausgebracht hat: „The Land of Dead" über die
Deportierungen aus Ost-Deutschland, und „Tragedy of a People" über
den Rassismus in der Tschechei. Und in einer Fortsetzung mit dem Titel
„Men without the Rights of Men" wurde festgestellt, „dass Massen-Aus-
treibung, wann immer, wo immer und durch wen immer begangen, eine
Verletzung der fundamentalen Rechte ist, die jedem Menschen eigen
sind, und eine Verleumdung der sittlichen Ideale jeder christlichen oder
demokratischen Gesellschaft. Sie ist Verbrechen, das wenig zurückbleibt
hinter dem Gruppenmord, den man heute Genocide nennt" (zit. nach
Reichenberger 1995, S. 21 f.). Diese Einschätzung entspricht ja auch den
Bestimmungen des Abkommens der Vereinten Nationen über den Volksmord (Genozid) vom 9. Dezember 1948. Unter „Volksmord" wird dort
„irgendeine der folgenden in der Absicht begangenen Handlungen verstanden, ganz oder teilweise eine nationale, völkliche, rassische oder religiöse Gruppe als solche zu vernichten:
a) Mord an Angehörigen der Gruppe
b) schwere Beeinträchtigung der körperlichen oder geistigen Integrität
   von Angehörigen der Gruppe
c) absichtliche Unterstellung der Gruppe unter Existenzbedingungen,
   die ihre vollständige oder teilweise Vernichtung nach sich ziehen soll
d) Maßnahmen zur Geburtenerschwerung innerhalb der Gruppe
e) Zwangsverschickung von Kindern von einer Gruppe zur anderen.
    Alle diese Bestimmungen treffen, wie eine ausführliche Dokumenten-
sammlung (Turnwald 1951) beweist, auf die Austreibung der Sudetendeutschen zu. So wird von einer Selbstmordepidemie am Ende des Zwei-

ten Weltkrieges berichtet, die ihren Höhepunkt aber erst dann erreichte, nachdem die russischen Truppen zum größten Teil abgezogen waren und reguläres tschechisches Militär und Staatspolizei aus Prag die Macht übernommen hatten, Ein Polizeiarzt, der als solcher in den Monaten Mai/Juni/Juli 1945 bei einigen Hundert Selbstmörder die Totenbeschau durchführen musste, stellte fest, dass die weitaus überwiegende Mehrzahl die Selbstmorde durch Erhängen verursacht wurde: „Dieser Totentanz der Erhängten war furchtbar. Sie hingen an Baumästen, Dachbalken, Mauerhaken, Fensterkreuzen, Türstöcken, sie schwebten frei in der Luft, berührten mit den Fußspitzen den Boden, knickten in den Knien ein und knieten sogar" (Turnwald 1951, S. 87). Auf Grund der Angaben eines deutschen Angestellten der tschechischen Leichenbestattungsanstalt wurden die Zahlen der Selbstmorde für die Monate Mai/Juni für den ganzen Sudetengau auf über 3 % geschätzt.

Der tschechische Terror erwies sich ärger als der russische und es kam nicht selten vor, dass Deutsche von Russen gegen den Terror der Tschechen in Schutz genommen wurden. Anfang Juni 1945 veranstaltete das tschechische Militär jene große Terroraktion, wobei der größte Teil der deutschen Männer und ein Teil der Frauen aus den Wohnungen verhaftet, wie Vieh zusammengetrieben und in Straflager gesperrt wurde. In den darauffolgenden Monaten führten Militär und Polizei zusammen weitere Evakuierungsaktionen durch, wobei die deutschen Bewohner ganzer Straßenzüge und Stadtviertel aus den Wohnungen getrieben, in Lager gesperrt und über die Grenze abgeschoben wurden. Der Weg zu diesen Lagern war ein wahrer Todesmarsch, wie ein Bericht einer Rot-Kreuz-Schwester von dem sogenannten „Brünner Todesmarsch" zeigt. Zuerst mussten die in Massen zusammengetriebenen Männer, Frauen und Kinder im Alt-Brünner Klostergarten die ganze Nacht unter freien Himmel stehen, wobei sie aller ihrer Wertsachen beraubt wurden, Bereits nach wenigen Kilometern des Marsches brachen dann deswegen viele von ihnen vor Erschöpfung zusammen. Die Marschfähigen wurden mit Peitschenhieben und Misshandlungen in das nahe der österreichischen Grenze liegende Lager Porlitz weitergetrieben. Dort sollen Tausende gestorben sein; unter ihnen viele Kinder, die vor Hunger umgekommen sind. Von einem 2-jährigen Kind berichtete die Rot-Kreuz-Schwester, „dass dieses kleine Würmchen tatsächlich vertrocknet war, denn die Händchen glichen dem Fuße eines Schwimmvogels, da zwischen den Knochen die Haut völlig durchsichtig war und einer Schwimmhaut glich.

Das Kindlein hatte wochenlang schier überhaupt keine Ernährung bekommen" (Turnwald 1951, S. 72).

Von weiteren solchen Vernichtungslagern gibt es auch einen ebenfalls über jeden Zweifel erhabenen Bericht von einem jüdischen Arztes, der selbst während der nationalsozialistischen Zeit im Konzentrationslager Theresienstadt interniert war und nach dem Krieg im Mai 1945 von den Tschechen dort als Lagerarzt eingesetzt wurde. Er stellt dabei eine, wie er sagt „sich aufdrängende" vergleichende Betrachtung an: „Ich bin durch die vielen, in ehemaligen deutschen KZ Eingesperrten, die in Theresienstadt weiter sitzen mussten, ziemlich genau und aus erster Quelle über die Methoden der Gestapo und die Grausamkeit der KZ's unterrichtet und zwar von solchen Leuten, die ja selbst Insassen waren und diese KZ's nicht lobten, aber doch alle übereinstimmend feststellten, dass das tschechische Lager in Theresienstadt schlimmer sei". Ohne ausführlich zu werden spricht dieser jüdische Arzt aus eigener Erfahrung von den tschechischen Wärtern als „Bestien in Menschengestalt": „Was diese Leute brüllten, schlugen, ohrfeigten, mit den Füßen hackten und auf jede nur erdenkliche Weise Menschen quälten, würde Seiten füllen" (Turnwald 1951, S. 160). Wenn auch in späteren Zeiten das Totprügeln in diesem Ausmaß aufgehört hatte, so sind dafür wieder andere Faktoren an die Stelle getreten: „Die Kälte bei mangelnder Bekleidung, der Mangel an Heizmaterial und der Monate lang andauernde Hunger. Die Qualen sind dadurch keineswegs geringer, als sie bei dem Totprügeln waren, denn man kann eine Unmenge Leute sterben lassen, ohne eine gewaltsame Einwirkung" (Turnwald 1951, S. 161).

Wurden auf diese Weise die Untaten der Tschechen an den Sudetendeutschen bereits mit denen der deutsche Nationalsozialisten verglichen, so lassen sie sich umso mehr mit jenen Gräueltaten vergleichen, welche die Türken im Ersten Weltkrieg an den Armeniern verübt hatten (Belege dafür bei Reichenberger 1995, S. 17 ff.). Die bis heute gültigen Benešdekrete, welche die Vertreibung und Ermordung der Sudetendeutschen straffrei stellt, hat ebenso wie die Verweigerung der Türkei, das Massaker an den Armeniern als Völkermord anzuerkennen, auch wirtschaftliche Gründe. Denn in beiden Fällen müsste ein Zugeständnis, dass es sich um ein Genozid handelt, zur Befürchtung einer Welle von Forderungen nach Wiedergutmachung führen. Tatsächlich sind solche Befürchtungen nicht unbegründet, da immer wieder von den Gegnern der tschechischen Kolonisationstheorie, über den „unabdingbaren und ungeschmälerten Anspruch der sudetendeutschen Volksgruppe auf ihre Heimat" (Starkbaum/Reichenberger 1967, S. 10) und über die Forderung gesprochen wurde, „dass ihr Besitz und Vermögen zurückgegeben werden muss" (Reichenberger 1995, S. 24). Es hat auch ein geheimgehaltenes Übereinkommen vom 4.August 1950 gegeben, vereinbart zwischen General Prchala, London, für den Tschechischen Nationalausschuss und der „Arbeitsgemeinschaft zur Wahrung sudetendeutscher Interessen" (München), in dem es wörtlich heißt: „Beide Teile stehen auf dem Boden der demokratischen Weltanschauung und lehnen jedes totalitäre System ab. Beide Teile betrachten eine demokratische Ordnung der Verhältnisse im böhmisch-mährisch-schlesischen Raum als einen Teil des Kampfes für ein einheitliches Europa." Doch dann heißt es weiter: „Beide Teile lehnen die Anerkennung einer Kollektivschuld und des aus Ihr fließenden Rachegedankens ab, sie verlangen aber die Wiedergutmachung der Schäden, die das tschechische Volk und das sudetendeutsche Volk erlitten haben und die Bestrafung der geistigen Urheber und der ausführenden Organe der begangenen Verbrechen. Diese Maßnahmen erscheinen beiden Teilen notwendig, weil die Geschehnisse der letzten Jahrzehnte ein freundschaftliches Nebeneinanderleben beider Völker unmöglich machen, solange die jetzige Generation lebt" (Turnwald 1951, S. 562). Dieses Abkommen wurde jedoch nie realisiert und ist jedenfalls jetzt, da kaum Jemand von dieser Generation mehr lebt, sinnlos geworden, Mit einer Fortsetzung solcher Forderungen über die nächsten Generationen würde auch nur ein nationalistischer Konflikt am Leben gehalten. Das aber gilt natürlich auch für alle anderen Formen von Völkermord, unter die man eigentlich alle heutigen und zukünftigen mörderischen Auseinandersetzungen zwischen und innerhalb der politische Staaten rechnen muss, ob sie nun aus religiösen, wirtschaftlichen oder noch immer rassistischen Gründen zustande kommen. Denn sie sind nichts anderes als der Ausdruck einer Angst vor dem Fremden, die als Massenbewegung in Hass und tödlicher Feindschaft umschlägt und sich wie eine Epidemie verbreitet. Nur dadurch wurde auch jenes Flüchtlingselend hervorgerufen, dessen sich unsere gegenwärtige Zivilisation schuldig macht. Das trifft auch auf die Islamophobie zu, die heutzutage vor allem durch die Untaten des sogennanten Islamischen Staates zur dominanten Form der Xenophobie geworden ist.

9. Islamophobie im Zeitalter der Globalisierung

Nach den Terroranschlägen in Amerika und Europa ist die dominante Form der Xenophobie in unserer globalisierten Welt fraglos die Islamophobie. In ihr treffen alle Komponenten der Xenophobie zusammen, wie sie in der Geschichte der Menschheit nachweisbar sind: Angst, Hass und Fremdenfeindschaft. Betrachtet man aber die heutige Situation der europäischen Staaten mit ihren Problemen einer ständig wachsenden Einwanderung von fremden Flüchtlingen, die durch mangelnde Integration zu „Parallelgesellschaften" und einer „Paralleljustiz" geführt hat, so scheint nicht nur in Deutschland, sondern auch in ganz Europa die Furcht vor der Überfremdung durch eine nicht-assimilierbare Kultur, die sich gegen die Bevölkerung des Aufnahmelandes abschließt, vor allem dann berechtigt zu sein, wenn man die daraus entstehenden wirtschaftlichen Folgen betrachtet. Am Anfang des 20. Jahrhunderts ließ der Soziologe Georg Simmel bereits eine Ahnung von der heutzutage unübersehbaren Problematik der fremden Einwanderer erkennen, als er feststellte, dass der Fremde nicht jener ist, „der heute kommt und morgen geht", sondern der „heute kommt und morgen bleibt" (Simmel 1968, S. 509).

Überall in Europa ging man zunächst davon aus, dass, wenn innerhalb Europas eine „Übersiedlung" von Personen einer bestimmten Volkszugehörigkeit in ein Gebiet mit anderer Volkszugehörigkeit stattfindet, diese Personen mit der Sprache allmählich auch ihre kulturelle Identität wechseln und spätestens ihre Kinder zu voll integrierten Mitgliedern der Solidargemeinschaft des Landes ihrer Wahl werden. „So wurden aus Franzosen, Italienern und Polen Deutsche und umgekehrt" (Eibl-Eibesfeldt 1993, S. 13). Doch heute hat sich herausgestellt, dass diese Erwartung, wonach sich bestehende kulturelle Unterschiede in zwei, spätestens drei Generationen verwischen, vor allem für einen Großteil der muslimischen Einwanderer nicht gilt.

Parallelgesellschaften und Paralleljustiz: Die misslungene Integration

Die Tendenz der eingewanderten Muslime und ihrer Nachkommen, sich kulturell und räumlich abzugrenzen, war es, die zu dem Schlagwort „Parallelgesellschaft" geführt hat. Dieses Wort wurde Anfang der 1990er Jahre von Wilhelm Heitmeyer (Heitmeyer/Schröder 1997) in die Debatte um Migration und Integration eingeführt, wobei es zunächst kaum Beachtung gefunden hat, da es nur auf den islamischen Fundamentalismus unter türkischen Jugendlichen bezogen war. In geradezu inflationärer Weise populär wurde das Wort erst dann, als es mit der Auffassung verbunden wurde, dass die multikulturelle Gesellschaft gescheitert sei.

Unter „Parallelgesellschaften" wird in der heutigen öffentlichen Debatte die Vorstellung von ethnisch homogenen Bevölkerungsgruppen verstanden, die sich räumlich, sozial und kulturell von der Mehrheitsgesellschaft abschotten. Die Ursache für den freiwilligen oder unfreiwilligen Rückzug aus der Mehrheitsgesellschaft liegt nach Ergebnissen der Migrationsforschung in einer mangelhaften oder verfehlten Integrationspolitik. Eine Gruppe kann sich aber auch durch ihre fundamentalistischen religiösen Ideen und ethischen Grundsätze selbst separieren. Dass darin Gefahren für eine liberale Demokratie lauern, ist offensichtlich, vor allem dann, wenn solche religiös fundierten Parallelgesellschaften zusätzlich durch soziale oder ökonomische Spannungen charakterisiert sind, wie es bei den muslimischen Einwanderern häufig der Fall ist. Doch diese parallelen Subgesellschaften sind meist nicht von selbst entstanden, sondern nehmen ihren Ausgang in den ökonomischen und sozialen Krisen der Mehrheitsgesellschaft. Während es bei den normalen Steuerzahlern Proteste gegen Einsparungen, Steuererhöhungen und Arbeitsplatzknappheit gibt, wird von den Politikern an der Spitze der Gesellschaft zur Ablenkung von diesen Missständen die Debatte über Werte und eine christliche Leitkultur wieder belebt. Damit wachsen feindselige Emotionen, die sich gegen schwache Gruppen richten, die ihrerseits mit Abwehr, Distanz, Rückzug oder aufgrund ihrer schwachen Position mit verdeckter oder offener Aggression reagieren (vgl. Heitmeyer 2004). Wenn aber die Mehrheitskultur von einer Höherwertigkeit ihrer eigenen Werte und Normen gegenüber den Werten und Normen der Einwanderer ausgeht, entfernt sie sich immer mehr von dem demokratischen Grundverständnis, das vom Prinzip der Gleichwertigkeit der Menschen und Kulturen bestimmt ist. Diese Ausgrenzung ist es, welche den Nährboden für den terroristischen Fundamentalismus bildet, der sich nun auch in Europa breitmacht.

Die Zuwanderer aus dem ehemaligen Jugoslawien, der Türkei und den arabischen Ländern bilden den Kern des Integrationsproblems. In Deutschland haben sich dadurch schon seit vielen Jahren die allmähliche Verfestigung und das beständige Wachstum einer weitgehend funktions- und arbeitslosen Unterklasse ergeben. Der moderne Sozialstaat speziell deutscher Prägung, meint Thilo Sarrazin in seiner extrem islamophoben Haltung, tue aber einiges dafür, dass die weniger Qualifizierten und weniger Tüchtigen tendenziell fruchtbarer sind als die Qualifizierteren und Tüchtigeren. Denn die materielle Sorge für die Kinder werde ihnen vollständig abgenommen. Für jedes Kind würden die Eltern ein vom Staat garantiertes soziales Existenzminimum erhalten. Dies ist nach Sarrazin ein maßgeblicher Grund dafür, dass die Unterschicht deutlich mehr Kinder bekommt als die mittlere und obere Schicht. Kann man in dieser bevölkerungsstatistischen Feststellung Sarrazins noch die nicht unberechtigten sozialen Ängste vor Überfremdung mit all ihren wirtschaftlichen Konsequenzen sehen, so folgt bei ihm eine Aussage, die ihn als einen biologistischen Rassisten im Sinn eines schon längst überholten genetischen Determinismus kennzeichnet: „Für einen großen Teil dieser Kinder ist der Misserfolg mit ihrer Geburt bereits besiegelt: Sie erben (1) gemäß den Mendel'schen Gesetzen die intellektuelle Ausstattung ihrer Eltern und werden (2) durch deren Bildungsferne und generelle Grunddisposition benachteiligt" (Sarrazin 2012, S. 175).

Die Probleme einer verfestigten und nicht ausreichend in den produktiven Kreislauf integrierten Unterschicht überlagern sich zudem mit den ungelösten Integrationsproblemen eines großen Teils der Migranten aus der Türkei, Afrika sowie dem Nahen und Mittleren Osten. Die muslimische Einwanderung ist seit dem Anwerbestopp für Gastarbeiter 1973 von einem tatsächlich vorhandenen Integrationshindernis bestimmt, das vorwiegend auf die Anziehungskraft des deutschen Sozialstaats zurückzuführen ist. Man muss daher Sarrazin weitgehend zustimmen, dass bei vielen der seitdem Eingewanderten nicht der eigene wirtschaftliche Erfolg durch berufliche Leistung im Vordergrund stehe sondern die Absicherung und Alimentierung durch den deutschen Sozialstaat. Ihre Aussichten seien gut, meint Sarrazin, denn die Hilfe komme jedem Eingewanderten unabhängig von seiner Integrationsbereitschaft und seinem Arbeitswillen zugute. Weitere Hindernisse bestünden in der geringen

Neigung, die deutsche Sprache zu erlernen und auch privat zu gebrauchen, in der geringen Bildungsneigung, im Festhalten an den hierarchischen Familienstrukturen und im fortwährenden Familiennachzug. Von den muslimischen Migranten kehrt auch kaum einer in sein Heimatland zurück. Denn dort sind die Löhne niedriger als hierzulande Arbeitslosengeld und Kindergeld. Nur von den Qualifizierten geht ein Teil dorthin zurück, weil ihnen die in Deutschland erworbene Ausbildung auch in der alten Heimat Chancen bietet. Das Ergebnis ist eine negative Auslese. Deutschland finanziert nach Meinung von Sarrazins auf diese Weise einen Teil des muslimischen Proletariats, das in den Herkunftsländern keine Chancen sieht, die attraktiver wären als die deutsche Sozialhilfe. Sarrazin kann sich in diesem Zusammenhang sogar auf ein Zitat aus Hegels Rechtsphilosophie berufen: „Wird der reicheren Klasse die direkte Last aufgelegt, die der Armut zugehende Masse auf dem Stande ihrer ordentlichen Lebensweise zu erhalten, so würde die Subsistenz der Bedürftigen gesichert, ohne durch die Arbeit vermittelt zu sein, was gegen das Prinzip der bürgerlichen Gesellschaft und des Gefühls ihrer Individuen von ihrer Selbständigkeit und Ehre wäre" (Hegel 1972, § 245; vgl. Sarrazin 2012, S. 143).

Eine besondere Situation ergibt sich dadurch, dass in muslimisch dominierten Einwanderervierteln Deutschlands eine Paralleljustiz in der Tradition der Scharia entstanden ist. Nach dem Motto „Wir regeln das unter uns" geht es zunächst um die Schlichtung, um Täter- und Opferfamilie zu versöhnen, dann um die Wiedergutmachung durch Zahlung von Geld und schließlich um Selbstjustiz mit der Absicht, Rache zu üben. Damit wird aber das Strafmonopol des Rechtsstaates durch Drohung und Anwendung von Gewalt unterlaufen. Familienfehden, Ehrverletzungen, Grundstücks- und Geldstreitigkeiten sowie Revierkämpfe in der organisierten Kriminalität werden auf diese Weise intern geregelt. Die Streitschlichter in dieser Paralleljustiz sind ältere Autoritätspersonen, Familienoberhäupter, Imame oder die Anführer der organisierten Kriminalität. Die Gefahr, die dem Rechtsstaat durch diese selbst ernannten „Friedensrichter" droht, wird in einem Merkblatt des Berliner Landeskriminalamtes folgendermaßen beschrieben: Institutionen wie Polizei und Justiz werden bewusst unterlaufen, umgangen und behindert, denn nach Einschaltung derartiger Streitschlichter wird jede weitere polizeiliche Arbeit abgelehnt. Zeugen und Geschädigte machen keine Angaben mehr und widerrufen ihre vorher gemachten Angaben oder bagatellisieren die

Straftat. Potenziert werden die negativen Auswirkungen von solchen Schlichtungen auf die Strafverfolgung durch Drohung oder Anwendung von Gewalt auf das Opfer und die Zeugen. Nicht immer muss es bei der Anwendung von Paralleljustiz einen religiösen Hintergrund geben. Bei Alltagsstreitigkeiten kann sie sogar zu einer willkommenen Entlastung der Amtsgerichte führen. Einig ist man sich jedoch darüber, dass illegale Paralleljustiz, wenn es um Verbrechen oder strafbare Handlungen geht, nicht geduldet werden kann.

Im Zuge solcher Entwicklungen wie Parallelgesellschaften und Paralleljustiz hat sich vor allem in Deutschland eine neue Art der Fremdenfeindlichkeit ergeben, die von Seiten nicht integrierter jugendlicher Einwanderer der zweiten und dritten Generation ausgeht und sich gegen die Bevölkerung des Aufnahmelandes richtet. Nach den Erfahrungen einer Jugendrichterin an Deutschlands größtem Amtsgericht Berlin-Tiergarten, Kirsten Heisig, gibt es in Deutschland zugewanderte Menschen, die nie vorhatten, sich einzufügen, sondern schon immer in einer parallelen, in einigen Fällen sogar kriminell ausgerichteten Struktur gelebt haben und beabsichtigen, damit fortzufahren. Die jugendlichen Intensivtäter stammen meist aus vor vielen Jahren aus dem Libanon oder der Türkei zugewanderten Familien mit sechs Kindern und mehr. Viele Einwanderer besitzen inzwischen die deutsche Staatsangehörigkeit, die meisten leben von Kindergeld und staatlichen Transferleistungen. Die Mütter haben nie Deutsch gelernt. Sie überlassen speziell die Söhne schon früh sich selbst, wobei dies nicht auf mangelnde Fürsorge, sondern eher auf kulturelle Traditionen zurückzuführen ist. Söhne sind kleine Männer, und während die Töchter oft erfolgreich versuchen, eine Qualifikation für den Arbeitsmarkt zu erlangen, und dabei hoffen müssen, nicht verheiratet zu werden, treiben sich die Söhne auf der Straße herum. Es kommt zu ersten Straftaten, die überwiegend aus der Gruppe heraus begangen werden. Dass die deutschen Opfer von Straßenraubtaten und massiven Körperverletzungsdelikten nicht „nur" beraubt und zusammengeschlagen werden, sondern zudem mit Attributen bedacht werden wie „Scheißdeutscher", „Schweinefleischfresser" oder „Scheißchrist", den man „nur vergasen könne", beruht nach Kristin Heisig hauptursächlich nicht auf sozialen Faktoren, sondern auf einer Fremdenfeindlichkeit, die eine gewisse Verächtlichkeit gegenüber der deutschen Werte- und Gesellschaftsordnung bei den Tätern zum Ausdruck bringt (vgl. Heisig 2008, S. 340 ff.). Diese neue Fremdenfeindlichkeit zweiter Art bildet dann auch den geeigneten Nährboden für die zunehmende Radikalisierung des islamischen Glaubens.

Salafismus: Der Ursprung der Islamophobie in der Gegenwart

Nach Erkenntnissen des Bundesverfassungsschutzes sind beinahe alle islamistischen Terroraktivitäten in Deutschland dem fundamentalistischen Salafismus zuzurechnen. Im Jahre 2013 waren Salafisten die am raschesten wachsende islamistische Gruppe in Deutschland. Die Mehrzahl der Salafisten sind zwar keine Terroristen, sondern politisch und religiös überzeugte Muslime, die keine Gewalt anwenden, sondern mit kulturellen Mitteln, wie etwa durch Verteilung deutschsprachiger Übersetzungen des Korans, Überzeugungsarbeit für ihren Glauben leisten wollen. Andererseits sind fast alle in Deutschland bisher identifizierten terroristischen Netzwerkstrukturen und Einzelpersonen salafistisch geprägt oder haben sich im salafistischen Milieu entwickelt. Es kann daher als gesichert gelten, dass das von Salafisten verbreitete Gedankengut den Nährboden für eine islamistische Radikalisierung und schließlich auch die Grundlage für die Rekrutierung von Konvertiten und nicht integrierten Einwanderern für den militanten Dschihad bildet.

Salafisten versuchen, den Islam der ersten drei Generationen von Muslimen, der sogenannten „rechtschaffenen Vorfahren" (as-salaf as-salih), unverändert in die heutige Zeit zu übernehmen. Die ideale „Umma" – das ist die arabische Bezeichnung für „islamische Weltgemeinschaft" – zerbrach aber unweigerlich und für alle Zeiten in jenem Moment, als der dritte Kalif Othman 656 ermordet wurde und sein Nachfolger Ali, der Schwiegersohn des Propheten Mohammed, an die Macht kam und damit die Tradition der schiitischen Imame begründete (siehe oben Kapitel 2). Die sunnitische Salafisten-Bewegung berief sich im Gegensatz zu den Schiiten nur auf die beiden Nachfolger des ersten Kalifen Abu Bekr. Sie entstand im 19. Jahrhundert im Zuge der geistigen Auseinandersetzung mit den abendländischen Orientalisten zur Zeit des Imperialismus. Die bedeutendsten Vertreter dieser Richtung waren Jamal ed-Din al-Afghani (1839–1897) und sein Schüler Muhammad Abduh (1849–1905).

Die Forderung der „Salafiya" zur Rückkehr zu den Quellen des Glaubens unter Bezugnahme auf die Vorfahren war in ihren Anfängen ganz im Gegensatz zu den heutigen fundamentalistischen Salafisten mit einem

Abb. 96: Jamal ed-Din al-Afghani und Muhammad Abduh, Reformer und
Begründer der Salafiya

am Fortschritt des Westens orientierten Reformwillen zur Säkularisierung und Demokratisierung eines einheitlichen islamischen Staates verbunden, der die ganze muslimische Welt umfassen sollte. Jamal ed-Din
al-Afghani war allerdings davon überzeugt, dass diese Demokratisierung
nur schrittweise geschehen könne. Die unmündige Bevölkerung sollte
zunächst durch einen „erleuchteten" Herrscher zur Demokratie herangeführt und erzogen werden. Weil al-Afghani an der Vernunft der ungebildeten Masse zweifelte, war sein ganzes Leben von der Suche nach einem
solchen reformwilligen Herrscher geprägt. Die vom Despotismus bestimmte Welt der Muslime, so meinte er, werde jedem folgen, der ihnen
den Himmel auf Erden verspricht. Nach seiner Ansicht war eine Säkularisierung für die Muslime ebenso notwendig geworden wie eine Demokratisierung, da schon die damalige, in mehrere Richtungen zersplitterte
Umma nicht mehr mit jener zur Zeit des Propheten Mohammed ver-
gleichbar war. Das gilt auch für heute. Sunniten, Schiiten, Aleviten und
Wahhabiten streiten, bekämpfen sich und töten einander, um sich das

Erbe des Propheten anzueignen. Sie alle betrachten sich als die wahren und legitimen Muslime, während sie die Gegenseite auf dem Irrweg wähnen. Wenn aber eine bestimmte Partei glaubt, im Besitz der einzig richtigen Islamauslegung zu sein, kann dies nur zu Benachteiligung und Unterdrückung der anderen Strömungen führen. Die Folgen davon sind gewaltsame Auseinandersetzungen zwischen den verschiedenen muslimischen Strömungen, wie sie früher tatsächlich stattgefunden haben, aber auch heutzutage noch immer stattfinden.

1994 zeigten sich in Afghanistan erstmals die Taliban. Über zwei Jahre bombardierten und belagerten sie Kabul und errichteten das Islamische Emirat Afghanistan. Das Massaker, das die wahhabitischen Taliban im Sommer 1998 an den schiitischen Bewohnern in Masar-e-Sharif angerichtet haben, war ein Beispiel für das Verhalten der in sich zerstrittenen Muslime. Die schiitischen Gegner der Taliban hatten damals längst die Stadt verlassen, die nun noch von Greisen, Frauen und Kindern bewohnt war. Diese Teile der Bevölkerung galten als unantastbar und man nahm an, dass die Taliban die Stadt zwar einnehmen würden, aber der Zivilbevölkerung kein Leid zufügen würden. Doch am 8. August fuhren die Taliban mit ihren Kleinlastwagen in die Stadt und ermordeten insgesamt 8000 Menschen. Die Verachtung der wahhabitischen Taliban gegenüber den Schiiten war so tief, dass sie sechs Tage lang verboten, die Leichen zu bestatten. Diese verwesten in der Hitze des afghanischen Sommers, während hungrige Hunde über sie herfielen.

Aber erst mit den Anschlägen auf das World Trade Center in New York geriet der islamistische Terror radikal ins Bewusstsein der Weltöffentlichkeit. Zu den Anschlägen bekannte sich die Terrorgruppe Al-Kaida, die sich 1988 in Pakistan gegründet hatte. Mit über 3000 Toten waren die Flugzeugentführungen und der Einsturz der Zwillingstürme 2001 ihre schlimmste Terrortat. Seit der Gründer und Anführer Osama bin Laden im Mai 2011 von einem US-Kommando in Pakistan erschossen wurde, wird Al-Kaida von Ayman al-Zawahiri angeführt.

Heutzutage ist vor allem die Auseinandersetzung der Terrormiliz des „Islamischen Staates" (IS) mit den Schiiten und den muslimischen Kurden für die Situation im Nahen Osten kennzeichnend, die zeigt, dass ethnische und territoriale Ansprüche religiöse Vorstellungen überlagern können. Seit Januar 2014 wurde der IS wegen seiner Offensive im Irak und in Syrien zur größten islamistischen Terrorgefahr. Die Entstehung des Islamischen Staats wäre indes kaum möglich gewesen, wenn nicht die USA dabei eine

Abb. 97: Camp Bucca

zwar ungewollte, aber entscheidende Rolle gespielt hätten. Wie jetzt bekannt wurde, könnte nämlich das Gefangenenlager Camp Bucca, das die
US-Armee von 2003 bis 2009 im Irak unterhielt, so etwas wie die Wiege
des IS gewesen sein. In diesem Lager wurden nicht weniger als neun Füh-
rungsmitglieder von dem, woraus später der IS werden sollte, gleichzeitig
gefangen gehalten, darunter auch deren späterer selbst ernannter „Kalif"
Abu Bakr al-Baghdadi. Das Camp war der ideale Nährboden für den organisierten Terror. Die inhaftierten radikalen Islamisten nützten die anarchi-
schen Zustände unter einer überforderten Besatzungsarmee, die nicht nur
willkürliche Verhaftungen vornahm, sondern die Insassen auch nicht sepa-
rierte. Die Islamisten verwandelten das Lager in ein Rekrutierungs- und
Ausbildungscamp für Terroristen. Aber sie rekrutierten und indoktrinier-
ten ihre Mithäftlinge nicht nur. Weil die Amerikaner das Lager wie einen
rechtsfreien Raum führten, konnte sich dort sogar eine hierarchische Ordnung eigener Art etablieren – bis hin zu Scharia-Gerichten gegen westliche, unislamische Verhaltensweisen der Häftlinge (vgl. Charim 2014).

Hinzu kam noch das bis heute andauernde zurückhaltende Verhalten der türkischen Regierung gegenüber den Terrormilizen des Islamischen Staates. Denn für sie ist die Vorstellung eines eigenen kurdischen Staates die größere nationale Bedrohung, sodass eine militärische Unterstützung der Kurden im Kampf gegen den IS nur von Nachteil wäre. Überdies wird als der eigentliche Gegner der Türkei, den es zu vernichten gilt, die syrische Regierung unter Baschar al-Assad angesehen. Daran ändert aus türkischer Sicht auch die in Syrien bereits weit vorangeschrittene Säkularisierung nichts. Denn Säkularisierung im ursprünglichen Verständnis des Reformers al-Afghani bedeutet nicht wie in Europa seit der Zeit der Aufklärung eine scharfe Trennung zwischen Religion und Staat. Ein islamischer säkularer Staat wäre zwar in religiösen Dingen neutral und auf diese Weise würde die Machtkonzentration einer bestimmten Gruppe verhindert. Eine islamische Regierung muss aber als solche immer noch dem Gebot des Koran folgen. Sie muss daher Vollstrecker der Scharia sein und ihre Gesetzgebung im Einklang mit ihr halten.

Doch heutzutage ist bei den Salafisten von diesen beschränkten Reformversuchen ihrer Begründer al-Afghani und Abduh kaum etwas übrig geblieben. Das heutige salafistische Spektrum in Deutschland reicht von politischen Salafisten, die Gewalt – zumindest in Deutschland – ablehnen, bis hin zu „dschihadistischen" Salafisten, die Gewalt befürworten und diese auch einsetzen. Die Zielsetzung ist die gleiche: die Errichtung eines Gottesstaates, der auf dem islamischen Recht beruht. Die fundamentalistische Ansicht, die von den heutigen Salafisten propagiert wird, ist radikaler als der Islam zur Zeit des Propheten, der nur gegen die heidnische Vielgötterei gerichtet war und den monotheistischen Religionen Christentum und Judentum einen gewissen Wahrheitswert zuerkannte. Dagegen kennt der heutige „dschihadistische" Islamismus nur den Unterschied zwischen Gläubigen und Ungläubigen, die als Feinde nicht nur der rechtgeleiteten Muslime, sondern auch als Feinde Gottes vernichtet werden müssen.

Antisemitischer Rassismus und Islamophobie

Eine der unübersehbaren Schattenseiten des Abendlandes war der Rassismus in den europäischen Nationalstaaten des 19. Jahrhunderts, der sich in erster Linie nicht gegen die damals in Westeuropa kaum vorhandenen

Muslime, sondern gegen die Juden richtete. Wie groß der verhängnisvolle Einfluss der Religion noch immer ist, lässt sich an dem zeitweise in Deutschland propagierten Gegenkonzept einer „jüdisch-christlichen Leitkultur", erkennen, der sich auch die Muslime unterwerfen sollen, obwohl seit der Zeit der Aufklärung in Europa Religionsfreiheit herrscht. Dass die Rede von einer „jüdisch-christlichen Leitkultur" nichts anderes als ein Märchen ist, lässt sich eindeutig an den historischen Fakten eines radikalen Antisemitismus erkennen, der von Luther bis zu den Protagonisten des deutschen Nationalismus im 18. und 19. Jahrhundert reicht. In den Nachkriegsjahren nach dem Untergang der Nationalsozialismus ist die Vorstellung einer gemeinsamen jüdisch-christlichen Kultur als Ablenkung von dem in Deutschland damals verbreiteten Antisemitismus entstanden. Heutzutage wird sie jedoch gegen den Islam instrumentalisiert. Das zeigt ein Vergleich der Wortwahl in den heutigen antiislamischen Hetzreden mit der Redeweise der deutschen Protagonisten des Nationalismus (siehe oben Kapitel 8). Ganz ähnlich klingt ein im Internet verbreitetes „Thesenpapier gegen Islamisierung" vom 19. Oktober 2011: „Der Islam ist eine Machtideologie im Deckmantel einer Religion, die die Welt in höhergestellte Rechtgläubige und minderwertige Ungläubige aufteilt; mit totalitärem weltlichem Herrschaftsanspruch, Intoleranz, Gewaltbereitschaft und Tötungslegitimation. Wenn der Volksentscheid zu dem Ergebnis führt, dass der Islam verboten werden soll, haben alle Muslime die freie Entscheidung, dieser Ideologie abzuschwören. Abschwören oder abreisen heißt die Konsequenz. Für den zweiten Fall stehen genügend islamische Länder zur Auswahl."

Diese grundsätzliche Übereinstimmung zwischen Antisemitismus und Islamophobie wird auch von der gegenwärtigen Vorurteilsforschung bestätigt: „Aus der Perspektive der Vorurteilsforschung ist das Phänomen der Islamfeindlichkeit deshalb interessant, weil weithin mit Stereotypen argumentiert wird, die aus der Antisemitismusforschung bekannt sind, etwa die Behauptung, die jüdische bzw. die islamische Religion sei bösartig, inhuman und verlange von ihren Anhängern unmoralische oder aggressive Verhaltensweisen gegenüber Andersgläubigen" (Benz 2009, S. 10 f.; vgl. Ruf 2012, S. 74). Nicht ganz zu Unrecht sehen sich daher viele Muslime als die Juden der Gegenwart an, von denen man fordert, dass sie ihrer Ideologie abschwören oder abreisen sollen. Diese Forderung erinnert fatal daran, dass auch die Verfolgung der Juden im nationalsozialistischen Deutschland mit der Forderung nach Auswanderung begann und mit der Massenvernichtung der Juden in den Konzentrationslagern endete.

Was stattgefunden hat, ist lediglich ein Austausch der Bezugsgruppe „Juden" durch „Muslime". Und dass es auch mit Bezug auf diese Gruppe bei der gemäßigten Forderung nach „Auswanderung" von allem Anfang an nicht geblieben ist, zeigt das Massaker von Paris im Jahre 1961 (Enaudi 2001, vgl. Ruf 2012, S. 77). Dabei erkennt man sogar eine historisch nachweisbare direkte Verbindung von Antisemitismus und Islamfeindlichkeit. Denn es war derselbe Maurice Papon, der sowohl in der Zeit des Vichy-Regimes als Generalsekretär der Präfektur von Bordeaux für die Deportation von Juden als auch als der von de Gaulle später ernannte Polizeipräfekt von Paris für das dortige Massaker an Muslimen verantwortlich war. Bei diesem Massaker wurden am 17. Oktober 1961 über 200 algerischstämmige Teilnehmer einer friedlichen Demonstration von der Polizei erschossen, erschlagen oder in der Seine ertränkt.

Der Terrorismus im gegenwärtigen politisch motivierten Islam hat die wegen der kriegstechnischen Überlegenheit des Westens aussichtslos gewordene militärische Eroberung der Welt mit Feuer und Schwert ersetzt. Andererseits hat aber auch die Terrorismusbekämpfung vor allem seit dem Attentat vom 11. September 2001 in Amerika zu einer Verschärfung der Feindschaft gegen die Muslime geführt, die unter dem Gesichtspunkt der Menschenrechte nicht mehr zu rechtfertigen ist, sondern einen Rückfall in die Barbarei bedeutet. So wurden im Gefangenenlager von Guantanamo einer großen Zahl von Menschen ihre Rechte verweigert, die ihnen laut Völkerrecht zustehen. Darüber hinaus wurden islamische Gefangene an Folterstaaten wie Syrien, Jordanien, Ägypten, Algerien oder Marokko überstellt, weil deren Foltermethoden effizienter sind. Als Terroristen eingestufte Gefangene wurden auf Schiffen oder in Gefängnissen anderer Länder festgehalten und misshandelt oder wie Waren von einem Folter-Ort zum anderen transportiert. Immer ging es dabei um „islamistische Terroristen", die gezielt gedemütigt wurden. Besonders abartig sind die auf der Basis modernen anthropologischen Wissens eingesetzten kulturspezifischen Formen der Demütigung, vor allem die Schändung von Exemplaren des Korans, der zerrissen oder besudelt wurde (vgl. Ruf 2012, S. 24). Eine ähnliche Art der Demütigung stellten die „Mohammed-Karikaturen" der rechtslastigen dänischen Tageszeitung Jyllands-Posten dar, die unter anderem den Propheten Mohammed mit einer Bombe im Turban als Terroristen zeigten. Dadurch fühlten sich Nachahmer motiviert, ihrerseits ähnliche, gegen den Islam gerichtete hetzerische Produkte auf den Markt zu werfen. So wurden beispielsweise über das Internetportal „Politically Incorrect" sogenannte „islamkritische Postkarten" angeboten. Da auf der Internetseite Namen und Adresse des Vertreibers genannt wurden, hat damals Werner Ruf gemeinsam mit einem ehemaligen Richter am Bayrischen Verwaltungsgerichtshof Strafanzeige wegen Volksverhetzung beim zuständigen Amtsgericht Offenburg erstattet. Die fraglichen Postkarten waren bereits Gegenstand diverser staatsanwaltlicher Ermittlungsverfahren. Doch die Verfahren wurden mit der Begründung eingestellt, dass die Karikaturen nur ganz kurzfristig im Internet gezeigt worden waren. „Bei dieser Logik", stellte im Jahre 2012 Ruf die Frage, „wie sich das wohl auf die Strafverfolgung bei Mord auswirken würde" (Ruf 2012, S. 88). Ein solcher Mordfall ist aber tatsächlich am 7. Januar 2015 durch die Ermordung der Redakteure und Karikaturisten der satirischen Zeitschrift „Charlie Hebdo" mitten im Zentrum von Paris eingetreten.

Als Auswirkung dieses Attentates erfolgte eine Solidarisierung nicht nur der gesamten, auch der muslimischen Bevölkerung Frankreichs, sondern auch eine Solidarisierung fast aller westlichen Staaten. Einig war man sich darin, dass man das Recht auf Meinungsfreiheit nicht aufgeben dürfe und dass es sich bei dem Attentat um eine kriminelle Straftat handele. Doch es gab auch Kritik an der neuerlichen Veröffentlichung von solch provozierenden Mohammed-Karikaturen. So erhob Henri Roussel, einer der Mitbegründer von „Charlie Hebdo", im Nachrichtenmagazin „Nouvel Observateur" schwere Vorwürfe gegen den getöteten Chefredakteur Stéphane Charbonnier. Er sei ein „sturer Dickkopf" gewesen, der seine Redaktion „in den Tod getrieben" habe („Die Welt", 20. Januar 2015). Angesichts der Tatsache, dass im Islam bildliche Darstellungen des Propheten Mohammed oder seines Gesichtes nicht erlaubt sind, ist es nicht zu verwundern, dass in islamisch geprägten Ländern wie Tschetschenien hunderttausende Muslime gegen die französische Satirezeitschrift demonstriert haben. Sie marschierten durch das Zentrum der Regionalhauptstadt Grosny und trugen Plakate mit Aufschriften wie: „Hände weg von unserem geliebten Propheten" und „Europa hat uns nur näher zueinander gebracht". Von Pakistan bis nach Westafrika entlud sich die Gewalt entrüsteter gläubiger Muslime, die sich mit den Pariser Attentätern solidarisierten.

Andererseits nahmen aber auch die Anschläge gegen Moscheen zu, während die Zeitschrift „Charlie Hebdo" eine Rekord-Auflagenhöhe von

Abb. 98: Gesichtslose Mohammeddarstellungen in der islamischen Literatur:
Geburt, Bekehrungsversuche, Auftrag zum Dschihad, Eroberungszug Mohammeds (aus Leben Mohammeds, ca. 1880)

fünf Millionen erreichte. Unabhängig von diesem Anlass vermehrten sich nicht nur in Frankreich, sondern auch in Belgien und anderswo in Europa islamistische Anschläge vor allem gegen jüdische Einrichtungen. Im Unterschied zu dem von der Terrororganisation Al-Kaida groß angelegten Terroranschlag in New York gehen diese Anschläge auf das Konto kleiner Gruppen von zum Teil aus dem Irak und Syrien zurückgekehrten Dschihadisten, die kaum oder gar nicht von den Sicherheitskräften kontrollierbar sind.

In diesem bisher in der Geschichte der Beziehungen des Westens mit dem Islam noch nie erreichten Zustand von Demütigung und Hass ist es nicht zu verwundern, dass bereits aus Anlass des zweiten Jahrestags des 11. Septembers 2001 der Sender Al Jazeera eine Botschaft von Ayman al-Zawahiri, der nach der Tötung Osama bin Ladens zum neuen Führer von Al-Kaida aufgestiegen ist, mit folgenden beschwörenden Worten ausstrahlte: „Wir sind keine Verfechter von Töten und Zerstörung. Mit Hilfe Gottes aber werden wir jede Hand abschlagen, die sich in feindlicher Absicht nach uns streckt. Wir sagen Euch: Hört auf mit Euren Angriffen auf die Menschen und das Eigentum der Unterdrückten" (zit. nach Ruf 2012, S. 25).

Vom Dschihad zum islamistischen Terrorismus

Wenn heutzutage in der öffentlichen Diskussion der unleugbare weltweite islamistische Terror einfach mit dem Begriff „Dschihad" gleichgesetzt wird, beruht das zumeist auf einer Unkenntnis der wahren Bedeutung dieses Begriffes, wie er in der Geschichte des Islam ursprünglich verwendet wurde und noch heute so von den Verteidigern des Islam verstanden wird. Dschihad bedeutet nämlich ganz allgemein „das Sich-Bemühen auf dem Pfad Gottes". Demnach ist Dschihad in erster Linie jeder „Kampf" des Menschen gegen die negativen Seiten seines eigenen Wesens: „Der Gläubige soll sich also selbst dazu bringen, danach zu handeln, wozu er ermahnt worden ist, und einen Kampf gegen seine Hoffnung und seine innere Neigung zu führen" (Hadith 40, 9, in Al-Nawari 2007, S. 250). Darüber hinaus wurde von allem Anfang an der Dschihad auch als eine Umschreibung für den bewaffneten Verteidigungskampf und Rachefeldzug für angetanes Unrecht verstanden: „Denjenigen, die kämpfen, ist die Erlaubnis dazu erteilt worden, weil ihnen vorher Unrecht geschehen ist"

(Sure 22, 39). Die Notwendigkeit, den Islam unter Einsatz von physischer Gewalt über die ganze bewohnte Welt auszudehnen, beruht aber schließlich auf der Überzeugung, dass der Islam der einzig wahre Glaube sei, den es gegen die Ungläubigen zu verteidigen gilt: „Kämpft gegen sie, bis niemand mehr versucht, euch zum Abfall vom Islam zu verführen, und bis nur noch Gott verehrt wird!" (Sure 2, 193).

Zur Zeit der Unterdrückung des Islam durch den europäischen Kolonialismus konnte man in diesem „heiligen Krieg" gegen die Ungläubigen noch den Versuch sehen, die Welt vom Unrecht zu befreien und sie zum wahren Glauben in einem islamischen Gottesstaat zu bekehren. In einem solchen Gottesstaat, der sich auf die Anfänge des Islam zur Zeit des Propheten Mohammed berief, wurden auch die Muslime, die sich den fremden Kolonialmächten unterworfen und deren Gesetze übernommen hatten, als Ungläubige und Verräter des wahren Glaubens angesehen. Der gegenwärtige islamische Terrorismus, der ebenfalls einen Gottesstaat errichten will, in dem die Scharia gültig ist, richtet sich jedoch gegen den gesamten Veränderungsprozess, der während der letzten hundert und mehr Jahre einen großen Teil der muslimischen Welt betroffen hat. Für die radikalen Fundamentalisten sind diese Veränderungen böse und zerstörerisch: Sie untergraben die islamische Moral, und ihre Strukturen höhlen das islamische Recht aus. Diejenigen, die solche Veränderungen fördern und betreiben, sind folglich Ungläubige oder Handlanger von Ungläubigen. Wenn sie nach ihrem Namen und ihrer Herkunft Muslime sind, sind sie noch etwas viel Schlimmeres: Sie sind Abtrünnige und die Strafe, die auf Abtrünnigkeit steht, kann nichts anderes als der Tod sein (vgl. Lewis 2001, S. 176). Beispiele dafür sind die Ermordung des ehemaligen ägyptischen Präsidenten Anwar al-Sadat und der Sturz des Schahs im Iran. Sie wurden von den rechtgläubigen Muslimen als Feinde im eigenen Land angesehen, die den Islam von innen her zerstören wollten. Ihr Verbrechen und das ähnlicher Machthaber bestand in den Augen ihrer Gegner darin, dass sie das heilige Recht des Islam abgeschafft und die islamische Gesellschaft durch die Einführung und Durchsetzung von fremden Gesetzen und Gebräuchen zu Heiden gemacht hatten. Die den Muslimen auferlegte Pflicht zum kämpferischen Dschihad verlangte, dass als Erstes, vor jedem Angriff auf einen äußeren Feind, der Tyrann im eigenen Land vernichtet und damit die Wiederherstellung einer wahrhaft islamischen Gesellschaft, regiert vom islamischen Recht, ermöglicht werde.

Doch der Sturz der Diktatoren in den arabischen Ländern war nicht die Leistung radikaler muslimischer Kräfte, sondern deren Ablösung war im Gegenteil die Folge eines neuen, vom Westen übernommenen Demokratieverständnisses. Der Jubel, mit dem die Revolten in Tunesien (Dezember 2010) und Ägypten (Januar 2011) als „Arabischer Frühling" begrüßt wurden, breitete sich wie ein Lauffeuer über die gesamte arabische Welt aus. Der Westen reagierte darauf, indem er die seit Jahrzehnten in diesen Ländern unterstützten Diktatoren, Ben Ali und Mubarak, fallen ließ und dann auch in Libyen mit einer von Frankreich zugunsten der Rebellen begonnenen militärischen Intervention den dortigen Führer Gaddafi beseitigte. Doch der „Arabische Frühling", der das neorassistische Paradigma Huntingtons vom „Kampf der Kulturen" und die damit zusammenhängende These von der „Demokratieunfähigkeit" der Muslime widerlegte, führte zwar in Ägypten zu freien, demokratischen Wahlen, brachte aber die „Muslimbrüder" an die Regierung.

Unter dieser Regierung setzten sich wieder radikale muslimische Strömungen durch, die auch die von der Scharia geforderte Zerstörung von Kulturgütern fremder Religionen im eigenen Land unterstützten. Denn für die Araber der islamischen Frühzeit, die bis heute strengsten Anhänger einer monotheistischen Religion, waren die Gräber und Pyramiden in Ägypten konsequenterweise keine erhaltenswerten Kulturgüter, sondern Denkmäler einer heidnischen Religion der Vielgötterei, die zerstört werden müssen und deren Inhalt ausgeraubt werden darf. Ein Schatten dieser religiösen Zerstörungswut fällt auch bis in die Gegenwart, wenn man Gerüchten Glauben schenkt, dass Abdul Latif Mahmud, ein islamischer Würdenträger aus Bahrein, den damaligen ägyptischen Präsidenten Mursi zum Abriss der Pyramiden von Gizeh aufgefordert haben soll, um das zu vollenden, was mit der arabischen Eroberung Ägyptens im 7. Jahrhundert begonnen hat. Und vor kurzem hat der Salafist und Dschihadist Murgan Salem al-Gohari, der sich rühmt, selbst an der Zerstörung der weltberühmten Buddhastatuen in Afghanistan beteiligt gewesen zu sein, öffentlich die Muslime an ihre Verpflichtung erinnert, den Lehren der islamischen Scharia zu folgen und die Pyramiden und die Sphinx zu zerstören (vgl. Oeser 2013). Denn der Pharao wird ja im Koran als machtgieriger Herrscher angesehen, der jedes Maß überschreitet, wenn er sagt: „Ich bin euer höchster Herr"; deswegen „erfasste ihn Allah mit der Strafe des Jenseits und Diesseits" (Sure 79, Vers 24 und 25).

Die Regierungszeit der Muslim-Bruderschaft nach ihrem Wahlsieg im Jahre 2012 war jedoch nur sehr kurz. Der erste demokratisch gewählte Präsident Ägyptens, Mohammed Mursi, wurde bereits ein Jahr später durch einen Militärputsch gestürzt und verhaftet. Die Muslimbrüder wurden als Terroristen eingestuft und als solche nicht nur verboten, sondern es wurden auch im April 2014 durch ein Gericht in einem Massenprozess 638 Anhänger Mursis zum Tode durch Erhängen verurteilt. Die Rückkehr zu einer Militärdiktatur und weitere Unruhen in den arabischen Ländern zeigen aber nicht eine grundsätzliche Demokratieunfähigkeit, sondern vielmehr, dass die von außen importierten demokratischen Strukturen allzu schnell eingeführt wurden, ohne an die vorhandenen sozialen und wirtschaftlichen Bedürfnisse angepasst zu werden. Daher brachen sie nicht nur in Ägypten, sondern auch in den meisten anderen islamischen Ländern unter dem Druck äußerer wie innerer politischer und wirtschaftlicher Belastungen zusammen (vgl. Lewis 2001, S. 97).

Die mit dem „Arabischen Frühling" einhergehende Destabilisierung der Sicherheitsstrukturen in Ländern wie Tunesien, Ägypten und Syrien bildete einen guten Nährboden für die Etablierung terroristischer Strukturen, die militanter, radikaler und extremer waren als die der Muslimbrüder und mit Anschlägen in London und Spanien auch auf Europa übergriffen. Hauptziele dieser Erneuerung der radikalen Version der Salafiya sind das Zurückdrängen westlichen Einflusses auf muslimische Länder sowie der Sturz der unislamischen Regierungen im Nahen und Mittleren Osten sowie in Nordafrika, um letztendlich dort an den Grundsätzen der Scharia ausgerichtete, islamische Gottesstaaten zu errichten.

Der Islamische Staat heute und seine Vorläufer im Iran und im Reich des Mahdi im Sudan

Es ist gerade die in der Gegenwart von Seiten radikaler Muslime immer wieder aufgestellte Forderung nach der Einbindung der Scharia in die europäische Rechtsordnung, die einem Rückblick auf den vor mehr als einem Jahrhundert, zur Zeit der in Ägypten gescheiterten Reformbewegung Muhammad Abduhs, im Sudan vom sogenannten „Mahdi" Mohammed Ahmed errichteten fundamentalistischen Gottesstaat Bedeutung verleiht (vgl. Oeser 2012). Denn an diesem realen Beispiel kann man an-

Abb. 99: Ein gewaltbereiter Salafist, mit der Drohgebärde des Halsabschneidens (aus Madrasa of Time, 29. Mai 2012)

schaulich vor Augen führen, wie es sein könnte, wenn sich alle Europäer der islamischen Kultur und ihrer Rechtsordnung beugen müssten. Es zeigt auch, dass das Problem des Zusammenlebens zweier derart divergierender Kulturen sich erst dann lösen wird, wenn auch der Islam die Trennung von Staat und Religion vollzieht, die im christlichen Europa ebenfalls erst nach blutigen Konflikten gelungen ist. Die aktuellen Berichte über Straßenschlachten in Deutschland zwischen Salafisten und staatlichen Sicherheitskräften lassen sich als Bestätigung dieser These ansehen (vgl. Th. Speckmanns Rezension von Oeser 2012, wiedergegeben in der islamfeindlichen Madrasa of Time, 29. Mai 2012).

Vor einem Vergleich zwischen dem heutigen „Islamischen Staat" (IS) und seinem selbst ernannten Kalifen Abu Bakr al-Baghdadi und dem Reich des Mahdi im Sudan ist jedoch eine Analyse und Rekonstruktion der Mahdi-Bewegung nötig, die ja ursprünglich eine schiitische Idee war und noch heute die Grundlage des islamischen Staates im Iran bildet (vgl. Chomeini 2014, S. 30 und S. 93). Diese Vorstellung der Schiiten beruht auf der Hoffnung auf einen Erlöser, der als Mahdi oder „Rechtgeleiteter" den Endsieg des Islam vollbringen soll. Die schiitische Gruppierung der sogenannten „Zwölfer-Schia" ging von der Vorstellung aus, dass der elfte Imam al-Hasan al-Askari, der nach seinem Tode keinen Erben hinterließ, doch einen Sohn gehabt haben soll und dass dieser zwölfte Imam kurz danach von Gott in die Verborgenheit entrückt worden sei, von wo er als Mahdi hervortreten werde, um die Herrschaft des „wahren Islam" zu errichten und die Erde mit Gerechtigkeit zu erfüllen. Dieser Glaube setzte sich bei den Schiiten im Laufe des 10. Jahrhunderts allmählich durch und bestimmt noch heute die Vorstellungen der schiitisch-islamischen Republik im Iran. Eine Besonderheit dieses Staates war und ist bis heute, dass von ihren Machthabern noch immer die politische Realisierung der Vorstellung vom Mahdi erwartet wird. So wollte noch der ehemalige iranische Präsident Mahmud Ahmadinedschad während seiner Rede vor der UN-Versammlung im Jahre 2005 die Anwesenheit des verborgenen Imams gefühlt haben. Er glaubte auch, dass auf seine Regierung direkt die Herrschaft des Mahdi folgen würde (vgl. Ourghi 2008, S. 15), was ja bekanntlich nicht eingetroffen ist. Dass die Hoffnung auf die Wiederkehr des Mahdi Fortbestand hatte, zeigte sich bereits im Jahre 2003 im Irak durch die Gründung der sogenannten „Mahdi-Armee" unter dem irakischen Schiitenführer Muqtada al-Sadr, deren harter Kern aus 1000 bis 1500 Kämpfern und 10 000 aktiven, leicht bewaffneten Sympathisanten bestanden haben soll (vgl. Ourghi 2008, S. 15).

Nach dem 29. Juni 2014, dem Gründungstag des Islamischen Staates, erfasste die Furcht vor der sunnitischen Revolution in ihrer Heimat auch die radikal-schiitischen Milizen in Syrien. Sie begaben sich wieder in ihre Heimat Irak, um sich dort, dem Aufruf ihrer Führer folgend, freiwillig zur Armee der schiitisch dominierten Regierung zu melden und den Kampf gegen den neu gebildeten grenzenlosen Islamischen Staat aufzunehmen. So reaktivierte auch der Schiitenführer Muqtada al-Sadr seine Armee des Mahdi (Jaish al-Mahdi), die früher gegen die Besatzung des Landes durch US-Truppen gekämpft hatte. Zwar änderte al-Sadr den Namen seiner

Miliz in „Friedensbrigaden" (Saraya al-Salam), doch machte eine Parade durch das schiitische Viertel in Bagdad deutlich, dass seine „Armee des Mahdi" weiterhin an der Linie Khomeinis, des Begründers der islamischen Republik Iran, ausgerichtet war (Said 2014, 102 f.). Solche Vorstellungen von dem Erscheinen des Mahdi waren schon zur Zeit der iranischen Revolution 1979 vorhanden. So glaubten manche schiitische Muslime im Iran, in Ayatollah Khomeini (1902–1989) den Mahdi zu erkennen. Khomeinis Lebensweg zeigte tatsächlich einige Parallelen zu dem der schiitischen Vorväter. Geboren wurde er am selben Tag wie die Prophetentochter und Ehefrau Alis, Fatima. Sein Vorname Ruhollah bedeutet der „Geist Gottes". Auch sein Waisendasein erinnerte an die Kindheit des Propheten und des ersten Imams Ali, die ihre Väter früh verloren hatten. Sämtliche Imame wurden nach schiitischem Glauben außerdem vergiftet oder auf andere Weise ermordet, wie dies auch das Schicksal von Khomeinis Vater war. Seitdem Khomeini 1964 ins Exil gezwungen wurde, lebte er sozusagen „in der Verborgenheit", war also nicht mehr direkt in die Ereignisse in Iran involviert, sondern stand vielmehr in der Vorstellung mancher seiner Anhänger durch Abgesandte, die seine Botschaften auf Kassetten oder Schriftstücken überbrachten, heimlich weiter in Verbindung zum iranische Volk. Aus dieser „Verborgenheit" tauchte er schließlich wieder auf, als er am 1. Februar 1979 einer Air-France-Maschine in Teheran entstieg (vgl. Ourghi 2008, S. 130).

Nach erfolgreicher Gründung des schiitischen Staates im Iran unter Khomeini, der, wenn auch nicht als der Mahdi selbst, so doch zumindest als sein Wegbereiter angesehen wurde, stand der Tradition entsprechend bereits am Anfang ein Aufruf zum globalen heiligen Krieg: „Dann wird es die Pflicht jedes volljährigen und waffenfähigen Mannes sein, freiwillig in diesen Eroberungskrieg zu ziehen, dessen Endziel es ist, das Gesetz des Korans von einem Ende der Welt bis zum anderen regieren zu lassen" (Ayatollah Khomeini 1980, S. 20). Begründet wird dieser „heilige Krieg" auf folgende Weise: „Der Glaube und das islamische Recht fordern, die antiislamischen Regierungen oder die, die sich nicht völlig nach den islamischen Gesetzen richten, in der mohammedanischen Welt nicht überleben zu lassen. Die Errichtung einer weltlichen politischen Ordnung heißt den Fortschritt der islamischen Ordnung zu verhindern. Jede weltliche Macht, in welcher Form sie sich auch zeigt, ist unvermeidlich eine atheistische Macht, Satanswerk; es ist unsere Pflicht, ihr Einhalt zu gebieten und ihre Auswirkungen zu bekämpfen. Die teuflische Macht kann nur die

Abb. 100: Ayatollah
Khomeini im Jahre 1979

Korruption auf der Erde erzeugen, das Erzübel, das mitleidlos bekämpft und mit der Wurzel ausgerissen werden muss. Um das zu erreichen, besitzen wir kein anderes Mittel, als alle Regierungen zu stürzen, die nicht auf den reinen islamischen Prinzipien basieren und deshalb korrupt und korrumpierend sind, und die Verwaltungen, die ihnen dienen, als verräterisch, verdorben, tyrannisch und ungerecht zu entlarven. Es ist nicht nur unsere im Iran, sondern auch die Pflicht aller Mohammedaner auf Erden, in allen mohammedanischen Ländern, die politische Islamische Revolution zum Endsieg zu führen" (Ayatollah Khomeini 1980, S. 24 f.). Im Bezug auf die westliche Justiz heißt es: „Europa (der Westen) ist nichts als eine Gesamtheit von Diktaturen voller Unrecht; die ganze Menschheit muss mit eiserner Energie diese Unruhestifter schlagen, wenn sie ihre Ruhe wieder finden will. Wenn die islamische Zivilisation den Westen geleitet hätte, wäre man nicht mehr gezwungen, Zeuge dieses wilden Treibens zu sein, das selbst für Raubtiere unwürdig wäre. Wenn man ein

Jahr lang nur die Strafgesetze des Islam anwendete, dann würde man jeder zerstörerischen Ungerechtigkeit und Sittenlosigkeit die Wurzeln ausreißen. Man muss die Vergehen nach dem Gesetz der Vergeltung bestrafen: dem Dieb die Hand abschlagen, den Mörder töten und nicht ins Gefängnis werfen, die Ehebrecherin oder den Ehebrecher auspeitschen. Eure ‚humanitären' Rücksichten und Skrupel sind mehr kindisch als vernünftig" (Ayatollah Khomeini 1980, S. 21 f.). Begründet wird diese grausame islamische Rechtsvorstellung durch ihre Einfachheit und die Leichtigkeit der Anwendung: „Sie erledigt alle Fälle des Strafrechts oder des zivilen Rechts auf die bequemste, einfachste und schnellste Weise. Es genügen ein einziger islamischer Richter, der sich in Begleitung von zwei oder drei Gehilfen in eine Stadt begibt, eine Feder und ein Tintenfass, um über welchen Fall auch immer zu urteilen und das Urteil sofort zu vollstrecken" (Ayatollah Khomeini 1980, S. 23).

Die Hoffnung auf einen Erlöser, der den Endsieg des Islam vollbringen wird, beherrschte auch schon hundert Jahre zuvor die von der anglo-ägyptischen Regierung unterdrückten Sunniten im Sudan. Das „Reich des Mahdi" unter ihrem charismatischen Anführer Mohammed Ahmed war nicht nur der Vorläufer des schiitisch-islamischen Gottesstaates im Iran, sondern vielmehr, was die territorialen Ansprüche und Rechtsvorstellungen betrifft, bis hinein in die Details der Vorläufer des heutigen sunnitisch-islamischen Staates (IS) im Irak und in Syrien.

Dabei ist die Hauptfrage, inwiefern es sich auch bei Mohammed Ahmed um eine wirklich religiöse Erscheinung handelt, die auf einem tatsächlichen Sendungsbewusstsein beruht. In fast allen europäischen Darstellungen des Mahdi-Aufstandes wird gerade dieser religiöse Hintergrund unterschätzt. Einen anderen Eindruck gewinnt man, wenn man die arabischen Quellen zum Mahdi-Aufstand berücksichtigt. Aus ihnen geht hervor, dass es sich in erster Linie um eine religiöse Bewegung gehandelt hat. Folgt man diesen arabischen Quellen, dann ergibt sich ein anderes Bild als das eines listigen, grausamen und machtgierigen Betrügers. Denn dort erfährt man, dass Mohammed Ahmed nach seinem Studium des Korans in Khartum unter seinen Altersgenossen großen Ruhm in der Religionsausübung und Gottesfurcht erlangte und noch viel mehr durch sein mit fanatischem Eifer betriebenes asketisches Leben geachtet war. Da die Tradition über den Mahdi ein buntes Gemisch voll von einander widersprechenden Elementen darstellte, hatte es Mohammed Ahmed leicht, die von der Überlieferung geforderten Zeichen, Wunder

Abb. 101: Der sunnitische Mahdi Mohammed Ahmed (aus Oeser 2012)

und sonstigen Bedingungen eines Mahdi an sich erfüllt zu finden (vgl. Oeser 2012, S. 21 f.). Seine angebliche Abstammung von den Asraf, den Verwandten des Propheten, der Name seines Vaters sowie sein eigener Name entsprachen diesen Forderungen. Seine Botschaft beinhaltete, der Mahdi-Vorstellung entsprechend, den Kampf gegen die Ungläubigen und die Wiederherstellung des idealen, gereinigten Urislam in einem eigenen Staat.

Vom „Land des Mahdi" und von seinem Gründer existierte zur Zeit seiner Entstehung in Europa und vor allem im deutschen Sprachraum nur ein romanhaftes, verzerrtes Bild, das noch heute im deutschen Sprachraum bestimmend ist. Ein Islambild, das geprägt ist von kultureller und politischer Rückständigkeit dieser Religion, verbunden mit moralischer und intellektueller Inferiorität der „Orientalen", vermitteln die bis in die Gegenwart viel gelesenen Erzählungen Karl Mays. In seiner Trilogie „Im Lande des Mahdi" drückt er sich folgendermaßen aus: „Und so sind sie alle, diese unwissendenMoslemim, deren Frömmigkeit sich meist nur im gedankenlosen Herleiern einiger Gebete betätigt, verbissene und verständnislose Menschen, welche mit Verachtung selbst auf ihre Glaubensgenossen herabsehen" (May 2003, S. 91). In dieser Reiseerzählung folgt er, vielleicht ohne es zu wissen, der Kritik der christlichen Kirchenväter und Kirchenlehrer des Mittelalters, dass Mohammed Richtiges und Falsches zusammengeworfen habe. Die Vorstellung von der Existenz des Mahdi, von dem im Koran nicht die Rede ist, sondern dessen Kommen zur Vernichtung der christlich-westlichen Welt nur mündlich überliefert wurde, wird von Karl May überhaupt nicht ernst genommen, was auch heutzutage der Fehler der westlichen Regierungen gegenüber der weit unterschätzten Macht des Islamischen Staates war. Da aber Karl May zur Zeit der Abfassung seines Werkes die Macht des Mahdi bereits erkennen konnte, musste er zugeben, dass der Aufstand gegen den Vizekönig von Ägypten zumindest im Sudan gelingen könnte: „Hier am obern Nil, da könnte er ein wenig Krieg spielen; aber sobald er die Nase über die nubische Grenze steckte, würde man ihn darauf klopfen" (May 1992, S 99). Darin sollte Karl May durch den tatsächlich erfolgten mörderischen Feldzug der anglo-ägyptischen Armee unter Kitchener in einem Maße Recht behalten, wie er es sich selbst gar nicht vorstellen konnte.

Bei Churchill, der an diesem Feldzug selbst teilnahm, findet man eine geradezu grandiose Würdigung der Person des Mahdi: „Welches Unglück auch immer die Karriere von Mohammed Ahmed zur Folge gehabt

Abb. 102: Kalif Abdullahi und ein Glaubenskrieger des Mahdi (aus Slatin Pascha 1896)

haben mag, so war er doch ein Mann von unbestreitbar edler Gemütsart, ein Priester, ein Soldat und ein Patriot. Er war in großen Schlachten Sieger geblieben, und er belebte und erneuerte die Religion. Er gründete ein Reich. In gewissem Maße reformierte er die öffentliche Moral. Indem er aus Sklaven Soldaten machte, trug er indirekt zur Eindämmung der Sklaverei bei." Churchill war auch der Meinung, dass der „einzige milde Einfluss, das einzige humane Element in diesem harten mohammedanischen Staat von diesem berühmten Rebellen ausging" (Churchill 1899, II, S. 212, vgl. Oeser 2012, S. 189).

Der Traum von einem weltumfassenden islamischen Gottesstaat wurde nach dem frühen Tod des Mahdi zwar von seinem Nachfolger, dem Kalifen Abdullahi, fortgesetzt. Doch Churchill erkannte schon damals, dass sich mit dem Tod des Mahdi alles veränderte. Hervorgegangen aus dem Verlangen einer Erneuerung der islamischen Religion, die von den türkisch-ägyptischen Unterdrückern verraten worden war, dauerte es nicht lange, bis die patriotische und religiöse Revolte zu einer Militärherrschaft geworden war. Auf eine unerhört grausame Weise, mit der er seine Gegner im eigenen Reich und sogar die Verwandten des Mahdi vernichtete, gelang es dem machtbesessenen Kalifen, seine Stellung in einem Reich zu festigen, das er durch seine brutalen Feldzüge zu einem Gebiet ausdehnte, welches bereits halb so groß wie Europa war.

Von der siegreichen Ausbreitung des islamischen Gottesstaates überzeugt schrieb Abdullahi im Jahr 1887 einen Brief an Königin Victoria von England und forderte sie sogar auf, zum Islam überzutreten. Doch diese hochgestochenen Pläne fanden ein schreckliches Ende. Denn die Armee, die der von der ägyptischen Regierung eingesetzte General Kitchener befehligte, war mit den damals modernsten Waffen ausgerüstet. Damit richtete er ein schreckliches Blutbad unter den Ansar, den todesmutigen arabischen Gotteskriegern, an, die nur mit ihren traditionellen Waffen, Lanzen und Schwertern, ausgerüstet waren.

Doch die historische Situation, in der damals die überlegene westliche Waffentechnik den Untergang des ersten islamischen Gottesstaates zur Folge hatte, hat sich heute total verändert. Der terroristische Islamische Staat unserer Tage verfügt über ein großes Arsenal an modernen Waffen, die im Irak erbeutet wurden, eigentlich von den USA stammten und zur Aufrüstung des vom Diktator Sadam Hussein befreiten neuen irakischen Staates unter schiitischer Führung dienen sollten. Außerdem wurden die sunnitischen Terrormilizen auch von den arabischen Staaten finanziell unterstützt. Am 29. Juni 2014 wurden von den Dschihadisten im Irak und in Syrien der „Islamische Staat" und ein Kalifat ausgerufen. Allein die deutsche Übersetzung der Audiobotschaft ist 39 Seiten lang. Sogar Fußnoten und eine Anleitung für die Umschrift des arabischen Alphabets ins Deutsche haben die Extremisten angefügt. Der Text ist voller theologischer Ausführungen und preist Abu Bakr al-Baghdadi als neuen Kalifen.

Es sei für jeden Muslim verpflichtend, ihm den Treueid abzulegen und ihn zu unterstützen. „Oh, Muslime", heißt es dort, „eilt euch und sammelt euch um euren Kalifen, dass ihr vielleicht zu dem zurückkehrt, was ihr für Jahre wart, Könige der Welt und Ritter der KriegeDS" (www.rp-online.de/.../abu-bakrs-propagandacoup-isis-ruft-islamisches-kalifat-aus-aid-1.4351275). Das ist eine unmissverständliche Anspielung auf die Frühzeit des Islam, als die Anhänger des Propheten Mohammed nach dessen Tod riesige Gebiete eroberten und ein Reich errichteten, an dessen Spitze der Kalif als politisches und religiöses Oberhaupt stand. Mit dem früheren Kalifat verbinden viele Gläubige die goldenen Zeiten des Islam, als die Muslime große Gebiete beherrschten und sich nicht von den säkularen westlichen Mächten unterdrückt fühlten. Das erklärte Ziel

Abb. 103: Der Kalif Abu
Bakr al-Baghdadi

von Salafisten und Dschihadisten lautet daher, zum „einzig wahren Islam"
der Zeit Mohammeds zurückzukehren. Was jedoch im Unterschied zum
ersten islamischen Gottesstaat fehlt, ist eine charismatische Gestalt wie
der sunnitische Mahdi Mohammed Ahmed. Eine solche charismatische
Persönlichkeit könnte man zwar in dem – in der Tradition des schiitischen Mahdi stehenden – Ayatollah Khomeini sehen, aber seine islamische
Republik blieb trotz seines eschatologischen Anspruchs auf den Iran beschränkt, während Kalif Abu Bakr al-Baghdadi sich nur mit dem Kalifen
Abdullahi vergleichen lässt, der nach dem frühen Tod des Mahdi zum
blutrünstigen militärischen Diktator wurde. Mit der Ausrufung des Kalifats
fand der nun nicht mehr territorial beschränkte grenzenlose Islamische
Staat viele Anhänger. Das war nicht zuletzt ein Ergebnis des Vormar-
sches und der Entschlossenheit, mit welcher der selbst ernannte neue
Kalif Abu Bakr al-Baghdadi seinen Machtanspruch verfolgte. Schon kurz
nach der Ausrufung des Kalifats konnte man im Internet Bilder sehen,
welche die Gotteskrieger in Syrien und im Irak zeigten. An ihnen selbst
wie auch an ihrer Kleidung und Waffenausstattung wird auch Unterschied zu den Ansar des Mahdi-Reiches deutlich.

Abb. 104: Die Terrormilizen des heutigen Islamischen Staates

Keinen Unterschied gibt es dagegen zu der heutzutage mit Entsetzen auf diversen Videos dargestellten Hinrichtungsmethode der Enthauptung von Europäern. Als terroristische Organisation wird der Islamische Staat vor allem wegen dieser grausamen Art der Hinrichtung von Geiseln angesehen. Diese Hinrichtungsmethode, die von den Terrormilizen nicht nur auf alle „Ungläubigen", also Christen, Juden und Jesiden, die als „Feueranbeter" gelten, angewendet wird, sondern auch auf ihre muslimischen Brüder, die Schiiten und Aleviten, ist die jahrhundertealte Form des Strafgerichtes, dem sich die untereinander verfeindeten Muslime seit Mohammeds Zeiten schicksalsergeben und mit Gleichmut unterworfen haben. Sie wurde auch im ersten islamischen Gottesstaat auf den besiegten General Gordon angewendet, wie der Gefangene des Mahdi, Slatin Pascha, berichtet. Drei Negersoldaten überbrachten ihm ein blutiges Bündel; hinter ihnen drängte sich die heulende Menge. Die Sklaven blieben mit grinsender Miene vor ihm stehen; einer von ihnen schlug das Tuch auseinander und zeigte dem entsetzten Slatin das Haupt General Gordons (Oeser 2012, S. 104).

Doch mit dem Untergang des Mahdi-Reiches durch den Sieg der anglo-ägyptischen Armee über den Kalifen Abdullahi sollte sich in einem Racheakt für die Enthauptung Gordons etwas ereignen, was die Empö-

Abb. 105: Islamisches Strafgericht (aus Leben Mohammeds, ca. 1880) und die Überbringung von Gordons Haupt (aus Slatin 1896)

rung der ganzen Welt hervorrief und von Churchill auf heftigste Weise kritisiert wurde: „Auf den Befehl von Sir Herbert Kitchener wurde das Grab entweiht und dem Erdboden gleichgemacht. Der Leichnam des Mahdi wurde ausgegraben. Das Haupt wurde vom Rumpfe getrennt, der Schädel von Hand zu Hand weitergereicht, bis er in Kairo anlangte. Da blieb er, eine Trophäe, die starkes Interesse fand" (Churchill 1899, II, S. 211; vgl. Oeser 2012, S. 188). In England griffen nicht nur die Zeitungen den Skandal auf, es kam auch zu Anfragen im Parlament, und auch die Queen, die den Helden von Khartum gerade ausgezeichnet hatte, war schockiert. So soll Kitchener daran gedacht haben, den Schädel des Mahdi mit Gold und Silber verziert als Trinkgefäß oder Tintenfass zu verwenden.

Ein großer Unterschied zwischen dem heutigen Islamischen Staat und dem damaligen Mahdi-Reich liegt aber in der jeweiligen Entstehungsgeschichte. Während der Gottesstaat im Sudan von allem Anfang an ein geschlossener Aufstand unter der Führung des Mahdi Mohammed Ahmed war und damit tatsächlich eine Ähnlichkeit mit der Einigung der arabischen Stämme unter Mohammed aufweist, entstand der heutige grenzenlose Islamische Staat aus bloß regionalen Milizen zunächst im Irak unter der Bezeichnung ISI (Islamischer Staat im Irak) und dann als seine Erweiterung unter der Bezeichnung ISIS (Islamischer Staat im Irak und in Syrien). Dabei ist noch zu berücksichtigen, dass diese Gruppierungen ursprünglich in Verbindung zur Al-Kaida, der Terrororganisation

Osama bin Ladens, standen, die für das schreckliche Attentat vom 11. September 2001 in New York verantwortlich war, das bekanntlich zu dem vom damaligen US-Präsidenten George W. Bush ausgerufenen „Krieg gegen den Terrorismus" (War on Terror) geführt hat. Unter dem Nachfolger des getöteten Osama bin Laden verlor die Al-Kaida nicht nur an Bedeutung, sondern es veränderte sich überhaupt die Zielrichtung des heiligen Krieges. Es war nicht mehr der „ferne Feind" im christlichen Abendland oder im Westen überhaupt, vor allem in Amerika und Europa, sondern der „nahe Feind" in den muslimischen Autokratien des Nahen und Mittleren Ostens und in den Regionen Nordafrikas. Während es der Al-Kaida nicht gelang, auch nur einen dieser korrupten, vom wahren Islam abgewichenen Herrscher zu stürzen, sollte sich das mit dem „Arabischen Frühling" ändern, den man als eine späte Realisierung der salafistischen Reformpläne al-Afghanis und Muhammad Abduhs ansehen könnte. Der Nachfolger bin Ladens, der aus Ägypten stammende Ayman al-Zawahiri, wurde zwar von der Gründung des regionalen Islamischen Staates im Irak (ISI) überrumpelt, versuchte aber nachträglich klarzustellen, dass dieser zum Al-Kaida-Netzwerk gehöre (vgl. Said 2014, S. 67).

Einflussreich waren auch die Lehren des aus Jordanien stammenden Ideologen Muhammad al-Maqdisi, die zu der heutigen Spaltung des Dschihad zwischen der Al-Kaida und dem Islamischen Staat geführt haben. Den Anlass dazu gab seine Kritik an der Errichtung des Islamischen Staates, die für ihn nichts anderes als das Unterfangen einer Miliz unter vielen anderen im Irak und in Syrien war. Bereits in seiner 1984 erstmals erschienenen Schrift „Die Gemeinschaft Abrahams" (Millat Ibrahim) zog al-Maqdisi, der sich in seinen Auffassungen auf wahhabitische Gelehrte berief, eine Trennungslinie zwischen „Gläubigen" und „Ungläubigen". Die Gläubigen sollten sich nicht nur von den Ungläubigen lossagen, sondern ihnen gegenüber auch Feindschaft und Hass zeigen, so lange, bis sie zu Gott zurückkehren würden. Mit den Ungläubigen sind diejenigen gemeint, die „Götzen" anbeten, aber der Hass richtete sich auch gegen alles, was anstelle Gottes angebetet wird. Dazu gehört unter anderem auch die Demokratie, die den Stellenwert einer Religion eingenommen habe, wie al-Maqdisi in einer weiteren Schrift mit dem Titel „Die Demokratie ist eine Religion" ausgeführt hat. Wenn Demokratie eine Religion ist, stehe sie, sagt er, in unmittelbarer Konkurrenz zur Religion des Islam. Und sie sei deshalb eine Art der Religion, weil sie eine Herrschaft von Menschen über Menschen durch die dafür vorgesehene

Abb. 106: Die Anführer und Ideologen des Dschihad der Gegenwart: Osama bin Laden, Ayman al-Zawahiri und Muhammad al-Maqdisi

Institution des Parlaments bedeute. Im Parlament wiederum würden von Menschen gemachte Gesetze erlassen, die das erlaubten, was Gott verboten habe, und das verböten, was Gott erlaubt habe, und somit der göttlichen Gesetzgebung zuwiderliefen. Dementsprechend sei die Demokratie zu bekämpfen. Gleiches gilt auch für das Konzept der Nation. Die Idee der Nation sei lediglich dafür gedacht, die Muslime künstlich voneinander zu trennen und gegeneinander aufzubringen. Der Nation und ihrer Symbolik, wie etwa Fahnen und Hymnen, werde mittlerweile mehr Achtung entgegengebracht als Gott und dem Propheten. Nicht-demokratische Herrschaftshäuser, wie sie in der arabischen Welt überwiegen, sind nach al-Maqdisi ebenfalls zu bekämpfen, da die Herrscher aus sich einen Götzen gemacht und sich über Gott gestellt hätten. Als einer der Ersten erklärte al-Maqdisi auch die Herrschaft des Königshauses in Saudi-Arabien als unislamisch. Damit ging er deutlich weiter als viele seiner radikalen muslimischen Zeitgenossen. Seine Schriften und seine revolutionär-politische Doktrin wirkten auf Dschihadisten weltweit inspirierend, und radikale Organisationen berufen sich noch heute direkt auf ihn oder sind indirekt von ihm beeinflusst.

Mit der Entstehung eines nicht mehr nur auf regionalen Terrormilizen beruhenden, sondern grenzenlos erweiterten Islamischen Staates wurde deutlich, dass eine neue Ära der Islamisierung der Welt anzubrechen droht, wie sie vorher nur zur Zeiten Mohammeds bestand. Abu Bakr al-Baghdadi stellte bald unter Beweis, dass der weitreichende territoriale

Anspruch durch eine steigende Anzahl von Kämpfern und durch stetige Gebietsgewinne im Irak und in Syrien gerechtfertigt war und damit die Führung der muslimischen Revolution von der Al-Kaida um Ayman al-Zawahiri und den anderen in Syrien aufgetretenen Aufständischen an den neu ausgerufenen Kalifen übergehen müsse. Wie eine Lawine überrollten seine Terrormilizen vom Irak aus bereits im Jahr 2013 die nördlichen Gebiete des Nachbarlandes Syrien, und nur wenige Gruppen wie die kurdischen Milizen waren fähig und willens, sich dem neu entstandenen Islamischen Staat entgegenzustellen, der in besonderer Weise aus allen Ländern Zulauf bekam, in denen die Muslime Minderheiten darstellten oder in die sie eingewandert waren. In den Hetzreden der radikalen Prediger in Deutschland für die Beteiligung am Kampf der Gotteskrieger in Syrien spielte wiederum die Erlöserfigur des Mahdi eine propagandistische Rolle. So sagt einer von ihnen, Brahim Belkaid, besser bekannt unter dem Namen Abu Abdullah, in seiner Ansprache in Hamburg, dass bereits der Prophet Mohammed Syrien als wichtiges Schlachtfeld bezeichnet habe. Dort finde die Vorbereitung für den Endkampf zwischen dem Islam und dem Rest der Welt statt: „An diesem Ort, in Damaskus, wird al-Mahdi stehen." Es sei kein Spaß, was dort stattfinde. Es sei kein Krieg wie ein anderer Krieg in Libyen oder in Tunesien und keine Revolution wie eine andere, in der es um Brot oder Geld gehe. Es seien vielmehr die Vorbereitungen auf den Kampf für oder gegen den Islam, an dem jeder rechtgläubige Muslim verpflichtet sei teilzunehmen. Solche allgemein an die ganze Welt gerichteten Aufrufe waren dann auch der Grund dafür, dass sich nicht nur aus muslimischen Ländern wie Tunesien oder Libyen rechtgläubige Muslime als Dschihadisten für den Kampf im Irak und in Syrien meldeten, sondern auch aus den europäischen Ländern wie Frankreich, Deutschland, Belgien oder Österreich muslimische Einwanderer, vor allem in der zweiten oder dritten Generation, als Dschihadisten sich zumeist über die Türkei zu den Kampfgebieten im Nahen Osten begaben.

Dass dieser Weg schon wegen der Offenheit der langen Grenze zu Syrien im Südosten der Türkei den einfachsten Zugang zu den Dschihadisten des Islamischen Staates darstellt, liegt aber auch an der immer stärker werdenden Islamisierung der Türkei selbst. Schon seit den siebziger Jahren des 20. Jahrhunderts ist ein Anstieg des islamischen Fundamentalismus zu verzeichnen, der in der heutigen Türkei unter Erdoğan seinen bisherigen Höhepunkt erreicht hat. Recep Tayyip Erdoğan wurde

1954 im Istanbuler Arbeiterviertel geboren. Er besuchte eine Prediger-
schule, nach deren Abschluss er auch ein Studium an der Marmara-Uni-
versität in Istanbul absolvierte. 1994 wurde er zum Oberbürgermeister
von Istanbul gewählt. Dabei kam ihm das türkische Wahlsystem zugute,
wonach im ersten Wahlgang derjenige gewählt ist, der die meisten Wäh-
lerstimmen erhält. Da sich die übrigen Stimmen auf die miteinander
konkurrierenden zwei konservativen und zwei linken Parteien mit ihren
jeweiligen Kandidaten verteilten, erhielt Erdoğan die Mehrheit. Als Oberbürgermeister von Istanbul mit seinen mehr als zwölf Millionen Einwohnern schuf er sehr schnell aus einer maroden, korrupten Stadtverwaltung
eine leistungsfähige und weitgehend korruptionsfreie Administration.
Aber bereits die Forderung nach Umwandlung der Hagia Sophia von
einem Museum in eine Moschee kennzeichnete ihn als einen dem
Fundamentalismus zuneigenden gläubigen Muslim. Im April 1998 wurde
Erdoğan sogar vom Staatssicherheitsgericht wegen Missbrauchs der
Grundrechte und -freiheiten gemäß Artikel 14 der türkischen Verfassung
und nach Artikel 312/2 des damaligen türkischen Strafgesetzbuches
(Aufstachelung zur Feindschaft aufgrund von Klasse, Rasse, Religion,
Sekte oder regionalen Unterschieden) zu zehn Monaten Gefängnis und
lebenslangem Politikverbot verurteilt. Anlass dazu war eine Rede bei
einer Konferenz in einer ostanatolischen Stadt, in der er davon sprach,
dass „die Demokratie nur der Zug ist, auf den wir aufsteigen, bis wir am
Ziel sind", und aus einem religiösen Gedicht von Ziya Gökalp (1876–
1924) die verhängnisvollen Worte zitiert hatte: „Die Moscheen sind
unsere Kasernen, die Minarette unsere Bajonette, die Kuppeln unsere
Helme und die Gläubigen unsere Soldaten" (aus: İlahi Ordu, dt.: „Göttliche
Armee").

Doch die Verurteilung durch die kemalistisch orientierte Regierung
konnte den politischen Aufstieg Erdoğans nicht behindern. Denn das
säkulare Erbe Atatürks und der türkischen Elite aus den letzten 60 bis
70 Jahren war bereits zunehmend unter Kritik geraten. Die herrschende
Meinung und Praxis in der Türkei wurden mehr und mehr islamistisch.
Das Amt für Religionsangelegenheiten, dessen Etat den manch anderer
Ministerien überstieg, finanzierte den Bau von Moscheen, verlangte Reli-
gionsunterricht in allen staatlichen Schulen und bewilligte Mittel für
islamische Schulen, die Tausende von Absolventen entließen, von denen
viele in den Staatsdienst traten. An den Universitäten wurden Professoren berufen, welche die Tradition der osmanischen Kultur pflegen soll-

Abb. 107: Ziya Gökalp und Recep Erdoğan

ten, deren Sprache und (arabische) Schrift seit Atatürks Säkularisierung in Vergessenheit geraten waren. Im Gegensatz zu Frankreich erlaubte die türkische Regierung in der Praxis nun Schülerinnen und Studentinnen das Tragen des traditionellen muslimischen Kopftuches – 70 Jahre nach Atatürks Verbot des Fez. Während die Elite und im Staatsdienst stehende Gruppen, besonders das Militär, früher säkular im Sinne Atatürks orientiert waren, zeigten sich islamistische Gesinnungen nun sogar bei den Streitkräften. Im Hinblick auf diese auseinanderstrebenden Kräfte bezeichneten jedoch türkische kemalistisch orientierte Politiker ihr Land noch immer als „Brücke" zwischen den Kulturen. Die Türkei, so behauptete Ministerpräsidentin Tansu Çiller 1993, sei sowohl eine „westliche Demokratie" als auch „Teil des Nahen Ostens" und „überbrückt physisch und philosophisch zwei Zivilisationen". In ähnlicher Weise nannte Präsident Demirel die Türkei „eine sehr wichtige Brücke in einer Region, die vom Westen nach dem Osten reicht, das heißt von Europa nach China" (zit. nach Huntington 1998, S. 235 f.). Für Huntington ist aber eine Brücke nur ein künstliches Gebilde, das zwei Orte miteinander verbindet, selbst aber keinem von beiden angehört. Er sieht in dieser Ausdrucksweise nur eine Bestätigung seiner, wie man sagen muss, kulturrassistischen Vorstellung, dass die Türkei ein durch zwei unvereinbare Kulturen „zerrissenes Land" sei (vgl. Huntington 1998, S. 236).

Die Rekrutierung von Dschihadisten aus Europa für den Islamischen Staat

Von dem im Nahen Osten neu entstandenen Islamischen Staat der Gegenwart ging auf die europäischen Zuwanderungsländer eine große Faszination aus, die zu einer Rekrutierung arbeits- und perspektivenloser muslimischer junger Männer führte. Denn dort finden diese nicht nur vollkommene Klarheit über „gut" und „böse", sondern sie können hoffen, im Dschihad zu Ruhm und Ehre zu gelangen, die ihnen in den europäischen Demokratien bisher verweigert wurden. Dabei spielt die genaue Kenntnis des auf dem Koran beruhenden islamischen Glaubens keine Rolle mehr. Denn kaum einer von diesen in den europäischen Ländern aufgewachsenen jungen Dschihadisten hat den Koran in der streng gehüteten arabischen Originalsprache, noch überhaupt in einer fremdsprachigen Übersetzung, wie der deutschen der salafistischen Koranverteiler, gelesen. Was davon übrig geblieben ist, beschränkt sich auf die Überzeugung, dass der Islam der einzig wahre Glaube sei, den es gegen die Ungläubigen zu verteidigen gelte mit dem Anspruch, den Islam unter dem Einsatz von physischer Gewalt über die ganze bewohnte Welt auszudehnen.

Die Attraktivität dieses neuen fundamentalistischen Salafismus macht dabei einerseits ein festes Regelwerk aus, welches den Jugendlichen Halt im Alltag bietet, und andererseits der Anspruch des Salafismus, im Besitz der absoluten Wahrheit zu sein. Der Salafismus unserer Tage unterscheidet sich von dem früheren, traditionsgebundenen Salafismus und auch anderen islamischen Gemeinden oder Vereinen vor allem dadurch, dass er ohne traditionell- beziehungsweise regional-kulturelle Einbettung ist (Roy 2006, S. 34 f.; und S. 253–272). Das bedeutet, dass er, anders als etwa der organisierte Islam der türkischen Einwanderer, nicht an ein bestimmtes umgrenztes Territorium, im Sinne eines Nationalstaates, gebunden ist, sondern eine ganz eigene, islamisch-globale Kultur und Gemeinde erschaffen möchte. Die Entscheidung für einen solchen Fundamentalismus ist daher die eines modernen Menschen, der sich für einen neuen Lebensentwurf entscheidet und nicht in ihn hineingeboren wurde: „Jugendliche, die zum Islam zurückkehren, wenden sich gewöhnlich vom kulturell bedingten Islam ihrer Eltern ab" (Roy 2006, 141 ff.). Dieser Salafismus entspricht also der postmodernen individualisierten Gesellschaft, in der Traditionen an Bedeutung verlieren. Er vermag es, Menschen von ihrer nationalen beziehungsweise territorialen Herkunft und der damit verbundenen Kultur und Sprache unabhängig zu machen und sie mit der wahren Identität des ursprünglichen Islam auszustatten. Diese modernen Muslime müssen nicht Türkisch, Bosnisch oder Persisch beherrschen, um in der Gesellschaft der „wahren Gläubigen" akzeptiert zu werden. Zwar ist es ihre religiöse Pflicht, Arabisch zu erlernen, um den Koran zu verstehen, doch beschränkt sich der Spracherwerb in der Realität zumeist auf das Erlernen einiger Ausdrücke und Phrasen sowie das Auswendiglernen einiger Koranverse (vgl. Said 2014, S. 21). Die Entkoppelung von den nationalen Kulturen sowie die Verwendung der deutschen Sprache, die sich auch auf die allerdings umstrittenen deutschen Übersetzungen des Korans erstreckt, machten den Salafismus in Deutschland von Beginn an auch attraktiv für einen begrenzten Kreis von Konvertiten sowie für die hier Aufgewachsenen der zweiten und dritten Generation, die ihre Glaubensbrüder in Syrien unterstützen wollen und nicht nur den Tod in Kampfhandlungen in Kauf nehmen, sondern ihn sogar als Märtyrer anstreben (vgl. Said 2014, S. 162).

Das Martyrium hat im Dschihad seit jeher eine zentrale Bedeutung. Bereits während des Afghanistankrieges kursierten Wundergeschichten von Märtyrern. So entstand nach und nach ein regelrechter Todeskult unter den jungen Dschihadisten, die das Martyrium suchten, um so in den Genuss der versprochenen Paradiesfreuden zu gelangen. Von diesen Paradiesfreuden sind seit dem Mittelalter durch antimuslimische Polemiken der christlichen Kritiker die sogenannten Huris oder „Paradiesjungfrauen" allgemein bekannt und werden auch heutzutage immer wieder gerne aufgegriffen, um die moralische Verderbtheit der Muslime zu beweisen. Weniger bekannt dürfte etwa sein, dass der zu Tode Gekommene der muslimischen Tradition nach von all seinen Sünden freigesprochen wird. Doch der Koran enthält tatsächlich auch das Versprechen der Vermählung mit den Huris oder „Paradiesjungfrauen": „Wir vermählen sie mit schwarzäugigen" (Sure 44, Vers 54) oder „großäugigen Huris" (Sure 52, Vers 20). Weiterhin wird von diesen „Jungfrauen mit großen, schwarzen Augen" gesagt, dass sie „in Zelten abgeschlossen sind (Sure 55, Vers

Abb. 108:
Sklavenmarkt
(aus Slatin Pascha
1896)

72) und kein Mann sie vorher berührt hat" (Sure 55, Vers 74). Im Koran findet man allerdings keine Zahlenangaben. Die Anzahl von 72 dieser Paradiesjungfrauen stammt nur aus den Hadithen und von islamischen Kommentatoren des Korans. Solche Vorstellungen verbunden mit der im Islam rechtlich zulässigen Verheiratung eines Mannes mit vier Frauen und der ebenso zulässigen Haltung von weiblichen Sklavinnen hat im heutigen Islamischen Staat zu einer Wiederbelebung von Zwangsverheiratungen und Sklavenmärkten geführt, bei denen wie in alten Zeiten die Mädchen und Frauen der besiegten Feinde versteigert werden. Damit wäre die mit Abstand traurigste Übereinstimmung zwischen dem heutigen Islamischen

Staat und dem Reich des Mahdi angesprochen, die noch über die grausame Art der Bestrafung durch Enthauptung hinausgeht.

Über die Sklavenmärkte im Mahdi-Reich gibt es einen authentischen Bericht des zum Islam übergetretenen österreichischen Gefangenen Slatin Pascha, der von der erniedrigenden Behandlung der feilgebotenen Sklavinnen erzählt, die von den Käufern wie zum Markt gebrachte Tiere auf das Gründlichste untersucht werden: „Man öffnet ihnen den Mund, um zu sehen, ob die Zähne sich in gutem Zustande befinden, entkleidet den Oberkörper, besieht und prüft den Rücken, Brust und Arme, untersucht die Füße und lässt sie einige Schritte gehen, um den Körper auch in der Bewegung beobachten zu können." Hat man sich endlich über den Preis geeinigt, so wird gleichzeitig mit der Bezahlung das übliche Verkaufspapier ausgestellt, und damit ist die Sklavin in das Eigentum ihres neuen Herrn übergegangen. „Der Verkäufer aber haftet für gewisse Gewährsmängel, besonders für geheime Krankheiten, wozu auch das Schnarchen gezählt wird, außerdem für üble Charaktereigenschaften, wie etwa Hang zum Stehlen" (Slatin Pascha 1896, S. 514 f.).

Für die Wiederbelebung dieser Zustände im heutigen Islamischen Staat spricht ein im Internet kursierendes Video, das offenbar Kämpfer des IS auf einem Sklavenmarkt zeigt. Die Männer unterhalten sich unter anderem über Preise für jesidische Mädchen und Frauen, für die auch eine Preisliste existieren soll. Denn parallel dazu berichten arabische Medien über ein Dokument, bei dem es sich offenbar um eine solche Preisliste für christliche und jesidische Frauen handelt, die nach verschiedenen Altersgruppen unterteilt sind. Die Preise beginnen bei umgerechnet 50 Euro für ältere Frauen und reichen bis zu 137 Euro für Mädchen zwischen einem Jahr und neun Jahren. Doch dieses Dokument konnte wie auch das genannte Video nicht auf seine Echtheit überprüft werden. Fest steht für die deutschen Sicherheitsbehörden jedoch, dass gefangene Jesidinnen und Christinnen „im großen Stil mit Kämpfern des Islamischen Staates zwangsverheiratet oder als Sklavinnen gehalten werden" (zit. nach einer Aussage des Präsidenten des deutschen Bundesnachrichtendienstes, Gerhard Schindler).

Die Bewaffnung und militärische Ausbildung von Kindern, wahrscheinlich sogar der Einsatz an der Front, ist ein weiterer Faktor, der deutlich macht, dass alle muslimischen Bürgerkriegsparteien im Nahen Osten die Rechte von Kindern massiv verletzen. Kindersoldaten sollen mittlerweile sowohl auf Seiten der syrischen wie der irakischen Regime-Anhänger als auch auf Seiten der Rebellen eingesetzt werden. Dies belegt beispielsweise ein Video aus dem März 2014, das mit einer kurzen arabischen Ansprache eines kleinen Jungen unterlegt ist, der den Stimmbruch noch vor sich hat: „Wir sind keine Kinder, aber wir sind auch nicht Männer, wie ihr es seid. Wir sind Helden! Helden unserer Religion und unserer Glaubensvorstellung. Wir sind Helden trotz aller Verlockungen, und unsere Kindheit liegt im Islam der Ehre. Dieser lehrt uns Heldentum und Ehrenhaftigkeit" (zit. nach Said 2014, S. 63).

Die Bedeutung, die Syrien für Europa zukommt, besteht vor allem in seiner geopolitischen Lage. Das Gleiche gilt für die anderen mediterranen Staaten wie Tunesien oder Libyen, deren dschihadistische Kämpfer mit dem Krieg in Syrien in Verbindung stehen. Vor allem aber gehen von den Europäern, die in Syrien auf Seiten der Dschihadisten kämpfen, Gefahren aus. Denn, wie der Generaldirektor des britischen Büros für Sicherheit und Terrorismusabwehr, Charles Farr, über diese dschihadistischen Milizen sagte, sind „sie uns viel näher, ihre Zahl ist weitaus größer und sie kämpfen mit einer Intensität, die wir zuvor nicht kannten. Gruppen in Syrien streben Angriffe auf Europa an und haben beides: sowohl die Fähigkeit als auch die Mittel, dies zu tun – nach Europa zurückkehrende ausländische Kämpfer eingeschlossen" (zit. nach Said 2014, S. 194). Außerdem könnten diese Dschihadisten Syrien oder den benachbarten Irak als dauerhafte und sichere Basis für Operationen nutzen, die gegen Ziele in Europa gerichtet sind. Im Unterschied zu den weit entfernten Ländern Afghanistan und Pakistan, die bisher terroristischen Gruppen einen sicheren Rückzugsraum boten, aber deren Reisemöglichkeiten für Dschihadisten aus europäischen Ländern mit erheblichen Schwierigkeiten und Sicherheitsrisiken verbunden sind, gestaltet sich die Reise nach Syrien über den Reiseweg Türkei viel einfacher. Die syrisch-türkische Grenze ist ein leicht zu überwindendes Einfallstor von Europa in den Dschihad, das europäische Dschihadisten bereits eifrig nutzen. Eine besondere Herausforderung stellen jene jungen Dschihadisten dar, die in Syrien gekämpft und überlebt haben und anschließend in ihre Heimatländer zurückgekehrt sind. Nicht nur dann, wenn es ihr Ziel ist, neue Anhänger für den Dschihad zu rekrutieren, sondern auch, wenn sie von dem Erlebten schockiert sind und eine Reintegration und Hilfe zur Bewältigung ihres Kriegstraumas benötigen, damit sie auch langfristig keine Gefahr für sich und andere darstellen.

Die Geschehnisse in Syrien und im Irak dürfen daher nicht isoliert betrachtet werden, denn die Dschihadisten verfügen mittlerweile über ein verlässliches Netz, das sich von Tunesien über Libyen, Ägypten, Jordanien bis nach Syrien und in den Irak erstreckt, aber auch darüber hinaus international gut verankert ist. Was aber die staatlich gesicherten Strukturen betrifft, hat sich herausgestellt, dass der Islamische Staat unterschätzt worden ist. Bisher hat man vor allem in der westlichen anti-islamischen Propaganda die sogenannten „Terrormilizen" des Islamischen Staates als einen ungeordneten Haufen von Mördern und Vergewaltigern betrachtet. Der Islamische Staat ist jedoch keine lediglich auf Waffengewalt beruhende „Terrororganisation", sondern hat bereits weitgehende staatliche Strukturen errichtet. Dafür gibt es eindeutige Belege durch Dokumente, die kürzlich, am 5. Juni 2014, bei einer Razzia im Versteck des als IS-Kriegsminister fungierenden Abdel Rahman al-Bilawi gefunden und von der irakischen Regierung der westlichen Presse zur Verfügung gestellt worden sind. Aus ihnen geht hervor, dass es im Islamischen Staat bereits eine Krankenversicherung, Heiratsbeihilfen und Unterstützungszahlungen für die Familien getöteter oder inhaftierter Kämpfer gibt. Die Dokumente enthalten umfangreiche Namenslisten von Kämpfern, detaillierte Angaben über Waffeneinkäufe sowie Personalakten von Selbstmordattentätern. In einer Art Kartei registriert die IS-Führung darin „Märtyrer", die für Selbstmordattentate abkommandiert worden sind. Um die Macht im Inneren zu sichern, investiert der IS viel Geld in die Sozialleistungen. Die Kosten für das Sozialsystem übersteigen bisweilen sogar die Ausgaben für den Ankauf von Waffen. Über die Waffenkäufe wird vom Islamischen Staat auf penibel bürokratische Weise Buch geführt. Die Dokumente zeigen, dass der Islamische Staat sich selbst als Staat ernst nimmt und auch als solcher handelt. Folgerichtig stellte Peter Neumann vom King's College London fest, dass die Dokumente im Prinzip bestätigen, dass diese gesamte Organisation viel rationaler und viel durchdachter ist, als man sich das bisher vorgestellt hat.

Die militärischen Erfolge des Islamischen Staates hatten ihren Grund aber auch in dem spektakulären Zusammenbruch eines Drittels der irakischen Armee, der durch die Korruption ihrer militärischen Führung zustande kam. So flüchteten ganze Divisionen vor den angreifenden Kämpfern des Islamischen Staates. Sie ließen Waffen, Geschütze und gepanzerte Fahrzeuge zurück, die dem IS in die Hände fielen. Ein Gutachten, das der irakische Premierminister Haider al-Abadi kürzlich dem Parlament in Bagdad vorlegte, zeigt, dass mindestens 50 000 der 200 000 Rekruten, die für die irakische Regierung gegen den IS kämpfen sollten, lediglich auf dem Papier existierten. Diese „Geistersoldaten" erhielten zwar Sold und standen auf den Mannschaftslisten, wurden jedoch in den Kasernen teilweise seit Jahren nicht mehr gesehen oder waren einfach erfundene Personen.

Schlussbetrachtung: Universalität der Wissenschaft und der Menschenrechte

Mit der Aufdeckung der Xenophobie als ein Phänomen, das die Geschichte der Menschheit von allem Anfang an bis heute begleitet, ist ebenso unleugbar die Erkenntnis verbunden, dass die Menschheit daran nicht zugrunde gegangen ist. Das kann uns trotz der heutigen Situation der weltweiten, durch den Terrorismus verstärkten Radikalisierung der Xenophobie immer noch Hoffnung für die Zukunft geben. Der Grund dafür ist die Einsicht, dass es einen Fortschritt der wissenschaftlichen Erkenntnis wie auch der Moral gibt, einerseits durch den wissenschaftlichen Universalismus und andererseits durch die Universalität der Menschenrechte. Dass so etwas existiert wie eine für die ganze Menschheit gültige Vernunft und eine ebensolche Humanität, die sich gegenseitig ergänzen müssen, ist nicht nur eine Illusion, sondern es beruht auf der Einheit des Menschengeschlechts.

Gerade der wissenschaftliche Universalismus verdankt ja nachweisbar seinen kulturellen Ursprung der wechselseitigen Übertragung von wissenschaftlichen Erkenntnissen zwischen Morgen- und Abendland. Wie an den Beispielen Avicenna und Averroes und noch anderer arabischer Gelehrter nachgewiesen werden kann (vgl. oben Kapitel 2), vermittelte der Islam Europa geistige Anregungen auf dem Gebiet der Medizin, der Naturwissenschaften und der Philosophie. Dabei spielten die arabischen Übersetzungen der im antiken Griechenland entstandenen Werke des Ptolemäus und des Aristoteles eine entscheidende Rolle. Die griechische Philosophie und Naturwissenschaft der Antike wurde aber nicht nur passiv von den islamischen Gelehrten übernommen, sondern auch aktiv weiterentwickelt, sodass sie auf die europäische Wissenschaft und Philosophie des Mittelalters und der beginnenden Neuzeit eine unübersehbare Rückwirkung zustande brachte. Ein anderes Beispiel sind in diesem Zusammenhang die groß angelegten Untersuchungen von Joseph Needham zur Rezeption der chinesischen Wissenschaft in Europa, die erst die Bezeichnung „wissenschaftlicher Universalismus" bekannt gemacht haben (vgl. Needham 1979). Needham geht davon aus, dass das wissenschaftliche Denken der arabischen Zivilisation eine Einheit mit der europäischen Wissenschaft bildet, „nicht nur, weil zum Zeitpunkt der weitesten Ausdehnung des Islam das Mittelmeer zu einem See der Moslems geworden war und spanische ebenso wie persische Moslems zum Fortschritt der Wissenschaften beitrugen, sondern auch, weil die arabische Sprache das Medium darstellte, durch das die Schriften des griechischen Altertums das Europa des Mittelalters erreichten" (Needham 1979, S. 88). Alle bedeutenden und die meisten der weniger bedeutenden wissenschaftlichen Texte der Griechen wurden zwischen dem 7. und dem 11. Jahrhundert n. Chr. ins Arabische und erst dann ins Lateinische übersetzt. Die Wissenschaft Ostasiens war in dieses System jedoch nicht eingefügt. Es gab zwar zwischen der arabischen Zivilisation und der Wissenschaft Ostasiens Kontakte. Doch für die Übersetzungen aus dem Arabischen ins Lateinische wurden stets berühmte Autoren des Altertums aus dem Mittelmeerraum, wie eben die Griechen, ausgewählt, die selbst freilich die Tatsache nicht verschwiegen hatten, wie viel sie den Ägyptern, Babyloniern und anderen frühen Zivilisationen des östlichen Mittelmeerraumes verdankten. Diejenigen Bücher der islamischen Gelehrten, welche die Wissenschaft Indiens und Chinas behandelten, wurden dagegen nicht ins Lateinische übersetzt, wodurch der europäischen Wissenschaft wesentliche Erkenntnisse zum Beispiel der Geographie und Kartographie entgingen, die in China bereits ein unvergleichlich höheres Niveau erreicht hatten. Das gilt auch für den großen arabischen Gelehrten al-Khwarizmi, dessen um 820 n. Chr. entstandenes Buch über Algebra das indische Zahlensystem einführte. Solche Beispiele belegen, dass es nicht wenige Kontakte zwischen den Wissenschaften Arabiens und Ostasiens gab, deren Früchte allerdings nicht zu den Wissenschaftlern des christlichen Abendlandes durchgedrungen sind, in ebenjenen Teil der Welt, in dem später die moderne Wissenschaft und Technik entstanden sind. Die Wissenschaft der arabischen Kultur könnte man daher mit Needham als einen „Brennpunkt" bezeichnen. Sie sammelte die reine und die angewandte Wissenschaft Ostasiens und baute auf den Arbeiten der Antike des Mittelmeerraumes auf.

Der wissenschaftliche Universalismus hat aber noch tiefer liegende Wurzeln, die gewisse Konkurrenzbestrebungen wie den im 19. Jahrhundert ausgeprägten Eurozentrismus, der mit Verachtung auf die fremden

Kulturen wie die arabische oder die chinesische blickte, beseitigen konnten. Denn das Ignorieren von wissenschaftlichen Ergebnissen bedeutet zugleich eine Verminderung der eigenen Leistungsfähigkeit. Das aber erzwingt geradezu die Anerkennung der Leistung anderer Kulturen. Das ursprüngliche, meist nur auf geopolitischen, sozialen und religiösen Unterschieden beruhende Konkurrenzstreben wurde durch die für den Fortschritt der Wissenschaft notwendige Anerkennung fremder wissenschaftlicher Leistungen zur Kooperation umgeformt. Dies gelang historisch gesehen in der Neuzeit vor allem dadurch, dass sich die Wissenschaft oder zumindest ein Teil von ihr, die Naturwissenschaften, möglichst von allen politischen und religiösen Zielen freihielt. Die Royal Society und ihr bedeutendstes Mitglied Sir Isaac Newton sind das beste Beispiel für diesen Vorgang (vgl. Oeser 1984 und 1988).

Dieser vor allem auf die neuzeitliche Naturwissenschaft bezogene Universalismus führte letzten Endes in der Gegenwart dazu, dass die Wissenschaftlergemeinschaft nach dem Muster von Francis Bacons Utopie „Nova Atlantis" einen eigenen Staat im Staate bildet, der nach eigenen Gesetzen weltweite Kontakte zu wissenschaftlichen Gesellschaften anderer Länder unterhält. Damit zeigt sich, dass innerhalb der menschlichen Kultur, so verschiedenartig sie auch sonst unter den Völkern der Erde ausgeprägt sein mag, die Wissenschaft genau jenen Teil darstellt, der weitgehend unabhängig von nationalen, historischen, politischen und religiösen Unterschieden ist. Die wissenschaftliche Erkenntnis erweist sich dadurch als kulturinvariant und universal. Das heißt: Sie bildet systematisch eine Einheit, die bewirkt, dass jede wissenschaftliche Leistung, mag sie auch noch so isoliert sein, wie etwa die Erfindung der mathematischen Null durch die Mayas oder die des Rades durch die Azteken, ihre Bedeutung für das gesamte Erkenntnisvermögen der Menschheit hat. So setzt sich die neuzeitliche Wissenschaft aus den Beiträgen aller Völker der alten Welt zusammen. Jeder Beitrag ist, wie Needham sagt, „wie ein Fluss ständig in sie hereingeströmt, sei es vom griechischen und römischen Altertum her oder aus der arabischen Welt oder den Kulturen Chinas und Indiens" (Needham 1979, S. 121). Es ist daher grundsätzlich gleichgültig, an welchem Ort und in welchem Volk der Erde eine wissenschaftliche Entdeckung gemacht worden ist. Ist sie einmal zustande gekommen, dann wird sie sich als allgemeingültige Hirnleistung des Homo sapiens überall und notwendig durchsetzen. Denn der wissenschaftliche Universalismus beruht auf einer wesentlichen Eigenschaft, die in der

Wissenschaft selbst liegt. Diese besondere Eigenschaft besteht eben darin, dass sich die Wissenschaft in allen ihren Teilgebieten prinzipiell ohne Verlust von einem Kulturbereich in einen anderen übertragen lässt. Hier gilt der Grundsatz, dass es nur eine wissenschaftliche Wahrheit geben kann, wie es auch nur eine menschliche Vernunft gibt.

Das Gleiche müsste auch für die Anerkennung der universalen Menschenrechte in den verschiedenen Kulturen gelten. Sie ist eine normative Forderung oder Aufgabe, die sich gegen jede Form eines politisch oder auch religiös begründeten Nationalstaates mit eigenen Rechtsvorstellungen und Gesetzen richtet. Universell sind diese Rechte, weil sie für alle Staaten, Organisationen und menschlichen Subjekte gelten sollen. In einem demokratischen Rechtsstaat, der sich auch als „Menschenrechtsstaat" versteht, gelten dementsprechend diese universalen Menschenrechte nicht nur für die jeweiligen Staatsangehörigen und nicht nur für die reichen und guten Bürger oder für Menschen einer bestimmten Religionszugehörigkeit, sondern ausnahmslos für alle Menschen, die in diesem Staat leben. Dazu gehören auch unmündige Kleinkinder, Bettler, schwachsinnige Greise, Asylanten, Terroristen, durchreisende Fremde, Gefängnisinsassen, Ketzer, psychopathische Kriminelle, Hochverräter und auch das abfällig sogenannte „unerwünschte Gesindel" wie die Zigeuner oder Roma (Arendt 1964, S. 216, vgl. Brunkhorst 2012, S. 120 f.). Niemand darf davon ausgeschlossen werden. Konkret bedeutet das die Ächtung von Genozid, Folter und anderen extremen Formen der Grausamkeit. Denn das Demokratieprinzip verlangt die unterschiedslose, von Staatsbürgerschaft und Volkszugehörigkeit unabhängige Gleichheit aller Gesetzesunterworfenen und verbietet politischen Organisationen, die politische Gleichheit durch Ausschluss ganzer Kategorien von menschlichen Individuen zu vernichten. Nicht Religionen, Kulturen oder Rassen taugen zur Kategorisierung von Menschen, es gibt vielmehr nur eine einzige Kategorie, woraus die Gleichheit aller und die Anerkennung ihrer Würde als Menschen resultieren müssen. Solche Gleichheit setzt jedoch die gleiche Teilhabe an der politischen Gestaltung voraus: „Das Beschwören ewig-gestriger Kategorien, sei es ‚Nation' oder ‚Kultur', im Zeitalter der Globalisierung ist und bleibt nicht nur reaktionär, es ist kontraproduktiv für eine Welt, die trotz aller Anstrengungen der Verfechter einer ‚Leitkultur' zusammenwächst. Die Frage dabei bleibt, ob dieses Zusammenwachsen friedlich und auf der Grundlage geltender zivilisatorischer Standards erfolgt oder zum Rückfall in globale Anarchie führt" (Ruf 2012, S. 129).

Die auf dem Grundprinzip der Gleichheit aller Menschen beruhenden Menschenrechte müssen und können schließlich nur überstaatlich von der internationalen Staatengemeinschaft garantiert werden, welche die partikular abgeschlossene Selbstbestimmung eines nationalen Staatsvolks beschränkt. Mit Blick auf die ideale normative Forderung, dass die Menschenrechte Rechte sind, die einem jeden Menschen ungeachtet aller seiner sonstigen Eigenschaften und allein aufgrund seines Menschseins zukommen, dürfen jedoch die verschiedenen geschichtlichen Entwicklungen bei der Umsetzung der Menschenrechte innerhalb der einzelnen Kulturen nicht außer Acht gelassen werden (Dhouib 2012, S. 57 f.). Deswegen bestehen auch konkrete Unterschiede in Bezug auf die Menschenrechte, wie sie heutzutage von fast allen Staaten der Welt akzeptiert werden. Das gilt vor allem für die islamischen Länder, bei denen sich die Überordnung des religiösen Rechtes der Scharia als beträchtliches Hindernis für die grundsätzliche Durchsetzung der universalen Menschenrechte herausstellt. Denn die Ausarbeitung des islamischen Rechts ist bis heute nicht die Aufgabe von Richtern und Regierungen der islamischen Staaten, sondern liegt seit jeher in den Händen der „Ulema", der Vereinigung der Religionsgelehrten. Diese regelt alle Lebensbereiche der Muslime, angefangen von religiösen Ritualen bis hin zu Ehe, Scheidung und den Erbangelegenheiten – und zur Festlegung von Maßstäben für das Strafrecht. Sie bestimmt aber auch die Auslegung des internationalen Rechts, in den islamischen Erklärungen der Menschenrechte. Dieser Umstand hat eine interne, von arabischen Autoren vorgebrachte Kritik hervorgerufen: „Das Anliegen dieser Kritik an regionalen arabischen und islamischen Erklärungen der Menschenrechte liegt darin, die Universalität der Menschenrechte von einem religiösen und hegemonialen Machtanspruch zu befreien" (Dhouib 2012, S. 58). Für solche regionale Erklärungen der Menschenrechte aus dem islamischen und arabischen Raum gibt es drei Beispiele, die von arabisch-muslimischen Staaten ratifiziert worden sind und auf nationaler wie internationaler Ebene kontrovers diskutiert werden: die Allgemeine Erklärung der Menschenrechte im Islam vom 19. September 1981, die Kairoer Erklärung der Menschenrechte im Islam vom 5. August 1990 und die Arabische Charta der Menschenrechte vom 15. September 1994. Eine überarbeitete Version dieser Charta wurde im Jahre 2004 in Tunis beim Gipfeltreffen der Arabischen Liga angenommen. Sie ist im Januar 2008 in Kraft getreten.

Obwohl diese Erklärungen einen Universalitätsanspruch erheben, sind sie meistens nur im Kontext des islamischen religiösen Gesetzes, der Scharia, verständlich. Somit wird die Universalität der Menschenrechte eingeschränkt und durch ein religiöses Verständnis wenn nicht ersetzt, so doch zumindest überlagert. In der Präambel der Allgemeinen Erklärung der Menschenrechte im Islam wird zum Beispiel verkündet: „Wir Muslime der verschiedensten Völker und Länder verkünden diese Deklaration im Namen des Islam über die Menschenrechte hergeleitet aus dem edlen Koran und der reinen Sunna der Propheten" (zit. nach Dhouib 2012, S. 59). Des Weiteren wird in der Präambel der Kairoer Erklärung der Menschenrechte im Islam betont, „dass grundlegende Rechte und universelle Freiheiten im Islam ein integraler Bestandteil der islamischen Religion sind und dass grundsätzlich niemand das Recht hat, diese ganz oder in Teilen auszusetzen oder zu verletzen oder zu missachten, insoweit als sie bindende göttliche Befehle sind, enthalten in den enthüllten Büchern Gottes und durch den letzten seiner Propheten gesandt, um die vorangegangenen göttlichen Botschaften zu vervollständigen" (zit. nach Dhouib 2012, S. 60). Der größte Mangel der Kairoer Erklärung ist nach Ansicht kritischer islamischer Autoren, dass sie weit davon entfernt ist, eine Perspektive der Modernisierung und Anpassung der Scharia an die Erfordernisse des gegenwärtigen Lebens zu eröffnen, sondern sich darauf beschränkt, für die meisten Rechte, die sie einräumt, den unverletzlichen islamischen Rahmen in Erinnerung zu rufen. Besonders kritisch muss daher Artikel 6 der Kairoer Erklärung betrachtet werden. Dort heißt es: „Der Ehemann ist verantwortlich für den Unterhalt und das Wohlergehen der Familie." Dieser Artikel wird häufig auf der Basis der vorherrschenden konservativen Interpretation von Vers 34 der 4. Sure verstanden, wie man Artikel 20 der Allgemeinen Erklärung der Menschenrechte im Islam entnehmen kann: „Die Männer stehen über den Frauen, weil Gott die einen von ihnen (nämlich die Männer) vor den anderen bevorzugt hat und wegen der Ausgaben, die sie von ihrem Vermögen gemacht haben" (zit. nach Dhouib, 2012, S. 66). Dass dieser Koranvers nicht nur in der traditionellen, sondern auch in der modernen islamischen Jurisprudenz so interpretiert wird, begünstigt natürlich die Diskriminierung der Frauen in sozialen und politischen Bereichen. Anstatt ein Dokument der eindeutigen Beförderung der Menschenrechte zu sein, ist demnach die Kairoer Erklärung „in einer relativistischen Perspektive der Selbstversicherung einer bedrohten und übel zugerichteten Identität verfasst, die umso mehr für andauernden Rassismus und die immer stärker anbrandende Welle von Islamophobie verantwortlich ist, je angreifbarer die politischen Regime der muslimischen Länder aufgrund von zwei fehlenden Voraussetzungen sind: Rechtsstaat und demokratische Legitimität" (Triki 2011, S. 219 f.)

Während der wissenschaftliche Universalismus keine normative Forderung geblieben ist, sondern vor allem im Bereich der Naturwissenschaft und Technik in unserer globalisierten Welt bereits eine eindrucksvolle Realisierung erfahren hat, gilt das für den Universalismus der Menschenrechte nicht. Im Unterschied zur idealen Vorstellung von der Einheit der Menschenvernunft ist die Einheit der moralisch-ethischen Humanität gebrochen. Denn es waren nicht nur die sogenannten „Wilden" der Vergangenheit und es sind nicht nur die kriminellen oder terroristischen Organisationen der Gegenwart, welche die Menschenrechte verletzen, sondern, wie heutzutage die Beispiele China und USA zeigen, geschehen nicht nur im fernen Osten, sondern auch im christlichen Westen Menschenrechtsverletzungen, die zugunsten der weltweiten wirtschaftlichen und wissenschaftlich-technischen Kooperation zwar ignoriert, aber nicht verdeckt werden können. Dieser dunkle Hintergrund der menschlichen Entwicklungsgeschichte und Zivilisation war und ist auch heute noch die immer wiederkehrende, unausrottbare Xenophobie, die durch kulturelle Errungenschaften wie Wissenschaft und Religion weder verhindert noch eingedämmt worden ist. Vielmehr sind diese Errungenschaften häufig zur Radikalisierung der Xenophobie missbraucht worden. Damit wurde die Xenophobie wie nie zuvor zu einer aggressiven Fremdenfeindlichkeit gesteigert, in der religiöser Fanatismus und Rassismus vorherrschen. Es ist daher eine Illusion zu glauben, dass Xenophobie durch einfache Maßnahmen gesetzlicher oder pädagogischer Art endgültig beseitigt werden könne. Was aber getan werden muss, ist, zunächst für Aufklärung über dieses schreckliche Phänomen zu sorgen, das als historische Realität wie ein dunkler Schatten die gesamte Geschichte und Zivilisation der Menschheit von allem Anfang an begleitet hat.

Zeittafel

685:	Johannes Damascenus verlässt den Staatsdienst
7.–12. Jahrhundert:	In Japan wird die Regierungsmacht zwischen einem geistlichen („Tenno" oder „Dairi") und einem weltlichen Kaiser („Schogun" oder „Taikun") geteilt
711:	Eroberungen der Araber in Spanien unter Tarik Ibn Zejjad
Um 750:	Gründung von Al-Andalus durch die Omaijaden
4. Dezember 754:	Tod des Johannes Damascenus
Um 800:	Geburt des Paulus Albarus
819:	Eulogius wird im Emirat von Córdoba geboren
858:	Eulogius wird zum Erzbischof von Toledo gewählt
859:	Eulogius wird hingerichtet
1125:	Feldzug Alfons' I. von Aragón gegen die Mauren
1225:	Thomas von Aquin wird auf Schloss Roccasecca geboren
1232:	Ramon Llull (Raimundus Lullus) wird in Mallorca geboren
1316:	Ramon Llul wird in Afrika getötet
1401:	Nicolaus de Cusa wird geboren
1453:	Fall von Konstantinopel
1492:	Fall von Granada
12. Oktober 1492–4. März 1493:	Erste Reise des Columbus
25. September 1493– 11. Mai 1496:	Zweite Reise des Columbus
10. Mai 1497–15. Oktober 1498:	Erste Reise Vespuccis
30. Mai 1498 – Anfang Oktober 1500:	Dritte Reise des Columbus
16. Mai 1499–8. September 1500:	Zweite Reise Vespuccis
10. Mai 1501–15. Oktober 1502:	Dritte Reise Vespuccis (Mundus Novus)
11. Mai 1502–7. November 1504:	Vierte Reise des Columbus

1502–1520:	Montezuma herrscht über das Reich der Azteken
10. Mai 1503–18. Juni 1504:	Vierte Reise Vespuccis
19. Mai 1506:	Tod des Columbus
1508/09:	Die Spanier unterwerfen Jamaica und Puerto Rico
1511:	Die Spanier unterwerfen Kuba
1514:	Bartolomé de Las Casas verzichtet auf seine Encomienda
1516:	Fernando Perez erreicht China
1517:	Eroberung Ägyptens durch das Osmanische Reich
1519:	Hernán Cortés bricht von Havanna nach Mexiko auf
10. August 1519:	Magellan bricht zu seiner Weltumsegelung auf
30. Juni 1520:	Montezuma wird in Tenochtitlán erschlagen
27. April 1521:	Magellan wird von Eingeborenen getötet
1523:	Las Casas tritt in den Dominikanerorden ein
1529:	Erste Türkenbelagerung Wiens unter Soliman
1532:	Pizarro bricht ins Landesinnere von Peru auf
16. November 1532:	Pizarro besiegt Atahualpa
29. August 1533:	Atahualpa wird zum Tode verurteilt und erdrosselt
1540:	Gonzalo Pizarro und Orellana brechen zum Amazonas auf
26. Juni 1541:	Francisco Pizarro fällt einem Mordanschlag zum Opfer
1542:	Der Portugiese Fernando Mendez Pinto entdeckt Japan
1543:	Luthers Schrift „Von den Juden und ihren Lügen" erscheint

1555:	Las Casas legt sein Bischofsamt nieder
1563:	Die Portugiesen vertreiben Seeräuber aus der Hafenstadt Kanton
1597:	Erste Verfolgung der Christen in Japan
1606:	Kämpfe der englischen und französischen Kolonisten in Nordamerika
1683:	Zweite Türkenbelagerung Wiens unter Kara Mustafa
Juni 1764 – April 1766:	Byrons Reise auf der Dolphin um die Welt
Juni 1766 – August 1768:	Wallis' Reise auf der Dolphin um die Welt
August 1766 – März 1769:	Carterets Reise auf der Swallow um die Welt
1766–1769:	Bougainvilles erste französische Weltumsegelung
1768–1771:	Cooks erste Reise mit der Endeavour
1772–1775:	Cooks zweite Reise mit der Resolution und der Adventure
1795–1797:	Mungo Parks erste Afrikareise
1776–1779:	Cooks dritte Reise mit der Resolution und der Discovery
19. Mai 1798:	Aufbruch Napoleons nach Ägypten
14. Februar 1779:	Cooks Tod auf Hawaii
Februar 1799 – Juni 1799:	Syrienfeldzug Napoleons
9. Oktober 1799:	Rückkehr Napoleons nach Frankreich
1805–1806:	Mungo Parks zweite Afrikareise
Winter 1807/08:	Fichte hält seine „Reden an die deutsche Nation"
1833:	In den englischen Kolonien wird die Sklaverei aufgehoben
1843:	Geburt des späteren Mahdi Mohammed Ahmed in Dongola
1851–1864:	Taipingaufstand

1853–1855:	Veröffentlichung von Gobineaus rassistischem Werk
1854:	Amerikanische Kriegsschiffe in der Bucht von Tokio
17. September 1860:	Charles Gordon trifft in Schanghai ein
11. Oktober 1860:	Einnahme, Zerstörung und Plünderung von Peking
5. Juli 1861:	Die englische Gesandtschaft in Tokio wird überfallen
1863:	Die Engländer schießen die Stadt Kogoschima in Trümmer
1866–1873:	David Livingstones letzte Reise
1867:	Mutsuhito wird Kaiser von Japan
1870/71:	Stanleys Suche nach Livingstone
1870/71:	Deutsch-Französischer Krieg
2. September 1870:	Schlacht von Sedan; Gefangennahme Napoleons III.
9. Januar 1871:	Belagerung von Paris
18. Januar 1871:	Proklamation Wilhelms I. zum deutschen Kaiser
16. Februar 1874:	Gordon wird Gouverneur der Äquatorialprovinz Afrikas
1875:	Gordons Ernennung zum Generalgouverneur des Sudan
1877:	Aufstand der Samurai unter ihrem Führer Saigō Takamori
11. Januar – 1. September 1879:	Zulukrieg
15. Januar 1879:	Rudolph C. Slatin trifft in Khartum ein
1879:	Berliner Antisemitismusstreit
1879:	Ismail Paschas Sohn Tewfik übernimmt das Amt des Vizekönigs
Januar 1880:	Gordon verlässt Ägypten und kehrt nach England zurück
1880:	Erster Burenkrieg
1881:	Gobineau trifft in Bayreuth Richard Wagner

1882:	Massaker von Alexandria
1882:	Slatin wird zum Gouverneur von Darfur ernannt
März 1882:	Sieg des Mahdi über die türkisch-ägyptischen Truppen
13. September 1882:	Ahmed Arabi wird vernichtend geschlagen
1883:	Evelyn Baring wird britischer Generalkonsul von Ägypten
22. Juni 1885:	Tod des Mahdi; Wahl Abdullahis zum Kalifen
1887:	Brief Abdullahis an Königin Victoria von England
1896:	Beginn der Offensive der anglo-ägyptischen Armee
1898:	Churchill nimmt an dem Feldzug Kitcheners teil
2. September 1898:	Schlacht von Omdurman
1894:	Alfred Dreyfus wird zur Deportation nach der Teufelsinsel verurteilt
13. Januar 1898:	Brief Émile Zolas an den Staatspräsidenten Félix Faure
18. Juli 1898:	Verurteilung Zolas zu einem Jahr Gefängnis
1898–1901:	Deutsche Übersetzung von Gobineaus Werk durch Schemann
1899:	Veröffentlichung von Chamberlains „Grundlagen des 19. Jahrhunderts"
Juni 1900 – August 1900:	Boxeraufstand
10. Juni 1900:	Aufbruch des Expeditionskorps unter dem Befehl Seymours
20. Juni 1900:	Ermordung des deutschen Gesandten Baron von Ketteler
27. Juli 1900:	Kaiser Wilhelm II. hält seine berüchtigte Hunnenrede
14. August 1900:	Einnahme von Peking durch die alliierten Truppen

Oktober 1900:	Graf von Waldersee trifft zu spät in China ein
12. Juli 1906:	Dreyfus wird freigesprochen und militärisch rehabilitiert
1914:	Dönitz kämpft mit der „Breslau" auf türkischer Seite gegen Russland
2. August 1914:	Deutschland schließt ein Bündnis mit dem Osmanischen Reich
29. Oktober 1914:	Die Entente erklärt der Hohen Pforte den Krieg
25. April 1915:	Ententetruppen landen an den Meerengen bei Gallipoli
August 1916:	Chamberlain wird deutscher Staatsbürger
November 1917:	Rückzug des Generals Lettow-Vorbeck aus Deutsch-Ostafrika
1. November 1922:	Das Sultanat wird abgeschafft
29. Oktober 1923:	Mustafa Kemal Pascha wird Staatspräsident der Türkei
1923:	Adolf Hitler besucht Chamberlain in Bayreuth
30. Januar 1933:	Hitlers „Machtergreifung"
7. April 1933:	„Gesetz zur Wiederherstellung des Berufsbeamtentums"
9./10. November 1938:	Judenverfolgung in der sogenannten Kristallnacht
1938/39:	Errichtung des „Reichsprotektorats Böhmen und Mähren"
2. August 1945:	Potsdamer Abkommen; Vertreibung der Deutschen
17. Oktober 1961:	Massaker von Paris an 200 algerisch-stämmigen Muslimen
1964:	Khomeini im Exil
1979:	Iranische Revolution und Rückkehr Khomeinis
1994:	Erdoğan wird zum Oberbürgermeister von Istanbul gewählt

April 1998:	Erdoğan wird zu zehn Monaten Gefängnis verurteilt
11. September 2001:	Attentat in New York
2003:	Erdoğan wird Ministerpräsident der Türkei
2003:	Gründung der „Mahdi-Armee" im Irak unter Muqtada al-Sadr
2003–2009:	Gefangenenlager Camp Bucca der US-Armee
Dezember 2011 und Januar 2012:	„Arabischer Frühling"
2012:	Wahlsieg der Muslim-Bruderschaft in Ägypten
2013:	Mohammed Mursi wird durch einen Militärputsch gestürzt und verhaftet
29. Juni 2014:	Ausrufung des „Islamischen Staates" (IS) unter dem Kalifen Abu Bakr al-Baghdadi

Literatur

Adorno, Th. W.: Versuch über Wagner, in: Gesammelte Schriften, Bd. 13. Frankfurt a. M. 1971.

Albari Indiculus Luminosus, in: Corpus Scriptorum Muzarabicorum II, hrsg. v. J. Gil, Instituto Antonio de Nebrija. Madrid 1973.

Al-Nawari: Das Buch der vierzig Hadhite. Frankfurt a. M./Leipzig 2007.

Arendt, H.: Über die Revolution. München 1964.

Aristoteles: Politik, übers. v. E. Rolfes. Leipzig 1943.

Arndt, E. M.: Geist der Zeit. Leipzig o. J.

Assmann, J.: Herrschaft und Heil. Politische Theologie in Altägypten, Israel und Europa. München/Wien 2000.

Ayatollah Khomeini: Meine Worte. Weisheiten, Warnungen, Weisungen. München 1980.

Bastian, H. Ch.: Das Gehirn als Organ des Geistes. Leipzig1882.

Benz, W.: Bilder vom Juden. Studien zum alltäglichen Antisemitismus. München 2001.

Benz, W.: Feindbild Muslim – Feindbild Jude, in: Benz, W. (Hrsg.): Islamfeindschaft und ihr Kontext, Berlin 2009.

Biblia Sacra Vulgatae editionis. Auctoritate Sixti V. et Clementis VIII. P. P. M. M. recognita, versione Germanica emendatiore adjuncta. Opera et studio P. Thomae Aquinatis Erhard. Vol. II. Augustae Vindel. et Oeniponti 1771.

Bienert, W.: Martin Luther und die Juden. Ein Quellenbuch mit zeitgenössischen Illustrationen, mit Einführungen und Erläuterungen. Frankfurt a. M. 1982.

Birkhan, H.: Otto Höfler. Nachruf, in: Almanach der Österreichischen Akademie der Wissenschaften, Jg.138 (1988), S. 385–406.

Blumenbach, J. Fr.: Über die natürlichen Verschiedenheiten im Menschengeschlechte. Leipzig 1798.

Bory de Saint-Vincent, J. B.: L'homme, essai zoologique sur le genre humain. Paris 1827.

Bougainville, L.-A.: Reise um die Welt. Berlin 1980.

Bougainville, L.-A.: Adventure in the Wilderness. Norman(Okla.)/London 1990.

Buchta, R.: Der Sudan unter ägyptischer Herrschaft. Leipzig 1888.

Buffon: Œuvres complètes, hrsg. v. M. Flourens. Paris 1853–1855.

Büschges, Chr.: Limpieza de Sangre, in: Enzyklopädie der Neuzeit Bd. 7. 2007, S. 918–922.

Caesar, G. J.: Commentarien vom gallischen Krieg. Wien 1793.

Campe, J. H.: Die Entdeckung von Amerika. Wien 1821.

Camper, P.: Über den natürlichen Unterschied der Gesichtszüge in Menschen verschiedener Gegenden und verschiedenen Alters. Hrsg. von seinem Sohne Adrian Gilles Camper. Übersetzt von S. Th. Sömmering. Berlin 1792.

Cardini, F.: Europa und der Islam. Geschichte eines Missverständnisses. München 2000.

Casati, G.: Zehn Jahre in Äquatoria. Bamberg 1891.

Chamberlain, H. S.: Die Grundlagen des 19. Jahrhunderts. München 1932.

Chanca, D. A.: Christopher Columbus's Discoveries in the Testimonials of Diego Alvarez Chanca and Andrés Bernáldez. Rom 1992.

Charim, I.: Camp Bucca – die Wiege des Islamischen Staats, in: Wiener Zeitung, 14. Dezember 2014.

Churchill, W. S.: The River War. 2 Bde. London 1899.

Claussen, D.: Was heißt Rassismus? Darmstadt 1994.

Clüwer, Ph.: Germania Antiqua. Leiden 1616.

Columbus, Chr.: Bordbuch. Aufzeichnungen seiner ersten Entdeckungsfahrt nach Amerika 1492–1493, übers. v. A. Zahorsky. Zürich 1941.

Columbus, Chr.: Das Bordbuch 1492. Leben und Fahrten des Entdeckers der Neuen Welt in Dokumenten und Aufzeichnungen, hrsg. v. R. Grün. Tübingen/ Basel 1970.

Columbus, F.: The Life of the Admiral Christopher Columbus. London 1959.

Commerson, P.: in: Mercure de France, November 1769, S. 197–207.

Cook, J.: Des Lieutenant Cooks Reise um die Welt, in: J. Hawkesworth: Geschichte der See-Reisen und Entdeckungen im Süd-Meer, übers. v. J. Fr. Schiller, 2. Bd. Berlin 1774.

Cook, J.: Jakob Cooks sämmtliche Reisen um die Welt. Wien 1803.

Cook, J.: The Voyages of Captain James Cook Round the World. London 1843.

Cook, J.: Entdeckungsfahrten im Pacific. Stuttgart/Wien 1983.

Cortés, H.: Die Eroberung Mexikos. Drei Berichte von Hernán Cortés an Kaiser Karl V. Frankfurt a. M. 1980.

Daniel, H. A.: Illustriertes kleineres Handbuch der Geographie. Leipzig 1882.

Dart, R. A.: The Predatory Transition from the Ape to the Man, in: Linguistic Revue 1953, S. 201–218.

Dart, R. A./Craig, D.: Adventures with Missing Link. New York 1959.

Dashti, A.: 23 Jahre. Die Karriere des Propheten Muhammad. 3. Aufl. Aschaffenburg 2007.

Dehs, V.: Jules Verne mit Selbstzeugnissen und Bilddokumenten. Reinbek bei Hamburg 2005.

Diderot, D.: Nachtrag zu Bougainvilles Reise oder Gespräch zwischen A. und B. über die Unsitte, moralische Ideen an gewisse physische Handlungen zu knüpfen, zu denen sie nicht passen. Frankfurt a. M. 1965.

Die türkische Bibel, oder des Korans allererste teutsche Uebersetzung aus der arabischen Urschrift selbst verfertigt von David Friedrich Megerlin. Frankfurt 1772.

Dihle, A.: Die Griechen und die Fremden. München 1994.

Dobrizhoffer, M.: Historia de Abiponibus 1784; dt.: Pater Dobrizhoffer auf verlorenem Posten bei den Abiponen. Nach der Originalausgabe 1784 von Walter von Hauff. Leipzig 1928.

Dozy, R.-P.-A.: Histoire des Musulmans d'Espagne jusqu'à la conquête del'Andalousie par les Almoravides (711–1110). Leiden 1861, Reprint Madrid 1982; dt.: Geschichte der Mauren in Spanien bis zur Eroberung Andalusiens durch die Almoraviden: 711–1110. Nachdr. d. Ausg. Leipzig 1873/74. Darmstadt1965.

Dozy, R.-P.-A.: Die Israeliten zu Mekka von Davids Zeit bis in's fünfte Jahrhundert unsrer Zeitrechnung: ein Beitrag zur alttestamentlichen Kritik und zur Erforschung des Ursprungs des Islams. Leipzig 1864.

Dubuisson, M.: Das Bild des Karthagers in der lateinischen Literatur, in: Huss, W.: Karthago. Darmstadt 1992.

Dunmore, J.: French Explorers in the Pacific. Oxford 1965.

Durali, T.: Was ist Zivilisation? Sinnbestimmung und Entwicklungsgeschichte der Zivilisation. http://www.teomandurali.com/sites/teomandurali.com/files/Zivilisation.pdf

Edgerton, R. B.: Warrior Women: The Amazons of Dahomey and the Nature of War. 2000.

Eibl-Eibesfeldt, I.: Der Mensch – das riskierte Wesen. Zur Naturgeschichte menschlicher Unvernunft. München/Zürich 1991.

Eibl-Eibesfeldt, I.: Der Brand in unserem Haus. Asyl und Immigration – Klarstellungen zu einem brisanten Thema, in: Süddeutsche Zeitung, 8./9. Mai 1993, S. 13.

Enaudi, J.-L.: Octobre 1961: Un Massacre à Paris. Paris 2001.

Engl, L. und Th. (Hrsg.): Die Eroberung Perus in Augenzeugenberichten. München 1975.

Enzensberger, H. M.: Las Casas oder Ein Rückblick in die Zukunft, in: Las Casas 2006.

Eulogii Liber Apologeticus Martyrum, in: Corpus Scriptorum Muzarabicorum I, hrsg. v. J. Gil, Instituto Antonio de Nebrija. Madrid 1973.

Faulhaber, M.: Judentum, Christentum, Germanentum. Adventspredigten gehalten in St. Michael zu München 1933. München 1934.

Field, G. G.: Evangelist of race. The Germanic vision of Houston Stewart Chamberlain. New York 1981.

Flaubert, G.: Salambo. Leipzig o. J.

Forster, G.: Georg Forsters Reise um die Welt, hrsg. und mit einem Nachwort von G. Steiner. Frankfurt a. M. 1983.

Forster, G.: Fragmenten über Kapitän Cooks letzte Reise und sein Ende, in: Forster 1983.

France, A.: Monsieur Bergeret à Paris. 78. Aufl. Paris o. J.

Fredrickson, G. M.: Rassismus – Ein historischer Abriss. Hamburg 2004.

Friedenthal, H.: Familie und Rasse, in: Jüdische Familienforschung 2 (1926) S. 140–142.

Friederici, G.: Der Charakter der Entdeckung und Eroberung Amerikas durch die Europäer. Einleitung zur Geschichte der Besiedlung Amerikas durch die Völker der Alten Welt. 3 Bde. Osnabrück 1969.

Geertz, C.: Die künstlichen Wilden. Der Anthropologe als Schriftsteller. München/Wien 1990.

Geiger, A.: Was hat Mohammed aus dem Judentum aufgenommen? Bonn 1833.

Gley, R./Khoury, A. Th.: Johannes Damaskenos und Theodor Abu Qurra, Schriften zum Islam. Würzburg 1995.

Gobineau, A.: Versuch über die Ungleichheit der Menschenrassen. Deutsche Ausgabe von L. Schemann. 5. Aufl. Stuttgart 1939.

Goldziher, I.: Muhammedanische Studien II. Halle 1890.

Goldziher, I.: Vorlesungen über den Islam (1910/1925). Nachdruck Damstadt 1963.

Goodall, J.: Ein Herz für Schimpansen. Reinbek bei Hamburg 1991.

Gordon, Ch.: Briefe und Tagebuchblätter des Generals Charles Gordon of Khartum. Ausgewählt und übersetzt von Dr. M. Goos. Hamburg 1908.

Gottberg, F. von: Die Kämpfe in China 1900/1901. Ihre Ursachen und ihr Verlauf (nach eigenen Erlebnissen und Erfahrungen geschildert). Manuskript transkribiert von Dr. A. Schmied-Kowarzik 2003.

Goussen, H.: Die christlich-arabische Literatur der Mozaraber. Leipzig 1909.

Groß, M./Ohlig, K.-H.: Vom Koran zum Islam. Berlin 2009.

Guyon, C. M.: Geschichte derer Amazonen, übers. v. J. G. Krünitz. 2 Tle. in 1 Bd. Berlin/Stettin/Leipzig 1763.

Hammer-Purgstall, J.: Geschichte des Osmanischen Reiches großentheils aus bisher unbenützten Handschriften und Archiven. Zweyter Band. 2. verb. Aufl. Pest 1840.

Hegel, G. W. F.: Grundlinien der Philosophie des Rechts. Naturrecht und Staatswissenschaft, hrsg. und eingeleitet v. H. Reichelt. Frankfurt a. M. 1972.

Heisig, K.: Praktischer Einblick in die Berliner Jugendgewaltkriminalität. Lösungsansätze auf dem Boden bereits geltenden Rechts am Beispiel des Risikobezirks Neukölln-Nord, in: Bund Deutscher Kriminalbeamter (Hrsg.): Der Kriminalist 40 (2008), 9, S. 340–344.

Heisig, K.: Angst ist ein schlechter Ratgeber. Einblicke in die Parallelgesellschaft Neuköllns, in: Der Spiegel 29/2010.

Heisig, K.: Das Ende der Geduld. Freiburg/Basel/Wien 2010.

Hengstl, J.: Griechische Papyri aus Ägypten als Zeugnisse des öffentlichen und privaten Lebens. Griechisch-deutsch. München 1978.

Herbers, K.: Die Mozaraber – Grenzgänger und Brückenbauer, in: Maser, M./Herbers, K. (Hrsg.): Die Mozaraber. Definitionen und Perspektiven der Forschung. Berlin/Münster 2011.

Herder, J. G.: Ideen zur Philosophie der Geschichte der Menschheit. Zweyter Theil. Riga/Leipzig 1785.

Herder, J. G.: Briefe zur Beförderung der Humanität. Riga 1795.

Herodoti Hallicarnassei Historiarum libri IX. Amsterdam 1763.

Herodots Geschichte. Aus dem Griechischen übers. v. J. F. Degen. Wien 1794.

Herrera, A. de: Historia General de los Hechos de los Castellanos en las Islas y Terra Firme del Mar Océano. Madrid 1953.

Hildebrandt, Th.: Waren Gamāl ad-Dīn al-Afġānī und Muhammad Abduh Neo-Mutaziliten?, in: WI 42 (2002), S. 207–262.

Hiltl, G.: Der Französische Krieg von 1870 und 1871. Nach den besten Quellen, persönlichen Mitteilungen und eigenen Erlebnissen geschildert. Bielefeld/Leipzig 1895.

Hitler, A.: Mein Kampf. München 1934.

Höfler, O.: Kultische Geheimbünde der Germanen (Habilitationsschrift an der Universität Wien aus dem Jahr 1931 mit dem Titel: Totenheer – Kultbund – Fastnachtsspiel). Frankfurt 1934.

Höfler, O.: Das germanische Kontinuitätsproblem. Nach einem Vortrag (In der Reihe Schriften des Reichsinstituts für Geschichte des neuen Deutschlands). Hamburg 1937.

Holub, E.: Sieben Jahre in Süd-Afrika. Wien 1881.

Hotz, S.: Mohammed und seine Lehre in der Darstellung abendländischer Autoren vom späten 11. bis zur Mitte des 12. Jahrhunderts. Frankfurt a. M. 2002.

Humboldt, A. v.: Kritische Untersuchungen über die historische Entwicklung der geographischen Kenntnisse von der Neuen Welt. Aus dem Französischen übers. v. Dr. J. L. Ideler. Berlin 1837.

Humboldt, A. v.: Betrachtungen über die Sklaverei, in: Gesammelte Werke, Bd. 12. Stuttgart o. J.

Huntington, S. P.: The Clash of Civilizations?, in: Foreign Affairs, Summer 1993, S. 22–49.

Huntington, S. P.: Kampf der Kulturen – Die Neugestaltung der Weltpolitik im 21. Jahrhundert. München 1998.

Huss, W.: Karthago. Darmstadt 1992.

Ibn'Abdun, Risala, in: Trois traités hispaniques de hisba. Textes et traductions d'auteurs orientaux 2: Documents arabes inédits sur la vie sociale et économique en occident musulman au moyen âge. Première série, hg. v. É. Lévi-Provencal. Kairo 1955.

Ibn Ishak: Das Leben Mohammeds nach Mohammed Ibn Ishak und Abd el Malik Ibn Hischam, hrsg. v. H. Eulenberg. 2. Aufl. Berlin o. J.

Ibn Ishaq: Mohammed. Das Leben des Propheten. Aus dem Arabischen übertragen und bearb. v. G. Rotter. Stuttgart 1982.

Irving, W.: Indianische Charakterzüge, in: Skizzenbuch. Linz 1947.

Irving, W.: Das Leben Mohammeds. Leipzig 1850.

Joannis Damasceni opera omnia quae extant. Venedig 1748.

Jorga, N.: Geschichte des Osmanischen Reiches. Gotha 1908–1913.

Kalisch, M.: Die Brüche in der Geschichte der Schia. – Von der Fiktion zur historischen Realität, in: Groß, M./Ohlig, K.-H.: Vom Koran zum Islam. Berlin 2009.

Kant, I.: Physische Geographie. 1803.

Kant, I.: Von den verschiedenen Racen der Menschen. 1775, in: Werke, Bd. 8. Leipzig 1886.

Kara Mustafa vor Wien. Das türkische Tagebuch der Belagerung Wiens 1683, verfasst vom Zeremonienmeister der Hohen Pforte. Übersetzt, eingeleitet und erklärt von R. F. Kreutel. München 1967.

Khoury, A. Th.: Manuel II. Paléologue. Entretiens avec un Musulman. Introduction, texte critique, traduction et notes. Paris 1966.

Khoury, A. Th.: Einführung in die Grundlagen des Islams. Würzburg 1993.

Kimmerle, H.: Philosophie in Afrika – afrikanische Philosophie. Annäherungen an einen interkulturellen Philosophiebegriff. Frankfurt a. M. 1991.

Kohl, K.-H.: Entzauberter Blick. Das Bild vom Guten Wilden und die Erfahrung der Zivilisation. Berlin 1981.

Kohlhammer, S.: „Ein angenehmes Märchen". Die Wiederentdeckung und Neugestaltung des muslimischen Spanien, in: Merkur 57 (2003), S. 595–609.

Koran (arabisch). Kasachstan ca 1800.

Koran, commonly called The Alcoran of Mohammed; translated into English immediately from the Original Arabic by G. Sale, Gent. New York 1833.

Koran. Aus dem Arabischen übers. v. Th. Fr. Grigull. Halle a. d. S. o. J.

Koran. Vollständige Ausgabe. Aus dem Arabischen übers. v. M. Henning. Hamburg 2010.

Krapf, L.: Germanenmythus und Reichsideologie. Rezeption der taciteischen Germania. Tübingen 1979.

Kreitner, G.: Im fernen Osten. Reisen des Grafen Bela Széchenyí in Indien, Japan, China, Tibet und Birma in den Jahren 1877–1880. Wien 1881.

Küntzel, M.: Arien für Arier? Einspruch gegen den Richard Wagner-Kult, in: Welt am Sonntag, 28. April 2013.

La Condamine, Ch. M. de: Relation abrégée d'un voyage fait dans l'intérieur de l'Amérique méridionale, depuis la Cote de la Mer du Sud, jusqu'aux Cotes du Brésil & de la Guyane, en descendant la Riviere des Amazones. Nouvelle édition, augmentée de la Relation de l'Emeute populaire de Cuenza au Pérou, et d'une Lettre de M. Godin des Odonais, contenant la relation du voyage de Madame Godin, son Epouse, & c. Maestricht 1778.

Lammens, H.: Qoran et Tradition. Comment fut composée la vie de Mahomet, in: Recherches de science religieuse 1 (1910).

Las Casas, B.: Œuvres de Don Barthélemi de Las Casas, évéque de Chiapa, Défenseur de la liberté des naturels de l'Amérique. Paris 1822.

Las Casas, B.: Tratados. México/Buenos Aires 1956.

Las Casas, B.: Kurzgefaßter Bericht von der Verwüstung der Westindischen Länder, hrsg. v. M. Sievernich, aus dem Spanischen übers. v. U. Kunzmann. Frankfurt a. M. 2006.

Leben Mohammeds. Haidarabat ca.1880.

Lehnert, J.: Um die Erde. Reiseskizzen von der Erdumsegelung mit S. M. Corvette „Erzherzog Friedrich" in den Jahren 1874, 1875 und 1876. Wien 1878.

Lettow-Vorbeck, General von: Heia Safari! Der deutschen Jugend unter Mitwirkung seines Mitkämpfers Hauptmann von Rukteschell erzählt. Leipzig 1920.

Lewis, B.: The Roots of Muslim Rage, in: Atlantic Monthly 266, Sept. 1990.

Lewis, B.: Der Atem Allahs. Die islamische Welt und der Westen – Kampf der Kulturen? München 2001.

Lewis, B.: Die Araber. München 2003.

Lindau, R.: Reise um Japan – Das Land der aufgehenden Sonne im letzten Jahrzehnt der Tokugawa-Zeit (1603–1868) Cass 2010.

Linné, C.: Systema naturae per regna tria naturae, secundum classes, ordines, genera species; cum characteribus, differentiis, synonymis, locis. Tomus primus. Editio decima tertia, aucta, reformata. Cura Jo. Frid. Gmelin. Lyon 1789.

Livingstone, D.: Die Erschließung des dunklen Erdteils. Reisetagebücher 1866–1873, übers. v. E. T. Kauer. Hamburg 2006.

Livius: Römische Geschichte, übers. v. Dr. Oertel. Stuttgart 1840.

Lohr, C.: Christianus arabicus, cuius nomen Raimundus Lullus, in: Freiburger Zeitschrift für Philosophie und Theologie 31 (1984), S. 57–88.

Lull, R.: Das Buch vom Heiden und den drei Weisen. Stuttgart 1998.

Lullus, R.: Divi Raimundi Lulli Doctoris illuminati Liber de Gentili et Tribus Sapientibus, in: Beati Raimundi Lulli Doctoris illuminati et Martyris Opera, Tomus II. Mainz 1722.

Lund, A. A.: Germanenideologie im Nationalsozialismus. Zur Rezeption der Germania des Tacitus im dritten Reich. Heidelberg 1995.

Luther, M.: Von den Juden und ihren Lügen. Erstmals gedruckt zu Wittenberg durch Hans Lufft 1543.

Luxenberg, Ch.: Die syro-aramäische Lesart des Koran, ein Beitrag zur Entschlüsselung der Koransprache. Berlin 2004.

Malinowski, B.: Argonauten des westlichen Pazifik. Zürich 1922.

Malinowski, B.: Eine wissenschaftliche Theorie der Kultur. Zürich 1948.

Maser, M./Herbers, K. (Hrsg.): Die Mozaraber. Definitionen und Perspektiven der Forschung. Berlin/Münster 2011.

Meier, J./Langenhorst, A. (Hrsg.): Bartolomé de Las Casas. Der Mann – Das Werk – Die Wirkung. Frankfurt a. Main 1992.

Mohr, H./Oeser, E.: Das Erkenntnisproblem in der Biologie, in: Molden, O. (Hrsg.): Wissen, Glaube, Skepsis. Europäisches Forum Alpach. Wien 1983.

Montaigne, Essai

Muhammed Abu Zahra: Abu Hanifa – Leben und Werk des ehrenwerten Großgelehrten. 2012.

Munasu Duala-M'bedy: Xenologie. Die Wissenschaft vom Fremden und die Verdrängung der Humanität in der Anthropologie. Freiburg/München 1977.

Nagel, T.: Kann es einen säkularisierten Islam geben?, in: Meier-Walser, R. C./Glagow, R. (Hrsg.): Die islamische Herausforderung – eine kritische Bestandsaufnahme von Konfliktpotenzialen. München 2001.

Nagel, T.: Mohammed und die Unfehlbarkeit des Propheten. Die Einbürgerung der Muslime in Europa-Probleme und Aufgaben, in: Georgia Augusta 3 (2004).

Nagel, T.: Kämpfen bis zum endgültigen Triumph. Über Gewalt im Islam. 2006.

Nagel, T.: Das Christentum im Urteil des Islam. Bursfelder Universitätsreden 24. Göttingen 2007.

Nagel, T.: Mohammed. Zwanzig Kapitel über den Propheten der Muslime. München 2010.

Needham, J.: Wissenschaftlicher Universalismus. Frankfurt a. M. 1979.

Nepos, C.: De vita excellentium imperatorum. Frankfurt a. M. 1774.

Nicolai de Cusa: Cribratio Alkorani. Sichtung des Koran. Übersetzt und mit Einleitung und Anmerkungen hrsg. v. L. Hagemann und R. Glei. Hamburg 1989.

Nietzsche, F.: Der Fall Wagner. Leipzig 1888.

Nutting, A.: Gordon von Khartum. Abenteurer und Märtyrer. Wien/München 1966.

O'Conner, R.: Der Boxeraufstand. München 1980.

Oeser, E.: System, Klassifikation, Evolution. Historische Analyse und Rekonstruktion der wissenschaftstheoretischen Grundlagen der Biologie. Wien/Stuttgart 1974.

Oeser, E.: Bilimsel Evrenselcilik. Wissenschaftlicher Universalismus, in: Felsefe Arkivi Sayi 25, Istanbul 1984, S. 37–86.

Oeser, E.: Methodologische Bemerkungen zur interdisziplinären Problematik der Ethno- und Glottogenese, in: Ureland, S. (Hrsg.): Entstehung von Sprachen und Völkern. Tübingen 1985, S. 1–6.

Oeser, E.: Psychozoikum. Evolution und Mechanismus der menschlichen Erkenntnisfähigkeit. Berlin/Hamburg 1987.

Oeser, E.: Das Abenteuer der kollektiven Vernunft. Evolution und Involution der Wissenschaft. Wien/Hamburg 1988.

Oeser, E.: Evolution and Constitution. The Evolutionary Selfconstruction of Law. Dordrecht/Boston/London 2003.

Oeser, E.: Hukukun Akli Bicimde Kendini Kurmasi. Die rationale Selbstkonstruktion des Rechts, in: Kutadgubilig 4. Istanbul 2003.

Oeser, E.: Günümüz Bilim Teoresi icin Kant'in Güncelligi. Die Aktualität Kants für die gegenwärtige Wissenschaftstheorie, in: Kutadgubilig 5. Istanbul 2004.

Oeser, E.: Die Evolution der Gewalt in der Geschichte der Menschheit, in: Alberts, J. (Hrsg.): Humanität – Hoffnungen und Illusionen. Berlin 2004.

Oeser, E.: The Evolution of Scientific Method, in: Wuketits, F. M./Antweiler, Ch. (Hrsg.): Handbook of Evolution. Volume 1: The Evolution of Human Societies and Cultures. Weinheim 2004.

Oeser, E.: Hund und Mensch. Die Geschichte einer Beziehung. Darmstadt 2004.

Oeser, E.: Pferd und Mensch. Die Geschichte einer Beziehung. Darmstadt 2007.

Oeser, E.: Köpegin Kökeni ve Insanin Makyavelce Dehasi Sorunu. The question about the origin of the dog and the Machiavellian intelligence of man, in: Teoman Durali'ya Armagan. Festschrift in Honor of Teoman Durali. Istanbul 2008.

Oeser, E.: Geschichte der Hirnforschung. 2. erw. Aufl. Darmstadt 2010.

Oeser, E.: Das Reich des Mahdi. Aufstieg und Untergang des ersten islamischen Gottesstaates 1885–1897. Darmstadt 2012.

Oeser, E.: Cheops' Geheimnis. Die wissenschaftliche Eroberung Ägyptens. Darmstadt 2013.

Ohlig, K.-H./Puin, G.-R. (Hrsg.): Die dunklen Anfänge. Neue Forschungen zur Entstehung und frühen Geschichte des Islam. Berlin 2005.

Ohlig, K.-H. (Hrsg.): Der frühe Islam. Eine historisch-kritische Rekonstruktion anhand zeitgenössischer Quellen. Berlin 2007.

Oppitz, M.: Reden, die die Welt bewegten. Stuttgart 1986.

Ourghi, M.: Schiitischer Messianismus und Mahdi-Glaube in der Neuzeit. Würzburg 2008.

Pallas, P. S.: Reise durch verschiedene Provinzen des Russischen Reichs. Leipzig 1987.

Park, M.: Travels in the Interior of Africa. London 1831.

Park, M.: Reisen ins innerste Afrika, hrsg. v. H. Pleticha. Wiesbaden 2011.

Philoponus, F. H.: Nova typis transacta navigatio novi orbis Indiae occidentalis. Linz 1621.

Pigafetta, A.: Relazione del primo viaggio intorno al mondo. Milano 1929

Pigafetta, A.: Mit Magellan um die Erde, hrsg. v. R. Grün. 2. Aufl. Wiesbaden 2012.

Pindl, Th.: Nachwort zu Lull, R.: Das Buch vom Heiden und den drei Weisen. Stuttgart 1998.

Plutarch. Biographien mit Anmerkungen von Gottlob Benedict von Schirach. Berlin/Leipzig 1777.

Pochoshajew, I.: Die Märtyrer von Córdoba. Christen im muslimischen Spanien des 9. Jahrhunderts. Frankfurt am Main 2007.

Poliakov, L./Delacampagne, Chr./Girard, P.: Rassismus. Über Fremdenfeindlichkeit und Rassenwahn. Hamburg 1992.

Popper, K. R.: Die offene Gesellschaft und ihre Feinde. Tübingen 1992.

Prescott, W.: Der Untergang der indianischen Kultur. Wien/Leipzig o. J.

Rahman, F.: Islam & Modernity. Transformation of an Intellectual Tradition. Chicago/London 1982.

Rauch, F. v.: Mit Graf Waldersee in China. Berlin 1907.

Reichenbach, A. B.: Praktische Naturgeschichte des Menschen und der Säugetiere. Leipzig 1855.

Rein, R.: Vererbungslehre, Rassenpflege, Urgeschichte. Berlin 1934.

Reiter, N.: Gruppe. Sprache. Nation. Berlin 1984.

Retzius, A. A.: Über die Schädelformen der Nordbewohner, in: Archiv für Anatomie, Physiologie und wissenschaftliche Medicin, Berlin 1845, S. 84–129.

Riemer, U./Riemer, P.: Xenophobie – Philoxenie. Vom Umgang mit Fremden in der Antike. Stuttgart 2005.

Roloff, J.: Komma Johanneum, in: Reclams Bibellexikon. Stuttgart 1978.

Roosevelt, Th.: The Winning of the West. New York 1896.

Rose, P. L.: Richard Wagner und der Antisemitismus. Zürich/München 1992.

Rousseau, J.-J.: Über den Ursprung und die Grundlagen der Ungleichheit unter den Menschen. Berlin 1953.

Rotter, G.: Nachwort zu: Ibn Ishaq: Mohammed. Das Leben des Propheten. Aus dem Arabischen übertragen und bearb. v. G. Rotter. Stuttgart 1982.

Roux, J.-P.: Histoire des Turcs. Deux mille ans du Pacifique à la Méditerranée. Paris 1984.

Roy, O.: Der islamische Weg nach Westen. Globalisierung, Entwurzelung und Radikalisierung. München 2006.

Ruf, W.: Der Islam – Schrecken des Abendlandes. Wie sich der Westen sein Feindbild konstruiert. Köln 2012.

Said, B. T.: Islamischer Staat. IS-Miliz, al Qaida und die deutschen Brigaden. München 2014.

Sarrazin, T.: Deutschland schafft sich ab. 2. Aufl. München 2012.

Savary, C.: Lettres sur L'Égypte. Paris 1785.

Savary, C.: Zustand des alten und neuen Aegyptens in Ansehung seiner Einwohner, der Handlung, des Ackerbaues, der politischen Verfassung etc. Wien 1799.

Schack, A. Fr.: Poesie und Kunst der Araber in Spanien und Sicilien. Berlin 1865.

Schmied-Kowarzik, W.: Philosophische Überlegungen zum Verstehen fremder Kulturen und zu einer Theorie der menschlichen Kultur, in: Schmied-Kowarzik, W./Stagl, J. (Hrsg.): Grundfragen der Ethnologie. Berlin 1981.

Schmied-Kowarzik, W.: Strukturale Ethnologie und geschichtsmaterialistische Kulturtheorie, in: Schmied-Kowarzik, W./Stagl, J. (Hrsg.): Grundfragen der Ethnologie. Berlin 1981.

Schmied-Kowarzik, W.: Georg Forster. Pionier der Wissenschaft und der Freiheit. Kassel 1988.

Schmied-Kowarzik, W.: Vom Verstehen fremder Kulturen. Philosophische Reflexionen zur Ethnologie als Kulturwissenschaft, in: Georg-Forster-Studien II, hrsg. v. H. Dippel und H. Scheuer. Berlin 1998.

Schmied-Kowarzik, W.: Ethnologie – Xenologie – Interkulturelle Philosophie, in: Verstehen und Verständigung, hrsg. v. W. Schmied-Kowarzik. Würzburg 2002.

Schwartz, J. H. et al.: Skeletal Remains from Punic Carthage Do Not Support Systematic Sacrifice of Infants; PLoS ONE 5(2) 2010.

Sebastián, M./Torres, H.: Judenhass, Konversion und genealogisches Denken im Spanien der Frühen Neuzeit, in: Historische Anthropologie Jg.15 (2007), Heft 1, S. 45.

Shooman, Y.: „Durch Wüste und Harem". „Orient" und „Orientalen" bei Karl May, in: Benz, W. (Hrsg.): Vorurteile in der Kinder- und Jugendliteratur. Berlin 2010, S. 79–96.

Simmel, G.: Soziologie. Untersuchungen über die Formen der Gesellschaftung. 5. Aufl. Berlin 1968.

Singer, M.: Fremd. Bestimmung. Zur kulturellen Verortung von Identität. Tübingen 1979.

Slatin Pascha, R.: Feuer und Schwert im Sudan. Leipzig 1896.

Soemmering, S. Th.: Über die körperliche Verschiedenheit des Mohren vom Europäer. 1784.

Spalding, K. A. W.: Geschichte der bürgerlichen Kriege in Granada. Berlin 1821.

Speckmann, Th.: Nachrichten von der Geburtsstunde des politischen Islam. Auf den Spuren von Winston Churchill: Erhard Oeser erzählt die Geschichte des Mahdi-Reichs im Sudan, in: Frankfurter Allgemeine Zeitung, 24. Mai 2012.

Staden, H.: Wahrhafte Historia und Beschreibung einer Landschaft der wilden, nackten, grimmigen Menschenfresserleute in der Neuen Welt America. 1557. Hrsg. und übertragen v. R. Maack und K. Fouquet. Marburg an der Lahn 1964.

Stanley, H. M.: Wie ich Livingstone fand. Leipzig 1879.

Steinberg, G.: Der nahe und der ferne Feind. Das Netzwerk des islamistischen Terrorismus. 2005.

Sulaiman des Gesetzgebers (Kanuni) Tagebuch auf seinem Feldzuge nach Wien im Jahre 1529 n. Chr., hrsg. v. Dr. W. A. Behrnauer. Wien 1858.

Tacitus, C.: Sämmtliche Werke. Uebersetzet durch Johann Samuel Müllern. Hamburg 1765.

Taha, M. M.: Märtyrer des Versuchs einer Erneuerung des islamischen Denkens im Sudan, aus dem Arabischen übers. v. P.-A. von Arnim, in: Internationales Afrikaforum 4 (1994), S. 353–365.

Thomas, J.: Ibaditen – Kharidjiten – Mutaziliten. Kategorisierungsprobleme, Entstehungslegenden und synkretistisch-gnostische Strömungen im Westen des arabischen Reiches, in: Groß, M./Ohlig, K.-H.: Vom Koran zum Islam. Berlin 2009, S. 250–321.

Thomas von Aquin: De rationibus fidei. Kommentierte lateinisch-deutsche Textausgabe von L. Hagemann und R. Glei. Altenberge 1987.

Thomas von Aquin: Summa contra gentiles. 4. Aufl. Darmstadt 2013.

Torres, H./Sebastián, M.: Rassismus in der Vormoderne. Die „Reinheit des Blutes" im Spanien der Frühen Neuzeit. Frankfurt a. M. 2006.

Triki, F.: Demokratische Ethik und Politik im Islam. Arabische Studien zur transkulturellen Philosophie des Zusammenlebens. Weilerswist 2011.

Ureland, P. S.: Entstehung von Sprachen und Völkern. Glotto- und ethnogenetische Aspekte europäischer Sprachen. Tübingen 1985.

Verlinden, Ch.: Kolumbus. Vision und Ausdauer. Göttingen1962.

Verne, J.: Découverte de la terre. Paris 1885.

Verne, J.: Hector Servadac. Paris 1877.

Verne, J.: Reise durch die Sonnenwelt. Wien/Pest/Leipzig 1878.

Verne, J.: Les grands navigateurs du XVIIIe siècle. Paris 1879.

Verne, J.: Chemin de France. Paris o. J.; dt.: Der Weg nach Frankreich. Mit sämtlichen Illustrationen der Originalausgabe. Aus dem Französischen übers. v. W. Oeser.

Vespucci, A.: Lettera di Amerigo Vespucci delle isole nuovamente trovate in quattro suoi viaggi. Florenz 1504.

Vespucci, A.: Allerälteste Nachricht von der neuen Welt. Berlin 1722.

Vespucci, A.: Der Mundus Novus des Amerigo Vespucci. Text, Übersetzung und Kommentar, hrsg. v. R. Wallisch. Wien 2012.

Viardot, L.: Histoire des Arabes et des Mores d'Espagne. Paris 1851.

Vittmann, G.: Ägypten und die Fremden im ersten vorchristlichen Jahrtausend. Mainz 2003.

Volney, C.-F.: Voyage en Égypte et en Syrie. Paris 1822.

Voltaire: Œuvres complètes de Voltaire. 3 Bde. Paris 1827.

Voltaire: Ueber den Geist und die Sitten der Nationen. Deutsch von K. F. Wachsmuth. Vierter Theil. Leipzig 1867.

Voltaire: Essai sur les moeurs et l'esprit des nations, in: Œuvres complètes de Voltaire, hrsg. v. L. Moland. Paris 1878.

Voltaire: Sämtliche Romane und Erzählungen. Mit einer Einleitung von V. Klemperer. 2 Bde., Frankfurt a. M. 1976.

Wagner, C.: Der Richard-Wagner-Kult zur Zeit des Nationalsozialismus, in: Die Zeit, 23. Juni 2009.

Wagner, J.: Richter ohne Gesetz: Islamische Paralleljustiz gefährdet unseren Rechtsstaat. Berlin.

Wagner, R.: Heldentum und Christentum, in: Bayreuther Blätter 4 (1881), S. 249–258.

Wagner, R.: Das Judentum in der Musik (1850). Neudruck Bremen 1998.

Walser, G.: Hellas und Iran. Darmstadt 1984.

Watt, W. M.: Der Einfluß des Islam auf das europäische Mittelalter. Aus dem Englischen von H. Fließbach und mit einem Vorwort von U. Haarmann. Berlin 2010.

Weil, G.: Mohammed der Prophet. Sein Leben und seine Lehre. Stuttgart 1843.

Weil, G.: Geschichte der Chalifen. 2 Bde. Mannheim 1846.

Weiler, I.: Zur Xenophobie und ähnlichen Einstellungen gegenüber dem Fremden bei den Völkern der Alten Welt. Eine Anregung für den Geschichtsunterricht, in: Höflechner, W. et al. (Hrsg.): Domus Austriae. Graz 1983, S. 426–435.

Weiler, I.: Didaktische Überlegungen und Materialien zum Thema: Die Fremden in der griechisch-römischen Gesellschaft des Altertums. http://www.schule.at.

Wekhrlin: Ueber den Tod des Kapitän Cook, in: Chronologen, Bde. 4 und 5. Frankfurt/Leipzig 1779/1780.

Weseslindtner, K.: Zur Rezeption Mohammeds und der Muslime im lateinischen Mittelalter: Eulogius, Paulus Albarus, Embricho, Eupolemius. Diplomarbeit Universität Wien 2013.

Wilser, L.: Die Rundköpfe in Europa, in: Centralblatt für Anthropologie, Ethnologie und Urgeschichte 4 (1899).

Wilson, A. S. et al.: Archaeological, radiological, and biological evidence offer insight into Inca child sacrifice, in: Proceedings of the National Academy of Science of the United States of America, Bd. 110, Nr. 33, S. 201.

Winkelmann, O.: Vom Dialekt zur Nationalsprache. Die Entwicklung des Kastilischen während der Reconquista, in: Ureland 1985.

Zeidler, J.: Fremde im alten Ägypten. Zur kulturellen Konstruktion von Fremdheit, in: Riemer, U./Riemer, P.: Xenophobie – Philoxenie. Stuttgart 2005.

Zelinsky, H.: Die „Feuerkur" des Richard Wagner oder die „neue Religion" der „Erlösung" durch „Vernichtung", in: Metzger, H.-K./Riehn, R.: Richard Wagner. Wie antisemitisch darf ein Künstler sein? Musik-Konzepte Heft 5, Juli 1978.

Zimmermann, E. A. W.: Taschenbuch der Reisen. Leipzig 1808.

Zimmermann, W.: Evolution. Die Geschichte ihrer Probleme und Erkenntnisse. München 1953.

Zola, E.: Der Zusammenbruch. Übertragen von F. Franzius. Leipzig o. J.

Personenregister

Sachregister